【传世经典 文白对照】

资治通鉴纲目

八

〔宋〕朱熹 编撰

孙通海 王景桐 主编

王秀梅 朱振华 副主编

中华书局

目录

第八册

资治通鉴纲目

资治通鉴纲目卷四十二

起丁酉(697)唐中宗嗣圣十四年,尽癸丑(713)唐玄宗开元元年。凡十七年。

丁酉(697) 嗣圣十四年周武氏神功元年。

春正月,帝在房州。 三月,周总管王孝杰与契丹战,败死,武攸宜不敢进。 周立突厥默啜为可汗。

突厥默啜请为其女求昏,太后遣阎知微、田归道册拜默啜为迁善可汗。知微见默啜,舞蹈,归道长揖不拜。默啜囚归道,将杀之,归道辞色不挠,乃舍之,但留不遣。初,唐处突厥降者于丰、胜、灵、夏、朔、代六州,至是,默啜求之,及单于都护府之地,并谷种、缯帛、农器、铁。姚璹、杨再思请给之,凤阁侍郎李峤曰:"此所谓'借寇兵资盗粮'也,不如治兵以备之。"璹等固请,乃悉驱六州降户数千帐,并给谷种四万斛,杂彩五万段,农器三千事,铁数万斤,并许其昏。默啜由是益强。归道得还,与知微争论于太后前。归道以为默啜必负约,知微以为和亲必可保。

夏四月,周铸九鼎成。

丁酉(697)　唐中宗嗣圣十四年_{武周神功元年。}

春正月,唐中宗在房州。　三月,武周清边道总管王孝杰率兵与契丹交战,王孝杰战败而死,武攸宜不敢进兵。　武周立突厥阿史那默啜为可汗。

　　突厥阿史那默啜为他的女儿向唐朝求婚,太后武则天派遣阎知微、田归道前去册封阿史那默啜为迁善可汗。阎知微见到阿史那默啜后,行舞蹈礼,而田归道却只作长揖不跪拜。于是阿史那默啜把田归道囚禁起来,将要杀死他,而田归道言辞神色不屈不挠,阿史那默啜只好免除他的死罪,但留下他不放他回国。当初,唐朝把突厥降户安置在丰州、胜州、灵州、夏州、朔州、代州等六州地区,到这个时候,阿史那默啜要求唐朝归还这些降户,并要占据单于都护府所辖之地,还要求唐朝给他们粮种、丝帛、农具、铁。姚璹和杨再思请求答应阿史那默啜的要求,凤阁侍郎李峤说:"这样做正是所说的'供给敌人兵器、资助盗贼粮食',不如练兵以防备突厥。"姚璹等人坚持请求答应这些要求,于是驱赶全部的六州降户数千帐归还突厥,并送给突厥粮种四万斛,各色丝织品五万段,农具三千件,铁数万斤,还答应了阿史那默啜的求婚。阿史那默啜因此更加强大。田归道这才得以返回,与阎知微在太后武则天面前争论。田归道认为阿史那默啜一定会违背约定,而阎知微却认为和亲可以确保他不会背信弃义。

夏四月,武周铸成九鼎。

九鼎成,置通天宫。豫州鼎高丈八尺,受千八百石,余州高丈四尺,受千二百石。各图山川物产于其上,共用铜五十六万七百余斤。令宰相、诸王帅宿卫兵十余万人自玄武门曳入。

周以王及善为内史。

王及善已致仕,会契丹作乱,起为滑州刺史。太后召见,问以朝廷得失,及善陈治乱之要十余事。太后曰:"外则末事,此为根本,卿不可出。"留为内史。

周遣武懿宗、娄师德击契丹。　六月,周杀其右司郎中乔知之。

知之有美妾曰碧玉,武承嗣夺之,知之作《绿珠怨诗》以寄之,碧玉赴井死。承嗣得诗于裙带,大怒,讽酷吏罗告,族诛之。

周来俊臣伏诛。

来俊臣倚势贪淫,士民妻妾有美者,百方取之,前后罗织诛人,不可胜计。自言才比石勒。监察御史李昭德素恶之,俊臣遂诬昭德谋反,下狱。又欲罗告诸武及太平公主与皇嗣、庐陵王、南北牙同反,诸武及太平公主共发其罪,系狱,有司处以极刑。奏上三日,不出。王及善曰:"俊臣,国之元恶,不去之必动摇朝廷。"吉顼曰:"俊臣聚结不逞,诬构良善,赃贿如山,冤魂塞路,国之贼也,何足惜哉!"太后乃下其奏。昭德、俊臣同弃市,时人无不痛昭德而快俊臣,仇人争啖其肉。士民相贺曰:

九鼎铸成，放置在通天宫内。豫州鼎高一丈八尺，能容纳一千八百石，其余各州鼎高一丈四尺，能容纳一千二百石。在各州的鼎上铸刻本州的山川形势和所出产的物产，共用铜五十六万零七百余斤。太后命令宰相、诸王率领守卫宫禁的士兵十余万人把鼎从玄武门拖进宫中。

武周任命王及善为内史。

王及善已经退休，适逢契丹叛乱，就重新起用他担任滑州刺史。太后武则天召见他，征询朝廷政策的得失，王及善陈述了治乱要务十多条。太后说："朝外的事务是小事，朝廷中的事情是根本大事，你不可出任刺史。"于是留下担任内史。

武周派遣武懿宗、娄师德率兵攻打契丹。　六月，武周杀死右司郎中乔知之。

乔知之有个漂亮的小妾叫碧玉，被武承嗣夺走，乔知之作《绿珠怨诗》送给碧玉，碧玉投井而死。武承嗣在碧玉的裙带中搜得此诗，十分愤怒，就指使酷吏罗织罪名告发乔知之，乔知之被灭族。

武周来俊臣被诛杀。

来俊臣仗势贪求女色，官吏百姓妻妾中有漂亮的，千方百计要夺走，因此事前后罗织罪名被杀的人数不胜数。他自称才能可与后赵石勒相比。监察御史李昭德素来憎恨他，来俊臣就诬告李昭德谋反，把李昭德关进狱中。来俊臣又想罗织罪名告发武氏诸王及太平公主与皇嗣李旦、庐陵王李哲、南北衙禁军一同谋反，武氏诸王与太平公主一起揭发他的罪状，把他关押入狱，有关部门判处他死刑。但奏疏进上三天后，还没有批阅下来。王及善说："来俊臣是国家最大的恶人，如果不除掉他，一定会使朝廷动摇。"吉顼说："来俊臣聚集交结坏人，诬陷好人，贪赃受贿的财物堆积如山，冤死的鬼魂满路，是国家的贼人，有什么值得可惜的呢！"太后这才批准了处死他的奏疏。李昭德与来俊臣一同被处死于闹市，当时的人们无不痛惜李昭德，而对来俊臣被处死感到高兴，仇人争相吃来俊臣的肉。官吏和百姓相互庆贺说：

"自今眠者背始帖席矣。"俊臣方用事,选司受其属请不次除官者,每铨数百人。俊臣败,侍郎皆自首。太后责之,对曰:"臣乱国家法,罪止一身,违俊臣语,立见灭族。"太后乃赦之。

契丹军溃,斩孙万荣以降。

武懿宗军至赵州,闻契丹将至冀州,惧而南遁。契丹遂屠赵州。孙万荣于柳城西北依险筑城,留其老弱妇女,引精兵寇幽州。突厥默啜袭其新城,三日克之,尽俘以归。时万荣方与唐兵相持,军遂大溃,奴斩其首以降,余众降于突厥。

周以武承嗣、武三思同三品。　周遣武懿宗等安抚河北。

武攸宜自幽州凯旋,制以契丹初平,命武懿宗、娄师德、狄仁杰分道安抚河北。懿宗所至残酷,奏请族诛河北百姓从贼者,左拾遗王求礼庭折之曰:"此属素无武备,力不胜贼,苟以求生而已,岂有叛国之心!懿宗拥强兵数十万,望风退走,贼徒滋蔓,又欲移罪于草野讹误之人,为臣不忠,请先斩懿宗以谢河北!"懿宗不能对。司刑卿杜景俭亦曰:"此皆胁从,请悉原之。"太后从之。

秋九月,周以魏元忠为肃政中丞。

太后谓侍臣曰:"顷者周兴、来俊臣按狱,多连引朝臣,云其谋反。朕使近臣就狱引问,皆自承服,朕不复疑。今自兴、俊臣死,不复闻有反者,然则前死者不有

"从今以后睡觉的人后背才可以贴着席子了。"来俊臣当权主事的时候,吏部受他的请托破格除授官吏,每次达数百人之多。来俊臣败灭后,吏部侍郎都向朝廷主动坦白此事。太后责备他们,他们回答说:"我们扰乱国家的法令,仅治罪一人,如果违背了来俊臣的意旨,立刻就会被灭族。"太后于是赦免了他们。

契丹军溃败,斩杀孙万荣向唐朝投降。

武懿宗率兵到达赵州,听说契丹军队将要到达冀州,惧怕而向南逃跑。契丹军队于是屠了赵州城。孙万荣在柳城西北凭借险要地势修筑城池,把老幼及妇女留下,然后率领精兵侵犯幽州。突厥可汗阿史那默啜乘机袭击孙万荣所修筑的新城,三天攻陷新城,俘获全部留守的人员后返回。当时孙万荣正与唐朝军队相持不下,听说新城失守后军队大溃,家奴斩下他的首级向朝廷投降,其余的部众投降了突厥。

武周任命武承嗣、武三思为同凤阁鸾台三品。　武周派遣武懿宗等人安抚河北地区。

武攸宜从幽州胜利归来后,太后武则天下制说因为契丹刚被平定,命令武懿宗、娄师德与狄仁杰分别到河北各地安抚百姓。武懿宗所到之处残酷无情,上奏请求把河北地区归顺契丹的百姓全部灭族,左拾遗王求礼在朝堂上当面反驳他说:"这些百姓素来没有武装,没有力量抵御敌人,归附敌人只是为了暂且求得活命,哪会有叛国之心!武懿宗拥有强兵数十万,一听说敌人到来就逃走,使敌人的势力蔓延扩张,却想把罪责推卸给田野间受牵连的百姓,这是做臣下的不忠,请求先斩杀武懿宗以谢罪河北百姓!"武懿宗无法回答。司刑卿杜景俭也说:"这些百姓都是被胁迫的,请求全部赦免他们。"太后听从了他的意见。

秋九月,武周任命魏元忠为肃政中丞。

太后武则天对随侍的臣下们说:"原来周兴、来俊臣审理狱案,多牵连朝廷大臣,说他们谋反。朕指派亲近大臣到狱中审问,他们都自己承认了,朕便不再怀疑。如今自从周兴、来俊臣死后,不再听说有谋反的人,这样看来以前被处死的人不就有

冤耶！"夏官侍郎姚元崇对曰："比来坐谋反死者，率皆兴等罗织。陛下使近臣问之，近臣亦不自保，何敢动摇！今赖天启圣心，兴等伏诛，臣以百口为陛下保，自今内外之臣无复反者矣。"时人多为魏元忠讼冤，太后复召为肃政中丞。

冬闰十月，以狄仁杰同平章事。

仁杰上疏曰："天生四夷，皆在先王封略之外，故东拒沧海，西阻流沙，北濒大漠，南阻五岭，此天所以限夷狄而隔中外也。三代声教之所不及者，国家尽兼之矣。若复邀功绝域，不务安人，此秦皇、汉武之所行，非五帝、三王之事业也。近者频岁出师，西戍四镇，东戍安东，调发日加，百姓虚弊。今关东饥馑，蜀、汉逃亡，人不复业，相率为盗，本根一摇，忧患不浅。昨贞观中克平九姓，复立思摩，使统诸部，得推亡固存之义，无远戍劳人之役，此近日之令典，经边之故事也。窃谓宜立斛瑟罗，委之四镇，继高氏绝国，使守安东。省军费于远方，并甲兵于塞上，使夷狄无侵侮之患则可矣，何必穷其窟穴，与蝼蚁校长短哉！但当敕边兵谨守备，远斥候，聚资粮，待其自致，然后击之。以逸待劳则战士力倍，以主御客则我得其便，坚壁清野则寇无所得。如此数年，可使二虏不击而服矣。"

遭受冤枉的吗!"夏官侍郎姚元崇回答说:"近来因谋反罪被处死的人,大概都是被周兴等人罗织罪名的。陛下派亲近大臣去审问,这些亲近大臣也自身难保,哪里还敢改变他们的判决!现在仰赖上天启迪圣上的心智,周兴等人伏罪被诛杀,我用全家一百口人的性命向陛下保证,从今以后朝廷内外的大臣没有再谋反的人了。"当时有许多人为魏元忠诉冤,太后于是重新召回他担任肃政中丞。

冬闰十月,太后武则天任命狄仁杰为同平章事。

狄仁杰上疏说:"上天降生四夷,都在先王的封疆之外,所以东面抵达沧海,西面阻隔流沙,北面临近大沙漠,南面阻隔着五岭,这是上天用以限制夷狄而隔开中原与化外。夏、商、周三代声威教化所不能达到的地方,我们国家都已全都兼并。如果再到遥远的境外之地求取功名,而不力求安定百姓,这是秦始皇、汉武帝所施行的政策,不是五帝、三王的事业。近年来国家频繁出兵,西面戍守安西四镇,东面戍守安东都护府,征兵收税日益增加,致使百姓虚弱疲敝。现在关东地区饥荒,蜀、汉地区人口逃亡,百姓无法从事生产,相互聚集做了盗贼,这样国家的根本一发生动摇,忧患就会加深。以前贞观年间平定了突厥九姓,又立李思摩为可汗,让他统领各部,这样做符合推翻应当灭亡的、巩固应当存在的道理,而免除了因戍守远方而劳民的征役,这些都是国家近年来好的制度,经营边疆的先例。我私下认为应该立阿史那斛瑟罗为可汗,把安西四镇委任给他镇守,恢复已经灭亡的高丽王国,使其镇守安东。这样就可以节省军队戍守远方的费用,把兵力集中于边塞上,使夷狄没有侵犯的忧患就可以了,何必要派兵穷追攻打他们的老巢,与蝼蚁之辈计较长短呢!只应当下敕命令边防军队严加守备,向远处派遣侦察人员,聚集军资粮食,等待敌人自己来进攻,然后再出兵进击。这样以逸待劳,士卒的战斗力就会倍增,作为主人抵御来进攻的敌人就会对我们有利,坚壁清野那么敌人就什么也得不到。这样坚持数年,就可使突厥和吐蕃两个敌人不用攻打而自己屈服。"

　　时蜀州每岁遣兵戍姚州,路险远,死亡者多。蜀州刺史张柬之上言:"姚州荒外,自以为州,未尝得其盐布之税,甲兵之用,而空竭府库,驱率平人,受役蛮夷,肝脑涂地,臣窃为国家惜之。请并泸南诸镇,一切废省,置关泸北,非奉使者,无得交通往来。"疏奏,不纳。

周以李峤知天官选事。
始置员外官数千人。

戊戌（698）　**十五年**周武氏圣历元年。
春三月,帝还东都。
　　武承嗣、三思营求为太子,狄仁杰从容言于太后曰:"太宗栉风沐雨,亲冒锋镝,以定天下,传之子孙。大帝以二子托陛下,陛下今乃欲移之他族,无乃非天意乎!且姑侄之与母子孰亲?陛下立子,则千秋万岁后,配食太庙,立侄,则未闻侄为天子而祔姑于庙者也。"太后曰:"此朕家事,卿勿预知。"仁杰曰:"王者以四海为家,四海之内,何者不为陛下家事?况元首、股肱,义同一体,臣备位宰相,岂得有所不预知乎?"因劝太后召还庐陵王。太后意稍寤。他日,又谓仁杰曰:"朕梦大鹦鹉两翼皆折,何也?"对曰:"武者,陛下之姓;两翼,二子也。陛下起二子,则两翼振矣。"太后由是无立承嗣、三思之意。

　　吉顼与张易之、昌宗为控鹤监供奉。顼从容说二人曰:"公兄弟贵宠,天下侧目,不有大功,何以自全?"二人惧,

当时蜀州每年都派兵戍守姚州，道路艰险遥远，士卒死亡众多。蜀州刺史张柬之上言说："姚州地处荒远的边外，自从设置为州，朝廷还未曾得到当地盐和布的赋税，也没有征调过兵力为朝廷所用，反而使朝廷倾尽府库中的财物，驱赶平民，受蛮夷役使，使他们肝脑涂地，我私下为国家感到痛惜。请求把泸水以南的各镇全部废除，在泸水以北设置关卡，不是奉命出使的人，不许交通往来。"奏疏上达后，没有得到采纳。

武周任命李峤主持吏部选官事务。

开始设置员外官数千人。

戊戌（698）　**唐中宗嗣圣十五年**<small>武周圣历元年。</small>

春三月，唐中宗回到东都。

武承嗣、武三思谋求当太子，狄仁杰不慌不忙地对太后武则天说："太宗皇帝不避风雨，亲自冒着刀枪箭头的危险，平定了天下，传给子孙。高宗皇帝把两个儿子托付给陛下，而陛下现在却想要把天下交给外姓人，这恐怕不符合上天的意思吧！再说姑侄与母子相比哪个更亲近？陛下立自己的儿子为太子，那么千秋万代之后，可以配祭于太庙，如果立侄儿为太子，没有听说过侄儿做了天子后祔祭姑母于太庙的。"太后说："这是朕的家事，你不要参与。"狄仁杰说："君王以四海为家，四海之内，什么事不是陛下的家事？何况君主好比是头，臣下好比是四肢，意思是同为一个整体，我作为宰相，怎么能不参与呢？"于是劝说太后召回庐陵王。太后心里逐渐醒悟。有一天，太后又对狄仁杰说："朕梦见一只大鹦鹉两个翅膀都折断了，这是什么意思？"狄仁杰回答说："武（鹉）是陛下的姓氏，两个翅膀代表陛下的两个儿子。陛下如果起用两个儿子，那么两个翅膀就会振作起来。"太后因此打消了立武承嗣、武三思为太子的念头。

吉顼与张易之、张昌宗都担任控鹤监供奉。吉顼不慌不忙地对他们二人说："你们兄弟二人显贵受宠，天下人对你们怒目而视，如果没有大功，靠什么保全自己呢？"张易之、张昌宗畏惧，

问计。项曰:"天下未忘唐德,主上春秋高,公何不劝立庐陵王以慰人望! 如此,岂徒免祸,亦可以长保富贵矣。"二人以为然,承间屡为太后言之。太后乃托言庐陵王有疾,遣使召之,及其妃、子皆诣行在。承嗣怏怏,遂发病死。

秋八月,突厥默啜寇妫、檀等州。

初,太后命武承嗣之子淮阳王延秀入突厥,纳默啜女为妻,复遣阎知微赍金帛巨亿以送之。凤阁舍人张柬之谏曰:"自古未有中国亲王聚夷狄女者。"由是忤旨,出刺合州。延秀至突厥,默啜谓曰:"我欲以女嫁李氏,安用武氏儿邪! 我突厥世受李氏恩,闻李氏尽灭,唯两儿在,我今将兵辅立之。"乃拘延秀,以知微为南面可汗,言欲使之主唐民也。发兵寇妫、檀等州,移书数朝廷曰:"与我蒸谷种,器行滥,帛疏恶。且我可汗女当嫁天子儿,武氏小姓,门户不敌,罔冒为昏。我为此起兵,欲取河北耳。"河北诸州闻之,争发民修城。卫州刺史敬晖曰:"吾闻金汤非粟不守,奈何舍收获而事城郭乎?"罢使归田,百姓大悦。

周以狄仁杰兼纳言。

太后命宰相各举尚书郎一人,仁杰举其子光嗣,拜地官员外郎,已而称职。太后喜曰:"卿足继祁奚矣。"通事舍人元行冲博学多通,仁杰重之。行冲数规谏仁杰,且曰:"凡为家者必有储蓄脯醢以适口,参术以攻疾。

向吉顼问计。吉顼说:"天下人还未忘记唐朝的恩德,皇上年事已高,你们为何不劝皇上立庐陵王为太子以抚慰天下人的心愿!这样做,不但可以免除祸患,还可以永远保持富贵。"二人认为他说得正确,因此趁机在太后面前多次说起这件事。太后于是假托说庐陵王患病,派遣使者召他回来,连同他的妃子、儿女们都到太后那里。武承嗣怏怏不乐,于是生病而死。

秋八月,突厥可汗阿史那默啜率兵侵犯妫州、檀州等州。

当初,太后武则天命令武承嗣的儿子淮阳王武延秀前往突厥,娶可汗阿史那默啜的女儿为妻,又派遣阎知微携带大量的金帛送给突厥。凤阁舍人张柬之进谏说:"自古以来没有中原王朝的亲王娶夷狄之女为妻的事情。"因此违背了太后的旨意,外放合州刺史。武延秀到达突厥,阿史那默啜对他说:"我想把女儿嫁给李氏,要武氏的儿子干什么呢!我们突厥世代受李氏的恩惠,听说李氏都被诛灭,只有两个皇子还在,我现在就率兵辅佐拥立他们。"于是囚禁了武延秀,任命阎知微为南面可汗,说想让他管理唐朝百姓。又发兵侵犯妫州、檀州等州,发文书指责朝廷说:"送给我的粮种是蒸过的,器皿质地极差,丝帛粗疏低劣。再说我可汗的女儿应该嫁给天子的儿子,武氏是小姓,门户不当,却假冒骗婚。我因此而起兵,想要攻取河北地区。"河北诸州听说后,争相征发百姓修筑城池。卫州刺史敬晖说:"我听说即使是固若金汤的城池,如果缺乏粮食也守不住,为何要舍弃粮食不收获而专门修筑城郭呢?"于是下令停工,放百姓回去务农,百姓十分高兴。

武周任命狄仁杰兼纳言。

太后武则天命令宰相各自荐举尚书郎一人,狄仁杰推荐了自己的儿子狄光嗣,被任命为地官员外郎,后来干得很称职。太后高兴地对狄仁杰说:"你完全可以与古代举贤不避亲的祁奚相比了。"通事舍人元行冲博学多识,狄仁杰很器重他。元行冲多次规劝狄仁杰,并对他说:"凡是居家生活的人一定要储备干肉和肉酱以适合口味,储存人参和白术等药物用来治病。

仆窃计明公之门,珍味多矣,行冲请备药物之末。"仁杰笑曰:"吾药笼中物,何可一日无也!"

周以武攸宁同三品。　九月,突厥陷赵州,周刺史高叡死之。

默啜围赵州,长史唐般若翻城应之。刺史高叡与妻秦氏仰药诈死,虏舆诣默啜,默啜以金狮子带、紫袍示之曰:"降则拜官,不降则死!"叡顾其妻,妻曰:"酬报国恩,正在今日!"遂俱闭目不言。再宿,虏乃杀之。虏退,唐般若族诛,赠叡冬官尚书,谥曰节。

周武氏以帝为皇太子、河北道元帅,狄仁杰副之,以讨默啜。

皇嗣固请逊位于庐陵王,太后许之。立为太子,复名显,赐姓武氏。命太子为河北道元帅,以讨突厥。先是,募人月余,不满千人,及闻太子为帅,应者云集,未几,数盈五万。时太子不行,命仁杰知元帅事。王及善请太子赴外朝以慰人心,从之。突厥尽杀所掠赵、定男女万余人而去,仁杰将兵追之,不及。默啜还漠北,拥兵四十万,据地万里,西北诸夷皆附之,有轻中国之心。

周以苏味道同平章事。

味道在相位,依阿取容,尝谓人曰:"处事不宜明白,但模棱持两端可矣。"时人谓之"苏模棱"。

冬十月,周以武懿宗、武攸归领屯兵。　周以狄仁杰为河北道安抚大使。

我私下估计您家中的山珍海味很多,我只请求作为最末的药物以备用。"狄仁杰笑着说:"你是我药笼中的东西,怎么能够一天没有呢!"

武周任命武攸宁为同凤阁鸾台三品。 九月,突厥军队攻陷赵州,武周赵州刺史高叡被杀害。

突厥可汗阿史那默啜率兵包围了赵州,赵州长史唐般若翻出城墙接应突厥。赵州刺史高叡与他的妻子秦氏服毒药假装死去,敌人把他们抬到阿史那默啜面前,阿史那默啜向他们出示金狮子带和紫袍,并说:"如果投降就拜授官职,不投降就处死!"高叡看着他的妻子,他的妻子说:"报答国恩,正在今天!"于是他们都闭上眼睛不说话。第二天晚上,敌人才杀死他们。敌人退走后,唐般若被灭族,追赠高叡为冬官尚书,谥号为节。

武则天立唐中宗为皇太子,任命他为河北道元帅,狄仁杰为副元帅,率兵讨伐突厥阿史那默啜。

皇嗣李旦坚决请求让位给庐陵王李哲,太后同意了他的请求。于是立庐陵王李哲为皇太子,恢复原名李显,赐姓武氏。又任命太子为河北道元帅,率兵讨伐突厥。在此之前,招募士卒一个多月,还不满一千人,等到听说太子担任元帅,应募者云集,不久便招募到五万多人。当时太子未出行,命令狄仁杰主持元帅事务。王及善请求让太子到外朝以安抚人心,太后同意。突厥杀死了在赵州和定州掳掠的全部男女五万余人后退去,狄仁杰率兵追击,没有追上。阿史那默啜回到漠北,拥有兵力四十万,占据土地一万里,西北地区的各族都归附于他,因此有了轻视中原的想法。

武周任命苏味道为同平章事。

苏味道担任宰相,阿谀奉承,取悦人心,曾经对他人说:"为人处事不应该太明白,只要模棱两可就行了。"当时的人们称他为"苏模棱"。

冬十月,武周命令由武懿宗、武攸归统领都城的驻军。 武周任命狄仁杰为河北道安抚大使。

时河北人为突厥所驱逼者,虏退,惧诛,往往亡匿。仁杰上疏曰:"边尘暂起,不足为忧,中土不安,此为大事。诸为突厥、契丹胁从之人,皆是计迫情危,且图赊死。今皆潜窜山泽,露宿草行,罪之则众情恐惧,恕之则反侧自安,伏愿曲赦河北诸州,一无所问。"制从之。仁杰于是抚慰百姓,得突厥所驱掠者,悉递还本贯。散粮运以赈贫乏,修邮驿以济旋师。自食疏粝,禁其下不得侵扰百姓,犯者必斩,河北遂安。

周以姚元崇同平章事。 **周阎知微伏诛,以田归道为夏官侍郎。**

默啜纵知微使还,太后命磔于天津桥南,使百官共射之,夷其三族。擢归道为夏官侍郎,甚见亲委。

十一月,周以豫王旦为相王。 **周置控鹤监。**

控鹤监率皆嬖宠之人,颇用才能文学之士,田归道、李迥秀、薛稷、员半千以参之。半千以古无此官,请罢之,遂忤旨,左迁。

十二月,周以魏元忠同平章事。 **周贬宗楚客为播州司马。**

己亥(699) 十六年周武氏圣历二年。
春正月,帝在东宫。 **二月,周遣使祷少室山。**

太后不豫,遣给事中阎朝隐祷少室山。朝隐自为牺牲,沐浴伏俎上,请代太后命。太后厚赏之。

当时河北地区受突厥驱使逼迫的人,待突厥退去后,惧怕遭到朝廷诛杀,往往逃跑躲藏。狄仁杰上疏说:"边疆暂时发生战争,不值得担忧,内地不安定,这才是大事。那些受突厥、契丹逼迫而服从的人,都是在形势危急无计可施的情况下,暂且希望延长自己的性命。现在他们都潜逃到山泽中,露宿荒郊野外,如果加罪给他们,他们心中就会恐惧,宽恕了他们,那些心怀疑虑的人自然就会安定,希望特赦河北各州的百姓,一概不予问罪。"太后下制按照他的建议处理。狄仁杰于是安抚百姓,找到被突厥驱使虏掠的人,全都送回原籍。然后发放粮食以赈济贫困的人,修理驿站以便利撤回的军队。而他自己却吃粗糙的饭菜,下令部下不许侵扰百姓,违犯者必定斩首,河北地区于是安定。

武周任命姚元崇为同平章事。　武周阎知微被诛杀,任命田归道为夏官侍郎。

突厥可汗阿史那默啜释放阎知微让他返回,太后武则天命令在天津桥南对他处以分裂肢体的酷刑,让百官一起向他射箭,并诛灭了他的三族。升任田归道为夏官侍郎,很得亲近信任。

十一月,武周封豫王李旦为相王。　武周设置控鹤监。

控鹤监大多任用的是受太后武则天宠幸的人,同时也任用了许多有才能的文学之士,以田归道、李迥秀、薛稷、员半千等参杂使用。员半千认为古代没有这样的官职,请求罢除,因此违背了太后的旨意,被降官。

十二月,武周任命魏元忠为同平章事。　武周贬宗楚客为播州司马。

己亥(699)　唐中宗嗣圣十六年_{武周圣历二年。}

春正月,唐中宗在东宫。　二月,武周派遣使者到少室山祈福。

太后武则天生病,派遣给事中阎朝隐到少室山祈福。阎朝隐将自己作为祭品,沐浴后伏在盛放祭品的礼器上,请求替代太后承担病痛。太后对他厚加赏赐。

吐蕃赞婆、弓仁降周。

初,吐蕃赞普器弩悉弄尚幼,论钦陵兄弟用事,皆有勇略,诸胡畏之。钦陵居中秉政,诸弟握兵分据方面,赞婆常居东边,为中国患者三十余年。器弩悉弄浸长,阴与大臣论岩谋诛之。会钦陵出外,赞普杀其亲党二千余人,钦陵自杀。赞婆帅所部千余人,钦陵子弓仁以所统七千帐来降。

帝及武攸暨等誓于明堂。

太后自以春秋高,虑身后太子与诸武不相容,命太子、相王、太平公主与武攸暨等誓于明堂,铭之铁券。

秋八月,周以王及善为文昌左相。

内史王及善虽无学术,然清正难夺,有大臣之节。张易之兄弟每侍内宴,无复人臣之礼,及善屡以为言。太后不悦,谓及善曰:“卿高年,不宜更侍游宴。”及善遂乞骸骨,太后不许,以为左相,罢政事。

周纳言娄师德卒。

师德在河陇,前后四十余年,恭勤不怠,民夷安之。性沉厚宽恕,狄仁杰之入相也,师德实荐之,而仁杰不知,意颇轻之。太后尝问仁杰曰:“师德贤乎?”对曰:“为将能谨守边陲,贤则臣不知。”又曰:“师德知人乎?”对曰:“臣尝同僚,未闻其知人也。”太后曰:“朕之知卿,乃师德所荐也,亦可谓知人矣。”仁杰既出,叹曰:“娄公盛德,我为其所包容久矣,吾不得窥其际也。”是时罗织纷纭,师德久为将相,

吐蕃赞婆、弓仁投降武周。

当初，吐蕃赞普器弩悉弄年纪还小，论钦陵兄弟专权用事，他们都勇敢有谋略，诸部胡人畏惧他们。论钦陵在朝中执政，弟弟们领兵分别据守在各地，其中赞婆经常驻守在东面，对中原造成三十多年的威胁。赞普器弩悉弄逐渐长大，暗中与大臣论岩谋划诛杀论钦陵。适逢论钦陵外出，赞普器弩悉弄诛杀了他的亲信党羽两千余人，论钦陵自杀。于是赞婆率所统领的一千余人，论钦陵的儿子弓仁带领他所管辖的部落七千帐来向武周投降。

唐中宗与武攸暨等盟誓于明堂。

太后武则天认为自己年事已高，恐怕在她死后太子与武氏诸王不能相容，于是命令太子李显、相王李旦、太平公主与武攸暨等于明堂盟誓，并把誓词铭刻在铁券上。

秋八月，武周任命王及善为文昌左相。

内史王及善虽然没有学问，但清廉正直，意志坚定，具有大臣的气节。张易之兄弟每次在宫中侍奉武则天宴饮，没有作为臣下的礼节，王及善多次上言此事。太后不高兴，对王及善说："你年事已高，不应该再陪侍游玩宴饮。"王及善于是请求退休，太后不同意，就任命他为文昌左相，免去宰相职务。

武周纳言娄师德去世。

娄师德在河陇地区任职，前后达四十余年，谦恭勤奋，毫不懈怠，百姓和外夷都很安定。娄师德生性稳重厚道，宽宏大量，狄仁杰入朝担任宰相，实际上就是娄师德推荐的，而狄仁杰却不知道，心中还很轻视他。太后武则天曾经问狄仁杰说："娄师德贤明吗？"狄仁杰回答说："他作为将帅能够严守边土，是否贤明我就不知道了。"太后又说："娄师德善于识别人才吗？"狄仁杰回答说："我曾经与他是同事，没有听说过他善于识别人才。"太后说："朕之所以知道你，就是娄师德推荐的，也可以称得上是善于识别人才了。"狄仁杰出来后，感叹说："娄公道德高尚，我受到他的包涵宽容已经很久了，我看不到他高尚道德的边际啊。"当时罗织罪名告发他人的风气盛行，娄师德长期担任将领和宰相，

独能以功名终，人以是重之。

周以武三思为内史。　河溢。

漂千余家。

周以韦嗣立为凤阁舍人。

太后称制以来，学校殆废。酷吏所陷，亲友流离，未获原宥。嗣立上疏曰："时俗浸轻儒学，先王之道，弛废不讲。宜令王公以下子弟皆入国学，不听以他岐仕进。又酷吏乘间杀人求进，至如仁杰、元忠，往遭按鞫，亦皆自诬，非陛下明察，则已为菹醢矣。今陛下升而用之，皆为良辅。臣恐向之负冤得罪者亦皆如是。伏望一皆昭洗，死者追复官爵，生者听还乡里。如此，则天下皆知昔之枉滥非陛下之意，幽明欢欣，和气感通矣。"不从。嗣立，承庆之异母弟也。母王氏，遇承庆甚酷，每仗承庆，嗣立必解衣请代，母不许，辄私自杖，母为稍宽。承庆为凤阁舍人，以疾去职。嗣立时为莱芜令，太后召使代之。

突厥默啜以其子匐俱为小可汗。

默啜立其弟咄悉匐为左厢察，骨笃禄子默矩为右厢察，各主兵二万余人，其子匐俱为小可汗，位在两察之上，主处木昆等十姓，兵四万余人，又号为拓西可汗。

十一月，周贬吉顼为安固尉。

太后以顼有干略，以为同平章事，委以腹心。顼与武懿宗争赵州之功于太后前。顼魁岸辩口，懿宗短小伛偻，

独能以功名而善终，所以人们敬重他。

武周任命武三思为内史。　黄河泛滥。

淹没了一千余家居民。

武周任命韦嗣立为凤阁舍人。

自从太后武则天临朝称制以来，学校几乎废弃。受到酷吏陷害的人，他们的亲友流离失所，没有得到宽恕赦免。韦嗣立上疏说："现在的风气越来越轻视儒学，先代帝王的圣道，都已废除不讲。应该命令王公以下官员的子弟都入国学，不允许他们通过其它途径得到官职。还有那些酷吏乘机杀人以求得升官，至于像狄仁杰、魏元忠这样的大臣，往昔遭到关押审讯，也都违心承认有罪，如果不是陛下明察，他们早就成为肉酱了。现在陛下提拔任用他们，都成为贤良的辅臣。我恐怕以前遭受冤枉而获罪的人也同他们一样。希望对那些获罪的人全都平反昭雪，对死去的人追复他们的官爵，活着的人允许他们返回家乡。这样，天下的人就都会知道往昔的滥杀无辜并不是出于陛下的本意，人和鬼就都会高兴，阴阳和谐之气就会感应通顺。"太后没有听从他的意见。韦嗣立是韦承庆的同父异母之弟。他的母亲王氏，对待韦承庆十分残酷，每次杖打韦承庆时，韦嗣立一定会解开衣服请求替代韦承庆挨打，母亲不答应，韦嗣立总是私下杖打自己，母亲因此变得逐渐宽容。韦承庆担任凤阁舍人，因病离职。韦嗣立当时是莱芜县令，太后把他召进朝廷替代他哥哥的职务。

突厥可汗阿史那默啜立他的儿子阿史那匐俱为小可汗。

阿史那默啜立他的弟弟阿史那咄悉匐为左厢察，立阿史那骨笃禄的儿子阿史那默矩为右厢察，各自领兵二万余人，立他的儿子阿史那匐俱为小可汗，地位在左、右两察之上，主管处木昆等十姓部落，领兵四万余人，又称为拓西可汗。

十一月，武周贬吉顼为安固县尉。

太后武则天因为吉顼有才干谋略，任命他为同平章事，作为自己的亲信。吉顼与武懿宗在太后面前争夺在赵州打败突厥的功劳。吉顼身材魁梧，能言善辩，而武懿宗身材短小，弯腰驼背，

项视懿宗,声气凌厉。太后由是不悦,曰:"项在朕前,犹卑诸武,况异时讵可倚邪!"他日,项奏事,方援引古今,太后怒曰:"卿所言,朕饫闻之,无多言! 昔太宗有马,肥逸无能驭者。朕为宫女,进言曰:'妾能制之,然须三物:一铁鞭,二铁楇,三匕首。鞭之不服,则楇其首,楇之不服,则断其喉。'太宗壮朕之志。今日卿岂足污朕匕首邪!"项皇恐谢。诸武因共发其弟冒官事,由是坐贬。辞日,得召见,涕泣言曰:"臣永辞阙庭,愿陈一言。"太后问之,项曰:"合水土为泥,有争乎?"太后曰:"无之。"又曰:"分半为佛,半为天尊,有争乎?"曰:"有争矣。"项顿首曰:"宗室、外戚各当其分,则天下安。今太子已立,而外戚犹为王,此陛下驱之使他日必争,两不得安也。"太后曰:"朕亦知之。然业已如是,不可如何。"

十二月,周同平章事陆元方罢。

太后问元方以外事,对曰:"臣备位宰相,有大事不敢不以闻,人间细事,不足烦圣听。"忤旨,遂罢。元方为人清谨,再为宰相,太后每有迁除,多访之,元方密封以进。临终,悉焚其稿,曰:"吾于人多阴德,子孙其未衰乎!"

周以狄仁杰为内史。

太后幸三阳宫,有胡僧邀车驾观葬舍利,太后许之。仁杰跪于马前曰:"佛者戎狄之神,不足以屈天下之主。

吉顼看着武懿宗，声色俱厉。太后因此不高兴，说："吉顼在朕的面前，都敢轻视武氏诸人，何况以后怎能依靠呢！"有一天，吉顼上奏事情，正在引证古今的事例，太后大怒说："你所说的话，朕听够了，不要再多说了！往昔太宗皇帝有一匹马，肥壮性烈，没有人能够驾驭它。朕当时是宫女，向太宗皇帝进言说：'我能够制服它，但需要三件东西：一是铁鞭，二是铁杖，三是匕首。如果用铁鞭抽打它不服，就用铁杖敲打它的脑袋，如果敲打它的脑袋还不服，就用匕首割断它的喉管。'太宗皇帝赞赏朕的志气。现在你难道值得玷污朕的匕首吗！"吉顼听后惶恐谢罪。武氏诸人趁机共同揭发他弟弟假冒为官的事情，因此坐罪贬官。辞别的那天，吉顼得到太后的召见，痛哭流涕地上言说："我要永远离开朝廷了，希望能进上一言。"太后问他要说什么，吉顼说："用水与土和成泥，有争斗吗？"太后说："没有。"吉顼又说："分一半为佛教的佛像，一半为道教的天尊像，有争斗吗？"太后说："有争斗。"吉顼叩头说："宗室与外戚各守本分，天下就会安定。现在太子已经确立，而外戚还被封为王，这是陛下驱使他们日后必然争斗，双方都不得安宁。"太后说："朕也知道会这样。但已经如此，没有办法了。"

十二月，武周同平章事陆元方罢职。

太后武则天向陆元方询问朝廷外面的事，陆元方回答说："我滥充宰相，有大事不敢不向陛下奏闻，至于民间小事，不值得烦扰陛下的圣听。"因此违背了太后的旨意，被罢免宰相职务。陆元方为人清正谨慎，两次担任宰相，每当太后升任官吏时，多征求他的意见，陆元方总是把自己的意见密封进上。临终前，陆元方把过去密封奏疏的底稿全部焚烧，并说："我对别人积了很多阴德，我的子孙应该不会衰败吧！"

武周任命狄仁杰为内史。

太后武则天驾幸三阳宫，有一个胡僧拦住车驾，请求太后去观看埋葬舍利，太后答应了他的请求。狄仁杰跪在太后的马前说道："佛是戎狄的神灵，不值得让一国之君屈尊前去观看。

彼胡僧诡谲,直欲邀致万乘以惑远近之人耳。"太后中道而还,曰:"以成吾直臣之气。"

庚子(700) 十七年周武氏久视元年。
春正月,帝在东宫。 夏五月朔,日食。 六月,周以张易之为奉宸令。

太后改控鹤监为奉宸府,以易之为令。每内殿曲宴,辄引诸武、易之、昌宗饮博嘲谑。又命易之、昌宗与李峤等修《三教珠英》于内殿,以掩其迹。武三思奏昌宗乃王子晋后身,太后使衣羽衣,吹笙,乘木鹤于庭中,文士皆赋诗以美之。太后又多选美少年为奉宸内供奉,右补阙朱敬则谏曰:"陛下内宠易之、昌宗足矣,而侯祥等明自媒衒,求入供奉,丑慢无耻。臣职在谏净,不敢不奏。"太后劳之。易之、昌宗竞以豪侈相胜。弟昌仪为洛阳令,请属无不从。尝早朝,有选人姓薛,以金五十两并状赂之。昌仪受金,以状授天官侍郎张锡。数日,锡失其状,以问昌仪,昌仪曰:"我亦不记,但姓薛者即与之。"锡惧,退,索在铨姓薛者六十余人,悉留注官。

周遣将军李楷固等击契丹余党,平之。

契丹将李楷固善用绳索及骑射、舞槊,每陷阵,如鹘入乌群,所向披靡。骆务整者,亦为契丹将,屡败唐兵。及孙万荣死,二人来降,有司请族之,狄仁杰曰:"二人骁勇绝伦,能尽力于所事,必能尽力于我,若抚之以德,

那个胡僧诡计多端,只是想通过邀请到陛下来迷惑远近的百姓罢了。"太后因此中途返回,并说:"以此成全我正直之臣的气节。"

庚子(700)　唐中宗嗣圣十七年_{武周久视元年。}

春正月,唐中宗在东宫。　夏五月初一,发生日食。　六月,武周任命张易之为奉宸令。

太后武则天改控鹤监为奉宸府,任命张易之为奉宸令。太后每次在内殿举行私宴,总是召来武氏诸人、张易之、张昌宗一起饮酒博戏,调笑戏谑。又命令张易之、张昌宗与李峤等人在内殿撰修《三教珠英》,以此掩盖他们的丑行。武三思上奏说张昌宗是周灵王太子晋转世,太后就让他身穿神仙羽衣,吹笙,在宫内庭院骑着木鹤,文士们都写诗赞美他。太后又挑选了许多美貌少年充任奉宸府内供奉,右补阙朱敬则进谏说:"陛下在内宫有宠臣张易之、张昌宗已经足够了,而侯祥等人公开自我介绍与炫耀,要求入宫充当奉宸府内供奉,丑恶无耻。我担任谏官的职务,不敢不上奏。"太后慰劳了他。张易之与张昌宗竞相以豪华奢侈来攀比。他们的弟弟张昌仪担任洛阳县令,对于请托他办事的人无不答应。一次早朝,有一位姓薛的候选官员,拿着五十两金子和要求任职的文状贿赂他。张昌仪收下了金子,把文状交给天官侍郎张锡。过了几天,张锡丢失了文状,来询问张昌仪,张昌仪说:"我也记不住名字了,只要是姓薛的就授给他官职。"张锡惧怕,退下去后,找出候选官员中姓薛的六十余人,全都留下授给官职。

武周派遣将军李楷固等率兵攻打契丹的残余部众,平定了他们。

契丹将领李楷固擅长使用套索以及骑马射箭、舞槊,每次冲锋陷阵,有如鹘鸟进入乌鸦群中,所向披靡。骆务整也是契丹将领,多次打败唐朝军队。孙万荣死后,这两人都来投降,有关部门请求将他们灭族,狄仁杰说:"这两个人勇猛无比,能为他们的主人尽力奋战,也一定能为我们尽力,如果用德化安抚他们,

皆为我用矣。"奏请赦之。皆以为将军,使将兵击契丹余党,悉平之。献俘含枢殿,太后召公卿合宴,举觞属仁杰曰:"公之功也。"将赏之,对曰:"此乃陛下威灵,将帅尽力,臣何功之有!"固辞不受。

周陇右大使唐休璟破吐蕃于洪源。

吐蕃将麹莽布支寇凉州,围昌松,唐休璟与战于洪源。休璟谓诸将曰:"诸论既死,麹莽布支新为将,不习军事,请为诸君破之。"乃披甲先陷陈,六战皆捷,吐蕃大奔。

周造大像。

太后欲造大像,使天下僧尼日出一钱以助其功。狄仁杰上疏谏曰:"今之伽蓝,制过宫阙。功不使鬼,止在役人。物不天来,终须地出,不损百姓,将何以求!梁武、简文舍施无限,及三淮沸浪,五岭腾烟,列刹盈衢,无救危亡之祸,缁衣蔽路,岂有勤王之师!比来水旱不节,边境未宁,若费官财,又尽人力,一隅有难,将何以救之哉!"太后曰:"公教朕为善,何得相违!"遂罢其役。

司空、梁文惠公狄仁杰卒。

太后信重仁杰,群臣莫及,常谓之国老而不名。仁杰好面引廷争,太后每屈意从之。尝从太后游幸,遇风巾坠,马惊不止,太后命太子追执其靮而系之。屡以老疾

他们都会为我们所用。"于是上奏请求赦免他们。太后都任命他们为将军,让他们率兵攻打契丹的残余势力,全部平定了契丹。李楷固献契丹俘虏于含枢殿,太后召公卿都来宴饮,举杯对狄仁杰说:"这都是你的功劳。"将要赏赐他,狄仁杰回答说:"平定契丹依靠的是陛下的声威,再就是将帅们竭忠尽力,我有什么功劳呢!"坚决辞让不接受赏赐。

武周陇右大使唐休璟在洪源打败吐蕃军队。

吐蕃将领麹莽布支率兵侵犯凉州,包围了昌松,唐休璟与麹莽布支在洪源交战。唐休璟对部下的诸位将领说:"论钦陵兄弟几个已经死了,麹莽布支刚被任命为将领,不熟悉军事,让我为各位打败他。"于是率先披甲上阵,六次交战都取得胜利,吐蕃军队大败而逃。

武周建造大佛像。

太后武则天想要建造大佛像,让全国的和尚尼姑每人每天捐出一文钱以促成其事。狄仁杰上疏进谏说:"现在的佛教寺院,在规模上已经超过了皇家的宫殿。建造寺院不能役使鬼神,只能劳役百姓。财富不会从天上掉下来,最终还是土地上出产的,不损害百姓,还能从哪里得到呢!梁武帝、简文帝父子对佛寺无限度地施舍,等到三淮地区叛乱兴起,五岭地区烽烟滚滚时,满街排列的寺院,无法挽救国家危亡的祸患,路上到处都可看到的和尚尼姑,又哪里有援救君王的军队!近年来水旱灾害时有发生,边境地区尚不安定,如果耗费官府财物,又用尽民力,万一哪个地方发生了祸难,将用什么去救援呢!"太后说:"你劝说我做善事,我怎么能够违背你的心意呢!"因此停止了修建大佛像的工程。

司空、梁文惠公狄仁杰去世。

太后信任器重狄仁杰,群臣都无法相比,常称狄仁杰为国老而不直呼其名。狄仁杰喜好在朝廷上当面直言谏争,太后总是委屈心意接受他的意见。一次狄仁杰侍奉太后巡游,遇到大风,狄仁杰的头巾被吹落在地,骑的马也受到惊吓而无法驾取,太后命太子追上惊马,抓住笼头拴好。狄仁杰多次以年老有病

乞骸骨,不许。每入见,太后常止其拜,曰:"每见公拜,朕亦身痛。"及卒,太后泣曰:"朝堂空矣!"自是朝廷有大事,众或不能决,太后辄叹曰:"天夺吾国老何太早邪!"太后尝问仁杰:"朕欲得一佳士用之,谁可者?"仁杰曰:"有张柬之者,其人虽老,宰相才也。"太后擢为洛州司马。数日又问,仁杰对曰:"前荐张柬之,尚未用也。"太后曰:"已迁矣。"对曰:"臣所荐者可为宰相,非司马也。"乃迁秋官侍郎,卒用为相。仁杰又尝荐夏官侍郎姚元崇、监察御史桓彦范、太州刺史敬晖等数十人,卒成反正之功。或谓仁杰曰:"天下桃李,悉在公门矣。"仁杰曰:"荐贤为国,非为私也。"中宗复位,赠司空。睿宗时追封梁国公。

冬十月,周复以正月为岁首。　**周以韦安石同平章事。**

时武三思、张易之兄弟用事,安石数面折之。尝侍宴禁中,易之引蜀商数人在座同博。安石跪奏曰:"商贾贱类,不应得预此会。"顾左右逐出之,座中皆失色,太后以其言直,劳勉之,同列皆叹服。

十二月,周开屠禁。

凤阁舍人崔融言:"割烹弋猎,著之典礼。苟顺月令,合礼经,自然物遂其生矣。"遂开屠禁,祠祭用牲牢如故。

请求退休,太后都没有答应。每次狄仁杰入宫觐见,太后总是阻止他跪拜,并说:"每当看到你跪拜时,朕的身体也感到疼痛。"狄仁杰去世后,太后哭泣着说:"朝堂已经空啦!"从此朝廷有了大的事情,众大臣都不能做出决定时,太后就总是叹息说:"上天为什么这么早就把我的国老夺走呢!"太后曾经问狄仁杰:"朕想得到一位杰出人才来任用,你看谁合适呢?"狄仁杰说:"有一位名叫张柬之的人,年纪虽老,但却具有担任宰相的才能。"太后于是升任张柬之为洛州司马。过了几天太后又问狄仁杰,狄仁杰回答说:"以前向陛下推荐的张柬之,还没有得到任用。"太后说:"我已经升迁了他的官职。"狄仁杰回答说:"我所推荐的张柬之是可以担任宰相的人才,不是仅任用他为司马。"太后于是升任张柬之为秋官侍郎,最后任命为宰相。狄仁杰又曾经向太后举荐了夏官侍郎姚元崇、监察御史桓彦范、太州刺史敬晖等数十名人才,最后他们建立了恢复唐朝的功劳。有人对狄仁杰说:"天下的杰出人才,都出自您的门下。"狄仁杰说:"举荐贤能之士是为了国家,并不是为了个人私利。"唐中宗重登帝位后,追赠狄仁杰为司空。唐睿宗在位时追封他为梁国公。

冬十月,武周重新以正月为每年的第一个月。 武周任命韦安石为同平章事。

当时武三思与张易之兄弟专权用事,韦安石多次当面驳斥他们。有一次韦安石在宫中侍奉太后宴饮,张易之带着几个蜀地的商人在宴席上玩博戏。韦安石跪下向太后上奏说:"商人地位卑贱,不应该参加这样的宴会。"然后示意左右的人把这几个商人赶出去,在座的人都大惊失色,而太后因为他敢于直言进谏,慰劳勉励他,同僚们都对他十分赞叹佩服。

十二月,武周取消了屠宰牲畜的禁令。

凤阁舍人崔融上言说:"宰杀烹调牲畜和猎捕飞禽走兽,已被写进典章礼制中。只要能够顺应时令,并符合礼经的制度,自然会使生物顺利生长的。"因此取消了屠宰牲畜的禁令,祭祀时仍然像过去那样用牲畜作祭品。

辛丑（701） **十八年**周武氏大足元年，又改长安。

春正月，帝在东宫。

是岁，武邑人苏安恒上疏太后曰："陛下钦先圣之顾托，受嗣子之推让，敬天顺人，二十年矣。今太子春秋既壮，陛下年德既尊，何不禅位东宫，使临宸极，亦何异陛下之身哉！诸武皆得封王，而陛下二十余孙无尺寸之土，此非长久之计也。臣请黜诸武为公侯，而分土以王诸孙，择立师傅，教其孝敬之道，以夹辅周室，屏藩皇家。"疏奏，太后召见，赐食，慰谕而遣之。

三月，周流张锡于循州。

平章事张锡坐知选漏泄禁中语、赃满数万，当斩，临刑释之，流循州。时苏味道亦坐事俱下狱，锡气色自若，舍三品院，帷屏食饮，无异平居。味道步至系所，席地蔬食。太后闻之，赦味道而复其位。

雨雪。

苏味道以雪为瑞，帅百官入贺。殿中侍御史王求礼止之曰："三月雪为瑞雪，腊月雷为瑞雷乎？"味道不从。既入，求礼独不贺，进言曰："今阳和布气，草木发荣，而寒雪为灾，岂得诬以为瑞！贺者皆谄谀之士也。"太后为之罢朝。时又有献三足牛者，宰相复贺。求礼扬言曰："凡物反常皆为妖。此鼎足非其人，政教不行之象也。"太后为之愀然。

夏六月，周以李迥秀同平章事。

辛丑（701） **唐中宗嗣圣十八年**<small>武周大足元年，又改年号为长安。</small>

春正月，唐中宗在东宫。

这一年，武邑人苏安恒向太后武则天上疏说："陛下恭敬地执行先皇帝的临终托付，接受太子的辞让，敬天命顺人心，至今临朝已有二十年了。现在太子已到了壮年，陛下年事已高，德高望重，为何不把帝位禅让给太子，让太子当皇帝，这与陛下亲自临朝有什么不同呢！现在武氏诸人都受封为王，而陛下的二十多个孙子却没有得到任何封地，这不是长治久安的计策。我请求降封武氏诸王为公侯，而把陛下的诸多孙子分封为王，授予封地，并为他们选择师傅，教导他们有关孝顺敬爱的道理，让他们辅佐大周朝廷，成为皇室的屏障。"疏奏进上后，太后召见了他，并赐给他膳食，安慰劝谕后送他出宫。

三月，武周把张锡流放到循州。

同平章事张锡因犯有主持官吏铨选而泄漏宫中谈话的罪，又贪赃数万钱，按罪应当斩首，临刑之际被赦免死罪，流放到循州。当时苏味道也因罪一起被关押在狱中，张锡神态自若，住在专门关押三品以上犯罪官员的院中，帷帐的设置和饮食起居，与平时完全相同。而苏味道却是步行到监狱中，席地而卧，只吃蔬菜。太后听说后，就赦免了苏味道的罪，并恢复了他的官职。

下雪。

苏味道认为此时下雪是吉兆，率领文武百官入朝祝贺。殿中侍御史王求礼阻止说："如果说三月下雪是吉祥的雪，那么腊月打雷也是吉祥的雷吗？"苏味道不听从劝阻。入宫之后，唯独王求礼不向太后表示祝贺，还进言说："现在正是阳和之气散布、草木生长的时节，而天寒下雪造成灾害，怎么能胡乱说是吉兆呢！那些庆贺的人都是一伙阿谀奉承之辈。"太后为此而停止朝会。当时又有人进献三条腿的牛，宰相们又入朝庆贺。王求礼大声疾呼："凡是反常的东西都是妖异。这是三公的人选不当，政令教化没有得到施行的表现。"太后因此而忧愁。

夏六月，武周任命李迥秀为同平章事。

迥秀母本微贱,妻叱媵婢,母闻之不悦,迥秀即时出之。或问:"何遽如是?"迥秀曰:"娶妻本以养亲,今乃违忤颜色,安敢留也!"

冬十一月,周以崔玄晖为天官侍郎。

天官侍郎崔玄晖性介直,未尝请谒,执政恶之,改文昌左丞。月余,太后谓玄晖曰:"闻卿改官,令史设斋自庆。此欲盛为奸贪耳,今还卿旧任。"乃复拜天官侍郎。

周以郭元振为凉州都督。

先是,凉州南北境不过四百余里,突厥、吐蕃频岁奄至城下,百姓苦之。元振始于南境硖口置和戎城,北境碛中置白亭军,控其冲要,拓州境千五百里,自是寇不复至城下。元振又令甘州刺史李汉通开置屯田,尽水陆之利。旧粟麦斛至数千,及至是,一缣籴数十斛,军粮支数十年。元振善抚御,在州五年,夷夏畏慕,令行禁止,牛羊被野,路不拾遗。

壬寅(702) **十九年**周武氏长安二年。
春正月,帝在东宫。

是岁,苏安恒复上疏曰:"臣闻天下者,神尧、文武之天下也,陛下虽居正统,实因唐氏旧基。当今太子追回,年德俱盛,陛下贪其宝位而忘母子深恩,将以何颜见唐家之宗庙哉?今天意人事,还归李家。陛下虽安天位,殊不知物极则反,器满则倾。臣何惜一朝之命而不

李迥秀的母亲原本出身卑贱,他的妻子大声斥骂婢女,他母亲听见后不高兴,李迥秀马上将妻子休弃。有人问他:"你为何要这么快将妻子休弃呢?"李迥秀回答说:"娶妻子本来是为了奉养母亲,而现在却惹得母亲生气,怎么还敢留下她呢!"

冬十一月,武周任命崔玄暐为天官侍郎。

天官侍郎崔玄暐生性耿直,从未请托求见过谁,所以执政大臣不喜欢他,改任他为文昌左丞。过了一个多月,太后武则天对崔玄暐说:"听说你改任文昌左丞之后,你原来属下的令史们设斋以示庆贺。看来他们是想大肆地作奸贪赃啊,现在让你官复原职。"于是重新拜授天官侍郎。

武周任命郭元振为凉州都督。

先前,凉州全境南北不过四百余里,突厥与吐蕃的军队连年偷袭到凉州城下,百姓深受其害。郭元振开始在凉州南部边境的硖口设置和戎城,在北部边境的沙漠中设置白亭军,控制了凉州的要冲,把边境开拓了一千五百里,从此敌人不能再侵犯到凉州城下。郭元振又命令甘州刺史李汉通开垦屯田,充分利用水利和土地条件。以前凉州的谷子和小麦每斛价值数千钱,到了这时,一匹细绢就可换到数十斛粮食,积蓄的军粮可以供给数十年之用。郭元振善于安抚治理,在凉州任都督五年,很受汉族和夷族的敬畏爱戴,做到了令行禁止,牛羊遍野,路不拾遗。

壬寅(702)　**唐中宗嗣圣十九年**武周长安二年。

春正月,唐中宗在东宫。

这年,苏安恒再次上疏说:"我听说这天下是高祖神尧皇帝和太宗文武皇帝创立的天下,陛下虽然当了皇帝,但实际依靠的是大唐王朝旧的基业。现在太子已被召回朝廷,正当壮年,德行高尚,而陛下却因贪恋皇位而忘记了母子间的深厚恩情,将来有什么脸面去见大唐宗庙的列祖列宗呢?现在天意与人心,都希望把皇位归还李家。陛下的皇位虽然安定,却根本不知道物极必反、器满则会倾倒的道理。我怎么能够顾惜自己的性命而不

安万乘之国哉！”太后亦不之罪。

周设武举。　突厥寇盐、夏，遂寇并州，周遣薛季昶、张仁愿御之。　秋八月，周赐张昌宗爵邺国公。

昌宗兄弟贵盛，势倾朝野，太子、相王、太平公主上表请封昌宗为王，制不许，乃赐爵邺国公。

九月朔，日食，不尽如钩。　吐蕃遣使求和。

宴吐蕃使者论弥萨于麟德殿。时凉州都督唐休璟入朝，亦预宴，弥萨屡窥之。太后问其故，对曰：“洪源之战，此将军猛厉无敌，故欲识之。”休璟练习边事，自碣石以西逾四镇，绵亘万里，山川要害，皆能记之。

冬十月，吐蕃寇茂州，都督陈大慈与战，破之。　十一月，周命监察御史苏颋按雪冤狱。

监察御史魏靖上疏，以为：“陛下既知来俊臣之奸，处以极法，乞详覆俊臣等所推大狱，伸其枉滥。”太后乃命苏颋按覆，由是雪免者甚众。

十二月，周以张嘉贞为监察御史。

侍御史张循宪为河东采访使，有疑事不能决，问侍吏曰：“此有佳客，可与议事者乎？”吏言前平乡尉张嘉贞有异才，循宪召见，询之，嘉贞为之条析理分，莫不洗然，循宪因请为奏，皆意所未及。还，太后善之，循宪具言嘉贞所为，且请以己官授之。太后曰：“朕宁无一官自进贤邪！”

考虑国家的长治久安呢！"太后也没有加罪于他。

武周设置武举。 突厥军队侵犯盐州和夏州,然后进犯并州,武周派遣薛季昶和张仁愿率兵抵御。 秋八月,武周赐给张昌宗邺国公爵位。

张昌宗兄弟尊贵显赫,权倾朝野,太子李显、相王李旦和太平公主上表请求封张昌宗为王,太后武则天下制书不答应,于是赐给他邺国公爵位。

九月初一,发生日食,形状如钩,没有全食。 吐蕃派遣使者来请求两国和解。

太后武则天在麟德殿宴请吐蕃使者论弥萨。当时凉州都督唐休璟入朝,也参加了这次宴会,在宴会上论弥萨多次偷看唐休璟。太后询问论弥萨为什么要这样做,他回答说:"在洪源之战中,这位将军勇猛无敌,所以我想认识他。"唐休璟熟悉边防事务,从碛石向西一直到达安西四镇,绵延万里,各地的山河险要之地,他都能牢记在心。

冬十月,吐蕃军队侵犯茂州,都督陈大慈率兵与吐蕃交战,打败了吐蕃。 十一月,武周命令监察御史苏颋审查平反冤案。

监察御史魏靖上疏,认为:"陛下既已知道来俊臣的奸恶,对他处以极刑,希望能够仔细重新审核来俊臣等人所办理的大案,为那些被冤枉的人平反。"太后于是命令苏颋重新审核,因此许多人得到昭雪赦免。

十二月,武周任命张嘉贞为监察御史。

侍御史张循宪担任河东采访使,因有疑难之事不能决断,就问属下官吏说:"这里是否有可以商议事情的才能之士?"属下官吏告诉他说原平乡县尉张嘉贞有奇异之才,张循宪于是召见张嘉贞,向他询问问题的处理办法,张嘉贞为张循宪详细分析,无不清晰明了,张循宪于是请求张嘉贞为自己代写奏疏,所谈到的都是自己没有考虑到的。张循宪回朝后,太后武则天很赞赏他的奏疏,张循宪就说这都是张嘉贞所写的,并且请求把自己的官职授给他。太后说:"朕难道没有一个官职来提拔贤能之士吗！"

因召嘉贞,与语,大悦,即拜监察御史,擢循宪司勋郎中,赏其得人也。

癸卯(703) 二十年^{周武氏长安三年。}

春正月,帝在东宫。

突厥请以女妻太子之子,许之,乃遣武延秀还,仍遣使来谢。宴于宿羽台,太子预焉。宫尹崔神庆上疏曰:"今五品以上所以佩龟者,为别敕征召,恐有诈妄,内出龟合,然后应命。况太子国本,古来征召皆用玉契,此诚重慎之极也。昨缘突厥使见,太子应预朝参,直有文符下宫,曾不降敕处分。臣愚谓太子非朔望朝参,应别召者,请降手敕及玉契。"太后然之。

三月朔,日食。 夏闰四月,周改文昌台为中台。六月,宁州大水。 秋七月,周以唐休璟同三品。

时突骑施酋长乌质勒与西突厥诸部相攻,安西道绝。太后命休璟议其事,行之。后十余日,安西诸州请兵应接,程期一如休璟所画。太后曰:"恨用卿晚。"时西突厥斛瑟罗用刑残酷,诸部不服。乌质勒本隶斛瑟罗,能抚其众,诸部归之,斛瑟罗不能制。后攻陷碎叶,徙其牙帐居之。斛瑟罗部众离散,因入朝,不敢复还,乌质勒悉并其地。

于是召见了张嘉贞,与他谈话,十分高兴,当即拜授他为监察御史,并升任张循宪为司勋郎中,以此奖赏他发现了人才的功劳。

癸卯(703) **唐中宗嗣圣二十年**武周长安三年。

春正月,唐中宗在东宫。

突厥可汗阿史那默啜请求把女儿嫁给太子李显的儿子为妻,太后武则天同意,于是突厥释放了武延秀,让他返回,同时派遣使者前来表示感谢。太后在宿羽台宴请突厥使者,太子李显也参加了宴会。宫尹崔神庆上疏说:"现在五品以上的官员之所以佩带龟符,是因为在天子有特别的敕书征召他们入宫时,恐怕有人欺诈冒充,所以让宫中拿出龟符与官员佩带的龟符相合,然后才放被征召人入宫。何况太子是国家的根本,自古以来征召太子入宫都用玉契,这实在是为了表示极大的庄重和谨慎。昨天因为突厥使者朝见,太子应该参与朝见陛下,当时只有文书下达到宫中,而陛下没有下敕书征召。我认为太子如果不是在每月初一和十五的入朝参见,而是由陛下特别征召,那么请陛下亲自写下敕书并颁发玉契。"太后同意他的意见。

三月初一,出现日食。 夏闰四月,武周改文昌台为中台。六月,宁州发生水灾。 秋七月,武周任命唐休璟为同凤阁鸾台三品。

当时突骑施酋长乌质勒与西突厥各部相互攻打,通往安西都护府的道路断绝。太后武则天命令唐休璟商议解决的办法,然后按照他的意见施行。十多天之后,安西都护府各州请求派兵接应,行程日期与唐休璟所预想的完全相符。太后因此对唐休璟说:"我遗憾任用你太晚了。"当时西突厥可汗斛瑟罗用刑残酷,各部落都不服从于他。乌质勒原本是斛瑟罗的下属,因为能够安抚部众,所以各部落都归附于他,斛瑟罗不能制止。后来乌质勒攻占了碎叶城,把自己的牙帐迁居到那里。斛瑟罗的部众离散,于是入朝,不敢再返回他的部落,乌质勒因此全部兼并了他的领地。

九月朔，日食，既。　周贬魏元忠为高要尉，流张说于岭南。

初，元忠为洛州长史，张易之奴暴乱都市，元忠杖杀之。及为相，太后欲以易之弟昌期为雍州长史，问宰相："谁堪雍州者？"元忠以薛季昶对。太后曰："昌期何如？"元忠曰："昌期少年，不闲吏事，向在岐州，户口逃亡且尽，不如季昶。"太后默然而止。元忠又尝面奏："臣承乏宰相，不能尽忠死节，使小人在侧，臣之罪也！"太后不悦。由是诸张深怨之。乃谮元忠尝言："太后老矣，不若挟太子为久长。"太后怒，下元忠狱。

昌宗密引凤阁舍人张说，赂以美官，使证元忠，说许之。太后召说入，凤阁舍人宋璟谓曰："名义至重，鬼神难欺，不可党邪陷正。若获罪流窜，其荣多矣。若事有不测，璟当叩阁力争，与子同死。努力为之，万代瞻仰，在此举也！"殿中侍御史张廷珪曰："朝闻道，夕死可矣！"左史刘知几曰："无污青史，为子孙累！"

及入，太后问之，说未对。昌宗从旁迫趣说，使速言。说曰："陛下视之，在陛下前犹逼臣如是，况在外乎！臣实不闻元忠有是言。"易之、昌宗遽呼曰："张说与元忠同反！"太后问其状，对曰："说尝谓元忠为伊、周，伊尹放太甲，

九月初一,发生日食,是日全食。 武周贬魏元忠为高要县尉,把张说流放到岭南。

当初,魏元忠担任洛州长史时,张易之的家奴在洛阳闹市中横行不法,魏元忠将他以杖刑处死。魏元忠担任宰相后,太后武则天想要任命张易之的弟弟张昌期担任雍州长史,就问宰相:"谁可以担任雍州长史的职务?"魏元忠回答说薛季昶可以胜任。太后说:"张昌期怎么样?"魏元忠说:"张昌期年纪太轻,不熟悉政务,以前担任岐州刺史时,致使岐州的人口逃亡殆尽,不如薛季昶合适。"太后沉默而作罢。魏元忠又曾经当面向太后上奏说:"我忝居宰相之位,不能为国家效忠尽死,使小人在陛下的身边,这是我的罪过啊!"太后听后很不高兴。张易之兄弟因此十分憎恨魏元忠。于是他们诬陷魏元忠曾经说过:"太后老了,不如倚仗太子,这样才是长久之计。"太后听后大为愤怒,下令把魏元忠逮捕入狱。

张昌宗私下找到凤阁舍人张说,用高官收买他,让他证实魏元忠说过那些话,张说答应了张昌宗的请求。太后武则天召张说入宫,凤阁舍人宋璟对他说:"名誉与道义最为重要,鬼神是难以欺骗的,不能够党附奸邪之人而诬陷正直之士。你如果因此事而获罪被流放,实际上是一件很光荣的事。如果遭遇不测,我宋璟一定叫开宫殿门为你据理力争,与你一同去死。希望你努力尽心去做,能否受到世代人的敬仰,就在此一举了!"殿中侍御史张廷珪说:"早晨求得真理,要我晚上去死都愿意啊!"左史刘知几说:"不要让你的行为玷污了青史,而使自己的子孙受到连累!"

张说入宫后,太后问他,张说没有回答。这时张昌宗在一旁催促张说,让他快一点说话。张说说:"陛下都看见了,张昌宗在陛下的面前都这样逼我,何况是在朝外呢!我确实没有听说魏元忠说过这样的话。"张易之与张昌宗急忙大声喊道:"张说与魏元忠一同谋反!"太后追问具体罪状,张易之与张昌宗回答说:"张说曾经说过魏元忠是当今的伊尹和周公,伊尹流放了太甲,

周公摄王位,非欲反而何?"说曰:"易之小人,徒闻伊、周之语,安知伊、周之道!伊尹、周公为臣至忠,古今慕仰。陛下用宰相,不使学伊、周,当使学谁邪?"太后曰:"说反覆,宜并系治之。"他日更引问,说对如前。

朱敬则抗疏理之曰:"元忠素称忠正,张说所坐无名,若令抵罪,失天下望。"苏安恒亦上疏曰:"元忠下狱,里巷恟恟,皆以为陛下委信奸宄,斥逐贤良,忠臣烈士皆抚髀于私室。方今赋役烦重,百姓凋弊,重以谗慝专恣,刑赏失中,窃恐人心不安,别生他变。"竟贬元忠高要尉,流说岭表。元忠入辞,言曰:"臣老向岭南,十死一生。但陛下他日必思臣言。"因指昌宗、易之曰:"此二小儿,终为乱阶。"

殿中侍御史王晙复奏申理元忠,宋璟谓之曰:"魏公幸已得全,今子复冒威怒,得无狼狈乎!"晙曰:"魏公以忠获罪,晙为义所激,颠沛无恨。"璟叹曰:"璟不能申魏公之枉,深负朝廷矣。"

太子仆崔贞慎等八人饯元忠于郊外,易之诈为状,称贞慎等与元忠谋反。太后使监察御史马怀素鞫之,怀素曰:"昔栾布奏事彭越头下,汉祖不以为罪,况元忠之刑未如彭越,而陛下欲诛其送者乎!"太后意解。

周公代理周朝的王位,这不是想要谋反是什么呢?"张说说:"张易之是小人,只是听说过有关伊尹、周公的只言片语,哪里知道伊尹、周公的道德!伊尹、周公作为臣子极为忠诚,从古到今都受到人们的敬仰。陛下任用宰相,不让他们学习伊尹、周公,那应该让他们学习谁呢?"太后说:"张说反复无常,应该与魏元忠一并逮捕治罪。"后来有一天太后又召来张说追问此事,张说仍然像以前那样回答。

朱敬则上疏直言申辩说:"魏元忠素来以忠诚正直而著名,张说受他的牵连而被关押入狱实在没有道理,如果下令将他们治罪,就会让天下人失望。"苏安恒也上疏说:"自从魏元忠被捕入狱后,街巷里坊惊扰不安,人们都认为陛下委任信用奸邪之徒,贬逐贤良之士,那些忠臣志士都在自己的家中拍着大腿唉声叹气。现在国家的赋税和劳役十分烦重,百姓生活贫困,再加上谄佞奸邪之徒专横放纵,刑罚和赏赐失当,我私下担心人心不安,会发生变故。"最终太后还是贬魏元忠为高要县尉,把张说流放到岭南。魏元忠入宫向太后辞行,说道:"我年纪这么老了,要去岭南,生还的希望很小。但是陛下日后一定会想起我所说的话。"于是指着张昌宗和张易之说:"这两个坏小子,最终会成为祸乱的根源。"

殿中侍御史王晙又上奏为魏元忠诉冤,宋璟对他说:"魏公已有幸得以保全性命,现在你又要去惹陛下发怒,能有好结果吗!"王晙说:"魏公是因为忠诚而获罪,我王晙被他的正义所感动,就是因此而颠沛流离也不感到遗憾。"宋璟感叹说:"我宋璟不能为魏公伸冤,深感有负于朝廷。"

太子仆崔贞慎等八人在郊外为魏元忠饯行,张易之冒充他人告密状,说崔贞慎等人与魏元忠一同谋反。太后派监察御史马怀素审问此案,马怀素说:"从前汉朝的梁王彭越因谋反被斩首示众,梁大夫栾布出使回来对着他的头颅奏事,而汉高祖没有认为栾布有罪,何况魏元忠的罪没有彭越的大,难道陛下想要诛杀为他送行的人吗!"太后于是打消了原来的念头。

太后尝命朝贵宴集，易之兄弟皆位宋璟上。易之素惮璟，欲悦其意，虚位揖之，曰：“公方今第一人，何乃下坐？”璟曰：“才劣位卑，张卿以为第一，何也？”天官侍郎郑杲谓璟曰：“中丞奈何卿五郎？”璟曰：“以官言之，正当为卿。足下非张卿家奴，何郎之有！”举坐悚惕。时自武三思以下，皆谨事易之兄弟，璟独不为之礼。诸张积怒，尝欲中伤之。太后知之，故得免。

周以裴怀古为桂州都督。

始安獠反，攻陷州县，朝廷思得良吏以镇之。朱敬则称怀古有文武才，以为桂州都督。怀古飞书以示祸福，獠即迎降。怀古轻骑赴之，左右曰：“夷獠无信，不可忽也。”怀古曰：“吾仗忠信，可通神明，而况人乎！”遂诣其营。贼众大喜，岭外悉定。

周遣使以六条察州县。　吐蕃赞普器弩悉弄卒。

吐蕃南境诸部皆叛，器弩悉弄击之，卒于军中。诸子争立，久之，国人立其子弃隶蹜赞，生七年矣。

甲辰（704）　二十一年周武氏长安四年。
春正月，帝在东宫。　周以阿史那怀道为西突厥十姓可汗。　周作兴泰宫。

武三思建议毁三阳宫，以其材作兴泰宫于万安山。功费甚广，百姓苦之。左拾遗卢藏用上疏，以为：“左右近臣，多以顺意为忠，犯忤为戒，致陛下不知百姓失业。陛下

太后曾经宴请朝廷权贵,张易之兄弟的座位都在宋璟之上。张易之素来惧怕宋璟,想讨好他,就空出座位请宋璟坐,并说:"您是当今第一人,为何坐在下位呢?"宋璟说:"我才能低下,职位卑微,张卿却认为我是第一人,为什么?"天官侍郎郑杲对宋璟说:"中丞你为什么要称五郎为卿呢?"宋璟说:"根据官职,称他为卿正合适。你又不是张卿的家奴,为何称他五郎呢!"在座的人都为宋璟感到担心。当时从武三思以下的朝臣,都谨慎事奉张易之兄弟,只有宋璟对他们不礼貌。因此张易之兄弟对他怀恨在心,曾经想诬陷他。太后了解宋璟,所以宋璟得以幸免。

武周任命裴怀古为桂州都督。

始安郡的獠人反叛,攻占了州县,朝廷希望能得到一位贤良的官员前去镇抚。朱敬则举荐说裴怀古是文武全才,于是太后任命他为桂州都督。裴怀古送去紧急书信向獠人晓以祸福之理,獠人马上派人来迎接并投降。裴怀古准备轻装骑马前往,他手下的人说:"夷獠之人不讲信用,不可大意。"裴怀古说:"我依仗忠信,可以与神明相通,何况是人呢!"于是前往獠人军营。反叛的獠人部众十分高兴,岭外全部被平定。

武周派遣使者根据六条规定到各地考核州县官吏的政绩。
吐蕃赞普器弩悉弄死去。

吐蕃南部边境各部落都发生了叛乱,赞普器弩悉弄率兵攻打,死于军中。他的几个儿子争着即位,很久之后,国人才立他的儿子弃隶蹜赞为赞普,年仅七岁。

甲辰(704) 唐中宗嗣圣二十一年_{武周长安四年。}

春正月,唐中宗在东宫。 武周册封阿史那怀道为西突厥十姓可汗。 武周修造兴泰宫。

武三思建议拆毁三阳宫,用拆下来的材料在万安山修建兴泰宫。因为工程耗费巨大,百姓深受其苦。左拾遗卢藏用上疏,认为:"陛下身边的亲近大臣,大多把顺从旨意当作忠诚,把冒犯违背旨意作为戒条,致使陛下不了解百姓的生计艰辛。陛下

诚能以劳人为辞,发制罢之,则天下皆知陛下苦己而爱人也。"不从。

周平章事朱敬则致仕。

敬则为相,以用人为先,自余细务不之视。

三月,周以韦嗣立等为诸州刺史。

太后尝与宰相议及刺史、县令。李峤、唐休璟等奏:"窃见朝廷物议,远近人情,莫不重内官,轻外职,除授牧伯多是贬累之人,风俗不澄,实由于此。望于台、阁、寺、监妙简贤良,分典大州,共康庶绩。臣等请辍近侍,率先具僚。"太后命书名探之,得凤阁侍郎韦嗣立、御史大夫杨再思等二十人,各以本官检校刺史。其后政迹可称者,唯常州薛谦光、徐州司马锽而已。

夏四月,周复作大像。

太后复税天下僧尼,作大像,縻费巨亿。李峤上疏曰:"造像钱见有一十七万余缗,若将散施,人与一千,济得一十七万余户。拯饥寒之弊,省劳役之勤,人神胥悦,功德无穷。"监察御史张廷珪疏曰:"以时政论之,则宜先边境,蓄府库,养人力。以释教论之,则宜救苦厄,灭诸相,崇无为。愿察臣之愚,行佛之意。"太后为之罢役,召见,赏慰之。

周以天官侍郎崔玄暐同平章事。 **周以姚元崇为春官尚书。**

如果能以劳苦百姓为由，下制书停止这一劳役，则天下人都会知道陛下为了爱护百姓而甘愿自己辛苦的美德。"太后没有听从。

武周同平章事朱敬败退休。

朱敬则担任宰相，把选拔任用人才作为首要事务，其余的小事情则不过问。

三月，武周任命韦嗣立等人为各州刺史。

太后武则天曾经与宰相们议论到刺史和县令的选用问题。李峤、唐休璟等上奏说："我们私下发现不管是朝廷大臣的议论，还是远近的人心世情，无不是重视朝内官，而轻视地方官，朝廷所除授的州郡长官大多是因罪被贬官的人，风俗不纯，实在是因为这一原因。希望陛下能从朝廷的台、阁、寺、监各个机构中精心挑选贤良之士，分别让他们担任大州的刺史，共同成就地方上的各种事业。我们请求陛下停止亲近侍臣的职务，首先任命他们为地方官员。"太后命令书写朝中大臣的姓名，然后抽签，抽到凤阁侍郎韦嗣立、御史大夫杨再思等二十人，命令他们各自以现任官职加检校刺史衔。后来这些人中政绩值得称道的，只有常州刺史薛谦光和徐州刺史司马锽而已。

夏四月，武周又修造大佛像。

太后武则天又一次向天下的和尚、尼姑征税，修造大佛像，耗费十分巨大。李峤上疏说："现在用于建造大佛像的钱有一十七万余缗，如果把这些钱散发施舍给百姓，每人发给一千钱，可以救济一十七万余户。拯救百姓的饥寒之苦，减省劳役之勤，这将会使人神共悦，功德无量。"监察御史张廷珪上疏说："以当今的政治而论，则应该首先加强边境防务，增加府库积蓄，休养民力。以佛教的教义而论，则应该拯救苦难中的百姓，消除各种追求奢华形式的做法，崇尚清静无为。愿陛下能够体察我的愚见，按照佛祖的本意行事。"太后因此罢除了这一劳役，并召见张廷珪，对他加以赏赐和安慰。

武周任命天官侍郎崔玄晖为同平章事。　武周任命姚元崇为春官尚书。

初，以相王府长史姚元崇兼夏官尚书。元崇上言："臣事相王，不宜典兵马。臣不敢爱死，恐不益于王。"乃改春官尚书，同三品如故。元崇字元之，时突厥叱列元崇反，太后命元崇以字行。

秋七月，**周以杨再思为内史。**

再思为相，专以谄媚取容。司礼少卿张同休，易之之兄，尝因宴集戏再思曰："杨内史面似高丽。"再思欣然剪纸帖巾，反披紫袍，为高丽舞，举坐大笑。时人或誉张昌宗之美，曰："六郎面似莲花。"再思独曰："不然。"昌宗问其故，再思曰："乃莲花似六郎耳。"

周贬戴令言为长社令。

司礼少卿张同休、汴州刺史张昌期、尚方少监张昌仪皆坐赃下狱，命左右台共鞫之。敕以易之、昌宗作威作福，亦命同鞫。御史大夫李承嘉、中丞桓彦范奏："同休兄弟赃共四千余缗，昌宗法应免官。"昌宗诉有功无罪。太后问宰相："昌宗有功乎？"杨再思曰："昌宗合神丹，圣躬服之有验，此莫大之功。"太后悦，赦之。左补阙戴令言作《两足狐赋》以讥再思，出为长社令。

周以韦安石为扬州长史，**唐休璟兼幽、营都督。**

安石举奏张易之等罪，敕付安石及唐休璟鞫之，未竟而事变。出安石扬州，休璟幽、营。休璟将行，密言于太子曰："二张恃宠不臣，必将为乱，殿下宜备之。"

当初，太后武则天任命相王府长史姚元崇兼任夏官尚书。姚元崇上言说："我奉事相王，不应该再担任这个掌管兵马的职务。我并不是因为怕死，而是恐怕对相王不利。"于是改任姚元崇为春官尚书，同凤阁鸾台三品如旧。姚元崇字元之，当时因为突厥叱列元崇反叛，太后命令姚元崇以字行于世。

秋七月，武周任命杨再思为内史。

杨再思担任宰相，专门靠阿谀奉承取悦于人。司礼少卿张同休是张易之的哥哥，曾经在一次宴会上戏弄杨再思说："杨内史的面孔像高丽人。"杨再思听后高兴地剪纸帖巾自制行头，反披着紫色的朝服，跳起了高丽舞，在座的人全都大笑。当时有人称赞张昌宗生得漂亮，说："张六郎的脸像莲花一样美。"唯独杨再思说："不对。"张昌宗问他为什么，杨再思回答说："应该说是莲花长得像六郎一样美。"

武周贬戴令言为长社县令。

司礼少卿张同休、汴州刺史张昌期、尚方少监张昌仪都因贪赃被逮捕入狱，太后武则天命令左右台共同审讯他们。太后又下敕说张易之、张昌宗作威作福，命令一同加以审问。御史大夫李承嘉、御史中丞桓彦范上奏说："张同休兄弟共贪赃四千余缗钱，依照法律张昌宗应该免官。"张昌宗上诉说自己有功无罪。太后问宰相："张昌宗有功吗？"杨再思回答说："张昌宗调制神丹，陛下服用后确有效果，没有什么比这功劳更大了。"太后很高兴，于是赦免了张昌宗。左补阙戴令言作了一篇《两足狐赋》以讥讽杨再思，被外放为长社县令。

武周任命韦安石为扬州长史，任命唐休璟兼幽州、营州都督。

韦安石上奏揭发张易之等人的罪状，太后下敕将张易之等人交付韦安石和唐休璟审讯，还没有审理完就发生了变故。于是外放韦安石为扬州长史，唐休璟为幽州、营州都督。唐休璟出行前，私下对太子李显说："张易之和张昌宗依仗着太后的宠幸，行不臣之事，日后必将作乱，殿下应该加以防备。"

九月，周以姚元之为灵武道安抚大使。冬十月，以秋官侍郎张柬之同平章事。

元之将行，太后令举外司堪为宰相者。对曰："张柬之沉厚有谋，能断大事，且其人已老，惟陛下急用之。"太后遂以柬之同平章事，时年且八十矣。

周以岑羲为天官员外郎。

太后命宰相选郎吏，韦嗣立荐羲曰："但恨其伯父长倩为累。"太后曰："苟或有才，此何所累！"由是诸缘坐者始得进用。

十二月，周张昌宗下狱，既而赦之。

太后寝疾，宰相不得见者累月，惟易之、昌宗侍侧。崔玄暐奏曰："太子、相王，足侍汤药。宫禁事重，愿不令异姓出入。"易之、昌宗亦恐祸及，阴为之备。屡有人为飞书云："易之兄弟谋反。"

许州人杨元嗣告昌宗尝召术士李弘泰占相，弘泰言昌宗有天子相。太后命平章事韦承庆及司刑卿崔神庆、御史中丞宋璟鞫之。神庆奏言："昌宗款称：'弘泰语已奏闻。'准法首原。"璟奏："昌宗傥以弘泰为妖妄，何不执送有司！虽云奏闻，终是包藏祸心，法当处斩。"太后不许。璟退，左拾遗李邕进曰："宋璟志安社稷，非为身谋，愿陛下可其奏。"亦不听。寻敕璟安抚陇、蜀，璟不肯行，奏曰："故事，中丞非军国大事，不当出使。今陇、蜀无变，臣不敢奉制。"

九月，武周任命姚元之为灵武道安抚大使。冬十月，任命秋官侍郎张柬之为同平章事。

姚元之赴任前，太后武则天让他举荐外朝官中具有宰相才能的人。姚元之回答说："张柬之沉稳厚道，富有谋略，能决断大事，而且他年纪已老，希望陛下赶紧重用他。"太后于是任命张柬之为同平章事，此时已年近八十岁了。

武周任命岑羲为天官员外郎。

太后武则天命令宰相们举荐能够担任郎官的人，韦嗣立推荐岑羲说："只可惜他受到他伯父岑长倩的连累。"太后说："如果确实有才能，这有什么可连累的！"因此那些受牵连而获罪的人开始得到提拔任用。

十二月，武周张昌宗被关押入狱，不久又赦免了他。

太后武则天卧病在床，宰相们有几个月不得晋见，只有张易之、张昌宗兄弟在身旁侍候。崔玄暐上奏说："皇太子和相王完全可以侍奉汤药。内宫是重要的地方，希望不要让异姓之人随便出入。"张易之与张昌宗也恐怕祸难降临到自己身上，暗中做好了防备。多次有人写匿名信说："张易之兄弟谋反。"

许州人杨元嗣告发说张昌宗曾经召方术之士李弘泰为自己相面，李弘泰说张昌宗有做天子的面相。太后命令同平章事韦承庆及司刑卿崔神庆、御史中丞宋璟共同审讯此案。崔神庆上奏说："张昌宗招供说：'李弘泰所说的话我已经上奏陛下了。'依照法律自首者应该免罪。"宋璟上奏说："如果张昌宗认为李弘泰的话是妖言，为何不把他送到有关部门治罪！虽然他说已把此事上奏陛下，但终究是包藏祸心，依法应当斩首。"太后不答应。宋璟退下后，左拾遗李邕进言说："宋璟是为了安定国家，不是为了自己着想，希望陛下同意按他的奏言办理。"太后也没有听从李邕的建议。不久太后下敕命令宋璟出朝安抚陇、蜀地区，宋璟不肯出行，并上奏说："依照旧例，如果不是军国大事，御史中丞不应当出使地方。现在陇、蜀地区并没有变故发生，所以我不敢奉命。"

司刑少卿桓彦范上疏曰："昌宗无功荷宠，而包藏祸心。所以奏者，拟事发则云先已奏陈，不发则俟时为逆。此乃奸臣诡计，若云可舍，谁为可刑！请考竟其罪。"疏奏，不报。

崔玄暐亦屡以为言，太后令法司议罪。玄暐弟司刑少卿昪，处以大辟。宋璟复奏："昌宗为飞书所逼，不得已而自陈。且谋反大逆，无容首免。"太后温言解之。璟声色逾厉曰："臣知言出祸从，然义激于心，虽死不恨！"太后不悦。杨再思遽宣敕令出，璟曰："圣主在此，不烦宰相擅宣敕命！"太后乃可其奏，遣昌宗诣台。璟庭立而按之，事未毕，太后特敕赦之。璟叹曰："不先击小子脑裂，负此恨矣。"太后使昌宗诣璟谢，璟拒不见。

周以阳峤为右台侍御史。

桓彦范、袁恕己共荐阳峤为御史。杨再思曰："峤不乐搏击之任，如何？"彦范曰："为官择人，岂必待其所欲！所不欲者，尤须与之，所以长难进之风，抑躁求之路。"乃擢为右台侍御史。

乙巳（705）　神龙元年
春正月，张柬之等举兵讨武氏之乱，张易之、昌宗伏诛，帝复位，大赦。

司刑少卿桓彦范上疏说:"张昌宗没有任何功劳而受到陛下的宠爱,却包藏祸心。他之所以向陛下上奏李弘泰的事,是打算一旦事情败露就说事先已经上奏,如果没有被揭发就等待时机叛逆作乱。这是奸臣的诡计,如果说张昌宗的罪行可以赦免,那么什么样的人才可以处以刑罚!请陛下彻底查清他的罪状。"疏奏进上后,没有得到答复。

崔玄暐也多次向太后进言此事,太后于是命令司法部门议定张昌宗的罪。崔玄暐的弟弟司刑少卿崔昪认为应该将张昌宗处以死刑。宋璟又上奏说:"张昌宗是因为受到匿名信的逼迫,不得已才自首的。而且他犯的是谋反大逆之罪,不允许自首而免罪。"太后语气温和地为张昌宗辩解。宋璟语气神色更加严厉地说:"我知道一说出这样的话就会大祸临头,但心中的正义激使我,即使因此而死也不感到遗憾!"太后听后不高兴。杨再思急忙宣敕命令宋璟退出,宋璟说:"圣明的天子就在这里,不用烦劳宰相擅自宣布敕命!"太后这才同意了宋璟的上奏,让张昌宗到御史台接受审讯。宋璟站在御史台的庭院中审讯张昌宗,还没有审问完毕,太后就下特敕赦免了他。宋璟叹息说:"没有先打碎这小子的脑袋,真是太遗憾了。"太后让张昌宗到宋璟处道谢,宋璟拒不见他。

武周任命阳峤为右台侍御史。

桓彦范和袁恕己共同荐举阳峤担任御史。杨再思说:"阳峤不喜欢担任这种弹劾纠举他人的职务,怎么办呢?"桓彦范说:"要按照官位挑选合适的人才,难道一定要等待愿意担任这一官职的人吗!越是不愿意任官的人,越是要授予他官职,这样才能助长知难而进之风,抑制浮躁求进之路。"于是升任阳峤为右台侍御史。

乙巳(705) 唐中宗神龙元年

春正月,张柬之等人起兵讨伐武氏之乱,张易之、张昌宗被**诛杀,唐中宗重新即位,大赦天下。**

太后疾甚，易之、昌宗居中用事，张柬之、崔玄暐与中台右丞敬晖、司刑少卿桓彦范、相王司马袁恕己谋诛之。柬之谓羽林大将军李多祚曰："将军富贵谁所致也？"多祚泣曰："大帝也。"柬之曰："今大帝之子为二竖所危，将军不思报大帝之德乎！"多祚曰："苟利国家，惟相公处分，不敢顾身。"遂与定谋。

初，柬之与荆府长史杨元琰相代，同泛江，至中流，语及太后革命事，元琰慨然有匡复之志。及柬之为相，引元琰为右羽林将军，谓曰："君颇记江中之言乎？今日非轻授也。"柬之又用彦范、晖及右散骑侍郎李湛，皆为羽林将军，委以禁兵。易之等疑惧，乃更以其党武攸宜参之，易之等乃安。

俄而姚元之自灵武至都，柬之、彦范相谓曰："事济矣！"遂以其谋告之。彦范以事白其母，母曰："忠孝不两全，先国后家可也。"时太子于北门起居，彦范、晖谒见，密陈其策，太子许之。柬之、玄暐、彦范乃与左威卫将军薛思行等帅羽林兵五百余人至玄武门，遣多祚、湛及内直郎王同皎诣东宫迎太子，斩关而入。斩易之、昌宗于庑下，进至太后所寝长生殿。太后惊起，问曰："乱者谁邪？"多祚等对曰："易之、昌宗谋反，臣等奉太子令诛之，恐有漏泄，故不敢以闻。称兵宫禁，罪当万死！"太后见太子曰："小子既诛，可还东宫。"彦范进曰："昔天皇以爱子托陛下，今年齿已长，久在东宫，天意人心，久思李氏。

太后武则天病重,张易之和张昌宗兄弟在宫中专权用事,张柬之、崔玄暐与中台右丞敬晖、司刑少卿桓彦范、相王司马袁恕己谋划诛杀二张。张柬之对羽林大将军李多祚说:"将军的荣华富贵是谁给予的?"李多祚哭泣着说:"是高宗皇帝给予的。"张柬之说:"现在高宗皇帝的儿子受到张易之和张昌宗两个坏小子的危害,将军难道不想报答高宗皇帝的恩德吗!"李多祚回答说:"只要有利于国家,我完全听从相公的指挥,不敢顾惜自己的性命。"于是定下了诛杀二张的计谋。

当初,张柬之与荆州都督府长史杨元琰的职务对调,二人一同泛舟江中,当船到江心时,谈及太后改朝换代的事,杨元琰慷慨激昂地有复兴大唐的志向。张柬之担任宰相后,便援引杨元琰担任右羽林将军,并对他说:"你还记得咱们在江中泛舟时所说的话吗?现在的职务不是随便授给你的。"张柬之又任用了桓彦范、敬晖以及右散骑侍郎李湛,都任命他们为羽林将军,把禁军交给他们指挥。张易之等人因此疑心恐惧,于是张柬之又任用张易之的党羽武攸宜参杂其中,张易之等人这才安心。

不久姚元之从灵武回到都城,张柬之与桓彦范相互说道:"大事成功了!"于是把计谋告诉了姚元之。桓彦范把此事告诉了他的母亲,母亲说:"忠孝不能两全,应该先国而后家。"当时太子李显住在宫殿的北门,桓彦范和敬晖晋见太子,向他秘密陈说了他们的计策,太子同意。于是张柬之、崔玄暐、桓彦范与左威卫将军薛思行等率领羽林兵五百余人来到玄武门,派遣李多祚、李湛及内直郎王同皎前往东宫迎接太子,然后杀进宫中。他们在廊庑下将张易之、张昌宗斩杀,然后进入太后居住的长生殿。太后吃惊地坐起来,问道:"是谁在作乱呢?"李多祚等回答说:"张易之、张昌宗谋反,我们奉太子的命令诛杀了他们,恐怕事先走漏了消息,所以没敢向陛下奏闻。在宫中禁地起兵,罪该万死!"太后看见了太子,说:"坏人已经被诛杀,你可以回东宫了。"桓彦范进言说:"当初高宗皇帝把爱子托付给陛下,现在太子年纪已大,却长期在东宫,天意与人心早就思念李氏的唐朝了。

愿陛下传位太子,以顺天人之望!"太后谓崔玄暐曰:"卿朕所自擢,亦在此邪?"对曰:"此乃所以报陛下之大德。"

于是收张昌期等,皆斩之,与易之、昌宗枭首天津南。收其党韦承庆、房融、崔神庆系狱。以太后制命太子监国,以袁恕己为凤阁侍郎、同平章事,遣使宣慰诸州。明日,太后传位于太子。

中宗复位,大赦,惟易之党不原,其为周兴等所枉者,咸令清雪,子女配没者皆免之。相王旦加号安国相王,太平公主加号镇国太平公主。皇族皆复属籍,叙官爵。其为太后所杀者,访求其柩改葬之。

迁太后于上阳宫,上尊号曰则天大圣皇帝。 以张柬之、袁恕己同三品,崔玄暐为内史,敬晖、桓彦范为纳言,李多祚等进官赐爵有差。 二月,复国号曰唐。

郊庙、社稷、陵寝、百官、旗帜、服色、文字皆如永淳以前故事。复以神都为东都,北都为并州,老君为玄元皇帝。

流贬周宰相韦承庆、房融、崔神庆于岭南。 以杨再思同三品。 姚元之为亳州刺史。

太后之迁上阳宫也,同三品姚元之独呜咽流涕。桓彦范、张柬之谓曰:"今日岂公涕泣时邪!"元之曰:"前日从公诛奸逆,人臣之义也;今日别旧君,亦人臣之义也。虽获罪,实所甘心。"遂出为亳州刺史。

希望陛下把帝位传给太子,以顺从上天与百姓的心愿!"太后对崔玄暐说:"你是朕亲自提拔的,怎么也在这里呢?"崔玄暐回答说:"这正是为了报答陛下的大恩大德。"

于是收捕了张昌期等人,把他们全都斩首,并与张易之、张昌宗的首级一同悬挂在天津桥南示众。接着又逮捕了他们的党羽韦承庆、房融、崔神庆等关进狱中。又以太后武则天的名义下制书命令太子李显监国,任命袁恕己为凤阁侍郎、同平章事,并派使者前往各州宣谕安抚。第二天,太后武则天把帝位传给太子。

唐中宗李显重登帝位,大赦天下,只有张易之的同党不在赦免之例,那些受到周兴等人诬陷的人,都下令平反昭雪,他们的子女被流放或没入官府为奴婢者,都加以赦免。唐中宗又加封相王李旦号为安国相王,加封太平公主号为镇国太平公主。皇族子弟都恢复了族籍,并依次授予官爵。被太后武则天杀死的皇族子弟,都搜访他们的棺柩予以改葬。

唐中宗把太后武则天迁到上阳宫居住,并上尊号为则天大圣皇帝。 唐中宗任命张柬之、袁恕己为同凤阁鸾台三品,崔玄暐为内史,敬晖、桓彦范为纳言,李多祚等人升官赐爵高低不等。

二月,恢复唐朝国号。

规定郊庙、社稷、陵寝、百官、旗帜、服色、文字都恢复高宗永淳年间以前的旧制。重新称神都为东都,北都为并州,老君为玄元皇帝。

唐中宗把武周时期的宰相韦承庆、房融、崔神庆分别流放、贬官到岭南。 任命杨再思为同中书门下三品。 任命姚元之为亳州刺史。

太后武则天被迁居到上阳宫时,只有同中书门下三品姚元之一人呜咽哭泣。桓彦范、张柬之对他说:"今日难道是你哭泣的时候吗!"姚元之说:"前几天追随你们诛杀奸邪叛逆之徒,是出于臣下的道义;今天辞别过去的君主,也是出于臣下的道义。即使因此而获罪,也心甘情愿。"于是唐中宗外放他为亳州刺史。

复立韦氏为皇后,赠后父玄贞上洛王。

左拾遗贾虚己上疏曰:"异姓不王,古今通制。今中兴之始,万姓观仰,而先王后族,非所以广德美于天下也。且先朝赠后父太原王,殷鉴不远,须防其渐。"不听。上之迁房陵也,与后同幽闭,备尝艰危,情爱甚笃。每闻敕使至,辄惶恐欲自杀,后止之曰:"祸福无常,何遽如是!"尝与后私誓曰:"异时幸复见天日,当惟卿所欲,不相禁御。"至是,上每临朝,则后必施帷幔坐于殿上,预闻朝政,如武后在高宗之世矣。桓彦范上表曰:《书》称:'牝鸡之晨,惟家之索。'自古帝王,未有与妇人共政而不破国亡身者也。愿令皇后专居中宫,治阴教,勿出外朝干国政。"先是,胡僧慧范与张易之兄弟善,韦后亦重之。至是复出入宫掖。彦范表言慧范执左道以乱政,请诛之。上皆不听。

以武三思为司空。

二张之诛也,洛州长史薛季昶谓张柬之、敬晖曰:"二凶虽除,产、禄犹在,去草不去根,终当复生。"二人曰:"大事已定,彼犹机上肉耳,夫何能为!"季昶叹曰:"吾不知死所矣。"朝邑尉刘幽求亦谓柬之等曰:"三思尚存,公辈终无葬地,若不早图,噬脐无及。"不从。上女安乐公主适三思子崇训。

唐中宗重新立韦氏为皇后,追赠韦后的父亲韦玄贞为上洛王。

左拾遗贾虚己上疏说:"异姓之人不许封王,这是从古到今的定制。现在唐朝的帝业刚刚复兴,百姓都在看着陛下的所作所为,而陛下却先追赠皇后的亲族为王,这不是向天下推广贤德仁政的做法。再说高宗皇帝在位时追赠太后的父亲武士彟为太原王,这一导致严重后果的教训距离现在并不遥远,陛下应该防微杜渐。"唐中宗没有采纳他的意见。唐中宗被放逐到房陵后,与韦后一起被幽禁,备受艰难,因此感情十分深厚。唐中宗每当听说太后所派的使者到达时,总是恐惧地想要自杀,韦后阻止他说:"祸与福都不是永远不变的,为什么要急忙这么做呢!"唐中宗曾经私下对韦后盟誓说:"日后如果有幸重见天日,一定要满足你的所有心愿,不加任何限制。"这时,每当唐中宗临朝听政时,韦后必定要设置帷帐坐在殿上,参与朝政的处理,就如同武后在唐高宗时代那样。桓彦范上表说:"《尚书》说:'如果母鸡负责打鸣,家庭就要破落。'自古以来的帝王,没有哪一个与妇人共同执掌朝政而不会导致国破身亡的。希望陛下能让皇后专心待在后宫,致力于后宫女子的教化,不要到外朝干预国政。"先前,胡僧慧范与张易之兄弟关系密切,韦后也很看重他。这时慧范又出入宫禁。桓彦范上表说慧范用邪道扰乱朝政,请求诛杀他。唐中宗对桓彦范的意见都不听从。

唐中宗任命武三思为司空。

张易之与张昌宗被诛杀之后,洛州长史薛季昶对张柬之和敬晖说:"张易之与张昌宗这两个凶逆之人虽然已经被铲除,但像汉朝吕产、吕禄那样的野心家还在朝中任职,斩草如果不除根,最终还会生长。"张柬之与敬晖说:"现在大局已定,你所说的那些人如同案板上的肉罢了,能有什么作为呢!"薛季昶叹息说:"我不知道会死在哪里了。"朝邑县尉刘幽求也对张柬之等人说:"武三思还在朝中,你们这些人终将死无葬身之地,如果不及早图谋,将来后悔也来不及了。"张柬之等人也没有听从他的意见。唐中宗的女儿安乐公主嫁给武三思的儿子武崇训为妻。

上官仪女婉儿者,没入掖庭,辩慧能文,明习吏事,太后爱之。及上即位,使掌制命,益委任之,拜为婕妤。三思通焉,故婉儿党于武氏,又荐三思于韦后,上遂与三思图议政事,数微服幸其第,柬之等皆受制于三思矣。上使后与三思双陆,而自为点筹。三思遂与后通,由是武氏之势复振。柬之等数劝上诛诸武,曰:"革命之际,宗室诛夷略尽,今陛下返正,武氏滥官僭爵,按堵如故,岂远近所望邪!"不听。柬之等或抚床叹愤,或弹指出血,曰:"主上昔为英王,时称勇烈,吾所以不诛诸武者,欲使上自诛之,以张天子之威耳。今反如此,事势已去,知复奈何!"上遂以三思为司空、同三品。

贬谯王重福为均州刺史。

重福,上之庶子也。韦后恶之,贬均州刺史,常令州司防守之。

以武攸暨为司徒,祝钦明同三品。 三月,流酷吏于岭南,死者追贬之,所破家皆复资荫。 以袁恕己为中书令。 征武攸绪为太子宾客。

以安车征武攸绪,既至,除太子宾客,固请还山,许之。

夏四月,以郑普思为秘书监,叶静能为国子祭酒。

术士郑普思、尚衣奉御叶静能皆以妖妄为上所信,墨敕以普思为秘书监,静能为国子祭酒。桓彦范、崔玄暐固执不可,曰:"陛下初复大位,下制:'政令皆依贞观故事。'

上官仪的女儿上官婉儿，当年被没入后宫，聪明善辩，擅长写文章，又熟悉吏治事务，太后武则天十分喜爱她。待唐中宗即位后，让她掌管起草诏书，对她更加信任，并封为婕妤。武三思与上官婉儿私通，所以上官婉儿党附于武氏，又把武三思推荐给韦后，唐中宗于是与武三思商议政事，并多次身着便服驾幸他的府第，张柬之等人都受制于武三思。唐中宗让韦后与武三思玩双陆棋，而自己则为他们数筹码。武三思因此又与韦后私通，于是武氏的势力又重新振作起来。张柬之等人多次劝唐中宗诛杀武氏诸人，并说："太后改朝换代的时候，宗室子弟被诛杀殆尽，现在陛下重登帝位，而武氏家族滥封的官职和所窃取的爵位，仍然安稳如旧，这难道是远近之人所期望的吗！"唐中宗没有听从他的意见。张柬之等人有的拍着床案叹息愤恨，有的弹指出血，并说："皇上过去做英王时，当时的人们都认为他勇武刚烈，我们之所以没有诛杀武氏家族的人，是想让皇上亲自诛杀他们，以此壮大天子的声威。现在却反而这样，大势已去，谁又知道该怎么办呢！"唐中宗于是任命武三思为司空、同中书门下三品。

唐中宗贬谯王李重福为均州刺史。

李重福是唐中宗的庶子。韦后憎恶他，于是唐中宗把他贬为均州刺史，并且经常命令均州官府对他严加看管。

唐中宗任命武攸暨为司徒，祝钦明为同中书门下三品。三月，把酷吏流放到岭南，已死的酷吏追夺他们的官职，因受酷吏陷害而家庭破败的子孙都恢复他们凭先祖功勋做官的旧制。

任命袁恕己为中书令。　征召武攸绪担任太子宾客。

唐中宗下令用安车到嵩山征召武攸绪，到达后，除授他为太子宾客，但武攸绪坚决请求返回嵩山继续隐居，唐中宗同意了。

夏四月，唐中宗任命郑普思为秘书监，叶静能为国子祭酒。

术士郑普思与尚衣奉御叶静能都以妖法邪说而受到唐中宗的信任，唐中宗下墨敕任命郑普思为秘书监，叶静能为国子祭酒。桓彦范、崔玄暐坚持认为不可以，并说："陛下刚恢复帝位时，曾下制书说：'国家的政策和法令都依照太宗贞观年间的旧例。'

贞观中,魏徵为秘书监,孔颖达为国子祭酒,岂普思、静能之比乎!"拾遗李邕上疏曰:"若有神仙能令人不死,则秦始皇、汉武帝得之矣;佛能为人福利,则梁武帝得之矣。尧、舜所以为帝王首者,亦修人事而已。尊宠此属,何补于国!"上皆不听。

　　以魏元忠、韦安石、李怀远、唐休璟、崔玄暐并同三品,张柬之为中书令。　五月,迁周庙主于西京,仍避其讳。赐敬晖等五人王爵,罢其政事。

　　敬晖等率百官上表曰:"天授革命之际,宗室诛窜殆尽。今天命惟新,而诸武封建如旧,开辟以来,未有斯理。愿陛下为社稷计,顺遏迩心,降其王爵以安内外。"上不许。晖等畏武三思之谮,以考功员外郎崔湜为耳目。湜见上亲三思而忌晖等,乃悉以晖等谋告三思,三思引为中书舍人。先是,殿中侍御史郑愔诏事二张,坐贬,亡入东都,谒三思。初见,哭甚哀,既而大笑。三思怪之,愔曰:"愔始哀大王将戮死而灭族,后乃喜大王之得愔也。大王虽得天子之意,然彼五人皆据将相之权,胆略过人,废太后如反掌。日夜切齿,欲噬大王之肉。此愔所以为大王寒心也。"三思大惧,与之登楼,问自安之策,引为中书舍人,与崔湜皆为三思谋主。三思与韦后日夜谮晖等,云:"恃功专权,

贞观年间,魏徵担任秘书监,孔颖达担任国子祭酒,郑普思、叶静能怎么能与他们相比呢!"左拾遗李邕上疏说:"如果真有神仙能够让人长生不死,那么秦始皇、汉武帝早就找到了;如果佛教真能够为人谋利造福,那么梁武帝早就如愿了。唐尧、虞舜之所以能成为历代帝王的典范,也是因为他们能够治理人事而已。陛下尊宠郑普思、叶静能这类人,对国家有什么益处呢!"唐中宗对他们的意见都不听从。

唐中宗任命魏元忠、韦安石、李怀远、唐休璟、崔玄暐为同中书门下三品,张柬之为中书令。 五月,把武周七庙的神主迁到西京长安,仍然避他们的名讳。 赐给敬晖等五人王爵,免去他们的宰相职务。

敬晖等人率领文武百官上表说:"天授年间太后改朝换代之际,宗室子弟被诛杀流放殆尽。现在天命革新,而武氏诸人所封的王位依旧,自从开天辟地以来,没有过这样的事情。希望陛下能为国家着想,顺从朝野人士的心愿,削夺他们的王爵以安定朝廷内外的人心。"唐中宗不同意他们的建议。敬晖等人因为惧怕武三思进谗言陷害自己,就把考功员外郎崔湜作为耳目。崔湜看到唐中宗亲近武三思而猜忌敬晖等人,于是就把敬晖等人的计谋全部告诉了武三思,武三思因此举荐他担任中书舍人。先前,殿中侍御史郑愔因为奉迎讨好张易之与张昌宗,获罪被贬官,后来逃到东都,拜见武三思。刚一见面,哭得十分悲痛,不久又放声大笑。武三思感到奇怪,郑愔说:"我一开始悲痛是因为您将要被杀戮灭族,后来高兴是因为大王您得到了我这样的人。大王您虽然深得天子的欢心,但张柬之、敬晖、桓彦范、崔玄暐和袁恕己五个人都位居将相,而且胆略过人,废掉太后的帝位易如反掌。他们对您恨得日夜咬牙切齿,都想着吃掉您的肉。这就是我为您感到担心的原因。"武三思听后十分惧怕,就与郑愔一起上楼,向他请教能使自己平安的计策,并举荐他担任中书舍人,因此郑愔与崔湜都成为武三思的谋士。武三思与韦后日夜在唐中宗面前诋毁敬晖等人,说道:"他们依仗有功专擅大权,

将不利于社稷,不若封以王爵,罢其政事,外不失尊宠功臣,内实夺之权。"上以为然,封敬晖为平阳王,桓彦范为扶阳王,张柬之为汉阳王,袁恕己为南阳王,崔玄暐为博陵王,皆罢政事。三思令百官复修太后之政,不附武氏者斥之,为五王所逐者复之,大权尽归三思矣。

以岑羲为秘书少监,毕构为润州刺史。

初,五王之请削武氏诸王也,求人为表,众莫肯为。中书舍人岑羲为之,语甚激切。中书舍人毕构次当读表,辞色明厉。三思既得志,羲改秘书少监,出构为润州刺史。

以宋璟为黄门侍郎。

上嘉宋璟忠直,累迁黄门侍郎。武三思尝以事属璟,璟正色拒之曰:"今太后既复子明辟,王当以侯就第,何得尚预朝政!独不见产、禄之事乎!"

以杨元琰为卫尉卿。

先是,元琰知三思浸用事,请弃官为僧,上不许。敬晖闻而笑之,元琰曰:"功成名遂,不退将危。此乃由衷之请,非徒然也。"及晖等得罪,元琰独免。

皇后表请改易制度,从之。

上官婕妤劝韦后袭武后故事,表请令士庶丧出母三年,百姓二十三为丁,五十九免役,改易制度,以收时望。诏皆从之。

将会对国家不利，不如封他们为王，并免去他们的宰相职务，这样表面上不失尊宠功臣之名，而实际上是剥夺了他们的权力。"唐中宗认为很对，于是封敬晖为平阳王，桓彦范为扶阳王，张柬之为汉阳王，袁恕己为南阳王，崔玄暐为博陵王，都罢免他们的宰相职务。武三思又命令百官重新恢复实行太后武则天在位时的政策，对于不依附武氏的大臣都加以斥逐，那些被张柬之等五王斥逐的人都恢复他们的职位，朝政大权全部落入武三思之手。

唐中宗任命岑羲为秘书少监，毕构为润州刺史。

当初，张柬之等五王向唐中宗请求削夺武氏诸人的王爵时，曾经找人为他们草写表书，众朝臣中没有人肯写。中书舍人岑羲代他们草写了表书，言辞十分激烈。中书舍人毕构轮值负责宣读表书，语气和神色都很严厉。武三思当政以后，就改任岑羲为秘书少监，外放毕构为润州刺史。

唐中宗任命宋璟为黄门侍郎。

唐中宗欣赏宋璟的忠诚正直，多次升迁他的官职后做到黄门侍郎。武三思曾经因事请托宋璟，宋璟义正辞严地拒绝他说："现在太后既已把帝位传给了儿子，大王你应该以侯爵的身份回到家中去，怎么还在干预朝政呢！你难道不知道汉朝的外戚吕产和吕禄的事情吗！"

唐中宗任命杨元琰为卫尉卿。

先前，杨元琰知道武三思逐渐专权用事，就请求辞官为僧，唐中宗没有答应。敬晖听说后耻笑他，杨元琰说："功成名就之后，如果不退去就会有危险。我这是真心想要辞官为僧，不是做样子。"等到敬晖等人获罪，只有杨元琰得以幸免。

皇后韦氏上表请求改变服丧、成丁和免役年龄的制度，唐中宗采纳了她的意见。

上官婕妤劝说韦后承袭武则天时代的旧例，上表请求官吏和百姓为被父亲休弃的母亲服丧三年，百姓二十三岁为成丁，五十九岁免除劳役，改变这些制度，以收买人心。唐中宗下诏都采纳了她的建议。

降河内王武懿宗爵为公。　以唐休璟、豆卢钦望为左、右仆射。

以唐休璟、豆卢钦望为左、右仆射，休璟仍同三品，钦望有军国重事，中书门下可共平章。先是，仆射为正宰相，其后多兼中书门下之职，午前决朝政，午后决省事。至是，钦望专为仆射，不敢预政事，故有是命。是后专拜仆射者，不复为宰相矣。

以韦安石为中书令，魏元忠为侍中。　洛水溢。

流二千余家。

秋七月，以韦巨源同三品。　以汉阳王张柬之为襄州刺史。

柬之表请归襄州养疾，制以柬之为刺史，不知州事。

河南、北十七州大水，制求直言。

右卫参军宋务光上疏曰："水阴类，臣妾之象，恐后庭有干外朝之政者，宜杜绝其萌。太子国本，宜早择贤能而立之。又，外戚太盛，如武三思等，宜解其机要。郑普思、叶静能以小技窃大位，亦朝政之蠹也。"疏奏，不省。

九月，改葬上洛王韦玄贞。

其仪如太原王故事，寻进封酆王

韦巨源罢，以魏元忠为中书令，杨再思为侍中。　十一月，群臣上皇帝、皇后尊号。

唐中宗下诏降封河内王武懿宗的爵位为公爵。　唐中宗任命唐休璟、豆卢钦望为左、右仆射。

唐中宗任命唐休璟、豆卢钦望分别为左、右仆射,唐休璟仍然为同中书门下三品,豆卢钦望在有军国大事时,可以与宰相们共同商议处置。先前,仆射就是正宰相,后来仆射大多兼任中书门下的职务,上午处理朝政大事,下午处理各自官署的事务。这时,豆卢钦望专门任仆射,不敢参与宰相们对政事的处置,所以唐中宗下达了这样的命令。从此以后专门担任仆射职务的人,就不再是宰相了。

唐中宗任命韦安石为中书令,任命魏元忠为侍中。　洛水泛滥。

冲走了两千多家居民。

秋七月,唐中宗任命韦巨源为同中书门下三品。　唐中宗任命汉阳王张柬之为襄州刺史。

汉阳王张柬之上表请求回襄州养病,唐中宗下制任命张柬之为襄州刺史,但不管理州中事务。

黄河南、北十七个州发生水灾,唐中宗因此下制书请求臣下直言进谏。

右卫骑曹参军宋务光给唐中宗上疏说:"水属于阴类之物,是女人之象,恐怕后宫中会有干预外朝政事的人,应该防患于未然。太子乃是国家的根本,应该早一点挑选贤良有才能的皇子而立为太子。再者,外戚的权势太盛,如武三思等人,应该解除他们的机要职务。郑普思、叶静能靠雕虫小技而窃据高位,他们也是败坏朝政的蛀虫。"他的奏疏进上去后,唐中宗并没有理睬。

九月,唐中宗改葬韦后的父亲上洛王韦玄贞。

改葬的礼仪依照武后的父亲太原王武士彟的旧例,不久又进封为酆王。

唐中宗免去韦巨源的宰相职务,任命魏元忠为中书令,杨再思为侍中。　十一月,群臣上皇帝、皇后尊号。

群臣上皇帝尊号曰应天皇帝,皇后曰顺天皇后。上与后谒谢太庙,赦天下,相王、太平公主加实封,皆满万户。

上御楼观泼寒胡戏。

清源尉吕元泰上疏曰:"谋时寒若,何必裸身挥水,鼓舞衢路以索之哉!"疏奏,不纳。

皇太后武氏崩。

太后崩于上阳宫,年八十二。遗制:"去帝号,赦王、萧二族及褚遂良、韩瑗、柳奭亲属。"上居谅阴,以中书令魏元忠摄冢宰三日。元忠素负忠直之望,中外赖之。武三思矫太后遗制,慰谕元忠,赐实封百户。元忠捧制,感咽涕泗,见者曰:"事去矣!"将以太后合葬乾陵,给事中严善思上疏曰:"神明之道,体尚幽玄,今欲启之,恐致惊黩。况合葬非古,宜于陵旁更择吉地。"不从。

户部奏是岁天下户口之数。

户六百一十五万,口三千七百一十四万有奇。

丙午(706) **二年**

春正月,以李峤同三品,于惟谦同平章事。 制太平、安乐公主各开府,置官属。

安乐公主恃宠,卖官鬻狱,势倾朝野。或自为制敕,掩其文,令上署之,上笑而从之,竟不视也。自请为皇太女,上虽不从,亦不谴责。

群臣给唐中宗上尊号叫应天皇帝,给韦后上尊号叫顺天皇后。唐中宗与韦后拜谢太庙,并大赦天下,给相王李旦和太平公主都加实封至一万户。

唐中宗登上洛城南楼观看泼寒胡戏。

清源县尉吕元泰上疏说:"君主善于谋划则四时寒暑自然就会顺利来到,何必要赤身裸体挥水泼洒,在大街上击鼓起舞以乞求寒冬的到来呢!"奏疏进上,唐中宗没有采纳他的意见。

皇太后武则天驾崩。

太后武则天在上阳宫驾崩,时年八十二岁。临终遗言说:"去掉皇帝称号,赦免高宗的后妃王氏和萧氏两个家族以及褚遂良、韩瑗、柳奭的亲属。"唐中宗守丧期间,让中书令魏元忠代理冢宰职务三天。魏元忠素来有忠诚正直之名,朝内外的人士都倚重他。武三思假造太后的遗制,安慰劝谕魏元忠,并赐给他实封一百户。魏元忠手捧所谓的太后遗制,感激得呜咽流泪,看见他这样的人都说:"大势已去了!"唐中宗将要把太后合葬在唐高宗的乾陵,给事中严善思上疏说:"供奉神灵之道,在于保持幽静玄远的气氛,现在想要打开高宗皇帝的陵门,恐怕会惊动亵渎神灵。何况合葬并不是自古以来的制度,应该在乾陵旁边另行选择吉祥之地埋葬太后。"唐中宗没有采纳他的建议。

户部上奏这一年天下的户口数目。

全国共有户六百一十五万,人口三千七百一十四万多。

丙午(706)　唐中宗神龙二年

春正月,唐中宗任命李峤为同中书门下三品,于惟谦为同平章事。　唐中宗下制书说太平公主、安乐公主可以各自开设府署,任命僚属。

安乐公主依仗着受到唐中宗的宠爱,出卖官爵,徇私枉法,权倾朝野。有时候自己草拟皇帝的制敕,掩盖住制敕中的文字,然后让唐中宗签署,唐中宗笑着签发,竟然不看其中的内容。又请求要做皇太女,唐中宗虽然没有答应她,但也不加谴责。

以平阳王敬晖、扶阳王桓彦范、南阳王袁恕己为诸州刺史。

武三思恶晖等居京师,出之,晖滑州,彦范洺州,恕己豫州。寻复左迁远郡。

二月,以韦巨源同三品。
诏与皇后叙宗族。
制僧慧范、道士史崇恩等并加五品阶。 置十道巡察使。

选内外五品以上官二十人为十道巡察使,委之察吏抚人,荐贤直狱,二年一代,考其功罪而进退之。姜师度、马怀素、源乾曜、卢怀慎、李杰皆预焉。

韦安石罢,以苏瓌为侍中,唐休璟致仕。 三月,杀驸马都尉王同皎。

初,宋之问及弟之逊皆坐附会张易之贬岭南,逃归东都,匿于友人王同皎家。同皎疾武三思及韦后所为,每与所亲言之,辄切齿。之逊密告三思,三思使人告同皎与武当丞周憬等谋杀三思,废皇后。皆坐斩。之问、之逊并除京官。憬亡入比干庙,大言曰:"比干古之忠臣,知吾此心。三思与皇后淫乱,倾危国家,行当枭首都市,恨不及见耳!"遂自刭。

大置员外官。
置员外官,自京师及诸州凡二千余人,宦官超迁七品以上员外官者又将千人。魏元忠自端州还,为相,不复

唐中宗任命平阳王敬晖、扶阳王桓彦范、南阳王袁恕己为各州刺史。

武三思憎恨敬晖等人仍然居留在京师,就让他们外出任职,任命敬晖为滑州刺史,桓彦范为洺州刺史,袁恕己为豫州刺史。不久又将他们降职到边远的州郡。

二月,唐中宗任命韦巨源为同中书门下三品。

唐中宗下诏把韦巨源列入韦后的宗族之中。

唐中宗下制书给僧人慧范、道士史崇恩等人一并加授五品官阶。 设置十道巡察使。

唐中宗下诏选拔朝廷内外五品以上的官员二十人担任十道巡察使,委任他们考察地方官吏的政绩,安抚百姓,举荐贤能之士,复核平反冤案,巡察使每两年轮换一次,根据他们的政绩好坏和过失大小来决定他们官职的升降。姜师度、马怀素、源乾曜、卢怀慎、李杰等人都入选为巡察使。

唐中宗罢免韦安石的宰相职务,任命苏瑰为侍中,唐休璟退休。 三月,唐中宗杀死驸马都尉王同皎。

当初,宋之问和他的弟弟宋之逊都因依附张易之而获罪被贬往岭南,后来逃回东都,躲藏在朋友驸马都尉王同皎的家中。王同皎痛恨武三思和韦后的所作所为,每当与自己所亲信的人谈及他们,总是恨得咬牙切齿。宋之逊把此事密告武三思,武三思就指使他人告发说王同皎与武当县丞周憬等人阴谋杀死武三思,废除韦皇后。王同皎等人都获罪被斩。宋之问与宋之逊都被任命为京官。周憬逃进比干庙中,大声说道:"比干是古代的忠臣,应当知道我对大唐王朝的这片忠心。武三思与韦皇后淫乱,危害国家,将会在闹市中被斩首示众,只恨我见不到这一天了!"然后自刎而死。

唐中宗大量设置员外官。

唐中宗设置员外官,从京城各中央部门直到地方各州总共设置了两千多名员外官,另外还破格提拔了近一千名宦官为七品以上员外官。魏元忠从端州返回京师,被任命为宰相,不再

强谏,惟与时俯仰,中外失望。酸枣尉袁楚客以书责之曰:
"主上新服厥命,惟新厥德,当进君子,退小人,以兴大化,
岂可安其荣宠,循默而已! 今不早建太子,择师傅而辅之,
一失也。公主开府置僚属,二失也。崇长缁衣,借势纳赂,
三失也。俳优小人,盗窃品秩,四失也。有司选贤,皆以
货取势求,五失也。宠进宦者,殆满千人,六失也。王公贵
戚,赏赐无度,竞为侈靡,七失也。广置员外官,伤财害民,
八失也。先朝宫女出入无禁,交通请谒,九失也。左道之
人,荧惑主听,盗窃禄位,十失也。凡此十失,君侯不正,谁
正之哉!"元忠得书,愧谢无已。

　　**夏四月,李怀远致仕。　　杀处士韦月将,以尹思贞为
青州刺史,宋璟为贝州刺史。**

　　处士韦月将上书告武三思潜通宫掖,必为逆乱,上
大怒,命斩之。黄门侍郎宋璟奏曰:"人言中宫私于三
思,陛下不问而诛之,臣恐天下必有窃议。"固请按之,上
不许,璟曰:"必欲斩月将,请先斩臣! 不然,臣终不敢
奉诏。"上怒少解。御史大夫苏珦、大理卿尹思贞皆以为
方夏行戮,有违时令,上乃命杖而流之岭南。过秋分一
日,平晓,广州都督周仁轨斩之。御史大夫李承嘉附武
三思,诋尹思贞于朝,思贞曰:"公附会奸臣,将图不轨,

犯颜直谏，遇事只是看别人的脸色随声附和，朝廷内外都对他感到失望。酸枣县尉袁楚客写信责备魏元忠说："现在皇上刚刚即位，德政日新，你应该举荐君子，斥退小人，以振兴广远的教化，怎么能够安于荣华恩宠，对一切事情都因循守旧沉默不言呢！现在皇帝不早立皇太子，并挑选师傅进行辅佐，这是第一个过失。允许公主开设府署并任命僚属，这是第二个过失。尊崇佛僧，使他们凭借权势收受贿赂，这是第三个过失。让表演歌舞杂戏的小人窃取朝廷的官位品秩，这是第四个过失。有关部门选拔贤能之士时，那些应选人都依靠行贿或投靠权势之人而求得进用，这是第五个过失。皇帝宠信提拔宦官，将近一千人之多，这是第六个过失。对王公贵戚的赏赐没有限度，使他们奢侈成风，这是第七个过失。大量设置员外官，耗费钱财伤害百姓，这是第八个过失。对先朝的宫女出入宫门不加禁止，让她们交结权贵，大行请托之风，这是第九个过失。妖门邪道之人迷惑皇帝的耳目，窃取俸禄官位，这是第十个过失。以上这十大过失，君侯您不进行匡正，还能由谁去匡正呢！"魏元忠读到这封书信后，只有惭愧致歉而已。

夏四月，同中书门下三品李怀远退休。　唐中宗杀死处士韦月将，任命尹思贞为青州刺史，宋璟为贝州刺史。

处士韦月将上书告发说武三思私下与韦后通奸，一定会反叛作乱，唐中宗十分愤怒，命令将韦月将斩首。黄门侍郎宋璟上奏说："有人上书说皇后与武三思私通，陛下不加审问就诛杀上书的人，我恐怕天下人必定会私下有所议论。"坚持请求进行审问，唐中宗不同意，宋璟说："如果一定要将韦月将斩首，那就请求先把我斩首！否则，我终究不敢奉行诏命。"唐中宗的怒气这才稍有消解。御史大夫苏珦、大理卿尹思贞都认为正当夏季而施行杀戮，违背了时令的自然变化，唐中宗于是命令把韦月将处以杖刑后流放到岭南。在这年过了秋分的第一天，天刚破晓，广州都督周仁轨便将韦月将斩首。御史大夫李承嘉党附于武三思，在朝堂上诋毁尹思贞，尹思贞说："你依附奸臣，将图谋不轨，

先除忠臣邪!"承嘉怒,劾奏思贞,出为青州刺史。武三思
恶宋璟,出之检校贝州刺史。

**五月,葬则天皇后于乾陵。 六月,贬敬晖、桓彦范、
张柬之、袁恕己、崔玄暐为远州司马。**

武三思使郑愔告敬晖等与王同皎通谋,贬晖崖州,彦
范泷州,柬之新州,恕己窦州,玄暐白州司马,员外长任,削
其勋封。

加周仁轨镇国大将军。

初,韦玄贞流钦州而卒,蛮酋宁承基逼取其女,玄贞妻
崔氏不与,承基杀之,及其四男。至是广州都督周仁轨讨
承基,斩之,故有是命。及韦氏败,仁轨亦诛。

秋七月,立卫王重俊为皇太子。

太子性明果,而官属率贵游子弟,所为多不法,左庶子
姚班屡谏,不听。

以李峤为中书令。

初,李峤为吏部侍郎,欲树私恩,再求入相,奏大置员
外官,广引贵势亲识。既而为相,铨衡失序,府库减耗,乃
更表言滥官之弊,且请逊位。上慰谕不许。

敬晖、桓彦范、张柬之、袁恕己、崔玄暐为武三思所杀。

武三思阴令人疏皇后秽行,榜于天津桥,请加废
黜。上大怒,命李承嘉穷核其事。承嘉奏言敬晖等所为,

先要除掉忠臣吗!"李承嘉大怒,就上奏弹劾尹思贞,于是将他外放为青州刺史。武三思因为憎恨宋璟,就将他外放为检校贝州刺史。

五月,唐中宗把则天大圣皇后埋葬在乾陵。 六月,唐中宗将敬晖、桓彦范、张柬之、袁恕己、崔玄暐贬为边远州郡的司马。

武三思指使郑愔告发说敬晖等人与王同皎通谋,唐中宗于是贬敬晖为崖州司马,桓彦范为泷州司马,张柬之为新州司马,袁恕己为窦州司马,崔玄暐为白州司马,都是员外官,长期留任,并剥夺了他们的封爵。

唐中宗加授周仁轨为镇国大将军。

当初,韦玄贞被流放到钦州而去世,蛮人酋长宁承基逼迫要娶他的女儿为妻,韦玄贞的妻子崔氏不同意,宁承基就杀死了崔氏连同她的四个儿子。这时广州都督周仁轨率兵讨伐宁承基,斩杀了他,所以唐中宗加授他为镇国大将军。等到韦后败亡后,周仁轨也被诛杀。

秋七月,唐中宗册立卫王李重俊为皇太子。

太子生性聪明果决,但东宫中的官属大都是贵族纨绔子弟,所作所为多有违法之事,左庶子姚珽多次进谏规劝,但太子都不听从。

唐中宗任命李峤为中书令。

当初,李峤担任吏部侍郎时,想要树立自己的私人恩惠笼络人心,以求得再次担任宰相,于是就上奏大量设置员外官,广泛引荐权贵人家的子弟和亲友为员外官。不久他又担任了宰相,由于铨选官吏混乱无序,国库财物耗减,于是他又上表指出滥授官职的弊端,并请求辞去宰相职务。唐中宗安慰劝谕他,没有同意他的请求。

敬晖、桓彦范、张柬之、袁恕己、崔玄暐被武三思杀害。

武三思暗中指使他人分条列举皇后韦氏的淫秽行为,张贴在洛阳的天津桥,还请求唐中宗废黜韦后。唐中宗大怒,命令李承嘉彻底追查此事。李承嘉上奏说这件事是敬晖等人干的,

请族诛之,上可其奏。大理丞李朝隐奏称:"晖等未经推鞫,不可遽就诛夷。"乃长流晖于琼州,彦范于瀼州,柬之于泷州,恕己于环州,玄暐于古州。

崔湜说三思遣使矫制杀之。三思问谁可者,湜以大理正周利用先为五王所恶,贬官,乃荐之。三思使摄侍御史,奉使岭外。比至,柬之、玄暐已死,遇彦范于贵州,令左右缚之,曳于竹槎之上,肉尽至骨,然后杖杀。得晖,兕而杀之。恕己素服黄金,利用逼之使饮野葛汁,尽数升不死,不胜毒愤,掊地,爪甲殆尽,仍捶杀之。利用还,擢拜御史中丞。

三思既杀五王,势倾人主,常言:"我不知代间何者谓之善人,何者谓之恶人,但于我善者则为善人,于我恶者则为恶人耳。"时宗楚客、宗晋卿、纪处讷、甘元柬皆为三思羽翼。周利用、冉祖雍、李俊、宋之逊、姚绍之皆为三思耳目,时人谓之五狗。

冬十月,车驾还西京。 **十一月,以窦从一为雍州刺史。**

从一初名怀贞,避皇后父讳,更名从一。太平公主与僧寺争碾硙,雍州司户李元纮判归僧寺。从一惧,命改判。元纮大署判后曰:"南山可移,此判无动!"从一不能夺。

流郑普思于儋州。

并请求把他们全部灭族,唐中宗同意了他的奏请。大理丞李朝隐上奏说:"敬晖等人还没有经过审讯,不能马上就把他们诛杀掉。"唐中宗于是把敬晖长期流放到琼州,把桓彦范流放到瀼州,把张柬之流放到泷州,把袁恕己流放到环州,把崔玄暐流放到古州。

崔湜劝说武三思派遣使者假托皇帝的诏命杀死他们。武三思询问崔湜谁可以出使完成这一任务,崔湜认为大理正周利用先前曾受到敬晖等五王的憎恨,被贬官,于是就推荐了周利用。武三思因此任命周利用为代理侍御史,让他奉命出使岭外。当周利用到达时,张柬之和崔玄暐已经去世,在贵州遇到桓彦范,就命令手下的人把他捆绑起来,放在竹筏子上拖着走,直到身上的肉被磨尽露出骨头,然后才把他用杖打死。周利用抓到敬晖后,将他用剐刑处死。袁恕己平素服用金丹,周利用便强迫他喝有毒的野葛汁,袁恕己喝了几升仍然没有死,因毒性发作难以忍受,就用手扒土,指甲被磨殆尽,然后周利用才用乱棍将他打死。周利用回朝后,被升任为御史中丞。

武三思杀死张柬之、敬晖、桓彦范、袁恕己、崔玄暐等五王后,权势超过了唐中宗,他经常说:"我不知道世界上什么人是好人,什么人是坏人,我只是知道对我好的人就是好人,对我坏的人就是坏人。"当时宗楚客、宗晋卿、纪处讷和甘元柬都是武三思的党羽。周利用、冉祖雍、李俊、宋之逊、姚绍之等五人都是武三思的耳目,当时的人把这五个人称为五狗。

冬十月,唐中宗回到西京。　十一月,唐中宗任命窦从一为雍州刺史。

窦从一原名窦怀贞,因避韦皇后父亲韦玄贞的名讳,改名叫窦从一。太平公主与佛寺争夺打磨米面的碾硙,雍州司户李元纮把碾硙判给了佛寺。窦从一惧怕,命令李元纮改判。李元纮在判决书后面用大字写道:"南山可以移动,这个判决不能改动!"窦从一也不能改变他的判决。

唐中宗把郑普思流放到儋州。

郑普思聚党于雍、岐二州，谋作乱。事觉，西京留守苏瓌收系，穷治之。上抑瓌而佑普思。侍御史范献忠进曰："请斩苏瓌！"上曰："何故？"对曰："瓌为留守大臣，不能先斩普思，然后奏闻，使之荧惑圣听，其罪大矣。且普思反状明白，而陛下曲为申理。王者不死，殆谓是乎！"魏元忠曰："苏瓌长者，用刑不枉。普思法当死。"上不得已，流普思于儋州，余党皆伏诛。

十二月，突厥默啜寇鸣沙。

默啜寇鸣沙，灵武总管沙吒忠义与战，军败，死者六千余人。突厥进寇原、会等州，掠陇右牧马万余匹而去。诏访群臣计策。右补阙卢俌上疏曰："郤縠说礼乐，敦《诗》《书》，为晋元帅；杜预射不穿札，建平吴之勋。是知中权制谋，不取一夫之勇。如沙吒忠义，骁将之材，本不足以当大任。又，鸣沙之役，主将先逃，宜正邦宪，赏罚既明，敌无不服。又，边州刺史，宜精择其人，使之蒐卒乘，积资粮，来则御之，去则备之。去岁四方旱灾，未易兴师。当理内以及外，绥近以来远，俟仓廪实，士卒练，然后大举以讨之。"上善之。

丁未（707） 景龙元年
春二月，复崇恩庙。

郑普思在雍州和岐州两地聚集党羽，阴谋作乱。事情被发觉，西京留守苏瓌收捕了郑普思，要彻底追究治他的罪。唐中宗压制苏瓌而庇护郑普思。侍御史范献忠进言说："请求陛下将苏瓌斩首！"唐中宗说："为什么呢？"范献忠回答说："苏瓌作为留守大臣，没有先将郑普思斩首，然后再上奏陛下，以至让他迷惑陛下，他的罪太大了。再说郑普思谋反的事实确凿，而陛下却曲意为他辩解。我听说王者不死，大概就是指的这种情况吧！"魏元忠说："苏瓌是一个严谨忠厚的人，用刑没有冤枉的地方。依照法律郑普思应当被处死。"唐中宗迫不得已，只好把郑普思流放到儋州，其余的党羽都被诛杀。

　　十二月，突厥可汗阿史那默啜率兵侵犯鸣沙。

　　阿史那默啜率兵侵犯鸣沙，灵武总管沙吒忠义与突厥交战，唐兵战败，死亡了六千多人。突厥又进兵侵犯原州、会州等州，抢掠了陇右军马一万多匹后退去。唐中宗因此下诏书让群臣进献平定突厥的计策。右补阙卢俌上疏说："春秋时期晋国的大夫郤縠喜欢礼乐，爱好《诗经》《尚书》，做了晋国的元帅；西晋的大臣杜预连铠甲都射不穿，却建立了平定东吴的功勋。由此可知军中主帅在于运筹帷幄，不在于有匹夫之勇。像沙吒忠义那样的人，只有猛将的才能，本来不足以担当主将的大任。再说，在鸣沙之战中，沙吒忠义身为主将却率先逃跑，应该依照国家的法律治罪，赏罚分明，就没有战胜不了的敌人。还有，边疆各州的刺史，应该精心选择合适的人担任，让他们整治兵马，积蓄粮草，敌人来进攻就进行抵御，敌人退去就积极备战。去年各地发生了旱灾，不应该轻率地挑起战端。目前应该首先治理好国内的事务，然后再推及国外，安定近处的国家，以使远方的国家前来朝贡，等待粮仓充实，士卒训练精锐时，然后再大举发兵讨伐突厥。"唐中宗很赞赏他的建议。

　　丁未（707）　唐中宗景龙元年
　　春二月，唐中宗下制书恢复武氏的崇恩庙。

上遣武攸暨、三思诣乾陵祈雨。既而雨降，上喜，制复武氏崇恩庙及昊陵、顺陵，因名鄼王庙曰褒德，陵曰荣先。又制崇恩庙斋郎取五品子充。太常博士杨孚曰："太庙皆取七品以下子为斋郎，今崇恩庙取五品子，未知太庙当如何？"上令太庙亦准崇恩庙。孚曰："以臣准君，犹为僭逆，况以君准臣乎！"上乃止。右补阙权若讷上疏曰："天、地、日、月等字，皆则天能事，贼臣敬晖等轻紊前规，请复存之，以光孝理。又，神龙制书，并依贞观故事，岂可近舍母仪，远尊祖德！"疏奏，手制褒美。寻敕："自今奏事不得言中兴。"

三月，吐蕃遣使入贡。　夏六月朔，日食。　秋七月，太子重俊起兵诛武三思、武崇训，兵溃而死。

皇后以太子重俊非其所生，恶之。武三思尤忌太子，上官婕妤以三思故，每下制敕，推尊武氏。驸马武崇训又教安乐公主请废太子。太子积不能平，与李多祚等矫制发羽林兵三百余人，杀三思、崇训于其第。又使成王千里分兵守宫城诸门，太子与李多祚斩关而入，叩阁索上官婕妤。上乃与韦后、安乐公主、上官婕妤登玄武门楼以避之。宫闱令杨思勖击斩多祚前锋，多祚军夺气。上俯谓多祚所将千骑曰："汝辈皆朕宿卫之士，何为从多祚反！苟能斩反者，勿患不富贵。"于是千骑斩多祚等，

唐中宗派遣武攸暨、武三思到乾陵求雨。不久果然下起了雨，唐中宗十分高兴，于是下制书恢复武氏的祖庙崇恩庙以及昊陵、顺陵，并把韦后的父亲韦玄贞的酆王庙改名叫褒德庙，陵墓改名叫荣先陵。唐中宗又下制规定崇恩庙的斋郎由五品官的子弟充任。太常博士杨孚说："太庙的斋郎皆是由七品以下官员的子弟充任，现在崇恩庙却要用五品官员的子弟，不知道太庙应该怎么办？"唐中宗于是下令太庙斋郎的选任也依照崇恩庙的标准。杨孚说："臣下仿效君主的礼仪标准，都被认为是僭越叛逆，何况是要让君主仿效臣下的标准呢！"唐中宗于是作罢。右补阙权若讷上疏说："天、地、日、月等字，都是则天皇后当朝时所改定的，而贼臣敬晖等人却随便破坏前朝的规制，请陛下重新保留这些字，以发扬孝道。还有，陛下神龙元年下制书说，处理事情都要依照贞观年间的制度，怎么能够舍弃母亲新制定的礼仪，而远远地尊奉祖父的功德呢！"奏疏进上后，唐中宗亲笔下制书褒奖他。不久唐中宗下敕说："从今以后上奏言事不许再提到中兴二字。"

　　三月，吐蕃派遣使者入朝进贡。 　　**夏六月初一，发生日食。秋七月，皇太子李重俊起兵诛杀武三思、武崇训，兵败而死。**

　　韦皇后认为太子李重俊不是自己亲生的，所以憎恨他。武三思尤其忌恨太子，上官婕妤因武三思的缘故，每当草写制敕时，都推崇武氏。驸马武崇训又教唆安乐公主向唐中宗请求废掉太子。太子心中愤恨难平，就与李多祚等人假托制命调发羽林兵三百余人，把武三思、武崇训父子杀死在他们的宅第中。又让成王李千里率兵分别守卫宫城各门，太子与李多祚率兵杀进宫中，叫开殿门搜寻上官婕妤。唐中宗于是与韦后、安乐公主、上官婕妤登上玄武门楼躲避。宫闱令杨思勖率兵击杀了李多祚所率羽林兵的前锋总管，李多祚部下士卒丧失了士气。唐中宗在玄武门楼上俯身对李多祚率领的千骑兵说："你们都是朕的值宿卫士，为什么要跟随李多祚谋反呢！如果你们能斩杀谋反的人，不必担心没有荣华富贵。"于是千骑兵斩杀了李多祚等人，

余众皆溃。千里攻延明门，将杀宗楚客、纪处讷，不克而死。太子亦为左右所杀。上以其首献太庙及祭三思、崇训之枢，然后枭之朝堂。官属不敢近，永和县丞宁嘉勖号哭解衣裹之，坐贬。

上以思勖为银青光禄大夫，行内常侍。安乐公主请以崇训墓为陵，给事中卢粲驳之。公主怒，出粲为陈州刺史。襄邑尉席豫闻公主求为太女，叹曰："梅福讥切王氏，独何人哉！"乃上书请立太子，言甚深切。太平公主欲表为谏官，豫耻之，逃去。

安乐公主及兵部尚书宗楚客谋使侍御史冉祖雍等诬奏相王及太平公主，云与重俊通谋。上使御史中丞萧至忠鞫之，至忠泣曰："陛下不能容一弟一妹，而使人罗织害之乎！相王昔为皇嗣，固请以天下让陛下，累日不食，陛下奈何疑之！"上素友爱，事遂寝。

右补阙吴兢上疏曰："相王同气至亲，六合无贰，而贼臣日夜连谋，乃欲陷之极法。夫任以权则虽疏必重，夺其势则虽亲必轻。自古委信异姓，猜忌骨肉，以覆国亡家者，几何人矣！况国家枝叶无几，陛下登极未久，而一子以弄兵受诛，一子以忿违远窜，惟余一弟，朝夕左右。尺布斗粟之讥，不可不慎；《青蝇》之诗，良可畏也。"

其余的部众全都溃散。成王李千里率兵攻打延明门，准备杀死宗楚客和纪处讷，没有攻克而战死。太子李重俊也被自己的部下杀死。唐中宗用太子的首级祭献太庙，并用来祭奠武三思、武崇训的灵柩，然后挂在朝堂上示众。太子东宫中的官属没有人敢靠近太子的尸体，只有永和县丞宁嘉勖大声痛哭，脱下衣服包裹住太子的头颅，因此获罪贬官。

　　唐中宗任命杨思勖为银青光禄大夫，兼内常侍。安乐公主请求以武崇训的坟墓为陵，遭到给事中卢粲的驳斥。安乐公主因此大怒，将卢粲外放为陈州刺史。襄邑县尉席豫听说安乐公主请求立她为皇太女，叹息说："汉朝的梅福敢于指斥王氏外戚冤杀王章，那是一个什么样的人啊！"于是上书唐中宗请求立皇太子，言辞十分恳切。太平公主想要上表推举席豫为谏官，席豫以此为耻，于是逃走。

　　安乐公主和兵部尚书宗楚客阴谋指使侍御史冉祖雍等人上奏诬陷相王李旦与太平公主，说他们与太子李重俊合谋造反。唐中宗于是派御史中丞萧至忠审理此案，萧至忠哭泣着说："陛下不能容下自己的一弟一妹，而要让人罗织罪名害死他们吗！往昔相王做皇嗣时，坚决请求则天皇后把天下让给陛下，曾因此事许多天不吃饭，陛下为何要怀疑他呢！"唐中宗素来友爱弟妹，此事于是作罢。

　　右补阙吴兢上疏说："相王与陛下是手足至亲，普天之下再也找不出第二个这样的人了，而乱臣贼子却日夜计谋，想要陷害相王，把他置于死地。如果委任以权力，那么即使非亲非故之人也必然举足轻重，如果削夺了权力，那么即使骨肉至亲也必定无足轻重。自古以来帝王因为信任异姓之人，猜忌自己的骨肉至亲，以至国破家亡的，有多少人啊！何况大唐皇族的宗室子弟所剩无几，陛下登上皇位不久，可一个儿子因为举兵被诛杀，一个儿子因有过失被流放远地，只剩下相王这么一个弟弟，朝夕在左右。讥刺汉文帝容不下淮南王的民谣，陛下不可不慎重考虑；《青蝇》一诗中所记载的讥刺周幽王听信谗言的事，实在是可怕啊。"

相王宽厚恭谨,安恬好让,故免于难。

帝后并加尊号。

皇后帅王公上表,加帝号曰应天神龙皇帝。宗楚客又帅百官表请加皇后为顺天翊圣皇后。上并许之。

贬魏元忠为务川尉,道卒。

元忠以武三思擅权,意常愤郁。及太子重俊起兵,遇元忠子太仆少卿升于永安门,胁以自随。太子死,升为乱兵所杀。元忠扬言:“元恶已死,虽鼎镬何伤!但惜太子陨没耳。”宗楚客等共诬元忠,云与太子通谋,请夷三族,制不许。元忠惧,表请致仕。楚客等又使御史中丞姚廷筠劾之,贬渠州司马。又令给事中冉祖雍奏元忠不应佐州,杨再思、李峤及御史袁守一皆赞之,乃贬务川尉。行至涪陵而卒。

九月,以萧至忠、宗楚客、纪处讷同三品,于惟谦罢。

至忠上疏曰:“恩幸者止可富之金帛,不可以公器为私用。今列位已广,干求未厌,陛下降不赀之泽,近戚有无涯之请,卖官鬻法,公违宪章,徒忝官曹,无益时用。”上不听。

僧慧范有罪,削其阶爵。

慧范为银青光禄大夫、上庸公,于东都作大像,府库为之虚耗。上及韦后皆重之,无敢指目者。侍御史魏传弓发其

相王李旦为人宽厚,谦恭谨慎,淡泊安闲,与世无争,所以得以免除祸难。

唐中宗和韦后都加尊号。

韦后率领王公们上表,给唐中宗加尊号为应天神龙皇帝。宗楚客又率文武百官上表请求给韦后加尊号为顺天翊圣皇后。唐中宗全都同意。

唐中宗贬魏元忠为务川县尉,魏元忠在半道上去世。

魏元忠因武三思专权,心中常常愤懑不平。太子李重俊起兵时,在永安门遇到魏元忠的儿子太仆少卿魏升,便胁迫他随从。太子兵败而死,魏升也被乱兵杀死。事后魏元忠公开说:"最大的坏人武三思已经被杀,即使我的儿子被处以鼎镬的酷刑又有什么关系呢!只可惜太子因此而死。"宗楚客等人一同诬陷魏元忠,说他与太子李重俊合谋,并请求诛灭他的三族,唐中宗下制不同意。魏元忠因此惧怕,上表请求退休。宗楚客等人又指使御史中丞姚廷筠上奏弹劾魏元忠,唐中宗于是把他贬为渠州司马。宗楚客又让给事中冉祖雍上奏说魏元忠不应该担任司马辅佐州事,杨再思、李峤及御史袁守一都赞同冉祖雍的建议,唐中宗于是贬魏元忠为务川县尉。魏元忠走到涪陵而去世。

九月,唐中宗任命萧至忠、宗楚客、纪处讷为同中书门下三品,免去于惟谦的宰相职务。

萧至忠上疏说:"对于那些受到陛下恩宠的人,只能够多赏赐给他们金帛,但不可以把国家的官职当作私有之物授给他们。现在国家官吏的定员已大为增加,而那些求官的人仍然不满足,陛下赐给近臣贵戚的金钱无计其数,但他们的贪欲却永无止境,卖官鬻爵徇私枉法,公然违犯国家的法律,徒然挤身于官署之中,而对时下的政务没有任何益处。"唐中宗没有采纳他的建议。

僧人慧范获罪,唐中宗剥夺了他的官阶和爵位。

僧人慧范担任银青光禄大夫,被封为上庸公,在东都洛阳建造大佛像,国库因此而空虚。唐中宗和韦皇后都很器重他,朝内外的官员没有人敢对他提出非议。侍御史魏传弓揭发慧范

奸赃四十余万,请置极法。上欲宥之,传弓曰:"刑赏国之大事,陛下赏已妄加,岂宜刑所不及!"上乃削黜慧范,放于家。宦官薛思简等恃宠犯法,传弓奏请诛之,御史大夫窦从一惧,固止之。时宦官用事,从一为雍州,见讼者无须,必曲加承接。

以杨再思为中书令,韦巨源、纪处讷为侍中。 改羽林千骑为万骑。 杀习艺馆内教苏安恒。

安恒矜高好奇,太子诛武三思,安恒语人曰:"此我之谋也。"故及。

冬十二月朔,日食。 遣使诣江、淮赎生。

中书舍人李乂谏曰:"江南乡人采捕为业,鱼鳖之利,黎元所资。生育无穷,府物有限。与其拯物,岂若忧人!且鬻生之徒,唯利斯视,钱刀日至,网罟年滋,施之一朝,营之百倍。未若回救赎之钱物,减贫无之徭赋,活国爱人,其福胜彼。"

戊申(708) 二年
春二月,赦。
宫中言皇后衣筒裙上有五色云起,上令图以示百官。侍中韦巨源请布之天下,从之,仍赦天下。迦叶志忠奏:

贪赃四十余万钱,并请求把他处以极刑。唐中宗想要赦免他,魏传弓说:"刑罚和赏赐是国家的大事,陛下已经对慧范妄加赏赐,怎么还能对他不施加任何刑罚呢!"唐中宗于是剥夺了慧范的官阶和爵位,放逐他回家。宦官薛思简等人依仗着受到宠幸,违法乱纪,魏传弓上奏请求把他们诛杀,御史大夫窦从一十分惧怕,坚决不同意这样做。当时宦官专权用事,窦从一担任雍州刺史,每当看见没有胡须的诉讼者,必定会曲意奉承接待。

唐中宗任命杨再思为中书令,韦巨源、纪处讷为侍中。　唐中宗下令改羽林千骑兵为万骑兵。　唐中宗杀死习艺馆内教苏安恒。

习艺馆内教苏安恒自视甚高,又好发奇言,太子李重俊起兵诛杀武三思的时候,苏安恒对他人说:"这是我的计谋。"所以被诛杀。

冬十二月初一,发生日食。　唐中宗派遣使者前往江、淮地区用钱赎买鱼鳖放生。

中书舍人李乂进谏说:"江南地区的乡下百姓以捕捞为业,捕捞鱼鳖所获得的利益,正是百姓们维持生计的来源。江湖之中所出产的鱼鳖无限,但国家府库中的钱物却是有数的。与其用钱物拯救鱼鳖,还不如用来照顾百姓!再说那些出卖鱼鳖的人,唯利是图,每天都能用鱼鳖来换取金钱,那么捕捞的数量就会日益增长,陛下一时施行赎买鱼鳖放生的政策,他们就会百倍努力以图获利。不如抽回那些用来赎买鱼鳖的钱物,用来减轻贫苦百姓的徭役赋税,挽救国家爱护百姓,所得到的福佑会胜过赎买放生。"

戊申(708)　唐中宗景龙二年
春二月,大赦天下。

宫中有人说韦皇后衣箱中的裙子上有五色祥云升起,唐中宗命画工画下来展示给百官。侍中韦巨源请求把这祥瑞布告天下,唐中宗采纳了他的意见,同时大赦天下。迦叶志忠上奏说:

"昔神尧未受命,天下歌《桃李子》;文皇未受命,天下歌《秦王破阵乐》;则天未受命,天下歌《妩媚娘》;皇后未受命,天下歌《桑条韦》。谨上《桑条韦歌》十二篇,请编之乐府,皇后祀先蚕则奏之。"太常卿郑愔又引而申之。上悦,皆受厚赏。

三月,朔方总管张仁愿筑三受降城。

初,朔方军与突厥以河为境,时默啜悉众西击突骑施,仁愿请乘虚夺取漠南地,于河北筑三受降城,首尾相应,以绝其南寇之路,六旬而成。以拂云祠为中城,距东西城各四百余里,皆据津要。于牛头朝那山北置烽候千八百所。自是突厥不敢度山畋牧,减镇兵数万人。仁愿建城,不置瓮门守具。或问之,仁愿曰:"兵贵进取,寇至当并力出战,回首望城者斩之,安用守备,生其退恶之心也!"其后常元楷为总管,始筑瓮门。人以是重仁愿而轻元楷。

夏四月,置修文馆学士。

置修文馆学士,选公卿善为文者李峤等二十余人为之。陪侍游宴,赋诗属和,使上官昭容第其甲乙。于是天下靡然争以文华相尚,儒学忠谠之士莫得进矣。

秋七月,以张仁愿同三品。　始用斜封墨敕除官。

"往昔高祖神尧皇帝未接受天命以前,天下人都唱《桃李子》;太宗文皇帝未接受天命以前,天下人都唱《秦王破阵乐》;则天大圣皇后未接受天命以前,天下人都唱《娬媚娘》;顺天皇后未接受天命以前,天下人都唱《桑条韦》。臣恭敬地献上《桑条韦歌》十二篇,请求陛下把这些歌编入乐府诗歌中,让皇后在祭蚕神时演奏。"太常卿郑愔又对此加以引申发挥。唐中宗十分高兴,对他们二人都厚加赏赐。

三月,朔方道大总管张仁愿修筑中、东、西三座受降城。

当初,唐朝朔方军与突厥以黄河为界,当时突厥可汗阿史那默啜率领全部兵马向西攻打突骑施,张仁愿请求乘突厥后方空虚之机夺取沙漠以南的土地,并在黄河北岸修筑三座受降城,首尾相应,以断绝突厥南下侵犯的道路,六十天后三座受降城修成。把拂云祠作为中受降城,距离东、西两座受降城各四百余里,三座受降城都建在险要之地。又在位于牛头的朝那山北面设置了一千八百个烽火台。从此以后突厥人再也不敢越过朝那山来打猎放牧,唐朝也因此减少了数万名戍守的士兵。张仁愿在修筑三受降城时,都没有设置悬门和守城器械。有人问他为什么这样做,张仁愿说:"用兵之道贵在进攻,当敌人来到时应当全力出城应战,有回头张望城池者斩首,哪里还用得着守城器械,使部下士卒产生畏敌退却的情绪!"后来常元楷担任朔方道大总管,才在三受降城修筑了悬门。人们因此尊重张仁愿而轻视常元楷。

夏四月,设置修文馆学士。

唐中宗下令设置修文馆学士,挑选公卿中擅长写文章的李峤等二十余人担任。唐中宗让这些学士陪同自己游玩宴聚,赋诗应和,并让上官昭容品评他们所作诗文的高下。于是天下之人纷纷争相崇尚华丽的辞藻,而那些崇尚儒学的忠诚正直之士却得不到提拔任用。

秋七月,唐中宗任命张仁愿为同中书门下三品。 唐中宗开始直接亲笔下敕书、斜封着交付中书省除授官职。

安乐、长宁公主、上官婕妤皆依势用事，请谒受赇，降墨敕除官，斜封付中书，时人谓之"斜封官"。其员外、同正、试、摄、检校、判、知官凡数千人。婕妤立外第，出入无节，朝士往往从之游处，以求进达。安乐公主尤骄横，宰相以下多出其门。夺民田作定昆池，延袤数里。以上好击毬，洒油以筑毬场。

上及皇后、公主多营佛寺。左拾遗辛替否上疏曰："臣闻古之建官，员不必备，故士有完行，家有廉节，朝廷有余俸，百姓有余食。今陛下百倍行赏，十倍增官，使府库空竭，流品混淆。陛下又以爱女之故，竭人之力，费人之财，夺人之家。爱数子而取三怨，使战士不尽力，朝士不尽忠，人既散矣，独持所爱，何所归乎！君以人为本，本固则邦宁，邦宁则陛下之夫妇母子长相保矣。若以造寺必为理体，养人不足经邦，缓其所急，急其所缓，亲未来而疏见在，失真实而冀虚无，一旦风尘再扰，霜雹荐臻，沙弥不可操干戈，寺塔不足攘饥馑，臣窃惜之。"疏奏，不省。

时斜封官皆不由两省而授，两省莫敢执奏。吏部员外郎李朝隐前后执破一千四百余人，怨谤纷然，朝隐一无所顾。

安乐公主、长宁公主、上官婕妤都依仗权势专权用事,收受贿赂请托授官,唐中宗亲笔下敕书除授官职,斜封着交付中书省,当时的人们把用这种方法任命的官吏称为"斜封官"。所任命的员外官、员外同正官、试官、摄官、检校官、判某官事、知某官事总共有数千人之多。上官婕妤在宫外修建了宅第,出入宫禁没有限制,朝士们常常与她交往,以求得飞黄腾达。安乐公主尤其骄横,宰相以下的官员大多出自她的门下。她还夺取民田修筑定昆池,绵延数里。因为唐中宗喜欢打马球,驸马武崇训等人就洒油修建球场。

唐中宗和韦后以及几个公主们大力营建佛寺。左拾遗辛替否上疏说:"我听说古代的帝王设置官吏,名额不一定要满员,所以士人为官具有完美的操行,居家有清廉的气节,朝廷的俸禄有节余,百姓的家中有余粮。现在陛下却百倍地进行赏赐,十倍地增加官吏,致使国库空虚,官吏的品类等级混乱。陛下又因为喜爱公主的缘故,不惜耗尽民力,浪费百姓钱财,夺取百姓家产。陛下为怜爱几个子女而招致三种怨恨,将会使戍守边疆的战士不愿意尽力作战,在朝廷中的官员不愿意尽忠效力,人心既已涣散,陛下只剩下几个自己所宠爱的人,将会导致什么结果呢!君主是以百姓作为统治的基础,基础牢固那么国家就会安定,国家安定那么陛下夫妇母子就得以长久保全。陛下如果认为营造佛寺是治理国家的根本,休养百姓不足以治理好国家,把可以从缓的事情作为当务之急,把当务之急作为可以从缓的事情,寄希望于未来而不重视现实,不做务实的事情而希图虚无缥缈之事,一旦战乱再起,霜雹灾害接连发生,那些出家的僧人可不能拿起刀枪保卫国家,营建的佛寺佛塔也无法抵御饥荒,我私下感到痛惜。"奏疏进上去后,唐中宗没有理睬。

当时的斜封官都不是通过中书省和门下省除授的,两省的官吏都不敢上奏坚持自己的意见。但吏部员外郎李朝隐前后坚持取消了一千四百余名斜封官的任命,因此招来了众多的怨恨和诽谤,而李朝隐对此全然不顾。

清源尉吕元泰亦上疏谏造寺曰："边境未宁,转输疲弊,而营建佛寺,劳费无极。昔尧、舜、禹、汤、文、武惟以俭约仁义立德垂名。晋、宋以降,塔庙竞起,而丧乱相继,由其好尚失所,人不堪命故也。伏愿回营造之资,供疆场之费,使烽燧永息,群生富庶,则如来慈悲平等之心,孰过于此!"

冬十一月,突骑施犯塞,遣将军牛师奖将兵讨之。

突骑施乌质勒卒,子娑葛自立为可汗,故将阙啜忠节不服,数相攻击,总管郭元振奏追忠节入朝宿卫。忠节行至播仙城,经略使周以悌说之曰："国家不爱高官显爵以待君者,以君有部落之众故也。今脱身入朝,一老胡耳,岂惟不能保宠禄,死生亦制于人手。今宰相宗楚客、纪处讷用事,不若厚赂二公,请留不行,发安西兵及引吐蕃以击娑葛,求阿史那献为可汗以招十姓,使郭虔瓘发拔汗那兵以自助。既不失部落,又得报仇,比于入朝,岂可同日语哉!"虔瓘时为西边将。忠节然其言,遣间使赂楚客、处讷,如以悌之策。

元振闻其谋,上疏曰："往岁吐蕃所以犯边,正为求十姓、四镇之地不获故耳。比以国多内难,故且屈志请和,其心岂能忘十姓、四镇哉!今如忠节之计,恐四镇危机,

清源县尉吕元泰也上疏进谏营建佛寺说:"现在边疆地区还不安定,粮草辎重的转运使百姓十分疲困,而陛下却大肆营建佛寺,耗费的人力物力无计其数。往昔的唐尧、虞舜、大禹、商汤、周文王和周武王等人,都是依靠勤俭节约和施行仁义而建功立业垂名后世的。两晋、刘宋以来,各朝都竞相建造佛塔寺庙,但国家灭亡的祸乱相继不断,这是因为这些君主的喜好失当,百姓不堪忍受的缘故。希望陛下能够把营建佛寺的钱财追回,用作边疆地区的军事防务费用,使战火永息,百姓富足,那么如来佛祖对待众生慈悲平等的心肠,怎能与此相比呢!"

冬十一月,突骑施军队侵犯边境,唐朝派遣将军牛师奖率兵讨伐。

突骑施乌质勒去世后,他的儿子娑葛自立为可汗,但乌质勒时代的旧将阙啜忠节不服,因此多次相互攻打,金山道总管郭元振上奏唐中宗征召阙啜忠节入朝值宿守卫。阙啜忠节走到播仙城时,经略使周以悌劝告他说:"朝廷之所以不惜用高官显爵来优待你,是因为你拥有部落兵马的缘故。现在你脱离部落只身入朝,只不过是一个年迈的胡人罢了,不但无法保住自己的恩宠和爵禄,恐怕连生死也会掌握于他人之手。现在宰相宗楚客、纪处讷执掌朝政,你不如用重金贿赂这两个人,请求留下来不要入朝,调发安西都护府的兵力,并引来吐蕃兵一同攻打娑葛,并请求封阿史那献为可汗以招抚突厥十姓部落,另外派遣郭虔瓘调发拔汗那兵马相助。这样既不会失去你部落的兵马,又可以报仇,与入朝相比,岂可同日而语!"郭虔瓘当时担任西部边境的将领。阙啜忠节认为周以悌的话正确,于是暗中派遣使者去贿赂宗楚客、纪处讷二人,请求依照周以悌的计策行事。

郭元振得知阙啜忠节的计谋后,上疏说:"往年吐蕃之所以侵犯边境,正是因为他们要求占据突厥十姓和安西四镇之地而没有得到的缘故。近年来由于吐蕃国内祸难不断,所以暂且委屈求和,他们心中怎么会忘记夺取突厥十姓和安西四镇之地呢!现在如果依照阙啜忠节的计策行事,恐怕安西四镇的危机,

将从此始。吐蕃得志，则忠节在其掌握，岂得复事唐也！往年吐蕃无恩于中国，犹欲求地，今若有功，请分于阗、疏勒，不知何以抑之！是以古之智者皆不愿受夷狄之惠，盖豫忧其求请无厌，终为后患故也。阿史那献父叔兄弟皆尝立为可汗，使招十姓，卒不能致，寻自破灭。何则？此属非有过人之才，虽复可汗旧种，众心终不亲附，况献又疏远于其父兄乎？虔瓘前此已尝与忠节擅入拔汗那发兵，不能得其片甲匹马，徒致侵扰。今此行必不能得志，徒与虏结隙，令四镇不安，实为非计。"

楚客等不从，遣冯嘉宾持节安抚忠节，侍御史吕守素处置四镇，以将军牛师奖为安西副都护，发甘、凉兵，兼征吐蕃，以讨娑葛。忠节逆嘉宾于计舒河口，娑葛遣兵袭之，生擒忠节，杀嘉宾、守素。

安乐公主适武延秀。

武崇训之弟延秀美姿仪，善歌舞，公主悦之。崇训死，遂以延秀尚焉。

征武攸绪入朝。

召武攸绪于嵩山，敕礼官于两仪殿设位，行问道之礼，令攸绪以山服见，不名不拜。攸绪至，趋立辞见班中，再拜

将要从此开始了。一旦吐蕃在西域得志,那么阙啜忠节就会被吐蕃控制,吐蕃哪能再事奉唐朝呢!以前吐蕃无恩惠于我们大唐时,还想要索取突厥十姓和安西四镇的土地,现在如果帮助大唐攻打娑葛有功,请求朝廷将于阗、疏勒二镇割让给他们,到那时不知朝廷将用什么理由来拒绝这一要求!所以自古以来聪明的中国帝王都不愿意接受夷狄的恩惠,这大概是由于担心日后他们的求告请托没有止境,最终会成为祸患的缘故。阿史那献的父叔兄弟都曾经被册立为可汗,让他们招抚突厥十姓,但最终都未能达到目的,不久他们也国破身亡。这是什么原因呢?因为这些人并没有超人的才能,虽然因为他们是可汗的嫡系子孙,但部落民心始终不肯亲近依附于他们,何况阿史那献与可汗的血缘关系比他的父兄还要疏远呢?以前郭虔瓘已经与阙啜忠节擅自进入拔汗那征调兵马,没有得到一兵一卒,却只招致了拔汗那的侵扰。现在郭虔瓘等前往拔汗那调兵一定不会有所收获,只会与各部落结仇,从而使安西四镇不得安宁,实在不是一条好的计策。"

宗楚客等人不听从郭元振的意见,于是派遣御史中丞冯嘉宾携带符节前去安抚阙啜忠节,派遣侍御史吕守素处置安西四镇的军政事务,任命将军牛师奖担任安西副都护,调发甘州和凉州的兵马,同时征调吐蕃军队,共同讨伐娑葛。阙啜忠节到计舒河口迎接冯嘉宾,娑葛派兵袭击他们,生擒了阙啜忠节,杀死了冯嘉宾和吕守素。

安乐公主下嫁武延秀。

武崇训的弟弟武延秀容貌秀美,擅长歌舞,安乐公主很喜欢他。武崇训死后,唐中宗便把安乐公主嫁给武延秀为妻。

唐中宗征召武攸绪入朝。

唐中宗派人到嵩山征召隐居在那里的武攸绪,并下敕命礼官在两仪殿设置座位,想要依照帝王问道的礼节,让武攸绪身穿隐士之服参见,既不用称呼自己的姓名也不用行跪拜之礼。武攸绪到达后,小步快走到辞别与谒见天子的班列中,行再拜之礼

而退。屡加宠锡,皆辞不受,亲贵谒候,寒温之外,不交一言。起居舍人武平一亦表请抑损外戚权宠,不敢斥言韦氏,但请抑损己家。优制不许。太平、安乐公主各树朋党,更加谮毁。上谓平一曰:"亲贵多不辑睦,以何法和之?"平一以为:"宜斥逐奸险,抑慈存严,示以知禁,无令积恶。"上不能用。

牛师奖与突骑施战,败没,遂赦娑葛,立为可汗。

牛师奖与娑葛战,败没,娑葛遂陷安西,断四镇路,遣使上表求宗楚客头。楚客又奏以周以悌代郭元振,遣阿史那献讨娑葛。娑葛遗元振书,称:"我与唐初无恶,但宗尚书受阙啜金,欲枉破奴部落。又闻史献欲来,恐徒扰军州,未有宁日。乞大使商量处置。"元振奏娑葛书。楚客怒,奏元振有异图,召将罪之。元振遣子具奏其状,乞留定西土。以悌竟坐流白州,复以元振代之,赦娑葛罪,册为十四姓可汗。

以婕妤上官氏为昭容。　诏王公近臣入阁守岁。

诏王公近臣入阁守岁。酒酣,上谓御史大夫窦从一曰:"闻卿久无伉俪,今夕为卿成礼。"从一拜谢。俄而内侍

后退去。唐中宗对武攸绪多次加以赏赐,他都辞让不接受,宗室权贵前来拜谒问候时,除了与他们问寒问暖之外,不再多说一句话。起居舍人武平一也上表唐中宗请求抑制削弱外戚的权势,不敢公开指责韦氏,只是请求削弱自己武家的权势。唐中宗下制书嘉奖,但不同意他的意见。太平公主与安乐公主各自拉帮结党,互相诽谤诬陷。唐中宗对武平一说:"皇亲贵戚之间大多不能和睦相处,用什么办法能使他们和解呢?"武平一认为:"陛下应该斥逐那些奸邪阴险的小人,抑制自己的慈爱之心,信守严格肃穆之意,让他们知道应当遵守的禁令,不要使他们之间的仇恨越积越深。"唐中宗没有采纳他的意见。

牛师奖率兵与突骑施军队交战,战败身死,唐中宗于是赦免了娑葛,并册立他为十四姓可汗。

牛师奖率兵与突骑施娑葛交战,战败身亡,娑葛于是攻陷了安西都护府,切断了安西四镇之间的联系,然后派遣使者上表索要宗楚客的首级。宗楚客又上奏请求任命周以悌取代郭元振统帅安西兵马,并派阿史那献率兵讨伐娑葛。娑葛写信给郭元振,信中说:"我与大唐朝廷本来没有什么矛盾,但是宗尚书接受了阙啜忠节的金钱贿赂,就昧着良心想发兵攻破我的部落。又听说突厥阿史那献也想前来,恐怕那样只会使安西四镇受到侵扰,永远不会有安宁的日子。请郭大使商量处置。"郭元振把娑葛的信上奏给了唐中宗。宗楚客得知后十分愤怒,就上奏说郭元振有谋反的企图,征召他入朝,将要治罪。郭元振于是派他的儿子入朝向唐中宗详细奏明情况,并请求留下来安定西域局势。周以悌最终获罪被流放到白州,唐中宗又任命郭元振代替他的职务,并下诏赦免了娑葛的罪,册立他为十四姓可汗。

唐中宗册封婕妤上官氏为昭容。　唐中宗下诏命王公近臣入内殿守岁。

唐中宗下诏命令王公近臣们入内殿守岁。在酒兴正浓时,唐中宗对御史大夫窦从一说:"朕听说你已经很久没有妻子了,今天晚上就为你完婚。"窦从一跪拜道谢。不一会儿,内侍

引烛笼、步障、金缕罗扇,其后有人衣礼衣、花钗,令与从一对坐。却扇易服,乃皇后老乳母王氏,本蛮婢也。上与侍臣大笑。诏封莒国夫人,嫁为从一妻。俗谓乳母之婿曰"阿𦈡",从一每进表状,自称"翊圣皇后阿𦈡",欣然有自负之色。

己酉(709) 三年

春正月,幸玄武门,观宫女拔河。

幸玄武门,与近臣观宫女拔河。又命宫女为市肆,公卿为商旅,与之交易。因为忿争,言辞亵慢,上与后临观为乐。上每与近臣宴集,令各效伎艺以为乐。国子司业郭山恽独歌《鹿鸣》《蟋蟀》。明日,赐山恽敕,嘉美之。又尝宴侍臣,使各为《回波辞》。谏议大夫李景伯曰:"回波尔时酒卮,微臣职在箴规。侍宴既过三爵,喧哗窃恐非仪!"上不悦。萧至忠曰:"此真谏官也。"尝幸定昆池,命从官赋诗,黄门侍郎李日知诗曰:"所愿暂思居者逸,勿使时称作者劳。"

三月,以韦巨源、杨再思为左、右仆射、同三品,宗楚客为中书令,萧至忠为侍中,韦嗣立同三品,崔湜、赵彦昭同平章事。

监察御史崔琬对仗弹宗楚客、纪处讷潜通戎狄,受其货赂,致生边患。故事,大臣被弹,俯偻趋出,立于朝堂

领着手持灯笼、步障和金缕罗扇的人进殿，后面有一位身穿礼服、头戴花钗的妇人，唐中宗让这位妇人与窦从一面对面而坐。待罗扇被拿走后，这位妇人换下礼服，原来是韦皇后的老乳母王氏，她本是一个蛮族婢女。唐中宗与随侍的臣下们哄堂大笑。唐中宗下诏封她为莒国夫人，嫁给窦从一为妻。当时民间称乳母的丈夫为"阿奢"，窦从一每次进呈表状时，都自称"翊圣皇后阿奢"，欣然有自以为了不起的神色。

己酉（709）　唐中宗景龙三年

春正月，唐中宗驾幸玄武门，观看宫女们的拔河游戏。

唐中宗驾幸玄武门，与近臣们一同观看宫女们的拔河游戏。唐中宗又让宫女们扮成闹市中商店的主人，让公卿大臣们扮作行商，与她们做买卖。因为假装愤怒争执，言辞粗俗轻慢，唐中宗与韦后在一旁观看取乐。唐中宗每次与近臣们宴饮聚会时，都让他们各自表演节目以取乐。只有国子司业郭山恽唱了《诗经》中的《鹿鸣》和《蟋蟀》两首歌。第二天，唐中宗赐给郭山恽敕书一封，表彰他的好意。唐中宗又曾经在宴请侍臣时，让他们各自作《回波辞》。谏议大夫李景伯说："大家都作《回波辞》以助酒兴，而微臣的职责是规谏君主的过失。现在臣下为陛下侍宴已超过了三爵酒，再喧哗宴饮恐怕与礼仪不符！"唐中宗听后不高兴。萧至忠说："李景伯是一位真正的谏官。"唐中宗曾经驾幸定昆池，命令随从的官员们吟诗，黄门侍郎李日知所作的诗中这样说道："但愿暂且先考虑百姓的安乐，不要让人们时常说服役者的辛劳。"

三月，唐中宗任命韦巨源、杨再思为左、右仆射、同中书门下三品，宗楚客为中书令，萧至忠为侍中，韦嗣立为同中书门下三品，崔湜、赵彦昭为同平章事。

监察御史崔琬当廷弹劾宗楚客、纪处讷二人暗中与戎狄通谋，接受了他们的财物贿赂，导致边疆地区发生战乱。依照旧例，大臣遭到弹劾时，应该弯腰低头快步走出，站立在朝堂上

待罪。至是，楚客更忿怒作色，自陈忠鲠，为琬所诬。上竟不穷问，命琬与楚客结为兄弟，以和解之，时人谓之"和事天子"。崔湜通于上官昭容，故引以为相。

时政出多门，滥官充溢，人以为"三无坐处"，谓宰相、御史及员外官也。韦嗣立上疏，以为："比造寺极多，所费千万，人力劳弊，怨嗟盈路。佛教要在降伏身心，岂在穷极侈丽！万一水旱为灾，戎狄构患，虽龙象如云，将何救哉！又，国初食封之家不过二三十，今乃百有余家，凡用六十万丁，为绢百二十万匹。今太府庸调绢，岁不过百万，国家租赋不及私门之半。封户之物，诸家自征，僮仆依势，陵轹州县。不若悉计丁输之太府，使封家于左藏受之。又，员外置官，数倍正阙，典吏困于祗承，仓库竭于资奉。又，京官有犯，方遣刺州，选人衰耄，方补县令，以此理人，何由率化！望自今应除三省、两台及五品以上清望官，皆先于刺史、县令中选用，则天下理矣。"

监察御史宋务光亦以"于时食实封者凡一百四十余家，应出封户者凡五十四州，皆割上腴之田，而太平、安乐公主又取高赀多丁者，刻剥过苦，应充封户者甚于征役。滑州地出绫缣，人多趋射，尤受其弊，人多流亡，

等待治罪。这时，宗楚客反而勃然大怒，脸色大变，向唐中宗陈述自己的忠诚耿直，并说受到了崔琬的诬陷。唐中宗对此事竟然不加追究，还让崔琬与宗楚客结拜为兄弟，以此来和解他们的矛盾，当时的人们都把唐中宗称为"和事天子"。崔湜与上官昭容私通，所以上官昭容引荐他做了宰相。

当时政出多门，滥授的官吏数目大增，人们称"三无坐处"，说的是宰相、御史和员外官在办公的地方都无处可坐。韦嗣立上疏，认为："近年来营建的寺院太多，耗费钱财以千万计，致使百姓劳苦贫困，怨声载道。佛教的关键在于说服人们从心中去信仰，岂在于穷极华丽地修建寺院！万一发生水旱灾害，或者戎狄挑起战端，即使高僧如云，又怎么能够救灾救难呢！还有，大唐开国初期，食实封的人不过二三十家，而现在竟达到了一百多家，向他们交纳租赋的成丁有六十万名，交纳绢共一百二十万匹。现在太府寺入库的庸调绢，每年不超过一百万匹，国家所征收的租赋不及食实封的私家的一半。封户所交纳的租赋，是由食实封的人家自己去征收，被派去征收租赋的奴仆依仗主人的权势，凌辱欺压州县官吏。不如全部按丁口计算交纳到太府寺，再让食实封的人家到左藏库领取。还有，陛下所任命的员外官，数量是正员空缺官吏的好几倍，致使主管的官吏疲于敬奉侍候，国库中的积蓄被官吏的俸禄开支耗尽。还有，京官犯有过失，才派遣他们去担任州刺史，候选者中年老体衰的人，才补授他们为县令，任用这样的人去治理百姓，怎么能够让天下人都遵循教化呢！希望从今以后在除授三省、两台以及五品以上的清望官时，都先从刺史、县令中选拔，这样就会天下大治。"

监察御史宋务光也认为："现在食实封的贵族共一百四十多家，应当出封户为他们交纳租赋的州共五十四个，这些州都割出最肥沃的土地，而太平公主和安乐公主又占取了家境富裕、丁口众多的封户，盘剥得太厉害，以至那些作封户的人家比为朝廷承担赋税徭役的人家负担还重。滑州地区出产绫缣，人们便纷纷到这里要封户，因此此地受害尤为严重，人口大量逃亡，

请分封户配余州,并附租庸,每年送纳"。上皆弗听。

以韦温、郑愔同三品。

温,后兄也。

夏五月,流郑愔于吉州,贬崔湜江州司马。

崔湜、郑愔俱掌铨衡,倾附势要,赃贿狼藉,选法大坏。
御史靳恒、李尚隐对仗弹之,下狱,流贬之。

杨再思卒。　秋七月,突骑施娑葛遣使请降。

赐名守忠。

**八月,以李峤同三品,韦安石为侍中,萧至忠为中书
令。　九月,以苏瓌为仆射、同三品。　十一月,祀南郊。**

上将祀南郊,国子祭酒祝钦明、司业郭山恽建言:"古
者大祭祀,后裸献以瑶爵。皇后当助祭天地。"太常博士唐
绍、蒋钦绪以为:"《周礼》惟有助祭先王先公,无助祭天地
之文。"侍中韦巨源请依钦明议。上乃以皇后为亚献,仍以
宰相女为斋娘,助执豆笾。大赦,斋娘有婿者皆迁官,流人
放还。均州刺史谯王重福独不得归,乃上表自陈曰:"陛下
焚柴展礼,郊祀上玄,苍生并得赦除,赤子偏加摈弃。天下
之人为臣流涕,况陛下慈念,岂不愍臣栖遑!"表奏,不报。

豆卢钦望卒。　以唐休璟同三品。

休璟年八十余,进取弥锐。

关中饥。

请求陛下把封户分散配给其余的州郡,并将封户的租税并入国家的租税之中,每年由官府统一征收并发放给他们。"唐中宗都没有采纳。

唐中宗任命韦温、郑愔为同中书门下三品。

韦温是韦皇后的哥哥。

夏五月,唐中宗把郑愔流放到吉州,贬崔湜为江州司马。

崔湜与郑愔一同掌管官吏铨选,他们攀附有权势的人,肆无忌惮地贪赃受贿,致使朝廷选任官吏的法令遭到极大破坏。御史靳恒和李尚隐当廷弹劾他们,因此被逮捕入狱,流放贬官。

杨再思去世。 **秋七月,突骑施娑葛派遣使者入朝请求归降。**

唐中宗赐给他名字叫守忠。

八月,唐中宗任命李峤为同中书门下三品,韦安石为侍中,萧至忠为中书令。 **九月,唐中宗任命苏瓌为仆射、同中书门下三品。** **冬十一月,唐中宗到南郊祭天。**

唐中宗将要到南郊祭天,国子祭酒祝钦明、国子司业郭山恽向唐中宗建议说:"古代的帝王举行大祭祀时,王后都用瑶爵盛酒祭献。所以皇后应当辅助陛下祭祀天地。"太常博士唐绍、蒋钦绪却认为:"《周礼》只提到王后应当辅助帝王祭祀先王先公,而没有说到王后应当辅助帝王祭祀天地。"侍中韦巨源请求唐中宗采纳祝钦明的意见。唐中宗于是让韦皇后做第二个祭献的人,同时用宰相的女儿作斋娘,帮助端着盛放祭品的豆和笾。唐中宗大赦天下,斋娘中已出嫁有丈夫的都升迁官职,流放的人都可返回。唯独均州刺史谯王李重福不许返回,于是他向唐中宗上表自述:"陛下燔柴施礼,在南郊祭祀上天,天下苍生都因此得以赦罪免刑,唯独把自己的孩子摈弃在外。天下之人都为臣感到痛心流泪,何况陛下慈悲为怀,难道不怜悯您这个落魄忧伤的儿子吗!"表书奏上后,没有得到答复。

豆卢钦望去世。 **唐中宗任命唐休璟为同中书门下三品。**

唐休璟年已八十有余,但进取之心却更加强烈。

关中地区发生饥荒。

关中米斗百钱，运山东、江、淮谷输京师，牛死什八九。群臣多请幸东都，韦后家本杜陵，不乐东迁，使巫觋以不利东行说上。后有言者，上怒曰："岂有逐粮天子邪！"乃止。

庚戌（710）　**四年**睿宗皇帝景云元年。
春正月，上观灯于市里。
上与韦后微行，纵宫女数千人出游，多不归者。

上御梨园。
命三品以上抛毬、拔河。韦巨源、唐休璟衰老，随绁踣地，不能兴。上及皇后、妃、主临观，大笑。

夏四月，幸隆庆池。
初，武后之世，长安城东民家井溢，浸成大池数十顷，号隆庆池。相王子五王列第于其北，望气者言："常郁郁有帝王气，比日尤盛。"上幸池，宴侍臣以厌之。

五月，宴近臣。
国子祭酒祝钦明自请作《八风舞》，摇头转目，备诸丑态。钦明素以儒学著名，卢藏用曰："祝公《五经》扫地尽矣。"

六月，皇后韦氏弑帝于神龙殿，以裴谈、张锡同三品，张嘉福、岑羲、崔湜同平章事，立温王重茂。

关中地区每斗米价值一百钱，朝廷调运山东、江、淮地区的谷物供应京师，运粮的牛有十分之八九死在途中。群臣大多请求唐中宗驾幸东都，韦后因家在杜陵，不愿意迁往东都，就指使巫师对唐中宗说东行不吉利。后来又有大臣劝唐中宗前往东都，唐中宗大怒说："难道有到处找粮吃的天子吗！"于是作罢。

唐睿宗

庚戌（710） **唐中宗景龙四年**唐睿宗景云元年。

春正月，唐中宗到街中闹市观看花灯。

唐中宗与韦后身着便服出行，还放数千名宫女出宫游玩，很多都没有回宫。

唐中宗驾幸梨园。

唐中宗命三品以上官员玩抛球、拔河的游戏。韦巨源和唐休璟因年老体衰，拔河时随着粗绳子摔倒在地，爬不起来。唐中宗和韦后及妃子、公主们在一旁观看，大笑不止。

夏四月，唐中宗驾幸隆庆池。

当初，武后在位时，长安城东面有一位居民家中的水井往外溢水，流出的水逐渐形成了一个占地数十顷的大池子，被称为隆庆池。相王李旦的五个被封为王的儿子把宅第并排建在隆庆池的北面，有一位能望云气预卜吉凶的人说："这里经常有盛大的帝王之气，近来尤其盛大。"唐中宗驾幸隆庆池，宴请随侍的臣下，以此来抑制这里的帝王之气。

五月，唐中宗宴请近臣。

国子祭酒祝钦明主动请求表演《八风舞》，摇头晃脑，眼珠乱转，丑态百出。祝钦明素来以研究儒学而知名，卢藏用说："祝公研读的儒家《五经》尽扫于地了。"

六月，皇后韦氏在神龙殿杀死唐中宗，任命裴谈、张锡为同中书门下三品，张嘉福、岑羲、崔湜为同平章事，立温王李重茂为皇帝。

初,定州人郎岌上言:"韦后、宗楚客将为逆乱。"后杀之。许州参军燕钦融复上言:"皇后淫乱,干预国政,宗楚客图危社稷。"上面诘之,钦融抗言不挠。楚客矫制扑杀之。上意怏怏,由是后及其党始惧。散骑常侍马秦客、光禄少卿杨均皆幸于后,恐事泄,安乐公主亦欲后临朝,以己为皇太女,乃相与合谋,于饼馅中进毒,中宗崩。

韦氏秘不发丧,召宰相入禁中,征诸府兵屯京城,以裴谈、张锡同三品,张嘉福、岑羲、崔湜同平章事。太平公主与上官昭容谋草遗制,立温王重茂为太子,皇后知政事,相王旦参谋政事。宗楚客曰:"相王于皇后,嫂叔不通问,听朝之际,何以为礼!"遂帅诸宰相表请罢相王政事。

乃发丧,皇后摄政,改元唐隆。太子即位,年十六。宗楚客、叶静能与诸韦劝后遵武后故事,以韦氏子弟领南北军。楚客等上书称韦氏宜革唐命。谋害少帝,深忌相王及太平公主,密与韦温、安乐公主谋去之。

临淄王隆基起兵讨韦氏,并其党皆伏诛,隆基为平王,以钟绍京、刘幽求参知机务,李日知同三品,萧至忠等贬官有差。

相王子临淄王隆基罢潞州别驾,在京师,阴聚才勇之士,密谋匡复。初,太宗选官户及蕃口骁勇者,著虎文衣,跨豹文鞯,谓之百骑,武后时增为千骑,隶左右羽林,中宗谓之万骑,置使以领之。隆基皆厚结其豪杰。

当初，定州人郎岌进言说："韦后、宗楚客将要谋反作乱。"韦后因此杀了他。许州参军燕钦融又进言说："皇后与他人淫乱，干预国家政事，宗楚客图谋危害国家。"唐中宗当面责问他，燕钦融直言不屈。宗楚客假托唐中宗的制书打死了燕钦融。唐中宗心中很不高兴，因此韦后和她的党羽们开始感到惧怕。散骑常侍马秦客、光禄少卿杨均都与韦后私通，他们害怕奸情败露，安乐公主也想让韦后临朝称制，立自己为皇太女，于是他们一起合谋，在唐中宗吃的饼中放了毒药，唐中宗吃后驾崩。

韦后秘不公布唐中宗驾崩的消息，先召宰相到宫中，又征调各地的府兵驻扎在京城，任命裴谈、张锡为同中书门下三品，张嘉福、岑羲、崔湜为同平章事。太平公主与上官昭容商议起草唐中宗的遗诏，立温王李重茂为皇太子，由韦后主持政事，相王李旦参谋政事。宗楚客说："相王与皇后是叔嫂关系，按照礼仪不能够互相问候，在处理朝政时，如何行礼呢！"于是宗楚客率领宰相们上表请求免去相王李旦参谋政事的职务。

然后发布唐中宗驾崩的消息，由韦后临政摄政，改年号为唐隆。皇太子李重茂即皇帝位，年仅十六岁。宗楚客、叶静能和韦氏诸人都劝说韦后遵循武后的先例登基称帝，又命韦氏子弟统领南北禁军。宗楚客等人上书说韦后应该革除唐命改朝换代。宗楚客还打算阴谋害死少帝李重茂，但是十分忌惮相王李旦和太平公主，于是秘密与韦温和安乐公主图谋除掉他们。

临淄王李隆基起兵讨伐韦皇后，连同她的党羽全部被诛杀，少帝李重茂封李隆基为平王，命钟绍京、刘幽求参与主持机要事务，李日知为同中书门下三品，贬萧至忠等人官职高低不等。

相王李旦的儿子临淄王李隆基被免去潞州别驾的职务，留在京师，他暗中招集智勇双全之士，密谋复兴大唐天下。当初，唐太宗挑选官户和异族人中勇猛的人，让他们身穿绘有老虎花纹的衣服，骑着绘有豹皮花纹的鞍垫，称他们为百骑，武后时期增加为千骑，隶属于左右羽林军，唐中宗时期称为万骑，并设置使职统领他们。李隆基都深相结交他们当中的豪杰之士。

会兵部侍郎崔日用以楚客谋告隆基，乃与太平公主及公主子薛崇暕、苑总监钟绍京、尚衣奉御王崇晔、前朝邑尉刘幽求、折冲麻嗣宗谋先事诛之。会韦播数榜捶万骑，万骑皆怨。果毅葛福顺、陈玄礼见隆基诉之，隆基讽以诛诸韦，皆踊跃自效。或谓隆基当启相王，隆基曰："我曹为此以徇社稷，事成福归于王，不成以身死之，不以累王也。且万一不从，将败大计。"遂不启。

微服与幽求等入苑中。逮夜，天星散落如雪，幽求曰："天意若此，时不可失！"于是福顺直入羽林营，斩诸韦典兵者以徇，曰："韦后鸩杀先帝，谋危社稷，今夕当共诛之，立相王以安天下。敢有怀两端助逆党者，罪及三族！"羽林士皆欣然听命。隆基勒兵入玄武门，诸卫兵皆应之，斩韦后及安乐公主、武延秀、上官昭容。

幽求曰："众约今夕共立相王，何不早定！"隆基止之。比晓，内外皆定。隆基乃出见相王，叩头谢不先白之罪。相王曰："社稷宗庙不坠于地，汝之力也。"遂迎相王入辅少帝。

闭城门，收捕诸韦亲党及宗楚客、晋卿、纪处讷、赵履温、张嘉福、马秦客、杨均、叶静能等，皆斩之，尸韦后于市。诸韦褵褓儿无免者。封隆基为平王，押左右厢万骑。赐崇暕爵立节王。以绍京守中书侍郎，幽求守中书舍人，并参知

适逢兵部侍郎崔日用把宗楚客的阴谋报告了李隆基,于是李隆基与太平公主及太平公主的儿子薛崇暕、苑总监钟绍京、尚衣奉御王崇晔、前朝邑县尉刘幽求、折冲都尉麻嗣宗等人计谋先行举兵诛杀韦氏等人。适逢韦播多次鞭打万骑士兵,因此万骑士兵都怨恨他。果毅都尉葛福顺和陈玄礼向李隆基诉说此事,李隆基劝他们诛杀韦氏诸人,他们都十分踊跃地表示愿意效力。有人对李隆基说应当把这件事告诉他的父亲相王李旦,李隆基说:“我们这些人是为了江山社稷而起兵的,如果事情成功就归功于相王,万一失败就为国家而死,不能因此事而连累相王。再说万一他不同意,将会坏了我们的大事。”因此李隆基没有把此事告诉相王。

　　李隆基身着便服与刘幽求等人进入禁苑之中。等到天黑,夜空中的流星散落如雪,刘幽求说:“天意如此,时不可失!”于是葛福顺径直闯入羽林军营中,斩杀了掌管兵权的韦氏诸人以示众,并说:“韦后毒杀了先帝,阴谋危害国家,今天晚上大家要一同起兵诛杀韦氏,拥立相王为帝以安定天下。胆敢有人心怀二意帮助逆党,诛灭三族!”羽林军的士卒全都乐意效力。李隆基率兵从玄武门进入宫中,宫中守卫的士兵都纷纷响应,于是斩杀了韦后及安乐公主、武延秀、上官昭容。

　　刘幽求说:“大家约好了今天晚上共同拥立相王为皇帝,为何不早一点定下来!”李隆基阻止了他。到天亮时,宫内外都已平定。李隆基这才出宫拜见相王李旦,为举兵起事前没有先禀告相王而叩头谢罪。相王说:“宗庙社稷得以保全,都是你的功劳。”李隆基于是率兵迎接相王入宫辅佐少帝。

　　李隆基又下令将城门关闭,派兵收捕了韦氏亲党以及宗楚客、宗晋卿、纪处讷、赵履温、张嘉福、马秦客、杨均、叶静能等人,都将他们斩首,并将韦皇后暴尸街市。韦氏家族中吃奶的婴儿也都没能免于被杀。少帝李重茂封李隆基为平王,统领左右厢万骑兵。赐薛崇暕爵位为立节王。任命钟绍京署理中书侍郎职务,刘幽求署理中书舍人职务,二人一并参与主持

机务。武氏宗属诛窜殆尽。以李日知、钟绍京并同三品。隆基二奴王毛仲、李守德皆超拜将军。诸宰相萧至忠等贬官有差。

相王旦即位，废重茂复为温王。

刘幽求言于隆基，请相王早即位，以镇天下。遂以少帝制传位相王。时少帝犹在御座，太平公主进曰："天下之心已归相王，此非儿座！"遂提下之。睿宗即位，以少帝为温王，置于内宅。

以钟绍京为中书令，寻罢之。

绍京尝为司农录事，既典朝政，纵情赏罚，众皆恶之。太常少卿薛稷言于上曰："绍京虽有劳勋，素无才德，出自胥徒，超居元宰，恐失圣朝具瞻之美。"出为蜀州刺史。

立平王隆基为太子。

上将立太子，以宋王成器嫡长，平王隆基有功，疑不能决。成器辞曰："国家安则先嫡长，危则先有功，苟违其宜，四海失望。臣死不敢居平王之上。"刘幽求曰："除天下之祸者，当享天下之福。平王拯社稷之危，救君亲之难，论功语德，无可疑者。"上从之。

以薛稷参知机务。

稷以工书，事上于藩邸，故为相。

追削武三思等爵谥，暴其尸。 以姚元之同三品，韦嗣立、萧至忠为中书令，赵彦昭、崔湜并同平章事。 加太平公主实封万户。

机要事务。至此武氏家族的人被诛杀或流放殆尽。又任命李日知、钟绍京并为同中书门下三品。李隆基的两个奴仆王毛仲和李守德都被破格任命为将军。宰相萧至忠等人被贬官高低不等。

相王李旦即皇帝位，重新废少帝李重茂为温王。

刘幽求向平王李隆基进言，请求让相王李旦早一点即皇帝位，以安定天下。于是以少帝李重茂的名义下制书传帝位给相王。当时少帝还坐在皇帝的宝座上，太平公主上前对他说道："天下之心已归附相王，这里不是你这个小孩子应该坐的地方！"然后便把他从宝座上拎了下来。唐睿宗即皇帝位，恢复了少帝李重茂的温王爵位，安置在内宅居住。

唐睿宗任命钟绍京为中书令，不久又罢免了他的职务。

钟绍京曾经担任过司农录事，执掌朝政后，任意施行赏罚，大家都厌恶他。太常少卿薛稷对唐睿宗说："钟绍京虽然有功劳，但素来无才无德，又出身胥吏，现在破格提拔为宰相，恐怕有失圣朝宰辅重臣的美德。"因此唐睿宗将钟绍京外放为蜀州刺史。

唐睿宗立平王李隆基为皇太子。

唐睿宗将要立皇太子，但因为宋王李成器是嫡长子，而平王李隆基有大功，所以犹豫不决。这时宋王李成器辞让道："国家安定时就先立嫡长子，国家有危难时就先立有功的人，如果违背了时宜，就会令天下人失望。我宁可去死也不敢位居平王之上。"刘幽求说："铲除天下之祸的人，应当享有统治天下的福分。平王拯救国家的危难，为君亲免除了祸难，不管是评功还是论德，立他为太子都没有什么可疑虑的。"唐睿宗采纳了他的建议。

唐睿宗命薛稷参与主持机要事务。

薛稷因为擅长书法，在相王府侍奉过唐睿宗，所以唐睿宗任命他为宰相。

唐睿宗下令追夺武三思等人的爵位和谥号，并劈棺暴尸。

唐睿宗任命姚元之为同中书门下三品，韦嗣立、萧至忠为中书令，赵彦昭、崔湜一并为同平章事。 唐睿宗加太平公主的实封到一万户。

公主沉敏多权略,武后以为类己,独爱幸。及诛张易之,公主有力焉。中宗之世,韦后、安乐皆畏之,又与太子共诛韦氏。既屡立大功,益尊重,上常与之议政。宰相进退系其一言,荐士骤历清显者不可胜数,权倾人主,其门如市。

赠郎岌、燕钦融、苏安恒谏议大夫。　秋七月,赠韦月将宣州刺史。　以崔日用参知机务。　追复故太子重俊位号,及敬晖、桓彦范、崔玄晔、张柬之、袁恕己、李多祚等官爵。

太府少卿韦凑上书曰:"故太子重俊,与李多祚等称兵入宫,中宗登玄武门,太子据鞍自若。及其徒倒戈,然后逃窜。向使宿卫不守,其为祸也胡可忍言!今圣朝礼葬,谥为节愍,臣窃惑之。若以其诛武三思父子而嘉之,则诛奸臣而尊君父可也,今欲自取之,是与三思竞为逆也。若以其欲废韦氏而嘉之,则韦氏于时逆状未彰,苟无中宗之命而废之,是胁父废母也,庸可乎!臣恐后之乱臣贼子,得引以为比,开悖逆之原,非所以彰善瘅恶也。请改其谥。多祚等从重俊兴兵,不为无罪。今宥之可也,名之为雪,亦所未安。"上然其言。而执政以为制命已行,但停多祚赠官而已。

以宋璟同三品。

太平公主沉着机敏，富于权变谋略，武后认为她很像自己，所以对她格外偏爱。张柬之等人诛杀张易之时，太平公主有功劳。唐中宗在位时期，韦后和安乐公主都惧怕他，后来她又与皇太子李隆基一同诛杀了韦氏集团。太平公主因为多次立有大功，所以权势地位日益显赫尊贵，唐睿宗经常与她商议朝政。就是连宰相的任免都取决于她的一句话，经由她举荐而平步青云担任清要显贵职务的士人数不胜数，她的权力甚至超过了皇帝，求见她的人使她家门庭若市。

唐睿宗追赠郎岌、燕钦融、苏安恒为谏议大夫。 秋七月，追赠韦月将为宣州刺史。 任命崔日用参与主持机要事务。追复原太子李重俊的位号，并追复敬晖、桓彦范、崔玄暐、张柬之、袁恕己、李多祚等人的官爵。

太府少卿韦凑上书说："原太子李重俊与李多祚等人率兵入宫，中宗皇帝登上玄武门躲避，而太子李重俊还神态自若地骑在马上。等他的士卒临阵倒戈后，他才逃走。假如当时守卫的士卒抵挡不住，那么李重俊所造成的祸患哪里可以想象呢！现在朝廷以礼安葬李重俊，并赠他谥号为节愍，我心中感到迷惑不解。如果因为他起兵诛杀武三思父子而嘉奖他，那么他诛杀了奸臣之后尊崇自己的父亲中宗皇帝，嘉奖他是可以的，但他当时是想自己当皇帝，这就与武三思一样都是逆臣贼子。如果因为他想要废除韦后而嘉奖他，那么当时韦后谋反的意图还未表现出来，如果没有中宗皇帝的命令就擅自起兵废除她，这就是胁迫父皇而废母后，这样做怎么可以呢！我担心后世的乱臣贼子会援引李重俊的先例，开启悖乱叛逆之门，这恐怕不是扬善惩恶的办法。请陛下给李重俊改谥号。李多祚等人追随李重俊起兵，不能说没有罪过。现在陛下宽恕他们的罪行是可以的，但说是为他们平反昭雪，也不太合适。"唐睿宗赞同韦凑的意见。但执政大臣认为皇帝的命令已经颁布，没有改变谥号，只是不再给李多祚等人追赠官爵而已。

唐睿宗任命宋璟为同中书门下三品。

璟与姚元之协心革中宗弊政,进忠良,退不肖,赏罚尽公,请托不行,纲纪修举,当时翕然以为复有贞观、永徽之风。

崔湜、萧至忠、韦嗣立、赵彦昭、崔日用、薛稷罢。

日用与稷争于上前,稷曰:"日用倾侧,附武三思,非忠臣;卖友邀功,非义士。"日用曰:"稷附张易之、宗楚客,非倾侧而何!"上两罢之。

废崇恩庙,追废韦后、安乐公主为庶人。 八月,谯王重福反,伏诛。

韦后之临朝也,郑愔贬,过均州,与谯王重福谋举兵诛韦氏,未发而韦氏败。洛阳人张灵均说重福曰:"大王地居嫡长,当为天子。相王虽有功,不当立。王若潜入洛阳,发屯兵,杀留守,天下指挥可定。"重福从之。时愔左迁,过洛阳,与灵均结谋聚徒,以俟重福。重福与灵均诈乘驿入东都,县官驰白留守,洛阳长史崔日知帅众讨之。重福窘迫,赴漕渠溺死。愔与灵均皆伏诛。初,愔附来俊臣得进,俊臣诛,附张易之,易之诛,附韦氏,韦氏败,又附重福,竟坐族诛。

诏以万骑补外官,更置飞骑。
万骑恃功暴横,长安中苦之,故有是命。

罢斜封官。

宋璟与姚元之同心协力地革除唐中宗时期的各种弊政，提拔任用忠正贤良之士，斥退贬逐奸邪不肖之徒，真正做到赏罚公正，请托说情之风失去了市场，各项法度重新得到整饬，当时朝野上下一致认为国家又出现了唐太宗贞观和唐高宗永徽年间的良好风气。

唐睿宗罢免了崔湜、萧至忠、韦嗣立、赵彦昭、崔日用、薛稷等人的宰相职务。

崔日用与薛稷在唐睿宗面前发生争执，薛稷说："崔日用为人邪僻不正，过去曾经依附武三思，不是一位忠臣；又为了邀功而出卖朋友，不是一位仁义之士。"崔日用说："薛稷曾依附张易之与宗楚客，这不是邪僻不正又是什么呢！"唐睿宗因此罢免了他们两人的宰相职务。

唐睿宗废除了武氏的家庙崇恩庙，追废韦后、安乐公主为庶人。　八月，谯王李重福谋反，被诛杀。

韦后临朝执政时，郑愔被贬官，路过均州，与谯王李重福密谋起兵诛杀韦氏，尚未发兵而韦氏败灭。洛阳人张灵均劝告李重福说："大王您是先帝的嫡长子，应当做皇帝。相王虽然有功，但不应当继承皇位。大王如果潜入洛阳城，调发左、右屯营兵，杀掉东都留守，天下就可以一发布命令便平定下来。"李重福听从了他的话。当时郑愔被降职，路过洛阳，与张灵均合谋招集徒众，等待李重福的到来。李重福与张灵均假装乘驿马进入东都，洛阳县令急忙报告了东都留守，洛阳长史崔日知率兵讨伐李重福。李重福走投无路，跳进漕渠淹死。郑愔与张灵均都被诛杀。当初，郑愔因依附来俊臣而得到任用提拔，来俊臣被诛杀后，又依附张易之，张易之被诛杀后，又依附韦氏，韦氏败灭后，又依附李重福，最终因谋反罪被灭族。

唐睿宗下诏将万骑兵补授为地方官，另外设置飞骑兵。

万骑兵依仗着平定韦氏的功劳，横行不法，长安城中的百姓深受其苦，所以唐睿宗下了这样的诏命。

唐睿宗罢免了斜封官的职务。

用姚元之、宋璟及御史大夫毕构之言也,所罢凡数千人。

冬十月,以薛讷为幽州经略节度大使。

节度之名自此始。

十一月,以姚元之为中书令。　葬定陵。

朝议以韦后有罪,不应祔葬,乃追谥故英王妃赵氏为和思皇后,招魂祔葬。

许公苏瓌卒。

制起复瓌子颋为工部侍郎,颋固辞。上使李日知谕旨,日知还奏曰:"臣见其哀毁,不敢发言。"上乃听其终制。

十二月,以西城、隆昌二公主为女官。

上以二女为女官,以资天皇、天后之福,欲为造观。谏议大夫宁原悌上疏曰:"释、道二家皆以清净为本,不当广营寺观,劳人费财。又,先朝所亲狎诸僧,宜加屏斥。"补阙辛替否上疏曰:"自古失道破国亡家者,口说不如身逢,耳闻不如目见。太宗,陛下之祖也,拨乱反正,开基立极,官不虚受,财无枉费,不多造寺观而有福,不多度僧尼而无灾,天地垂祐,风雨时若,粟帛充溢,蛮夷率服,享国久长,名高万古。陛下何不取而法之!中宗,陛下之兄也,弃祖宗之业,徇女子之意,无能而禄者数千人,无功而封者百余家,造寺不止,度人无穷,夺百姓口中之食以养贪残,剥万人体上之衣以涂土木,人怨神怒,众叛亲离,享国不永,

这是采纳了姚元之、宋璟以及御史大夫毕构的建议，总共罢免了数千人。

冬十月，唐睿宗任命薛讷为幽州经略节度大使。

节度使的名号从这时开始出现。

十一月，唐睿宗任命姚元之为中书令。　将唐中宗葬于定陵。

朝臣们议论认为韦后有罪，不应该将她与唐中宗合葬，唐睿宗于是追谥唐中宗为英王时的妃子赵氏为和思皇后，招魂合葬于定陵。

许文贞公苏瑰去世。

唐睿宗下制书任命为父服丧未满的苏瑰之子苏颋为工部侍郎，苏颋坚决推辞不接受。唐睿宗派李日知前去宣布自己的旨意，李日知回来后上奏说："我见到苏颋因悲哀身体损伤得很厉害，就没敢说话。"唐睿宗于是允许苏颋为父服丧期满。

十二月，唐睿宗让西城公主和隆昌公主出家做女道士。

唐睿宗让自己的两个女儿出家做女道士，以依托高宗皇帝、武则天的冥福，并打算为她们建造道观。谏议大夫宁原悌上疏说："佛教和道教两家都以清净为本，不应该大量营建佛寺和道观，耗费人力财力。还有，先朝中宗皇帝所宠幸的僧人们，应该加以斥逐。"右补阙辛替否上疏说："自古以来因无道而导致国破家亡的皇帝，真是口说不如亲身经历，耳闻不如亲眼目睹。太宗皇帝是陛下的祖父，他拨乱反正，开创了大唐基业所应遵循的中正准则，不把官职除授给无功无能的人，对国家的财物不随便浪费，他没有大量营造佛寺道观却有福分，不大量剃度僧尼却没有灾祸，得到皇天后土的保佑，风调雨顺，粮食布帛充足，蛮夷纷纷归服，享国长久，名高万古。陛下为何不加以效法呢！中宗皇帝是陛下的哥哥，他抛弃了祖宗的基业，听从妇道人家的旨意，致使没有才能而食取俸禄的达数千人，没有功劳而受封的达一百余家，无止境地营造寺院，无穷尽地剃度僧尼，夺取百姓口中之食以供养贪婪凶残之徒，剥掉黎民百姓身上之衣以为大兴土木雕梁画栋之用，弄得人怨神怒，众叛亲离，享国不久，

祸及其身。陛下何不惩而改之！自顷水旱霜蝗，未闻赈恤，而为二女造观，用钱百余万缗。陛下岂可不计当今之蓄积有几，中外之经费有几，而轻用百余万缗，以供无用之役乎！陛下族韦氏之家而不去韦氏之恶，忍弃太宗之法而不忍弃中宗之政乎！且陛下当韦氏用事之时，日夕忧危，切齿于群凶，今乃不改其所为，臣恐复有切齿于陛下者矣。"上虽不能从，而嘉其切直。二公主后改号金仙、玉真公主。

加李朝隐太中大夫。

宦者闾兴贵以事属长安令李朝隐，朝隐系之狱。上闻之，召见朝隐，劳之。因御承天门，集百官，宣示朝隐所为，且下制称："宦官遇宽柔之代，必弄威权。朕览前载，每所叹息。能副朕意，实在斯人，可加太中大夫，赐中上考。"

以宋璟为吏部尚书，姚元之为兵部尚书。

旧制，三品以上官册授，五品以上制授，六品以下敕授，皆委尚书省奏拟，文属吏部，武属兵部。中宗之末，选举混淆。至是，以宋璟为吏部尚书，李乂、卢从愿为侍郎，皆不畏强御，请谒路绝，人服其公。以姚元之为兵部尚书，陆象先、卢怀慎为侍郎，武选亦治。

贬祝钦明、郭山恽为诸州长史。

就遭到被杀身亡的祸难。陛下为何不以此为戒而改正自己的过失呢！近年来发生的水、旱、霜、蝗灾害，没有听说过陛下赈济灾民，却为两个女儿营建道观，耗费金钱一百多万缗。陛下怎么可以不考虑当今国库中的积蓄有多少，朝廷内外所需要的经费是多少，就轻率地拿出一百多万缗钱，以供给对国计民生没有任何益处的工程呢！陛下诛灭了韦氏的家族而没有除去韦氏的恶行，忍心抛弃太宗皇帝所创立的法度而不忍心抛弃中宗皇帝的弊政吗！再说陛下在韦氏专权用事的时候，日夜忧虑惶惧，对奸邪凶险之徒切齿痛恨，而现在却不改变他们的所作所为，我担心会重新出现对陛下切齿痛恨的人。"唐睿宗虽然没有采纳他的意见，但赞赏他的恳切直率。两位公主后来改号叫金仙公主和玉真公主。

唐睿宗加授李朝隐为太中大夫。

宦官同兴贵有事嘱托长安县令李朝隐，李朝隐把他关进狱中。唐睿宗听说这件事后，召见李朝隐，并慰劳他。然后驾幸承天门，召集文武百官，向他们宣示了李朝隐所做的事，并且下制书说："宦官如果遇到宽容柔弱的君主在位之时，必然会玩弄权术，作威作福。朕阅览前代的历史，总是为此而叹息。真正能够体察朕心意的，是李朝隐这样的人，可加授他为太中大夫，并赐给他中上考的政绩。"

唐睿宗任命宋璟为吏部尚书，姚元之为兵部尚书。

依照唐朝的旧制度，三品以上的官由皇帝当面用册书除授，五品以上的官由皇帝下制书除授，六品以下的官由皇帝下敕书除授，官员的任命都是由尚书省拟定上奏，文官由吏部拟定，武官由兵部拟定。唐中宗末期，官吏选任混乱。这时，唐睿宗任命宋璟为吏部尚书，李乂、卢从愿为吏部侍郎，他们都不畏强暴，因此请托说情的风气断绝，人们都佩服他们的公正无私。唐睿宗任命姚元之为兵部尚书，陆象先、卢怀慎为兵部侍郎，武官的选任也得到整饬。

唐睿宗贬祝钦明、郭山恽为州长史。

侍御史倪若水奏弹钦明、山恽乱常改作,希旨病君,于是左授。时侍御史杨孚弹纠不避权贵,权贵毁之,上曰:"鹰搏狡兔,须急救之,不尔必反为所噬。御史绳奸慝亦然,苟非人主保卫之,则亦为奸慝所噬矣。"

姚州蛮反。

姚州群蛮先附吐蕃,摄监察御史李知古请发兵击之。既降,筑城置州县,重税之,因诛其豪杰,掠子女为奴婢。群蛮怨怒,引吐蕃攻知古,杀之,由是姚、巂路绝。

辛亥(711) 睿宗皇帝景云二年

春正月,突厥默啜遣使请和。 以郭元振、张说同平章事。 二月,命太子监国,以宋王成器为同州刺史,幽王守礼为幽州刺史,太平公主蒲州安置。

初,太平公主以太子年少,意颇易之。既而惮其英武,数为流言,云:"太子非长,不当立。"每觇伺其所为,纤悉必闻于上。与益州长史窦怀贞结党,欲危太子,邀韦安石至其第,安石固辞不往。上尝密召安石,谓曰:"闻朝廷皆倾心东宫,宜察之。"对曰:"陛下安得亡国之言!此乃太平之谋耳。太子有功于社稷,仁明孝友,天下所知,愿陛下无惑。"

侍御史倪若水上奏弹劾祝钦明和郭山恽扰乱常规、改变旧制,为迎合韦后的旨意而使中宗皇帝圣德有损,因此唐睿宗将他们降职。当时侍御史杨孚弹劾纠察违法之事时不畏惧权贵,所以遭到权贵们的诋毁,唐睿宗说:"在老鹰搏击狡猾的兔子时,必须赶紧帮助老鹰,否则它一定会被兔子咬伤。御史在打击奸邪之徒时也是一样,如果没有君主对他的保护,他也会被奸邪之徒咬伤。"

姚州地区的蛮人反叛。

姚州地区的各蛮族部落起初依附吐蕃,代理监察御史李知古请求调发军队攻打他们。各蛮族部落归降唐朝之后,李知古又请求修筑城池,设置州县官署,对他们征收重税,并借机诛杀蛮族中的豪杰,将他们的子女掠为奴婢。因此引起了各蛮族部落的怨恨愤怒,他们召引吐蕃军队攻打李知古,杀死了他,从此姚州和巂州通往内地的道路断绝。

辛亥(711) 唐睿宗景云二年

春正月,突厥可汗阿史那默啜派遣使者前来求和。 唐睿宗任命郭元振、张说为同平章事。 二月,唐睿宗下诏命皇太子李隆基监国,并任命宋王李成器为同州刺史,豳王李守礼为豳州刺史,将太平公主安置在蒲州。

起初,太平公主认为太子李隆基还年轻,心中很轻视他。不久又惧怕太子的英武有为,于是多次散布流言,声称:"太子不是皇帝的长子,因此不应该立为皇太子。"太平公主还经常派人监视太子的行动,一举一动都报告给唐睿宗。太平公主与益州长史窦怀贞结为同党,想要加害太子,于是邀请韦安石到自己的家中来,韦安石坚决推辞不去。唐睿宗曾经秘密召见韦安石,对他说:"听说朝廷百官全都一心归附太子,你应该多加留意。"韦安石回答说:"陛下从哪里听到这些亡国之言呢! 这不过是太平公主的阴谋罢了。太子为国家立下了大功,仁义贤明,孝顺友爱,这是天下人所共知的事实,希望陛下不要受到迷惑。"

上瞿然曰:"朕知之矣,卿勿言。"公主又尝乘辇邀宰相于光范门内,讽以易置东宫,众皆失色。宋璟抗言曰:"东宫有大功于天下,真宗庙社稷之主,奈何忽有此议!"与姚元之密言于上曰:"宋王陛下之元子,豳王高宗之长孙,公主交构其间,将使东宫不安。请出宋王、豳王皆为刺史,罢岐、薛二王左、右羽林,太平公主、武攸暨皆于东都安置。"上曰:"朕惟一妹,岂可远置东都!诸王惟卿所处。"

顷之,上谓侍臣曰:"术者言五日中当有急兵入宫,卿等为朕备之。"张说曰:"此必谗人欲离间东宫,愿陛下早使太子监国,则流言自息矣。"元之曰:"张说所言,社稷之至计也。"上悦,以宋王成器为同州刺史,豳王守礼为豳州刺史,太平公主蒲州安置。命太子监国,六品以下官,徒以下罪,并听处分。

复斜封官。

初,殿中侍御史崔莅言于上曰:"斜封官皆先帝所除,姚元之等建议夺之,彰先帝之过,为陛下招怨。众口沸腾,恐生非常之变。"太平公主亦以为言,上然之,制诸斜封官并量材叙用。率府参军柳泽上疏曰:"斜封官皆因仆妾汲引,岂出先帝之意!陛下黜之,天下称明。一旦收叙,何政令之不一也!议者皆称太平公主诳误陛下,

唐睿宗听后惊异地说:"朕明白了,你不要再说了。"太平公主又曾经乘着辇在光范门内拦住宰相,劝他们说应该改立皇太子,宰相们听后都大惊失色。宋璟直言说:"太子为国家立下了大功劳,真是大唐宗庙社稷的主人,公主为什么突然提出这样的建议呢!"宋璟与姚元之秘密向唐睿宗进言说:"宋王李成器是陛下的长子,豳王李守礼是高宗皇帝的长孙,太平公主在他们与太子之间互相构陷,将会使太子心中不安。请求陛下将宋王和豳王二人外放为刺史,免去岐王和薛王所担任的左、右羽林大将军职务,并把太平公主和武攸暨都安置在东都洛阳。"唐睿宗说:"朕现在只有太平公主这么一个妹妹,怎么能够将她远远地安置在东都呢!至于诸王则任凭你们安排。"

不久,唐睿宗对随侍的臣子们说:"占卜的人说五天之内将会有起事发难的军队闯入宫中,你们要为朕严加防备。"张说说:"这一定是奸邪之人想要离间陛下与太子的关系,希望陛下早一点让太子监国,那么这些流言蜚语就会自然消失。"姚元之说:"张说所提的建议,是国家长治久安的最好计策。"唐睿宗听后十分高兴,于是任命宋王李成器为同州刺史,豳王李守礼为豳州刺史,并将太平公主安置在蒲州。唐睿宗又下诏命太子李隆基监国,规定六品以下官员的任免,以及徒刑以下罪犯的处罚,都由太子全权处置。

唐睿宗恢复斜封官的职务。

当初,殿中侍御史崔莅向唐睿宗进言说:"斜封官都是先帝任命的,因姚元之等人的建议而罢免了他们的职务,这就彰明了先帝的过失,为陛下招来怨恨。现在弄得怨声载道,恐怕会发生意想不到的变故。"太平公主也这样劝说唐睿宗,唐睿宗同意他们的意见,于是下制书说众斜封官都可量才叙用。率府参军柳泽上疏说:"斜封官都是通过中宗皇帝身边那些奴仆婢妾引荐的,哪里是出于中宗皇帝的本意!陛下将他们全部废黜,天下人都称赞是明智之举。而现在又要把他们全都收录叙用,陛下的政令为何如此前后不一呢!议论的人都说太平公主诓骗迷惑陛下,

积小成大,为祸不细。"上弗听。

贬姚元之为申州刺史,宋璟为楚州刺史,寝二王刺史之命。

太平公主闻姚元之、宋璟之谋,大怒,以让太子。太子惧,奏二人离间姑、兄,故有是命。

刘幽求罢。 **以左、右万骑、羽林为北门四军。** **以韦安石为中书令,李日知为侍中。**

安石、日知为政,纲纪紊乱,复如景龙之世矣。

夏四月,制:"政事皆取太子处分。"

上召三品以上,谓曰:"朕素怀淡泊,不以万乘为贵,今欲传位太子,何如?"群臣莫对。殿中侍御史和逢尧,太平公主之党也,言于上曰:"陛下春秋未高,方为四海所依仰,岂得遽尔!"上乃止。制:"凡政事皆取太子处分。军旅死刑及五品除授,议定以闻。"

五月,召太平公主还京师。

太子请之也。

复昊陵、顺陵。

太平公主为武攸暨请之也。

以薛谦光为岐州刺史。

僧慧范恃太平公主势,逼夺民田,御史大夫薛谦光弹之。公主诉于上,出之。

六月,置十道按察使。

这样下去积小成大,造成的祸患将会不小。"唐睿宗没有听从他的意见。

唐睿宗贬姚元之为申州刺史,宋璟为楚州刺史,并取消了对宋王李成器和幽王李守礼刺史的任命。

太平公主得知姚元之和宋璟的计谋后,十分愤怒,责备太子李隆基。太子惧怕,于是向唐睿宗上奏说姚元之和宋璟挑拨自己与姑母太平公主和哥哥宋王李成器、幽王李守礼之间的关系,所以唐睿宗才有了这样的任命。

唐睿宗罢免了刘幽求的宰相职务。 **以左、右万骑军和左、右羽林军为北门四军。** **任命韦安石为中书令,李日知为侍中。**

韦安石和李日知主持朝政,致使朝廷法度混乱,重新恢复到唐中宗景龙年间的样子。

夏四月,唐睿宗下制书说:"朝政大事都由太子处置。"

唐睿宗召见三品以上的官员,对他们说:"朕素来淡泊名利,不以当万乘之君为贵,现在想要把帝位传给皇太子,你们认为怎么样?"大臣们都没有回答。殿中侍御史和逢尧是太平公主的党羽,他对唐睿宗说:"陛下还不老,正受到天下之人的景仰,怎么可以急忙传位给太子呢!"唐睿宗于是作罢。唐睿宗下制书说:"凡是朝政事务都由太子处置。关于军事行动、死刑犯的核准以及五品以上官员的任命,先与皇太子商议决定,然后再上奏。"

五月,唐睿宗将太平公主召回京师。

这是听从了太子李隆基的请求。

唐睿宗恢复武后父母的坟墓昊陵和顺陵。

这是听从了太平公主为武攸暨的请求。

唐睿宗任命薛谦光为岐州刺史。

胡僧慧范依仗着太平公主的权势,强行夺取百姓的田产,御史大夫薛谦光上奏弹劾他。太平公主上诉唐睿宗,唐睿宗因此外放薛谦光为岐州刺史。

六月,唐睿宗设置十道按察使。

时遣使按察十道，分山南为东、西两道，分陇右为河西道。又分天下置二十四都督，各纠察所部刺史以下善恶。太子右庶子李景伯、舍人卢俌等上言："都督专杀生之柄，权任太重，或用非其人，为害不细。今御史秩卑望重，以时巡察，奸宄自禁。"其后竟罢都督，但置按察使而已。

秋七月，追复上官氏为昭容。

初，昭容从母之子王昱说昭容母郑氏曰："武氏天之所废，婕妤附之，灭族之道也。"郑氏以戒昭容，昭容弗听。及重俊诛三思，索昭容，昭容始惧，思昱言，自是心附帝室。故中宗崩，草遗制，以相王辅政。及隆基入宫，又帅宫人迎之。刘幽求为之言，隆基不许，遂斩之。至是追复，谥曰惠文。

以韦安石为左仆射、同三品。

太平公主以安石不附己，故崇以虚名，实去其权也。

九月，以窦怀贞为侍中。

怀贞每退朝，必诣太平公主第。时修金仙、玉真二观，群臣多谏，怀贞独劝成之，身自督役。

冬十月，韦安石、郭元振、窦怀贞、李日知、张说罢，以刘幽求、魏知古、崔湜并同三品，陆象先同平章事。

上御承天门，引韦安石等宣制，责以："政教多阙，水旱为灾，辅佐非才，并罢政事。"以刘幽求等同三品，象先

当时唐睿宗派遣使者巡察全国十道,分山南道为东、西两道,从陇右道中分出河西道。又分别在全国设置二十四个都督,各自负责纠察所辖地区内刺史以下官员的善恶。太子右庶子李景伯、太子舍人卢备等人进言说:"都督专擅生杀大权,权力太大,如果用人不当,造成的危害将会很大。现在御史的品级低微,但声望却很高,陛下派他们按时巡察地方,奸邪之事自然就会禁止。"最终罢免了都督,只设置了十道按察使而已。

秋七月,唐睿宗下诏追复上官婉儿为昭容。

当初,上官昭容姨母的儿子王昱劝上官昭容的母亲郑氏说:"武氏已被上天所弃,而上官婕妤还依附武氏集团,将会遭灭族之祸。"郑氏用这些话告诫上官昭容,但上官昭容不听。太子李重俊起兵诛杀武三思时,在宫中搜捕上官昭容,上官昭容才开始恐惧,想起了王昱的话,从此倾心依附皇室。所以唐中宗驾崩后,上官昭容草拟遗诏,让相王李旦辅政。李隆基率兵入宫时,上官昭容又率宫人迎接。刘幽求为她求情,李隆基不答应,于是将她斩首。这时唐睿宗追复她的昭容名位,谥号叫惠文。

唐睿宗任命韦安石为左仆射、同中书门下三品。

太平公主认为韦安石不依附于自己,所以任命他为徒有虚名的高官,实际上是剥夺了他的实权。

九月,唐睿宗任命窦怀贞为侍中。

窦怀贞每次退朝后,都要到太平公主的家中去。当时正在修建金仙、玉真两座道观,群臣们纷纷进谏阻止,只有窦怀贞表示支持修建,并且亲自监督施工。

冬十月,唐睿宗免去韦安石、郭元振、窦怀贞、李日知、张说的宰相职务,任命刘幽求、魏知古、崔湜一并为同中书门下三品,陆象先为同平章事。

唐睿宗驾幸承天门,对韦安石等人宣布制书,责备他们说:"当今朝廷的政令与教化存在许多过失,各地发生水旱灾害,这是因为辅佐大臣不称职的缘故,现在一并罢免他们的宰相职务。"然后任命刘幽求等人为同中书门下三品,任命陆象先为

同平章事。皆太平公主之志也。象先清慎寡欲,言论高远,为时人所重。湜私侍太平公主,公主欲引为相,湜请与象先同升,上不欲用湜,公主涕泣以请,乃从之。

遣御史中丞和逢尧使突厥。

逢尧说默啜曰:"处密、坚昆闻可汗结昏于唐,皆当归附。何不袭唐冠带,使之闻之!"默啜许诺。明日,襆头紫衫,再拜称臣。

十一月,令百姓二十五入军,五十五免。 召司马承祯至京师,寻许还山。

上召天台道士司马承祯,问以阴阳术数,对曰:"道者,损之又损,以至于无为,安肯劳心以学术数乎!"上曰:"理身无为则高矣,如理国何?"对曰:"国犹身也,顺物自然而心无所私,则天下理矣。"上叹曰:"广成之言,无以过也。"承祯固请还山,上许之。尚书左丞卢藏用指终南山谓承祯曰:"此中大有佳处,何必天台!"承祯曰:"以愚观之,此乃仕宦之疾径耳!"藏用尝隐终南,则天时征为左拾遗,故承祯言之。

壬子(712) **太极元年**玄宗皇帝先天元年。
春正月,祀南郊。

同平章事。这些官员的任免都是太平公主的意见。陆象先清廉谨慎,淡泊寡欲,言论高远,受到当时人们的推崇。崔湜私下侍奉太平公主,太平公主想举荐他为宰相,崔湜请求与陆象先一同升迁,而睿宗不想任用崔湜,太平公主哭泣着请求,睿宗才同意。

唐睿宗派遣御史中丞和逢尧出使突厥。

和逢尧劝告突厥可汗阿史那默啜说:"处密、坚昆等部落如果得知可汗与大唐公主结婚的消息,都会率部众归附可汗。可汗为什么不穿戴大唐的服饰,让他们都知道呢!"阿史那默啜同意这样做。第二天,阿史那默啜头戴幞头,身穿紫色朝服,面向南方拜了两拜,向大唐皇帝称臣。

十一月,唐睿宗下令百姓从二十五岁起进入军队服兵役,到五十五岁免除兵役。 唐睿宗召天台山道士司马承祯到京师,不久又允许他返回天台山。

唐睿宗召见天台山道士司马承祯,向他请教有关阴阳术数的问题,司马承祯回答说:"所谓'道'就是损之又损,以至达到无为的境界,我怎么肯耗费心力去研究阴阳术数的学问呢!"唐睿宗说:"对于修养身心来说,无为确实是最高的境界,那么治理国家的最高境界是什么呢?"司马承祯回答说:"治理国家与修身养性是一样的,只要能够做到顺乎世间万物发展的自然之理,心中没有任何私欲,那么就能将天下治理好。"唐睿宗感叹说:"广成子所说的话,也不过如此。"司马承祯坚决请求要返回天台山,唐睿宗同意了他的请求。尚书左丞卢藏用手指终南山对司马承祯说:"这座山中就有很好的隐居之地,何必一定要回天台山呢!"司马承祯说:"在我看来,这终南山只不过是入世做官的捷径罢了!"卢藏用曾经隐居于终南山,武则天时期被征召为左拾遗,所以司马承祯这样说。

壬子(712) 唐睿宗太极元年唐玄宗先天元年。

春正月,唐睿宗到南郊合祭天地。

初用谏议大夫贾曾议，合祭天地。

窦怀贞、岑羲同三品。　以萧至忠为刑部尚书。

萧至忠自托于太平公主，公主引为尚书。华州长史蒋钦绪，其妹夫也，谓之曰："如子之才，何忧不达！勿为非分妄求。"至忠不应。钦绪退而叹曰："九代卿族，一举灭之，可哀也哉！"至忠素有雅望，尝自公主第门出，遇宋璟，璟曰："非所望于萧君也。"至忠笑曰："善哉宋生之言！"遂策马而去。

夏五月，祭北郊。　六月，以岑羲为侍中。　幽州大都督孙佺袭奚，败没。

薛讷镇幽州二十余年，吏民安之，未尝举兵出塞，虏亦不敢犯。与燕州刺史李瑶有隙，瑶毁之于刘幽求，幽求以左羽林将军孙佺代之。孙佺至州，帅兵二万、骑八千，以袭奚、契丹。将军乌可利谏曰："道险天热，悬军远袭，非计也。"佺曰："薛讷在边积年，竟不能为国家复营州。今乘其无备，往必有功。"遂行。遇奚骑八千，战于冷陉，大败，为虏所擒，献于突厥默啜，杀之。

秋七月，彗星出西方，入太微。　以窦怀贞为左仆射、平章军国重事。

有相者谓同三品窦怀贞曰："公有刑厄。"怀贞惧，请解官为安国寺奴，敕听之。寻复以为左仆射。

八月，帝传位于太子，太子即位，尊帝为太上皇。

这是首次采用谏议大夫贾曾的建议,合祭天地。

唐睿宗任命窦怀贞、岑羲为同中书门下三品。 任命萧至忠为刑部尚书。

萧至忠主动投靠太平公主,太平公主举荐他担任刑部尚书。华州长史蒋钦绪是萧至忠的妹夫,他对萧至忠说:"凭你的才能,何必担心日后不能飞黄腾达! 不要有非分之想。"萧至忠听后没有作声。蒋钦绪回去之后叹息说:"萧至忠九代公卿之家,至此一朝被灭族,实在是可悲啊!"萧至忠一向具有美名,他有一次从太平公主家中出来,遇到宋璟,宋璟对他说:"这不是我对您所期望的。"萧至忠笑着说:"你的话很对啊!"说完就急忙催马离去。

夏五月,唐睿宗到北郊祭祀地神。 六月,唐睿宗任命岑羲为侍中。 幽州大都督孙佺率兵攻打奚族军队,兵败身亡。

薛讷镇守幽州二十多年,官吏百姓安居乐业,薛讷从未率兵出塞外交战,敌人也不敢来进犯。因为薛讷与燕州刺史李琠有矛盾,所以李琠在刘幽求面前诋毁薛讷,刘幽求于是以左羽林将军孙佺取代了薛讷的职务。孙佺到达幽州后,率领步兵二万、骑兵八千,要攻打奚和契丹。将军乌可利进谏说:"道路艰险,天气炎热,孤军深入敌境,长途奔袭,不是好的计策。"孙佺说:"薛讷担任边将有许多年了,始终不能为国家收复营州。现在我们乘敌人无备,前往袭击,一定能够取得胜利。"于是率兵出发。遇到奚族骑兵八千,在冷陉交战,孙佺大败,被敌人生擒,献给了突厥可汗阿史那默啜,阿史那默啜杀了他。

秋七月,彗星出现在西方,进入太微垣。 唐睿宗任命窦怀贞为左仆射、平章军国重事。

有一位看相的人对同中书门下三品窦怀贞说:"你将会有刑狱之灾。"窦怀贞因此惧怕,上表请求辞去官职,到安国寺做奴仆,唐睿宗下敕同意。不久唐睿宗又任命窦怀贞为左仆射、平章军国重事。

八月,唐睿宗传位给皇太子李隆基,皇太子即皇帝位,尊奉唐睿宗为太上皇。

初,太平公主使术者言于上曰:"彗所以除旧布新,又帝座及心前星皆有变,皇太子当为天子。"上曰:"传德避灾,吾志决矣。"公主及其党皆以为不可。太子闻之,固辞。上曰:"汝为孝子,何必待枢前然后即位邪!"太子流涕而出。制传位于太子,太子又上表辞。太平公主劝上自总大政,上乃谓太子曰:"汝以天下事重,欲朕兼理之邪?昔舜禅禹,犹亲巡狩,朕虽传位,岂忘家国!其军国大事,当兼省之。"玄宗即位,尊睿宗为太上皇。上皇自称曰朕,命曰诰,五日一受朝于太极殿。皇帝自称曰予,命曰制敕,日受朝于武德殿。三品以上除授及大刑政,乃奏上皇决之。大赦,改元。

立妃王氏为皇后。 以刘幽求为仆射、同三品,魏知古为侍中,崔湜为中书令。 流刘幽求于封州。

初,河内人王琚预于王同皎之谋。上之为太子也,琚至长安见上。至廷中,故徐行,宦者曰:"殿下在帘内。"琚曰:"何谓殿下?今独有太平公主耳!"上遽召见,与语,琚曰:"韦庶人弑逆,人心不服,诛之易耳。太平公主凶猾无比,大臣多为之用,琚窃忧之。"上引与同榻坐,泣曰:"主上同气,唯有太平,言之恐伤主上之意,不言为患日深,为之奈何?"琚曰:

当初太平公主指使方术之士向唐睿宗进言说："彗星的出现表示将要除旧布新，再说位于天市垣内的帝座及心宿的前星都发生了变化，说明皇太子将要做天子。"唐睿宗说："把帝位传给有德之人，以避免灾祸，我的决心已定。"太平公主和她的党羽们都认为不可。太子李隆基听说后，坚决辞让。唐睿宗对太子说："你是孝子，何必一定要等到我死后在灵柩前才即皇帝之位呢！"太子哭泣着走了出来。于是唐睿宗下制书传位于太子李隆基，太子又上表辞让。太平公主劝说唐睿宗在传位之后仍然自己总揽朝政，唐睿宗于是对太子说："你是不是觉得国家政事繁重，想要朕帮助你处理一些呢？当初唐尧禅位给虞舜后，仍然亲自到各地去巡视，现在朕虽然把帝位传给了你，但怎能忘记国家呢！日后有关军国大事，朕还是会参与处理的。"于是唐玄宗即皇帝位，尊奉唐睿宗为太上皇。太上皇自称为朕，所下的命令称为诰，五天一次在太极殿接受群臣朝见。唐玄宗自称为予，所下的命令称为制敕，每天在武德殿接受群臣朝见。三品以上官员的任命以及重大的刑法政令，才上奏太上皇裁决。唐玄宗大赦天下，改年号为先天。

　　唐玄宗下诏立妃子王氏为皇后。 　　任命刘幽求为尚书右仆射、同中书门下三品，魏知古为侍中，崔湜为中书令。 　　**将刘幽求流放到封州。**

　　当初，河内人王琚参与了王同皎等人谋杀武三思的计划。唐玄宗被立为太子后，王琚来到长安晋见他。王琚走上殿廷，故意缓步行走，宦官对他说："太子殿下在帘内。"王琚说："什么叫太子殿下？现在只有太平公主一人罢了！"唐玄宗听后立刻召见他，与他谈话，王琚说："以前韦皇后弑杀了中宗皇帝，人心不服，所以诛杀她非常容易。而太平公主十分凶狠狡猾，大臣们大多都听从他的旨意办事，我私下十分担忧。"唐玄宗拉他坐在一张床榻上，哭泣着说："现在父皇的兄弟姊妹中，只有一位太平公主了，如果向父皇进言，恐怕会使他伤心，如果不进言，造成的祸患就会日益严重，该怎么办才好呢？"王琚说：

"天子之孝,当以安宗庙社稷为事,岂顾小节!"上悦。及即位,以为中书侍郎。

是时,宰相多太平公主之党,刘幽求与羽林将军张暐谋,使言于上曰:"窦怀贞、崔湜、岑羲皆因公主得进,日夜为谋不轨。若不早图,一旦事起,太上皇何以得安! 请速诛之。"上以为然。暐泄其谋,上大惧,遽列上其状。有司奏流幽求于封州,张暐于峰州。

初,崔湜坐与谯王重福通书,当死,张说与幽求营护得免。既而湜附太平公主,谋罢说政事。及幽求得罪,湜讽广州都督周利贞,使杀之。桂州都督王晙知其谋,留幽求不遣,由是得免。

九月朔,日食。 冬十月,沙陀金山遣使入贡。

沙陀,处月之别种也,姓朱邪氏。
十二月,刑部尚书李日知致仕。
日知在官,不行捶挞而事集。刑部有令史,受敕三日,忘不行。日知怒,欲捶之,既而谓曰:"我欲捶汝,天下人必谓汝能撩李日知嗔。受李日知杖,不得比于人,妻子亦将弃汝矣。"遂释之。吏皆感悦,无敢犯者。

"天子所讲究的孝道,应该是把安定宗庙社稷作为首要之事,怎么能顾及小节呢!"唐玄宗听后十分高兴。等到即帝位之后,就任命王琚为中书侍郎。

当时,宰相大多数是太平公主的党羽,刘幽求与羽林将军张暐谋划,让张暐向唐玄宗进言说:"窦怀贞、崔湜、岑羲都因依仗太平公主的权势得到提拔重用,他们日夜都在图谋如何作乱。陛下如果不及早除掉他们,一旦事变发生,太上皇怎么能够平安呢!请立刻诛杀他们。"唐玄宗认为他的计谋很对。但事后张暐泄露了这一计谋,唐玄宗非常恐惧,马上列举了刘幽求等人的罪状上奏太上皇。有关部门奏请把刘幽求流放到封州,张暐流放到峰州。

当初,崔湜因与谯王李重福互通书信而获罪,应该处死,因为张说与刘幽求的保护营救才得以免死。不久崔湜投靠了太平公主,谋划罢免了张说的宰相职务。待刘幽求获罪被流放后,崔湜暗示广州都督周利贞,让他杀掉刘幽求。桂州都督王晙得知这一阴谋后,便把刘幽求留在桂州,不让他走,刘幽求因此得以幸免。

九月初一,发生日食。　冬十月,沙陀金山派遣使者入朝进贡。

沙陀是处月族的一个别支,姓朱邪氏。

十二月,刑部尚书李日知退休。

李日知在担任刑部尚书期间,从来不用刑杖责打官吏,而刑部的政事都能圆满完成。刑部有一位令史,接到皇帝的敕书已有三天,竟然忘记去施行。李日知十分生气,想用杖打他,过了一会儿却对他说:"我想要打你,那样天下人一定会认为你能惹我李日知生气。受到我李日知的杖责,与受到别人的责罚不同,你的妻儿也将会抛弃你。"于是宽恕了他。官吏们都感激悦服,没有人再敢违犯规章。

癸丑（713） 玄宗明皇帝开元元年

春正月，诏卫士二十五入军，五十而免。 以萧至忠为中书令。 二月，御楼观灯，大酺。

开门燃灯，大酺，合乐。上皇与上御门楼临观，以夜继昼，凡月余。左拾遗严挺之上疏谏，以为："酺者因人所利，合酿为欢。今乃损万人之力，营百戏之资，非所以光圣德美风化也。"敕以挺之忠直，宣示百官，厚赏之。晋陵尉杨相如上疏曰："隋氏以纵欲而亡，太宗以抑欲而昌，人主不可不慎择也。夫人主莫不好忠正而恶佞邪，然忠正者常疏，佞邪者常亲，以至于覆国危身而不寤，何哉？忠正者多忤意，佞邪者多顺指，积忤生憎，积顺生爱，此亲疏之所以分也。诚能爱其忤以收忠正，恶其顺以去佞邪，则太宗之业将何远哉！夫法贵简而能禁，罚贵轻而必行。小过不察则无烦苛，大罪不漏则止奸慝，使简而难犯，宽而能制，则善矣。"上览而善之。

唐玄宗

癸丑（713） 唐玄宗开元元年

春正月，唐睿宗颁布诰命，宿卫京师的士卒从二十五岁开始服役，到五十岁免役。 唐玄宗任命萧至忠为中书令。 二月，唐玄宗驾幸城门楼观赏花灯，举行大规模的宴饮活动。

大开长安城门，点燃花灯，举行大规模的宴饮活动，演奏各种歌舞。太上皇与唐玄宗驾幸城门楼观赏灯会，通宵达旦，一共持续了一个多月。左拾遗严挺之上疏进谏，认为："大办宴饮是依照百姓的便利，大家共同出钱寻求欢乐。而现在陛下却不惜耗费上万人的财力，来供给歌舞杂戏的表演，这不是光大圣德和美化风俗的做法。"唐玄宗下敕书认为严挺之忠诚正直，并宣示朝廷百官，对严挺之厚加赏赐。晋陵县尉杨相如上疏说："隋朝的皇帝因放纵自己的欲望而致使国家灭亡，本朝太宗皇帝因能够抑制自己的欲望而使国家昌盛，作为君主不可不慎重加以选择。历代君主无不喜欢忠诚正直之士而憎恶奸佞邪恶之徒，但是忠诚正直之士常常被疏远，而奸佞邪恶之徒常常受到亲近，以至最后国灭身亡却仍然不醒悟，这是什么原因呢？这是因为忠诚正直之士经常违忤君主的旨意，而奸佞邪恶之徒总是顺从君主的旨意，长期违忤君主的旨意就会使君主产生憎恶之心，总是顺从君主的旨意就会使君主产生喜爱之意，这就是君主疏远忠诚正直之士而亲近奸佞邪恶之徒的原因。陛下如果真的能够亲近违忤自己旨意的人，以收揽忠诚正直之士，憎恨一味顺从自己的人，以除去身边的奸佞邪恶之徒，那么像太宗皇帝那样的辉煌功业还会远吗！法律贵在简明而能令行必禁，刑罚贵在轻缓而能坚决执行。对待臣下的细小过失不去计较就能摒除烦法苛政，对待重大的罪行不使漏网就能制止奸邪逆乱，陛下如果能使法律简明而难以违犯，刑罚宽缓而能够制止犯罪，那么就可以称得上是善政了。"唐玄宗读了他的奏疏之后认为很好。

以高丽大祚荣为勃海郡王。

初，高丽既亡，其别种大祚荣徙居营州，阻险自固，武后使将军李楷固讨之，大败，祚荣遂东据东牟山，高丽、靺鞨之人稍稍归之，地方二千里，户十余万，胜兵数万人，附于突厥。中宗时遣子入侍。至是，以为勃海郡王。

夏五月，罢修大明宫。

修大明宫未毕，敕以农务方勤，罢之。

六月，以郭元振同三品。　秋七月，太平公主谋逆，赐死，萧至忠、岑羲、窦怀贞、崔湜伏诛。

太平公主依上皇之势，擅权用事，宰相七人，五出其门，文武之臣，大半附之。与窦怀贞、岑羲、萧至忠、崔湜、薛稷、僧慧范等谋废立。又与宫人元氏谋于赤箭粉中置毒以进。中书侍郎王琚言于上曰："事迫矣，不可不速发。"左丞张说自东都遣人遗上佩刀。荆州长史崔日用入奏事，言于上曰："太平谋逆有日，陛下往在东宫，犹为臣子，若欲讨之，须用谋力。今但下一制书，谁敢不从？万一奸宄得志，悔之何及！"上曰："诚如卿言，直恐惊动上皇。"日用曰："天子之孝在于安四海，若奸人得志，则社稷为墟，安在其为孝乎！请先定北军，后收逆党，则不惊上皇矣。"上以为然。乃与岐王范、薛王业、郭元振、王毛仲、姜皎、李令问、王守一及内给事高力士等定计，以兵三百余人入虔化门，召至忠、羲，斩之，

唐玄宗封高丽大祚荣为勃海郡王。

当初,高丽灭亡之后,它的一个别支部落酋长大祚荣率领部众迁居到营州,凭借险要地形坚守,武则天派遣将军李楷固率兵讨伐,被打得大败,大祚荣于是向东占据了东牟山,高丽人、靺鞨人都逐渐归附于他,占据的地区方圆两千里,管辖民户十多万,拥兵数万人,依附于突厥。唐中宗在位时,大祚荣派他的儿子入朝侍奉。这时,唐玄宗封大祚荣为勃海郡王。

夏五月,唐玄宗下敕停止修缮大明宫的工程。

当时修缮大明宫还没有完工,唐玄宗下敕说因为正值农忙时节,停止这一工程。

六月,唐玄宗任命郭元振为同中书门下三品。 秋七月,太平公主图谋叛逆,被赐死,萧至忠、岑羲、窦怀贞、崔湜被诛杀。

太平公主依仗着太上皇的势力,专权用事,七位宰相中,有五人出自她的门下,朝中的文武大臣大半都依附于她。太平公主与窦怀贞、岑羲、萧至忠、崔湜、薛稷、僧人慧范等一起阴谋废掉唐玄宗,另立皇帝。她还与宫人元氏合谋,准备在进献给唐玄宗服用的天麻粉中投毒。中书侍郎王琚对唐玄宗说:"形势已十分紧迫,陛下不可不赶快行动。"尚书左丞张说从东都洛阳派人赠送给唐玄宗一把佩刀。荆州长史崔日用入朝奏事,对唐玄宗说:"太平公主图谋叛逆已经很久了,往日陛下在东宫做太子时,在名分上还是臣子,那时如果要讨伐太平公主,就需要施用计谋和勇力。现在只要下一道制书,谁敢不听从? 万一奸邪之徒的阴谋得逞,后悔可就来不及了!"唐玄宗说:"若真如你所说的那样,只是担心会惊动太上皇。"崔日用说:"天子的孝道体现在安定天下,如果奸人的阴谋得逞,那么江山社稷都会变成废墟,陛下还怎么对太上皇尽孝呢! 请求陛下首先控制住北门四军,然后再收捕太平公主逆党,这样就不会惊动太上皇了。"唐玄宗认为他的意见正确。唐玄宗于是与岐王李范、薛王李业、郭元振、王毛仲、姜皎、李令问、王守一以及内给事高力士等人定下计谋,率领禁军三百余人进入虔化门,召来萧至忠和岑羲,斩杀了他们,

怀贞自缢死,戮其尸。上皇闻变,登承天门楼。郭元振奏皇帝前奉诰诛窦怀贞等,无他也。上皇乃下诰:"自今军国政刑,一取皇帝处分。"徙居百福殿。太平公主赐死,诸子及党与死者数十人。崔湜与右丞卢藏用俱坐私侍公主,流岭南。寻以湜与逆谋,追赐死。

初,太平公主与湜等谋废立,陆象先独以为不可。公主曰:"废长立少,已为不顺,且又失德,若之何不去!"象先曰:"既以功立,当以罪废。今实无罪,象先终不敢从。"上既诛怀贞等,召象先谓曰:"岁寒知松柏,信哉!"时穷治公主枝党,象先密为申理,所全甚多,然未尝自言,时无知者。

以高力士为右监门将军,知内侍省事。

初,太宗定制,内侍省不置三品官,黄衣廪食,守门传命而已。中宗时,七品以上至千余人,然衣绯者尚寡。上在藩邸,力士倾心奉之,及为太子,奏为内给事。至是,以诛萧、岑功赏之。是后宦官增至三千人,除三品将军者浸多,宦官之盛自此始。

以张说为中书令。 陆象先罢。 八月,以刘幽求为左仆射、平章军国大事。 九月,以李畅为虔州刺史。

窦怀贞自缢而死,唐玄宗下令斩戮他的尸体。太上皇听说发生事变后,登上了承天门楼。郭元振向他上奏说皇帝只是奉行太上皇的诰命诛杀窦怀贞等人,并没有发生其他的事。太上皇于是下诰命说:"从今以后所有军国政事与刑罚事务,全都由皇帝处置。"然后迁居到百福殿居住。太平公主被唐玄宗赐死,她的儿子及其党羽被处死了数十人。崔湜与尚书右丞卢藏用都因私下依附太平公主,被流放到岭南。不久因为崔湜参与了叛逆活动,唐玄宗重新下诏将他赐死。

当初,太平公主与崔湜等人阴谋废掉唐玄宗时,只有陆象先认为不可以这样做。太平公主说:"太上皇废长立少,已是不合道理,再加上皇帝失德,为什么不能够将他废掉呢!"陆象先说:"既然皇帝当初是因为立有大功而被立为太子的,那么就应当因罪将其废黜。而现在皇帝确实没有任何罪过,我陆象先始终不敢听从。"唐玄宗诛杀窦怀贞等人后,召见陆象先,对他说:"岁寒而知松柏后凋,真是这样啊!"当时正在彻底追查太平公主的党羽,陆象先暗中为他们申辩,保全了许多人的性命,但是他从未自己说起过这些事,当时也没有人知道内情。

唐玄宗任命高力士为右监门将军,主持内侍省事务。

当初,太宗皇帝曾经定立了制度,内侍省不设置三品官,内侍们只是身穿黄色朝服,由朝廷供给食粮,做一些看守宫门、传达诏命之类的事情。唐中宗在位时期,七品以上的宦官达到一千余人,但是身穿深红色朝服的还很少见。唐玄宗在当亲王时,高力士就倾心事奉他,等到被立为太子后,唐玄宗就上奏唐睿宗任命高力士为内给事。这时,因为高力士参与诛杀萧至忠、岑羲等人有功,唐玄宗便赐给他高官。从此以后宦官增加到了三千人,被任命为三品将军的宦官逐渐增多,宦官的势力从此兴盛起来。

唐玄宗任命张说为中书令。 **唐玄宗免去陆象先的宰相职务。** **八月,唐玄宗任命刘幽求为尚书左仆射、平章军国大事。**
九月,唐玄宗任命李畅为虔州刺史。

初,中宗之崩也,李峤密表韦后,请出相王诸子于外。上即位,于禁中得其表,或请诛之,张说曰:"峤虽不识逆顺,然为当时之谋则忠矣。"上然之。以峤子畅为虔州刺史,令峤随畅之官。

罢诸道按察使。　冬十月,引见京畿县令。

引见京畿县令,戒以惠养黎元之意。

讲武于骊山。

上幸新丰,讲武于骊山之下,征兵二十万。以军容不整,坐兵部尚书郭元振于纛下,将斩之。刘幽求、张说谏曰:"元振有大功于社稷,不可杀。"乃流新州,而斩给事中、知礼仪事唐绍。上始欲立威,亦无杀绍之意,将军李邈遽宣敕斩之。上寻罢邈官,废弃终身。时二大臣得罪,诸军震慑失次,惟薛讷、解琬二军不动,上遣轻骑召之,皆不得入其陈。上深叹美之。

以姚元之同三品。

上欲以姚元之为相,张说疾之,使御史大夫赵彦昭弹之,上不纳。又使殿中监姜皎言于上曰:"陛下常欲择河东总管而难其人,臣今得之矣。"问为谁,皎曰:"元之文武全才,真其人也。"上曰:"此张说之意,汝何得面欺!"皎叩头首服,即召元之诣行在,拜以为相。

当初，唐中宗驾崩后，李峤秘密向韦后上表，请求将相王李旦的几个儿子外放出京。唐玄宗即位之后，在宫中发现了李峤的奏表，有人请求诛杀李峤，张说说："李峤虽然不识顺逆之理，但从当时的形势来看，他的计谋却是忠于朝廷的。"唐玄宗同意张说的话。于是唐玄宗任命李峤的儿子李畅为虔州刺史，并命令李峤随同儿子李畅赴任。

唐玄宗下诏废除诸道按察使。　冬十月，唐玄宗接见京畿各县的县令。

唐玄宗接见京畿各县的县令，告诫他们要关怀抚恤黎民百姓。

唐玄宗在骊山脚下讲习武事。

唐玄宗驾幸新丰，在骊山脚下讲习武事，征调兵力二十万。因为军容不整，唐玄宗在军中的大旗下面治兵部尚书郭元振的罪，准备将他斩首。刘幽求、张说进谏说："郭元振为国家立了大功，不可以随便将他杀掉。"唐玄宗于是把郭元振流放到新州，而斩杀了给事中、知礼仪事唐绍。唐玄宗只是想借此树立自己的声威，原本也没有杀死唐绍的意思，而将军李邈却立刻宣布敕令将唐绍斩首。不久唐玄宗罢免了李邈的官职，并下令终身不许为官。当时因为郭元振和唐绍两位大臣获罪，各路军队都惊惶失措，队伍大乱，只有薛讷和解琬二人的队伍岿然不动，唐玄宗派遣轻装骑兵去召他们前来，都无法进入他们的阵营。唐玄宗对他们的治军有方十分赞赏。

唐玄宗任命姚元之为同中书门下三品。

唐玄宗想要任用姚元之为宰相，张说因为忌恨姚元之，就指使御史大夫赵彦昭弹劾他，但是唐玄宗没有听从。张说又指使殿中监姜皎向唐玄宗进言说："陛下一直想选择一名官员担任河东总管，而苦于找不到合适的人选，我现在发现了一位能够担当此任的人才。"唐玄宗问他此人是谁，姜皎回答说："姚元之是文武全才，确实是担任河东总管的最佳人选。"唐玄宗说："这是张说的主意，你为什么当面欺骗朕！"姜皎赶忙叩头服罪，唐玄宗当即派人征召姚元之到驾前，任命他为宰相。

元之吏事明敏,三为宰相,皆兼兵部尚书,缘边屯戍斥候,士马储械,无不默记。上励精为治,每事访之,应答如响,同僚唯诺而已。元之请抑权幸,爱爵赏,纳谏诤,却贡献,不与群臣亵狎,上皆纳之。元之尝奏请序进郎吏,上仰视殿屋,再三言之,终不应。元之惧,趋出。罢朝,高力士谏曰:"陛下新总万机,宰臣奏事,当面加可否,奈何一不省察!"上曰:"朕任元之以庶政,大事当奏闻共议之,郎吏卑秩,乃以烦朕邪!"闻者皆服上识人君之体。

张九龄以元之有重望,为上所信任,奏记劝其远谄躁,进纯厚。略曰:"任人当才,为政大体,与之共理,无出此途。向之用人,非无知人之鉴,其所以失溺,在缘情之举。今君侯登用未几,而浅中弱植之徒已延颈企踵而至,谄亲戚以求誉,媚宾客以取容。岂不有才,所失在于无耻。"元之纳其言。新兴王晋坐太平公主逆党伏诛,僚吏皆奔散,惟司功李捴步从,不失在官之礼,仍哭其尸。元之曰:"栾布之俦也。"擢为尚书郎。

十一月,群臣请加尊号。　　命中书侍郎王琚行边。

姚元之处理政事精明机敏,曾经三次担任宰相,都兼任兵部尚书,对于边境地区的戍兵驻扎和侦察哨所,以及士卒马匹、粮草储备和兵器等,无不默记在心。唐玄宗励精图治,每遇到事情都要征求姚元之的意见,姚元之总是对答如流,他的同事们只是唯唯诺诺而已。姚元之请求唐玄宗抑制权贵的势力,珍惜爵位赏赐,采纳那些犯颜直谏的臣下们的建议,不要接受臣下进献的贡品,不要与群臣轻慢戏笑,唐玄宗都听从了他的意见。姚元之曾向唐玄宗奏请依照顺序提拔任用郎吏,唐玄宗只是抬头看着宫殿的屋顶,姚元之再三说起此事,唐玄宗始终一言不发。姚元之感到惧怕,快步退出。罢朝后,高力士向唐玄宗进谏说:“陛下刚刚总理天下大事,宰相上奏言事,应当面示以可否,为何根本不理睬呢!”唐玄宗说:“朕让姚元之总管朝廷的各种政务,遇到军政大事可以当面奏闻共同商议决定,郎吏官品卑微,这样的小事也要烦扰朕吗!”听说这件事的人都叹服唐玄宗深明为君之道。

　　张九龄因为姚元之有很高的声望,受到唐玄宗的信任,就上书劝他疏远诌佞浮躁之徒,提拔纯正忠厚之士。他的上书大略说:“应当任用有才能的人,这是治理国家的基本原则,与有才能的人一同治理国家,除此之外没有其它的途径。以往在用人的时候,掌权者并非不具备识别人才的本领,之所以淹没良材,是由于顾及人情而荐举人才。现在您担任宰相还不久,而那些浅薄狭隘、软弱无能之徒已经伸长了脖子、踮起了脚尖向您围拢过来,他们有的奉承您的亲戚而为自己求得声誉,有的讨好您的宾客以求取悦于您。他们之中难道就没有具有才能的人,只是太无耻了。”姚元之采纳了他的意见。新兴王李晋因为是太平公主的同党被诛杀,他的属官全都逃散,只有司功参军李捴一人徒步跟随在他身后,没有违背居官时的礼节,并在行刑后对着他的尸体痛哭。姚元之说:“真是栾布那样的忠义之士啊。”于是升任他为尚书郎。

　　十一月,群臣上表请求给唐玄宗加尊号。　　唐玄宗派遣中书侍郎王琚巡视边防。

中书侍郎王琚为上所亲厚，群臣莫及。或言于上曰："琚权谲纵横之才，可与之定祸乱，难与之守承平。"上由是浸疏之，使按行北边诸军。

十二月，改官名。

仆射为丞相，中书为紫微省，门下为黄门省，侍中为监，雍州为京兆府，洛州为河南府，长史为尹，司马为少尹。

以姚崇为紫微令，张说为相州刺史。

元之避开元尊号，复名崇。崇既为相，张说惧，乃潜诣岐王申款。他日，崇对于便殿，行微蹇。上问："有足疾乎？"对曰："臣有腹心之疾，非足疾也。"上问其故。对曰："岐王，陛下爱弟，张说为辅臣，而密乘车入王家，恐为所误，故忧之。"遂左迁说为相州刺史。

刘幽求罢，以卢怀慎同平章事。

中书侍郎王琚受到唐玄宗的厚爱,群臣中无人可与他相比。有人向唐玄宗进言说:"王琚是机巧诡诈的纵横之士,陛下可以与他一起平定祸乱,却难以与他共同享受太平。"唐玄宗因此逐渐疏远了王琚,派他去巡视北方边境各军。

　　十二月,唐玄宗下诏更改官名。

　　改仆射为丞相,中书省为紫微省,门下省为黄门省,侍中为黄门监,雍州为京兆府,洛州为河南府,州长史为州尹,州司马为州少尹。

　　唐玄宗任命姚崇为紫微令,张说为相州刺史。

　　姚元之为了避讳群臣加给唐玄宗的开元神武皇帝的尊号,恢复原名姚崇。姚崇担任宰相之后,张说心中惧怕,于是私下到岐王李范府中表明倾心依附的诚意。后来有一天,姚崇在便殿对答唐玄宗的问讯,行走时脚略微有点跛。唐玄宗问他:"你的脚有病吗?"姚崇回答说:"我有心病,而不是脚病。"唐玄宗问他为什么要这样说。姚崇回答说:"岐王是陛下的亲弟弟,张说身为宰相,却秘密地乘车到岐王家里去,我担心岐王会被张说所误,所以感到担忧。"唐玄宗因此将张说降职为相州刺史。

　　唐玄宗免去刘幽求的宰相职务,任命卢怀慎为同紫微黄门平章事。

资治通鉴纲目卷四十三

起甲寅（714）唐玄宗开元二年，尽丁亥（747）唐玄宗天宝六载。凡三十四年。

甲寅（714）　开元二年

春正月，定内外官出入常式。

制："选京官有才识者除都督、刺史，有政迹者除京官，使出入常均，永为恒式。"

以卢怀慎检校黄门监。　置左右教坊。

旧制，雅俗之乐，皆隶太常。上以太常礼乐之司，不应典倡优杂伎，乃更置左右教坊以教俗乐。又选乐工、宫女数百人自教之，谓之"皇帝梨园弟子"。礼部侍郎张廷珪、酸枣尉袁楚客皆上疏，以上春秋鼎盛，宜崇经术，迩端士，尚朴素，深以悦郑声、好游猎为戒。上虽不能用，欲开言路，咸嘉赏之。

沙汰僧尼。

中宗以来，贵戚争营寺度僧，富户强丁削发避役。姚崇上言："佛图澄不能存赵，鸠摩罗什不能存秦，齐襄、梁武未免祸殃，何用妄度奸人，使坏正法！"上从之，沙汰万二千余人，禁创寺、铸佛、写经，百官之家毋与僧尼道士往还。

甲寅（714）　**唐玄宗开元二年**

春正月,确定朝内外官员出朝和入京任职的常规制度。

唐玄宗下制书说:"要选拔有才能和见识的京官除授都督、刺史,治理有政绩的都督、刺史除授京官,使官员的外任和入朝经常保持均衡,成为长期的制度。"

唐玄宗任命卢怀慎为检校黄门监。　设置左右教坊。

按照旧的制度,音乐不管雅俗,都归属太常寺管理。唐玄宗认为太常寺是朝廷管理礼乐的机构,不应该掌管歌舞杂技之类的俗乐,于是另外设置左右教坊来教授俗乐。唐玄宗又挑选乐工和宫女数百人,由自己亲自教授,称他们为"皇帝梨园弟子"。礼部侍郎张廷珪、酸枣县尉袁楚客都上疏,认为皇上正当盛年,应该尊崇儒家经术之学,亲近正直的士人,崇尚朴素,深以喜欢靡靡之音、喜好游玩狩猎为戒。唐玄宗虽然没有听从他们的意见,但想要开启进言之路,对他们都加以赞赏。

筛选淘汰和尚尼姑。

自唐中宗以来,皇亲国戚竞相建造佛寺,度人出家为僧,富裕人家的子弟和身体强壮的男人都削发为僧,借以逃避徭役。姚崇上言说:"佛图澄不能挽救后赵,鸠摩罗什不能挽救后秦,北齐文襄帝、梁武帝未能免除国破家亡的灾祸,哪里用得着胡乱剃度奸人为僧,破坏朝廷的法度呢!"唐玄宗听从了他的话,筛选淘汰了一万二千余人,禁止创建寺院、铸造佛像、抄写佛经,朝廷百官之家不得与和尚、尼姑以及道士来往。

以薛讷同紫微黄门三品,将兵击契丹。

初,营州都督治柳城,以镇抚奚、契丹。武后之世,都督赵文翙失政,奚、契丹攻陷之。或言靺鞨、奚、霫以唐不建营州,无所依投,故且附突厥。并州长史薛讷奏请复置营州,上亦欲讨契丹,姚崇等谏,不听,遂以讷同三品,将兵击契丹,群臣乃不敢言。

二月朔,太史奏日食不应。

太史奏太阳应亏不亏,姚崇表贺,请书史册,从之。

突厥同俄围北庭,都护郭虔瓘击斩之。

突厥默啜遣其子同俄围北庭,虔瓘击斩之。突厥请悉军中资粮以赎同俄,闻其已死,恸哭而去。

复置十道按察使。

或上言:"按察使徒烦扰公私,请精简刺史、县令,停按察使。"姚崇以为:"今止择十使,犹患未尽得人,况天下三百余州,县多数倍,安得皆称其职乎!"乃止。

以徐忄(忄)为恭陵令。

上思徐有功用法平,以其子忄为恭陵令。窦孝谌之子光禄卿希瑊等请以己官爵让忄以报其德,由是忄累迁申王府司马。

贬刘幽求为睦州刺史,钟绍京为果州刺史。

或告太子少保刘幽求、詹事钟绍京有怨望语,按问不服。姚崇、卢怀慎等言于上曰:"幽求等皆功臣,乍就闲职,不无沮丧,若令下狱,虑惊远听。"乃皆贬之。时紫微侍郎

唐玄宗任命薛讷为同紫微黄门三品,率兵攻打契丹。

当初,营州都督府治所设在柳城,以镇抚奚和契丹。武则天时期,营州都督赵文翙为政失当,奚、契丹攻陷了营州。有人说靺鞨、奚、霫因为唐朝未在营州设置官署,没有投靠的去处,所以暂且依附了突厥。并州长史薛讷上奏请求重新设置营州都督府,唐玄宗也想讨伐契丹,姚崇等进谏,唐玄宗不听从,于是任命薛讷为同紫微黄门三品,率兵攻打契丹,群臣都不敢进言。

二月初一,太史上奏说应当发生日食却没有发生。

太史上奏说太阳应当亏食却没有亏食,姚崇上表祝贺,请求把此事载入史册,唐玄宗同意。

突厥同俄包围北庭都护府,都护郭虔瓘击杀了同俄。

突厥可汗阿史那默啜派他的儿子同俄率兵包围北庭都护府,都护郭虔瓘击杀了同俄。突厥人请求用军中的全部物资粮食来换回同俄,听说他已被杀死,痛哭而去。

恢复设置十道按察使。

有人上言说:"按察使只会给国家和百姓增添麻烦,请求精心选择刺史和县令,停罢按察使。"姚崇认为:"现在只是选择了十位按察使,就害怕未能完全得到合适的人才,何况天下共有三百多个州,县又比州多出数倍,怎么能全都选出称职的人呢!"于是没有停派按察使。

唐玄宗任命徐忄四为恭陵令。

唐玄宗考虑到徐有功执法公正,于是任命他的儿子徐忄四为恭陵令。窦孝谌之子光禄卿窦希瑊等人请求把自己的官爵让给徐忄四以报答徐有功的恩德,因此徐忄四多次升迁后做到申王府司马。

唐玄宗贬刘幽求为睦州刺史,贬钟绍京为果州刺史。

有人告发说太子少保刘幽求、太子詹事钟绍京有心怀不满的言论,对他们进行审问也不服罪。姚崇、卢怀慎等人向唐玄宗进言说:"刘幽求等人都是有功之臣,突然让他们担任没有实权的闲职,心中不能不沮丧,如果将他们关进狱中,恐怕会使天下之人感到震惊。"于是唐玄宗把他们都贬职。当时紫微侍郎

王琚行边未还,坐党贬泽州刺史。

黜涪州刺史周利贞等十三人。

以利贞等天后时酷吏,比周兴等情状差轻,放归草泽,终身勿齿。

三月,贬韦安石、韦嗣立、赵彦昭、李峤为诸州别驾。

御史中丞姜晦以宗楚客等改中宗遗诏,当时宰相韦安石、韦嗣立、赵彦昭、李峤不能匡正,令监察御史郭震奏弹,贬之。晦又奏安石检校定陵,盗隐官物,下州征赃。安石愤恚而卒。

毁天枢。

毁武后所作天枢,熔其铜铁,历月不尽。先是,韦后亦于天街作石台,颂德,至是并毁之。

夏五月,罢员外、检校官。

以岁饥,悉罢员外、试、检校官,自今非战功及别敕,毋得注拟。时薛王业之舅王仙童侵暴百姓,御史弹奏,业为之请,敕覆按之。姚崇、卢怀慎奏御史言是,上从之。申王成义奏以府录事为参军,崇等不可,事亦寝。由是贵戚束手,请谒不行。

魏知古罢。

知古本起小吏,姚崇荐之,以至为相。崇意轻之,请知古知东都选事,遣吏部尚书宋璟于门下过官,知古衔之。崇二子分司东都,有所请托,知古归,悉以闻。他日,上问崇:"卿子何官?才性何如?"崇揣知上意,对曰:"臣三子,

王琚巡行边地未回朝,因同党罪贬任泽州刺史。

唐玄宗罢黜涪州刺史周利贞等十三人。

因为周利贞等人是武后时期的酷吏,比周兴等人的罪状轻些,于是将他们放归民间,终身不得录用为官。

三月,唐玄宗贬韦安石、韦嗣立、赵彦昭、李峤等为各州别驾。

御史中丞姜晦因为宗楚客等人篡改中宗遗诏时,当时的宰相韦安石、韦嗣立、赵彦昭、李峤等未能纠正,就命监察御史郭震上奏弹劾,因此将他们贬官。姜晦又上奏说韦安石督察建造定陵时,盗窃隐藏官府财物,因此下文书到所贬州所向韦安石征缴赃物。韦安石愤恨而死。

唐玄宗下令毁掉天枢。

唐玄宗下令毁掉武后所建造的天枢,熔化了天枢上的铜铁,历时一个月而未完。先前,韦后也在天街上建造石台,用来歌颂自己的功德,这时一并毁掉。

夏五月,唐玄宗罢免员外官和检校官。

因为此年饥荒,唐玄宗下诏罢免所有的员外官、试官和检校官,从今以后除非立有战功或皇帝下敕特行录用,否则不得注授官职。当时薛王李业的舅父王仙童侵害欺凌百姓,御史上奏弹劾,李业为他求情,唐玄宗下敕复审。姚崇与卢怀慎上奏说御史的弹劾正确,唐玄宗听从了他们的话。申王李成义上奏任命王府录事为参军,姚崇等认为不可,此事亦作罢。因此皇亲国戚有所约束,请托的事情行不通。

唐玄宗罢免魏知古的宰相职务。

魏知古本是小吏出身,由于姚崇的引荐,最后做到宰相。姚崇内心轻视他,请求让他主持东都洛阳的选官事务,另派吏部尚书宋璟在门下省负责审定注拟的官员,魏知古因此怨恨姚崇。姚崇的两个儿子在分设于东都洛阳的中央官署中任职,有私事请托于魏知古,魏知古返回长安后,把此事全部告诉了唐玄宗。有一天,唐玄宗问姚崇:"你的儿子任什么官职?才能品行怎么样?"姚崇猜测到了唐玄宗的意图,回答说:"臣有三个儿子,

两在东都,为人多欲而不谨,是必以事干知古,臣未及问之耳。"上问安从知之,对曰:"知古微时,臣常卵而翼之。臣子愚,以为知古容其为非,故敢干之耳。"上于是以崇为无私,而薄知古,欲斥之。崇固请曰:"臣子无状,陛下赦之已幸,苟逐知古,累圣政矣。"上久乃许之。知古竟罢为工部尚书。

六月,以宋王成器等为诸州刺史。

宋王成器、申王成义,上兄也;岐王范、薛王业,上弟也;豳王守礼,从兄也。上素友爱,近世帝王莫能及。初即位,为长枕大被,与兄弟同寝。听朝罢,多从诸王游,在禁中,拜跪如家人礼,饮食起居相与同之。业尝疾,上亲为煮药,火爇上须,左右惊救之,上曰:"但使饮此而愈,须何足惜!"成器尤恭慎,未尝及时政,妄交结,上愈信重之,故谗间无自而入。然专以声色饮博游猎畜养娱乐之,不及以政。群臣以成器等地逼,请循故事,出刺外州。乃以成器领岐州,成义领豳州,守礼领虢州,范领济州,业领同州。到官但领大纲,州务皆委上佐。是后诸王领州者并准此。

焚珠玉、锦绣于殿前。

上以风俗侈靡,制:"乘舆服御、金银器玩,令有司销毁,以供军国之用。其珠玉、锦绣焚于殿前,后妃以下皆

其中有两个在东都任职，他们为人处事欲望很大，而且行为不检点，一定是有私事请托魏知古，臣还没有来得及询问他们。"唐玄宗问姚崇怎么知道此事，回答说："魏知古地位低微时，臣曾经多方关照过他。臣的儿子愚蠢无知，认为魏知古会容忍他们的非法行为，所以才敢以私事相请托。"唐玄宗因此认为姚崇公正无私，而鄙视魏知古的为人，想要贬黜他。姚崇坚决请求说："臣的儿子不遵守法纪，陛下赦免了他们已经很幸运了，如果因此而贬逐魏知古，就会累及圣朝的清明政治。"唐玄宗许久才答应了他的请求。最后魏知古被免去宰相职务，改任工部尚书。

六月，唐玄宗任命宋王李成器等人为各州刺史。

宋王李成器、申王李成义是唐玄宗的兄长，岐王李范、薛王李业是唐玄宗的弟弟，豳王李守礼是唐玄宗的堂兄。唐玄宗向来对兄弟友爱，近世的帝王无人能比得上。唐玄宗刚即位时，就制作了长长的枕头和宽大的被子，与兄弟们同床共寝。临朝听政后，经常与诸王一起游玩，在宫中相处时，像家人一样行跪拜礼，饮食起居相互都一样。李业曾经患病，唐玄宗亲自为他熬药，火苗烧着了玄宗的胡须，左右的人吃惊地急忙救火，唐玄宗说："只要服下此药病能痊愈，胡须有什么值得可惜的！"李成器尤其谨慎小心，从未谈论过朝政，也不随便结交他人，唐玄宗更加信任他，所以离间的话就无机可乘。但是，唐玄宗只是用声色犬马、饮食博弈、游玩打猎等方法使他们尽情地享乐，从不委任给政务。群臣认为李成器等地位逼近皇帝，请求依照旧例，让他们外出任州刺史。于是命李成器兼任岐州刺史，李成义兼任豳州刺史，李守礼兼任虢州刺史，李范兼任济州刺史，李业兼任同州刺史。到任之后只管重要事务，州中的具体事务都委托给属官处理。从此以后，诸王出任州郡长官者都照此办理。

唐玄宗在殿前焚烧珠宝玉石、织锦绣物。

唐玄宗因为社会风气日益腐化奢侈，于是下制书说："车马服饰与金银器物，命令有关部门进行销毁，以供国家和军队使用。其中的珠宝玉石、织锦绣物都在殿前焚烧，自后妃以下都

毋得服。"敕:"百官所服带及酒器、衔镫,三品以上听饰以玉,四品以金,五品以银,余皆禁之。妇人从其夫、子。自今天下更毋得采珠玉,织锦绣等物。"罢两京织锦坊。其后有胡人上言海南多珠翠奇宝,因言市舶之利,又欲往师子国求灵药、医妪。上命监察御史杨范臣往求之,范臣奏曰:"陛下前年焚珠玉、锦绣,示不复用,今所求者何以异于所焚者乎!彼市舶与商贾争利,殆非王者之体。胡药之性,中国多不能知,况于胡妪,岂宜置之宫掖!夫御史,天子耳目之官,必有军国大事,臣虽触冒炎瘴,死不敢辞。此特胡人眩惑求媚,无益圣德。"上遽引咎,慰谕而罢之。

薛讷击契丹,败绩,诏削其官爵。

讷与监门将军杜宾客、定州刺史崔宣道等将兵六万击契丹。宾客以为士卒盛夏负甲赍粮,深入寇境,难以成功。讷曰:"盛夏草肥,羔犊孳息,因粮于敌,正得天时,一举灭虏,不可失也。"行至滦水山峡中,契丹伏兵遮其前后击之,唐兵大败,死者什八九。讷与数十骑突围得免。宣道将后军亦走。讷归罪于宣道,制斩之,免讷死,削其官爵。

襄王重茂卒于房州,谥曰殇皇帝。　作兴庆宫。

宋王成器等请献兴庆坊宅为离宫,许之,仍赐成器等宅,环于宫侧。又于宫西、南置楼,西曰"花萼相辉",南曰"勤政务本"。

不得佩用。"下敕书说："百官所使用的腰带、酒器、马嚼、马镫,三品官以上的可以用玉来装饰,四品官用金,五品官用银,其余的官员一律禁止装饰。妇人的饰物随从其丈夫、儿子。从今以后天下不得再开采珠玉,纺织锦绣丝织品等。"罢除了东西两京的织锦坊。后来有胡人进言说海南盛产珠翠奇宝,又说到海上贸易的好处,又想往师子国搜求灵丹妙药和精于医术的妇人。唐玄宗命令监察御史杨范臣前去搜访,杨范臣上奏说："陛下此前焚烧了珠宝玉石和织锦绣物,表示不再使用这些物品,而现在所要求访的东西与以前所焚烧的东西有什么区别呢! 那海上贸易的事是在与商人争夺利益,恐怕不符合帝王的为政之道。胡药的药性,中国人大多不了解,何况对于胡人妇女,怎么能够安排在宫中呢! 监察御史是天子的耳目,如果真是军国大事所需,臣即使冒着瘴疠之险,也万死不辞。这些完全是那个胡人扰乱视听以求宠,对圣上的德行没有益处。"唐玄宗立刻承认自己的错误,对杨范臣好言劝慰而停止了这件事。

薛讷率兵攻打契丹,战败,唐玄宗下诏剥夺他的官爵。

薛讷与监门将军杜宾客、定州刺史崔宣道等率兵六万攻打契丹。杜宾客认为士卒在盛夏季节身穿铠甲携带粮食,深入敌人境内作战,难以取胜。薛讷说："盛夏时节草木茂盛,牛羊大量繁殖,能够在敌人境内就地取粮,正是大好时机,可以一举消灭敌人,机不可失。"当行军到达滦水流经的峡谷时,遭到契丹伏兵的前后拦截和攻打,唐朝军队大败,战死十分之八九。薛讷带领数十名骑兵突围而出,幸免于难。崔宣道率领后面的军队也逃跑了。薛讷把战败的责任归罪于崔宣道,唐玄宗下制斩杀了他,免除薛讷的死罪,剥夺了他的官爵。

襄王李重茂在房州去世,赠谥号为殇皇帝。　建造兴庆宫。

宋王李成器等人请求献出兴庆坊的宅第作为皇帝的行宫,唐玄宗同意,于是赐给李成器等人宅第,环绕于兴庆宫旁。又在兴庆宫西面和南面建造高楼,西面的称为"花萼相辉楼",南面的称为"勤政务本楼"。

八月，出宫人。

初，民间讹言，上采女子以充掖庭。上闻之，令有司具车牛于崇明门，选后宫无用者载还其家，讹言乃息。

吐蕃入寇，以薛讷为陇右防御使击之。

吐蕃众十万寇临洮，至渭源，掠牧马，命薛讷、郭知运、王晙帅兵击之。初，鄯州都督杨矩以九曲之地与吐蕃，其地肥饶，吐蕃就之畜牧，因以入寇，矩悔惧自杀。

以武后《鼎铭》颁告中外。

太子宾客薛谦光以武后《鼎铭》有云："上玄降鉴，方建隆基。"为上受命之符，献之。姚崇表贺，请宣示史官，颁告中外。

敕诸州修常平仓法。

敕以岁稔，令诸州修常平仓法，江、岭、淮、浙、剑南下湿，不堪贮积，不用此例。

冬十月，薛讷与吐蕃战于武街，大破之。

吐蕃复寇渭源，薛讷、王晙帅兵御之。吐蕃十万屯大来谷，晙选勇士七百，衣胡服，夜袭之，多置鼓角于其后，前军遇敌大呼，后人鸣鼓角应之。虏以为大军至，惊惧，自相杀伤，死者万计，虏大溃。追至洮水，又败之，前后杀获数万人。丰安军使王海宾战死，以其子忠嗣为尚辇奉御，养之宫中。命左骁卫郎将尉迟瓌使吐蕃，宣慰金城公主，吐蕃亦遣其大臣请和，用敌国礼，上不许。自是连岁犯边。

以郭知运为陇右节度大使。

八月,放宫女回家。

当初,民间谣传说唐玄宗挑选美女以充实后宫。唐玄宗听说后,命令有关部门在崇明门准备好牛车,选出后宫中无用的宫女,用牛车载着送回家,谣言于是平息。

吐蕃入侵,唐玄宗任命薛讷为陇右防御使迎击吐蕃军队。

吐蕃十万军队侵犯临洮,到达渭源,掠夺牧马,唐玄宗命令薛讷、郭知运、王晙率兵迎击。当初,鄯州都督杨矩把河西九曲之地送给吐蕃,这里土地肥沃,吐蕃在这里放牧,并以此为基地来入侵,杨矩因悔恨惧怕而自杀。

唐玄宗把武则天制作的《鼎铭》之文颁告朝廷内外。

太子宾客薛谦光因为武则天在位时期制作的《鼎铭》上有这样的话:"上玄降鉴,方建隆基。"认为这是唐玄宗接受天命的符瑞,于是进献给唐玄宗。姚崇为此上表祝贺,请求宣示给史官,并颁告朝廷内外。

唐玄宗下敕各州建立常平仓制度。

唐玄宗下敕说因为这一年粮食丰收,命各州建立常平仓制度,江、岭、淮、浙、剑南等地因地势低洼潮湿,无法贮藏粮食,不在此例。

冬十月,薛讷与吐蕃军队在武街交战,大败吐蕃。

吐蕃又入侵渭源,薛讷和王晙率兵抵御。吐蕃十万大军驻扎在大来谷,王晙挑选七百名勇士,身穿胡人的服装,在夜晚袭击吐蕃军队,在七百勇士后面安排了许多战鼓与号角,先锋军队遇到敌人后大声呼喊,后面的人擂鼓吹号相互声援。敌人误认为是唐朝大部队来到,惊恐害怕,自相残杀,死者数以万计,因此大败。唐朝军队追赶到洮水,又一次打败吐蕃军队,前后杀死和俘虏的达数万人。丰安军使王海宾战死,唐玄宗任命他的儿子王忠嗣为尚辇奉御,并接到宫中抚养。唐玄宗命左骁卫郎将尉迟瓌出使吐蕃,慰问金城公主,吐蕃也派遣大臣来求和,要求两国用对等的礼节,唐玄宗不答应。从此吐蕃连年侵犯边疆。

唐玄宗任命郭知运为陇右节度大使。

领鄯、秦、河、渭、兰、临、武、洮、岷、廓、叠、宕十二州。

十二月,立皇子嗣真为郓王,嗣谦为皇太子。

上长子嗣真,母曰刘华妃;次子嗣谦,母曰赵丽妃。丽妃以倡进,有宠,故立之。

置幽州节度、经略大使。

领幽、易、平、妫、檀、燕六州。

乙卯(715) 三年

春正月,以卢怀慎为黄门监。

怀慎清谨俭素,不营资产,俸赐随散亲旧,妻子不免饥寒,所居不蔽风雨。姚崇谒告十余日,政事委积,怀慎不能决,惶恐入谢。上曰:"朕以天下事委姚崇,以卿坐镇雅俗耳。"崇既出,须臾裁决俱尽,颇有得色,顾谓紫微舍人齐澣曰:"我为相可比何人?"澣未对。崇曰:"何如管、晏?"澣曰:"管、晏之法虽不能施于后,犹能没身。公所为法,随复更之,似不及也。"崇曰:"然则竟何如?"澣曰:"可谓救时之相耳。"崇喜,投笔曰:"救时之相,岂易得乎!"怀慎自以其才不及崇,每事推之,时人谓之"伴食宰相"。

贬御史大夫宋璟为睦州刺史。

坐监朝堂杖人,杖轻故也。

夏四月,以薛讷为凉州大总管,郭虔瓘为朔州大总管。

管辖鄯、秦、河、渭、兰、临、武、洮、岷、廓、叠、宕十二州。

十二月，唐玄宗封皇子李嗣真为郧王，立李嗣谦为皇太子。

唐玄宗的长子李嗣真，母亲是刘华妃；次子李嗣谦，母亲是赵丽妃。赵丽妃是歌妓出身，受到唐玄宗的宠爱，所以立她的儿子李嗣谦为皇太子。

唐玄宗设置幽州节度、经略大使。

管辖幽、易、平、妫、檀、燕六州。

乙卯（715） 唐玄宗开元三年
春正月，唐玄宗任命卢怀慎为黄门监。

卢怀慎为官清廉谨慎，生活节俭朴素，不经营资财产业，得到的俸禄和赏赐随手送给亲朋故旧，而自己妻子儿女的生活却未能免于饥寒，居住的房屋不能遮挡风雨。姚崇因事请假十余天，应该处理的政务堆积如山，卢怀慎不能决断，惶恐地入朝谢罪。唐玄宗说："朕把天下的政事委任给姚崇，只是想让你坐享宰相的清明雅望罢了。"姚崇假满复出之后，一会儿工夫就把政务处置完毕，很有得意之色，回头对紫微舍人齐澣说："我做宰相能与哪些人相比呢？"齐澣没有回答。姚崇说："与管仲、晏婴相比如何？"齐澣说："管仲、晏婴所奉行的法度虽然未能传之后世，但他们也能够终身施行。而您所制定的法度，则随时改变，似乎比不上他们。"姚崇说："那么我究竟是一位什么样的宰相呢？"齐澣说："可以称得上是一位救时宰相。"姚崇十分高兴，不禁掷笔说："救时宰相，难道很容易做到吗！"卢怀慎自认为才能比不上姚崇，所以每遇到事情都请姚崇处理，被当时的人称为"伴食宰相"。

唐玄宗贬御史大夫宋璟为睦州刺史。

因为宋璟在朝堂上监督执行杖打犯人时，处刑轻于应得之刑的缘故。

夏四月，唐玄宗任命薛讷为凉州大总管，郭虔瓘为朔州大总管。

初，突厥可汗默啜衰老昏虐，其葛逻禄、胡禄屋诸部降唐者前后万余帐。制皆以河南地处之，遣薛讷居凉州，郭虔瓘居并州，勒兵以备默啜。

山东大蝗。

山东蝗，民不敢杀，拜祭之，姚崇遣御史督州县捕而瘗之。议者以为蝗多，除不可尽，崇曰："河南、北之人流亡殆尽，岂可坐视！借使除之不尽，犹胜养以成灾。"上乃从之。卢怀慎以为杀蝗太多，恐伤和气。崇曰："昔楚庄吞蛭而愈疾，孙叔杀蛇而致福，奈何不忍于蝗而忍人之饥死乎！若使杀蝗有祸，崇请当之。"

秋七月朔，日食。 九月，置侍读官。

上谓宰相曰："朕每读书有疑，无从质问，可选儒士入内侍读。"卢怀慎荐太常卿马怀素，以为左散骑常侍，与右散骑常侍褚无量更日侍读，听肩舆、乘马于宫中。以无量羸老，为造腰舆，使内侍舁之。亲送迎之，待以师傅之礼。

遣薛讷讨突厥。 郴州刺史刘幽求卒。

幽求自杭徙郴，愤恚道卒。

以郭虔瓘为安西四镇经略大使。

以郭虔瓘为安西大都护，经略四镇。虔瓘请募关中兵万人诣安西，皆给递驮熟食，许之。将作大匠韦凑上疏曰："今西域服从，虽或时小有盗窃，旧兵足以制之。关中常宜充实，以强干弱枝。顷年以来，征行略尽，岂宜

当初,突厥可汗阿史那默啜因年老昏庸残暴,他的葛逻禄、胡禄屋诸部落投降唐朝的前后有一万余帐。唐玄宗下制把前来投降的突厥部落全都安置在黄河以南地区,派遣薛讷驻扎凉州,郭虔瓘驻扎并州,率兵以防备默啜。

山东发生大蝗灾。

山东出现蝗虫,百姓不敢捕杀,而是跪拜祭祀,姚崇派御史督促州县捕杀后埋掉蝗虫。有些人议论认为蝗虫太多,无法完全除灭,姚崇说:"现在黄河南北的百姓几乎全都流亡,怎么能够坐视不救呢!即使不能将蝗虫完全除灭,也要比养蝗虫而造成灾害好。"唐玄宗于是听从了他的意见。卢怀慎认为捕杀蝗虫太多,恐怕伤害天地阴阳和谐之气。姚崇说:"昔日楚庄王吞吃水蛭而治好了疾病,孙叔敖杀死了蛇而招来福气,怎么能够不忍心杀死蝗虫却忍心看着百姓活活饿死呢!假如杀死蝗虫会招致祸患,那么由我来承担责任。"

秋七月初一,发生日食。　九月,设置侍读官。

唐玄宗对宰相们说:"每当朕读书遇到疑难之处时,都没有可请教的人,可以挑选儒学之士到宫内侍读。"卢怀慎推荐了太常卿马怀素,唐玄宗任命他为左散骑常侍,与右散骑常侍褚无量每人一天轮流入宫侍读,允许他们在宫中坐肩舆或骑马。因为褚无量年老体弱,唐玄宗为他做了一顶腰舆,让宦官抬着他。唐玄宗亲自迎送,用对待师傅的礼节侍奉他。

唐玄宗派薛讷讨伐突厥。　郴州刺史刘幽求去世。

刘幽求由杭州刺史改任郴州刺史,因心中愤恨,在半道上去世。

唐玄宗任命郭虔瓘为安西四镇经略大使。

唐玄宗任命郭虔瓘为安西大都护,经营安西四镇边防。郭虔瓘请求招募关中兵一万人前往安西,都由官府提供运输工具和干粮,唐玄宗同意了。将作大匠韦凑上疏说:"现在西域诸国都臣服朝廷,虽然时常有一些不太臣服的小事发生,但原有的镇兵足以控制局势。倒是关中地区应该始终保持充实的兵力,以达到强干弱枝的目的。近年来,关中的丁壮被征发殆尽,怎么能够

更募骁勇,远资荒服！又万人征行六千余里,咸给递驮熟食,道次州县,将何以供！秦、陇之西,户口渐少,凉州已往,沙碛悠然。傥稽天诛,所损甚大,纵令必克,其获几何?"时姚崇亦以为不然。既而虔瓘卒无功。虔瓘复奏奴八人有战功,请除游击将军。卢怀慎曰:"虔瓘恃功侮法,不可许也。"上从之。

西域八国请降。

初,监察御史张孝嵩奉使廓州,听以便宜从事。拔汗那者,古乌孙也,内附岁久。吐蕃攻之,其王奔安西求救,孝嵩遂帅旁侧戎落兵万余人出龟兹西数千里,下数百城。传檄诸国,威振西域,大食等八国请降,勒石纪功而还。

冬十二月,贬崔日知为歙县丞。

京兆尹崔日知贪暴不法,御史大夫李杰将纠之,日知反构杰罪。侍御史杨玚廷奏曰:"若纠弹之司使奸人得而恐喝,则御史台可废矣。"上遽命杰视事,贬日知为歙县丞。

以韦玢为冀州刺史。

尚书左丞韦玢以郎官多不举职,请汰之。寻敕出玢为小州刺史。姚崇言:"玢以奉公贬黜,议者皆谓郎官谤伤,恐后来左右丞指以为戒,则省事何从而举!"乃除冀州。

以突骑施部将苏禄为金方道经略大使。

再招募骁勇之士，派往遥远的地方守边呢！再说，一万名士卒要远行六千余里，全部都由官府提供运输工具和干粮，沿途所经过的各个州县，怎么能够供给得起呢！秦、陇以西地区，人口逐渐稀少，过了凉州，是一望无际的沙漠戈壁。如果征讨计划有所延误，所遭受的损失就更大了，即使一定能够获胜，得到的东西又能有多少呢？"当时姚崇也认为征发关中地区的士兵不可行。不久郭虔瓘果然无功而返。郭虔瓘又上奏说自己的八个奴仆立有战功，请求除授他们为游击将军。卢怀慎说："郭虔瓘依仗有功，亵渎法度，不可答应他的请求。"唐玄宗听从了卢怀慎的建议。

西域地区有八个国家请求归降唐朝。

当初，监察御史张孝嵩奉命出使廓州，唐玄宗允许他相机行事，不必上奏。拔汗那国就是古时的乌孙国，归附唐朝已经很久了。吐蕃军队攻打它，其国王逃到安西都护府来求救，张孝嵩于是率领附近的各戎族部落兵一万余人从龟兹镇西行数千里，攻战了数百个城池。然后送檄书给诸国，声威震动西域，大食等八国请求归降，张孝嵩刻石纪功而返。

冬十二月，唐玄宗贬崔日知为歙县丞。

京兆尹崔日知贪婪残暴，不守法律，御史大夫李杰将要检举他的罪行，崔日知却诬陷说李杰有罪。侍御史杨场当廷上奏说："如果纠察弹劾的部门可以使奸邪之人随意恐吓，那么御史台就可以废除了。"唐玄宗立刻命李杰照常处理政务，并贬崔日知为歙县丞。

唐玄宗任命韦玢为冀州刺史。

尚书左丞韦玢认为郎官大多不称职，请求加以裁汰。不久唐玄宗下敕外放韦玢任一个小州的刺史。姚崇说："韦玢一心为公而遭到贬黜，议论的人都认为这是郎官中伤的结果，恐怕以后的尚书左、右丞会以此为鉴戒，那么尚书省的事务还怎么处理呢！"于是除授韦玢为冀州刺史。

唐玄宗任命突骑施部将苏禄为金方道经略大使。

突骑施守忠既死,部将苏禄颇善绥抚,十姓部落稍稍归之,有众二十万,据有西方,遣使入见,故有是命。

丙辰(716) **四年**
春正月,杀尚衣奉御长孙昕。

昕,皇后妹夫也,与御史大夫李杰不协,于里巷伺而殴之。杰自诉,上大怒,命于朝堂杖杀,以谢百僚。

以郓王嗣真为安北大都护,陕王嗣昇为安西大都护。

二王皆不出阁。诸王遥领节度自此始。
以倪若水为汴州刺史。

上欲重都督、刺史,选京官才望者为之,然当时犹轻外任。扬州采访使班景倩入为大理少卿,过大梁,若水饯之,望其行尘久之,谓官属曰:"班生此行,何异登仙!"上尝遣宦官诣江南取鵁鶄、鸂鶒等,欲置苑中,所至烦扰,若水言:"今农桑方急,而罗捕禽鸟,水陆传送,道路观者岂不以陛下为贱人而贵鸟乎!"上手敕谢之,纵散其鸟。

山东复大蝗。

山东蝗复大起,姚崇又命捕之。倪若水谓"蝗乃天灾,非人力所及,宜修德以禳之。刘聪时尝捕埋之,为害益甚"。拒不从命。崇牒若水曰:"刘聪伪主,德不胜妖;今日圣朝,妖不胜德。古之良守,蝗不入境。若其修德可免,彼岂无德

突骑施酋长守忠死后,其部将苏禄很善于安抚部众,十姓部落逐渐归附于他,部众达到了二十万,占据了西面地区,派遣使节入朝觐见,所以有此任命。

丙辰(716) 唐玄宗开元四年

春正月,唐玄宗杀死尚衣奉御长孙昕。

长孙昕是皇后的妹夫,与御史大夫李杰有矛盾,就在小巷中伺机殴打李杰一顿。李杰上表自诉,唐玄宗十分愤怒,命令在朝堂用杖刑打死长孙昕,以此向文武百官谢罪。

唐玄宗任命鄫王李嗣真为安北大都护,陕王李嗣昇为安西大都护。

二王都不出朝赴任。诸王遥领节度使之制从这时开始。

唐玄宗任命倪若水为汴州刺史。

唐玄宗想要重视都督、刺史的职务,所以挑选有才能和声望的京官来担任,但当时人们还是轻视外出任地方官。扬州采访使班景倩入朝任大理少卿,路过大梁,倪若水为他饯行,望着他离去后车马扬起的尘土很长时间,并对自己的下属官吏说:"班生此次入朝任职,真是无异于成仙啊!"唐玄宗曾经派遣宦官到江南捕捉鵁鶄、鸂鶒等鸟类,想养在禁苑中,所到之处烦扰地方,倪若水上言说:"现在正是农忙季节,而派人捕捉禽鸟,经过水路和陆路送到京师,路上看见的人难道不认为陛下轻视人而看重鸟吗!"唐玄宗下手敕感谢倪若水的劝谏,并放掉了捕捉的鸟。

山东又一次出现大蝗灾。

山东地区的大蝗灾再次发生,姚崇又下令捕杀蝗虫。倪若水认为"蝗虫是天灾,不是人力能够捕杀得了的,应该修养德行以消除蝗灾。汉赵刘聪在位时曾经捕杀掩埋过蝗虫,蝗灾反而更加严重"。因此拒不执行命令。姚崇写信告诉倪若水说:"刘聪是僭越称帝的伪主,德行胜不过妖异;现在是圣明之朝,妖异敌不过德行。古代的郡守贤良,蝗虫就不进入其境内。如果说修养德行可以免除蝗灾,那岂不是说蝗灾是因为无德

致然!"因敕使者察捕蝗者勤惰以闻。由是不至大饥。

召新除县令试理人策。

或言于上曰:"今岁选叙太滥,县令非才。"上悉召至殿庭,试理人策,惟韦济词理第一,擢为醴泉令,余二百人不入第,且令之官,四十五人放归学问。吏部侍郎卢从愿、李朝隐皆坐左迁。从愿、朝隐,典选称职。高宗之世,马载、裴行俭在吏部最有名,时人称前有马、裴,后有卢、李。

夏六月,太上皇崩。　拔曳固斩突厥默啜以降。

初,突厥默啜北击拔曳固,大破之,恃胜轻归,不复设备,拔曳固进卒颉质略自柳林突出,斩之。时子将郝灵荃使突厥,得其首。拔曳固、回纥、同罗、霫、仆固五部皆来降。突厥立默棘连为毗伽可汗,以阙特勒为左贤王,专典兵马。

秋八月,迁中宗于别庙。

太常博士陈贞节、苏献以太庙七室已满,请迁中宗神主于别庙,奉睿宗神主祔太庙,从之。

突厥降户叛,命薛讷等追讨之。

突厥默啜既死,突骑施苏禄复自立为可汗。毗伽可汗患之,默啜时牙官暾欲谷年七十余,多智略,国人信服之,毗伽乃召以为谋主。突厥降户处河曲者,多叛归之。并州长史王晙上言:"此属徒以其国丧乱,故相率来降,若彼安宁,必复叛去。乃是畜养使为间谍,日月滋久,奸诈愈深。

而招致的!"于是唐玄宗下敕派使者去察看地方官捕蝗虫情况,并把勤勉和怠惰者上奏朝廷。因此才没有造成大的饥荒。

唐玄宗召集新除授的县令考试如何治理百姓的策文。

有人对唐玄宗说:"今年选官太滥,所任命的县令多不称职。"于是唐玄宗把新除授的县令都召集到殿庭中,考试治理百姓的策文,只有韦济的策文词理最佳,唐玄宗升任他为醴泉县令,其余的二百人不及格,暂且命他们去任职,还有四十五人被免职回家继续学习。吏部侍郎卢从愿、李朝隐都因罪被降职。卢从愿、李朝隐主持选举都很称职。高宗时期,马载、裴行俭在吏部最为有名,所以当时的人们称前有马、裴,后有卢、李。

夏六月,太上皇唐睿宗驾崩。 拔曳固部落斩杀了突厥可汗默啜来归降。

当初,突厥可汗默啜攻打北面的拔曳固部落,大败拔曳固,返回时恃胜轻敌,不加防备,拔曳固的溃兵颉质略从柳林突然杀出,斩杀了默啜。此时唐朝的小将郝灵荃出使突厥,得到了默啜的首级。拔曳固、回纥、同罗、霫、仆固等五个部落都来归降唐朝。突厥又立默棘连为毗伽可汗,默棘连便任命阙特勒为左贤王,专门掌管军队。

秋八月,把中宗皇帝的神主迁移到另外的庙里。

太常博士陈贞节、苏献认为太庙中的七座庙室已满,请求将唐中宗的神主迁移到另外的庙里,而将唐睿宗的神主附于太庙祭祀,唐玄宗同意。

投降的突厥民户反叛,唐玄宗命令薛讷等人追击讨伐他们。

突厥可汗默啜死后,突骑施酋长苏禄又自立为可汗。突厥毗伽可汗心中忧虑,默啜可汗时的牙官暾欲谷已七十多岁,足智多谋,突厥人都信服他,毗伽可汗就把他召来作为自己的军师。被安置在河曲地区的突厥归降民户,大多又背叛唐朝归附了毗伽可汗。并州长史王晙上言说:"这些突厥人只是因为他们国家发生祸乱,才相继来归降,日后一旦他们国家安宁,必定会再次背叛而去。这是在培养他们成为间谍,天长日久,就会更加奸诈。

愿集兵众,徙之内地,渐变旧俗,皆成劲兵。虽一时暂劳,然永久安靖。"疏奏未报,降户果叛。命朔方大总管薛讷讨之。王晙亦引并州兵追击破之。单于副都护张知运不设备,为虏所擒。将军郭知运邀击破之,张知运乃得还。上以其丧师,斩之。毗伽谋入寇,暾欲谷曰:"唐主英武,民和年丰,未有间隙。我众新集,且当息养数年,始可观变而举。"毗伽又欲筑城,立寺观,暾欲谷曰:"突厥人徒不及唐之百一,所以能与为敌者,正以随逐水草,射猎为业,人皆习武,强则进兵,弱则窜伏故也。若变旧俗,必为所灭。释、老之法,教人仁弱,非用武争胜之术,不可崇也。"乃止。

葬桥陵。 十一月,黄门监卢怀慎卒。

怀慎疾亟,上表荐宋璟、李杰、李朝隐、卢从愿,上深纳之。既卒,家无余蓄,惟老苍头请自鬻以办丧事。

以源乾曜同平章事。十二月,以宋璟为西京留守。

姚崇无居第,寓居罔极寺,以病谒告,上遣使问之,日数十辈。源乾曜奏事称旨,上曰:"此必姚崇之谋。"或不称旨,则曰:"何不与姚崇议之?"乾曜请迁崇于四方馆,仍听家人入侍疾。崇固辞,上曰:"设四方馆,为官吏也;使卿居之,为社稷也。恨不可使卿居禁中耳,此何足辞!"

希望能够集结军队,把他们迁往内地,逐渐改变他们旧有的风俗,使他们成为一支很有战斗力的军队。这样做虽然会暂时付出一些辛劳,但是能够获得长期的安宁。"奏疏还没有得到答复,归降的突厥民户果然叛乱。唐玄宗命令朔方大总管薛讷讨伐他们。王晙也率领并州的军队追击并打败了突厥。单于都护府副都护张知运因为不加防备,被敌人俘获。将军郭知运截击并打败了敌人,张知运才得以生还。唐玄宗因为张知运战败而损失了军队,斩杀了他。毗伽可汗计谋入侵唐朝,暾欲谷说:"唐朝皇帝英明勇武,百姓和睦粮食丰收,无机可乘。而我们的部众刚聚集在一起,暂且应当休养生息几年,然后才可根据形势变化寻找机会起兵。"毗伽可汗又想修筑城池,建造佛寺道观,暾欲谷说:"我们突厥的人口不及唐朝的百分之一,之所以能与唐朝相抗衡,正是由于我们逐水草而居,以射猎为生,人人都练习武艺,势力强大时就进兵,势力弱小时就逃跑隐藏的缘故。如果改变了旧的风俗习惯,一定会被唐朝灭亡。佛教和道教的教义,是教人们仁义慈悲,不是用武力取胜的法术,不可崇拜。"于是作罢。

唐玄宗把唐睿宗安葬在桥陵。 **十一月,黄门监卢怀慎去世。**

卢怀慎病重,向唐玄宗上表推荐宋璟、李杰、李朝隐、卢从愿,唐玄宗很是采纳他的建议。他去世后,家里没有什么积蓄,只有一位老奴仆,请求把自己卖掉来办丧事。

唐玄宗任命源乾曜为同平章事。十二月,唐玄宗任命宋璟为西京留守。

姚崇没有住宅,寄居在罔极寺,因患病向唐玄宗请假,玄宗派使者去问候,每天有数十人次。当源乾曜上奏事情符合玄宗旨意时,玄宗就说:"这一定是姚崇的主意。"有时不符合玄宗的旨意,玄宗就说:"为什么不与姚崇商议一下?"源乾曜请求把姚崇迁到四方馆居住,同时允许他的家人入馆照料他的病。姚崇坚决推辞,玄宗说:"设置四方馆,就是为官吏服务的;让你住进去,是为了国家。只恨不能让你住在宫中,还有什么可推辞的!"

崇子彝、异，颇受赂遗，为时所讥。又崇所亲信主书赵诲，受赂事觉，当死，崇复营救，上不悦。会曲赦京城，特敕杖诲，流岭南。崇由是请避位，荐广州都督宋璟自代。上将幸东都，以璟为刑部尚书、西京留守，遣内侍杨思勖迎之。璟风度凝远，人莫测其际。在涂不与思勖交言。思勖素贵幸，归诉于上，上嗟叹良久，益重璟。

闰月，姚崇、源乾曜罢，以宋璟为黄门监，苏颋同平章事。

璟为相，务在择人，随材授任，使百官各称其职。刑赏无私，犯颜正谏，上甚敬惮，虽不合意，亦曲从之。突厥默啜自武后世为中国患，朝廷旰食，倾天下之力不能克。郝灵荃得其首，自谓不世之功。璟以天子好武功，恐好事者竞生心侥幸，痛抑其赏。逾年始授郎将。灵荃恸哭而死。

璟与颋相得甚厚，璟每论事则颋助之。璟尝谓人曰："吾与苏氏父子同居相府，仆射宽厚，诚为国器，若献可替否，黄门过其父矣。"上尝令璟及颋制皇子名及国邑之号，又令别制一佳名号进之。璟、颋奏曰："七子均养，著于《国风》。今制名号各三十余，混同以进，以彰陛下覆焘无偏之德。"上甚善之。

姚、宋相继为相，崇善应变成务，璟善守法持正，二人志操不同，然协心辅佐，使赋役宽平，刑罚清省，百姓富庶。

姚崇的儿子姚彝和姚异，大肆收受贿赂，受到当时人们的非议。此外，姚崇亲近信任的主管文书的官吏赵诲，受贿的事情被发觉，按罪应当处死，姚崇又为他求情，玄宗不高兴。适逢特赦京城的罪犯，玄宗特地下敕杖打赵诲，流放岭南。姚崇因此请求辞去相位，推荐广州都督宋璟代替自己。玄宗将要驾幸东都，任命宋璟为刑部尚书、西京留守，并派宦官杨思勖去迎接他。宋璟风度凝重深沉，人们难以猜透他的心思。他在途中不与杨思勖交谈。杨思勖一向深得玄宗的宠幸，回来后向玄宗诉说此事，唐玄宗感叹了很久，更加器重宋璟。

闰十二月，姚崇、源乾曜被免去宰相职务，唐玄宗任命宋璟为黄门监，苏颋为同平章事。

宋璟任宰相，致力于选拔人才，量才授官，使百官各称其职。行赏施罚不徇私情，敢犯颜直谏，唐玄宗很敬畏他，即使不合自己旨意，也曲意听从。突厥默啜可汗从武则天时就成为国家的祸患，朝廷废寝忘食，用尽天下之力也没有制服他。郝灵荃因为得到了他的首级，自认为立下了盖世之功。宋璟因为天子喜欢军事方面的成就，恐怕好事之徒心存侥幸竞相邀功，便竭力阻止对郝灵荃的封赏。过了一年才授给他郎将。郝灵荃痛哭而死。

宋璟与苏颋交情深厚，每当宋璟论事时苏颋都为他说话。宋璟曾经对他人说："我与苏家父子都一起担任过宰相，仆射苏瓌为人厚道，确实是国家的栋梁之材，但说到对朝政大事提出可行的建议或废弃不可行的办法，黄门监苏颋则超过了他的父亲。"唐玄宗曾经命宋璟与苏颋为诸位皇子及他们封地制定名号，又命他们另外再拟定一个佳名和佳号进上。宋璟、苏颋上奏说："对所生的七个儿子平等抚养，是见于《诗经·国风》的善行。现在我们拟定的名号各有三十多个，一概混同进献，以彰明陛下对诸子不偏不倚、一视同仁的美德。"唐玄宗认为很好。

姚崇和宋璟相继为相，姚崇善于随机应变把事情做好，宋璟善于遵守成法坚持正义，两个人的志向操守虽然不同，但能够同心辅佐皇帝，使赋税徭役宽仁公平，刑罚清正减省，百姓富足。

唐世贤相,前称房、杜,后称姚、宋,他人莫得比焉。二人每进见,上辄为之起,去则临轩送之。及李林甫为相,虽宠任过于姚、宋,然礼遇殊卑薄矣。紫微舍人高仲舒博通典籍,齐澣练习时务,姚、宋每坐二人以质所疑,既而叹曰:"欲知古问高君,欲知今问齐君,可以无阙政矣。"

广州请为璟立遗爱碑,璟请禁之,以革谄谀之风,于是他州皆不敢立。山人范知璿献所为文,璟判之曰:"观其《良宰论》,颇涉谄谀。文章若高,宜从举选,不可别奏。"

罢十道按察使。　始制郎、御史、起居、遗、补不拟。

旧制,六品以下官皆委尚书省奏拟。是岁,始更此制。

丁巳(717)　五年
春正月,太庙四室坏,行幸东都。
上将幸东都,会太庙四室坏,上素服避殿。以问宋璟、苏颋,对曰:"陛下三年之制未终,遽尔行幸,恐未契天心,故灾异为戒,愿且停之。"姚崇曰:"太庙屋材,皆苻坚时物,朽腐而坏,适与行会,何足异也!百司供拟已备,不可失信。但迁神主于太极殿,更修太庙耳。"上大喜,从之。命崇五日一朝,入阁供奉,恩礼更厚,有大政辄访焉。褚无量言:"隋文帝富有天下,岂取苻氏旧材以立太庙!

在唐朝的贤明宰相中,值得称道的前有房玄龄、杜如晦,后有姚崇、宋璟,其他的人都比不上他们。二人每次进见时,唐玄宗都要站起来迎接,离去时都要到殿前相送。等到李林甫任宰相,受到的宠爱和信任虽然超过了姚崇和宋璟,但得到的礼遇与他们相比就太微薄了。紫微舍人高仲舒博通典籍,齐澣通晓时务,姚崇和宋璟每有疑难问题都要向他们二人征求意见,然后感叹说:"想要知晓古代的事就去问高君,想要知晓当今的事就去问齐君,这样处理政事就不会有失误了。"

广州的官吏百姓请求为宋璟建造遗爱碑,宋璟请求禁止这种做法,借以革除阿谀奉承的风气,因此其他的州郡都不敢立遗爱碑。隐士范知璿献上自己的文章,宋璟写评语说:"从他所写的《良宰论》来看,此人颇有阿谀奉承之嫌。他的文章如果确实高明,应该去参加科举考试来求官,不可单独上奏。"

唐玄宗废除了十道按察使。 **唐玄宗下制,从此开始员外郎、御史、起居郎、拾遗、补阙等职事官,不再由尚书省奏拟。**

按照旧的制度规定,六品以下职事官的任命,都由尚书省奏拟。从这一年开始,改变了这一制度。

丁巳（717） 唐玄宗开元五年

春正月,太庙中有四室倒塌,唐玄宗驾幸东都。

唐玄宗将要驾幸东都,适逢太庙有四室倒塌,唐玄宗因此身着素服,离开正殿。以此询问宋璟和苏颋的意见,他们回答说:"陛下的三年服丧期未满,就轻率地外出巡行,恐怕不合天意,所以上天用灾异来告诫,希望暂且停下来。"姚崇说:"建造太庙所用的木材,都是前秦苻坚时代的旧物,因腐朽而倒塌,恰巧赶上外出巡行,有什么值得奇怪的呢! 有关部门已做好准备,不可失信。只需把神主迁到太极殿中,重修太庙而已。"唐玄宗很高兴,听从了他的话。并命令姚崇每五天朝见一次,入内殿侍奉,恩礼更加深厚,遇到重大政事都要征询他的意见。褚无量说:"隋文帝富有天下,怎么会用前秦苻坚时代的旧木材来建造太庙呢!

此特谀臣之言。愿陛下克谨天戒,纳忠谏,远谄谀。"上弗听,遂幸东都。上过崤谷,道隘不治,欲免河南尹及知顿使官,宋璟曰:"陛下方事巡幸,今以此罪二臣,臣恐将来民受其弊。"上遽命释之。璟曰:"陛下罪之,而以臣言免之,是臣代陛下受德也,请令待罪朝堂而后赦之。"上从之。

二月,复置营州。

奚、契丹内附,贝州刺史宋庆礼请复营州。制置营州都督于柳城,使庆礼筑之,三旬而毕。庆礼清勤严肃,开屯田八十余所,招安流散,数年之间,仓廪充实,市邑浸繁。

放太常卿姜皎归田。

初,上微时,与姜皎亲善,及诛窦怀贞等,皎预有功,由是宠遇特厚,出入卧内,至与后妃连榻宴饮。宋璟言皎权宠太盛,非所以安之,上以为然。因下制曰:"西汉诸将,以权贵不全;南阳故人,以优闲自保。皎宜放归田园,勋、封如故。"

以张嘉贞为天兵军大使。

嘉贞上言:"突厥降者,散居太原以北,请宿重兵以镇之。"乃置天兵军于并州,集兵八万。

以明堂为乾元殿。

太常少卿王仁惠奏:"则天明堂穷极奢侈,不合古制,密迩宫掖,人神杂扰。"制复以为乾元殿,正至受贺,季秋大享,复就圜丘。

这只不过是阿谀奉承者的言辞。希望陛下能够谨慎地对待上天的告诫，听取忠臣的谏言，疏远阿谀奉承之人。"唐玄宗不听，于是驾幸东都。唐玄宗路过崤谷，因道路狭窄，没有修护，就想要罢免河南尹和知顿使的官职，宋璟说："陛下正在巡行，现在只因道路狭窄不修就怪罪二位官员，臣恐怕将来百姓会受害。"唐玄宗马上下令赦免了他们。宋璟说："陛下要怪罪他们，又因为臣的话而赦免了他们，这是让臣代替陛下领受他们的感激之情，请求让他们在朝堂待罪，然后再赦免他们。"唐玄宗同意。

二月，重新设置营州。

奚和契丹归顺朝廷，贝州刺史宋庆礼请求重新设置营州。唐玄宗下制在柳城设置营州都督府，命宋庆礼修筑营州城，三十天后竣工。宋庆礼为官清正勤勉，认真庄重，开垦屯田八十余所，招集安置流民，仅数年时间，就使粮仓充实，市镇逐渐繁荣。

唐玄宗罢免太常卿姜皎的职务，让他回家乡务农。

当初，唐玄宗地位尚低，与姜皎友好，诛杀窦怀贞等人时，姜皎参与谋划立有功勋，因此受到的恩宠特别深厚，可以自由出入唐玄宗的卧室，甚至与后妃同榻聚会饮酒。宋璟说姜皎的权势太盛，长此以往难以自全，唐玄宗认为正确。因此下制书说："西汉时期的开国将领，因为权势太重而不能保全性命；东汉光武帝时的南阳旧人，因悠闲无事而保全了福禄。姜皎应该罢免职务，回家乡务农，勋官和封爵仍旧不变。"

唐玄宗任命张嘉贞为天兵军大使。

张嘉贞上言说："投降的突厥部众，散居在太原以北地区，请求驻扎重兵以镇抚他们。"于是在并州设置天兵军，共集结兵力八万。

改明堂为乾元殿。

太常少卿王仁惠上奏说："武则天所立的明堂奢侈至极，不符合古代的制度，而且靠近宫殿，使神灵与俗人混杂相扰。"唐玄宗下制又将明堂改为乾元殿，每年正月初一和冬至在此接受朝贺，每年九月的祭祀大典，再到圜丘举行。

九月，复旧官名，令史官随宰相入侍，群臣对仗奏事。

贞观之制，中书、门下及三品官入奏事，必使谏官、史官随之，有失则匡正，美恶必记之。诸司皆正衙奏事，御史弹百官，服豸冠，对仗读弹文。故大臣不得专君，而小臣不得为谗慝。及许敬宗、李义府用事，政多私僻，奏事官多俟仗下，于御座前屏人密奏。监察御史及待制官远立，以俟其退，谏官、史官皆随仗出，仗下后事，不复预闻。武后以法制群下，谏官、御史得以风闻言事，互相弹奏，于是多以险诐相倾。宋璟欲复贞观之政，制："自今事非的须秘密者，皆令对仗奏闻，史官自依故事。"

谪孙平子为都城尉。

伊阙人孙平子上言："《春秋》讥鲁跻僖公，今迁中宗于别庙而祀睿宗，正与鲁同。兄臣于弟，犹不可跻，况弟臣于兄乎！若以兄弟同昭，则不应出兄置于别庙。愿下群臣博议，迁中宗入太庙。"太常博士陈贞节、冯宗、苏献以为："七代之庙，不数兄弟。殷代或兄弟四人相继为君，若数以为代，则无祖祢之祭矣。今睿宗之室当亚高宗，故为中宗特立别庙，非跻睿宗于中宗之上也。平子诬罔圣朝，渐不可长。"然时论多是平子，故议久不决。献，颋之从祖兄也，

九月，恢复旧的官名，命史官跟随宰相入殿内侍奉，群臣面对皇帝的仪仗公开上奏政事。

　　按照贞观时期的制度，中书省、门下省及三品官入宫奏事，一定要使谏官和史官随从，有过失就及时纠正，无论善恶都必须记录。诸司官吏都在正衙奏事，御史弹劾百官时，头戴獬豸冠，面对皇帝的仪仗宣读弹劾表文。所以大臣无法蒙蔽君主，小臣无法私下进谗行恶。等到许敬宗、李义府专权用事，朝政大多私下谋划，官员奏事多等仪仗撤下以后，于皇帝的御座前屏退左右秘密上奏。监察御史和待制官站立在远处，等待奏事的官员退下，谏官和史官都随仪仗退出，仪仗撤下去以后的事，就无从知道了。武则天运用刑法控制臣下，谏官和御史可以凭传闻奏事，互相上奏弹劾，因此臣下大多用阴险邪恶的手段相互陷害。宋璟想要恢复贞观时期的制度，于是唐玄宗下制说："从今以后，凡事如果不是确实需要保密的，都要面对仪仗公开上奏，史官自应依照旧例办事。"

唐玄宗贬孙平子为都城县尉。

　　伊阙人孙平子上言说："《春秋》曾经指责鲁文公把其父鲁僖公的神主升到闵公之上为非礼，现在为了在太庙中祭祀睿宗而把中宗的神主迁移到别庙中，正与鲁国发生的事情相同。鲁僖公曾经做过弟弟鲁闵公的臣子，尚且不应该把神主升到鲁闵公之上，何况睿宗曾经做过哥哥中宗的臣子呢！如果认为这是兄弟二人同属昭位的缘故，那么就不应该把兄长的神主迁出安置在别庙。希望把这一问题下达给群臣广泛讨论，把中宗的神主迁回太庙。"太常博士陈贞节、冯宗、苏献认为："在共有七代神主的太庙中，是不计算兄弟的。商朝有时兄弟四人相继为君主，如果把每人算作一代，那么就没有祖父之位和父亲之位的区别了。现在睿宗的神主应当跟在高宗之后，所以特地为中宗另立别庙，并不是要升睿宗神位于中宗之上。孙平子毁谤诬陷圣朝，此风不可长。"但是当时人们的议论大多同意孙平子的意见，所以长时间争论无法决定。苏献是苏颋同一个曾祖的哥哥，

故颋卒从其议。平子论之不已,谪都城尉。

十二月,诏访逸书。

秘书监马怀素奏:"省中书颇散缺,请选学士整比校补。"从之。于是搜访逸书,选吏缮写,命国子博士尹知章等二十二人于乾元殿前编校刊正,以褚无量为之使。无量卒,国子祭酒元行冲代之。九年上其录,凡四万八千卷。

戊午(718) **六年**
春正月,禁恶钱。

敕钱重二铢四分以上乃得行。敛人间恶钱镕之,更铸如式。宋璟请出太府钱二万缗,以平价买百姓不售之物可充官用,庶使良钱流布人间。其后,敕太府及府县出粟十万石粜之,以敛人间恶钱,送少府销毁。

征嵩山处士卢鸿为谏议大夫,不受。 **夏四月**,敕度郑铣、郭仙舟为道士。

河南参军郑铣、朱阳丞郭仙舟投匦献诗,敕曰:"观其文理,乃崇道法,至于时用,不切事情。宜从所好,度为道士。"

秋八月,令州县岁十二月行乡饮酒礼。 **始加赋以给官俸。**

唐初,州县官俸,皆令富户掌钱,出息以给之,多破产者。秘书少监崔沔请计州县官俸,于百姓常赋之外,微有所加以给之。从之。

冬十一月,帝还西京。 **吐蕃请和。**

吐蕃奉表请和,乞舅甥亲署誓文,又令彼此宰相皆著名其上。

所以苏颋最后同意了苏献的意见。孙平子还是争论不休,被贬为都城县尉。

十二月,唐玄宗下诏搜访散佚的典籍。

秘书监马怀素上奏说:"秘书省的藏书多有散佚,请求挑选学士整理校补。"唐玄宗同意。于是搜访散佚的典籍,挑选书吏抄写,命国子博士尹知章等二十二人在乾元殿前编校勘正,并命褚无量主持其事。褚无量去世后,由国子祭酒元行冲替代他。开元九年进上目录,共有四万八千卷。

戊午(718) 唐玄宗开元六年

春正月,唐玄宗下敕禁止质量低劣的私钱流通。

唐玄宗下敕钱重量在二铢四分以上才可以流通。收集民间私铸的劣质钱币加以熔化,改铸成符合规格的钱。宋璟请求太府出钱二万缗,用平价购买百姓手中的滞销物品供官府使用,以便使质地优良的钱币能够在民间流通。后来,唐玄宗下敕太府及各府县拿出十万石粟出售,收集民间的劣质私钱,送到少府销毁。

唐玄宗征召嵩山隐士卢鸿,任命他为谏议大夫,卢鸿不接受。

夏四月,唐玄宗下敕度郑铣、郭仙舟为道士。

河南府参军郑铣、朱阳县丞郭仙舟向皇帝上书献诗,唐玄宗下敕说:"从他们所献诗歌的文理来看,他们崇尚道教的教义,对于时事,则不切实际。应该让他们各从所好,度为道士。"

秋八月,唐玄宗下令州县每年十二月举行乡饮酒礼。 开始增加赋税以作为百官俸禄。

唐朝初年,州县官吏的俸禄,都是由富裕人家负责借公廨本钱,拿出利息来支付,因利息太高,很多人破产。秘书少监崔沔请求算出州县官吏的俸禄,在百姓的正常赋税之外,略微增加一些以作为官吏的俸禄。唐玄宗同意他的建议。

冬十一月,唐玄宗回到西京。 吐蕃来向唐朝求和。

吐蕃赞普奉上表书求和,请求两国君主亲笔在誓文上签名,并且要求双方的宰相也都在誓文上署名。

以李邕、郑勉为远州刺史,李朝隐为大理卿,陆象先为河南尹。

宋璟奏:"邕、勉并有才略文词,俱好是非改变。若全引进,则咎悔必至,若长弃捐,则才用可惜,请以为渝、峡刺史。大理卿元行冲不称职,请以朝隐代之。象先闲于政体,宽不容非,请以为河南尹。"皆从之。

己未(719) 七年
夏四月,祁公王仁皎卒。

仁皎,后父也。其子驸马都尉守一请用窦孝谌例,筑坟高五丈二尺,上许之。宋璟、苏颋以为:"准令,一品坟高一丈九尺,其陪陵者高出三丈。窦太尉坟,议者颇讥其高大。至韦庶人崇其父坟,以自速祸,岂可复蹹为之!臣等所以再三进言者,欲成中宫之美耳。"上说曰:"朕每欲正身率下,况于妻子,何敢私之!卿能固守典礼,垂法将来,诚所望也。"

五月朔,日食。

上素服以俟变,彻乐减膳,命中书、门下察系囚,赈饥乏,劝农功。宋璟奏曰:"陛下勤恤人隐,此诚苍生之福。然臣闻日食修德,月食修刑,亲君子,远小人,绝女谒,除谗慝,所谓修德也。君子耻言浮于行,苟推至诚以行之,不必数下制书也。"

秋八月,敕五服并从《礼》传。

唐玄宗任命李邕、郑勉为边远州的刺史,李朝隐为大理卿,陆象先为河南尹。

　　宋璟上奏说:"李邕和郑勉都有才干,擅长写文章,但都喜好对现存的观念评头论足。如果一概提拔任用,必会招致祸害,如果长期不予任用,就会埋没他们的才能,请分别任命他们为渝、峡二州刺史。大理卿元行冲不称职,请求任用李朝隐取代他。陆象先熟悉为政的要领,施政宽缓而疾恶如仇,请任命他为河南尹。"唐玄宗都听从了他的建议。

己未(719)　唐玄宗开元七年
夏四月,祁公王仁皎去世。

　　王仁皎是王皇后的父亲。他的儿子驸马都尉王守一请求依照窦孝谌的旧例,修造五丈二尺高的坟墓,唐玄宗同意。宋璟、苏颋认为:"按照法令规定,一品官坟高一丈九尺,作为皇帝的陪陵可高出三丈。窦太尉的坟墓,议论的人都指责它过于高大。至于韦庶人加高了其父的坟墓,结果加速了祸患的到来,怎么能够再效法他们的做法呢!臣等之所以再三进言,只不过是想成全皇后的美名罢了。"唐玄宗高兴地说:"朕经常想端正自身为下面的人做表率,何况是对自己的妻儿,哪敢有偏私之心!你们能够坚持按照礼法办事,为后世做出榜样,这正是朕期望的。"

五月初一,发生日食。

　　唐玄宗身穿素服以等待意外之事的发生,撤去礼乐,减少御膳,命中书省和门下省复审被关押的囚犯,赈济灾民,劝勉农事。宋璟上奏说:"陛下勤于抚恤百姓的疾苦,这实在是天下民众的福分。但是臣听说当发生日食时应该修养德行,当发生月食时应该整饬刑罚,亲近正人君子,疏远奸邪小人,杜绝后宫中的请托,除去奸佞邪恶之人,这就是所说的修养德行。君子以言过其行为耻,如果陛下能够诚心修德,就不必屡次下制书了。"

秋八月,唐玄宗下敕说为亲人服丧的五种标准全都依照《仪礼·丧服传》。

右补阙卢履冰言："礼，父在为母服周年，则天改服三年，今请从旧。"上下其议，褚无量是履冰议。敕："自今五服并依《丧服传》文。"然士大夫议论犹不息，行之各从其意。无量叹曰："圣人岂不知母恩之厚乎？厌降之礼，所以明尊卑、异戎狄也。俗情肤浅，一紊其制，谁能正之！"

九月，徙宋主宪为宁王。

宪，成器改名也。上尝从复道中见卫士食毕，而弃其余于窦，怒欲杀之。宪谏曰："陛下窥人过失而杀之，臣恐人人不自安。且陛下恶弃食者，为食可以养人也。今以余食杀人，无乃失其本乎！"上大悟，遽释之。是日，宴饮极欢，上自解红玉带以赐宪。

以突骑施苏禄为忠顺可汗。

庚申（720）　**八年**
春正月，宋璟、苏颋罢。

上以王仁琛藩邸故吏，墨敕与五品官。宋璟曰："仁琛向缘旧恩，已获优改。又是后族，须杜舆言。乞下吏部检勘，苟无负犯，请依资稍优注拟。"从之。宁王宪奏选人薛嗣先请授微官。璟奏："嗣先以懿亲之故，固应微假官资。然自大明临御，斜封墨敕一皆杜绝。望付吏部知，不出正敕。"从之。

右补阙卢履冰进言说:"按照礼仪制度,父在,子为亡母服丧一年,武则天时改为服丧三年,现在请求仍按照旧的制度。"唐玄宗把这一建议下发给群臣讨论,褚无量赞成卢履冰的意见。唐玄宗下敕说:"从今以后为亲人服丧的五种标准全都依照《仪礼·丧服传》中所规定的制度。"但士大夫们还是争论不休,执行时各行其是。褚无量感叹说:"圣人难道不知道母亲恩情的深厚吗?之所以又定下厌降之礼,是为了表明地位的高下不同,与戎狄相区别。世俗的情感肤浅粗鄙,一旦混乱了礼仪制度,谁能够加以纠正呢!"

九月,唐玄宗改封宋王李宪为宁王。

李宪是李成器改的名。唐玄宗曾经从天桥上看见卫士吃完饭后,把剩下的倒进坑中,感到很愤怒,想要杀卫士。李宪进谏说:"陛下暗中窥视他人的过失而杀死他,臣恐怕会弄得人人自危。再说陛下憎恨丢弃食物的人,是因为食物可以养活人。现在却因为剩余的食物而杀人,恐怕与陛下的本心不符吧!"唐玄宗恍然大悟,马上释放了卫士。当天,宴饮极为欢乐,唐玄宗亲自解下红玉带赐给李宪。

唐玄宗册封突骑施酋长苏禄为忠顺可汗。

庚申(720) 唐玄宗开元八年

春正月,唐玄宗免去宋璟、苏颋的宰相职务。

唐玄宗因为王仁琛是自己做藩王时的王府旧吏,就直接下墨敕授予他五品官。宋璟说:"王仁琛过去因为有陛下私恩的缘故,已经得到了特别的晋升。又因为他是皇后的族人,应该防止人们的议论。希望交由吏部复查勘验,如果王仁琛没有犯什么错误,请求按照他的官资略加关照授予官职。"唐玄宗同意。宁王李宪上奏请求授予候选者薛嗣先一个小官。宋璟上奏说:"薛嗣先因为是至亲的缘故,确实应该大小任命一个官职。但是自从陛下即位以来,下墨敕直接授予的斜封官全都禁绝了。希望交由吏部办理,不要直接下敕任命。"唐玄宗同意。

先是,朝集使往往赍货入京师,将还,多迁官。璟奏一切勒还,以革其弊。璟又疾负罪而妄诉不已者,悉付御史台治之。人多怨之者。会天旱,优人作魃状戏于上前,问魃:"何为出?"对曰:"奉相公处分。"又问:"何故?"对曰:"负冤者三百余人,相公悉以系狱,故不得不出尔。"上心以为然。时江、淮间恶钱尤甚,璟使监察御史萧隐之括之,隐之严急烦扰,怨嗟盈路。于是贬隐之官,罢璟、颋,弛钱禁,而恶钱复行矣。

以源乾曜、张嘉贞同平章事。

初,嘉贞为天兵军使入朝,有告其奢僭赃贿者,按验无状。上欲反坐告者,嘉贞奏曰:"今若罪之,恐塞言路,使天下之事无由上达。"其人遂得减死。上以嘉贞为忠,用之。

夏五月,复置十道按察使。　以源乾曜为侍中,张嘉贞为中书令。

乾曜上言:"形要之家多任京官,使俊乂之士沉废于外。臣三子皆在京,请出其二。"上从之。于是出者百余人。嘉贞吏事强敏,刚躁自用,引进苗延嗣、吕太一、员嘉静、崔训,与论政事。四人颇招权,时人语曰:"令公四俊,苗、吕、崔、员。"

六月,瀍、榖溢。

漂溺几二千人。

先前，各州的朝集使常常携带许多礼物来京师，将要返回时，多数都得到升迁。宋璟上奏请求将这些朝集使全都原职遣回，以革除这种弊端。宋璟又因为厌恶那些有罪而又没完没了到处告状的人，就把他们全都交付御史台治罪。因此许多人都怨恨他。适逢天旱，宫中艺人在唐玄宗面前扮作旱神演戏，其中一个艺人问"旱神"道："你为何要出来闹灾呢？""旱神"回答说："我是奉了宰相的命令。"又问："这是为什么呢？""旱神"回答说："蒙冤的有三百余人，可宰相把他们全都关进狱中，所以我不得不出来。"唐玄宗心中认为说得有理。当时江、淮地区的劣质私钱尤其多，宋璟派监察御史萧隐之前往查禁，萧隐之执法严厉急迫，骚扰百姓，弄得怨声载道。因此唐玄宗把萧隐之贬官，罢免宋璟、苏颋的宰相职务，放松劣质私钱的流通禁令，于是劣质私钱再次泛滥。

唐玄宗任命源乾曜、张嘉贞为同平章事。

当初，张嘉贞任天兵军使入朝，有人告发他奢侈逾礼，贪赃纳贿，经查验属不实之词。唐玄宗想要反过来治告发者的罪，张嘉贞上奏说："现在如果治告发者的罪，恐怕会堵塞进言之路，使天下的事情无法上达。"告发者因此得以免死。唐玄宗认为张嘉贞忠诚，所以重用他。

夏五月，唐玄宗恢复设置十道按察使。　任命源乾曜为侍中，张嘉贞为中书令。

源乾曜上言说："现在出身于权贵之家的人大多在京师任官，而那些才能杰出之士只能被压抑埋没在地方。臣的三个儿子都在京城任官，请求让他们中的两个到地方任职。"唐玄宗答应了他的请求。因此而外放到地方任职的达一百余人。张嘉贞处理政务精明强干，但性格刚愎自用，提拔任用苗延嗣、吕太一、员嘉静、崔训四人，与他们商议朝政大事。这四个人很喜欢揽权，当时的人们说："中书令大人有苗、吕、崔、员四位俊才。"

六月，瀍水和穀水泛滥。

淹死近两千人。

朔方大使王晙诱杀突厥降户仆固勺磨。

突厥降户散居受降城侧，朔方大使王晙言其阴引突厥，谋陷军城，诱仆固都督勺磨而杀之。拔曳固诸部闻之皆惧。并州长史张说引二十骑持节即其部落慰抚之，因宿其帐下。副使李宪以虏情难信，驰书止之。说复书曰："吾肉非黄羊，必不畏食；血非野马，必不畏刺。此吾效死之秋也。"诸部由是遂安。

冬十月，流裴虚己于新州。

上禁约诸王，不使与群臣交结。驸马都尉裴虚己与岐王范游宴，私挟谶纬，坐流新州，离其婚。上待范如故，谓左右曰："吾兄弟自无间，但趋竞之徒强相托附耳。吾终不以此责兄弟也。"

十一月，突厥寇凉州。

先是，王晙奏请西发拔悉密，东发奚、契丹，掩毗伽于稽落水上。毗伽大惧，暾欲谷曰："不足畏也。拔悉密在北庭，与奚、契丹相去绝远，势不相及。且拔悉密轻而好利，得晙之约，必喜而先至。晙与张嘉贞不相悦，奏请多不相应，必不敢出兵。拔悉密独至，击而取之，易耳。"既而拔悉密果发兵逼突厥牙帐，朔方、奚、契丹兵不至。拔悉密退，毗伽欲击之，暾欲谷曰："此属去家千里，将死战，未可击也，不如以兵蹑之。"先分兵间道围北庭，因纵兵击拔悉密。拔悉密败走北庭，不得入，尽为突厥所虏。暾欲谷还出赤亭，掠凉州，

朔方节度大使王晙诱杀了突厥降户仆固都督勺磨。

归降唐朝的突厥民户分散居住在受降城周围,朔方节度大使王晙说他们暗中勾结突厥,阴谋攻占军城,因此引诱仆固都督勺磨而杀了他。拔曳固等部落听到这个消息后,都十分惧怕。并州长史张说带领二十名骑兵,手执符节到拔曳固部落慰问安抚他们,并在他们的牙帐中过夜。副使李宪认为胡人的情况难以预料,便急忙送书信阻止他。张说回信说:"我身上的肉不是黄羊肉,不怕被他们吃掉;我体内的血不是野马血,不怕被他们刺血而饮。现在正是我用生命报效国家的时候。"突厥诸部落因此安定了下来。

冬十月,唐玄宗把裴虚己流放到新州。

唐玄宗约束诸王,不让他们与群臣结交。驸马都尉裴虚己与岐王李范游玩宴饮,并私自挟带谶纬之书,获罪被流放到新州,并与公主离婚。唐玄宗仍像过去一样善待李范,对左右的人说:"我们兄弟之间本来就没有矛盾,只是那些趋炎附势之徒极力巴结罢了。我绝不会因此而责怪兄弟。"

十一月,突厥侵犯凉州。

先前,王晙上奏请求向西面调发拔悉密部落之兵,向东面调发奚、契丹之兵,在稽落水附近突然袭击突厥毗伽可汗。毗伽可汗十分惧怕,暾欲谷说:"没有什么可怕的。拔悉密之兵远在北庭,与奚、契丹相距十分遥远,兵力无法接应。再说拔悉密部落之人轻浮而贪利,得到了王晙的约定,必然会高兴地先期到达。王晙与张嘉贞关系不和,上奏的事情多数得不到赞同,他必定不敢出兵。只有拔悉密一支兵马前来,攻打消灭他们,就很容易了。"不久拔悉密果然发兵逼近突厥牙帐,朔方、奚、契丹的军队却没有赶到。拔悉密军队退却,毗伽可汗想要攻打,暾欲谷说:"这些军队离家千里远道而来,将会拼死力战,不可攻打他们,不如派兵紧随其后。"于是先分兵从小路前进包围了北庭,然后发兵攻打拔悉密。拔悉密战败后逃往北庭,因无法进入城中,全都被突厥俘虏。暾欲谷回军途中由赤亭出兵,抢掠凉州,

河西节度使杨敬述遣裨将卢公利邀之,大败,毗伽由是大振,尽有默啜之众。

辛酉(721) 九年

春正月,改蒲州为河中府,置中都。 二月,以宇文融为劝农使。

监察御史宇文融上言:"天下户口逃移,巧伪甚众,请加检括。"源乾曜赞成之。敕有司议招集流移,按诘巧伪之法以闻。制:"州县逃亡户口听百日自首,或于所在附籍,或牒归故乡,各从所欲。过期不首,谪徙边州。"以融充使,奏置劝农判官十人分行天下。其新附客户,免六年赋调。使者竞为刻急,州县承风劳扰,百姓苦之。阳翟尉皇甫憬上疏言之,坐贬。州县希旨,虚张其数,或以实户为客,凡得户八十余万,田亦如之。

突厥遣使求和。

突厥毗伽遣使求和,上赐书,谕以"曩昔和亲,华夷安逸,默啜无信,数寇边鄙,人怨神怒,陨身丧元。今可汗复蹈前迹,掩袭甘、凉,随遣求好。国家天覆海容,不追往咎。可汗果有诚心,则共保遐福。不然,无烦使者徒尔往来。若其侵边,亦有以待。可汗其审图之"。

夏四月,敕举县令。

河西节度使杨敬述派遣副将卢公利截击，唐军大败，毗伽可汗的军势从此大振，控制了默啜可汗原有的全部人马。

辛酉（721）　唐玄宗开元九年

春正月，唐玄宗下诏改蒲州为河中府，设置中都。　　二月，任命宇文融为劝农使。

监察御史宇文融进言说："天下的民户人口逃亡迁移，弄虚作假情况十分严重，请求进行核查。"源乾曜赞成宇文融的建议。唐玄宗下敕命令有关部门商议招集流亡迁移的人口以及查验弄虚作假情况的办法，奏闻上来。唐玄宗下制说："各州县逃亡的民户人口，允许在一百天内主动申报，或者在现居住地登记户籍，或者发回原籍，都满足他们的意愿。如果过期不主动申报，一律迁徙到边远州郡。"于是任命宇文融为劝农使，宇文融上奏设置十名劝农判官，分头巡行全国各地。对于新入籍的客户，免除六年的赋税。各路使者竞相使出严酷刻薄的手段，各州县又一味迎合使者，骚扰百姓，弄得百姓痛苦万分。阳翟县尉皇甫憬上疏反映这一情况，反而获罪贬官。各州县官吏迎合上司的旨意，虚报逃亡户口的数目，有的甚至把原已入籍的实户作为新入籍的客户上报，总共查出流亡的民户八十余万，土地数目亦相当。

突厥派遣使者来求和。

突厥毗伽可汗派遣使者来求和，唐玄宗赐与书信，告谕他们说："过去实行和亲政策，我们双方都安定无事，而默啜可汗不讲信用，多次侵犯我们的边疆，弄得人怨神怒，自己也丧身陨命。现在的可汗重蹈覆辙，袭击甘州、凉州，随后又派遣使者来求和。我大唐有如苍天大海，无比宽容，可以不追究以往的过错。你们可汗如果确有和好的诚意，那么我们两国就能够保持久远之福。否则，就不要再麻烦使者白白地往来走动了。如果敢侵犯边疆，我们也早已做好了准备。希望可汗谨慎考虑。"

夏四月，唐玄宗下敕命举荐县令。

敕:"京官五品以上,外官刺史、四府上佐,举县令一人,视其政善恶,为举者赏罚。"

六月,罢中都。

蒲州刺史陆象先政尚宽简,吏民有罪,晓谕遣之。尝谓人曰:"天下本无事,但庸人扰之耳。苟清其源,何忧不治!"

秋七月,兰池州胡康待宾反,王晙等擒斩之。

初,兰池州胡康待宾诱诸降户同反,攻陷六胡州,有众七万。命朔方大总管王晙、太仆卿王毛仲、天兵军节度大使张说共讨之。晙破待宾,擒之。集四夷酋长,腰斩之。先是,叛胡潜与党项通谋,攻银城、连谷,张说将步骑万人出合河关掩击,大破之。党项更与胡战,胡众溃。说安集党项,使复其居业。阿史那献以党项翻覆,请并诛之,说曰:"王者之师,当伐叛柔服,岂可杀已降邪!"因奏置麟州,以抚其余众。

九月朔,日食。 康待宾余党复叛。贬王晙为梓州刺史。

待宾之反,诏河西、陇右节度大使郭知运与王晙讨之,晙言:"朔方兵自有余力,请敕知运还。"未报,知运已至,由是与晙不协。晙所招降者,知运纵兵击之,虏以晙为卖己,由是复叛。晙遂坐贬。

梁文献公姚崇卒。

崇遗令曰:"佛以清静慈悲为本,而愚者写经造像,冀以求福。昔周毁经像而修甲兵,齐崇塔庙而弛刑政,

唐玄宗下敕说："五品以上的京官，以及在朝外任官的各州刺史和京兆、河南、河中、太原四府的属官，每人向朝廷举荐一位县令，朝廷将根据所推荐县令的政绩好坏，对荐举者进行赏罚。"

六月，唐玄宗废除了中都。

蒲州刺史陆象先为政崇尚宽容简约，官吏百姓如果有罪，就用好言劝导，然后让他们离去。他曾经对人说："天下本无事，庸人自扰之。为政如果能够正本清源，还发愁天下治理不好吗！"

秋七月，兰池州胡人康待宾反叛，被王晙等将领擒获斩杀。

当初，兰池州的胡人康待宾引诱当地归降唐朝的胡人一同反叛，攻占了安置突厥降户的六胡州，拥有七万兵力。唐玄宗命朔方大总管王晙、太仆卿王毛仲、天兵军节度大使张说一起讨伐。王晙击败康待宾，擒获了他。唐玄宗召集四夷各部落首长，将康待宾处以腰斩之刑。先前，反叛的胡人暗中与党项人合谋，攻打银城、连谷，张说率领步、骑兵一万从合河关出兵突然袭击，叛胡大败。党项人又反戈一击与胡人交战，叛胡溃败。张说安抚党项部落，让他们恢复生产安居乐业。阿史那献认为党项人反复无常，请求把他们一并诛杀，张说说："作为王者之师，应当讨伐叛逆，安抚归顺之人，怎么能够诛杀已经投降的人呢！"因此上奏请求设置麟州，以镇抚党项余众。

九月初一，发生日食。 康待宾的残余部众再次反叛。唐玄宗贬王晙为梓州刺史。

康待宾反叛的时候，唐玄宗下诏河西、陇右节度大使郭知运与王晙合兵讨伐，王晙说："朔方的兵力平定叛乱绰绰有余，请求下敕令郭知运返回。"还未得到答复，郭知运已经来到，因此与王晙不和。对于王晙已招降的胡人，郭知运就发兵攻打，胡人认为是王晙出卖了他们，于是又一次反叛。王晙因此获罪被贬。

梁文献公姚崇去世。

姚崇留下遗嘱说："佛教以清静慈悲为本，而愚昧的人却抄写佛经、建造佛像，希望求得来世之福。过去北周毁掉佛经和佛像用来制造铠甲兵器，北齐却崇尚佛塔寺庙而放宽刑法政令，

一朝合战，齐灭周兴。汝曹勿效儿女子终身不寤，追荐冥福。道士见僧获利，效其所为，尤不可延之于家。永为后法。"

以张说同三品。　以王君㚟为河西、陇右节度大使。

君㚟与知运皆以骁勇著名，为虏所惮。至是知运卒，君㚟自麾下代之。

冬十一月，罢诸王都督、刺史，召还。　新作蒲津桥。安州别驾刘子玄卒。

子玄即知几也，以字行。初，著作郎吴兢撰《则天实录》，言宋璟激张说使证魏元忠事。后说修史见之，谬曰："刘五殊不相借！"兢起对曰："此兢所为，史草具在，不可使明公枉怨死者。"同僚皆失色。其后说阴祈兢改数字，兢曰："若徇公请，则此史不为直笔，何以取信于后！"

造新历及黄道游仪。

太史言："《麟德历》浸疏，日食屡不效。"上命僧一行更造新历，梁令瓒造黄道游仪以候七政。遣太史监南宫说等于河南、北平地测日晷及极星，夏至日中立八尺之表，同时候之。阳城晷长一尺四寸八分弱，夜视北极出地高三十四度十分度之四。浚仪岳台晷长一尺五寸微强，极高三十四度八分。南至朗州，晷长七寸七分，极高二十九度半。北至蔚州，晷长二尺二寸九分，极高四十度。南北相距三千六百八十八里九十步，晷差

两国一经交战，北周就灭掉了北齐而勃兴。你们不要效法妇孺之辈，一生都不醒悟，为我诵经超度以求死后之福。道士看到僧侣因此获利，就效法他们的所作所为，更不能把道士请进家中。子孙后代要永远遵守此训。"

唐玄宗任命张说为同中书门下三品。　唐玄宗任命王君㚟为河西、陇右节度大使。

王君㚟和郭知运都以勇猛而著名，胡人都惧怕他们。这时郭知运去世，王君㚟便作为部下继任。

冬十一月，唐玄宗免除诸王的都督、刺史职务，把他们召回京师。　官府新建蒲津桥。　安州别驾刘子玄去世。

刘子玄就是刘知几，以字行于世。当初，著作郎吴兢撰修《则天实录》，其中记载了宋璟鼓动张说为魏元忠作证的事。后来张说在撰修国史时见到了这段记载，故意胡说道："刘知几一点忙都不帮！"吴兢站起来回答说："这是我吴兢写的，所有的草稿都在，不能让你冤枉了死去的人。"同僚们都大惊失色。后来张说暗中请求吴兢改动几个字，吴兢说："我如果曲从了您的要求，《则天实录》就不是秉笔直书的信史了，怎么取信于后人呢！"

制定新历法并造黄道游仪。

太史上言说："《麟德历》越来越不准确，对日食的预测多次有失误。"唐玄宗命僧人一行重修新历法，又让梁令瓒制造黄道游仪来观测日、月、金、木、水、火、土星。唐玄宗派太史监南宫说等人在黄河南、北两岸的平地上观测太阳的影子和北极星的位置，于夏至日这一天的中午在不同地方各树起一支八尺长的标杆，同时测量不同标杆影子的长度。在阳城县，日影的长度为一尺四寸八分少一点，晚上看到的北极星高出地面三十四度又十分之四度。在浚仪县岳台，日影的长度为一尺五寸稍多一点，晚上北极星高出地面三十四度八分。南面到朗州，日影长度为七寸七分，晚上北极星高出地面二十九度半。北面到蔚州，日影长度为二尺二寸九分，晚上北极星高出地面四十度。最南和最北的地方，两地相距三千六百八十八里九十步，两地的日影相差

一尺五寸三分,极差十度半。又南至交州,晷出表南三寸三分。八月,海中南望老人星下,众星粲然,皆古所未名,大率去南极二十度已上皆见。

壬戌(722) 十年
春正月,幸东都。 夏四月,以张说兼知朔方军节度使。

置朔方节度使,领单于都护府,夏、盐等六州,二军,三受降城,以宰相张说兼领之。
五月,伊、汝水溢。
漂溺数千家。
六月,博州河决。 制增太庙为九室。

增太庙为九室,迁中宗还太庙。
秋,安南乱,遣内侍杨思勖讨平之。 杖秘书监姜皎,流之钦州。
初,上之诛韦氏也,王皇后颇预密谋。及即位,色衰爱弛,武惠妃阴怀倾夺之志。上密与皎谋,以后无子废之,皎泄其言。上怒,张嘉贞希旨构成其罪,云:“皎妄谈休咎。”杖而流之,卒于道。敕:“宗、戚自非至亲,毋得往还。卜相占候之人,不得出入百官之家。”

北庭节度使张嵩击吐蕃,大破之。
吐蕃围小勃律王没谨忙,谨忙求救于嵩,嵩遣副使张思礼将蕃、汉步骑四千,倍道合击,大破之,斩获数万。自是累岁吐蕃不敢犯边。

一尺五寸三分,晚上北极星高出地面的角度相差十度半。再往南到交州,日影伸至标杆南面三寸三分处。八月,在海中向南极星望去,群星灿烂,都是自古以来未曾命名的,大约离南极星二十度角范围内的所有星星都可看到。

壬戌(722) 唐玄宗开元十年

春正月,唐玄宗驾幸东都。 夏四月,唐玄宗任命张说兼任朔方军节度使。

设置朔方节度使,统辖单于都护府,夏、盐等六州,以及定远军、丰安军、三受降城,任命宰相张说兼任朔方军节度使。

五月,伊水和汝水泛滥。

淹没百姓数千户。

六月,黄河在博州境内决口。 唐玄宗下制把太庙的七室增加到九室。

把太庙的七室增加到九室,将唐中宗的神主迁回太庙。

秋季,安南发生叛乱,唐玄宗派遣宦官杨思勖讨伐平定了叛乱。 杖责秘书监姜皎,流放到钦州。

当初,唐玄宗诛杀韦氏时,王皇后参与了许多秘密的谋划。唐玄宗即位之后,王皇后由于人老色衰,受到的宠爱减少,武惠妃暗中怀有夺取皇后之位的想法。唐玄宗秘密与姜皎谋划,打算以无子为借口将王皇后废黜,而姜皎却把此事泄露了出去。唐玄宗大怒,张嘉贞便奉迎唐玄宗的旨意给姜皎编造了罪状,说:"姜皎乱谈吉凶之事。"姜皎因此被处以杖刑后流放,在半道上去世。唐玄宗下敕说:"宗室、外戚如果不是骨肉至亲,不许往来交结。所有占卜看相和预测吉凶的方士,不许出入百官之家。"

北庭节度使张嵩派兵攻打吐蕃,把吐蕃打得大败。

吐蕃军队围攻小勃律王没谨忙,没谨忙向张嵩求救,张嵩派遣副使张思礼率领胡、汉步兵骑兵四千人,日夜兼程,合攻吐蕃,把吐蕃军队打得大败,杀死和俘虏数万敌人。从此许多年吐蕃不敢再侵犯边疆。

张说巡边,讨康待宾余党,平之。奏罢边兵二十万人。

康待宾余党康愿子反,自称可汗,张说发兵追讨擒之,其党悉平。徙残胡五万余口于许、汝、唐、邓、仙、豫等州,空河南、朔方千里之地。先是,缘边戍兵常六十余万,说以时无强寇,奏罢二十余万,使还农。上以为疑,说曰:"臣久在疆场,具知其情,将帅苟以自卫及役使营私而已。若御敌制胜,不必多拥冗卒以妨农务。"上乃从之。

始募兵充宿卫。

初,诸卫府兵自成丁从军,六十而免,其家不免杂徭,浸以贫弱,逃亡略尽,百姓苦之。张说建议,请召募壮士充宿卫,不问色役,优为之制,逋逃者必争出应募。上从之。旬日,得精兵十三万,分隶诸卫,更番上下。兵农之分,自此始矣。

冬十月,复以乾元殿为明堂。 十一月,初令宰相共食实封三百户。 十二月,以永穆公主适王繇。

敕以永穆公主下嫁,资送如太平公主故事。僧一行谏曰:"武后惟太平一女,故资送特厚,卒以骄败,奈何以为法乎!"上遽止之。

癸亥(723) 十一年
春正月,帝北巡,诏潞州给复五年,以并州为太原府,置北都。 二月,张嘉贞罢。

张说巡视边防,讨伐康待宾的残余势力,平定了他们。张说上奏裁去边防戍兵二十万。

康待宾的残余部众康愿子反叛,自封为可汗,张说发兵追击讨伐并擒获了他,其党羽全部被平定。然后把残余的五万多胡人迁移到许、汝、唐、邓、仙、豫等州,把黄河以南和朔方的千里之地空出来。先前,沿边戍兵经常保持六十余万人,张说认为当时没有强大的敌人入侵,上奏请求裁减二十余万,让他们回乡务农。唐玄宗心存疑问,张说说:"臣长期在边疆,对那里的情况了如指掌,那么多军队只不过是将帅为了拥兵自保和役使兵卒谋取私利而已。如果为了克敌制胜,没有必要结集那么多的士兵而妨害了农事。"唐玄宗这才采纳了他的建议。

唐朝开始召募士兵充当值宿的卫兵。

当初,各卫的府兵从成丁之年开始服兵役,到六十岁免役,府兵的家中又要负担各种杂役,因此府兵逐渐贫弱,逃亡殆尽,百姓深以从军为苦。张说建议,请求召募壮士充当值宿的卫兵,应募者不再负担任何名目的劳役,再给他们一些优惠的条件,这样那些逃避兵役的人必然会争相出来应募。唐玄宗听从了他的建议。十天之内,召募到精兵十三万,分别隶属于各卫,轮番值宿。唐代的兵、农分离,就是从这时开始的。

冬十月,唐玄宗又把乾元殿改为明堂。 **十一月,唐玄宗下令今后宰相可实际占有的封户总数为三百户。** **十二月,唐玄宗将永穆公主嫁给王繇为妻。**

唐玄宗下敕说永穆公主将要出嫁,送的嫁妆与太平公主一样。僧人一行进谏说:"武后只生下太平公主一个女儿,所以送的嫁妆特别丰厚,但太平公主最终因骄横而败亡,为什么要效法她呢!"唐玄宗立刻作罢。

癸亥(723) 唐玄宗开元十一年

春正月,唐玄宗北上巡幸,下诏免除潞州百姓五年赋税徭役,把并州改为太原府,定为北都。 二月,张嘉贞罢相。

张说与嘉贞不平,会嘉贞弟嘉祐赃发,说劝嘉贞素服待罪于外,遂左迁幽州刺史。初,广州都督裴伷先下狱,上与宰相议其罪,嘉贞请杖之,说曰:"刑不上大夫,为其近君,且所以养廉耻也。盖士可杀不可辱。臣向巡北边,闻姜皎杖于朝堂。皎官登三品,亦有微功,奈何以皂隶待之!事往不可追,岂宜复蹈前失!"上深然之。嘉贞不悦,退谓说曰:"何论事之深也!"说曰:"宰相,时来则为之。若大臣皆可笞辱,行及吾辈矣。此言非为伷先,乃为天下士君子也。"嘉贞无以应。

祭后土于汾阴。

初,上将幸晋阳,张说言于上曰:"汾阴脽上有汉后土祠,其礼久废,陛下宜因巡幸修之,为农祈谷。"上从之。

贬王同庆为赣尉。

坐为平遥令广为储偫,烦扰故也。

以张说兼中书令。 罢天兵、大武等军。 三月,帝至西京。 夏四月,以王晙同三品,兼朔方军节度大使。 五月,置丽正书院。

上置丽正书院,聚文学之士,或修书,或侍讲,以张说为使。有司供给优厚。中书舍人陆坚以为无益徒费,欲奏罢之。说曰:"自古帝王于无事之时,莫不崇宫室,广声色,今天子独延礼文儒,发挥典籍,所益者大,所损者微。陆子之言何不达也!"

张说与张嘉贞不和,适逢张嘉贞的弟弟张嘉祐贪赃的事情被揭发,张说劝张嘉贞身穿素服到殿外等待治罪,于是被降职为幽州刺史。当初,广州都督裴伷先被捕下狱,唐玄宗与宰相商议如何治罪,张嘉贞请求处以杖刑,张说说:"古人说刑不上大夫,是因为他们接近君主,此外还可以培养他们的廉耻之心。所以说士可杀而不可辱。臣过去巡行北方边疆,听说姜皎在朝堂上被处以杖刑。姜皎的官阶是三品,也立过一些功劳,为什么要像奴仆一样对待他呢!过去的事情已不可挽回,怎么能重蹈覆辙呢!"唐玄宗认为他说得很对。张嘉贞不高兴,退下去后对张说说:"你为什么要把事情说得这么严重呢!"张说说:"宰相是运气一来就可以做的。如果朝廷大臣都可以随便鞭打侮辱,只恐怕我们这些人也会受到这样的处罚。我今天说的话并不只是为了裴伷先,而是为了天下的士人君子。"张嘉贞无言以对。

　　唐玄宗在汾阴祭祀后土神。

　　当初,唐玄宗将要驾幸晋阳,张说对唐玄宗说:"汾阴脽上有汉朝所立的后土祠,祭祀的礼仪已长期废弛,陛下应该借巡幸之机重修此礼,为农民祈求五谷丰登。"唐玄宗同意。

　　唐玄宗将王同庆贬为赣县尉。

　　因为王同庆任平遥县令时,为了唐玄宗的巡幸广为铺张储备,骚扰百姓。

　　唐玄宗任命张说兼中书令。 撤销天兵、大武等军。 三月,唐玄宗回到西京。 夏四月,唐玄宗任命王晙为同中书门下三品,兼任朔方军节度大使。 五月,唐玄宗设置丽正书院。

　　唐玄宗设置丽正书院,聚集有文学才能的士人,这些人有的修书,有的为皇帝讲论文史,唐玄宗任命张说为使主持其事。有关部门对他们的供给十分优厚。中书舍人陆坚认为这些事情对国家无益,只是浪费钱财,因此想上奏罢免他们。张说说:"自古以来的帝王在国家安定时期,无不扩大宫室,极尽声色之好,只有当今天子招揽礼待文士儒生,整理与弘扬文献典籍,这样做好处甚多,而损失却很小。陆子的话为何这样不明事理!"

秋八月,敕州县安集逃户。

敕:"前令检括逃人,虑成烦扰。宜令所在州县安集,遂其生业。"

尊献祖、懿祖,祔于太庙。

宣帝为献祖,光帝为懿祖。

始置长从宿卫。

命尚书左丞萧嵩与京兆、蒲、同、岐、华州长官,选府兵及白丁一十二万,谓之"长从宿卫",一年两番,州县毋得役使。

十二月,贬王晙为蕲州刺史。 改政事堂为中书门下。

张说奏改之,列五房于其后,分掌庶政。

甲子(724) 十二年

春三月,以杜暹为安西副大都护。

初,监察御史杜暹因按事至突骑施,突骑施馈之金,暹固辞。左右曰:"君寄身异域,不宜逆其情。"乃受之,埋于幕下,出境,移牒令取之。虏大惊,追之不及。及安西都护阙,暹自给事中居母忧,诏起为之。

五月,停按察使。 复以宇文融为劝农使。

制听逃户自首,辟所在闲田,随宜收税,毋得差科征役,租调一皆蠲免。遣宇文融巡行州县,议定赋役。

秋八月，唐玄宗下敕命州县安抚逃亡的户口。

唐玄宗下敕说："以前曾经下令清查逃亡的人口，担心会对百姓造成烦扰。命令逃亡户口所在的州县对他们加以安抚，使他们各自从事自己的产业。"

唐玄宗下诏追尊献祖、懿祖庙号，把他们的神主迁入太庙一起祭祀。

唐玄宗下诏追尊宣帝为献祖，光帝为懿祖。

唐朝开始设置长从宿卫。

唐玄宗命尚书左丞萧嵩与京兆、蒲、同、岐、华州的地方长官，挑选府兵以及未入兵籍的壮丁共十二万人，称为"长从宿卫"，一年分两次轮流服役，州县不得役使他们。

十二月，唐玄宗贬王晙为蕲州刺史。 改政事堂为中书门下。

因张说的上奏而改，在其下列置吏房、枢机房、兵房、户房、刑礼房等五房，分别管理日常事务。

甲子（724） 唐玄宗开元十二年

春三月，唐玄宗任命杜暹为安西副大都护。

当初，监察御史杜暹因为处理事情来到突骑施部落，突骑施人赠给他金子，杜暹坚决辞让不接受。他左右的人说："您现在身在他们的国家，不应该违背他们的盛情。"杜暹这才接受下来，埋在帐幕下面，等到出了突骑施的国境，才写信告诉他们去取出来。突骑施人十分吃惊，追赶他而没有追上。等到安西都护一职出缺，这时杜暹从给事中任上辞官回家为母服丧，唐玄宗诏命他停止服丧，担任这一职务。

五月，停罢各道按察使。 再次任命宇文融为劝农使。

唐玄宗下制说允许那些逃亡的户口自动到官府申报，开辟所在地方的闲置田地，官府根据具体情况征收赋税，但不得征派各种徭役，租调全都免除。派遣宇文融到各州县巡行，与各地的地方长官商议确定赋税徭役的数量。

六月,制选台阁名臣为诸州刺史。

上以山东旱,命选台阁名臣出为刺史。初,张说引崔沔为中书侍郎,故事,承宣制皆出宰相,侍郎署位而已。沔曰:"设官分职,上下相维,各申所见,事乃无失。侍郎,令之贰也,岂得拱默而已!"由是事多异同,说因是出之。

秋七月,以杨思勖为辅国大将军。

溪州蛮覃行璋反,以思勖为招讨使,击擒之,故有是命。

废皇后王氏。

姜皎既得罪,王皇后愈忧畏不安,上犹豫不决者累岁。后兄守一以后无子,使僧明悟为后祭南北斗,剖霹雳木,书"天地"字及上名佩之。事觉,废为庶人,守一赐死。废后寻卒,后宫思慕不已,上亦悔之。

八月,以宇文融为御史中丞。

融为御史中丞,乘驿周流天下,事无大小,州先牒上劝农使,然后申中书,省司亦待融指挥,然后处决。上将大攘四夷,急于用度,融以岁终所增缗钱数百万,悉进入宫,由是有宠。议者多言烦扰,上令百僚议之,公卿畏之,皆不敢言。户部侍郎杨玚独抗议,以为"括客免税,不利居人,征籍外田税,使百姓困弊,所得不补所失"。未几,出为华州刺史。

冬十一月,帝如东都。 群臣请封禅。

六月,唐玄宗下制选派台省名臣出任各州刺史。

唐玄宗因为山东大旱,下制挑选台省中的名臣外出任州刺史。当初,张说援引崔沔任中书侍郎,按照旧的惯例,接受皇帝制命以及传达皇帝旨意都由宰相负责,中书侍郎只是充数而已。崔沔说:"朝廷设官分职,是为了上下之间相互牵制,各自申明自己的意见,这样才能使事情没有失误。中书侍郎是中书令的副职,怎么能够拱手沉默无所事事呢!"因此对许多事情有不同意见,张说就借此机会将他外放为刺史。

秋七月,唐玄宗任命杨思勖为辅国大将军。

溪州蛮人覃行璋反叛,唐玄宗任命杨思勖为招讨使,攻打擒获了覃行璋,所以任命杨思勖为辅国大将军。

唐玄宗废黜了皇后王氏。

姜皎获罪之后,王皇后更加忧愁畏惧,心中不安,唐玄宗犹豫不决了许多年。王皇后之兄王守一因为皇后没有生子,就指使僧人明悟为皇后祭南斗和北斗星,并剖开霹雳木,在上面写上"天地"二字和唐玄宗的姓名,让皇后佩带在身上。事情败露之后,唐玄宗将王皇后废为庶人,王守一被赐死。不久,被废黜的王皇后去世,后宫的人都很怀念她,唐玄宗也十分后悔。

八月,唐玄宗任命宇文融为御史中丞。

宇文融任御史中丞,乘驿车周游天下,无论大小事情,各州都要先报告劝农使,然后再呈报中书省,尚书省各司也要等待宇文融的指示,然后才能处置。唐玄宗将要大肆征讨四夷,急需金钱财物,宇文融把年终结账时所增加的数百万缗钱,全部献给宫中,因此受到宠爱。议论的人大多说这样做骚扰百姓,唐玄宗命百官讨论,公卿们因惧怕宇文融,都不敢说话。只有户部侍郎杨玚提出异议,认为"清查逃户,免除主动申报者的赋税,不利于有户籍的百姓,征收正籍之外民田的租税,会造成百姓生计困苦,所失大于所得"。不久,杨玚被外放为华州刺史。

冬十一月,唐玄宗驾幸东都。　群臣请求唐玄宗到泰山祭祀天地。

时张说首建封禅之议,而源乾曜不欲为之,由是与说不平。

乙丑(725) 十三年

春二月,以宇文融兼户部侍郎。

制以所得客户税钱均充所在常平仓本。又委使司与州县议作劝农社,使贫富相恤,耕耘以时。

更命"长从宿卫"为"圹骑"。

总十二万人,分隶十二卫,为六番。

选诸司长官为诸州刺史。

上自选诸司长官有声望者十一人为刺史,命宰相、百官饯于洛滨,供张甚盛,自书十韵诗赐之。左丞杨承令在行中,意怏怏,上怒,贬睦州别驾。

三月,禁锢酷吏来俊臣等子孙。 夏四月,更集仙殿为集贤殿。

上与中书门下及礼官、学士宴于集仙殿,上曰:"仙者凭虚之论,朕所不取。贤者济理之具,今与卿曹合宴,宜更名曰集贤。"其书院官五品以上为学士,六品以下为直学士,以张说知院事,右散骑常侍徐坚副之。

遣使如突厥。

张说以大驾东巡,恐突厥乘间入寇,议加兵守边,召兵部侍郎裴光庭谋之。光庭曰:"封禅者,告成功也。今将升中于天,而戎狄是惧,非所以昭盛德也。突厥屡求和亲,未许,今遣一使征其大臣从封泰山,彼必欣然承命。

当时,张说首先建议唐玄宗到泰山祭祀天地,而源乾曜不想这么做,因此源乾曜与张说不和。

乙丑(725) 唐玄宗开元十三年

春二月,唐玄宗任命宇文融兼任户部侍郎。

唐玄宗下制书命令把征收的逃亡客户的赋税钱一律充作常平仓的本钱。又委托劝农使司与州县商议设置劝农社,使百姓之间贫富相济,按时耕种田地。

唐玄宗将"长从宿卫"改名为"彍骑"。

总共有十二万人,分别隶属十二卫,分为六番轮流宿卫。

唐玄宗选拔各部门长官任各州刺史。

唐玄宗亲自选拔有名望的十一名各部门长官担任州刺史,命令宰相与百官在洛水岸边为他们钱行,场面布置得十分隆重,并亲自书写了自己所作的十韵诗赐给他们。尚书左丞杨承令也是外出任刺史的人之一,心中不高兴,唐玄宗很愤怒,把他贬为睦州别驾。

三月,唐玄宗禁止酷吏来俊臣等人的子孙做官。 夏四月,唐玄宗改集仙殿名为集贤殿。

唐玄宗与宰相及礼官、学士们在集仙殿宴饮,唐玄宗说:"神仙是子虚乌有的事,朕并不相信。而贤士是协助治理国家的人才,今天与你们在一起宴饮,应该改名叫集贤殿。"并命令在书院供职的五品以上官为学士,六品以下为直学士,命张说主持书院事务,右散骑常侍徐坚为副职。

唐玄宗派遣使者前往突厥。

张说因为唐玄宗将要东行到泰山祭祀天地,恐怕突厥乘机入侵,商议要增加兵力守卫边疆,就召来兵部侍郎裴光庭谋划此事。裴光庭说:"到泰山祭祀天地,是向上天报告成就的功业。现在皇帝将要告成于天,却惧怕戎狄的入侵,这不是光大盛德的做法。突厥多次请求和亲,朝廷没有答应,现在派一名使者征召他们的大臣跟随皇帝到泰山祭祀天地,突厥一定会高兴地答应。

突厥来,则戎狄君长无不偕来。可以偃旗卧鼓矣。"说即奏行之。上遣中书直省袁振谕旨于突厥。小杀与阙特勒、暾欲谷环坐帐中,置酒谓振曰:"吐蕃狗种,奚、契丹本突厥奴也,皆得尚主,突厥求婚独不许,何也?且吾亦知入蕃公主皆非天子女,今岂问真伪!但屡请不获,愧见诸蕃耳。"振许为之奏请。小杀乃遣其大臣阿史德颉利发入贡,因扈从东巡。其后颉利发辞归,厚赐而遣之,竟不与婚。

秋九月,禁奏祥瑞。

上谓宰臣曰:"《春秋》不书祥瑞,惟记有年。"敕:"自今州县毋得更奏祥瑞。"

冬十月,作水运浑天成。

水运浑天上具列宿,注水激轮,令其自转,昼夜一周。别置二轮,络在天外,缀以日月,逆天而行,淹速合度。置木匮为地平,令仪半在地下。又立二木人,每刻击鼓,每辰击钟,机械皆藏匮中。

十一月,封泰山。

车驾发东都,百官、四夷从行。有司辇载供具,数百里不绝。上备法驾至山足,御马登山,与宰相及祠官俱登。问礼部侍郎贺知章曰:"前代玉牒之文,何故秘之?"对曰:"或密求神仙,故不欲人见。"上曰:"吾为苍生祈福耳!"乃出玉牒,

突厥一来,其他的戎狄酋长都会跟着前来。这样边疆就会偃旗息鼓平安无事了。"张说立刻上奏请求施行。唐玄宗派遣正在中书省当值的袁振向突厥告谕皇帝的旨意。突厥可汗小杀和阙特勒、暾欲谷围坐在牙帐中,设置酒宴对袁振说:"吐蕃是狗种,奚和契丹原本是突厥的奴隶,却都能够娶公主为妻,唯独我们突厥向唐朝请求娶公主而没有得到允许,这是为什么呢?再说我们也知道嫁给外族人的公主都不是皇帝的女儿,现在还管什么真假!只是因为多次请求没有得到允许,见到各族人感到羞愧而已。"袁振答应为突厥上奏请求。小杀可汗这才派遣他的大臣阿史德颉利发入朝纳贡,并随从唐玄宗东行到泰山祭祀天地。后来阿史德颉利发辞行归国,唐玄宗重加赏赐后放归,最终也没有让公主嫁给突厥。

秋九月,唐玄宗下令禁止上奏吉祥符瑞。

唐玄宗对宰臣们说:"《春秋》不记载吉祥符瑞,只记载丰年。"于是下敕说:"从今以后州县不许再上奏吉祥符瑞。"

冬十月,水运浑天仪造成。

水运浑天仪上列置了所有星宿,灌水激打轮子,让其自转,每一昼夜转一圈。另外设置了两个轮子,安置在圆天之外,上面分别镶嵌着太阳和月亮,两个轮子的运行方向与圆天相反,运行的速度符合标准。又安置了一个木柜作为地面,把水运浑天仪的一半安放在地面以下。又安放两个木人,其中一个每一刻时间击鼓一次,另一个每一个时辰击钟一次,所有的机械都藏在木柜中。

十一月,唐玄宗到泰山祭祀天地。

唐玄宗从东都出发,朝廷百官和各族酋长随行。有关部门用车载着祭祀的用具,绵延数百里。唐玄宗乘坐车驾到泰山脚下,然后骑马登山,与宰相及祠官一起上山。唐玄宗问礼部侍郎贺知章说:"前代帝王到泰山祭祀天地所用的玉册,为何总是秘而不宣?"贺知章说:"有的帝王秘密地向神仙求福,所以不想让别人看到。"唐玄宗说:"我是为天下百姓求福!"于是拿出玉册,

宣示群臣。于是亲祀昊天上帝于山上,群臣祀五帝、百神于山下。明日,祭皇地祇于社首。又明日,御帐殿受朝觐,赦天下,封泰山神为天齐王。张说多引两省吏及所亲摄事。礼毕推恩,往往超入五品,而不及百官。中书舍人张九龄谏,不听。又扈从士卒,但加勋而无赐物,由是中外怨之。

以王毛仲为开府仪同三司。

初,隋末国马皆为盗贼、戎狄所掠,唐初才得牝牡三千匹于赤岸泽,徙之陇右,命太仆张万岁掌之。万岁善于其职,自贞观至麟德,马蕃息及七十万匹。垂拱以后,潜耗太半。上初即位,牧马有二十四万匹,以王毛仲为闲厩使,张景顺副之。至是有马四十三万。上之东封,以数万匹从,色别为群,望之如云锦。加毛仲开府仪同三司。

车驾还,幸孔子宅。 至宋州。

宴从官于楼上,上谓张说曰:"怀州刺史王丘,饩牵之外,一无它献。魏州崔沔,供帐无锦绣,示我以俭。济州裴耀卿表数百言,莫非规谏,且曰:'人或重扰,则不足以告成。'朕常置之座隅。如三人者,不劳人以市恩,真良吏矣。"顾谓刺史寇泚曰:"比亦屡有以酒馔不丰诉于朕者,知卿不借誉于左右也。"自举酒赐之。由是以丘为尚书左丞,沔为散骑侍郎,耀卿为定州刺史。

十二月,帝还东都。 分吏部为十铨,亲决试判。

向群臣宣示。然后唐玄宗亲自在山上祭祀昊天上帝,群臣在山下祭祀五方帝和百神。第二天,唐玄宗在社首山祭祀皇地祇。第三天,唐玄宗驾临帐殿接受百官群臣的觐见朝拜,大赦天下,封泰山神为天齐王。张说让许多中书、门下省的官吏和自己所亲近的人随从玄宗登山。祭祀礼仪完毕后,唐玄宗施恩颁赏,这些人往往都破格升为五品官,而其他官员却没有得到恩赐。中书舍人张九龄进谏,不听。另外,随从护驾的士卒,只加勋而不赐物,因此朝廷内外都怨恨张说。

唐玄宗任命王毛仲为开府仪同三司。

当初,隋朝末年国有的马匹都被盗贼和戎狄掠夺而去,唐朝初年只在赤岸泽得到雌雄马三千匹,把这些马匹迁到陇右,命太仆张万岁掌管。张万岁非常称职,从贞观到麟德年间,这些马繁殖到了七十万匹。垂拱年间以后,逐渐减少了一大半。唐玄宗即位之初,牧马有二十四万匹,任命王毛仲为闲厩使,张景顺为副使。到这时有马四十三万匹。唐玄宗东封泰山,让数万匹马随从,按照毛色分成马群,远看如同天上的彩云。唐玄宗因此加授王毛仲开府仪同三司。

唐玄宗车驾从泰山返回,驾幸孔子旧宅。　唐玄宗到达宋州。

在高楼上宴请随从的百官时,唐玄宗对张说说:"怀州刺史王丘,除了进献活牲口之外,没有进献其他任何物品。魏州刺史崔沔,所设置的帷帐不用锦绣织物,向我表示节俭。济州刺史裴耀卿奏上数百字的表书,全都是直言劝谏的话,并且说:'如果骚扰百姓太厉害,就不值得向上天祭告成就的功业。'朕总是把此言作为座右铭。像这三位官员,都不烦劳百姓而邀恩求宠,真是贤良的官员。"唐玄宗又看着宋州刺史寇泚说:"近来也多次有人向朕诉说你所供给的酒食不丰盛,朕因此知道你没有借助朕左右的人为你说好话。"说完唐玄宗亲自举杯给寇泚赐酒。因此唐玄宗任命王丘为尚书左丞,崔沔为散骑侍郎,裴耀卿为定州刺史。

十二月,唐玄宗返回东都。　唐玄宗把吏部的选举分为十铨,并亲自决定试判考试的结果。

上疑吏部选试不公，御史中丞宇文融密奏，请分为十铨。以礼部尚书苏颋等十人掌之，试判将毕，遽召入禁中决定，尚书、侍郎皆不得预。左庶子吴兢表言："陛下曲受谗言，不信有司，非居上临人推诚感物之道。昔汉之贤相尚不对钱谷之数，不问斗死之人，况万乘之君，岂得下行铨选之事乎！"上虽不即从，明年复故。

大有年。

东都斗米十五钱，青、齐五钱，粟三钱。

丙寅（726） **十四年**

春正月，命张说修五礼。

张说奏："今之五礼，贞观、显庆两书不同，或未折衷，望与学士讨论删改。"从之。

夏四月，以李元纮同平章事。

元纮以清俭著，故用为相。

张说罢。

上召河南尹崔隐甫，欲用之，张说薄其无文，奏拟金吾大将军。说有才智而好贿，百官白事有不合者，好面折之。恶宇文融之为人，且患其权重，融所建白，多抑之。于是隐甫、融及御史中丞李林甫共奏说引术士占星，徇私纳赂。敕源乾曜等于御史台鞫之，事颇有状。上使高力士视说，还奏："说蓬首垢面，席藁待罪。"上意怜之。

唐玄宗怀疑吏部选官考试不公正，御史中丞宇文融秘密上奏，请求将官吏选举分为十铨。于是命礼部尚书苏颋等十人主持铨选，在试判考试将要结束时，唐玄宗突然把应试者召入宫中亲自做出决定，吏部尚书和侍郎都不得参与。左庶子吴兢上表说："陛下随意听信谗言，不相信主持选举的吏部，这不是君临天下、以诚感人的做法。过去汉朝的贤明宰相尚且不去回答天子关于每年钱谷出入数目的提问，不去过问关于斗殴致人死命的案子，何况陛下是大唐皇帝，怎么可以亲自去过问官吏铨选的事务呢！"唐玄宗虽然没有马上采纳，但第二年就恢复了原来的铨选之法。

这一年大丰收。

东都每斗米十五钱，青州、齐州每斗米五钱，每斗谷子三钱。

丙寅(726)　唐玄宗开元十四年

春正月，唐玄宗命令张说修订五礼。

张说上奏说："现在的五礼，经过贞观和显庆年间两次修改，内容上有许多不同之处，其中有些地方不是很适度，希望允许我与学士们讨论删改。"唐玄宗同意。

夏四月，唐玄宗任命李元纮为同平章事。

李元纮以清廉俭朴而著称，所以唐玄宗任命他为宰相。

张说被罢免宰相职务。

唐玄宗召见河南尹崔隐甫，想要任用他，张说鄙薄崔隐甫没有文采，就上奏玄宗建议任命他为金吾大将军。张说虽有才学智慧，但贪财好贿，百官汇报事情如果不符合他的心意，他喜欢当面驳斥。他憎恨宇文融的为人，而且害怕他权力过大，所以对宇文融提出的建议，大多加以压制。于是崔隐甫、宇文融和御史中丞李林甫一起上奏说张说招引方术之士观察星象以卜吉凶，并徇私舞弊，收受贿赂。玄宗下敕命源乾曜等人在御史台审问，确有其事。玄宗派高力士去探视张说，高力士回来后上奏说："张说蓬头垢面，卧在草席上等待治罪。"玄宗心中怜悯张说。

力士因言说有功于国，上以为然，但罢中书令。

岐王范卒，赠谥惠文太子。　五月，户部奏今岁户口之数。

户七百六万九千五百六十五，口四千一百四十一万九千七百一十二。

秋七月，河南、北大水。　八月，魏州河溢。　以杜暹同平章事。　冬十月，黑水靺鞨遣使入见。

黑水靺鞨遣使入见，上以其国为州，置长史。勃海王武艺闻之曰："黑水不我告，而请吏于唐，是必与唐谋攻我也。"遣其弟门艺将兵击之。门艺曰："黑水请吏于唐，而我击之，此亡国之势也。"武艺强遣之，门艺弃众来奔。武艺表请杀之，上密遣门艺诣安西，报云已流岭南。武艺知之，上表曰："大国当示人以信，岂得为此欺诳？"上以鸿胪少卿李道邃等漏泄，皆坐左迁。暂遣门艺诣岭南以报之。

丁卯（727）　十五年
春正月，吐蕃入寇，王君㚟追击至青海西，破之。
初，吐蕃自恃其强，致书用敌国礼，上怒。张说言曰："吐蕃无礼，诚宜诛夷，但连兵十年，甘、凉、河、鄯，不胜其弊。今其悔过求和，愿听款服，以纾边人。"上曰："俟与君㚟议之。"说退谓源乾曜曰："君㚟勇而无谋，常思侥幸，吾言必不用矣。"

高力士因此进言说张说对国家有功劳，玄宗认为他说得对，于是只免去了张说中书令的职务。

岐王李范去世，唐玄宗赠他谥号为惠文太子。　五月，户部上奏今年的户口数目。

全国共有七百零六万九千五百六十五户，四千一百四十一万九千七百一十二口人。

秋七月，黄河南、北地区发生水灾。　八月，黄河在魏州泛滥。　唐玄宗任命杜暹为同平章事。　冬十月，黑水靺鞨派使者入朝觐见。

黑水靺鞨派遣使者入朝觐见，唐玄宗在黑水靺鞨设置黑水州，并任命了长史。勃海王武艺得知后说："黑水靺鞨不向我禀告，而向唐朝请求派遣官员，这一定是与唐朝合谋攻打我。"于是就派遣他的弟弟门艺率兵攻打黑水靺鞨。门艺说："黑水靺鞨向唐朝请求派遣官员，而我们却要攻打他们，这是亡国之势。"武艺强迫他率兵出征，门艺于是抛弃兵众来投奔唐朝。武艺上表请求杀掉门艺，唐玄宗秘密派门艺到安西去，然后答复说已把门艺流放到岭南。武艺知悉后，上表说："作为大国应当讲信用，怎么能够做出这种欺骗人的事呢？"唐玄宗认为是鸿胪少卿李道邃等人泄漏了此事，于是他们都按罪贬官。又暂派门艺去岭南，以此答复武艺。

丁卯(727)　唐玄宗开元十五年

春正月，吐蕃入侵，王君㚟追击到青海西面，打败了吐蕃。

当初，吐蕃自认为兵力强大，向唐朝送来的书信中使用两国对等的礼节，唐玄宗很愤怒。张说进言说："吐蕃对我国不礼貌，确实应该讨伐诛杀，但是连续作战十年，甘、凉、河、鄯等州已无法承受战争带来的祸害。现在吐蕃已悔过认错，请求和解，希望能接受他们的归顺，以解除边境百姓的苦难。"唐玄宗说："等待我和王君㚟商议后再说。"张说退下去后对源乾曜说："王君㚟有勇无谋，经常想以侥幸取胜，我的话必定不会得到采纳。"

及君㚟入朝,果请深入讨之。会吐蕃寇甘州,焚掠而归,君㚟勒兵蹑其后。及于青海之西,乘冰而度,破其后军,获其辎重羊马万计而还。君㚟以功迁左羽林大将军。上由是益事边功。

夏五月,作十王宅、百孙院。

上附苑城为十王宅,以居皇子,不复出阁,虽开府置官属,又领藩镇,惟侍读时入授书,自余岁时通名而已。及诸孙浸多,又置百孙院。太子亦不居东宫,常在乘舆所幸之别院。

夏至,赐贵近丝,人一缣。

上命妃嫔以下宫中育蚕,以知女功。至是以其丝赐贵近。

秋七月,冀州河溢。　许文宪公苏颋卒。　九月,吐蕃陷瓜州。

吐蕃攻陷瓜州,执刺史田元献及王君㚟之父,进攻玉门,使谓君㚟曰:“将军忠勇许国,何不一战!”君㚟登城西望而泣,竟不敢出兵。吐蕃毁瓜州城而去。

盗杀王君㚟。

初,回纥、契苾、思结、浑四部度碛,徙居甘、凉之间以避默啜。王君㚟微时往来其间,为所轻。及为河西节度,以法绳之。四部耻怨,密遣使诣东都自诉。君㚟遽奏四部谋叛,上遣中使往察之,诸部竟不得直。于是流其酋长回纥承宗等于岭南。承宗族子护输合众

等到王君奐入朝,果然请求进兵深入吐蕃境内讨伐。适逢吐蕃入侵甘州,烧杀抢掠后退去,王君奐就率兵紧跟其后。追到青海西面,从冰上走过,打败了吐蕃的后军,缴获了数以万计的辎重羊马,然后返回。王君奐因功升任左羽林大将军。唐玄宗因此更加频繁地进行边疆战争。

夏五月,唐玄宗建造十王宅和百孙院。

唐玄宗在禁苑附近建造十王宅,让诸皇子居住,皇子们不再出任藩封,即使皇子开设了王府设置了官属,又兼领藩镇,也只有侍读能按时入宅教书,其余的王府官属只是每年在一定的时间到宅中通报姓名请安而已。后来皇孙逐渐增加,又建造了百孙院。太子也不居住在东宫,而是经常居住在皇帝驾幸之处的别院中。

夏至日,唐玄宗把丝赐给后宫中位尊而亲近的人,每人一缗。

唐玄宗命令后宫中妃嫔以下的人在宫中养蚕,想以此让她们懂得一些妇女应做的事。这时,把养蚕所得的丝赐给后宫中位尊而亲近的人。

秋七月,黄河在冀州泛滥。　许文宪公苏颋去世。　九月,吐蕃攻占瓜州。

吐蕃攻占瓜州,俘虏了瓜州刺史田元献和王君奐的父亲,接着又进攻玉门,还派使者对王君奐说:"将军以忠勇报效国家,为什么不出城一战呢!"王君奐登上城头向西瞭望哭泣,最终也不敢出城交战。吐蕃毁坏了瓜州城,然后离去。

盗贼杀死王君奐。

当初,回纥、契苾、思结、浑四个部族越过沙漠,迁居到甘州、凉州一带,以躲避突厥默啜。王君奐地位卑微时曾往来这四个部族间,受到他们的轻视。升任河西节度使后,他就用法律惩治他们。四个部族感到耻辱,心中怨恨,就秘密派使者到东都告状。王君奐立刻上奏说这四个部族阴谋反叛,唐玄宗派中使去察看,四个部族的冤屈竟没有得到伸张。于是朝廷把他们的酋长回纥承宗等人流放到岭南。回纥承宗的族子护输联合部众

报仇。会君㚟邀击吐蕃于肃州,护输伏兵杀之。

突厥遣使入贡。

吐蕃之寇瓜州也,遗突厥毗伽可汗书,欲与之俱入寇。毗伽献其书,上嘉之,听于西受降城互市,岁赍缣帛数十万匹就市戎马,由是国马益壮。

冬十月,帝还西京。　以萧嵩为河西节度副大使。

时王君㚟新败,河、陇震骇。嵩以裴宽为判官,与君㚟判官牛仙客俱掌军政,人心浸安。仙客本鹑觚小吏,以才干为君㚟腹心。嵩又奏建康军使张守珪为瓜州刺史,帅余众筑故城。板干裁立,吐蕃猝至,守珪于城上置酒作乐。虏疑有备,不敢攻而退。守珪纵兵击之,虏败走。守珪乃修复城市,收合流散,皆复旧业。朝廷嘉其功,以为瓜州都督。吐蕃大将悉诺逻威名甚盛,嵩纵反间于其国,云与中国通谋,赞普诛之,由是少衰。

戊辰(728)　十六年
春正月,岭南獠反,命杨思勖讨平之。
岭南獠反,陷四十余城,思勖捕斩之。思勖用兵,所向有功,然性残酷,所得俘虏,或生剥其面,或擘去头皮,蛮夷惮之。

以宇文融充九河使。

要为承宗报仇。适逢王君㚟在肃州截击吐蕃,护输派伏兵杀死了他。

突厥派遣使者入朝进贡。

吐蕃侵犯瓜州时,给突厥毗伽可汗写信说,想与他们一起入侵唐朝。毗伽可汗把吐蕃的书信献给了唐朝,唐玄宗赞赏毗伽可汗的做法,允许突厥人到西受降城与唐朝做买卖,唐朝每年派人携带数十万匹丝绸到西受降城与突厥交换战马,因此唐朝的马更加强壮。

冬十月,唐玄宗回到西京。　唐玄宗任命萧嵩为河西节度副大使。

此时王君㚟刚刚败死,河西、陇右地区十分惊骇。萧嵩任用裴宽为判官,与王君㚟的判官牛仙客一同掌管军政事务,人心才逐渐安定。牛仙客原本是鹑觚县的一名小官吏,因有才干成为王君㚟的心腹。萧嵩又上奏任命建康军使张守珪为瓜州刺史,率领残余的部众修筑瓜州旧城。修筑城墙所用的木板木柱刚立起来,吐蕃军队突然来到,张守珪就在城头上设置酒宴行乐。吐蕃怀疑唐兵已有防备,不敢贸然进攻而退去。张守珪乘机发兵攻打,吐蕃战败逃走。张守珪于是修复瓜州城,收聚流散的百姓,让他们都恢复旧业。朝廷嘉奖张守珪的功劳,任命他为瓜州都督。吐蕃大将悉诺逻有很高的威望,萧嵩就对吐蕃国运用反间计,说悉诺逻与唐朝勾结,吐蕃赞普就诛杀了他,因此吐蕃逐渐衰落。

戊辰(728)　唐玄宗开元十六年

春正月,岭南獠人反叛,唐玄宗命杨思勖讨伐平定了他们。

岭南獠人反叛,攻占了四十余座城池,杨思勖捕获并斩杀了他们。杨思勖用兵,每次作战都能立功,但生性残酷,对于抓获的俘虏,有的活生生地剥去脸皮,有的扯去头皮,所以蛮人都十分惧怕他。

唐玄宗命宇文融充任九河使。

融请用《禹贡》九河故道开稻田,并回易陆运钱,官收其利。兴役不息,事多不就。

二月,以张说兼集贤院学士。

说虽罢政事,专文史之任,朝廷每有大事,上常遣中使访之。

改彍骑为羽林飞骑。　秋八月,行《开元大衍历》。金吾将军杜宾客破吐蕃于祁连城。　冬十一月,以萧嵩同平章事。　十二月,立长征兵分番、酬勋法。

敕:"长征兵无有还期,人情难堪,宜分五番,岁遣一番还家洗沐,五年酬勋五转。"

制户籍三岁一定,分为九等。

己巳(729)　十七年
春三月,朔方节度使信安王祎攻吐蕃,拔石堡城。

初,吐蕃陷石堡城,留兵据之,侵扰河右。上命朔方节度使信安王祎与河西、陇右同议攻取。诸将咸以为石堡险远难攻,祎不听,引兵深入,急攻拔之,分兵据要害,拓地千余里。上大悦,更命曰振武军。

限明经、进士及第,每岁毋过百人。

国子祭酒杨玚奏:"流外出身,每岁二千余人,而明经、进士不能居其什一,则是服勤道业之士不如胥史之得仕也。臣恐儒风浸坠,廉耻日衰。若以出身人太多,则应诸色

宇文融请求把《禹贡》所记载的九条河的旧道开垦成稻田，并用陆路运输的经费做买卖，官府坐收利钱。宇文融不断地征发劳役，但事情大多没有办成。

二月，唐玄宗任命张说兼任集贤院学士。

张说虽然被罢免了宰相职务，专门负责文史研究，但每当朝廷有大事时，唐玄宗总是派中使去征求他的意见。

唐玄宗改矿骑为羽林飞骑。　秋八月，颁行《开元大衍历》。

金吾将军杜宾客在祁连城打败吐蕃军队。　冬十一月，唐玄宗任命萧嵩为同平章事。　十二月，确立长征兵分批休假和提高勋级的办法。

唐玄宗下敕说："长征兵没有回乡的日期，这是人的感情难以忍受的，应该把他们分为五批，每年派一批回家休假，五年提高勋级五等。"

唐玄宗下制规定户籍每三年核定一次，共分为九等。

己巳（729）　唐玄宗开元十七年

春三月，朔方节度使信安王李祎攻打吐蕃，攻克了石堡城。

当初，吐蕃攻占了石堡城，留下军队据守，并侵犯骚扰河右地区。唐玄宗命令朔方节度使信安王李祎与河西、陇右的将帅一同商议攻取此城。诸将都认为石堡城道路艰险遥远，难以攻取，李祎不听，率兵深入敌人境内，迅速进攻，攻克了石堡城，分兵据守战略要地，拓展疆土一千余里。唐玄宗十分高兴，下令将石堡城改名叫振武军。

朝廷限制考中明经科和进士科的人数，每年不许超过一百名。

国子祭酒杨玚上奏说："九品官以下出身的官员，每年有两千多人，而考中明经科和进士科的人还不到它的十分之一，这样那些刻苦学习儒经的士人反而不如办理文书的小官吏能够进入仕途。我担忧儒家学风会逐渐衰落，人们的廉耻之心会日益丧失。如果认为这种出身的人太多，那么就应当对各类人员都加以

裁损。"又奏:"主司帖试明经,不求大指,专取难知,问以孤经绝句,或年月日。请自今并帖平文。"上甚然之。

夏四月,禘于太庙。

唐初,祫则序昭穆,禘则各祀于其室。至是,太常少卿韦绍等奏:"如此,则禘与常飨不异,请序昭穆。"从之。

五月,复置按察使。 杜暹、李元纮、源乾曜罢,以宇文融、裴光庭同平章事,萧嵩兼中书令。

张说、张嘉贞、李元纮、杜暹相继为相,源乾曜以清谨自守,唯诺署名而已。元纮、暹议事异同,更相奏列。上不悦,贬暹荆州长史,元纮曹州刺史,乾曜罢为左丞相,以融、光庭平章事,嵩兼中书令,遥领河西。

八月,以帝生日为千秋节。

八月五日,上以生日宴百官于花萼楼下,丞相源乾曜、张说表请以是日为千秋节,布于天下,咸令宴乐。移社就之。

工部尚书张嘉贞卒。

嘉贞不营家产,有劝其市田宅者,曰:"我贵为将相,何忧寒馁!比见朝士广占良田,身没之日,适足为无赖子弟酒色之资,吾不取也。"

禁私卖铜、铅、锡。

裁减。"他又上奏说:"主管部门对明经科的考生考试帖经,不要求考生知晓经文的大体意思,而专门选取难以使人明白的章句,询问上下没有联系的经文和冷僻的句子,或以年月日为试题。请求从现在开始,帖经考试都考一般的经文。"唐玄宗认为他说得很有道理。

夏四月,唐玄宗在太庙禘祭祖先。

唐朝初年,皇帝在太庙举行集合祖先神主的祫祭时,是按照左昭右穆的次序,而禘祭则是在供奉祖先神主的殿室中各自进行祭祀。这时,太常少卿韦绍等上奏说:"这样做,禘祭就与平常的祭祀没有什么不同了,请求禘祭也按照神主左昭右穆的次序进行。"唐玄宗同意。

五月,唐玄宗重新设置按察使。 杜暹、李元纮、源乾曜被罢免宰相职务,任命宇文融、裴光庭为同平章事,萧嵩兼任中书令。

张说、张嘉贞、李元纮、杜暹相继任宰相,源乾曜为人清廉谨慎,对朝政大事唯唯诺诺,只是签名罢了。李元纮和杜暹议论政事意见常常不同,还互相在唐玄宗面前上奏对方的不是。唐玄宗不高兴,于是贬杜暹为荆州长史,李元纮为曹州刺史,源乾曜罢相任左丞相,任命宇文融、裴光庭为同平章事,萧嵩兼任中书令,并遥领河西节度使。

八月,规定以唐玄宗的生日为千秋节。

八月五日,唐玄宗因为这天是自己的生日,在花萼楼下宴请百官,丞相源乾曜、张说上表请求把此日定为千秋节,布告于天下,让所有人都饮宴同乐。唐玄宗又把祭祀土地神的日子改在千秋节这一天。

工部尚书张嘉贞去世。

张嘉贞不经营家产,有人曾劝他购买田地住宅,他说:"我贵为将相,还会担忧遭受饥寒吗! 近来看到朝廷中的士大夫们广占良田,而身死之后,却恰恰成为他们的无赖子弟酒色挥霍的资本,我不会做这样的事。"

唐玄宗下令禁止私下卖铜、铅、锡。

敕以人间多盗铸钱,始禁私卖铜、铅、锡及以铜为器皿。其采铜、铅、锡者,官为市取。

贬宇文融为汝州刺史。

融性精敏,应对辩给,以治财赋得幸,广置诸使,竞为聚敛,由是百官浸失其职,而上心益侈,百姓苦之。在相位,谓人曰:"使吾居此数月,则海内无事矣。"信安王祎以军功有宠,融疾之,使御史李寅弹之。祎闻之,先以白上。明日,寅奏果入,上怒,融坐贬。既而国用不足,上复思之。会有飞状告融赃贿、隐没官钱事,坐流岩州,道卒。然是后言财利以取贵仕者皆祖之。

冬十月朔,日食。

不尽如钩。

庚午(730) **十八年**

春正月,以裴光庭为侍中。　二月,初令百官休日选胜行乐。

初令百官于春月旬休,选胜行乐,自宰相至员外郎,凡十二筵,各赐钱五千缗。或御花萼楼邀其归骑留饮,迭使起舞,尽欢而去。

夏四月,筑西京外郭。

九旬而毕。

以裴光庭兼吏部尚书。

先是,选司注官,惟视其人之能否,或不次超迁,或老于下位,有出身二十余年不得禄者。光庭始奏用循资格,

玄宗下敕，因民间多偷铸钱币，从现在起禁止私自倒卖铜、铅、锡，以及用铜制造器皿。各地开采的铜、铅、锡，由官府收购。

　　唐玄宗贬宇文融为汝州刺史。

　　宇文融生性精明机智，应对敏捷，因善于理财而得到唐玄宗的宠幸，他就广泛地设置使职，竞相聚敛财富，因此朝廷百官逐渐丧失了职权，而皇上的心思却更加奢侈，百姓都怨恨宇文融带来的困苦。在任宰相时，宇文融对他人说："让我任宰相数月，那么天下就会太平无事。"信安王李祎因为军功深受唐玄宗的宠爱，宇文融嫉妒他，指使御史李寅弹劾他。李祎得知后，就事先报告了唐玄宗。第二天，李寅的弹劾奏章果然送进宫中，唐玄宗十分愤怒，宇文融因此获罪被贬。不久，因国家财用不足，唐玄宗又思念宇文融。适逢有人写匿名信告宇文融贪赃受贿和侵吞官府钱财的事，宇文融因此又被流放到岩州，在半道上死去。但此后向皇帝谈论生财获利而显贵升官的人都是效法宇文融的做法。

　　冬十月初一，发生日食。

　　没有全食，形如弯钩。

　　庚午（730）　唐玄宗开元十八年

　　春正月，唐玄宗任命裴光庭为侍中。　　二月，唐玄宗初次命朝廷百官在休假日到风景胜地游乐。

　　唐玄宗初次命令朝廷百官在春季每月十天的一次休假日，到风景名胜之地游乐，从宰相至员外郎，共设十二桌筵席，每人赐钱五千缗。有时唐玄宗驾临花萼楼邀请春游归来的百官留下来宴饮，大家轮流跳舞，尽情欢乐后离去。

　　夏四月，唐朝修筑西京长安的外城。

　　共用了九十天时间完工。

　　唐玄宗任命裴光庭兼任吏部尚书。

　　先前，吏部拟定官员，只看此人的能力如何，因而有的人破格升迁，有的人已年老但职位还很低，甚至有人已取得做官资格二十多年却还没有被授官。裴光庭开始上奏请求按年资升迁，

各以罢官若干选而集,官高者选少,卑者选多,无问能否,选满则注,非负谴者,有升无降。庸愚皆喜,谓之"圣书",而才俊之士无不怨叹。宋璟争之不能得。

六月,以忠王浚领河北道行军元帅,帅十八总管讨奚、契丹。

浚即陕王嗣昇,更封改名也。初,契丹王李邵固遣可突干入贡,李元纮不礼焉。张说曰:"可突干狡而狠,专其国政久矣,人心附之。今失其心,必不来矣。"至是,可突干弑邵固,叛降突厥。制以忠王浚领元帅,御史大夫李朝隐、京兆尹裴伷先副之,帅十八总管以讨奚、契丹。命浚与百官相见。张说谓人曰:"吾尝观太宗画像,雅类忠王,此社稷之福也。"然浚竟不行。

洛水溢。
溺千余家。
冬十月,吐蕃遣使入贡。
吐蕃兵数败而惧,乃求和亲。忠王友皇甫惟明因奏事,从容言和亲之利。上曰:"赞普尝遗吾书悖慢,此何可舍!"对曰:"赞普当开元初,年尚幼稚,安能为此! 殆边将诈为之,欲以激怒陛下耳。夫边境有事,则将吏得以因缘盗匿官物,妄述功状以取勋爵,此皆奸臣之利,非国家之福也。兵连不解,日费千金,河西、陇右由兹困弊。陛下诚命一使往视公主,因与赞普相约结,使之稽颡称臣,永息边患,

官吏分别将任职期满罢官后经过铨选的次数集中到吏部,官职高者需经过的铨选次数少,官职低者需经过的铨选次数多,不管能力如何,只要达到了铨选的次数就注拟官职,如果不是有过错受到处分的,全都只升迁而不降职。那些平庸愚笨的官员都十分高兴,把这种办法称为"圣书",而才能杰出的士人无不怨愤叹息。宋璟进行争辩,但没有结果。

六月,唐玄宗任命忠王李浚兼任河北道行军元帅,率领十八总管讨伐奚和契丹。

李浚就是原来的陕王李嗣昇,因为改封为忠王而改了名字。当初,契丹王李邵固派遣可突干入朝进贡,李元纮对可突干不礼貌。张说说:"可突干狡诈凶狠,长期专擅国政,人心都归向于他。现在伤了他的心,他肯定不会再来了。"这时,可突干杀了李邵固,背叛唐朝投降了突厥。唐玄宗下制书任命忠王李浚兼任河北道行军元帅,任命御史大夫李朝隐、京兆尹裴伷先为副元帅,率领十八总管讨伐奚和契丹。唐玄宗命李浚与朝廷百官相见。张说对他人说:"我曾经看见过太宗皇帝的画像,与忠王十分相似,这真是国家的福气。"但李浚最终没有成行。

洛水泛滥。

淹没一千余家。

冬十月,吐蕃派遣使者入朝进贡。

吐蕃军队因多次战败而惧怕唐朝,于是请求和解。忠王友皇甫惟明借机上奏事情,从容谈论讲和的益处。唐玄宗说:"吐蕃赞普曾经在给我的书信中言词傲慢无礼,这怎么能够原谅呢!"皇甫惟明回答说:"赞普在开元初年,年龄尚幼,怎么会写出这样的信呢!大概是边防将领伪造的,想借此以激怒陛下。边境有了战事,将帅和官吏才能够借机盗取藏匿官府的财物,还可以胡乱地上报战功以取得勋爵,这些都是对奸臣有利,而不是国家的幸事。战事连年不断,每天耗费千金,河西和陇右地区因此而贫困凋敝。陛下若真能够派遣一名使臣去探望金城公主,并与赞普结盟订约,使他俯首称臣,永远平息边境战祸,

岂非御夷狄之长策乎!"上悦,命惟明与内侍张元方使于吐蕃。赞普大喜,遣其大臣论名悉猎随惟明入贡,遂复款附。

是岁,天下奏死罪二十四人。

辛未(731)　**十九年**
春正月,王毛仲有罪赐死。

初,毛仲以严察干力有宠,百官附之辐凑。毛仲嫁女,上问何须,毛仲顿首对曰:"臣万事已备,但未得客。"上曰:"知卿所不能致者一人耳,必宋璟也,朕为汝召客。"明日,诏宰相与诸达官诣之。日中璟乃至,先执酒西向拜谢,饮不尽卮,遽称腹痛而归。其刚直之操,老而弥笃如此。

毛仲与龙武将军葛福顺为昏,吏部侍郎齐澣言于上曰:"福顺典禁兵,不宜与毛仲为昏。且毛仲小人,宠过生奸,不早为之所,恐成后患。"上然其言。澣曰:"君不密则失臣,愿陛下密之。"退以语大理丞麻察,察遽奏之。上怒,制:"澣、察交构将相,离间君臣。"皆贬岭南。由是毛仲骄恣日甚。福顺倚其势,多为不法。毛仲求兵部尚书不得,怏怏,上由是不悦。时上宠任宦官,往往为三品将军,门施棨戟。奉使所过,赂遗少者千缗。京城第舍、郊畿田园,参半皆宦官也。杨思勖、高力士尤贵幸,毛仲视之若无人。

这难道不是驾驭夷狄的良策吗!"唐玄宗听后很高兴,就命令皇甫惟明与内侍张元方出使吐蕃。吐蕃赞普很高兴,就派遣他的大臣论名悉猎随从皇甫惟明入朝纳贡,于是吐蕃重新归顺唐朝。

这一年,全国上奏被处以死罪的有二十四人。

辛未(731) 唐玄宗开元十九年
春正月,王毛仲因有罪被唐玄宗赐死。

当初,王毛仲因严厉有才干而受到唐玄宗的宠幸,朝廷百官都纷纷依附于他。王毛仲的女儿要出嫁,唐玄宗问他还需要什么,王毛仲叩头回答说:"臣万事俱备,只是请不到客人。"唐玄宗说:"我知道您所请不到的客人只有一个,一定是宋璟,朕为你去请他。"第二天,唐玄宗下诏宰相与朝中的达官贵人都去。到了中午,宋璟才到,他先拿着酒杯向西拜谢,还没有饮完杯中之酒,就立刻声称肚子疼而离去。宋璟刚强正直的节操,到老了更加坚守不移。

王毛仲与龙武将军葛福顺是儿女亲家,吏部侍郎齐澣对唐玄宗说:"葛福顺掌管禁军,不应该与王毛仲结为亲家。再说王毛仲是小人,受到的宠幸过分就会生出奸邪之心,如果不及早做出适当的处置,恐怕会有后患。"唐玄宗认为齐澣的话很对。齐澣又说:"君主如果不能保守秘密就会失去臣下的拥护,希望陛下能对此保密。"齐澣退朝后却把此事告诉了大理丞麻察,麻察立刻向唐玄宗上奏了此事。唐玄宗大怒,下制说:"齐澣与麻察二人合谋诬陷将相,离间君臣关系。"把他们都贬往岭南。从此王毛仲日益骄横放纵。葛福顺依仗着他的权势,多为不法之事。王毛仲请求担任兵部尚书而没有得到,心中不满,唐玄宗因此很不高兴。当时唐玄宗宠幸信任宦官,往往提升他们为三品将军,门前排列荣戟仪仗。他们奉命出使地方,给他们行贿馈赠的金钱最少也得一千缗。京城的宅第和郊区的田园,半数都为宦官所拥有。杨思勖和高力士尤其显贵受宠,而王毛仲对他们不屑一顾。

毛仲妻产子三日，上命力士赐之甚厚，且授儿五品官。毛仲抱儿示力士曰：“此岂不堪作三品耶！”力士归奏之，上大怒曰：“昔诛韦氏，此贼心持两端。今日乃敢以赤子怨我！”力士因言：“北门奴官太盛，不早除之，必生大患。”上恐其党惊惧为变，贬毛仲、福顺等于远州，追赐毛仲死。自是宦官势盛，力士尤为上所宠信，表奏皆先呈之，小事即决，势倾内外。

以《诗》《书》赐吐蕃。

吐蕃使者称公主求《毛诗》《春秋》《礼记》。正字于休烈上疏曰：“东平王，汉之懿亲，求《史记》、诸子，汉犹不与。况吐蕃，国之寇仇，今资之以书，使知权略，愈生变诈，非中国之利也。”裴光庭等奏：“吐蕃久叛新服，因其有请，赐以《诗》《书》，庶使渐陶声教，化流无外。休烈徒知书有权略变诈之语，不知忠、信、礼、义皆从书出也。”遂与之。

上躬耕于兴庆宫侧。

尽三百步。

三月，置太公庙。

令两京、诸州各置太公庙，以张良配享，选古名将，以备十哲。以二、八月上戊致祭，如孔子礼。

冬十二月，幸东都。 杀嶲州都督张审素。

或告嶲州都督张审素赃污，制遣监察御史杨汪按之。总管董元礼杀告者，以兵围汪，谓曰：“善奏则生，不然则

王毛仲的妻子生下小孩三天,唐玄宗就命高力士赐给他许多财物,并且授给其儿五品官。王毛仲抱着儿子对高力士说:"这个小孩难道做不了三品官吗!"高力士回来后向唐玄宗上奏了此话,唐玄宗极为愤怒地说:"往昔我诛杀韦氏时,王毛仲这个坏蛋就怀有二心。今天竟敢拿刚出世的小孩来怨我!"高力士借机说:"北门禁军的这伙奴才权势太大,如果不趁早除掉他们,必定会生出大祸。"唐玄宗恐怕他们的党羽因惊恐而发动变乱,于是把王毛仲和葛福顺贬往边远州郡,又追赐王毛仲死。从此宦官权势大盛,高力士尤其受到唐玄宗的宠信,臣下的表书奏章都先呈送给他,小的事情就由他裁决,权倾朝廷内外。

　　唐玄宗把《毛诗》和《尚书》赐给吐蕃。

　　吐蕃使者说金城公主需要《毛诗》《春秋》《礼记》。秘书正字于休烈上疏说:"东平王刘宇是汉室的至亲,他请求要《史记》和诸子,汉成帝尚且不给他。何况吐蕃是我们国家的敌人,如果把书籍送给他们,使他们学会了权变谋略,就会变得更加狡诈,对我们中国不会有利。"裴光庭等上奏说:"吐蕃长期反叛,最近才归附,应该借此请求的机会,赐给他们《毛诗》《尚书》,或许能使他们逐渐受到声威和教化的熏陶,以使教化流布,无远不至。于休烈只知道书中有权谋机诈的话,而不知道忠、信、礼、义也都是从书中出来的。"于是唐玄宗就赐给了吐蕃所请求的书籍。

　　唐玄宗亲自在兴庆宫旁耕田。

　　耕了足有三百步远。

　　三月,唐玄宗命令设置太公庙。

　　唐玄宗下令在两京和各州分别设置太公庙,以张良配祭,还挑选古代的一些名将,以配齐十位先哲。在每年二月和八月的第一个戊日进行祭祀,和祭祀孔子的礼仪一样。

　　冬十二月,唐玄宗驾幸东都。　嶲州都督张审素被杀。

　　有人告发说嶲州都督张审素贪赃枉法,唐玄宗下制书派遣监察御史杨汪去审查。而总管董元礼杀了告状的人,然后派兵包围了杨汪,对他说:"你如果能以好话上奏就可以活命,否则就

死。"会救兵至,击斩之。汪遂奏审素谋反,审素坐斩。

浚苑中洛水。

六旬而罢。

壬申（732） 二十年

春正月,遣信安王祎将兵击奚、契丹,大破之。

以信安王祎为行军总管,户部侍郎裴耀卿副之,与幽州节度赵含章分道击奚、契丹。含章与虏遇,虏望风遁去。平卢先锋将乌承玼言于含章曰:"二虏,剧贼也,非畏我而遁,乃诱我耳,宜按兵以观其变。"含章不从,与战大败。承玼别引兵出其右,击虏破之。祎等大破奚、契丹,可突干远遁,奚酋李诗琐高帅五千余帐来降,祎乃引兵还。

二月朔,日食。　夏四月,宴百官于上阳东洲。

醉者肩舆以归,相属于路。

敕裴光庭、萧嵩分押左、右厢兵。　秋八月朔,日食。

九月,《开元礼》成。

初,命张说与诸学士刊定五礼。说卒,萧嵩继之,请依上元敕,父在为母齐衰三年,从之。至是书成上之,号曰《开元礼》。

冬十一月,祀后土于汾阴。十二月,还西京。

初,萧嵩奏:"自祠后土以来,年谷屡丰,宜因还京赛祠。"上从之。是岁,天下户七百八十六万一千二百三十六,口四千五百四十三万一千二百六十五。

杀死你。"适逢救兵来到,击杀了董元礼。杨汪于是上奏说张审素谋反,张审素获罪被斩。

疏浚流经东都禁苑的洛水。

六十天完工。

壬申(732) 唐玄宗开元二十年

春正月,唐玄宗派信安王李祎率兵攻打奚和契丹,大败他们。

唐玄宗任命信安王李祎为行军总管,户部侍郎裴耀卿为副总管,与幽州节度使赵含章分路攻打奚和契丹。赵含章与敌人遭遇,敌人望风而逃。平卢先锋将乌承玼对赵含章说:"奚和契丹都是凶猛强大的敌人,并不是因为惧怕我们而逃,而是想引诱我们,应该按兵不动,以观敌情变化。"赵含章不听从,与敌人交战,结果被打得大败。乌承玼率领另一支军队从赵含章的右侧杀出,进攻并打败了敌人。李祎等大败奚和契丹,可突干远逃,奚族酋长李诗琐高率领部落五千多帐来投降,李祎于是率兵返回。

二月初一,发生日食。 夏四月,唐玄宗在上阳宫东的中洲宴请百官。

喝醉酒的人用肩舆抬回家,被抬走的人一路不断。

唐玄宗下敕命裴光庭和萧嵩分别掌管左、右厢兵。 秋八月初一,发生日食。 九月,《开元礼》修成。

当初,唐玄宗命张说与诸学士修定五礼。张说去世后,由萧嵩接任,他请求依照上元年间的敕令,父在而母亡者,儿子为母亲服齐衰丧三年,唐玄宗同意。这时礼书修成进上,名叫《开元礼》。

冬十一月,唐玄宗在汾阴祭祀后土神。十二月,唐玄宗回到西京长安。

当初,萧嵩上奏说:"自从在汾阴祭祀后土神以来,粮食连年获得丰收,应该趁返回京城的机会祭祀以示酬谢。"唐玄宗同意。这一年,全国共有七百八十六万一千二百三十六户,四千五百四十三万一千二百六十五口人。

癸酉（733） 二十一年

春正月，遣大门艺讨勃海，不克。

初，勃海靺鞨王武艺遣将寇登州，杀刺史。至是上遣大门艺发幽州兵讨之，无功而还。武艺怨门艺，密遣客刺之，不死。

三月，裴光庭卒。

太常博士孙琬议："光庭用循资格，失劝奖之道，请谥曰'克'。"其子讼之，赐谥"忠献"。

以韩休同平章事。

上问萧嵩可以代光庭者，嵩欲荐散骑常侍王丘，丘让于韩休。嵩言之，上以为相。休为人峭直，不干荣利。始，嵩以为恬和易制，故引之。及与共事，守正不阿，嵩渐恶之。宋璟叹曰："不意韩休乃能如是！"上或宴乐游猎，小有过差，辄谓左右曰："韩休知否？"言终，谏疏已至。左右曰："韩休为相，陛下殊瘦于旧，何不逐之！"上叹曰："吾貌虽瘦，天下必肥。萧嵩奏事常顺指，既退，吾寝不安。休常力争，既退，吾寝乃安。吾用休为社稷耳，非为身也。"

有供奉侏儒黄㿎，上常凭之以行，宠赐甚厚。一日晚入，上怪之，对曰："向逢捕盗官与臣争道，臣掀之坠马，故晚。"因下阶叩头。上曰："但使外无章奏，汝亦无忧。"有顷，京兆奏其状，上即叱出，杖杀之。

闰月，幽州副总管郭英杰与契丹战，败死。 夏六月，

癸酉（733）　**唐玄宗开元二十一年**

春正月,唐玄宗派遣大门艺率兵讨伐勃海,没有获胜。

当初,勃海靺鞨王武艺派将领侵犯登州,杀死登州刺史。这时唐玄宗派遣大门艺发幽州兵讨伐武艺,没有取得战功而返回。武艺怨恨门艺,秘密派刺客去暗杀门艺,没有杀死他。

三月,裴光庭去世。

太常博士孙琬议论说:"裴光庭按照资历用人,失掉了勉励人才上进的道路,请求赐给他谥号'克'。"裴光庭的儿子为其父上诉,唐玄宗就赐给裴光庭谥号"忠献"。

唐玄宗任命韩休为同平章事。

唐玄宗询问萧嵩谁可以替代裴光庭任宰相,萧嵩想要推荐散骑常侍王丘,王丘把宰相的职务让给了韩休。萧嵩向唐玄宗进言此事,于是唐玄宗就任命韩休为宰相。韩休为人刚强正直,不追求功名利禄。开始时,萧嵩认为韩休恬淡平和,容易控制,所以引荐了他。等到与他共事时,才发现韩休刚正不阿,因此萧嵩逐渐厌恶他。宋璟感叹说:"没有想到韩休竟能这样!"唐玄宗有时宴饮游玩打猎,稍有过失,总是问左右的人说:"韩休知道吗?"话刚说完,韩休进谏的奏疏就已经送到。唐玄宗左右的人说:"韩休任宰相,陛下比过去瘦了许多,为何不把他斥退!"唐玄宗感叹说:"我的身体虽然瘦了,但天下人的身体一定胖了。萧嵩上奏政事总是顺着我的旨意,他退下去后,我却睡不安稳。韩休经常在我面前争辩,但他退下去后,我却能安心睡觉。我任用韩休是为了国家,而不是为我自己。"

有一名侍奉唐玄宗的侏儒名叫黄𪠘,唐玄宗经常挂着他行走,很受宠爱,得到了丰厚的赏赐。有一天黄𪠘进宫晚了,唐玄宗感到奇怪,黄𪠘回答说:"刚才遇到捕盗官与我争道,我把他掀下了马,所以进宫晚了。"说着走下台阶叩头谢罪。唐玄宗说:"只要宫外没有奏章,你也就不用担心了。"不一会儿,京兆尹上奏了此事,唐玄宗立刻把黄𪠘斥责出去,然后杖杀了他。

闰三月,幽州副总管郭英杰与契丹交战,战败而死。　夏六月,

制："选人有才行者,委吏部临时擢用。"

时虽有此制,而有司以循资格便于己,犹踵行之。是时,官自三师以下一万七千六百八十六员,吏自佐史以上五万七千四百一十六员,而入仕之涂甚多,不可胜纪。

秋七月朔,日食。 冬十月,左丞相宋璟致仕,归东都。 萧嵩、韩休罢,以裴耀卿同平章事,起复张九龄同平章事。

休数与嵩争论于上前,面折嵩短,嵩因乞骸骨,上曰:"朕未厌卿,卿何为遽去?"对曰:"陛下未厌臣,故臣得从容引去,若已厌臣,首领且不保,安能自遂!"因泣下。上亦为之动容,乃皆以为丞相罢政事。时张九龄居母丧,自韶州入见,求终丧,不许。

分天下为十五道,置采访使。

京畿、都畿、关内、河南、河东、河北、陇右、山南东、西、剑南、淮南、江南东、西、黔中、岭南,凡十五道,各置采访使,以六条检察非法。两畿以中丞领之,余皆择贤刺史领之。惟变革旧章,乃须报可,自余听便宜从事,先行后闻。

以杨慎矜知太府出纳。

杨政道之子崇礼为太府卿二十余年,前后莫能及。至是以户部尚书致仕。上问宰相:"崇礼诸子,谁能继其父者?"以慎矜对,乃擢为监察御史,知太府出纳。称职,

唐玄宗下制说:"对于候选官员中有才能而又品行好的人,委托吏部临时提拔任用。"

当时皇帝虽然下了这道制书,但有关部门认为按照资历升迁对自己方便,所以仍然沿袭过去的制度。此时,自三师以下的官员有一万七千六百八十六名,自佐史以上的小吏有五万七千四百一十六名,而做官的途径多得数不胜数。

秋七月初一,发生日食。 冬十月,左丞相宋璟退休,回到东都。 萧嵩和韩休被罢免宰相职务,唐玄宗任命裴耀卿为同平章事,起用服丧未满的张九龄任同平章事。

韩休多次与萧嵩在唐玄宗面前争执,当面揭萧嵩的短处,萧嵩因此请求告老退休,唐玄宗说:"朕并不厌恶你,你为何急于退位而去呢?"萧嵩回答说:"正因为陛下还没有厌恶我,所以我才能够从容不迫地退去,如果陛下已经厌恶我了,我的头都不能保住,还怎么能够如意引退呢!"说着哭泣流泪。唐玄宗也被他的话感动,于是把萧嵩和韩休二人都被免去宰相职务而任命为左、右丞相。当时张九龄正在为母服丧,从韶州入朝觐见,请求为母服丧期满,唐玄宗没有允许。

唐玄宗把全国分为十五道,分别设置采访使。

分为京畿道、都畿道、关内道、河南道、河东道、河北道、陇右道、山南东道、山南西道、剑南道、淮南道、江南东道、江南西道、黔中道、岭南道,共十五道,分别设置采访使,以六条规定检查官吏的违法行为。京畿道和都畿道的采访使由御史中丞兼任,其余的都挑选贤良的刺史兼任。只有当变革旧有的制度时,才需要奏报朝廷批准,其余的事情允许采访使根据情况自行处置,施行之后再上奏闻知。

唐玄宗任命杨慎矜主管太府出纳事务。

杨政道之子杨崇礼任太府卿二十多年,前后任此职的人都比不上他。这时他以户部尚书的职务退休。玄宗问宰相:"杨崇礼的儿子中,哪个能继任父亲的职位?"宰相回答说杨慎矜,于是玄宗升任杨慎矜为监察御史,主管太府出纳事务。任官称职,

上甚悦之。慎矜奏诸州所输布帛有渍污穿破者,皆下本州征折估钱,转市轻货,征调始繁矣。

甲戌(734) 二十二年

春正月,幸东都。 二月,秦州地震。

压死四千余人,遣萧嵩赈恤之。

夏五月,以裴耀卿为侍中,张九龄为中书令,李林甫同三品。

张九龄请不禁铸钱,敕百官议之。裴耀卿等曰:"一启此门,恐小人弃农逐利,而滥恶更甚。"秘书监崔沔曰:"若税铜折役,计估度庸,则官冶可成,而私铸无利矣。且钱之为物,贵以通货,利不在多,何待私铸然后足用乎!"左监门录事参军刘秩曰:"夫人富不可以赏劝,贫不可以威禁。若许私铸,贫者必不能为之,臣恐贫者益贫而役于富,富者益富而逞其欲也。"上乃止。秩,子玄之子也。

林甫柔佞多狡数,深结宦官及妃嫔家,伺候上动静,无不知之,由是每奏对常称旨。时武惠妃宠倾后宫,生寿王清,太子浸疏薄。林甫乃因宦官言于惠妃,愿尽力保护寿王,妃德之,阴为内助。

上芟麦于苑中。

上种麦苑中,帅太子以下亲往芟之,谓曰:"此所以荐宗庙,不敢不亲,且欲使汝曹知稼穑艰难耳。"

唐玄宗很高兴。杨慎矜上奏请求把各州所交纳的布帛中弄脏和破损的,都发回原地折价征收成钱币,转买些小而贵重值钱的物品,从此征收赋税的事开始变得烦琐复杂了。

甲戌(734)　唐玄宗开元二十二年
春正月,唐玄宗驾幸东都。　二月,秦州发生地震。
压死四千多人,唐玄宗派遣萧嵩前去赈济慰问。

夏五月,唐玄宗任命裴耀卿为侍中,张九龄为中书令,李林甫为同中书门下三品。

张九龄请求不要禁止私人铸钱,唐玄宗下敕命百官讨论。裴耀卿等人说:"一旦取消这个禁令,恐怕一些小人会放弃农耕而追求财利,劣质钱的问题就会更加严重。"秘书监崔沔说:"如果折劳役为收铜钱,计算估价物品的价格,加上雇工的费用,官方就可以用来铸钱,私人铸钱就无利可图了。再说钱的用处,贵在流通,不在于谋利,为什么说要允许私人铸钱才能使钱够用呢!"左监门录事参军刘秩说:"人富有了,就难以用奖赏来劝诱他,人贫穷了,就难以用威权来禁止他。如果允许民间私人铸钱,那些贫穷的人必定不能冶铸,我担心这样贫穷的人就会更加穷困,只能被富人役使,富有的人就会更加富有,进而为所欲为。"唐玄宗于是打消了这一念头。刘秩是刘子玄的儿子。

李林甫谄媚伪善,诡计多端,与宦官以及后宫中的妃嫔深相交结,让他们暗中伺察唐玄宗的行动,一举一动无不知晓,因此每次奏事,都能符合唐玄宗的旨意。当时武惠妃在后宫的妃嫔中最得唐玄宗的宠爱,生下寿王李清,因此太子逐渐受到冷遇。李林甫于是托宦官告诉武惠妃说,自己愿意尽力保护寿王,武惠妃听后十分感激,因此就暗中帮助他。

唐玄宗在禁苑中收割小麦。

唐玄宗在禁苑中种小麦,率领太子以下的皇子亲自去收割,并对他们说:"这些麦子是要用来祭祀宗庙的,所以不敢不亲自收割,并想借此使你们知道耕种庄稼的艰辛。"

以裴耀卿为江淮、河南转运使，置河口输场。

初，上以关中久雨谷贵，将幸东都，召耀卿谋之，对曰："关中帝业所兴，当百代不易。但地狭谷少，故乘舆时幸东都以宽之。臣闻贞观、永徽之际，禄廪不多，岁漕关东一二十万石，足以周赡。今用度浸广，运数倍于前，犹不能给，故使陛下数冒寒暑以恤西人。今若使司农租米悉输东都，而转漕以实关中，则关中有数年之储，而无水旱之忧矣。且吴人不习河漕，所在停留，遂生隐盗。臣请于河口置仓，使吴船至彼输米而去，官自雇载分入河、洛。于三门东西各置一仓，至者贮纳，水险则止，水通则下。或开山路，车运而过。则无复留滞，省费巨万矣。"上深然其言。

至是以耀卿为江淮、河南转运使，于河口置输场，场东置河阴仓，西置柏崖仓。三门东置集津仓，西置盐仓。凿漕渠十八里，以避三门之险。先是，舟运江、淮之米，至东都含嘉仓，僦车陆运三百里至陕，率两斛用十钱。耀卿令江、淮舟运悉输河阴仓，更用河舟运至含嘉及太原仓，自太原仓入渭输关中。凡三岁，运米七百万斛，省僦车钱三十万缗。或说耀卿献之，耀卿曰："此公家赢缩之利耳，奈何以市宠乎！"悉奏以为市籴钱。

唐玄宗任命裴耀卿为江淮、河南转运使,并在河口设置运输场。

当初,唐玄宗因为关中地区久雨成灾,粮价昂贵,将要驾幸东都,就召来裴耀卿商议此事,裴耀卿回答说:"关中是帝业开创的地方,应当百代不变。但由于地域狭小,粮谷缺少,所以皇帝经常驾幸东都,以缓解这里的负担。我听说贞观、永徽年间,用于支付百官俸禄的粮食不多,所以每年通过水路从关东运来一二十万石粮食,就足够使用了。现在朝廷的用度越来越大,运来的粮食比以前多了数倍,还是不能满足需要,所以才使陛下多次冒着严寒酷暑驾幸东都,以此来周济关中地区的人民。现在如果把司农寺的租米全都运到东都,再从东都转水路运到关中,以充实关中地区的粮食,这样关中地区就有了几年的粮食储备,而不用担忧旱涝灾害了。再说吴地人不熟悉黄河水运,经常在各地停留,就会产生粮食被隐藏、偷盗的事情。臣请求在河口设置粮仓,让吴地的船在那里卸下大米后就离去,然后由官府自己雇船分别通过黄河、洛水运进关中。另外可在三门峡东西各设一座粮仓,把运到的粮食贮存起来,如果水流急险就停止运送,水流平稳畅通了就开始运送。或者开凿山路,用车运粮通过。这样运送的粮食就不会滞留在路上,还可节省数以万计的费用。"唐玄宗认为他的话很对。

这时任命裴耀卿为江淮、河南转运使,在河口设置运输场,在运输场东设置河阴仓,在运输场西设置柏崖仓。又在三门峡东设置集津仓,在三门峡西设置盐仓。同时开凿漕渠十八里,以避开三门峡的水险。先前,用船把江、淮地区的米运到东都含嘉仓,再雇用车辆从陆路运三百里到陕州,大约每两斛米费用是十钱。裴耀卿命令江、淮地区的运米船把米全都运到河阴仓,再改用黄河船运到含嘉仓和太原仓,然后由太原仓通过渭水运到关中。三年中,共运米七百万斛,节省雇佣车费三十万缗。有人劝裴耀卿把节省的钱献给皇上,裴耀卿说:"这是公家的赢利钱,我怎么能用它来讨好皇上呢!"于是上奏全部作为调节市场粮价的经费。

以方士张果为银青光禄大夫。

初,张果自言有神仙术,尧时为侍中,多往来恒山中。相州刺史韦济荐之,上遣玺书迎入禁中,以为光禄大夫,号通玄先生,厚赐遣归。后卒,好事者以为尸解,上由是颇信神仙。

冬十二月朔,日食。　幽州节度使张守珪斩契丹王屈烈及可突干。

时可突干连年为边患,守珪屡击破之。可突干困迫,遣使诈降,守珪使管记王悔就抚之。悔至而契丹初无降意,密遣人引突厥谋杀悔。悔知之,以衙官李过折与可突干争权不叶,说使图之。过折夜勒兵斩屈烈及可突干,帅众来降。上美守珪之功,欲以为相,张九龄曰:"宰相代天理物,非赏功之官也。"上曰:"假以名而不使任其职,可乎?"对曰:"惟器与名不可以假人,君之所司也。守珪才破契丹,即以为相,若尽灭奚、厥,将以何官赏之?"乃以为羽林大将军,兼御史大夫,赐二子官,赏赉甚厚。

突厥杀其毗伽可汗。

毗伽为其大臣梅录啜所毒而卒,子登利可汗立。

置病坊。

禁京城丐者,置病坊以廪之。

乙亥(735)　二十三年
春正月,耕籍田。御楼酺宴。

唐玄宗任命方士张果为银青光禄大夫。

当初,方士张果自称懂神仙道术,并说自己在尧帝时代就做过侍中,经常来往于恒山中。相州刺史韦济向朝廷推荐他,唐玄宗就派人持玺书把他迎入宫中,任命为光禄大夫,赐号为通玄先生,然后重加赏赐而放归。后来张果死去,一些好事之徒上奏说他的尸体虽在,但灵魂已飞升成仙,唐玄宗从此十分相信神仙。

冬十二月初一,发生日食。 幽州节度使张守珪斩杀了契丹王屈烈及可突干。

当时可突干连年侵扰唐朝的边疆,张守珪多次打败了他。可突干势困计穷,就派遣使者假装说要投降,张守珪派遣管记王悔前去安抚。王悔到了可突干那里,契丹却根本没有真心降附的意思,还秘密派人召引突厥兵阴谋杀死王悔。王悔知晓后,借助契丹牙官李过折与可突干争权不和的机会,劝说李过折图谋可突干。李过折在夜晚领兵斩杀了屈烈和可突干,然后率领部众来投降唐朝。唐玄宗赞美张守珪的功劳,想要任命他为宰相,张九龄说:"宰相是代表天子治理天下的,不是为了赏功而封的官。"唐玄宗说:"只让他挂宰相的虚名,而不让他任实职,是否可以?"张九龄回答说:"权柄和官位不能够随便授与人,这是天子所掌管的。张守珪刚打败了契丹,陛下就任命他为宰相,如果以后完全消灭了奚和突厥,再拿什么官奖赏他呢?"于是唐玄宗任命张守珪为羽林大将军,兼御史大夫,并赐给他的两个儿子官职,赏赐给他很多东西。

突厥人杀死毗伽可汗。

突厥毗伽可汗被他的大臣梅录啜毒死,他的儿子登利可汗继位。

唐朝设置病坊。

唐朝下令禁止乞丐在京城行乞,并设置病坊接济他们。

乙亥(735) 唐玄宗开元二十三年

春正月,唐玄宗行籍田礼。又登临五凤楼设宴。

上耕籍田，九推乃止，公卿以下皆终亩。上御五凤楼酺宴，时命三百里内刺史、县令各率所部音乐集楼下，较胜负。怀州刺史以车载乐工数百，皆衣文绣。鲁山令元德秀惟遣乐工数人，连袂歌《于芳》。上曰："怀州之人，其涂炭乎！"立以刺史为散官。德秀性介洁质朴，士大夫服其高。

三月，张瑝、张琇杀殿中侍御史杨汪，以复父仇，敕杖杀之。

初，汪既杀张审素，审素二子瑝、琇皆幼，坐流岭表。寻逃归，手杀汪于都城，系表于斧，言父冤状，欲之江外杀与汪同谋者，为有司所得。议者多言二子稚年孝烈，宜加矜宥，张九龄亦欲活之。裴耀卿、李林甫以为坏法不可，上然之，乃下敕曰："国家设法，期于止杀。各伸为子之志，谁非徇孝之人！展转相仇，何有限极！宜付河南府杖杀。"士民怜之，为作哀诔，敛钱葬之。

秋七月，加咸宜公主实封千户。

唐初，公主实封止三百户，太平公主至五千户，率以七丁为限。开元以来，皇妹千户，皇女半之，以三丁为限。或言其太薄，上曰："百姓租赋，非我所有。战士出死力，赏不过束帛，女子何功，而享多户！且欲使之知俭啬耳。"至是以武惠妃女咸宜公主将下嫁，始加至千户。于是诸公主皆加至千户。

唐玄宗行籍田礼，亲自春耕，推耒耜九次后才停止，公卿以下的官员都耕种完一亩地。唐玄宗登临五凤楼设宴，当时命令京城周围三百里以内的刺史和县令各自率领乐队汇集到五凤楼下，进行比赛以决胜负。怀州刺史用车载来数百名乐工，都穿着刺绣华美的衣服。而鲁山县令元德秀只派了几个乐工，手拉着手唱《于蒍》歌。唐玄宗说："怀州的百姓可要遭受苦难了！"于是马上将怀州刺史贬为散官。元德秀生性耿介质朴，士大夫们都钦佩他的品德高尚。

　　三月，张瑝和张琇杀死了殿中侍御史杨汪，为他们的父亲报仇，唐玄宗下敕用杖刑处死他们。

　　当初，杨汪杀死张审素时，张审素的两个儿子张瑝和张琇都还小，因受牵连被流放到岭南。不久他们逃了回来，亲手在京城杀了杨汪，并把表状挂在斧头上，说自己的父亲死得冤枉，还想到江南去杀死与杨汪共同陷害他们父亲的人，但被有关部门抓获。议论的人大多数说张审素的两个儿子年龄尚小，忠孝刚烈，应该加以怜悯宽恕，张九龄也想挽救他们的性命。而裴耀卿和李林甫认为那样做是破坏国家的法律，不同意，唐玄宗也认为如此，于是下敕书说："国家之所以制定法律，就是为了禁止杀人。如果各自都要申明为人子之志，那么谁不是遵守孝道的人呢！这样辗转复仇，哪里会有个完！应该交付河南府杖杀他们。"民众们都感到十分惋惜，为他们写了哀悼的祭文，又集钱埋葬了他们。

　　秋七月，唐玄宗将咸宜公主实际占有的封户增至一千户。

　　唐朝初年，公主实际占有的封户只有三百户，到太平公主时达到五千户，每户最多不超过七个成丁。开元年间以来，皇妹最多只有一千户，皇女减半，每户最多不超过三个成丁。有人说这太少了，唐玄宗说："百姓的租赋，不是我的私人财产。那些在前线作战的兵士出生入死，也不过赏赐一些布帛，这些女子有什么功劳，而应该享受那么多的封户呢！这样做也是想使她们知道节俭。"这时，因为武惠妃之女咸宜公主将要出嫁，才开始把她实际占有的封户增加到一千户。因此诸公主都增加到一千户。

冬闰十月朔,日食。 十二月,册寿王妃杨氏。

妃,故蜀州司户玄琰之女也。
以契丹涅礼为松漠都督。

李过折既杀可突干,诏以为契丹王。至是为其臣涅礼
所杀。上赦涅礼,因以为都督,且赐书责之曰:"卿之蕃法,
多无义于君长。过折,卿之王,有恶辄杀,为此王者不亦难
乎!卿今为王,亦应防虑后事,岂得取快目前也!"

丙子(736) 二十四年
春正月,敕听逃户自首。

敕:"天下逃户,尽今年内自首,有旧业者还本贯,无者
俟进止。逾限不首,搜配诸军。"

**突骑施寇北庭,都护盖嘉运击破之。 二月,颁《令长
新戒》。 皇太子更名瑛。**

诸皇子皆更之,忠王浚改曰玙。
三月,敕礼部侍郎掌贡举。

旧制,考功员外郎掌贡举。有进士陵侮之,议者以员
外郎位卑,不能服众,敕委礼部侍郎。

夏四月,张守珪使讨击使安禄山讨奚、契丹,败绩。

张守珪使平卢讨击使安禄山讨奚、契丹,败绩。守珪
奏请斩之,禄山临刑呼曰:"大夫欲灭奚、契丹,奈何杀禄
山!"乃更执送京师。张九龄批曰:"昔穰苴诛庄贾,孙武斩

冬闰十月初一,发生日食。　十二月,唐玄宗册封杨氏为寿王李清的妃子。

杨妃是原蜀州司户杨玄琰的女儿。

唐玄宗任命契丹人涅礼为松漠都督。

李过折杀死可突干后,唐玄宗下诏封他为契丹王。这时李过折被臣下涅礼杀死。唐玄宗赦免了涅礼的罪行,并任命他为都督,然后赐信责备他说:"你们外族的习惯是多不忠于君长。李过折是你们的国王,如果因为有过错就轻易杀掉他,那么做你们这个国王岂不是非常危险的事吗! 你现在做了国王,也应该为后事着想,怎么能够只图眼前的痛快呢!"

丙子(736)　唐玄宗开元二十四年

春正月,唐玄宗下敕允许逃户向官府自首。

唐玄宗下敕说:"天下的逃亡户,都要在今年内向官府自首,如果原来有产业的,要返回原籍,没有产业的,等待另行安置。过期不自首者,清查出来后发配到各军中服役。"

突骑施侵犯北庭,北庭都护盖嘉运打败了他们。　二月,唐玄宗颁布《令长新戒》。　皇太子改名叫李瑛。

诸皇子都改了名字,忠王李浚改名叫李玙。

三月,唐玄宗下敕令礼部侍郎主管科举考试。

按照过去的制度,由考功员外郎主管科举考试。有一名进士侮辱考功员外郎,议论者认为考功员外郎职位太低,难以服众,于是唐玄宗下敕委任礼部侍郎主管科举考试。

夏四月,张守珪派遣平卢讨击使安禄山讨伐奚和契丹,安禄山战败。

张守珪派遣平卢讨击使安禄山讨伐奚和契丹,安禄山战败。张守珪上奏请求杀了安禄山,安禄山在临刑前高声喊道:"张大夫您想要消灭奚和契丹,为何要杀死我安禄山呢!"于是张守珪改变主意,把他送往京师。张九龄批示说:"春秋时代齐国的大将穰苴杀了骄横的监军庄贾,吴国的孙武了不听从命令的

宫嫔。守珪军令若行，禄山不宜免死。"上惜其才，赦之。九龄固争曰："失律丧师，不可不诛。且其貌有反相，不杀必为后患。"上曰："卿勿以王夷甫识石勒，枉害忠良。"竟赦之。禄山本营州杂胡，初名阿荦山，母再适安氏，冒其姓。后其部落破散，遂与安氏子思顺逃来。狡黠，善揣人情。守珪爱之，养以为子。又有史窣干者，与禄山同里闬，亦以骁勇闻，守珪奏为果毅，累迁将军。后入奏事，上与语，悦之，赐名思明。

增宗庙笾豆数。加母党服。

上因籍田赦，命有司议增宗庙笾豆之数，及服纪未通者。太常卿韦绍奏请宗庙每坐笾豆十二。

兵部侍郎张均、职方郎中韦述曰："圣人知孝子之情深而物类之无限，故为之节制，同归于古。今取甘肥皆充祭用，既逾于制，其何限焉！若以今之珍馔，平生所习，求神无方，何必泥古，则簠簋可去而盘盂杯案当御矣，《韶》《濩》可息而箜篌筝笛当奏矣。既非正物，后嗣何观！君子爱人以礼，不求苟合。况在宗庙，敢忘旧章！"

太子宾客崔沔曰："祭祀之兴，肇于太古，茹毛饮血，则有毛血之荐；未有曲蘗，则有玄酒之奠。施及后王，礼物渐备。

宫女。如果张守珪已下了军令,安禄山就不应该免死。"唐玄宗因为爱惜安禄山的才能,赦免了他。张九龄坚决争辩说:"安禄山违背军令,使军队战败,不可不杀。再说他的面貌有反相,如果不杀必成后患。"唐玄宗说:"您不要像晋朝王夷甫看石勒那样看安禄山,枉害了忠良之士。"最后赦免了安禄山。安禄山本是营州地区的杂种胡人,原名叫阿荦山,因为他的母亲再婚嫁给了安氏人家,所以就冒姓安氏。后来因部落败散,他就与安家的子弟安思顺逃到幽州。安禄山为人狡猾,善于揣摩人的心意。张守珪很喜爱他,就收为养子。还有一个人名叫史窣干,与安禄山原是街坊邻居,也以勇猛而闻名,张守珪上奏任命他为果毅,多次升迁做到将军。后来入朝上奏事情,唐玄宗与他谈话,十分喜欢他,就赐名叫史思明。

唐玄宗下令增加宗庙祭祀时盛放祭品的笾豆的数量。又下敕增加为母系亲属服丧的时间。

唐玄宗因行籍田礼而大赦天下,下令有关部门商议增加祭祀宗庙时笾豆的数量与服丧制度不合理的问题。太常卿韦绍上奏请求宗庙祭祀时为每一神主祭献笾豆十二。

兵部侍郎张均和职方郎中韦述说:"圣人不但知道孝子对自己祖先的深情,而且也深知天下物品的众多,所以设立制度予以节制,对一切事情都按照古代的制度去办。现在想把美味的食物都来用作祭祀祖先,超越旧时规定下来的制度,那还有什么限度呢!如果认为现在祭祀用的珍贵食物是平常所吃的,求神不灵验,可以不必按照古代的制度办事,那么簠簋都可以去掉而代之以盘盂杯案等,《韶》《濩》等音乐都可止息而演奏箜篌筝笛了。如果所使用的东西不符合制度,那么让后代的子孙怎么看呢!君子对人都要有礼节,不要求随便凑合。何况是祭祀宗庙,怎么敢忘记旧有的章程呢!"

太子宾客崔沔说:"祭祀的兴起,起源于远古时代,当人们还在茹毛饮血时,就用毛和血祭祀;没有酒的时候,就用清水当酒来祭奠。到了后代的帝王,祭祀用的礼物才逐渐丰备起来。

然以神道致敬，不敢废也。国家清庙礼馔，用周制也；园寝上食，遵汉法也。职贡来祭，致远物也；有新必荐，顺时令也。躬稼所收，蒐狩所获，荐而后食，尽诚敬也。若此至矣，复何加焉？但当申敕有司，无或简怠，不必加笾豆之数也。"

上固欲增之，绍又奏："每室加笾豆各六，实以新果珍羞。"从之。

绍又奏："请加外祖父母为大功九月，姨、舅皆小功五月，堂舅、堂姨、舅母并加至袒免。"崔沔曰："正家之道，不可以贰，总一定义，理归本宗。是以内有齐、斩，外皆缌麻，尊名所加，不过一等，此先王不易之道也。愿守八年明旨，一依古礼，以为成法。"

韦述曰："《传》曰：'禽兽知母而不知父，学士、大夫则知尊祖矣。'然则母党比于本族，不可同贯，明矣。今若外祖及舅加服一等，堂舅及姨列于服纪，废礼徇情，所务者末。苟可加也，亦可减也。先王之制，谓之彝伦，奉以周旋，犹恐失坠，一紊其叙，庸可止乎！请依《仪礼》丧服为定。"

但为了崇敬神道，不敢废弃过去的旧制度。国家用食物祭祀宗庙，按照礼法来确定祭祀所用的食物，这是按照周朝的制度办事；对祖先的陵园祭献食物，把平常所吃的物品都陈设上，这是遵循汉代的制度办事。用四方进贡的物品来祭祀，是为了让祖先享受到远方的食物；用新出产的物品来祭祀，是为了顺应时令的变化。皇上亲自耕种所收获的庄稼，狩猎时亲自射中的猎物，都要先用来祭祀祖先，然后才可食用，这是表示心诚孝敬的意思。如果能够按照以上所说的去做，就足够了，何必还要增加祭品呢？只要下教书给有关部门，对祭祀不要稍有怠慢，也就不必增加笾豆的数量了。"

唐玄宗坚持要增加祭祀的物品，韦绍又上奏说："请在每个祖先神主的房室中增加笾豆六个，按照季节替换新鲜的果品和美味的食物。"唐玄宗同意。

韦绍又上奏说："请求为外祖父母服大功丧增加到九个月，为姨母和舅父服小功丧五个月，堂舅、堂姨和舅母都加到袒免服。"崔沔说："治家之道，对待一家人不能够有两样，要有一个总的原则，使道理有所本。所以内亲服齐衰、斩衰丧，外亲都服缌麻丧，如果因为是尊亲要加服丧礼，也不能超过一级，这是前代帝王定下来的不可随意改变的礼仪。希望能够遵守陛下即位八年时所制定的礼仪，一切都像古人的礼仪一样，作为千秋万代不变的法则。"

韦述说："《仪礼·丧服传》说：'禽兽知道母亲而不知道父亲，有知识的人和士大夫则知道尊重自己的祖先。'但是母亲一族与自己的家族相比不能等同，这是十分明白的道理。现在如果外祖父母与舅父加丧服一等，并将把堂舅和姨母也列入服丧，这种因情而废弃礼仪的做法，实在是舍本逐末。如果丧礼的等级可以随便加，那么也就可以随便减了。先代帝王规定下来的制度被称为伦理道德，我们严格遵守，还怕有违背的地方，如果再随意乱改，哪里还有限制呢！希望还是按照《仪礼》所定的丧服制度办事。"

礼部员外郎杨仲昌曰:"昔子路有姊之丧而不除,孔子曰:'先王制礼,行道之人皆不忍也。'子路除之。此则圣人援事抑情之明例也。"

敕:"姨、舅既服小功,舅母不得全降,宜服缌麻,堂姨、舅宜服袒免。"

秋八月,张九龄上《千秋金镜录》。

千秋节,群臣皆献宝镜。九龄以为以镜自照见形容,以人自照见吉凶。乃述前世兴废之源,为书五卷,谓之《千秋金镜录》,上之,赐书褒美。

冬十月,帝还西京。

先是,敕以来年二月还西京,会宫中有怪,上召宰相议西还。裴耀卿、张九龄以农收未毕,请俟仲冬。李林甫潜知上旨,独留言曰:"长安、洛阳,陛下东西宫耳,往来行幸,何更择时!借使妨农,但应蠲所过租税而已。臣请宣示百司,即日西行。"从之。上过陕州,以刺史卢奂有异政,题赞于厅事而去。

十一月,赐朔方节度使牛仙客爵陇西县公。

仙客前在河西,能节用度,勤职业,仓库充实,器械精利。上嘉之,欲加尚书,张九龄曰:"不可。尚书,古之纳言,唐兴以来,惟旧相及扬历中外有德望者乃为之。仙客本河湟使典,今骤居清要,恐羞朝廷。"上曰:"然则但加

礼部员外郎杨仲昌说:"春秋时代的子路为他的姐姐服丧,到期还不除去丧服,孔子说:'这是先王制定的礼仪,必须遵守,作为仁孝之人都是不忍心这样做的。'子路听后就除去了丧服。这件事是圣人遵守礼法而不徇私情的典型例子。"

唐玄宗下敕说:"姨母和舅父既然服小功丧五个月,舅母也不能全不服,应服缌麻丧,堂姨和堂舅则应该服袒免丧服。"

秋八月,张九龄给唐玄宗进献《千秋金镜录》一书。

在唐玄宗生日千秋节这一天,群臣都献上宝镜。张九龄认为用镜子自照可以见到自己的形貌,把自己与别人相对照可以知道吉凶祸福。于是撰写了一部关于过去朝代兴盛与衰败原因的书,共有五卷,名为《千秋金镜录》,献给唐玄宗,唐玄宗赐信赞扬他。

冬十月,唐玄宗返回西京。

先前,唐玄宗下敕书说明年二月返回西京,适逢宫中出现鬼怪,唐玄宗召宰相商议返回西京的事。裴耀卿和张九龄认为现在农作物还没有收获完毕,请等到仲冬时节。李林甫暗中察知唐玄宗的心意,自己单独留下来对唐玄宗说:"长安和洛阳就好像是陛下的东、西两座宫殿,可以自由地行动往来,哪里用得着选择时间!假如说返回西京妨碍农作物收获,只要免除所经过地方的租税就可以了。臣请求宣告百官,马上就动身返回西京。"唐玄宗听从了他的话。唐玄宗经过陕州时,因为陕州刺史卢奂政绩突出,唐玄宗就在卢奂办公的厅堂中题写了一篇赞文后才离去。

十一月,唐玄宗赐朔方节度使牛仙客爵位为陇西县公。

牛仙客以前在河西时,能够节约费用,勤于职守,使仓库物资充实,军器精锐。唐玄宗表彰他的政绩,想要任命他为尚书,张九龄说:"不能这样做。尚书就是古代的纳言,唐朝建立以后,只有曾经做过宰相和朝野内外有名望有德行的人才能担任。而牛仙客原本是河湟地区的一名胥吏,现在突然任命他为这么显要的官职,恐怕有伤朝廷的体面。"唐玄宗说:"那么只增加

实封可乎?"对曰:"封爵所以劝有功也。边将实仓库,修器械,乃常务耳,不足为功。欲赏其勤,赐之金帛可也。裂土封之,恐非其宜。"上默然。李林甫曰:"仙客,宰相才也,何有于尚书!九龄书生,不达大体。"上说。明日,复以仙客实封为言,九龄固执如初。上怒,变色曰:"卿嫌仙客寒微,如卿有何阀阅?"九龄曰:"臣岭海孤贱,不如仙客生于中华。然臣出入台阁,典司诰命有年矣。仙客边隅小吏,目不知书,若大任之,恐不惬众望。"林甫退而言曰:"苟有才识,何必辞学!天子用人,何有不可!"乃赐仙客爵,食实封三百户。

裴耀卿、张九龄罢为左、右丞相,以李林甫兼中书令,牛仙客同三品。

初,上欲以李林甫为相,问于张九龄,九龄对曰:"宰相系国家安危,陛下相林甫,臣恐异日为庙社之忧。"上不从。是时,上在位岁久,渐肆奢欲,怠于政事。而九龄遇事无细大,皆力争之。

上之在藩也,赵丽妃生太子瑛,皇甫德仪生鄂王瑶,刘才人生光王琚。及即位,幸武惠妃,生寿王瑁,丽妃等爱皆弛。太子与瑶、琚以母失职,有怨望语。驸马都尉杨洄尚咸宜公主,常伺三子过失以告惠妃,惠妃泣诉于上,上大怒,欲皆废之。九龄曰:"陛下享国长久,子孙蕃昌,天下之人方以为庆。今三子皆已成人,不闻大过,

他的食邑实封户可以吗?"张九龄回答说:"封爵本是为了奖赏有功的人。牛仙客作为边防将帅,充实仓库,修理军器,都是他应该做的平常事务,谈不上什么功劳。陛下如果想要奖赏他勤于政事的功劳,赐给他金帛就可以了。而要分土封爵,恐怕不合适。"唐玄宗沉默不语。李林甫说:"牛仙客具有做宰相的才能,当不当尚书又有何妨!张九龄是一介书生,不懂得大道理。"唐玄宗听后很高兴。第二天,又说要赐给牛仙客食邑实封户,张九龄还像当初那样坚持说不可以。唐玄宗很愤怒,脸色大变说:"你嫌牛仙客出身贫寒,那么你的出身有什么高贵呢?"张九龄说:"臣不过是岭南地区一个出身贫贱的人,不像牛仙客出生在中原。但是我在台阁之中,掌管诰书诏命已有许多年了。牛仙客原本是边疆地区的一名小吏,目不识书,如果委以大任,恐怕难服众望。"李林甫退朝后说:"只要有才能,何必一定要有文章学识!天子要任用一个人,又有什么不可以呢!"于是唐玄宗赐给牛仙客爵位,并赐给他食邑实封三百户。

裴耀卿和张九龄被罢免为左、右丞相,任命李林甫兼中书令,牛仙客为同中书门下三品。

当初,唐玄宗想要任命李林甫为宰相,征求张九龄的意见,张九龄回答说:"宰相身系国家安危,陛下如果任命李林甫为宰相,臣恐怕日后会成为国家的祸患。"唐玄宗不听。当时,唐玄宗做皇帝已有许多年,逐渐纵情于奢侈淫欲,懒于处理政事。而张九龄无论遇到大小事情,都要竭力争论。

唐玄宗为藩王时,赵丽妃生下太子李瑛,皇甫德仪生下鄂王李瑶,刘才人生下光王李琚。唐玄宗即位后,又宠爱武惠妃,武惠妃生下寿王李瑁,赵丽妃等人都被冷落。太子李瑛与鄂王李瑶、光王李琚因为他们的母亲失宠,说了些怨恨的话。驸马都尉杨洄娶咸宜公主为妻,经常伺察三位皇子的过失,然后告诉武惠妃,武惠妃哭泣着告诉了唐玄宗,唐玄宗大怒,想把三位皇子都废黜。张九龄说:"陛下在位长久,子孙繁盛,天下人都认为值得庆贺。现在三位皇子都已长大成人,没听说有什么大的过失,

奈何一旦以无根之语废之乎！且太子天下本，不可轻摇。昔晋献公听骊姬之谗，杀恭世子，三世大乱；汉武帝信江充之诬，罪戾太子，京城流血；晋惠帝用贾后之谮，废愍怀太子，中原涂炭；隋文帝纳独孤后之言，黜太子勇，立炀帝，遂失天下。由此观之，不可不慎。陛下必欲为此，臣不敢奉诏。"上不悦。林甫退而私谓宦官之贵幸者曰："此主上家事，何必问外人！"上犹豫未决。惠妃密使官奴谓九龄曰："有废必有兴，公为之援，宰相可长处。"九龄叱之，以其语白上，上为之动色。故讫九龄罢相，太子得无动。林甫日夜短九龄于上，上浸疏之。

林甫引萧炅为户部侍郎。炅素不学，尝读"伏腊"为"伏猎"。中书侍郎严挺之言于九龄曰："省中岂容有'伏猎侍郎'！"乃出炅刺岐州，故林甫怨挺之。上积前事，以耀卿、九龄阿党，并拜丞相，罢政事。而以林甫为中书令，牛仙客同三品，领节度如故。贬挺之为洺州刺史。

上即位以来，所用之相，姚崇尚通，宋璟尚法，张嘉贞尚吏，张说尚文，李元纮、杜暹尚俭，韩休、张九龄尚直，各其所长也。九龄既得罪，朝廷之士皆容身保位，无复直言。

林甫欲蔽主擅权，明谓诸谏官曰："今明主在上，群臣将顺之不暇，乌用多言！诸君不见立仗马乎？食三品料，

陛下为什么一下子听信那些无稽之谈,就要把他们全都废掉呢!再说太子是天下的根本,不可轻易动摇他的地位。当初晋献公因为听信骊姬的谗言,杀了恭世子,引起晋国三世大乱;汉武帝因为相信江充的诬告,治了戾太子的罪,致使京城发生了流血事件;晋惠帝因为相信贾后的诬陷,废掉了愍怀太子,致使中原涂炭;隋文帝听信了独孤皇后的话,废黜了太子杨勇,而立隋炀帝,以至失去了天下。由此看来,对废立太子的事情不可不慎重对待。陛下如果一定要那样做,臣实在不敢遵命。"唐玄宗听后很不高兴。李林甫退朝后私下对受唐玄宗器重的宦官说:"这是皇上的家事,何必要与外人商量!"唐玄宗仍然犹豫不决。武惠妃又暗中让一名官奴对张九龄说:"有废必有立,您如果能从中助一臂之力,就可以长期做宰相。"张九龄斥责了官奴,并把这些话告诉了唐玄宗,唐玄宗因此有所感悟。所以一直到张九龄罢相,太子的地位也没有动摇。李林甫不断地在唐玄宗面前说张九龄的坏话,所以唐玄宗逐渐疏远了张九龄。

李林甫引荐萧炅任户部侍郎。萧炅一向不学无术,曾经把"伏腊"读为"伏猎"。中书侍郎严挺之对张九龄说:"尚书省怎么能有'伏猎侍郎'呢!"于是将萧炅外放为岐州刺史,因此李林甫怨恨严挺之。唐玄宗联想到以前的事情,认为裴耀卿与张九龄结党,所以一并拜授他们为左、右丞相,都免去宰相职务。而任命李林甫为中书令,任命牛仙客为同中书门下三品,仍旧兼领朔方节度使。贬严挺之为洺州刺史。

玄宗即位以来,所任用的宰相中,姚崇善于调解各方面的关系,宋璟执法严厉,张嘉贞重视吏治,张说善于写文章,李元纮与杜暹崇尚节俭治国,韩休与张九龄个性直率,这些人各有所长。张九龄因罪罢相后,朝廷百官从此都明哲保身,没人再敢直言。

李林甫想要蒙蔽唐玄宗,由自己专擅朝政,就明确地对谏官们说:"现在有贤明的君主在上,大臣们顺从皇上都顾不过来,哪里还用得着再多说什么呢!你们难道没有看见立在宫门之外作为仪仗使用的马匹吗?虽然它们食用的是三品等级的粮料,

一鸣辄斥去,悔之何及!"补阙杜琎尝奏书言事,黜为下邽令。自是谏争路绝矣。

仙客既为林甫所引进,专给唯诺而已。林甫城府深密,人莫窥其际。好以甘言啖人,而阴中伤之,不露辞色。凡为上所厚者,始则亲结之,及位势稍逼,辄以计去之。虽老奸巨猾,无能逃其术者。

丁丑(737) 二十五年
春正月,置玄学博士。
每岁依明经举。
二月,立明经问义、进士试经法。

敕曰:"进士以声韵为学,多昧古今;明经以帖诵为功,罕穷旨趣。自今明经问大义十条,对时务策三首,进士试大经十帖。"

河西节度使崔希逸袭吐蕃,破之。
初,希逸遣使谓吐蕃边将乞力徐曰:"两国通好,今为一家,何必置兵,妨人耕牧!请皆罢之。"乞力徐曰:"常侍忠厚,言必不欺。然朝廷未必专以边事相委,万一奸人交斗其间,掩吾不备,悔之何及!"希逸固请,乃刑白狗为盟,各去守备。于是吐蕃西击勃律,勃律来告急,上命吐蕃罢兵,吐蕃不奉诏,上甚怒。会希逸傔人孙诲入奏事,言吐蕃无备,请掩击,必大获。上命内给事赵惠琮

但如果嘶叫一声,就会立刻被斥逐下去,到那时后悔都来不及了!"补阙杜琎曾经向唐玄宗上书谈论政事,被贬为下邽县令。从此群臣的进谏之路被断绝了。

牛仙客既然是靠李林甫的引荐当上宰相的,遇事就只是随声附和而已。李林甫的城府极深,人们都摸不透他的心理。他善于当面奉承,而暗中陷害他人,从来不露声色。凡是被唐玄宗所亲近厚待的人,开始时他总是亲近结交,等到地位权势逐渐逼近他时,就用计除掉他们。就是那些老奸巨猾的官吏,也逃不脱他的圈套。

丁丑(737) 唐玄宗开元二十五年

春正月,设置玄学博士。

每年都像科举中的明经科一样考试。

二月,唐玄宗下敕规定明经科考大义和进士科考帖大经的办法。

唐玄宗下敕说:"进士科主要以考声韵辞学为主,多不通古今之变;明经科主要以考帖经和诵经为主,很少有人知道其意义。从今以后,明经科考大义十条,回答对时事的看法三道,进士科考帖大经十道。"

河西节度使崔希逸率兵袭击吐蕃军队,打败吐蕃。

当初,崔希逸派遣使者对吐蕃的边防将领乞力徐说:"我们两国已经和好,现在就像一家人一样,何必再设置兵力,而妨碍边民耕田放牧!希望全部撤去。"乞力徐说:"崔常侍忠厚老实,必定不会欺骗我们。但是你们朝廷未必把边防大权都交给边将,万一有奸诈小人从中捣鬼离间,乘我们不备而袭击,到那时后悔也来不及了!"崔希逸坚持请求罢兵,于是就杀白狗歃血结盟,各自撤去守卫的军队。这时吐蕃向西攻打勃律国,勃律派使者来求援,唐玄宗命令吐蕃罢兵,吐蕃不听,唐玄宗十分愤怒。适逢崔希逸的侍从孙诲入朝上奏边事,说吐蕃军队毫无防备,请求出兵突然袭击,必能大获全胜。唐玄宗就命令内给事赵惠琮

与诲往察事宜。惠琮至,矫诏令希逸袭之。希逸不得已,发兵。至青海西,与吐蕃战,大破之,乞力徐脱身走。惠琮及诲皆受厚赏,吐蕃复绝朝贡。希逸自念失信,愧恨而卒。

夏四月,杀监察御史周子谅,贬张九龄为荆州长史。

子谅弹牛仙客非宰相才,上怒甚,命摔于殿庭,绝而复苏,仍杖之朝堂,流瀼州,至蓝田而死。李林甫言:"子谅,九龄所荐也。"乃贬九龄荆州长史。

废太子瑛、鄂王瑶、光王琚而杀之。

杨洄又谮太子、鄂王、光王潜构异谋,上召宰相谋之。李林甫对曰:"此陛下家事,非臣等所宜豫。"上意乃决。使宦官宣制于宫中,废为庶人,寻赐死。瑶、琚皆好学有才识,死不以罪,人皆惜之。

五月,流夷州刺史杨濬于古州。

濬坐赃当死,上命杖之,流古州。左丞相裴耀卿上疏曰:"决杖赎死,恩则甚优,解体受笞,事颇为辱,止可施之徒隶,不当及于士人。"上从之。

募丁壮长充边军。

敕以方隅底定,令中书、门下量军镇闲剧利害,审计兵防定额,召募丁壮,长充边军,增给田宅,务加优恤。

诏选宗子补官。 秋七月,大理寺奏有鹊来巢,赐李林甫爵晋国公,牛仙客豳国公。

与孙诲一起前往河西研究部署袭击吐蕃的军事行动。赵惠琮到达后，就假托诏旨命令崔希逸袭击吐蕃。崔希逸迫不得已，只好发兵。到了青海西面，与吐蕃军队交战，大败吐蕃，乞力徐脱身逃走。赵惠琮和孙诲都因此受到朝廷的重赏，吐蕃于是再次断绝了对朝廷的进贡。崔希逸想到自己的失信，愧恨交加而死。

夏四月，唐玄宗杀监察御史周子谅，贬张九龄为荆州长史。

周子谅弹劾说牛仙客没有做宰相的才能，唐玄宗十分愤怒，命令左右的人在朝堂上猛打周子谅，周子谅被打昏死后又苏醒过来，然后又在朝堂上用棍棒毒打，打完后流放到瀼州，走到蓝田就死了。李林甫说："周子谅是张九龄推荐的人。"于是唐玄宗将张九龄贬为荆州长史。

唐玄宗废黜太子李瑛、鄂王李瑶和光王李琚，然后杀掉他们。

杨洄又诬陷说太子李瑛和鄂王李瑶、光王李琚暗中图谋不轨，唐玄宗召来宰相商议。李林甫回答说："这是陛下的家事，我们做臣下的不应该参与。"唐玄宗因此才下了决心。派宦官到宫中宣布制命，废他们三人为庶人，不久被赐死。李瑶和李琚都很好学，有才识，无罪而死，人们都感到十分惋惜。

五月，唐玄宗把夷州刺史杨濬流放到古州。

夷州刺史杨濬因为贪污钱财应当处死，唐玄宗命令处以杖刑，然后流放到古州。左丞相裴耀卿上疏说："以杖刑代替死罪，陛下的处置确实是宽厚的，但是这样被打得肢体损伤，却是一件耻辱的事，这种刑罚只能用于刑徒与奴隶，不应该用在读书人身上。"唐玄宗听从了他的建议。

唐玄宗下敕命招募壮丁长期充任边军。

唐玄宗下敕书说，因国家边疆安定，命令中书省、门下省根据各军镇事务多少与地位轻重，确定边兵的定额，招募壮丁，长期充任边军，增加他们的田宅，条件一定要优厚。

唐玄宗下诏选拔皇室子弟，补授给他们官职。 秋七月，大理寺上奏说有喜鹊来做巢，唐玄宗因此赐李林甫晋国公爵位，牛仙客豳国公爵位。

大理少卿徐峤奏：“今岁天下断死刑五十八，狱院由来杀气太盛，鸟雀不栖，今有鹊巢其树。”于是百官以刑措表贺。上归功宰辅，故有是命。

行和籴法，停江、淮运。

先是，西北多宿重兵，地租营田皆不能赡，始用和籴之法。有彭果者，献策请推之关中。敕以谷贱伤农，命增时价什二三，和籴东、西畿粟各数百万斛，停今年江、淮运租。自是关中蓄积羡溢，车驾不复幸东都矣。

冬十月，开府仪同三司广平文贞公宋璟卒。　十二月，惠妃武氏卒，追谥贞顺皇后。

妃，攸止之女也。初，上欲以妃为后，或上言：“武氏乃不戴天之仇，岂可以为国母！且妃既有子，若登宸极，太子必危。”上乃止。至是卒，赠贞顺皇后。

复以明堂为乾元殿。

命将作大匠康𪭢素之东都毁明堂。𪭢索言：“毁之劳人，请去上层，仍旧为乾元殿。”从之。

戊寅（738）　二十六年
春正月，以牛仙客为侍中。　以王玙为祠祭使。

大理少卿徐峤上奏说："今年全国被判处死刑的只有五十八人,大理寺的狱院中,过去一直杀气太盛,以至鸟雀都不停栖,而现在却有喜鹊在那里的树上做巢。"因此朝中百官认为国家安宁,很少用刑法,上表祝贺。唐玄宗把此事归功于宰相,所以有赐给宰相爵位的诏命。

唐玄宗下敕施行官府向民间征购粮食的办法,停止从江、淮地区运输地租。

先前,唐朝在西北边疆驻扎着重兵,当地的地租和军队屯田所收的粮食都不够供养军队,开始施行官府向民间征购粮食的办法。有一位名叫彭果的人,向朝廷献策请求把这一办法推广到关中地区实行。于是唐玄宗下敕书说,因为今年粮食丰收,谷价低贱,会使农民的收入减少,命令比市场价格再增加十分之二三,购买东、西两京地区的粮食各数百万斛,停止今年从江、淮地区所运的地租。从此,关中地区的粮食积蓄充足,唐玄宗不再驾幸东都。

冬十月,开府仪同三司广平文贞公宋璟去世。 十二月,惠妃武氏去世,唐玄宗追赠谥号为贞顺皇后。

武惠妃是武攸止之女。当初,唐玄宗想要立武惠妃为皇后,有人进言说:"武氏与李唐王朝有不共戴天之仇,怎么能够立武氏为皇后呢!再说武惠妃已生有儿子,如果她的儿子登上皇位,太子必定会有危险。"唐玄宗于是作罢。这时武惠妃去世,唐玄宗追赠谥号叫贞顺皇后。

唐朝再一次将明堂改为乾元殿。

唐玄宗命令将作大匠康𬭤素前往东都毁掉明堂。康𬭤素说:"毁掉明堂劳费人力,请求拆掉上层,仍旧为乾元殿。"唐玄宗同意。

戊寅(738) 唐玄宗开元二十六年

春正月,唐玄宗任命牛仙客为侍中。 唐玄宗任命王玙为祠祭使。

上颇好鬼神,以太常博士王玙为祠祭使,祈祷或焚纸钱,类巫觋。习礼者羞之。

令天下州、县、里皆置学。 夏六月,立忠王玙为太子,改名亨。

李林甫数劝上立寿王瑁,上以忠王玙年长,孝谨好学,意欲立之,犹豫不决,常忽忽不乐。高力士请其故,上曰:"汝揣我何意?"力士曰:"得非以郎君未定邪?"上曰:"然。"对曰:"但推长而立,谁敢复争!"上曰:"汝言是也!"由是遂定。玙将受册命,仪注有中严、外办及绛纱袍,玙嫌与至尊同称,表请易之。于是停中严,改办曰备,易绛纱袍为朱明服。故事,太子乘辂至殿门。至是,玙不就辂,步而入。寻更名绍,又更名亨。

突骑施杀其可汗苏禄。

初,苏禄廉俭,攻战所得,悉与诸部分之,由是众乐为用。既尚唐公主,突厥、吐蕃亦各以女妻之,用度浸广,遂不复分,由是诸部离心。酋长莫贺达干夜袭苏禄,杀之。都摩度立苏禄之子骨啜为吐火仙可汗,以收其余众。

秋九月朔,日食。 **贬王昱为高要尉。**

初,吐蕃陷安戎城而据之,其地险要,唐屡攻之,不克。剑南节度使王昱筑两城于其侧,运资粮以逼之。吐蕃大发兵救安戎城,昱众大败,脱身走,资仗皆没。由是贬死。

册南诏为云南王。

唐玄宗十分迷信鬼神,任命太常博士王玙为祠祭使,王玙在祈祷时常常焚烧纸钱,很像巫师。懂得礼仪的人都为这种做法感到羞耻。

唐玄宗下令在全国各地的州、县和乡里都设置学校。 夏六月,唐玄宗立忠王李玙为太子,改名叫李亨。

李林甫多次劝唐玄宗立寿王李瑁为皇太子,唐玄宗认为忠王李玙年长,为人仁孝谨慎,勤奋好学,想要立他为太子,但心中还是犹豫不决,经常闷闷不乐。高力士询问缘由,唐玄宗说:"你猜一猜我在想什么事?"高力士说:"难道是还没有确立太子的事?"唐玄宗说:"是。"高力士回答说:"只要推举年长者而立,谁还敢再来争夺呢!"唐玄宗说:"你说得对!"因此立太子的事就确定了下来。李玙将要接受册封,仪式中有中严、外办的警备礼仪以及穿绛纱袍的礼仪,李玙认为这些礼仪不应该与皇帝的礼仪名称相同,上表请求改换。于是停中严礼,改外办礼为外备礼,改服绛纱袍为朱明服。按照旧例,太子要乘辂车到殿门口。这时,李玙不乘辂车,步行入殿。不久改名叫李绍,后又改名叫李亨。

突骑施人杀死他们的可汗苏禄。

当初,苏禄廉洁俭朴,每次打仗所掠得的财物,都与各部落分享,因此部众都乐于为他效命。苏禄娶了唐朝的公主后,突厥与吐蕃也各自把自己的女儿嫁给他,费用开支越来越多,于是打仗后所得的财物不再分给其他部落,因此各部落离心离德。酋长莫贺达干率兵在夜间袭击苏禄,杀了他。都摩度立苏禄之子骨啜为吐火仙可汗,借以收罗苏禄的残余部众。

秋七月初一,发生日食。 唐玄宗贬王昱为高要县尉。

当初,吐蕃攻占了唐朝的安戎城,并派军队据守此城,因其地势险要,唐朝军队多次攻打,没有攻克。剑南节度使王昱在安戎城的旁边筑了两座城,运送粮食和军用物资充实城中,以进逼吐蕃。吐蕃派遣大量军队救援安戎城,王昱的军队大败,王昱脱身逃命,粮食和军用物资全部丢弃给吐蕃。因此王昱被贬而死。

唐朝册封南诏王为云南王。

南诏之先本哀牢夷,地居姚州西,东南接交趾,西北接吐蕃。蛮语谓"王"曰"诏",先有六诏,莫能相一,历代因之以分其势。蒙舍最在南,故谓之南诏。至皮逻阁浸强大,而五诏微弱,乃赂王昱,求合六诏为一。朝廷许之,赐名归义。于是以兵威胁服群蛮,遂破吐蕃,徙居大和城,卒为边患。

冬十月,作行宫于两都间。
凡千余间。
置龙武军。
分羽林置龙武军,以万骑营隶焉。

己卯(739) 二十七年
夏六月,贬张守珪为括州刺史。
幽州将赵堪、白真陁罗矫节度使张守珪之命,使平卢军使乌知义邀叛奚余党,知义不从,白真陁罗矫称制指以迫之。知义出师与虏遇,先胜后败,守珪隐其败状,以克获闻。事颇泄,上令内谒者监牛仙童往察之。守珪重赂仙童,归罪于白真陁罗,逼令缢死。众宦官疾仙童,发其事。上怒,杖杀之,守珪坐贬。

秋八月,碛西节度使盖嘉运击突骑施,擒其可汗骨啜。

突骑施吐火仙可汗与莫贺达干相攻,莫贺达干遣使告碛西节度使盖嘉运,嘉运引兵击之,擒吐火仙,取交河公主,悉收散发之民数万以与拔汗那王,威震西陲。

追谥孔子为文宣王。

南诏的祖先本是哀牢夷,居住地在姚州的西面,东南与交趾相连,西北与吐蕃接壤。蛮语把"王"称为"诏",先前共有六诏,不能统一,历代王朝都借此分化他们的势力。蒙舍诏在最南面,所以称为南诏。到了皮逻阁时代,南诏逐渐强大,而其他五诏势力衰弱,于是就贿赂王昱,请求把六诏合并为一。朝廷答应,就赐皮逻阁名为归义。于是蒙归义就用自己强大的兵力迫使群蛮服从,并打败了吐蕃,迁居到大和城,最终成为唐朝的边患。

冬十月,在西京与东都之间建造行宫。

共一千余间。

唐玄宗命令设置龙武军。

唐玄宗命令从羽林军中分出一部分军队设置龙武军,并把万骑营隶属于龙武军。

己卯(739) 唐玄宗开元二十七年

夏六月,唐玄宗贬张守珪为括州刺史。

幽州镇将赵堪与白真陁罗假托节度使张守珪的命令,让平卢节度使乌知义率兵截击反叛的奚族余党,乌知义不愿意出战,白真陁罗就假托皇上的制命逼迫他出战。乌知义只好出兵与奚军交战,先胜后败,而张守珪却隐瞒了战败的军情,上奏说获得胜利。此事败露之后,唐玄宗命令内谒者监牛仙童去调查。张守珪用重金贿赂牛仙童,把败军之罪归咎于白真陁罗,逼迫他上吊自杀。其他的宦官因为嫉妒牛仙童,就揭发了此事。唐玄宗大怒,下令用杖刑处死了牛仙童,张守珪获罪被贬。

秋八月,碛西节度使盖嘉运率兵攻打突骑施,擒获了突骑施可汗骨啜。

突骑施吐火仙可汗骨啜与莫贺达干相互攻打,莫贺达干派遣使者向碛西节度使盖嘉运告急,盖嘉运率兵攻打,俘获了吐火仙可汗,接回交河公主,还收罗了数万名披头散发的部落民众交给拔汗那王,唐军威震西部边疆。

唐朝追赠孔子谥号为文宣王。

先是,祀先圣先师,周公南向,孔子东向坐。制:"自今孔子南向坐,被王者之服,释奠用宫悬。"赠弟子为公、侯、伯。

冬十二月,更定禘、祫之制。

初,睿宗丧既除,祫于太庙。自是三年一祫,五年一禘。是岁,夏既禘,冬又当祫。太常以为祭数则渎,请停祫祭,自是通计五年一祫一禘。从之。

庚辰(740) **二十八年**

春正月,荆州长史张九龄卒。

上虽以九龄忤旨逐之,然爱重其人,每宰相荐士,辄问曰:"风度得如九龄不?"

三月朔,日食。 **以阿史那昕为十姓可汗。** **六月,以盖嘉运为河西、陇右节度使。**

嘉运来献捷,上嘉其功,故有是命。嘉运恃恩流连,不时发。裴耀卿曰:"嘉运诚勇烈有余,然言气矜夸,恐难成事。且将军受命,凿凶门而出,今乃酣宴朝夕,殆非忧国爱人之心。乞速遣进涂,严加训励。"上乃趣嘉运行。已而竟无功。

冬十月,吐蕃寇安戎城,发关中兵救之。

初,剑南节度使张宥,文吏不习军旅,悉以军政委团练副使章仇兼琼。兼琼入奏事,盛言安戎城可取,上悦之,以

以前,祭祀先代的圣贤时,周公向南而坐,孔子向东而坐。唐玄宗下制书说:"从今以后孔子向南而坐,身着帝王服装,行释奠礼时用宫悬礼仪。"又分别追赠孔子的七十二位弟子公、侯、伯的爵位。

冬十二月,唐朝改定禘祭与祫祭的制度。

当初,为唐睿宗服完丧后,在太庙举行祫祭。从此以后,每三年举行一次祫祭,每五年举行一次禘祭。这一年夏季禘祭完后,冬季又应该祫祭。太常寺认为祭祀太滥就会显得不敬重,请求停止今年的祫祭,以后总计五年一次祫祭、一次禘祭。唐玄宗同意。

庚辰(740) 唐玄宗开元二十八年

春正月,荆州长史张九龄去世。

唐玄宗虽然因为张九龄违背了旨意,把他赶出了朝廷,但还是喜爱敬重张九龄的为人,每当宰相向他推荐官员的时候,唐玄宗总是问道:"风度能比得上张九龄吗?"

三月初一,发生日食。 唐玄宗封阿史那昕为十姓可汗。

六月,唐玄宗任命盖嘉运为河西、陇右节度使。

盖嘉运入朝献俘,唐玄宗为了表彰他的功劳,所以任命他为河西、陇右节度使。盖嘉运自认为受到唐玄宗的恩宠,留恋京师,没有按时赴任。裴耀卿说:"盖嘉运确实是勇烈有余,但说话的语气自大夸耀,恐怕难以成就大事。再说古代的将军受命出征,都要凿一面向北的门,从那里出去,以示战死的决心,而盖嘉运现在却朝夕饮酒作乐,恐怕没有忧国忧民之心。希望陛下立刻让他赴任,并严加训诫。"于是唐玄宗催促盖嘉运上路。后来盖嘉运果然没有什么战功。

冬十月,吐蕃入侵安戎城,唐朝征发关中地区的士兵去救援。

当初,剑南节度使张宥,因为自己是文官不懂军事,就把军政大事全都委任给团练副使章仇兼琼处置。章仇兼琼入朝奏事,极力上言说安戎城能够攻取,唐玄宗十分高兴,于是任命

宥为光禄卿,兼琼为节度使。兼琼潜与安戎城中吐蕃结谋开门纳唐兵,尽杀吐蕃将卒,使监察御史许远将兵守之。至是吐蕃寇安戎,发关中兵救之,吐蕃引去。

十一月,立莫贺达干为突骑施可汗。

莫贺达干闻立阿史那昕,怒曰:"首诛苏禄,我之谋也,今立史昕,何以赏我!"遂帅诸部叛。上乃立莫贺达干为可汗,使统突骑施之众,命嘉运招谕之。莫贺达干竟击昕杀之。

是岁户口之数。

户八百四十一万二千八百,口四千八百一十四万三千六百。西京、东都米斛直钱不满二百,绢匹亦如之。海内富安,行者万里不持寸兵。

辛巳(741) 二十九年
春正月,立赈饥法。

制曰:"承前饥馑,皆待奏报,然后开仓。道路悠远,何救悬绝! 自今委州县及采访使,给讫奏闻。"

夏闰四月,得玄元皇帝像。

上梦玄元皇帝云:"吾像在京城西南百余里。"遣使求得之于盩厔,迎置兴庆宫。

吐蕃入寇。

吐蕃四十万入寇,至安仁军,骑将臧希液帅众五千击破之。

秋七月,突厥杀其登利可汗。

张宥为光禄卿,章仇兼琼为剑南节度使。章仇兼琼暗中与安戎城中的吐蕃将领合谋,让他打开城门领唐兵入城,杀死了所有的吐蕃将士,派监察御史许远率兵守卫。这时吐蕃入侵安戎城,唐朝征发关中地区的士兵去救援,吐蕃才退兵。

十一月,唐玄宗立莫贺达干为突骑施可汗。

突骑施首长莫贺达干得知唐朝立阿史那昕为十姓可汗,十分恼怒地说:"首先诛杀苏禄可汗是出于我的谋划,而今反立阿史那昕为可汗,又用什么来奖赏我呢!"于是就率领诸部落反叛。唐玄宗这才立莫贺达干为可汗,让他统领突骑施部众,并命令盖嘉运招抚他。最后莫贺达干攻打阿史那昕,并杀了他。

这一年唐朝的户口数量。

户数八百四十一万二千八百,人口数四千八百一十四万三千六百。西京和东都每斛米的价格不到二百钱,每匹绢的价格也如此。境内生活富裕,秩序安定,出门的人远行万里也不必拿任何武器。

辛巳(741) 唐玄宗开元二十九年
春正月,唐玄宗下制书规定赈济饥荒的办法。

唐玄宗下制书说:"以前各州发生饥荒,都要等待上奏报告后,才能开仓赈济。道路遥远,怎么能够救济快要饿死的灾民呢!从今以后委托州县长官和采访使,可以先行赈济,然后再上奏报告。"

夏闰四月,唐玄宗获得玄元皇帝老子像。

唐玄宗梦见玄元皇帝老子告诉他说:"我有像在京城西南一百余里的地方。"唐玄宗派人寻找,在盩厔县找到,于是唐玄宗迎接老子像放置在兴庆宫中。

吐蕃军队入侵唐朝。

吐蕃四十万大军入侵,至安仁军,被骑将臧希液率兵五千打败。

秋七月,突厥人杀死登利可汗。

初,登利从叔二人分典兵马,号左、右杀。登利恶其专,诱右杀斩之,自将其众。左杀判阙特勒攻登利,杀之,骨咄叶护自立为可汗。上以突厥内乱,命羽林将军孙老奴招谕回纥、葛逻禄、拔悉密等部落。

洛水溢。

溺死者千余人。

八月,以安禄山为营州都督。

禄山倾巧,善事人,人多誉之。上左右至平卢者,禄山皆厚赂之,由是上益以为贤。又赂采访使张利贞,利贞盛称之,上乃以为营州都督,充平卢军使。

十一月,太尉、宁王宪卒,追谥曰让皇帝。

宪卒,上哀恸特甚,曰:"天下,兄之天下也,固让于我,为唐太伯,常名不足以处之。"乃谥曰让皇帝。其子汝阳王琎表述先志,固让,不许。

十二月,吐蕃陷石堡城。

壬午(742) **天宝元年**

春正月,以安禄山为平卢节度使。

是时,天下声教所被之州三百三十一,羁縻之州八百,置十节度、经略使以备边。安西节度抚宁西域,治龟兹城。北庭节度防制突骑施、坚昆,治北庭都护府。河西节度断隔吐蕃、突厥,治凉州。朔方节度捍御突厥,治灵州。河东节度与朔方掎角以御突厥,治太原府。范阳节度临制奚、契丹,治幽州。平卢节度镇抚室韦、靺鞨,治营州。陇右节度备御吐蕃,治鄯州。剑南节度西抗吐蕃,南抚蛮獠,

当初，登利可汗的两个堂叔分别统领军队，号为左、右杀。登利憎恨两杀专权，就引诱斩杀了右杀，由自己亲自率领右杀军队。左杀判阙特勒率兵攻打登利，并杀了他，骨咄叶护自立为可汗。唐玄宗因为突厥内乱，命令羽林将军孙老奴招抚回纥、葛逻禄和拔悉密等部落。

洛水泛滥。

淹死一千多人。

八月，唐玄宗任命安禄山为营州都督。

安禄山性格巧诈，善于讨好人，所以人们大多称赞他。唐玄宗手下的人到了平卢，安禄山都用重金收买他们，因此唐玄宗更加认为他是贤能之士。安禄山又贿赂采访使张利贞，因此张利贞尽力称赞安禄山，于是唐玄宗任命安禄山为营州都督，充任平卢节度使。

十一月，太尉、宁王李宪去世，唐玄宗追赠谥号为让皇帝。

李宪去世后，唐玄宗十分哀痛惋惜，说："皇位本来是哥哥的，而他却坚决让给了我，他是唐朝的太伯，普通的名号难以表现他的德行。"于是追赠谥号叫让皇帝。他的儿子汝阳王李琎上表追述先父的遗志，坚持辞让追赠的帝号，唐玄宗不答应。

十二月，吐蕃攻陷石堡城。

壬午（742）　唐玄宗天宝元年

春正月，唐玄宗任命安禄山为平卢节度使。

此时，唐朝所统辖的州有三百三十一个，羁縻州八百个，设置了十个节度使和经略使守卫边疆。安西节度使镇抚西域，治所在龟兹城。北庭节度使防备突骑施和坚昆，治所在北庭都护府。河西节度使切断吐蕃和突厥的往来，治所在凉州。朔方节度使抵御突厥，治所在灵州。河东节度使与朔方节度使成掎角之势共同防御突厥，治所在太原府。范阳节度使控制奚与契丹，治所在幽州。平卢节度使镇抚室韦与靺鞨，治所在营州。陇右节度使抵御吐蕃，治所在鄯州。剑南节度使西抗吐蕃，南抚蛮獠，

治益州。岭南五府经略绥静夷、獠,治广州。此外又有长乐经略,福州领之;东莱守捉,莱州领之;东牟守捉,登州领之。凡镇兵四十九万人,马八万余匹。开元之前,每岁供边兵衣粮,费不过二百万。天宝之后,益兵浸多,每岁用衣千二十万匹,粮百九十万斛,公私劳费,民始困苦矣。

穿三门运渠。　群臣请加尊号。

陈王府参军田同秀言:"玄元皇帝告以藏灵符在尹喜故宅。"上遣使求得之。群臣上表以宝符潜应年号,请于尊号加"天宝"字。从之。

二月,享玄元皇帝于新庙。越三日,享太庙。越二日,合祀天地于南郊。　改官名。

侍中、中书令为左、右相,丞相改为仆射。东、北都皆为京,州为郡,刺史为太守。

以田同秀为朝散大夫。

时人皆疑宝符同秀所为也。间一岁,清河人崔以清复言:"见玄元皇帝,云藏符在武城紫微山。"敕使往掘,亦得之。东京留守王倕知其诈,按问,果首服。奏之,上亦不深罪也。

三月,以韦坚为江、淮租庸转运使。

初,宇文融既败,言利者稍息。及杨慎矜得幸,于是韦坚、王铁之徒竞以利进,百司有事权者,稍稍别置使以领之,旧官充位而已。坚,太子之妃兄也,督江、淮租运,岁增巨万。上以为能,故擢任之。王铁亦以善治租赋为户部员外郎。

治所在益州。岭南五府经略使镇抚夷、獠,治所在广州。此外还有长乐经略使,由福州刺史兼任;东莱守捉,由莱州刺史兼任;东牟守捉,由登州刺史兼任。以上共有镇兵四十九万人,战马八万余匹。开元年间以前,每年朝廷供给边镇兵的衣粮,费用不超过二百万。天宝年间之后,边将都上奏增兵,于是镇兵越来越多,每年的衣服用布帛一千零二十万匹,耗费粮食一百九十万斛,公私烦劳,费用浩大,老百姓从此生活困苦了。

开凿三门峡运渠。　群臣请求为唐玄宗加尊号。

陈王府参军田同秀上言说:"玄元皇帝老子告诉我说,他在尹喜旧宅藏有灵符。"于是唐玄宗派使者去搜求并获得了灵符。群臣上表说宝符暗中与年号相应,请于尊号上加"天宝"二字。唐玄宗同意。

二月,唐玄宗在新玄元庙祭祀玄元皇帝老子。三天后,祭祀太庙。又过了两天,于南郊合祭天地。　更改官职名称。

分别改侍中和中书令名为左、右相,改丞相名为仆射。东都和北都分别改名为东京和北京,改州为郡,改刺史为太守。

唐玄宗任命田同秀为朝散大夫。

当时人们都怀疑宝符是田同秀假造的。约过了一年,清河人崔以清又上言道:"我看见了玄元皇帝老子,他说在武城紫微山藏有灵符。"唐玄宗下敕派使者前去挖掘,果然又得到了灵符。东京留守王倕知道其中有诈,于是审问崔以清,崔以清果然承认是假造的。王倕上奏了此事,但唐玄宗并没有深加问罪。

三月,唐玄宗任命韦坚为江、淮租庸转运使。

当初,宇文融败亡后,争相献钱言利的人稍微有所收敛。及至杨慎矜得到唐玄宗的宠爱,于是韦坚、王鉷之类言利的人都受到重用,有财权的各部门也逐渐另置使职,掌管财利,原先的官员只是充数而已。韦坚是太子妃韦氏的兄长,唐玄宗命他负责督办江、淮租运,每年增加数目极大的钱财。唐玄宗认为韦坚能干,所以升官重用他。王鉷也因为善于管理税赋而被任命为户部员外郎。

以卢绚、严挺之为员外、詹事。

李林甫为相，凡才望功业出己右者，必百计去之，尤忌文学之士，或阳与之善，而阴陷之。世谓林甫"口有蜜，腹有剑"。上尝陈乐于勤政楼下，垂帘观之。兵部侍郎卢绚谓上已起，垂鞭按辔，横过楼下。绚风标清粹，上目送之。林甫知之，乃召绚子弟谓曰："交、广藉才，上欲以尊君为之。若惮远行，则当左迁，姑以宾、詹分务东洛，何如？"绚惧，请之，乃除华州刺史。未几，诬其有疾，除员外、詹事。上又尝问林甫："严挺之可用，今安在？"挺之时为绛州刺史。林甫退，召挺之弟，谕以"上意甚厚，盍称疾求还，可以见上"。挺之从之。林甫以其奏白上云："挺之老疾，宜且授以散秩，以便医药。"上叹吒久之，亦以为员外、詹事。

秋七月朔，日食。　牛仙客卒，以李适之为左相。突厥阿布思来降。

初，突厥拔悉密、回纥、葛逻禄三部共攻骨咄叶护，杀之，立拔悉密为颉跌可汗，回纥、葛逻禄自为左、右叶护。突厥余众共立判阙特勒之子为乌苏可汗。朔方节度使王忠嗣说拔悉密等使攻之，乌苏遁去。突厥西叶护阿布思等帅余众千余帐相次来降，突厥遂微。

唐玄宗任命卢绚和严挺之为员外同正、太子詹事。

李林甫任宰相后，对于朝中百官凡是才能名望和功业在自己之上的人，一定要想方设法除去，尤其忌恨由文学才能而进官的人，有时表面上装出友好的样子，而暗中却进行陷害。所以世人都称李林甫是"口有蜜，腹有剑"。唐玄宗曾经在勤政楼下陈设乐舞，垂帘观看。兵部侍郎卢绚以为唐玄宗已经离开，于是就提鞭按辔，从楼下穿过。卢绚风度清雅，唐玄宗目送他远去。李林甫得知此事后，就召来卢绚的儿子对他说："现在交州、广州需要有才能的人去治理，皇上想令你父亲去。如果害怕远行，就会被降官，姑且以太子宾客或太子詹事的身份去分管东都事务，不知如何？"卢绚十分害怕，于是就主动上奏请求担任太子宾客或詹事，因此除授他为华州刺史。不久，李林甫又诬陷说卢绚有病，除授他为员外同正、太子詹事。唐玄宗又曾经问李林甫："严挺之其人可以重用，现在在哪里任官？"严挺之当时任绛州刺史。李林甫退朝后，即召来严挺之的弟弟，告诉他说："皇上十分器重你哥哥，为何不乘此机会上奏说有病，要求回京师治疗，这样就可以见到皇上了。"严挺之听从了李林甫的话。李林甫又因严挺之的奏言对唐玄宗说："严挺之衰老多病，应该暂且授以散官，以便于他治病。"唐玄宗感叹了很久，于是也任命严挺之为员外同正、太子詹事。

秋七月初一，发生日食。　牛仙客去世，唐玄宗任命李适之为左相。　突厥阿布思来归降。

当初，突厥所统辖的拔悉密、回纥和葛逻禄三部联兵攻打骨咄叶护，杀了他，推举拔悉密酋长为颉跌可汗，回纥与葛逻禄自封为左、右叶护。于是突厥残余部众共同拥立判阙特勒之子为乌苏可汗。朔方节度使王忠嗣派人劝说拔悉密等共同攻打乌苏可汗，乌苏可汗逃走。突厥西叶护阿布思等率领余众一千余帐陆续来降附唐朝，从此突厥的势力衰落。

癸未(743) 二年

春正月,安禄山入朝。

安禄山入朝,上宠待甚厚,谒见无时。禄山奏言:"去年营州虫食苗,臣焚香祝天云:'臣若操心不正,事君不忠,愿使虫食臣心;若不负神祇,愿使虫散。'即有群鸟从北来,食虫立尽。请宣付史官。"从之。李林甫领吏部尚书,日在政府,选事悉委侍郎宋遥、苗晋卿。时选人集者以万计,遥、晋卿以御史中丞张倚得幸于上,擢其子奭为首。禄山言于上,上召入面试之,奭手持试纸,终日不成一字,时人谓之"曳白"。于是三人皆坐贬。

三月,追尊周上御大夫为先天太皇,皋繇为德明皇帝。 广运潭成,加韦坚左散骑常侍。

坚引浐水抵苑东望春楼下为潭,以聚江、淮运船,役夫匠通漕渠,发人丘垄,自江、淮至京城,民间愁怨。二年而成。上幸楼观之,坚以新船数百艘,扁榜郡名,各陈珍宝,仍进轻货及百牙盘食。上置宴,竟日而罢。加坚常侍,吏卒褒赏有差,赐其潭名广运。

甲申(744) 三载

春正月,改年曰载。 二月,海贼寇台州,遣河南尹裴敦复讨平之。 以安禄山兼范阳节度使。

癸未（743）　唐玄宗天宝二年

春正月,安禄山入朝。

安禄山入朝后,唐玄宗对他十分宠幸,随时可以晋见。安禄山上奏说:"去年营州蝗虫吃禾苗,臣焚香祝告上天说:'臣如果心术不正,对君王不忠诚,愿让蝗虫吃掉臣的心;如果没有负于神灵,希望蝗虫自动散去。'立刻有一群鸟从北方飞来,一下子把蝗虫吃光了。请求把此事交付史官记录。"唐玄宗同意。李林甫兼任吏部尚书,每天都在政事堂,于是把选官的事全部委托给侍郎宋遥和苗晋卿。当时聚集的候选官有一万多名,宋遥和苗晋卿因为御史中丞张倚受到唐玄宗的宠信,于是就把张倚的儿子张奭录取列为第一名。安禄山把此事告诉了唐玄宗,唐玄宗把张奭召入宫中亲自面试,张奭手里拿着试卷,一整天未写出一个字,被当时的人们称为"曳白"。于是宋遥、苗晋卿和张倚三人都获罪被贬官。

三月,唐朝追尊玄元皇帝老子的父亲周朝上御大夫为先天太皇,追尊皋繇为德明皇帝。　广运潭完工,唐玄宗加授韦坚为左散骑常侍。

韦坚引浐水到禁苑东面望春楼下为深潭,用来聚集江、淮地区的运粮船只,役使民夫工匠开通漕渠,挖掉许多百姓祖先的坟墓、从江、淮地区一直到京城,百姓怨声载道。两年才完工。唐玄宗登临望春楼观看新潭,韦坚组织了数百只新船,每只船上都写着各郡的郡名,各郡的船上陈列着珍宝,同时进上诸郡所献的财货以及百牙盘盛放的美食。唐玄宗设宴款待,闹腾了一整天才完。于是唐玄宗加授韦坚左散骑常侍,其属下官吏士卒得到的赏赐多少不等,赐潭名叫广运潭。

甲申（744）　唐玄宗天宝三载

春正月,唐朝改年为载。　二月,海盗侵犯台州,唐玄宗派遣河南尹裴敦复讨伐平定了他们。　唐玄宗任命安禄山兼任范阳节度使。

河北黜陟使席建侯称禄山公直,李林甫、裴宽亦顺旨称誉其美,由是禄山之宠益固。

夏五月,河西军击突骑施,斩莫贺达干,更立骨咄禄为可汗。 突厥乱,册回纥骨力裴罗为怀仁可汗。

拔悉密攻斩突厥乌苏可汗,国人立其弟为白眉可汗。于是突厥大乱,敕王忠嗣出兵乘之,破其左厢十一部。会回纥、葛逻禄共攻拔悉密颉跌伊施可汗,杀之。回纥骨力裴罗自立为骨咄禄毗伽阙可汗,遣使言状,上册拜裴罗为怀仁可汗。于是怀仁南据突厥故地,旧统药逻葛等九姓,又并拔悉密、葛逻禄,凡十一部,各置都督,每战则以二客部为先。

九月,以杨慎矜为御史中丞。

初,上以慎矜知御史中丞事,时李林甫专权,公卿之进有不出其门者,必以罪去之,慎矜固辞不受。至是林甫以慎矜屈附于己,复以为中丞。

十二月,贬裴宽为睢阳太守。

户部尚书裴宽素为上所重,李林甫忌之。刑部尚书裴敦复击台、明海贼还,受请托,广序军功,宽微奏其事。林甫以告敦复,敦复言宽亦尝以亲故为属。林甫曰:“君速奏之,勿后于人。”敦复乃赂女官杨太真之姊,使告于上,宽由是坐贬。

始祀九宫贵神。

初,术士苏嘉庆言:“遁甲术有九宫贵神,典司水旱,请立坛于东郊,祀以四孟月。”从之。礼在太清宫、太庙上,所

河北黜陟使席建侯称赞安禄山公正无私，李林甫和裴宽也顺从皇上的旨意称颂安禄山的美德，因此安禄山受到唐玄宗的宠信更加牢固。

夏五月，河西镇兵攻打突骑施，斩杀了其酋长莫贺达干，并改立骨咄禄为可汗。　突厥大乱，唐玄宗册拜回纥骨力裴罗为怀仁可汗。

拔悉密攻打并斩杀了突厥乌苏可汗，突厥人又立乌苏的弟弟为白眉可汗。于是突厥内部大乱，唐玄宗下敕命令王忠嗣乘机出兵攻打突厥，打败了突厥左厢十一部。又与回纥、葛逻禄联兵进攻拔悉密颉跌伊施可汗，斩杀了他。回纥骨力裴罗自立为骨咄禄毗伽阙可汗，并派遣使者向唐朝廷说明情况，唐玄宗因此册拜骨力裴罗为怀仁可汗。于是怀仁可汗向南占据了突厥旧地，原先统治药逻葛等九姓，后来又兼并了拔悉密、葛逻禄，总共十一部，每部都设置都督，每当作战时就让两个客部作为先锋。

九月，唐玄宗任命杨慎矜为御史中丞。

当初，唐玄宗命杨慎矜主持御史中丞事务，当时李林甫专权，公卿进用如果不是通过他的门路，必定要设法加罪陷害而除去，所以杨慎矜坚决辞让不肯接受。这时李林甫认为杨慎矜依附于自己，于是重新任命他为御史中丞。

十二月，唐玄宗贬裴宽为睢阳太守。

户部尚书裴宽一向受玄宗器重，李林甫忌恨他。刑部尚书裴敦复攻打台州和明州的海盗后回朝，受人请托，为别人夸大军功，裴宽暗中向玄宗奏报了此事。李林甫知道后告诉了裴敦复，裴敦复就告诉李林甫说裴宽也曾把他的亲故嘱托给自己。于是李林甫说："你赶快上奏皇上，不要让别人抢先。"裴敦复就贿赂女道士杨太真的姐姐，让她告诉玄宗，裴宽因此获罪贬官。

唐玄宗开始祭祀九宫贵神。

当初，方术之士苏嘉庆上言说："遁甲之术中有九宫贵神，专门掌管人间的水旱之事，请求在东郊建造一座祭坛，在四月份进行祭祀。"唐玄宗同意。祭祀的礼节在太清宫和太庙之上，所

用牲玉,皆侔天地。

初令百姓十八为中,二十三成丁。

乙酉(745) 四载

春正月,帝闻空中神语。

上谓宰臣曰:"朕于宫中为坛,为百姓祈福,自草黄素置案上,俄飞升天,闻空中语云:'圣寿延长。'又炼药成,置坛上,及夜欲收,又闻空中语云:'药未须收,此自守护。'"群臣表贺。

回纥怀仁可汗卒。

回纥怀仁可汗击突厥白眉可汗,杀之,传首京师,于是北边晏然。回纥斥地愈广,尽有突厥故地。怀仁卒,子磨延啜立,号葛勒可汗。

二月,以朔方节度使王忠嗣兼河东节度使。

忠嗣少勇敢,及镇方面,专以持重安边为务,常曰:"太平之将,但当抚循训练士卒,不可疲中国之力以邀功名。"军中日夜思战,忠嗣多遣间谍,见可胜,然后兴师,故出必有功。既兼两道节制,自朔方至云中,边陲数千里,要害之地悉置城堡,斥地各数百里。边人以为自张仁亶之后,将帅皆不及。

秋七月,册寿王妃韦氏。八月,以杨太真为贵妃。

初,武惠妃卒,后宫无当意者,或言寿王妃杨氏之美,上见而悦之,乃令妃自以其意乞为女官,号太真,更为寿王娶郎将韦昭训女。潜内太真宫中。不期岁,宠遇如惠妃,

用的牺牲及玉器,都与祭祀天地所用相同。

唐朝首次规定百姓十八岁为中男,二十三岁为成丁。

乙酉（745） 唐玄宗天宝四载

春正月,唐玄宗听见空中神明说话。

唐玄宗对宰相说:"朕在宫中设置祭坛,为天下百姓祈求幸福,朕亲自在黄素绢上写了字放置在香案上,不一会儿飞上天空,听见空中说道:'圣寿延长。'还有朕把炼成的仙药放置在祭坛上,到了晚上想要收起来,又听见空中说道:'药不必收,就放在这里好好守护。'"群臣听后都上表祝贺。

回纥怀仁可汗死去。

回纥怀仁可汗攻打突厥白眉可汗,并杀了他,传首级到京师,从此唐朝的北方边疆安然无事。回纥开拓占领的地方越来越广大,全部占有突厥的旧地。怀仁可汗死后,他的儿子磨延啜继位,号为葛勒可汗。

二月,唐玄宗任命朔方节度使王忠嗣兼任河东节度使。

王忠嗣少年时代就很勇敢,任节度使镇守一方后,专以稳定安宁边疆为首要任务,时常说:"处在太平时代的将帅,只应该安抚训练士卒,不能疲劳国力以求取功名。"军中士卒日夜想要出战,王忠嗣就多派暗探侦察敌人的动静,见到有机可乘,战而能胜,然后才出兵,所以出兵必有战功。兼任两镇节度使后,从朔方至云中,数千里长的边疆,在要害地方都设置城堡,开拓地方各达数百里。边疆的人们都认为从张仁亶之后,将帅都不如他。

秋七月,唐玄宗册封韦氏为寿王李瑁的妃子。**八月**,唐玄宗册封杨太真为贵妃。

当初,武惠妃死后,后宫中再也没有令唐玄宗称心如意的人了,这时有人说寿王李瑁的妃子杨氏貌美,唐玄宗见到后十分喜欢,于是命杨妃自己请求出家当女道士,道号太真,另外为寿王李瑁娶了左卫郎将韦昭训的女儿为妃子。然后暗中把杨太真接入宫中。杨太真入宫还不到一年,受到的宠爱就如武惠妃一样,

宫中号曰"娘子",凡仪体皆如皇后。至是册为贵妃,赠其父玄琰兵部尚书,以从兄铦为殿中少监,锜为驸马都尉,三姊皆赐第京师,宠贵赫然。

杨钊者,贵妃之从祖兄也,不学无行,为宗党所鄙。从军于蜀,贫不能归,新政富民鲜于仲通常资给之。仲通颇读书,有才智,章仇兼琼引为采访支使,委以心腹。尝从容谓仲通曰:"今吾独上所厚,苟无内援,李林甫必见危。闻杨妃新得幸,子能为我结之,吾无患矣。"仲通因言钊本末。钊仪观甚伟,言辞敏给,兼琼见之大悦,即辟为推官,使献春彩于京师,赆蜀货直万缗。钊大喜过望。至长安,见诸妹,分以遗之,曰:"此章仇公所赠也。"于是诸杨日夜誉兼琼,且言钊善樗蒲,引之见上,得出入禁中,授金吾兵曹参军。

九月,以韦坚为刑部尚书,杨慎矜为租庸转运使。
坚以通漕有宠,遂有入相之志,又与李适之善,林甫由是恶之,故迁以美官,实夺之权也。

安禄山讨奚、契丹,破之。
禄山欲以边功市宠,数侵掠奚、契丹,奚、契丹各杀所尚公主以叛,禄山讨破之。

冬,安禄山奏立李靖、李勣庙。
禄山奏:"臣讨契丹至北平郡,梦先朝名将李靖、李勣从臣求食。"遂命立庙。又奏荐奠之日,庙梁产芝。

宫中都称她为"娘子",一切礼仪都与皇后相同。这时唐玄宗册封杨太真为贵妃,追赠其父杨玄琰为兵部尚书,任命其堂兄杨铦为殿中少监,杨锜为驸马都尉,杨贵妃的三个姐姐都在京师赐给宅第,宠贵无比。

杨钊是杨贵妃同一个曾祖的哥哥,不学无术,品行不端,受到族人的鄙视。曾经从军于蜀中,因贫穷而不能返回,新政县富人鲜于仲通经常接济他。鲜于仲通爱读书,颇具才华,剑南节度使章仇兼琼引荐他任采访支使,并把他作为亲信。章仇兼琼曾经从容地对鲜于仲通说:"现在我只是受到皇上的器重,假如在朝中再没有别的内援,一定会受到李林甫的危害。听说杨贵妃新得皇上宠爱,你如果能够为我与杨家拉上关系,我就可以无忧了。"于是鲜于仲通对杨钊说明了情况。杨钊仪表堂堂,言辞敏捷,章仇兼琼见后十分高兴,立刻任命他为推官,派他往京师进献丝绸,并赠送给他价值一万缗钱的蜀地出产的货物。杨钊大喜过望。到达长安后,见到杨家诸妹,杨钊就把所带的蜀货分赠给她们,并说:"这是章仇公送给你们的。"所以,杨家的人整天为章仇兼琼说好话,并说杨钊擅长玩樗蒲,并带杨钊去晋见唐玄宗,因而杨钊得以出入宫禁,被任命为金吾兵曹参军。

九月,唐玄宗任命韦坚为刑部尚书,杨慎矜为租庸转运使。

韦坚因为开通漕运而受到唐玄宗的宠爱,于是有了入朝当宰相的心意,又因他与李适之关系亲密,因而李林甫忌恨他,所以名义上升了他的官,实际上是夺了他的权。

安禄山讨伐奚和契丹,打败了他们。

安禄山想以在边疆立战功而求得唐玄宗的宠爱,所以多次侵掠奚与契丹,奚与契丹就各自杀掉所娶的唐朝公主而反叛,安禄山又率兵讨叛而打败了他们。

冬季,安禄山上奏为李靖和李勣立庙。

安禄山上奏说:"臣讨伐契丹来到北平郡,梦见先朝名将李靖与李勣向我求讨食物。"于是唐玄宗下令为他们建庙。安禄山又上奏说祭奠的那天,庙中梁上长出了灵芝草。

以王鉷为京畿采访使。

初，鉷为户口色役使，敕赐百姓复除。鉷奏征其辇运之费，广张钱数，使市轻货，百姓所输乃甚于不复除。戍边者免其租庸，六岁而更。时边将耻败，士卒死者皆不申牒，贯籍不除，王鉷皆以为避课，六岁之外，悉征其租庸，有并征三十年者，民无所诉。上在位久，用度日侈，又不欲数于左、右藏取之。鉷知上旨，岁贡额外钱帛百亿万，贮于内库，以供宴赐，曰："此皆不出于租庸调。"上以鉷为能富国，益厚遇之，中外叹怨。至是以为御史中丞、京畿采访使。杨钊侍宴禁中，专掌樗蒲文簿，钩校精密。上赏其强明，曰："好度支郎。"诸杨数征此言于上，又以属王鉷，鉷因奏钊判官。

丙戌（746） 五载
春正月，贬韦坚为缙云太守，皇甫惟明为播川太守。

李适之性疏率，李林甫尝谓之曰："华山有金矿，采之可以富国，上未之知也。"它日，适之言之。上以问林甫，对曰："臣久知之，但华山陛下本命，王气所在，凿之非宜，故不敢言。"上以林甫为爱己，谓适之曰："自今奏事，宜先与林甫议之。"适之由是束手，而与韦坚益亲，林甫愈恶之。初，太子之立，非林甫意，林甫恐异日为己祸，欲动摇之。陇右节度使皇甫惟明尝为忠王友，时破吐蕃，入献捷，

唐玄宗任命王𫟹为京畿采访使。

当初，王𫟹任户口色役使时，唐玄宗下敕免除百姓今年的租庸调。王𫟹却上奏请求征收百姓的运费，夸大钱数，又命令用钱购买当地的贵重物品，这样百姓交纳的比不免除租庸调时还多。按旧制，戍边的士卒应该免除租庸，六年轮换一次。当时边防将领都以战败为耻，对战死的士卒都不向官府申报，所以这些士卒在家乡的户籍没有注销，王𫟹把他们都作为逃避赋税的人，对于戍守边疆六年以上者，全都征收租庸，有的被一并征收三十年的租庸，百姓却无处申诉。唐玄宗在位日久，用度日益奢侈，又不想经常到左藏库和右藏库中去取。王𫟹探听到唐玄宗的心意，每年都上贡数目极多的额外钱，贮存在内库中，以供唐玄宗在宫中宴乐赏赐，并说："这些钱都是租庸调以外的。"因此唐玄宗认为王𫟹能够富国，对他更加宠幸，弄得朝野内外怨声载道。这时任命王𫟹为御史中丞、京畿采访使。杨钊在宫中侍宴，专门掌管樗蒲文书，管理得有条有理。唐玄宗很欣赏他的精明强干，说："真是个好度支郎。"杨家的人又多次在唐玄宗面前说起这句话，并托付给王𫟹，于是王𫟹就上奏任命杨钊为判官。

丙戌(746)　唐玄宗天宝五载

春正月，唐玄宗贬韦坚为缙云太守，贬皇甫惟明为播川太守。

李适之性格粗疏，李林甫曾经对他说："华山有金矿，如果加以开采，可以富国，皇上还不知道这件事。"有一天，李适之向唐玄宗说了这件事。唐玄宗又询问李林甫，李林甫回答说："臣早知道此事，但华山是陛下的本命，王气所在之地，不应该开凿，所以我不敢说。"唐玄宗因此认为李林甫能爱护自己，对李适之说："从今以后上奏事情，应该先与李林甫商量。"从此李适之不敢多论政事，而与韦坚更加亲密，所以李林甫愈加憎恨他。当初，李亨被立为太子，李林甫就不同意，他害怕以后会为自己招祸，所以常常想动摇太子的地位。陇右节度使皇甫惟明在太子为忠王时曾经做过忠王友的官职，这时因打败了吐蕃，入朝奏捷献俘，

见林甫专权，劝上去之。林甫知之，使杨慎矜密伺其所为。会正月望夜，太子出游，与坚相见，坚又与惟明会于景龙观。慎矜遂告坚与惟明谋立太子，收下狱，林甫使慎矜等鞠之。上亦疑坚与惟明有谋而不显其罪，皆贬之，亲党坐者数十人。太子表请与妃离昏。

以王忠嗣为河西、陇右、朔方、河东节度使。

忠嗣始在朔方、河东，每互市，高估马价，诸胡闻之，争以马求市，由是胡马少，唐兵益壮。忠嗣杖四节，控制万里，天下劲兵重镇，皆在掌握。与吐蕃战于青海、积石，皆大捷。又讨吐谷浑于墨离军，虏其全部而归。

夏四月，李适之罢。

韦坚等既贬，适之惧，自求散地，罢政事。其子卫尉少卿霅尝召客，客畏李林甫，无一人敢往者。初，适之与林甫有隙，适之领兵部尚书，林甫使人发兵部铨曹奸利事，收吏六十余人付京兆。京兆尹萧炅使法曹吉温鞠之，温置吏于外，先取二重囚讯之，号呼之声，所不忍闻。吏闻之大惧，引入，皆自诬服，顷刻狱成。敕诮责前后知铨侍郎及判南曹郎官而宥之。始，太子文学薛嶷荐温才，上召见，顾嶷曰："是一不良人，朕不用也。"及林甫欲除不附己者，求治狱吏，炅荐温于林甫，林甫大喜。温，顼之兄子也。又有罗希奭者，为吏深刻，林甫引为殿中侍御史。

看到李林甫专权，就劝唐玄宗除去李林甫。李林甫知道了这件事，就指使杨慎矜暗中伺察皇甫惟明的行为。适逢正月十五日夜，太子出游，与韦坚相见，韦坚又与皇甫惟明在景龙观中相会。杨慎矜于是告发说韦坚与皇甫惟明阴谋拥立太子为皇帝，二人因此被逮捕入狱，李林甫让杨慎矜等人审讯他们。唐玄宗也怀疑韦坚与皇甫惟明搞阴谋，但没有确凿的证据，于是把他们二人都贬官，亲朋好友受牵连者达数十人。太子上表请求与韦妃离婚。

唐玄宗任命王忠嗣为河西、陇右、朔方、河东节度使。

王忠嗣在朔方、河东镇，每当与胡人贸易时，都提高马价，各地胡人听说后，都争着把马卖给唐朝，因此胡人马少，而唐朝兵马却愈加强壮。王忠嗣一身兼任四镇节度使，控制着万里边疆，唐朝的强兵重镇，都在他的掌握之中。与吐蕃战于青海、积石，都获得大胜。又出兵讨伐吐谷浑于墨离军，俘获了其全部人马而回。

夏四月，李适之被免去宰相职务。

韦坚等人被贬后，李适之惧怕，自动请求改任闲散官职，于是免去他的宰相职务。他的儿子卫尉少卿李霅曾经设宴招待客人，客人们因为害怕李林甫的权势，竟然没有一个人敢前往赴宴。当初，李适之与李林甫有矛盾，李适之兼任兵部尚书，李林甫就指使人告发说兵部掌管铨选的官吏有收受贿赂的事，于是逮捕了六十多人交付给京兆府。京兆尹萧炅指派法曹吉温审讯，吉温让兵部的官吏待在外面，先押来两个重刑犯人审讯，犯人号呼的声音，惨不忍闻。兵部的官吏听到后十分恐惧，被带进去后，都违心地认了罪，很快冤狱就被铸成。唐玄宗下敕书责备前后主持铨选的侍郎与南曹郎官，然后赦免了他们。开始时，太子文学薛嶷推荐说吉温有才能，唐玄宗召见了吉温，然后对薛嶷说："这不是一个好人，朕不任用他。"后来李林甫想要除掉不依附自己的人，寻求治理狱案的官吏，萧炅就把吉温推荐给李林甫，李林甫十分高兴。吉温是吉顼哥哥的儿子。当时还有一个名叫罗希奭的人，也是个酷吏，李林甫引荐他任殿中侍御史。

二人皆随林甫所欲深浅,锻炼成狱,无能自脱者,时人谓之"罗钳吉网"。

以陈希烈同平章事。

希烈以讲《老》《庄》得进,专用神仙符瑞媚于上。李林甫以希烈柔佞易制,故引以为相,政事一决于林甫,希烈但给唯诺。故事,宰相午后六刻乃出,林甫奏今太平无事,已时即还第,机务皆决于私家,主书抱成案诣希烈书名而已。

五月朔,日食。　秋七月,敕左降官日驰十驿。

以流贬人在道路逗留,故有是敕。自是左降官多不全矣。

加岭南经略使张九章三品,以王翼为户部侍郎。

杨贵妃方有宠,每乘马则高力士执辔授鞭,织绣之工专供贵妃院者七百人,中外争献珍玩。九章、翼所献精美,九章加三品,翼为户部侍郎。民间歌之曰:"生男勿喜女勿悲,君今看女作门楣。"妃欲得生荔枝,岁命岭南驰驿致之。尝以妒悍不逊,送归铦第,上遂不食。及夜,力士奏请迎妃归院,遂开禁门而入。后复以忤旨遣归,吉温因宦官言于上曰:"陛下何爱宫中一席之地,不使之就死,而辱之于外舍邪?"上亦悔之,遣中使赐以御膳。妃对使者涕泣曰:"金玉珍玩,皆陛下所赐,惟发者父母所与。"乃剪发一缭而献之。上遽召还,宠待益深。

这两个人都能按照李林甫的意图,制造冤狱,被害的人都不能逃脱,当时的人们称他们为"罗钳吉网"。

唐玄宗任命陈希烈为同平章事。

陈希烈因为善于讲解《老子》和《庄子》而受到重用,又专门用神仙符瑞来求得唐玄宗的欢心。李林甫因为陈希烈柔顺奸佞,容易控制,所以就引荐他任宰相,而朝政大事都由李林甫决定,陈希烈只是一味地顺从。按照过去的习惯,宰相在午后六刻才回家,李林甫上奏说现在天下太平无事,宰相在巳时就可回家,军国大事都在自己家里裁决,管理文书的官吏只是把办成的方案拿去让陈希烈署名而已。

五月初一,发生日食。 秋七月,唐玄宗下敕命令被贬官的人每天要行进十驿远的路程。

因为被流放和贬官的人总在半道上逗留,所以唐玄宗颁布了这一敕书。从此以后,被贬官的人大多生命得不到保全。

唐玄宗加授岭南经略使张九章三品官,任命王翼为户部侍郎。

杨贵妃正得唐玄宗的宠爱,每次乘马时,高力士都要为她牵马执鞭,专门为杨贵妃织锦绣衣服的工匠多达七百人,朝野内外都争着进献珍宝玩物。因为张九章和王翼所进献的物品精美,所以加授张九章三品官,任命王翼为户部侍郎。民间歌唱道:"生男勿喜女勿悲,君今看女作门楣。"杨贵妃喜欢吃新鲜荔枝,唐玄宗就命令岭南每年用驿马飞驰送来。杨贵妃曾经因为嫉妒泼悍无礼,被唐玄宗下令送回他哥哥杨铦的家里,唐玄宗因此茶饭不思。到了晚上,高力士上奏请求接杨贵妃回来,于是打开宫门让杨贵妃入宫。后来杨贵妃又因为违抗唐玄宗的旨意而被送回杨家,吉温通过宦官对唐玄宗说:"陛下为何要爱惜宫中一席之地,不让她死在宫中,而要让她在宫外丢人现眼呢?"唐玄宗也感到后悔,就派遣宦官把御膳赐给杨贵妃。杨贵妃痛哭流涕地对宦官说:"金玉珍玩,都是陛下赐给我的,只有头发是父母给我的。"于是就剪下一缕自己的头发让献给唐玄宗。唐玄宗马上把杨贵妃召回宫中,更加受到宠爱。

杀骁卫兵曹柳勣、赞善大夫杜有邻。

有邻女为太子良娣，其长女为勣妻。勣性狂疏，好功名，喜交结豪俊，淄川太守裴敦复、北海太守李邕皆与定交。勣与妻族不协，欲陷之，为飞语告有邻妄称图谶，交构东宫，指斥乘舆。林甫令吉温鞫之，乃勣首谋，遂与有邻皆杖死，太子亦出良娣为庶人。

丁亥（747） **六载**

春正月，杀北海太守李邕及皇甫惟明、韦坚等，王琚、李适之自杀。

江华司马王琚性豪侈，与李邕皆自谓耆旧，久在外，意怏怏，李林甫恶其负材使气，欲因事除之。因别遣罗希奭按邕与裴敦复，皆杖死。邕才艺出众，卢藏用常语之曰："君如干将、莫邪，难与争锋，然终虞缺折耳。"邕不能用。林甫又奏分遣御史赐皇甫惟明、韦坚等死。希奭所过杀迁谪者。李适之仰药，琚自缢。适之子霅迎丧至东京，林甫令人诬告杀之。给事中房琯坐与适之善，贬宜春太守。林甫恨韦坚不已，遣使于循河及江、淮州县求坚罪，收系纲典船夫，征剥逋负，延及邻伍，死者甚众。至林甫卒乃止。

除绞、斩条。

上慕好生之名，令应绞、斩者皆重杖流岭南，其实有司率杖杀之。

李林甫杖杀左骁卫兵曹柳勣和赞善大夫杜有邻。

杜有邻的女儿是太子的良娣,他的长女是柳勣的妻子。柳勣性格狂傲粗疏,喜好功名,喜欢结交豪俊之士,因此淄川太守裴敦复和北海太守李邕都与他结为朋友。柳勣与他妻子家里的人关系不和,想要陷害他们,于是就散布谣言说杜有邻胡乱地引用谶书,交结太子,指责皇上。李林甫命令吉温审问,原来柳勣是首谋,因此柳勣与杜有邻都被杖杀而死,太子也废杜良娣为庶人。

丁亥(747) 唐玄宗天宝六载

春正月,李林甫杀害北海太守李邕以及皇甫惟明、韦坚等人,王琚和李适之自杀。

江华司马王琚性格豪爽,生活奢侈,与北海太守李邕都认为自己资格老,却长期在地方做官,心中不满,李林甫憎恨他们自恃有才,意气用事,因此想借机把他们除掉。于是另外派遣罗希奭去审讯李邕与裴敦复,二人都被杖杀而死。李邕才艺出众,卢藏用经常对他说:"你好像春秋时代吴王所铸的宝剑干将与莫邪,虽然难与争锋,但最终恐怕要被折坏。"李邕没能听从他的话。李林甫又上奏请求分别派遣御史往贬所把皇甫惟明和韦坚等人赐死。罗希奭把所经过地方被贬降的官员全都杀死。李适之服毒自杀,王琚上吊而死。李适之的儿子李霅迎接父亲的尸体到了东京,李林甫命人诬告李霅而杀了他。给事中房琯因为与李适之关系密切而受到牵连,被贬为宜春太守。李林甫对韦坚还不解恨,派遣使者沿着黄河及江、淮地区的州县搜求韦坚的罪状,逮捕管理漕运的官吏和船工,并严厉追究拖欠赋税的人,牵连到街坊邻里,死了很多人。一直到李林甫死后才停止追究。

唐玄宗下令取消绞刑和斩首的法律条文。

唐玄宗因为羡慕爱惜生命的声名,所以下令把应该处以绞刑和斩首的犯人都重重地处以杖刑后流放到岭南,其实有关部门都把犯人杖打致死。

令天下嫁母服三载。　令士通一艺以上皆诣京师。

上欲广求天下之士,命通一艺以上皆诣京师。李林甫恐草野之士对策斥其奸恶,建言:"举人卑贱,恐有俚言污浊圣听。"乃令郡县精加试练,送省覆试,具名闻奏。既而至者皆试以诗、赋,遂无一人及第者。林甫乃以野无遗贤上表称贺。

以安禄山兼御史大夫。

禄山体肥,腹垂过膝,外若痴直,内实狡黠,令其将刘骆谷留京师伺朝廷指趣。岁献俘虏、杂畜、奇禽、异兽、珍玩之物,不绝于路。其在上前,应对敏给,杂以诙谐。上尝戏指其腹曰:"此胡腹中何所有? 其大乃尔!"对曰:"更无余物,正有赤心耳!"上悦。又尝命见太子,禄山不拜,左右趣之拜,禄山曰:"太子何官?"上曰:"此储君也,朕千秋万岁后,代朕君汝者也。"禄山曰:"臣愚,向者唯知有陛下一人,不知乃更有储君。"不得已,然后拜。上以为信然,益爱之。上尝宴勤政楼,独禄山于御座东间设金鸡障,置榻使坐其前,命杨铦姊弟皆与禄山叙兄弟。禄山得出入禁中,因请为贵妃儿。上与贵妃共坐,禄山先拜贵妃,上问何故,对曰:"胡人先母而后父。"上悦。

夏四月,王忠嗣解河东、朔方节度。

唐玄宗下令天下人为改嫁的母亲服丧三年。　　唐玄宗下令凡精通一项技艺以上的人都到京师考试。

　　唐玄宗想要广求天下的贤能之士，于是就下令凡是精通一项技艺以上的人都到京师考试。李林甫恐怕朝外的贤能之士在对策中斥责自己的奸恶，就建议说："被荐举的人卑贱，恐怕有伤大雅的言语玷污了圣上的耳朵。"于是就命令先由郡县严加考试选拔，然后再送到尚书省复试，列上姓名上奏。接着对来应试的人都进行诗、赋考试，因此没有一个人及第。于是李林甫就上表祝贺说朝外已经没有被遗留的贤才。

**　　唐玄宗任命安禄山兼任御史大夫。**

　　安禄山身体肥胖，大腹便便，垂过膝盖，外表看似愚笨老实，实际上却很狡猾，他命令部将刘骆谷留在京师刺探朝廷的动向。安禄山每年向朝廷进献俘虏、杂畜、奇禽、异兽和珍宝玩物，不绝于路。安禄山在唐玄宗面前应对敏捷，时常还夹杂着一些诙谐幽默的言语。唐玄宗曾经开玩笑地指着安禄山的肚子说："你这个胡人的肚子中有什么东西？竟然这么大！"安禄山回答说："没什么别的东西，只有对陛下的一片赤诚之心！"唐玄宗听后十分高兴。唐玄宗又曾经命安禄山晋见太子，安禄山见到太子后不跪拜，左右的人催促他跪拜，安禄山说："不知道太子是什么官？"唐玄宗说："太子就是将来的皇上，朕去世之后，代替朕做君王统治你的就是他。"安禄山说："臣愚昧无知，过去只知道有陛下一人，不知道还有太子。"安禄山迫不得已，然后才跪拜。唐玄宗相信了安禄山的这些话，因此更加宠爱他。唐玄宗曾经在勤政楼设宴，单独为安禄山在自己的御座东边设置画着金鸡的障子，设床榻让安禄山坐在前面，又命杨铦姐弟都与安禄山叙兄弟之情。安禄山可以自由出入宫禁，因此请求做杨贵妃的儿子。唐玄宗与杨贵妃一起坐着，安禄山却先拜贵妃，唐玄宗问他为什么，安禄山回答说："我们胡人的习惯是先母而后父。"唐玄宗听后十分高兴。

**　　夏四月，王忠嗣辞去河东和朔方节度使职务。**

李林甫以忠嗣功名日盛,恐其入相,忌之。安禄山潜蓄异志,托以御寇,筑雄武城,请忠嗣助役,欲留其兵。忠嗣先期而往,不见禄山而还。数奏禄山必反,林甫益恶之。忠嗣固辞河东、朔方节度,许之。

冬十月,如骊山温泉,名其宫曰华清。 将军董延光攻吐蕃石堡城,不克。十一月,以哥舒翰充陇右节度使,贬王忠嗣为汉阳太守。

王忠嗣以部将哥舒翰为大斗军副使,李光弼为河西兵马使。翰本突骑施别部酋长,光弼,契丹王楷洛之子也,皆以勇略为忠嗣所重。每岁积石军麦熟,吐蕃辄来获之,无能御者。翰先伏兵于其侧,虏至,断其后,夹击之,无一人得返,自是不敢复来。

上欲使忠嗣攻吐蕃石堡城,忠嗣上言:"石堡险固,吐蕃举国守之,非杀数万人不能克。臣恐所得不如所亡,不如厉兵秣马,俟其有衅,然后取之。"上意不快。将军董延光请行,上命忠嗣分兵助之。忠嗣不得已奉诏,而不尽如其所欲。

李光弼曰:"大夫以多杀士卒之故,不欲成延光之功,虽迫于制书,实夺其谋也。何以知之?今以数万众授之,而不立重赏,士卒安肯为之尽力乎!然此天子之意也,彼无功,必归罪于大夫,大夫何爱数万段帛,不以杜其谗口乎!"忠嗣曰:"今以数万之众争一城,得之未足以制敌,不得亦

李林甫因为王忠嗣功名日盛,恐怕他入朝担任宰相,所以忌恨他。安禄山暗中阴谋反叛,假称要抵御敌人入侵,修筑雄武城,请求王忠嗣率领部下来帮助筑城,打算趁机把他的兵马留下。王忠嗣先期前往,没有见到安禄山就回来了。然后多次上奏说安禄山要反叛,因此李林甫更加憎恶王忠嗣。王忠嗣坚持要辞去所兼任的河东和朔方节度使职务,唐玄宗同意。

冬十月,唐玄宗前往骊山温泉,给宫殿命名为华清宫。 将军董延光率兵攻打吐蕃石堡城,没有攻克。十一月,唐玄宗任命哥舒翰充任陇右节度使,贬王忠嗣为汉阳太守。

王忠嗣任命部将哥舒翰为大斗军副使,任命李光弼为河西兵马使。哥舒翰原本是突骑施别部的酋长,李光弼是契丹王李楷洛的儿子,二人都因有勇有谋而受到王忠嗣的重用。每年积石军的麦子成熟后,吐蕃军队总是来抢收,没有人能够阻挡。哥舒翰就预先率兵埋伏在一旁,等吐蕃兵到后,就切断他们的退路,然后两面夹击,吐蕃全军覆没,无一人逃生,从此不敢再来。

唐玄宗想让王忠嗣率兵攻打吐蕃石堡城,王忠嗣上言说:"石堡城险要坚固,吐蕃举全国之力守卫,不死数万人无法攻克。臣恐怕所得不如所失,不如暂且厉兵秣马,积蓄力量,等有机可乘时,然后再攻取。"唐玄宗听后心中不高兴。将军董延光主动请求率兵去攻打石堡城,于是唐玄宗命令王忠嗣分所部兵马助战。王忠嗣迫不得已,只好奉行诏命,实际上却没有完全按照董延光的想法行事。

李光弼对王忠嗣说:"您因为不愿过多杀伤士卒生命的缘故,不想成全董延光的功劳,虽然为皇上的制书所迫而出兵助战,实际上却破坏了他的计谋。我怎么知道的呢? 因为您虽然把数万军队交给了董延光,却没有制定重赏的制度,这样士卒怎么肯为他尽力作战呢! 但是攻打石堡城是皇上的主意,董延光没有战绩,必然要归罪于您,您为何因为爱惜这数万段丝帛而不肯堵住董延光进谗言的嘴呢!"王忠嗣说:"现在以牺牲数万士卒的生命来争得一城,就是得到了此城也难以制敌,不得此城也

无害于国,故忠嗣不欲为之。忠嗣今受责天子,不过以一将军归宿卫,其次不过黔中上佐,忠嗣岂以数万人之命易一官乎!"光弼曰:"大夫能行古人之事,非光弼所及也。"延光过期不克,言忠嗣沮挠军计,上怒。李林甫因使人告忠嗣欲拥兵奉太子。敕征忠嗣入朝,委三司鞫之。

上闻哥舒翰名,召见悦之,以为陇右节度使。而诏三司曰:"吾儿居深宫,安得与外人通谋!此必妄也。但劾忠嗣沮挠军功。"翰之入朝也,或劝多赍金帛以救忠嗣,翰曰:"若直道尚存,王公必不冤死;如其将丧,多赂何为!"三司奏忠嗣罪当死,翰力陈其冤。上感悟,贬忠嗣汉阳太守。

李林甫屡起大狱,以杨钊有掖庭之亲,乃引以为援。事有微涉东宫者,皆指擿使之奏劾,付罗希奭、吉温鞫之。钊因得逞其私志,所挤陷诛夷者数百家。幸太子仁孝谨静,张垍、高力士常保护于上前,故林甫终不能间也。

杀户部侍郎杨慎矜。
慎矜为上所厚,李林甫浸忌之。慎矜与王鉷父,中表兄弟也,故引鉷入台。及鉷迁中丞,慎矜犹名之,鉷意不平。慎矜不之觉也,尝与之私语谶书。慎矜与术士史敬忠

无害于国家,所以我王忠嗣不想干这种劳而无功的事情。我王忠嗣现在受到皇上的责难,不过是罢免我的职务,让我做一个将军归朝宿卫,至多不过把我贬往黔中做长史或司马,我王忠嗣怎么能够用数万名士兵的生命来保全这一官半职呢!"李光弼说:"您能够像古代的贤人那样做事,不是我李光弼这种人所能比得上的。"董延光超过了期限还没有攻下石堡城,就上言说王忠嗣故意破坏军事计划,唐玄宗十分愤怒。李林甫乘机指使他人告发说王忠嗣想要拥兵尊奉太子为皇帝。于是唐玄宗下敕征召王忠嗣入朝,交付给御史台与中书省、门下省共同审讯。

唐玄宗听说过哥舒翰的名声,召见之后十分赏识,于是就任命他为陇右节度使。而唐玄宗下诏给御史台与中书省、门下省说:"太子居住在深宫之中,怎么能与外人通谋呢!这一定是有人在胡说。只能弹劾王忠嗣故意破坏军事计划的罪行。"哥舒翰入朝时,有人劝他多拿一些金帛去救王忠嗣,哥舒翰说:"如果天下还有公道,王公必然不会冤枉而死;如果公道快要丧尽,多拿金帛行贿又有什么用呢!"御史台与中书省、门下省上奏说王忠嗣罪该处死,哥舒翰坚持说王忠嗣冤枉。唐玄宗有所醒悟,于是贬王忠嗣为汉阳太守。

李林甫多次制造冤案,因为杨钊与杨贵妃有亲戚关系,李林甫就援引他为党羽。案件如果与太子稍有一点关系,李林甫就指使杨钊上奏弹劾,把犯人交付给罗希奭与吉温审问。因此杨钊得以施展他的野心,被陷害而诛杀的人有数百家。所幸太子仁孝谨慎,张垍与高力士又常常在唐玄宗面前保护他,所以李林甫的阴谋始终没有得逞。

唐玄宗杀掉户部侍郎杨慎矜。

户部侍郎杨慎矜因为受到唐玄宗的厚待,李林甫逐渐忌恨他。杨慎矜与王鉷的父亲是表兄弟,所以杨慎矜就引荐王鉷进入御史台。等王鉷升迁到御史中丞,杨慎矜仍然直呼他的姓名,因此王鉷心中不满。而杨慎矜却没有感觉到王鉷对他的不满,曾经与王鉷私下谈论预卜吉凶的谶书。杨慎矜与方术之士史敬忠

善,敬忠言天下将乱,劝慎矜于临汝山中买庄避乱。林甫知铦与慎矜有隙,诱使图之。铦乃遣人以飞语告:"慎矜,隋炀帝孙,与凶人往来,家有谶书,谋复祖业。"

上大怒,收慎矜系狱,命杨钊、卢铉同鞫之。使吉温捕敬忠于汝州。敬忠与温父善,温幼时,敬忠常抱抚之。及捕获,温不与语,锁其颈,驱之马前,使吏诱之曰:"杨慎矜已款服,惟须子一辨,解意则生,不然必死。"敬忠求纸,温不答,敬忠恳请哀切,乃令答辨。还鞫慎矜,引以为证。慎矜皆引服,惟搜谶书不获。使卢铉入长安搜其家,铉袖谶书入暗中,出诟曰:"逆贼深藏秘记。"以示慎矜。叹曰:"吾不蓄谶书,此何从在吾家哉!我应死而已。"于是兄弟皆赐死,妻子流岭南,连坐者数十人。

十二月,以天下岁贡赐李林甫。

命百官阅岁贡物于尚书省,悉以车载赐李林甫。上或时不视朝,百司悉集林甫第门,台省为空。林甫子岫为将作监,颇以满盈为惧,尝从林甫游后园,指役夫言曰:"大人久处钧轴,怨仇满天下,一朝祸至,欲为此得乎!"林甫不乐,曰:"势已如此,将若之何!"先是,宰相皆以德度自处,驺从

关系密切,史敬忠说天下将要大乱,劝说杨慎矜在临汝山中买庄院作为避乱之地。李林甫知道王銶与杨慎矜有矛盾,就引诱王銶陷害杨慎矜。于是王銶就让手下人散布流言说:"杨慎矜是隋炀帝的玄孙,经常与坏人来往,家里还藏有预卜吉凶的谶书,阴谋复辟祖先的帝业。"

　　唐玄宗听后大怒,命令逮捕杨慎矜入狱,并下令杨钊和卢铉共同审问。又派吉温到汝州去逮捕史敬忠。史敬忠与吉温的父亲关系友好,吉温年幼时,史敬忠经常抱着他玩耍。等捕获了史敬忠,吉温不与他说话,只是让人锁住他的脖子,把他赶到马前,然后指使官吏劝诱他说:"杨慎矜已经认罪,只是需要你去作一下证明,你如果能够按照我们的要求去做,就可以保全性命,否则只有死路一条。"于是史敬忠要求给他纸张,吉温不答应,史敬忠恳切哀求,吉温才允许他在纸上写出证词。回来以后才去审问杨慎矜,并引史敬忠的证词为证。杨慎矜只得全部认罪,只是没有搜到预卜吉凶的谶书。李林甫就派卢铉去长安搜查杨慎矜的家,卢铉事先把谶书藏在衣袖中,故意走进黑暗的地方,然后骂骂咧咧地出来说:"这个逆贼把谶书藏得真隐秘。"然后展示给杨慎矜看。杨慎矜哀叹说:"我从来没有藏过谶书,这怎么能从我家搜到呢!我是该死而已。"于是杨慎矜兄弟三人都被赐死,妻子和儿女被流放到岭南,其他受牵连而获罪的还有数十人。

　　十二月,唐玄宗把天下每年进贡给朝廷的物品全部赐给李林甫。

　　唐玄宗命朝中百官于尚书省观看天下每年进贡给朝廷的物品,然后全部用车载着赐给李林甫。唐玄宗有时不上朝,朝廷各个部门就都集中到李林甫家中办事,朝中为之而空。李林甫的儿子李岫任将作监,对父亲的权势过大十分畏惧,有一次跟随李林甫游览后花园,指着那些做工的民夫对李林甫说:"大人长期任宰相,仇家满天下都是,一旦祸难来临时,就是想像这些民夫一样,还能行吗!"李林甫听后不高兴地说:"大势已经是这样了,有什么办法呢!"先前,宰相都以德行与气度处世,骑马的侍从

不过数人。林甫自以多结怨，常虞刺客，出则步骑百余人为左右翼，金吾静街，前驱在数百步外。居则重关复壁，如防大敌，一夕屡徙床，虽家人莫知其处。

以高仙芝为安西四镇节度使。

仙芝本高丽人，从军安西，骁勇善骑射，累官四镇节度副使。勃律王及其旁二十余国，皆附吐蕃，贡献不入，讨之不克。制以仙芝为行营节度使讨之。自安西行百余日，至连云堡，破之。遣将军席元庆将千骑前行，谓曰："小勃律闻大军至，其君臣百姓必走山谷，第呼出，取缯帛，称敕赐之。大臣至，尽缚之以待我。"元庆如其言。仙芝至，斩其附吐蕃者数人，急遣元庆往斫娑夷藤桥，甫毕，而吐蕃救至。娑夷即弱水，不能胜草芥。藤桥阔尽一矢，力修之，期年乃成。仙芝虏小勃律王及吐蕃公主而还。上以仙芝为安西四镇节度使，仙芝署封常清判官，任以军事。

自唐兴以来，边帅皆用忠厚名臣，不久任，不遥领，不兼统，功名著者往往入为宰相。其四夷之将，虽才略如阿史那社尔、契苾何力，犹不专大将之任，皆以大臣为使以制之。及开元中，天子有吞四夷之志，为边将者十余年不易，始久任矣。皇子则庆、忠诸王，宰相则萧嵩、牛仙客始遥领矣。盖嘉运、王忠嗣专制数道，始兼统矣。李林甫欲杜边帅入相之路，

不过几个人。李林甫认为自己树敌太多，常常担心有刺客来杀他，所以出门时有步骑侍从一百余人在左右两边护卫，并让金吾卫的士兵赶走街上的行人，走在前面数百步保护。所居住的地方重门复壁，如临大敌，一天晚上竟多次转移住处，就是他的家人也不知道他住在什么地方。

唐玄宗任命高仙芝为安西四镇节度使。

高仙芝本是高丽人，在安西服兵役，作战勇猛，善于骑马射箭，多次升迁后做到安西四镇节度副使。勃律以及周围的二十余国都归附了吐蕃，不向唐朝进贡，唐朝多次派兵征讨，都没有征服。于是唐玄宗下制书任命高仙芝为行营节度使，率兵去讨伐。高仙芝从安西出发行军一百多天，到了连云堡，打败了吐蕃军队。然后派将军席元庆率一千名骑兵先行，对他说："小勃律听说大军来到，他们的君臣和百姓一定会逃入山谷中，只管把他们喊出来，拿出绢帛，就说是唐朝皇帝赐给他们的。如果是大臣来，就把他们都捆住等待我去处理。"席元庆按照高仙芝的指示行事。高仙芝到后，杀了依附于吐蕃的大臣数人，然后急忙派席元庆去砍断了娑夷河上的藤桥，桥刚被砍断，吐蕃的救兵就赶到了。娑夷河就是弱水，河中的水不能漂浮草木。藤桥只有一支箭那么宽，吐蕃全力修造，一年才完成。高仙芝俘虏了小勃律王和吐蕃公主后回军。唐玄宗于是任命高仙芝为安西四镇节度使，高仙芝任命封常清为判官，把军政大事都委任给他去处理。

从唐朝建立以来，边防将帅都任用忠厚有名望的大臣，不让久任，不让在朝中遥领，不让同时兼任数职，功名显著的常常入朝任宰相。四方夷族的将领，即使才略像阿史那社尔、契苾何力那样出众，也不单独命他们为镇守一方的大将，都让朝中大臣担任使职来节制他们。到了开元年间，天子有并吞周边夷族的志向，因此担任边将的人十多年都不替换，边将开始长期任职。皇子中有庆王、忠王等人，宰相中有萧嵩、牛仙客等人，开始在朝中遥领边将之职。盖嘉运和王忠嗣等一人节制数道之兵，开始兼职统领军队。李林甫想要杜绝边将入朝任宰相的路，

以胡人不知书，乃奏言："文臣为将，怯当矢石，不若用寒族胡人，胡人则勇决习战，寒族则孤立无党。陛下诚以恩洽其心，彼必能为朝廷尽死。"上悦其言，始用安禄山。至是，诸道节度使尽用胡人，精兵咸戍北边，天下之势偏重，卒使禄山倾覆天下，皆出于林甫专宠固位之谋也。

因为胡人没有文化，就上奏说："文臣任将领，因怯懦而不敢冲锋陷阵，不如任用出身低贱的胡人，胡人都勇敢好战，出身低贱则孤立没有朋党。陛下如果能用恩惠笼络他们，他们一定能够为朝廷尽力死战。"唐玄宗认为李林甫的话很有道理，就开始重用安禄山。这时，各镇节度使都是胡人，国家的精兵强将都戍守在北方边疆，形成了内轻外重的局面，最后安禄山得以发动叛乱，几乎推翻了唐朝的天下，这都是由李林甫追求皇帝专宠和巩固自己权位的阴谋导致的。

资治通鉴纲目卷四十四

起戊子(748)唐玄宗天宝七载,尽戊戌(758)唐肃宗乾元元年。凡十一年。

戊子(748) **七载**
夏四月,以高力士为骠骑大将军。

力士承恩岁久,中外畏之,太子亦呼之为兄,诸王公呼之为翁,驸马辈直谓之爷。自李林甫、安禄山辈皆因之以取将相。然性和谨少过,不敢骄横,故天子终亲任之,士大夫亦不疾恶也。

初,上自东都还,李林甫、牛仙客知上厌巡幸,乃增近道粟赋及和籴以实关中,数年蓄积稍丰。上谓力士曰:"朕不出长安近十年,天下无事,朕欲悉以政事委林甫,何如?"对曰:"天子巡狩,古之制也。且天下大柄,不可假人,彼威势既成,谁敢复议之者!"上不悦。力士顿首谢罪,上意乃解。力士自是亦不敢深言天下事矣。

五月,群臣上尊号。 赐安禄山铁券。 以杨钊判度支事。

钊善窥上意所爱恶而迎之,以聚敛骤迁,岁中领十五使,恩幸日隆。

冬十一月,以贵妃姊为国夫人。

戊子(748) 唐玄宗天宝七载

夏四月,唐玄宗任命高力士为骠骑大将军。

高力士多年受唐玄宗赏识,朝野内外都敬畏他,就连太子也称他为兄,诸王、公主则称他为翁,驸马辈直称他为爷。李林甫、安禄山等都是靠他而被任命为将帅宰相。但高力士性情温和谨慎,少有过错,不敢骄横,所以唐玄宗始终亲近信任他,士大夫们也不嫉恨他。

当初,唐玄宗从东都回来后,李林甫和牛仙客知道玄宗已厌烦巡行,于是就增加西京附近各道的租赋,并用钱买粮以充实关中,数年之中,粮食蓄积丰实。唐玄宗对高力士说:"朕不出长安城已将近十年,天下平安无事,朕想把朝政大事都委托给李林甫处理,你以为如何?"高力士回答说:"天子出外巡行是古人留下来的制度。再说国家的大权,不能随便托给他人,其威势形成以后,谁还敢议论他!"唐玄宗听后不高兴。于是高力士磕头谢罪,唐玄宗的怒意才消解。从此高士力再也不敢深论天下的大事。

五月,群臣给唐玄宗上尊号。 唐玄宗赐给安禄山享有特权的铁券。 唐玄宗任命杨钊判度支事。

杨钊善于窥伺唐玄宗的好恶而奉迎他的心意,因为能聚财敛钱而得到破格提拔,一年之中,就一身兼领十五个使职,日益受到恩宠。

冬十一月,唐玄宗封杨贵妃的姐姐为国夫人。

贵妃姊三人皆有才色,上呼之为姨,出入宫掖,并承恩泽,势倾天下。至是封韩、虢、秦国夫人。与铦、锜五家,凡有请托,府县承迎,峻于制敕。四方赂遗,惟恐居后。上所赐与,五家如一。竞开第舍,极其壮丽,一堂之费,动逾千万。既成,见他人有胜己者,辄毁而改为。虢国尤为豪荡。

改会昌县曰昭应。

或言玄元皇帝降于华清宫之朝元阁故也。

十二月,哥舒翰筑神威军、应龙城。

由是吐蕃不敢近青海。

云南王归义卒。

子阁罗凤嗣。

己丑(749) 八载

春二月,帅群臣观左藏,赐杨钊金紫。

是时,州县殷富,仓库积粟帛,动以万计。钊请令巢变为轻货输京师。屡奏帑藏充牣,古今罕俦,故上帅群臣观之。赐钊紫衣、金鱼。上由是视金帛如粪壤,赏赐无限极。

夏四月,杀咸宁太守赵奉璋。

奉璋告李林甫罪二十条,未达,林甫讽御史逮捕,以为妖言,杖杀之。

五月,停折冲府上下鱼、书。

先是,折冲府皆有木契、铜鱼,朝廷征发,下敕书、契、鱼,都督、郡府参验皆合,然后遣之。自募置彍骑,府兵日

杨贵妃的三个姐姐才貌双全,唐玄宗称她们为姨,能够随便出入宫廷,受到唐玄宗的恩宠,权势无比。这时分别被封为韩国夫人、虢国夫人和秦国夫人。三夫人与杨铦、杨锜共五家,凡是有所要求,府县官吏承办起来比皇帝所下的制敕还要急迫。全国各地竞相给他们贿赠东西,都恐怕落于人后。唐玄宗赏赐给五家的东西全都一样。他们竞相建造第宅,极为壮丽,一间厅堂的耗费,常常超过千万钱。建成以后,如果看见别人所建的超过自己,就毁掉重建。虢国夫人尤其奢侈放荡。

唐玄宗下制改会昌县为昭应县。

是因为有人说玄元皇帝老子降身于华清宫朝元阁的缘故。

十二月,陇右节度使哥舒翰在青海筑神威军城和应龙城。

从此吐蕃军队再也不敢靠近青海。

云南王蒙归义死去。

他的儿子阁罗凤继位。

己丑(749)　唐玄宗天宝八载

春二月,唐玄宗带领群臣参观左藏库,赐杨钊金鱼袋、紫衣。

这时,唐朝的州县殷实富有,仓库中所积蓄的粮食布帛常常数以万计。杨钊请求把各地征收的粮食卖出变成钱帛,然后运到京师。杨钊多次上奏说国库中钱帛充实,古今罕见,所以唐玄宗带领群臣来观看。于是赐给杨钊紫衣和金鱼袋。唐玄宗因此视金帛如粪土,赏赐不加节制。

夏四月,李林甫杀害咸宁太守赵奉璋。

赵奉璋向朝廷告发李林甫的罪状二十条,状子还未到达京师,李林甫就暗中指使御史逮捕了赵奉璋,声称他所上的是妖言,并杖杀了他。

五月,唐朝停止折冲府上下的铜鱼和敕书。

先前,府兵制下的折冲府都有木契、铜鱼,朝廷如果要征发府兵,就颁下敕书、木契和铜鱼,经都督府和郡府检验,木契、铜鱼都能对合,然后才能发兵。自从招募了彍骑以后,府兵日益

坏,死亡不补,器械耗散略尽。府兵入宿卫者,谓之侍官,言其为天子侍卫也。其后本卫多以假人,役使如奴隶,长安人羞之,至以相诟病。其戍边者,又多为边将苦使,利其死而没其财。由是应为府兵者皆逃匿,至是无兵可交。李林甫遂奏停折冲府上下鱼、书,是后府兵徒有官吏而已。彉骑之法,天宝已后,稍亦变废,应募者皆市井负贩、无赖子弟,未尝习兵。时承平日久,议者多谓中国兵可销,于是民间挟兵器者有禁,子弟为武官,父兄摈不齿。猛将精兵,皆聚于西北边,中国无武备矣。

六月,加圣祖及诸帝后号谥。

太白山人李浑等上言见神人,言金星洞有玉板石记圣主福寿之符,命王铦求获之。上以符瑞相继,上圣祖号曰大道玄元皇帝,高祖谥曰神尧,太宗曰文武,高宗曰天皇,中宗曰孝和,睿宗曰玄真。帝曰大圣皇帝,后曰顺圣皇后。

哥舒翰攻吐蕃石堡城,拔之。

哥舒翰帅兵六万攻吐蕃石堡城。其城三面险绝,惟一径可上,吐蕃但以数百人守之,贮粮食,积木石,唐兵前后屡攻之,不能克。翰进攻数日不拔,召裨将高秀岩、张守瑜,欲斩之,二人请三日期,拔之,士卒死者数万。顷之,翰又遣兵于赤岭西开屯田,以谪卒二千戍应龙城,吐蕃大集,戍者尽没。

衰落，对死亡的不加补充，所装备的器械也都消耗散尽。原来府兵入朝宿卫者被称为侍官，意思是去保卫天子。后来宿卫的府兵多雇人顶替，军官也像对待奴隶一样役使士卒，以至长安城中的人们以做侍官为耻辱，把他们作为戏笑时辱骂的对象。而被派往边疆戍边的府兵，也多被边将当作苦力一样役使，为的是这些府兵死后边将可以吞掉他们的财产。所以那些应该当府兵的人都纷纷逃亡，这时各折冲府已没有兵员可交。于是李林甫上奏请求停止折冲府上下的铜鱼和契书，从此府兵只保留原来的官吏。招募骁骑的办法，从天宝年间以后，也逐渐变化，并被荒废，应募的人都是一些市中商贩和刁猾之辈，没有经过严格的训练。当时天下太平日久，大多数人都认为中国可以裁掉军队，因此在民间禁止私人携带兵器，子弟做武官的人，父母兄弟都瞧不起他们。唐朝的猛将精兵都聚集在西北方，而国内空虚，没有任何武备。

六月，唐玄宗加圣祖老子和诸皇帝、皇后的谥号。

太白山人李浑等上言说看见了神人，神人说金星洞中玉板石记载圣主福寿的符命，唐玄宗就命御史中丞王铦去搜求，果然找到了。唐玄宗因为吉祥的征兆不断出现，于是上玄祖老子谥号为大道玄元皇帝，上高祖李渊谥号为神尧，太宗李世民谥号为文武，高宗李治谥号为天皇，中宗李显谥号为孝和，睿宗李旦谥号为玄真。皇帝都叫大圣皇帝，皇后都叫顺圣皇后。

哥舒翰率兵攻打吐蕃石堡城，攻克了它。

陇右节度使哥舒翰率兵六万攻打吐蕃石堡城。石堡城三面临险，只有一条道路可上，吐蕃仅有数百人守卫，贮藏了充足的粮食，又堆积檑木和石块，唐朝军队前后多次攻打，都没有攻克。哥舒翰率兵进攻了数天，仍然不能攻克，于是召来副将高秀岩和张守瑜，要杀掉他们，二人请求宽限三天，三天后果然攻下了石堡城，唐朝的士卒战死了数万人。不久，哥舒翰又派人在赤岭西部开垦屯田，并派遣了二千名犯罪充军的士卒去守卫应龙城，吐蕃大军来攻，守卫的士卒都被消灭。

群臣请加尊号。

凡十二字。

始禘、祫于太清宫。

庚寅（750）　**九载**

春正月，群臣请封西岳，许之。　二月，以姚思艺为检校进食使。

时诸贵戚竞以进食相尚，上命宦官姚思艺为检校进食使，水陆珍羞数千盘，一盘费中人十家之产。

关中旱，西岳祠灾，制罢封祀。　夏四月，流宋浑于潮阳。

初，吉温因李林甫得进，及杨钊恩遇浸深，温遂去林甫而附之，为钊画代林甫执政之策。御史中丞宋浑，林甫所厚也，求得其罪，使钊奏而逐之，以剪其心腹，林甫不能救也。

五月，赐安禄山爵东平郡王。

唐将帅封王自此始。

秋八月，以安禄山兼河北道采访处置使。　求殷、周、汉后，废韩、介、酅公。

处士崔昌上言："国家宜承周、汉，以土代火。魏、周、隋皆闰位，不当以其子孙为二王后。"事下公卿集议。集贤院学士卫包上言："集议之夜，四星聚于尾，天意昭然。"上乃命求殷、周、汉后为三恪，废韩、介、酅公。

群臣请求给唐玄宗加尊号。

尊号共有十二个字。

唐玄宗在太清宫初次进行禘、祫两种祭祀。

庚寅（750） 唐玄宗天宝九载

春正月，群臣上表请唐玄宗到西岳华山筑坛祭天，唐玄宗同意。 二月，唐玄宗任命姚思艺为检校进食使。

当时诸王公贵族、皇族国戚都竞相向唐玄宗进献食物，唐玄宗就任命宦官姚思艺为检校进食使，所进献的水中和陆地上所产的美味佳肴有数千盘，一盘的费用就等于中等人家十户的财产。

关中地区大旱，华山上的西岳祠遭受火灾，唐玄宗下制书取消在西岳祭天的计划。 夏四月，唐玄宗把御史大夫宋浑流放到潮阳。

当初，吉温因为李林甫的提拔而受到重用，后来杨钊逐渐受到唐玄宗的重用，于是吉温就背叛李林甫而投向杨钊，为杨钊谋划取代李林甫执掌朝政的计策。御史中丞宋浑因为与李林甫关系亲密，所以吉温就搜求他的罪证，让杨钊上奏唐玄宗赶走他，借此剪除李林甫的亲信，李林甫无法相救。

五月，唐玄宗赐给安禄山东平郡王爵位。

唐朝将帅封王从此开始。

秋八月，唐玄宗任命安禄山兼任河北道采访处置使。 唐玄宗命令寻求商朝、周朝和汉朝的后代，而废掉北魏的后代韩公、后周的后代介公和隋朝的后代酅公。

隐士崔昌上言说："我们唐朝应该继承周朝与汉朝，用土德代替火德。而北魏、北周和隋朝都不是正统的王朝，不应该用他们的子孙为二王后。"唐玄宗让公卿们讨论此事。集贤院学士卫包上言说："公卿们讨论此事的那天夜里，四星象聚集于二十八宿之一的尾宿，天意已经很清楚了。"于是唐玄宗命令寻求商朝、周朝和汉朝的后代为三恪，废掉了北魏的后代韩公、后周的后代介公和隋朝的后代酅公。

冬十月，得妙宝真符。

山人王玄翼上言见玄元皇帝，言宝仙洞有妙宝真符。命张均等求得之。时上尊道教，慕长生，故所在争言符瑞。李林甫等皆请舍宅为观，以祝圣寿，上悦。

安禄山入朝。

禄山屡诱奚、契丹，饮以莨菪酒，醉而坑之，动数千人，函首以献，前后数四。至是请入朝，上命有司先为起第于昭应。禄山至戏水，杨钊兄弟姊妹皆往迎之，上幸望春宫以待之。禄山献奚俘八千人，上命考课之日书上上考。前此听禄山于上谷铸钱五炉，禄山乃献钱样千缗。

制追复张易之兄弟官爵。

杨钊，张易之之甥也，奏乞雪易之兄弟。制引易之兄弟迎中宗于房陵之功，复其官爵，仍官其子。

赐杨钊名国忠。

钊以图谶有"金刀"，请改之也。

南诏反，陷云南郡。

杨国忠德鲜于仲通，荐为剑南节度使。仲通性褊急，失蛮夷心。故事，南诏常与妻子俱谒都督，过云南，太守张虔陀皆私之。又多所征求。南诏王阁罗凤忿怨，发兵反，攻陷云南，杀虔陀，取夷州三十二。

冬十月,唐玄宗获得妙宝真符。

太白山人王玄翼上言说看见了玄元皇帝老子,并对他说宝仙洞中藏有妙宝真符。于是唐玄宗命令刑部尚书张均等去搜寻,果然搜得。当时唐玄宗崇奉道教,羡慕长生不死之术,所以各地的人竞相说有吉祥的符命。李林甫等人都请求捐出第宅为道观,借以祝福唐玄宗万寿无疆,唐玄宗十分高兴。

安禄山入朝。

安禄山多次引诱奚人和契丹人,让他们饮服用毒草茛菪浸泡过的酒,等醉倒后,就把他们活埋,一次常常达数千人,然后把他们酋长的头颅装进盒子中,献给朝廷,前后有许多次。这时安禄山请求入朝,唐玄宗命令有关部门先在昭应县为安禄山建造第宅。安禄山到达戏水,杨钊兄弟姐妹都去迎接,唐玄宗驾临望春宫等待安禄山。安禄山献上奚族俘虏八千人,唐玄宗命令考察官吏政绩时为安禄山记最高一级的上上考。以前唐玄宗允许安禄山于上谷起五炉铸钱,这时安禄山献上所铸钱的样品一千缗。

唐玄宗下制追赠恢复张易之兄弟的官爵。

杨钊是张易之的外甥,上奏请求为张易之兄弟平反昭雪。唐玄宗下制书援引张易之兄弟曾经在房陵迎接中宗为帝的功劳,恢复他们的官爵,同时赐其子为官。

唐玄宗赐杨钊名为杨国忠。

杨钊因为预卜吉凶的图谶中有"金刀"二字,就请求更改自己的名字。

南诏反叛,攻占了云南郡。

杨国忠因为感激鲜于仲通,就推荐他任剑南节度使。鲜于仲通性情急躁,失掉了蛮夷人心。按照过去的惯例,南诏王要经常带着妻子一起晋见都督,经过云南,云南太守张虔陀每次都要奸污他们的妻子。又多方征求他们的财物。南诏王阁罗凤对此十分愤恨,就发兵反叛,攻占了云南郡,杀死张虔陀,并攻取了原来归附于唐朝的西南夷的三十二个州。

辛卯（751） 十载

春正月，免驸马程昌裔官。

杨氏五宅夜游，与广平公主从者争西市门，杨氏奴挥
鞭及公主衣，公主坠马，昌裔下扶之，亦被数鞭。公主泣诉
于上，上为之杖杀杨氏奴。明日，免昌裔官，不听朝谒。

为安禄山起第于亲仁坊。

命有司为安禄山起第于亲仁坊，敕令但穷壮丽，不限
财力。令中使护作，敕之曰："胡眼大，勿令笑我。"禄山置
酒新第，上命宰相赴之，日遣诸杨与之游宴。禄山生日，上
及贵妃赐予甚厚。后三日，召入禁中，贵妃以锦绣为大襁
褓裹之，使宫人以彩舆舁之。上闻，问故，左右以贵妃洗禄
儿对，上赐贵妃洗儿金银钱，复厚赐禄山，尽欢而罢。自是
禄山出入宫掖，通宵不出，颇有丑声闻于外，上亦不疑也。

高仙芝入朝，加开府仪同三司。

初，叶火罗叶护遣使表称："朅师王亲附吐蕃，困苦小
勃律。"诏发安西兵讨之。仙芝遂破朅师，虏其王。又伪与
石国约和，引兵袭之，虏其王及部众以归。掠得瑟瑟十余
斛，黄金五六橐驼，皆入其家。至是入朝献俘，加开府仪同
三司。寻以仙芝为河西节度使，代安思顺。思顺讽群胡割
耳剺面请留己，制复留之。

以安禄山兼河东节度使。

辛卯(751)　**唐玄宗天宝十载**

春正月,唐玄宗罢免驸马程昌裔的官职。

杨氏五家因为夜里游玩,与广平公主的侍从争过西市门,杨氏的家奴挥鞭打中公主的衣服,公主从马上坠落下来,驸马程昌裔下马扶广平公主,也被鞭打了几下。广平公主向唐玄宗哭诉此事,唐玄宗因此命令杖杀杨氏的家奴。第二天,又免掉了驸马程昌裔的官职,不许他来朝见。

唐玄宗为安禄山在亲仁坊建造第宅。

唐玄宗命令有关部门为安禄山在亲仁坊建造第宅,并下敕书说越壮丽越好,不管耗费多少钱财。唐玄宗命令宦官监工,并下敕说:"胡人大方,不要让他笑我小气。"安禄山在新落成的第宅设置酒宴,唐玄宗命令宰相赴宴,每天让杨家的人与安禄山游玩饮宴。安禄山生日那天,唐玄宗和杨贵妃赏赐给他许多东西。过了三天,又把安禄山召进宫中,杨贵妃用锦绣做成的大襁褓裹住安禄山,让宫女用彩轿抬起。唐玄宗听见后,就问是在干什么,左右的人说是贵妃为儿子安禄山三天洗身,唐玄宗就赐给杨贵妃洗儿金银钱,又重赏安禄山,尽兴而散。从此安禄山可以自由出入宫中,有时一夜不出宫,宫外的许多人都知道这件丑事,而唐玄宗却不怀疑。

安西节度使高仙芝入朝,唐玄宗加高仙芝开府仪同三司。

当初,吐火罗叶护派遣使者上表说:"竭师王亲近依附于吐蕃,故意困扰小勃律镇兵。"于是唐玄宗下诏调发安西兵讨伐竭师王。高仙芝打败了竭师军队,俘虏了竭师王。高仙芝又假意与石国约和,率兵袭击石国,俘虏了石国的国王和民众返回。高仙芝掠夺了碧珠十余斛,黄金五六骆驼,全都拿回家中。这时高仙芝入朝献俘,唐玄宗加授他开府仪同三司。不久,唐玄宗任命高仙芝为河西节度使,取代安思顺。安思顺暗中让一群胡人用刀割掉耳朵划破脸皮请求留下自己,唐玄宗又下制书仍让安思顺担任河西节度使。

唐玄宗任命安禄山兼任河东节度使。

户部郎中吉温见禄山有宠，约为兄弟，说禄山曰："李丞相虽以时事亲三兄，必不肯以兄为相。兄若荐温于上，温即奏兄堪大任，共排林甫出之，为相必矣。"禄山悦其言，数称温才于上。会禄山领河东，因奏温为副使、知留后，以大理司直张通儒为判官，委以军事。

林甫与禄山语，每揣知其情，先言之，禄山惊服。每见，虽盛冬，常汗沾衣。林甫引与坐于中书厅，抚以温言，自解披袍以覆之。禄山忻荷，言无不尽，谓林甫为十郎。既归范阳，刘骆谷每自长安来，必问："十郎何言？"得美言则喜。或但云："语安大夫，须好检校！"辄反手据床曰："噫嘻，我死矣！"

禄山既兼领三镇，日益骄恣。自以曩时不拜太子，见上春秋高，颇内惧。又见武备堕弛，有轻中国之心。孔目官严庄、掌书记高尚因为之解图谶，劝之作乱。

禄山养同罗、奚、契丹降者八千余人，谓之"曳落河"。"曳落河"者，胡言壮士也。皆骁勇善战，一可当百。又畜战马数万匹，分遣商胡贩鬻诸道，岁入数百万。以尚、庄、通儒及将军孙孝哲为腹心，史思明、安守忠、李归仁、蔡希德、牛廷玠、向润容、李庭望、崔乾祐、尹子奇、何千年、武令珣、能元皓、田承嗣、田乾真、阿史那承庆为爪牙。尚，本名不危，颇有辞学，薄游河朔，贫困不得志，常叹曰："高不危

户部郎中吉温见安禄山受到唐玄宗的宠信，就与安禄山结拜为兄弟，并对安禄山说："李林甫丞相现在虽然与你亲善，但一定不会推荐你任宰相。你如果能够向皇上推荐我，我就向皇上上奏说你能够担当大任，我们联合起来排斥李林甫，把他赶出朝，这样你就一定能够当宰相。"安禄山觉得吉温的话很有道理，所以多次在唐玄宗面前说吉温有才能。适逢安禄山兼任河东节度使，就上奏吉温任节度副使、知留后事，并任命大理司直张通儒任留后判官，把河东镇的军事委托给他们。

李林甫与安禄山谈话时，总是揣摩他的心意，事先说了出来，使安禄山惊讶叹服。所以安禄山每当见到李林甫时，即使在寒冬季节，也经常汗流沾衣。而李林甫却把安禄山引进中书省办事的厅中坐下，用好言加以慰问，并把自己的披袍解下给安禄山穿上。安禄山十分感激，因此对李林甫无话不谈，并称李林甫为十郎。安禄山回到范阳后，刘骆谷每次从长安来，安禄山一定要问："李十郎说什么了吗？"如果听说李林甫赞扬他，就十分高兴。如果听到李林甫说："告诉安大夫，要检点一些！"安禄山就会反手握床说："噫嘻，我活不成了！"

安禄山既已一身兼任范阳、平卢、河东三镇节度使，日益骄横放肆。自认为过去见太子时没有下拜，看到唐玄宗年事已高，内心十分惧怕。又看到唐朝的武备松弛，于是产生了轻视朝廷之心。孔目官严庄、掌书记高尚又借机为他讲解预卜吉凶祸福的图谶，劝他起兵叛乱。

安禄山豢养了投降的同罗、奚和契丹士兵八千多人，称他们为"曳落河"。"曳落河"，胡语就是壮士的意思。他们都骁勇善战，一可当百。又畜养战马数万匹，分派胡商到各地做买卖，每年收入数百万缗钱。把高尚、严庄、张通儒及将军孙孝哲等人作为自己的亲信，史思明、安守忠、李归仁、蔡希德、牛廷玠、向润容、李庭望、崔乾祐、尹子奇、何千年、武令珣、能元皓、田承嗣、田乾真、阿史那承庆等将领作为爪牙。高尚原名叫高不危，很有才学，青年时代漫游河朔地区，贫困不得志，常常感叹说："我

当举大事而死,岂能啮草根求活邪!"禄山引置幕府,出入卧内。尚典笺奏,庄治簿书。承嗣为前锋兵马使,治军严整。尝大雪,禄山按行诸营,至承嗣营,寂若无人,入阅士卒,无一人不在者,禄山以是重之。

夏四月,剑南节度鲜于仲通讨南诏蛮,败绩。制复募兵以击之。

仲通将兵八万讨南诏,南诏王阁罗凤遣使谢罪,请还所俘掠,城云南而去,仲通不许,囚其使。进军至西洱河,与战,大败,士卒死者六万人,仲通仅以身免。杨国忠掩其败状,仍叙其战功。阁罗凤遂北臣于吐蕃,吐蕃号曰东帝。阁罗凤刻碑于国门,言己不得已而叛唐,且曰:"我世世事唐,受其封赏,后世容复归唐,当指碑以示唐使者,知吾之叛非本心也。"

制募兵以击之。人闻云南多瘴疠,莫肯应募。杨国忠遣御史分道捕人,枷送军所。旧制,百姓有勋者免征役,国忠奏先取高勋。于是行者愁怨,父母妻子送之,所在哭声振野。

高仙芝击大食,败绩。

高仙芝之虏石国王也,石国王子逃诣诸胡,告仙芝欺诱贪暴之状。诸胡皆怒,潜引大食欲共攻四镇。仙芝将兵三万击之,深入七百余里,与战,大败,士卒死亡略尽。将军李嗣业劝仙芝宵遁,别将段秀实诮之曰:"避敌先奔,无

宁可干出惊天动地的大事而死,也不愿贫穷一生吃草根而活下去!"安禄山把他引为幕僚,可以出入安禄山的寝室。高尚专掌草写笺表奏疏,严庄专掌文书。田承嗣任前锋兵马使,治军严厉有序。有一次天下大雪,安禄山去到各军营检查,来到田承嗣的军营中,寂静无声,好似无人一般,而进营中检阅士卒,没有一人不在,所以受到安禄山的器重。

夏四月,剑南节度使鲜于仲通率兵讨伐南诏蛮,被南诏蛮打得大败。唐玄宗又下制书招募军队去攻打南诏。

鲜于仲通率兵八万征讨南诏,南诏王阁罗凤派遣使者来谢罪,请求归还所掠夺俘获的物品、人众,筑好云南城而撤退,鲜于仲通不答应,并囚禁了南诏的使者。然后进兵到了西洱河,与南诏军队交战,唐兵大败,士卒死了六万人,鲜于仲通仅得逃走免死。杨国忠却掩盖鲜于仲通的败军之事,仍然为他记叙战功。阁罗凤于是向北臣服于吐蕃,吐蕃赐给他"东帝"的封号。阁罗凤于国城门口镌刻石碑,说自己叛唐是出于无奈,并且说:"我们南诏世世代代臣服于唐朝,接受唐朝的封爵,后世如果能够重新归附唐朝,可向唐朝的使者指示此碑,知道我背叛唐朝并不是出于本心。"

唐玄宗下制书招募军队去讨伐南诏。人们听说云南地方流行瘴疠这种传染病,没有人肯去应募。杨国忠派遣御史到各地去捉人,用枷连锁起来送往军营。按照过去的制度,有功的百姓可以免除兵役,杨国忠就上奏请求只许功劳大的百姓免除兵役。因此被征发的人忧愁怨恨,父母妻子都来送别,嚎哭之声连天。

高仙芝率兵攻打大食,战败。

高仙芝俘虏了石国王之后,石国王的儿子逃到了胡人部落,将高仙芝欺骗引诱和贪婪残暴的情况告诉了胡人。诸胡部落都很愤怒,就暗中联合大食国军队想一起攻打安西四镇。高仙芝率兵三万去攻打大食,深入到大食国内七百余里,与大食军队交战,高仙芝大败,士卒几乎全部战死。右威卫将军李嗣业劝高仙芝乘深夜逃跑,别将段秀实大骂道:"躲避敌人而先逃命,是缺乏

勇也；全己弃众，不仁也。幸而得达，独无愧乎！"嗣业执其手谢之，留拒追兵，收散卒，得俱免。还至安西，言于仙芝，以秀实兼都知兵马使，为己判官。

秋八月，武库火。

烧兵器三十七万。

安禄山讨契丹，大败。

安禄山将三道兵六万以讨契丹，以奚骑二千为向导。过平卢千余里，遇雨，弓弩筋胶皆弛。奚复叛，与契丹合，夹击唐兵，杀伤殆尽，禄山独与麾下二十骑走入师州。归罪于左贤王哥解、兵马使鱼承仙而斩之。

平卢兵马使史思明惧，逃入山谷。禄山还至平卢，麾下皆亡，史思明出见禄山，禄山喜执其手曰："吾得汝，复何忧！"思明退谓人曰："向使早出，已与哥解并斩矣。"

冬十一月，以杨国忠领剑南节度使。

壬辰（752） **十一载**

春二月，以粟帛、库钱易恶钱。

先是，江、淮多恶钱，贵戚大商往往以良钱一易恶钱五，载入长安，市井不胜其弊，故李林甫奏请禁之，官为易取，期一月，不输官者罪之。于是商贾不以为便，遮杨国忠马自言，国忠为言于上，乃更命非铅锡所铸及穿穴者，皆听用之。

勇气;保全自己而丢弃士卒,是不仁义。就是有幸能够逃回,难道自己不感到羞愧吗!"李嗣业握着段秀实的手表示歉意,并主动留在后面抗拒追兵,收罗失散的士卒,没有战死的士卒才得以逃脱。回到安西,李嗣业把此事告诉了高仙芝,高仙芝就任命段秀实兼任都知兵马使,做自己的判官。

秋八月,武库失火。

烧毁兵器三十七万件。

安禄山率兵征讨契丹,被契丹打得大败。

安禄山亲自率领范阳、河东、平卢三镇兵六万去讨伐契丹,用奚族骑兵二千作为向导。过了平卢一千余里,遇到大雨,弓箭和弩机的筋胶都因霖雨而松弛。奚族骑兵又背叛了唐军,与契丹合兵,前后夹击唐兵,唐军死伤殆尽,安禄山仅与部下二十个骑兵逃入师州城。安禄山把战败的罪过归咎于左贤王哥解和河东兵马使鱼承仙,并杀了他们。

平卢兵马使史思明惧怕,逃入山谷。安禄山回到平卢城,部下的士卒都已战死,这时史思明从山谷中出来见安禄山,安禄山高兴地握着史思明的手说:"我有了你,还有什么发愁的呢!"史思明退出后对人说:"如果我早一点出来,就会与哥解一起被斩杀。"

冬十一月,唐玄宗任命杨国忠兼领剑南节度使。

壬辰(752) 唐玄宗天宝十一载

春二月,唐玄宗命令有关部门拿出粮食、布帛及国库中的钱,把市面上流通的质地恶劣的钱换回来。

先前,江、淮地区有很多质地恶劣的钱币,王公贵戚和大商人常常用一个质地优良的钱换回五个质地恶劣的钱,用车载进长安,市场难以承受这种弊端,所以李林甫上奏请求加以禁止,由官方换取,期限为一个月,不交官者问罪。这一禁令给商人造成了很大的不便,他们拦住杨国忠的马诉苦,杨国忠因此告诉了唐玄宗,于是唐玄宗又下令,准许那些不是由铅锡铸成和有孔的钱币,继续流通使用。

三月,安禄山击契丹。

禄山击契丹,欲以雪去秋之羞。初,突厥阿布思来降,上厚礼之,赐姓名李献忠,累迁朔方节度副使,赐爵奉信王。献忠有才略,不为安禄山下,禄山恨之。至是,奏请献忠俱击契丹。献忠恐为禄山所害,乃帅所部叛归漠北,禄山遂顿兵不进。

改吏、兵、刑部为文、武、宪部。 夏,户部侍郎、京兆尹王铁伏诛。

铁权宠日盛,领二十余使。宅旁为使院,文案盈积,吏求署一字,累日不得前,虽李林甫亦畏避之。然铁事林甫谨,林甫虽忌其宠,不忍害也。

铁弟户部郎中锌,凶险不法,召术士任海川,问:"我有王者之相否?"海川惧,亡匿。铁恐事泄,捕得,托以他事杖杀之。王府司马韦会话之私庭,铁又使长安尉贾季邻收系杀之。

锌所善邢缚与龙武万骑谋作乱,有告之者。上以告状面授铁,使捕之。铁意锌在缚所,先遣人召之,日晏,乃命季邻等捕缚。缚帅其党格斗,会高力士引禁军至,击斩缚,捕其党,皆擒之。

国忠白上:"铁必预谋。"上以铁任遇深,不应同逆,李林甫亦为之辨解。上乃命特原锌不问,使国忠讽铁表请罪之,铁不忍,上怒。会陈希烈极言铁大逆当诛,敕希烈与国

三月，安禄山率兵攻打契丹。

安禄山率兵攻打契丹，想要为去年秋天的兵败雪耻。当初，突厥阿布思来投降唐朝，唐玄宗厚礼待他，赐姓名叫李献忠，多次升迁做到朔方节度副使，赐奉信王爵位。李献忠很有才干谋略，不愿位居安禄山之下，所以安禄山怨恨他。这时，安禄山就上奏请求李献忠率兵与他一起攻打契丹。李献忠因为害怕安禄山陷害他，于是就率领部下叛逃回漠北，安禄山因此停兵不进。

唐朝改吏部、兵部和刑部分别为文部、武部和宪部。 夏季，户部侍郎、京兆尹王鉷伏罪被诛。

王鉷受到唐玄宗的宠信，威权日盛，一身兼任二十多个使职。自己的第宅旁边就是使院，案头堆满了文书，官吏想要他签署一个字，等几天都排不到，就是李林甫也畏惧他的权势。但王鉷对李林甫还是十分恭敬谨慎，李林甫虽然妒嫉他受到皇上的宠信，但不忍心加害于他。

王鉷的弟弟户部郎中王𨫹十分凶恶阴险，召来方术之士任海川，问道："你看我有没有王者的面相？"任海川惧怕，就逃走藏了起来。王𨫹恐怕此事被泄露出去，就搜捕到任海川，假托其他的事用棍子打死了他。王府司马韦会私下对他人说了这件事，王鉷又指使长安县尉贾季邻把韦会逮捕入狱，然后杀了他。

与王𨫹关系友好的邢縡准备与龙武万骑营的部队阴谋作乱，事前有人告发了此事。唐玄宗把告发的状子当面交给王鉷，让他去捉人。王鉷意想王𨫹可能在邢縡家里，就先派人把他叫了回来，等到天快黑的时候，才命令贾季邻等人去搜捕邢縡。邢縡带领他的党羽与收捕他的人进行格斗，这时高力士率领禁军赶到，攻打并斩杀了邢縡，然后收捕他的同党，全都被擒。

杨国忠告诉唐玄宗说："王鉷一定参预了阴谋。"唐玄宗认为王鉷深受信任，不应有叛逆行为，李林甫也为他辩解。唐玄宗于是下令特地赦免王𨫹不加问罪，让杨国忠暗示王鉷上表请求治王𨫹的罪，王鉷不忍心这样做，唐玄宗愤怒。适逢陈希烈极力陈说王鉷大逆不道，应该诛杀，于是唐玄宗下敕命陈希烈与杨国

忠鞫之,仍以国忠兼京兆尹。于是任海川、韦会等事皆发,狱具,锇赐自尽,锃杖死于朝堂。有司籍其第舍,数日不能遍。锇宾佐莫敢窥其门,独采访判官裴冕收其尸葬之。

以安思顺为朔方节度使。

初,李林甫以陈希烈易制,引为相,政事常随林甫左右。晚节遂与林甫为敌,林甫惧。会李献忠叛,林甫乃请解朔方节制,且荐河西节度使安思顺自代,故有是命。

五月,以杨国忠为御史大夫、京畿采访使。

初,李林甫以国忠微才,且贵妃之族,故善遇之。国忠以林甫荐王锇为大夫,不悦,遂深探邢缟狱,令引林甫交私事状,陈希烈、哥舒翰从而证之,上由是疏林甫,擢国忠为大夫,凡锇所领使务,皆归之。国忠贵震天下,始与林甫为仇敌矣。

秋八月,上复幸左藏。

杨国忠奏有凤皇见左藏屋,出纳判官魏仲犀见之,遂以仲犀为殿中侍御史,国忠属吏率以凤皇优得调。

冬十一月,李林甫卒。

南诏数寇边,蜀人请杨国忠赴镇,林甫奏遣之。国忠将行,泣言必为林甫所害。上曰:“卿暂到蜀区处军事,朕屈指待卿,还当入相。”林甫时已有疾,忧懑不知所为。国忠至蜀,上遣中使召还。至昭应,谒林甫,拜于床下。林甫流涕谓曰:“林甫死矣,公必为相,以后事累公。”国忠谢不

忠审讯王铼，同时任命杨国忠兼任京兆尹。因此任海川和韦会的案件都被揭发出来，证据确凿，唐玄宗赐王铼自尽，王铼被棍棒打死在朝堂。有关部门查抄他的私宅，几天都抄不完。王铼的部下都远远躲避怕受牵连，只有采访判官裴冕收葬了他的尸体。

唐玄宗任命安思顺为朔方节度使。

当初，李林甫认为陈希烈容易控制，所以引荐他担任宰相，朝政大事常常听从李林甫的。到了后来，却与李林甫为敌作对，李林甫惧怕。适逢李献忠叛逃，李林甫就请求辞去所兼任的朔方节度使职务，并且推荐河西节度使安思顺代替自己，所以唐玄宗任命安思顺为朔方节度使。

五月，唐玄宗任命杨国忠为御史大夫、京畿采访使。

当初，李林甫认为杨国忠没有什么才能，而且是杨贵妃的同族，所以重用了他。杨国忠因为李林甫引荐王铼担任御史大夫，心中不满，于是深究邢绰的案件，并命令案犯说李林甫与王铼兄弟有私交，陈希烈与哥舒翰也证实确有其事，唐玄宗因此疏远李林甫，升任杨国忠为御史大夫，凡是王铼所兼领的使职，都由杨国忠兼领。杨国忠的权力威震天下，开始与李林甫做对。

秋八月，唐玄宗再一次驾幸左藏库。

杨国忠上奏说在左藏库的屋顶上看见了凤凰，出纳判官魏仲犀亲眼看见，于是任命魏仲犀为殿中侍御史，杨国忠的部下官吏都因说看见了凤凰而得到了优先升迁。

冬十一月，李林甫去世。

南诏多次侵犯唐朝的边疆，蜀人请求让杨国忠亲赴节镇，于是李林甫上奏派杨国忠前往。杨国忠临行前，哭泣着说此行一定会被李林甫害死。唐玄宗说："你暂时到蜀中处理一下军政大事，朕屈指计日等待着你回来，然后任命你为宰相。"这时李林甫已身患重病，心中忧伤烦闷，不知道怎么办才好。杨国忠刚到蜀中，唐玄宗就派宦官把他召了回来。杨国忠到了昭应县，去见李林甫，拜倒在床下。李林甫流着眼泪对杨国忠说："我活不长了，我死后你一定会当宰相，后事就拜托给你了。"杨国忠称谢说不

敢当,汗流覆面。林甫遂卒。

上晚年自恃承平,以为天下无复可忧,遂深居禁中,专以声色自娱,悉委政事于林甫。林甫媚事左右,迎合上意,以固其宠;杜绝言路,掩蔽聪明,以成其奸;妒贤疾能,排抑胜己,以保其位;屡起大狱,诛逐贵臣,以张其势。自皇太子以下,畏之侧足。凡在相位十九年,养成天下之乱,而上不之寤也。

以杨国忠为右相兼文部尚书。

国忠为人强辩,而轻躁无威仪。既为相,裁决机务,果敢不疑。攘袂扼腕,公卿以下,颐指气使,莫不震慑。凡领四十余使。台省官有时名,不为己用者,皆出之。或劝陕郡进士张象谒之,象曰:"君辈倚杨右相如泰山,吾以为冰山耳! 若皎日既出,君辈得无失所恃乎!"遂隐居嵩山。

以吉温为御史中丞。

杨国忠荐之也。温诣范阳辞安禄山,禄山令其子庆绪送至境,为温鞚马出驿数十步。温至长安,凡朝廷动静,辄报禄山,信宿而达。

哥舒翰、安禄山、安思顺入朝。

翰素与禄山、思顺不协,上常和解之,使为兄弟。至是,俱入朝,上使高力士宴之于城东。禄山谓翰曰:"公与我族类颇同,何得不相亲?"翰曰:"古人云,狐向窟嗥不祥,为其忘本故也。兄苟见亲,翰敢不尽心!"禄山以为讥其胡

敢当,汗流满面。李林甫死去。

唐玄宗晚年自认为天下太平,没有可忧愁的事了,于是居于深宫,沉湎于声色犬马,寻求欢乐,把政事全都委托给李林甫。李林甫巴结讨好唐玄宗左右的人,迎合唐玄宗的心意,以巩固自己受宠信的地位;杜绝向唐玄宗进谏的门路,蒙蔽唐玄宗的耳目,以施展自己奸滑的权术;嫉妒贤能之士,排斥压抑胜过自己的人,以保持自己的地位;多次制造冤假错案,杀戮驱逐朝中大臣,以扩大自己的权势。皇太子以下的人,都非常惧怕他。李林甫担任宰相十九年,造成了天下大乱的局势,而唐玄宗还不省悟。

唐玄宗任命杨国忠为右相兼文部尚书。

杨国忠为人争强好胜,但性情浮躁,没有威严的仪表。担任宰相以后,处理国家军政大事,刚愎自用,草率从事。在朝廷上经常将起袖子,对王公大臣颐指气使,以至人人惊恐。杨国忠一身共兼领四十多个使职。台省中有才能和名望的人,如果不听他的话,都把他们赶出朝。有人劝陕郡进士张彖去晋见杨国忠,张彖说:"你们认为依靠杨右相就像泰山那样稳固,但我却认为是一座冰山!如果烈日高照,你们难道不怕冰山消融而失去依靠吗!"于是就隐居在嵩山中。

唐玄宗任命吉温为御史中丞。

这是由杨国忠推荐的。吉温到范阳向安禄山告别,安禄山让他的儿子安庆绪把吉温一直送出境,并为吉温牵着马送出驿站大门数十步。吉温到了长安后,对朝廷中的一举一动,都向安禄山报告,消息两天两夜就可以到达。

哥舒翰、安禄山和安思顺入朝。

哥舒翰素来与安禄山、安思顺不和,唐玄宗常常为他们和解,让他们结拜为兄弟。这时,三人一起入朝,唐玄宗让高力士在城东设宴招待他们。席间安禄山对哥舒翰说:"你与我的族类十分相近,为什么不能互相亲善呢?"哥舒翰说:"古人说,狐狸向着自己的洞窟嚎叫不吉祥,是因为忘本的缘故。老兄如果能够与我亲善,我怎么敢不尽心呢!"安禄山认为哥舒翰讥讽他是胡

也,大怒,骂翰曰:"突厥敢尔!"翰欲应之,力士目翰,乃止,自是为怨愈深。

癸巳(753) **十二载**
春正月,杨国忠注选人于都堂。

国忠欲收人望,建议:"文部选人,无问贤不肖,选深者留之,依资据阙注官。"滞淹者翕然称之。凡所施置,皆曲徇时人所欲,故颇得众誉。故事,兵、吏部尚书知政事者,选事悉委侍郎以下,三注三唱,仍过门下省审,自春及夏,乃毕。至是,国忠欲自示精敏,乃遣令史先于私第密定名阙。召左相陈希烈及给事中、诸司长官皆集尚书都堂,唱注一日而毕,曰:"今左相、给事中俱在座,已过门下矣。"其间资格差缪甚众,无敢言者。于是门下不复过官,侍郎但掌试判而已。京兆尹鲜于仲通讽选人请为国忠刻颂,立于省门,制仲通撰其辞,上为改定数字,仲通以金填之。

二月,追削李林甫官爵,剖其棺。

杨国忠说安禄山,使阿布思部落降者诣阙,诬告李林甫、阿布思谋反。上信之,下吏按问,林甫婿谏议大夫杨齐宣惧为所累,证成之。时林甫尚未葬,制削官爵,子孙皆流岭南、黔中,近亲友党与坐贬者五十余人。剖棺抉含珠,褫金紫,更以小棺如庶人礼葬之。赐希烈、国忠爵许、魏国公,赏其成林甫之狱也。

人,极为愤怒,骂哥舒翰道:"你这个突厥人竟敢如此无礼!"哥舒翰正想要回骂,高力士用眼色示意他,于是作罢。从此怨恨愈深。

癸巳(753) 唐玄宗天宝十二载
春正月,杨国忠在尚书省都堂为选人注官。

杨国忠想要收买人心,就建议说:"文部选拔官吏,不管贤明与否,选择有资历的留下,依照声望和功绩任命一定的职位。"那些长期得不到升迁的官吏都赞成这一建议。杨国忠凡是所施行的政策,都曲意迎合当时人们的愿望,所以受到许多人的称颂。按照过去的制度,兵部和吏部尚书如果兼任宰相,就把铨选的事委托给侍郎以下的官吏去主持,经过三注三唱,才送给门下省审查,从春天一直到夏天,才能完毕。这时,杨国忠想要显示自己的精明强干,就让有关官吏先在自己的家里暗中把名单确定下来。然后召左相陈希烈及给事中、各司长官都聚集于尚书省都堂,唱名注官一天就完结,他说:"现在左相和给事中都在这里,就等于已经通过了门下省的审查。"所选的人水平差距很大,但没有人敢提意见。因此门下省不再审查被选为官的人,侍郎只掌管试判罢了。京兆尹鲜于仲通暗示入选的人请求为杨国忠立碑赞颂,树立在尚书省门口,唐玄宗下制让鲜于仲通撰写颂辞,唐玄宗亲自改定了几个字,鲜于仲通把这几个字用黄金填写。

二月,唐玄宗下制书命削夺李林甫的官爵,剖开他的棺材。

杨国忠派人劝说安禄山,让阿布思部落投降的人到朝廷,诬告说李林甫与阿布思谋反。唐玄宗相信了此话,就派官吏去调查,李林甫的女婿谏议大夫杨齐宣恐怕自己受到牵连,就证明说实有其事。当明李林甫还没有埋葬,唐玄宗下制书剥夺他的官爵,子孙全都流放到岭南和黔中,亲戚和党羽坐罪被贬官的达五十多人。又剖开李林甫的棺材,取出口中所含的珍珠,脱掉金紫衣服,换了一口小棺材,按照一般平民的礼仪埋葬。唐玄宗赐给陈希烈和杨国忠的爵位分别为许国公和魏国公,以奖赏他们揭发和处置李林甫案件一事。

夏五月，复以魏、周、隋后为三恪。

杨国忠欲攻李林甫之短故也。卫包、崔昌皆坐贬官。

秋八月，以哥舒翰兼河西节度使。

禄山以李林甫狡猾逾己，故畏服之。及杨国忠为相，视之蔑如也，由是有隙。国忠屡言禄山有反状，上不听。陇右节度使哥舒翰击吐蕃，拔洪济、大漠门等城，悉收九曲部落。国忠欲厚结翰，与共排安禄山，奏以翰兼河西节度，赐爵西平郡王。是时中国盛强，自安远门西尽唐境凡万二千里，闾阎相望，桑麻翳野，天下称富庶者无如陇右。翰每遣使入奏，常乘白橐驼，日驰五百里。

冬十月，帝如华清宫。

杨国忠素与虢国夫人通，至是往来无度，或并辔走马，不施障幕，道路掩目。三夫人从幸华清，会于国忠第，车马仆从，充溢数坊，锦绣珠玉，鲜华夺目。国忠谓客曰："吾本寒家，一旦缘椒房至此，未知税驾之所，然终不能致令名，不若且极乐耳。"杨氏五家，队各为一色衣以相别，五家合队，粲若云锦，国忠仍以剑南旌节引于其前。

国忠子暄举明经，荒陋不及格。礼部侍郎达奚珣畏国忠，遣其子邀国忠马白之，然亦未敢落也。国忠怒曰："我子何患不富贵，乃令鼠辈相卖！"策马不顾而去。珣惧，遂置暄上第。

夏五月，重新规定把北魏、北周和隋朝的后代作为三恪。

这是因为杨国忠想要攻击李林甫的短处。卫包和崔昌都因此事被贬官。

秋八月，唐玄宗任命哥舒翰兼任河西节度使。

安禄山因为李林甫的狡猾超过自己，所以对他十分畏服。等到杨国忠任宰相，安禄山很看不起他，所以二人有矛盾。杨国忠多次说安禄山要谋反，但唐玄宗不听。陇右节度使哥舒翰攻打吐蕃，攻克了洪济和大漠门等城，降服了九曲的全部部落。杨国忠想要联合哥舒翰，与他共同排斥安禄山，就上奏唐玄宗任命哥舒翰兼任河西节度使，赐西平郡王爵位。这时唐朝强盛，从长安城西的安远门向西一万二千里都是唐朝的领土，村落相望，桑麻被野，天下最富饶的地区首推陇右。哥舒翰每次派使者入朝奏事，总是乘白骆驼，一天驰行五百里。

冬十月，唐玄宗前往华清宫。

杨国忠早就与虢国夫人私通，这时昼夜往来，没有节制，有时竟并马一起入朝，不用障幕遮蔽，路旁的人都觉得羞耻而无法看下去。韩国、虢国和秦国三夫人都随从唐玄宗前往华清宫，在杨国忠的宅第相会，所跟从的车马仆从，浩浩荡荡，占满了城中数坊之地，所穿的锦衣绣服和佩带的珍珠宝玉，鲜艳夺目。杨国忠曾经对客人说："我本出身于贫苦人家，只是因为贵妃的关系才有了今天的地位，不知道以后会有什么结果，但想到终究留不下好的声誉，还不如暂且及时行乐。"杨氏五家，每家为一队，每队都穿着一种颜色的衣服相区别，然后五家合为一队，灿烂如同云锦，杨国忠还让剑南节度使的仪仗在队伍前面领路。

杨国忠的儿子杨暄参加科举考明经科，因为他学业浅陋，所以没有及格。礼部侍郎达奚珣因为畏惧杨国忠的权势，就让他的儿子拦住杨国忠的马告诉他这件事，不敢让他的儿子落选。杨国忠愤怒地说："我的儿子何愁不能富贵，而让你们这些鼠辈人物来卖弄！"然后催马头也不回地走了。达奚珣非常惧怕，就把杨暄列入优等。

以中书舍人宋昱知选事。

前进士刘迺遗昱书曰:"禹、稷、皋陶同居舜朝,犹曰载采有九德,考绩以九载。近代主司,察言于一幅之判,观行于一揖之间,何古今迟速不侔之甚哉! 借使周公、孔子今处铨廷,考其辞华,则不及徐、庾,观其利口,则不若啬夫,何暇论圣贤之事业乎!"

甲午(754)　**十三载**
春正月,安禄山入朝。

是时杨国忠言禄山必反,且曰:"陛下试召之,必不来。"上使召之,禄山即至。见上泣曰:"臣本胡人,陛下宠擢至此,为国忠所疾,臣死无日矣!"上怜之,赏赐巨万,由是国忠之言不能入矣。太子亦言禄山必反,上不听。

加安禄山左仆射。

上欲加安禄山同平章事,已令太常张垍草制。杨国忠曰:"禄山虽有军功,目不知书,岂可为宰相! 制书若下,恐四夷轻唐。"上乃以禄山为仆射。

唐初,诏敕皆中书、门下官有文者为之。乾封以后,始召文士草诸文辞,常于北门候进止,时人谓之"北门学士"。上即位,始置翰林院,密迩禁廷,延文章之士,下至僧、道、书、画、琴、棋、数术之工,皆处之,谓之"待诏"。刑部尚书

唐玄宗让中书舍人宋昱主持选举的事。

前进士刘迺给宋昱写信说："大禹、后稷和皋陶三位圣贤都在虞舜一朝做官，他们还说日日都要吸取九种美善的德行，用九年时间考察一个人的能力。而现在掌管选人的官吏却根据一篇判文就决定一个人的文字水平，根据一个作揖就判断一个人的行为是否合乎礼仪，古今选官的快慢差距竟会有这么大吗！假如让周公、孔子站在今天的考堂上，考试他们的文章，则比不过南朝的徐陵和庾信，看他们的口才，则比不过汉代的啬夫，哪有机会论说圣贤的事业呢！"

甲午(754) 唐玄宗天宝十三载
春正月，安禄山入朝。

当时杨国忠进言说安禄山必定会反叛，并说："陛下试着召他入朝，他一定不会来。"于是唐玄宗就派使者去召见安禄山，安禄山马上入朝。安禄山见到唐玄宗哭泣着说："我本是一名胡人，只是受到陛下的信任才有今天的地位，但却受到杨国忠的嫉恨，恐怕活不长久了！"唐玄宗听后十分怜爱他，重加赏赐，因此杨国忠的话一句都听不进去。太子李亨也说安禄山一定会谋反，唐玄宗不听从。

唐玄宗加安禄山为左仆射。

唐玄宗想要加安禄山同平章事，已经命令太常卿张垍草写了制书。杨国忠说："安禄山虽然有战功，但是目不识丁，怎么能够做宰相呢！如果制书颁下，恐怕周边的夷人会轻视我们大唐王朝。"于是唐玄宗加安禄山为左仆射。

唐朝初年的时候，皇帝所下的诏书制敕都由中书省和门下省官吏中善于作文章的人来草写。乾封年间以后，开始召文士草写文告，这些人常常在北门值班等候命令，所以当时的人们把他们称为"北门学士"。唐玄宗即位以后，开始设置翰林院，位置靠近宫廷，延揽天下能文之士，下至佛僧、道士以及精通书、画、琴、棋、方术之士，都召进来，称他们为"翰林待诏"。刑部尚书

张均及弟垍,皆翰林院供奉。

以安禄山为闲厩、群牧使。

禄山求兼领群牧总监,密遣亲信选健马堪战者数千匹,别饲之。

二月,复加圣祖及诸帝、后号谥。

上亦加尊号,至十四字。

以杨国忠为司空。　　三月,安禄山归范阳。

安禄山奏:"所部将士讨奚、契丹等,勋效甚多,乞超资加赏。"除将军者五百余人,中郎将者二千余人。禄山欲反,故先以此收众心也。禄山辞归范阳,上解御衣以赐之,禄山惊喜。恐杨国忠奏留之,疾驱出关,乘船而下,昼夜兼行,日数百里。自是有言禄山反者,上皆缚送之,由是人无敢言者。

初,上令高力士饯禄山,还,上问:"禄山慰意乎?"对曰:"观其意怏怏,必知欲命为相而中止也。"上以告国忠,国忠曰:"此议他人不知,必张垍兄弟告之也。"上怒,贬均、垍官。

夏六月朔,日食,不尽如钩。

剑南留后李宓击南诏,败没。

宓击南诏,阁罗凤诱之深入,至太和城,闭壁不战。宓粮尽,士卒瘴疫饥死什七八,乃引还,蛮追击之,全军皆没。杨国忠隐其败,更以捷闻,益发中国兵讨之,前后死者几二十万人,无敢言者。上尝谓高力士曰:"朕今老矣,朝事付

张均和弟弟张垍,都在翰林院供奉皇上。

唐玄宗任命安禄山为闲厩、群牧使。

安禄山请求兼任群牧总监,还暗中派遣亲信挑选能征善战的健壮军马数千匹,另选地方饲养。

二月,唐朝再一次加圣祖老子和诸皇帝、皇后谥号。

群臣也给唐玄宗加尊号,增加到十四个字。

唐玄宗任命杨国忠为司空。　三月,安禄山返回范阳。

安禄山上奏说:"我所率领的部下将士讨伐奚、契丹等,功勋卓著,希望能够破格加以封官赏赐。"因此安禄山的部下被任命为将军的有五百余人,任命为中郎将的有二千余人。安禄山想要谋反,所以借此收买人心。安禄山向唐玄宗辞行要回范阳,唐玄宗脱下自己的衣服赐给他,安禄山十分惊喜。安禄山恐怕杨国忠上奏唐玄宗把他留在朝中,所以驰马出潼关,然后乘船沿黄河而下,昼夜兼程,每天行进数百里。从此有说安禄山谋反的人,唐玄宗都把他捆绑起来送给安禄山,因此没有人敢于说安禄山要谋反的事。

当初,唐玄宗命高力士为安禄山饯行,高力士回来后,唐玄宗问道:"安禄山满意吗?"高力士回答说:"看到他心中不高兴,一定是知道了想要任命他为宰相,而后来又改变了的缘故。"唐玄宗把此事告诉了杨国忠,杨国忠说:"这件事别人都不知道,一定是张垍兄弟告诉安禄山的。"唐玄宗极为愤怒,就将张均和张垍兄弟贬官。

夏六月初一,发生日食,是残部如钩的日环食。

剑南留后李宓率兵攻打南诏,战败身死。

李宓率兵攻打南诏,南诏王阁罗凤采用诱敌深入的战术,把唐军诱至太和城下,坚壁不战。李宓的军队粮食吃尽,士卒因为瘴疫和饥饿死了十分之七八,于是率兵撤退,这时南诏蛮出兵追击,唐兵全军覆没。杨国忠隐瞒了战败的事,还假报说取得了胜利,并增加兵力去征讨,前后战死的有二十万人,没有人敢说这件事。唐玄宗曾经对高力士说:"朕现在老了,把朝政大事委托

之宰相,边事付之诸将,夫复何忧!"力士对曰:"臣闻云南数丧师,又边将拥兵太盛,陛下将何以制之!臣恐一旦祸发,不可复救,何谓无忧也!"上曰:"卿勿言,朕徐思之。"

秋八月,陈希烈罢,以韦见素同平章事。

杨国忠忌陈希烈,希烈累表辞位。上欲以吉温代之,国忠以温附安禄山,奏言不可。以见素和雅易制,荐之。

关中大饥。

自去岁水旱相继,关中大饥。上忧雨伤稼,国忠取禾之善者献之,曰:"雨虽多,不害稼也。"上以为然。扶风太守房琯言所部水灾,国忠使御史推之。是岁,天下无敢言灾者。高力士侍侧,上曰:"淫雨不已,卿可尽言。"对曰:"自陛下以权假宰相,赏罚无章,阴阳失度,臣何敢言!"上默然。

冬闰十一月,贬韦陟为桂岭尉,吉温为澧阳长史。

河东太守韦陟,文雅有盛名,杨国忠恐其入相,使人告陟赃污事,下御史。陟赂中丞吉温,使求救于安禄山,复为国忠所发。贬陟桂岭尉,温澧阳长史。安禄山为温讼冤,且言国忠谗疾,上两无所问。

户部奏郡县户口之数。

郡三百二十一,县千五百三十八,户九百六万九千一百五十四,口五千二百八十八万四百八十八。

给宰相去处理,边防军事委任给诸位边将,还有什么可忧愁的事情呢!"高力士回答说:"我听说唐军在云南多次战败,还有边将拥兵太重,不知道陛下将如何处置! 我深怕一朝祸发,难以挽救,怎么能说可以高枕无忧呢!"唐玄宗说:"你不要说了,让我仔细考虑一下。"

秋八月,唐玄宗免去陈希烈的宰相职务,任命韦见素为同平章事。

因为杨国忠忌恨陈希烈,所以陈希烈多次上表请求辞职。唐玄宗想要任用吉温以代替陈希烈,杨国忠因为吉温依附于安禄山,就上奏说不可。杨国忠认为韦见素性情温和易于控制,所以就推荐他取代陈希烈。

关中地区发生大的饥荒。

自去年以来,水灾和旱灾相继不断,关中地区闹大饥荒。唐玄宗担忧雨多损害庄稼,杨国忠就拿一些长势良好的禾苗献给唐玄宗,并说:"虽然雨水多,但没有损害庄稼。"唐玄宗信以为然。扶风太守房琯上言说本郡遭受水灾,杨国忠就派御史去调查。这一年,天下没有人敢说遭受天灾。高力士在一旁侍候唐玄宗,唐玄宗说:"大雨连绵不断,有什么事你尽可以说。"高力士回答说:"自陛下把大权委任给宰相以来,赏罚没有章程,以致上天阴阳失调,我敢说什么呢!"唐玄宗听后沉默不语。

冬季,闰十一月,唐玄宗贬韦陟为桂岭县尉,贬吉温为澧阳长史。

河东太守韦陟,风度文雅,负有盛名,杨国忠恐怕他入朝任宰相,就指使人告发说韦陟有贪污行为,并下到御史台去调查。韦陟贿赂御史中丞吉温,让吉温向安禄山求援,此事又被杨国忠揭发。于是贬韦陟为桂岭县尉,贬吉温为澧阳长史。安禄山为吉温诉冤,并且说这是杨国忠故意陷害,而唐玄宗都不加追究。

户部上奏唐朝的郡县和户口数目。

郡有三百二十一,县有一千五百三十八,户数九百零六万九千一百五十四,人口五千二百八十八万四百八十八。

乙未(755) 十四载
春二月,安禄山请以蕃将代汉将,从之。

禄山使副将何千年入奏,请以蕃将三十二人代汉将。韦见素谓杨国忠曰:"禄山久有异志,今又有此请,其反明矣。"明日入见,上迎谓曰:"卿等疑禄山邪?"见素因极言禄山反已有迹,所请不可许,上不悦。竟从禄山之请。

他日,国忠、见素言于上曰:"臣有策可坐消禄山之谋。若除禄山平章事,召诣阙,以贾循、吕知诲、杨光翙分领范阳、平卢、河东节度,则势自分矣。"上从之。已草制而不发,更遣中使辅璆琳以珍果赐禄山,潜察其变。璆琳受禄山厚赂,还,盛言禄山无二心。上谓国忠等曰:"朕推心待之,必无异志。朕自保之,卿等勿忧也!"事遂寝。

哥舒翰入朝。
翰入朝,得疾,遂留京师,家居不出。
秋七月,安禄山表请献马,遣中使谕止之。

禄山自归范阳,朝廷每遣使者至,皆称疾不出迎。盛陈武备,然后见之,无复人臣礼。杨国忠日夜求禄山反状。禄山子庆宗尚宗女,在京师,密报禄山,禄山愈惧。上以其子成婚,手诏召禄山观礼,禄山辞疾不至。表献马三千匹,每匹执鞚夫二人,遣蕃将二十二人部送。河南尹达奚珣疑

乙未（755）　唐玄宗天宝十四载

春二月，安禄山上奏请求用蕃人将领代替汉人将领，唐玄宗同意。

安禄山派遣他的副将何千年入朝奏事，请求用蕃人将领三十二人代替汉人将领。韦见素对杨国忠说："安禄山早就怀有反心，现在又请求用蕃将代替汉将，谋反的迹象已经很明确了。"第二天，韦见素和杨国忠入宫晋见唐玄宗，唐玄宗迎接他们说："你们是怀疑安禄山谋反吗？"韦见素因此竭力说安禄山反迹已露，对于他的请求不可答应，唐玄宗不高兴。最后答应了安禄山的请求。

有一天，韦见素和杨国忠对唐玄宗说："我们有计策可以消除安禄山的阴谋。如果除授安禄山为平章事，召他入朝，然后分别任命贾循、吕知诲、杨光翙为范阳、平卢、河东节度使，这样安禄山的势力就会分化瓦解。"唐玄宗同意。制书已草拟好了，但唐玄宗却没颁发，而是派遣宦官辅璆琳拿着珍果赐给安禄山，并暗中观察形势的变化。辅璆琳接受了安禄山的重赂，回来后极力说安禄山没有谋反之心。唐玄宗对杨国忠等人说："我推心置腹地对待安禄山，他一定不会有反叛之心。我可以保证他不会谋反，你们不用担忧！"此事就此作罢。

陇右、河西节度使哥舒翰入朝。

哥舒翰入朝，得了疾病，于是就留在京师，住在家里不出来。

秋七月，安禄山上表请求给朝廷进献马匹，唐玄宗派宦官告谕阻止了此事。

安禄山自从回到范阳后，每当朝廷派遣的使者来到，他总是假病不出来迎接。陈列好盛大的武备，然后才出来接见，没有人臣的礼节。杨国忠日夜搜求安禄山谋反的证据。安禄山的儿子安庆宗娶宗室女为妻，留在京师，把情况密报给安禄山，安禄山更加惧怕。唐玄宗以安禄山的儿子成婚为由，下手诏让安禄山来参加，安禄山称病不来。安禄山上表请求献给朝廷马三千匹，每匹马马夫二人，并派遣蕃人将领二十二人护送。河南尹达奚珣怀疑

有变,奏请:"谕禄山以进马宜俟至冬,官自给夫,无烦本军。"于是上稍寤,始有疑禄山之意。会辅璆琳受赂事泄,上托以他事扑杀之。遣中使冯神威赍手诏谕禄山,如珣策。禄山踞床不拜,曰:"马不献亦可,十月当诣京师。"寻遣还,亦无表。

　　八月,免百姓今载租庸。　**冬十月,帝如华清宫。十一月,安禄山反,遣封常清如东京募兵以御之。**

　　禄山专制三道,阴蓄异志,殆将十年,以上待之厚,欲俟上晏驾然后作乱。会杨国忠屡言禄山且反,数以事激之,欲其速反以取信于上。禄山由是决意遽反,独与严庄、高尚、阿史那承庆密谋。会有奏事官自京师还,禄山诈为敕书示诸将曰:"有密旨,令禄山将兵入朝讨杨国忠。"众愕然相顾,莫敢异言。于是发所部兵及奚、契丹凡十五万,反于范阳。命贾循守范阳,吕知诲守平卢,高秀岩守大同。大阅誓众,引兵而南,步骑精锐,烟尘千里。时承平久,百姓不识兵革,河北州县望风瓦解。北京以闻,上未信。

　　及闻禄山定反,乃召宰相谋之。杨国忠扬扬有得色,曰:"今反者独禄山耳,将士皆不欲也。不过旬日,必传首诣行在。"上以为然。安西节度使封常清入朝,上问以讨贼方略,常清大言:"请诣东京,开府库,募骁勇,挑马棰度河,

其中有诈，就上奏说："请告谕安禄山应该等到冬天的时候再进献马匹，由朝廷供给马夫，不用烦劳他部下的军士了。"于是唐玄宗才有所省悟，开始怀疑安禄山有谋反之心。适逢辅璆琳接受安禄山贿赂的事情被揭发，唐玄宗就假托其他的事处死了辅璆琳。唐玄宗又派宦官冯神威拿着他的手诏，按照达奚珣的计策，去告谕安禄山。安禄山坐在床上不伏身下拜，只是说："不让献马也行，我到十月份一定去京师。"不久放冯神威回朝，也没有奏表给朝廷。

八月，唐玄宗下令免除百姓今年的租庸。　冬十月，唐玄宗前往华清宫。　十一月，安禄山反叛，唐玄宗派遣封常清前往东都招募士卒进行抵御。

安禄山一身兼任三道节度使，阴谋作乱已将近十年，只是因为唐玄宗待他很好，所以想等到唐玄宗死后再起兵反叛。这时杨国忠多次上言说安禄山要谋反，数次做事来激怒安禄山，想让他立刻反叛以取信于唐玄宗。安禄山于是决意即刻起兵反叛，只与严庄、高尚和阿史那承庆密谋。适逢有入朝奏事官从京师回来，安禄山就诈称有敕书向诸将宣示说："皇上有密诏，命令我率兵入朝讨伐杨国忠。"诸将领都十分惊愕地相互看着，没有人敢提出异议。于是安禄山调发所统辖的三镇军队及奚、契丹兵共有十五万，在范阳起兵反叛。安禄山命令贾循守卫范阳，吕知诲守卫平卢，高秀岩守卫大同。召集全军检阅誓师，然后率兵向南进军，精锐的步骑兵浩浩荡荡，战尘千里。当时唐朝和平日久，老百姓没有经过战争，叛军经过的河北州县望风瓦解。北京向唐玄宗报告，唐玄宗还不相信。

等到唐玄宗得知安禄山确实率兵反叛之后，才召来宰相商议应变的计策。杨国忠扬扬得意地说："现在要反叛的只有安禄山一个人，他手下的将士都不想反叛。不过十天，一定会把安禄山的头颅割下来送到行在。"唐玄宗信以为然。安西节度使封常清入朝，唐玄宗向他询问平叛的计策，封常清夸大其辞地说："我请求前往东京，打开府库，招募勇士，然后跃马挥鞭渡过黄河，

计日取逆胡之首献阙下。"上悦,以为范阳、平卢节度使,乘驿诣东京募兵,旬日,得六万人,乃断河阳桥,为守御之备。

帝还京师,安庆宗伏诛。以郭子仪为朔方节度使。以张介然为河南节度使。

领陈留等十三郡。诸郡当贼冲者,皆置防御使。

十二月,以高仙芝为副元帅,统诸军屯陕。

以荣王琬为元帅,高仙芝副之,统诸军东征。出内府库钱帛,于京师募兵十一万,号曰天武军,旬日而集,皆市井子弟也。仙芝以五万人发京师,遣宦者边令诚监其军,屯于陕。

禄山陷灵昌及陈留,杀张介然。

禄山自灵昌渡河,以缗约败船及草木横绝河流,一夕冰合,遂陷灵昌郡。张介然至陈留才数日,禄山至,授兵乘城,众惧,不能守。太守郭纳以城降。禄山入北郭,闻安庆宗死,恸哭曰:"我何罪,而杀我子!"陈留将士降者万人,皆杀之,以快其忿。斩张介然于军门,以其将李廷望为节度使,守陈留。

制朔方、河西、陇右兵赴行营。 禄山陷荥阳,杀其太守崔无诐。 封常清与贼战于武牢,败绩,禄山遂陷东京,留守李憕、御史中丞卢奕死之。

禄山以田承嗣、安忠志、张孝忠为前锋。常清所募兵皆白徒,屯武牢以拒贼。贼以铁骑蹂之,再战皆败。禄山陷东京,常清再战城中,又败,乃西走。

用不了几天就会把逆贼头颅取下献给朝廷。"唐玄宗听后很高兴，就任命封常清为范阳、平卢节度使，乘驿马到东京募兵，十天时间招募到六万人，于是毁坏河阳桥，准备抵御叛军的进攻。

唐玄宗回到京师，诛杀了安禄山的儿子安庆宗。任命郭子仪为朔方节度使。 又任命张介然为河南节度使。

河南节度使统辖陈留等十三郡。在各郡的战略要地都设置防御使。

十二月，唐玄宗任命高仙芝为副元帅，统帅各部兵马驻扎在陕郡。

唐玄宗任命荣王李琬为元帅，高仙芝为副元帅，统帅各部兵马东征。拿出内府中的金钱布帛，在京师招募军队十一万，号为天武军，十天便集合起来，成员都是市民子弟。高仙芝率领五万人从京师出发，唐玄宗派宦官边令诚去监军，驻守在陕郡。

安禄山攻陷灵昌和陈留二郡，杀死河南节度使张介然。

安禄山从灵昌郡渡过黄河，用粗绳捆缚破船和杂草树木，横断河流，一晚上结成冰桥，于是攻占灵昌郡。张介然到达陈留才几天，安禄山即率叛军来到，张介然命士兵登城守卫，士兵惊恐，不能作战。陈留太守郭纳献城投降。安禄山从城北进入，得知安庆宗已死，痛哭说："我有什么罪，而把我的儿子杀死！"当时投降的陈留将士有一万人，安禄山把他们全都杀死以泄其愤。又在军门杀了张介然，任命他的部将李廷望为节度使，守卫陈留。

唐玄宗下制书命朔方、河西、陇右的镇兵开赴行营。 安禄山攻陷荥阳，杀死荥阳太守崔无诐。 封常清与叛贼在武牢交战，封常清战败，安禄山于是攻陷东京，东京留守李憕和御史中丞卢奕被叛军杀害。

安禄山命令部将田承嗣、安忠志、张孝忠作为先锋。封常清所招募的兵都是一些没有经过训练的平民，他率领这些士兵驻守在武牢关以抵御叛军。叛军用精锐骑兵进行冲锋，封常清几次交战，都被打败。安禄山攻陷了东京，封常清又在城中交战，又被打败，于是向西逃走。

河南尹达奚珣降于禄山。留守李憕谓御史中丞卢奕曰：“吾曹荷国重任，虽知力不敌，必死之！”奕许诺。憕收残兵数百，欲战皆溃，憕独坐府中。奕先遣妻子怀印，间道走长安，朝服坐台中。禄山使人执之，及采访判官蒋清，皆杀之。奕骂禄山，数其罪，顾贼党曰：“凡为人当知逆顺，我死不失节，夫复何恨！”奕，怀慎之子也。禄山以其党张万顷为河南尹。

高仙芝退保潼关，河南多陷。

封常清帅余众至陕，谓高仙芝曰：“常清连日血战，贼锋不可当。且潼关无兵，若贼豕突入关，则长安危矣。陕不可守，不如引兵先据潼关以拒之。”仙芝乃趣潼关，修完守备。禄山使其将崔乾祐屯陕，临汝、弘农、济阴、濮阳、云中郡皆降于禄山。是时，朝廷征兵未至，关中恼惧。会禄山方谋称帝，留东京不进，故朝廷得为之备，兵亦稍集。

东平太守吴王祗起兵讨贼。

禄山以张通晤为睢阳太守，东略地，郡县官多望风降走，惟东平太守嗣吴王祗、济南太守李随起兵拒之。郡县之不从贼者，皆倚吴王为名。祗，祎之弟也。单父尉贾贲帅吏民击斩通晤，有众二千。诏以祗为灵昌太守、河南都知兵马使。

以永王璘为山南节度使，颍王璬为剑南节度使。

二王皆不出阁，以江陵、蜀郡长史源洧、崔圆副之。

河南尹达奚珣投降了安禄山。东京留守李憕对御史中丞卢奕说："我们肩负着国家的重任，虽然知道力量微薄不能战胜叛军，但也要为国家而死！"卢奕同意他的话。李憕收罗了数百名残兵，想与叛军交战，而这些士卒纷纷溃逃，只有李憕一人坐在府中。卢奕先派他的妻子怀藏大印，从小路往长安，自己则身穿朝服坐在御史台中。安禄山派人把李憕、卢奕及采访判官蒋清抓来，然后把他们杀掉。卢奕大骂安禄山，数落他的罪行，并对叛军的党羽说："凡是人都应该知道事情有逆顺的道理，我死也不失为人臣子的气节，还有什么遗憾的呢！"卢奕是卢怀慎的儿子。安禄山任命他的亲信张万顷为河南尹。

高仙芝退守潼关，河南大部分地区陷落。

封常清率领残兵逃到陕郡，对高仙芝说："我连日来与叛军血战，叛军锐不可当。再说潼关无兵守卫，如果叛军突入关中，京城长安就危险了。陕郡无法守卫，不如率兵先占据潼关以抗御叛军。"高仙芝于是率兵急赴潼关，修整完善守备。安禄山派遣部将崔乾祐驻守陕郡，临汝、弘农、济阴、濮阳、云中等郡都投降了安禄山。这时，朝廷向各道所征调的兵力都没有赶到，关中一片惊慌。适逢安禄山正在谋划着称帝，留在东京不再进攻，所以朝廷才得到喘息的时间备战，所征调的兵力也陆续赶到。

东平太守吴王李祗起兵讨伐叛贼。

安禄山任命张通晤为睢阳太守，向东攻城略地，郡县官闻风或降或逃，只有东平太守嗣吴王李祗、济南太守李随起兵反抗。于是各郡县不愿意投降叛军的官吏民众都借吴王李祗的名义起兵。李祗是李祎的弟弟。单父县尉贾贲率领官吏民众攻打斩杀了张通晤，有兵力二千人。唐玄宗下诏任命吴王李祗为灵昌太守、河南都知兵马使。

唐玄宗任命永王李璘为山南节度使，又任命颍王李璬为剑南节度使。

二王都不出朝到职，分别任命江陵长史源洧和蜀郡长史崔圆为副使。

制太子监国。

上议亲征,制太子监国,谓宰相曰:"朕在位垂五十载,去秋已欲传位太子,值水旱相仍,不欲以余灾遗子孙。不意逆胡横发,朕当亲征,且使之监国。事平之日,朕将高枕无为矣。"杨国忠大惧,退谓三夫人曰:"太子素恶吾家,若一旦得天下,吾与姊妹并命在旦暮矣!"使说贵妃,衔土请命于上,事遂寝。

平原太守颜真卿起兵讨贼。

初,真卿知禄山且反,因霖雨,完城浚濠,料丁壮,实仓廪。禄山以其书生,易之。及反,檄真卿将兵防河津,真卿遣平原司兵李平间道奏之。上始闻河北郡县皆从贼,叹曰:"二十四郡,曾无一人义士邪!"及平至,大喜曰:"朕不识颜真卿作何状,乃能如是!"

真卿使亲客密怀购贼牒诣诸郡,由是诸郡多应者。召募勇士,旬日至万余人,谕以举兵讨禄山,继以涕泣,士皆感愤。禄山使其党段子光赍李憕、卢奕、蒋清首,徇河北诸郡,至平原,真卿执之,腰斩以徇。取三人首,续以蒲身,棺敛葬之,祭哭受吊。禄山以刘道玄摄景城太守,清池尉贾载、盐山尉穆宁共斩之,得其甲仗五十余船,携其首谒长史李昕,昕收严庄宗族,悉诛之,送道玄首至平原。真卿召

唐玄宗下制书令太子监国。

唐玄宗想要亲自征讨安禄山，下制书令太子监国，对宰相们说："朕在皇帝位快五十年了，去年秋天就想传位给太子，适逢水旱灾害不断，朕不想把这些灾害留给子孙后代去承担。不料逆胡安禄山起兵谋反，朕一定要亲自去征讨，让太子监国。待叛乱平定后，朕将高枕无忧地退位。"杨国忠听后大为恐惧，退朝后对韩国、虢国和秦国三夫人说："太子早就憎恨我们杨家，如果他一旦当皇帝得天下，我与姊妹们的生命将会危在旦夕！"于是杨国忠让三夫人去劝说杨贵妃，杨贵妃口衔土块死命地阻拦唐玄宗，这件事于是无法实行。

平原太守颜真卿起兵讨伐叛贼。

当初，平原太守颜真卿知道安禄山要举兵反叛，就借阴雨连绵之机，修城挖壕，统计能够作战的壮年人，并充实仓库。安禄山认为颜真卿不过一介书生，轻视他。等到安禄山起兵反叛，就发公文让颜真卿率兵守卫黄河渡口，颜真卿即派平原郡司马李平抄小路去向朝廷上奏报告。唐玄宗最初听说河北的郡县都投降了安禄山，感叹说："河北地区的二十四个郡中，难道就没有一位忠义之士吗！"待李平到达朝廷后，唐玄宗高兴地说："朕不认识颜真卿是什么样子，竟如此忠义！"

颜真卿又派遣他的亲信暗藏悬赏叛贼的文告前往其他州郡，因此许多州县纷纷响应。颜真卿招募勇士，十天时间就募得一万人，告诉他们要起兵讨伐安禄山，接着失声痛哭，勇士们都被颜真卿所感动。安禄山派遣他的亲信段子光拿着李憕、卢奕和蒋清的首级，到河北地区各郡县宣示，到了平原郡，颜真卿抓捕了段子光，将他腰斩示众。又取下李憕等三人的首级，用蒲草做成人身续接在头上，入殓装入棺材埋葬了他们，然后祭奠哭泣接受吊唁。安禄山任命刘道玄代理景城太守，清池县尉贾载和盐山县尉穆宁一起杀了刘道玄，缴获了盔甲器械等物质共五十余船，然后带着刘道玄的首级去见长史李晖，李晖逮捕了严庄的宗族，把他们全部杀掉，把刘道玄的首级送到平原。颜真卿把

载、宁及清河尉张澹诣平原计事。饶阳太守卢全诚据城不受代，河间司法李奂杀禄山所署长史王怀忠，李随杀禄山所署博平太守马冀，各有众数千或万人，共推真卿为盟主，军事皆禀焉。禄山使张献诚将兵万人围饶阳。

杀高仙芝、封常清，以哥舒翰为副元帅。

边令诚数以事干仙芝，仙芝不从。令诚入奏事，遂言："常清以贼摇众，而仙芝弃陕地数百里，又盗减粮赐。"上大怒，遣令诚赍敕即军中斩仙芝及常清。初，常清既败，三遣使奉表陈贼形势，上皆不之见。常清乃自驰诣阙，至渭南，敕削其官爵，令还军自效。常清草遗表曰："臣死之后，望陛下不轻此贼，无忘臣言！"时朝议皆以为禄山狂悖，不日授首，故常清云然。令诚至潼关，先引常清宣敕示之，常清以表附令诚上之。常清既死，乃谓仙芝曰："大夫亦有恩命。"仙芝遽下，令诚宣敕。仙芝曰："我遇敌而退，死则宜矣。谓我盗减粮赐则诬也。"时士卒在前，大呼称枉，其声振地，遂斩之。

上以哥舒翰有威名，且素与禄山不协，召见，拜兵马副元帅，将兵八万以讨禄山。翰以疾固辞，上不许，以田良丘为行军司马，蕃将火拔归仁等将部落以从，并仙芝旧卒，号二十万，军于潼关。翰病不能治事，悉以军政委良丘，良

贾载、穆宁及清河县尉张澹召到平原谋划联合抵御叛军的事。饶阳太守卢全诚占据郡城不接受安禄山的招降，河间郡司法李奂杀了安禄山所任命的长史王怀忠，李随杀了安禄山所任命的博平太守马冀，他们各自有兵数千或一万人，共同推举颜真卿为盟主，军事行动都听从他的指挥。安禄山派遣部将张献诚率兵一万人包围了饶阳。

唐玄宗下令杀死高仙芝和封常清，任命哥舒翰为副元帅。

监军宦官边令诚多次因事有求于高仙芝，高仙芝不听从他的话。边令诚入朝奏事："封常清借助叛军的势力动摇军心，而高仙芝无故丧失陕郡的数百里之地，还盗减军士的粮食和物资。"唐玄宗十分愤怒，派边令诚手拿敕书到军中斩杀高仙芝和封常清。当初，封常清战败后，三次派遣使者入朝上表陈说叛军的形势，唐玄宗都不接见。于是封常清亲自骑马入朝，到了渭南，唐玄宗下敕剥夺他的官职和爵位，让他回到军中作为普通的士兵去效力。封常清草写了上给唐玄宗的遗表说："臣死以后，希望陛下千万不要轻视叛贼安禄山，不要忘记臣的话！"当时朝臣议论都认为安禄山狂傲叛逆，用不了多长时间就会失败，所以封常清这样告诫唐玄宗。边令诚到了潼关，先把封常清叫来，向他宣示了敕书，封常清把自己草写的遗表交给边令诚呈送唐玄宗。封常清被杀后，边令诚于是对高仙芝说："皇帝也有恩命给高大夫。"高仙芝听后立刻下厅，边令诚于是宣读敕书。高仙芝说："我遇到叛军没有抵抗而退却，死了是应该的。但是说我盗减军士的粮食和物资纯粹是诬陷。"当时高仙芝部下的士卒都在场，大喊高仙芝冤枉，吼声震地，但边令诚还是杀了他。

唐玄宗因为河西、陇右节度使哥舒翰一向有威望，而且素来与安禄山不和，于是就召见他，拜授兵马副元帅，率兵八万去征讨安禄山。哥舒翰因病坚决辞让，唐玄宗不答应，并任命田良丘为行军司马，蕃人将领火拔归仁等率领部落兵跟随哥舒翰去征讨，再加上高仙芝原来的军队，号称有二十万人，守卫潼关。哥舒翰因病不能料理军务，就把军务大事都委托给田良丘处理，田良

丘复不敢专决,使王思礼主骑,李承光主步,无所统壹。翰
用法严而不恤士卒,皆懈弛无斗志。

禄山遣兵寇振武,郭子仪使兵马使李光弼、仆固怀恩
击破之,进围云中,拔马邑。　常山太守颜杲卿起兵讨贼,
河北诸郡皆应之。

禄山之至藁城也,常山太守颜杲卿力不能拒,与长史
袁履谦往迎之。禄山辄赐杲卿金紫,质其子弟,使仍守常
山。又使其将李钦凑将数千人守井陉口,以备西军。杲卿
归途中指其衣谓履谦曰:“何为著此?”履谦悟其意,乃阴与
杲卿谋起兵讨禄山。

至是,将起兵,冯虔、贾深、崔安石、翟万德、张通幽等
皆预其谋。又遣人语太原尹王承业,密与相应。会从弟真
卿自平原遣甥卢逖潜告杲卿,欲连兵断禄山归路,以缓其
西入之谋。时禄山遣高邈诣幽州征兵,未还,杲卿以禄山
命召李钦凑,使帅众受犒,醉而斩之,悉散井陉之众。贼将
高邈、何千年适至,皆擒之。千年谓杲卿曰:“此郡应募乌
合,难以临敌,宜深沟高垒,勿与争锋。俟朔方军至,并力
齐进,传檄赵、魏,断燕蓟要膂,彼则成擒矣。今且宜声云:
‘李光弼兵出井陉。’因使人说张献诚云:‘足下所将多团练
之兵,难以当山西劲兵。’献诚必解围遁去。此亦一奇也。”
杲卿悦,用其策,献诚果遁去,兵皆溃。杲卿乃使人入饶阳

丘又不敢独自一人决断,于是让王思礼统领骑兵,李承光统领步兵,军令不能统一。哥舒翰用法严厉而不体恤士卒,所以士卒们士气低落没有战斗力。

安禄山派兵攻打振武军,郭子仪派兵马使李光弼、仆固怀恩打败了叛军,然后进军包围了云中郡,攻克了马邑。　常山太守颜杲卿起兵讨伐叛贼,河北地区各郡都起兵响应。

安禄山到了藁城,常山太守颜杲卿因兵少不能抵抗敌人,就与长史袁履谦去迎接安禄山。安禄山当即赐给颜杲卿金鱼袋和紫衣服,把他的儿子带走作为人质,让他仍旧守卫常山。安禄山又派遣他的部将李钦凑率兵数千人守卫井陉口,防备从西面来进攻的唐军。颜杲卿在回来的路上指着安禄山所赐给他的紫衣服对袁履谦说:"我为什么要穿这样的衣服呢?"袁履谦领悟了他的意思,于是就暗中与颜杲卿谋划起兵讨伐安禄山。

这时,颜杲卿将要起兵,冯虔、贾深、崔安石、翟万德、张通幽等人都参预谋划。颜杲卿又派人联络太原尹王承业,让他暗中起兵响应。适逢颜杲卿的堂弟颜真卿从平原派颜杲卿的外甥卢逖暗中来告诉他,想与他连兵断绝安禄山的后路,阻止安禄山向西进攻长安的阴谋。这时安禄山派遣他的部将高邈前往幽州征调兵力,还没有回来,颜杲卿就假借安禄山的命令召李钦凑,让他率领部众到郡城接受犒赏,在喝醉酒的时候斩杀了他,遣散了叛军守卫井陉关的全部兵众。这时叛军将领高邈、何千年正好来到,都被擒获。何千年对颜杲卿说:"在常山郡所招募的士卒都是一帮乌合之众,难以抵挡敌人,所以应该深沟高垒,以逸待劳,不要与叛军的精锐直接交锋。等待朔方镇的军队来到后,并力齐进,传檄赵郡、魏郡,分割切断范阳叛军的联系,那么叛军就会束手被擒获。现在应该声言说:'李光弼已率兵出井陉关。'并让人告诉张献诚说:'您所统领的大多是团练兵,难以抵挡山西来的精锐军队。'这样张献诚就会自动解围撤退。这也是一大奇计。"颜杲卿听后十分高兴,就采用了何千年的计策,张献诚果然逃走,他所率领的团练兵溃散。于是颜杲卿就派人进入饶阳

城,慰劳将士,于是河北诸郡响应,凡十七郡皆归朝廷,兵合二十余万。其附禄山者,唯范阳、卢龙、密云、渔阳、汲、邺六郡而已。

呆卿又密使人入渔阳招贾循,郏城人马燧说循曰:"禄山负恩悖逆,终归夷灭。公若以范阳归国,倾其根柢,此不世之功也。"循然之,犹豫不时发。别将牛润容知之,以告禄山,禄山召循杀之。马燧亡入西山,隐者徐遇匿之,得免。禄山欲攻潼关,至新安,闻河北有变而还。

吐蕃赞普乞梨苏卒。

子娑悉立。

丙申(756) **十五载**肃宗皇帝至德元载。

春正月,安禄山僭号。

禄山自称大燕皇帝,改元圣武,以达奚珣为侍中,张通儒为中书令,高尚、严庄为中书侍郎。

以李随为河南节度使,许远为睢阳太守。 贼将史思明陷常山,颜呆卿死之。复陷九郡,进围饶阳。

呆卿使其子泉明献李钦凑首及何千年、高邈于京师。张通幽泣清曰:"兄陷贼,乞与泉明偕行,以救宗族。"呆卿哀而许之。至太原,通幽欲自托于王承业,乃教之留泉明,更其表,多自为功,毁短呆卿,别遣使献之。

城,慰劳将士,因此河北地区的各郡纷纷响应,共有十七个郡归顺朝廷,兵力加起来有二十多万。而依附安禄山叛军的只有范阳、卢龙、密云、渔阳、汲郡和邺郡等六个郡。

颜杲卿又秘密派人到渔阳城去招降贾循,这时郏城人马燧劝告贾循说:"安禄山忘恩负义,起兵谋反,倒行逆施,终究会灭亡。你如果能够以范阳归顺朝廷,倾覆安禄山叛军的巢穴,就是建立了千古不朽的功勋。"贾循认为他说得对,但因犹豫不决还没有行动。别将牛润容知道了这件事,就报告了安禄山,安禄山派人召来贾循,然后杀了他。马燧逃进西山,被隐士徐遇藏匿,才免于一死。安禄山想要率兵攻打潼关,到了新安,得知河北地区发生变故而返回。

吐蕃赞普乞梨苏笼猎赞去世。

他的儿子娑悉笼猎赞继立。

唐肃宗

丙申(756)　**天宝十五载**唐肃宗至德元载。

春正月,安禄山僭越名分称皇帝大号。

安禄山自称为大燕皇帝,改年号叫圣武,任命达奚珣为侍中,张通儒为中书令,高尚、严庄为中书侍郎。

唐玄宗任命李随为河南节度使,许远为睢阳太守。　叛军将领史思明攻陷常山郡,颜杲卿被杀害。史思明又攻陷了九个郡,进军包围了饶阳。

颜杲卿派他的儿子颜泉明前往京师,向朝廷进献李钦凑的首级以及何千年与高邈。张通幽哭泣着请求说:"我的哥哥张通儒失身成为叛军的将领,我乞求与颜泉明一起前往京师,以救我们家族人的性命。"颜杲卿深受感动,就答应了他的请求。到了太原,张通幽想要依附于太原尹王承业,于是就让王承业扣留了颜泉明,另作表书,夸大自己的功劳,而贬低颜杲卿的功绩,然后另外派遣使者去献给朝廷。

　　杲卿起兵才八日,守备未完,史思明、蔡希德引兵皆至城下。杲卿告急于承业,承业拥兵不救。杲卿昼夜拒战,粮尽矢竭,城遂陷,贼执杲卿及袁履谦等送洛阳。承业使者至京师,拜承业羽林大将军,麾下受官爵者以百数。征颜杲卿为卫尉。朝命未至,而常山已陷矣。

　　杲卿至洛阳,禄山数之曰:"我奏汝为判官,不数年超至太守,何负于汝而反!"杲卿骂曰:"汝本营州牧羊羯奴,天子擢汝为三道节度使,恩幸无比,何负于汝而反?我世为唐臣,禄位皆唐有,虽为汝所奏,岂从汝反邪!我为国讨贼,恨不斩汝,何谓反也?臊羯狗,何不速杀我!"禄山大怒,并履谦缚而剐之。二人比死,骂不绝口。颜氏死者三十余人。

　　思明既克常山,引兵击诸郡之不从者,于是邺、广平、钜鹿、赵、上谷、博陵、文安、魏、信都等郡复为贼守。卢全诚独不从,思明等围之。李奂将七千人,李晡遣其子祀将八千人救之,皆为思明所败。

以李光弼为河东节度使。

　　上命郭子仪罢围云中,还朔方,益发兵进取东京,选良将分兵先出井陉,以定河北。郭子仪荐光弼,以为河东节度使,分朔方兵万人与之。

　　禄山遣其子庆绪寇潼关,哥舒翰击却之。　二月,李光弼入常山,执贼将安思义,遂与史思明战,大败之。

颜杲卿起兵才八天，还没有做好守城的准备，叛将史思明和蔡希德就率兵一起来到城下。颜杲卿急忙向王承业求援，而王承业却拥兵不去救援。颜杲卿率兵昼夜苦战抵御叛军，最后弹尽粮绝，城被攻陷，叛贼抓获了颜杲卿和袁履谦，把他们送往洛阳。王承业所派遣的使者到了京师，唐玄宗就拜授王承业为羽林大将军，部下被封官进爵的达一百多人。朝廷又征召颜杲卿为卫尉。朝命还未到达，而常山已被叛军攻陷。

　　颜杲卿被押送到洛阳，安禄山责备他说："我上奏朝廷任命你为判官，没过几年就破格升任太守，我有什么地方负于你，而你竟起兵反对我！"颜杲卿大骂安禄山说："你原本是营州地方的一个牧羊羯奴，天子提拔你任三道节度使，恩情深厚，宠信无比，有什么地方负于你，而你却起兵反叛？我世世代代做唐朝的臣子，利禄官位都是唐朝所给予的，虽然是你上奏朝廷所任命的，我怎么能够跟随你反叛呢！我是为国家讨伐叛贼，可恨的是没有杀掉你，怎么能说是反叛呢？你这个臭羯狗，为何还不快一点杀我！"安禄山十分愤怒，把颜杲卿和袁履谦捆绑在柱子上面，用刀将他们剐死。他们二人到死还骂不绝口。颜杲卿一家被安禄山杀死的有三十多口人。

　　史思明攻占常山之后，又率兵攻打其他不投降的州郡，于是邺郡、广平、钜鹿、赵郡、上谷、博陵、文安、魏郡、信都等郡又背叛朝廷投向叛军。只有饶阳太守卢全诚不投降，史思明等率兵包围了饶阳。河间司法李奂率兵七千，景城长史李暐派他的儿子李祀率兵八千去救援，都被史思明打败。

　　唐玄宗任命李光弼为河东节度使。

　　唐玄宗命令郭子仪撤去包围云中的军队回到朔方，增加兵力准备收复东京，并让挑选一名善战的将领带领一部分军队出井陉关，平定河北。郭子仪向朝廷推荐李光弼，于是唐玄宗任命李光弼为河东节度使，分出一万名朔方兵交给他指挥。

　　安禄山派儿子安庆绪进犯潼关，被哥舒翰击退。 　二月，李光弼攻入常山，俘获贼将安思义，与史思明交战，打败了他。

李光弼将蕃、汉步骑万余人、太原弩手三千人出井陉，至常山，常山团练兵执安思义出降。光弼召思义问计，且曰："汝策可取，当不杀汝。"思义曰："大夫士马远来疲弊，猝遇大敌，恐未易当，不如移军入城，早为备御，先料胜负，然后出兵。胡骑虽锐，不能持重，苟不获利，气沮心离，于时乃可图矣。思明先锋来晨必至，而大军继之，不可不留意也。"光弼悦，释其缚，即移军入城。思明闻常山不守，立解饶阳之围，合二万余骑直抵城下。光弼以五百弩于城上齐发射之，贼稍却。乃出弩手千人，分为四队，使其矢发发相继，贼不能当，乃退。有村民告贼步兵五千自饶阳来，至九门南逢壁。光弼遣步骑各二千，匿旗鼓，并水潜行，遇贼方饭，纵兵掩击，杀之无遗。思明闻之，失势，退入九门。时常山九县，七附官军，惟九门、藁城为贼所据。光弼遣裨将张奉璋以兵五百戍石邑，余皆三百人戍之。

真源令张巡起兵雍丘讨贼。

先是，谯郡太守杨万石以郡降安禄山，逼真源令张巡为长史，使西迎贼。巡至真源，帅吏民哭于玄元皇帝庙，起兵讨贼，乐从者数千人，巡选精兵千人，西至雍丘，与贾贲合。初，雍丘令令狐潮以县降贼，引精兵攻雍丘，贲出战败死。巡力战却贼，因兼领贲众。潮复与贼将李怀仙等四万余众奄至城下，众惧，巡曰："贼兵精锐，有轻我心。今出其

李光弼率领蕃人和汉人步骑兵一万余人,再加上太原弩机手三千人出井陉关,到达常山,常山团练兵抓住安思义出城投降。李光弼召来安思义向他询问作战计策,并说:"如果你的计策可取,就不杀死你。"安思义说:"李大夫您的兵马远道而来,士卒疲劳,猝然与强敌交锋,恐怕难以取胜,不如率兵入城,早做准备,先为部署,然后再出兵。叛军的胡人骑兵虽然精锐,但难以持久,如果失利,就会气丧心离,到那时就可以打败他们。史思明的先锋部队明天早上一定会到达,紧接着后面就是大部队,一定要倍加小心才是。"李光弼听后很高兴,为安思义松了绑,当即移军入城。史思明听说常山已经失守,立刻解除对饶阳的包围,会合二万多名骑兵直逼城下。李光弼布置了五百名弩机手从城头上一齐射击,叛军被迫稍微后撤。然后李光弼又把一千名弩机手分为四队,一队接一队不停地发射,叛军不能抵挡,于是后退。这时有村民报告说叛军的五千名步兵从饶阳向常山进军,已经到达了九门南面的逢壁。于是李光弼派遣步骑兵各二千人,偃旗息鼓,沿着呼沱河悄悄地进军,到了逢壁,叛军正在吃饭,官军突然袭击,叛军全部被歼。史思明得知步兵被消灭,形势不妙,于是率兵退入九门。当时常山郡的九个县中,有七个归顺了官军,只有九门和藁城还被叛军占据着。李光弼派遣副将张奉璋率兵五百驻守石邑,其余的县都派三百人守卫。

真源县令张巡在雍丘起兵讨伐叛贼。

先前,谯郡太守杨万石献城投降了安禄山,又逼迫真源县令张巡担任他的长史,向西去迎接叛军。张巡到了真源,率领官吏民众哭于玄元皇帝老子的庙中,然后起兵讨伐叛贼,自动响应跟随他的有数千人,张巡挑选了一千名精兵,向西到达雍丘,与贾贲合兵。当初,雍丘县令令狐潮献出县城投降了叛贼,这时令狐潮率领精兵来攻打雍丘,贾贲出城与他交战,兵败而死。张巡奋力作战击退了叛军,因此兼领了贾贲的部队。令狐潮又与叛军大将李怀仙等率领四万余名军队突然来到城下,城中的守军十分惧怕,张巡说:"叛军兵强马壮,心中轻视我们。我们如果出其

不意击之,彼必惊溃。贼势小折,然后城可守也。"乃使千人乘城,自帅千人,分数队,开门突出。巡身先士卒,直冲贼陈,人马辟易,贼遂退。明日复进,蚁附攻城,巡束蒿灌脂,焚而投之,贼不得上。积六十余日,大小三百余战,带甲而食,裹疮复战,贼遂败走。巡乘胜追之,获胡兵二千人而还,军声大振。

以李光弼为河北节度使。　加颜真卿河北采访使。真卿击魏郡,拔之。

先是,清河客李萼,年二十余,为郡人乞师于真卿,曰:"公首唱大义,河北诸郡恃公以为长城。今清河,公之西邻,国家平日聚江、淮、河内钱帛于彼,以赡北军。今有布三百余万匹,帛八十余万匹,钱三十余万缗,粮三十余万斛。昔讨默啜,甲兵皆贮其库,今有五十余万事。户七万,口十余万。窃计财足以三平原之富,兵足以倍平原之强。公诚资以士卒,抚而有之,以二郡为腹心,则余郡如四支,无不随所使矣。"真卿曰:"吾兵新集未练,何暇及邻!然子之请兵欲何为乎?"萼曰:"清河非力不足而借公之师也,亦以观大贤之明义耳。今仰瞻高意,未有决辞定色,仆何敢遽言所为乎!"真卿奇之,欲与之兵。众以为萼年少轻虏,必无所成,真卿不得已辞之。

不意突然袭击,叛军必定会因惊慌而溃败。叛军如果攻城受挫,那么我们就可以坚守了。"于就派一千人登上城墙守卫,自己另率领一千人,分为数支小队,打开城门,突然杀出。张巡身先士卒,直冲叛军的阵中,叛军人马惊慌躲避,于是退去。第二天,叛军又来攻城,军队成群结队蜂拥登城,张巡教士卒扎起蒿草灌入油脂,然后点火投向敌人,使其无法登城。共守城六十多天,经过的大小战斗三百余次,张巡连吃饭时也不解甲胄,包扎好伤口后继续作战,叛军于是败退逃走。张巡率兵乘胜追击,俘获胡兵二千人而归,军势大振。

唐玄宗任命李光弼为河北节度使。 又加授颜真卿为河北采访使。颜真卿率兵攻克魏郡。

当初,有个清河人名叫李萼,年龄二十多岁,代表清河郡人来向颜真卿借兵,对颜真卿说:"先生您大义凛然,首先号召大家起来反抗叛军,河北地区的郡县都把您看作是国家的长城。现在清河郡是您西面的邻郡,国家平常把江、淮以及河内地区的金钱布帛都聚集在那里,以供给北方的军队。现在那里有布三百余万匹,帛八十余万匹,钱三十余万缗,粮三十余万斛。过去征讨突厥默啜可汗时,把兵器都贮藏在清河郡的武库中,现在还有五十余万件。清河郡有户数七万,人口十余万。我私下计算他的财物足以抵得上三个平原郡,兵马足可以抵得上两个平原郡。先生您如果能够借兵给清河郡,并安抚控制这一地区,把平原、清河二郡作为核心力量,那么周围的其他州郡就会如人体的四肢一样,无不听从您的指挥。"颜真卿说:"平原郡的兵是刚刚召集到一起的,没有经过任何训练,哪里顾得上相邻的州郡呢!但是,你为清河郡借兵是想要干什么呢?"李萼说:"清河郡并不是兵力不够使用而派我来向先生借兵,只是想借此看一下您这位贤明之士的雅量。现在看您的意思,还没有下定决心,我怎么敢鲁莽地说出下一步的计划呢!"颜真卿听后很惊奇,就欲借兵给他。但其他的人都认为李萼年轻气盛,没有看到叛军力量的强大,必定会一事无成,颜真卿只好拒绝。

萼就馆，复为书说真卿曰："清河去逆效顺，奉粟帛器械以资军，公乃不纳而疑之。仆回辕之后，清河不能孤立，必有所系托，将为公西面之强敌，公能无悔乎？"真卿大惊，遽诣其馆，以兵六千借之，送至境，执手别。

因问之曰："兵已行矣，可以言子之所为乎？"萼曰："闻朝廷遣程千里将精兵十万出崞口，贼据险拒之，不得前。今当引兵先击魏郡，执其守将，分别开崞口，以出千里之师，因讨汲、邺以北至于幽陵。然后帅诸同盟，合兵十万，南临孟津，分兵循河，据守要害，制其北走之路。计官军东讨者不下二十万，河南义兵西向者亦不减十万。公但当表朝廷坚壁勿战，不过月余，贼必有内溃相图之变矣。"真卿曰："善。"命参军李择交等将其兵，会清河、博平兵五千人军于堂邑。禄山所署魏郡太守袁知泰逆战，大败，遂克魏郡，军声大振。

以贺兰进明为河北招讨使。

时北海太守贺兰进明亦起兵，真卿以书召之并力，进明将步骑五千渡河，真卿陈兵逆之，相揖，哭于马上，哀动行伍。进明屯平原城南，真卿每事咨之，由是军权稍移于进明，真卿不以为嫌。复以堂邑之功让之，进明奏其状，取舍任意。敕加进明河北招讨使，择交等微进资级，清河、博

李萼住到馆舍后，又给颜真卿写信说："清河郡脱离叛军，归顺朝廷，奉献粮食、布帛和武器帮助官军，您不但拒绝接受，而且还心存疑问。我回去复命之后，清河郡不能孤立存在，必定要有所依靠，如果投向叛军，就会成为您西面的强敌，到那时您能不后悔吗？"颜真卿大为震惊，立刻到馆舍去见李萼，答应借兵六千，一直把他送到边境，握手而别。

　　这时颜真卿又向李萼问道："所借的兵已经出发了，你可以告诉我你的下一步计划吗？"李萼说："听说朝廷派程千里率领精兵十万出崞口讨伐叛军，被占据险要地形的叛军阻击，不能前进。现在应该率兵攻打魏郡，抓住安禄山叛军的守将，分出一部分兵力打开崞口，让程千里的军队出来，共同讨伐汲郡、邺郡以北一直到幽陵被叛军占领的郡县。然后率领其他的同盟郡兵，合兵十万，向南进临孟津，分兵沿着黄河，占领战略要地，控制叛军向北逃跑的归路。估计官军东征的部队不会少于二十万人，河南地区忠于朝廷的西征军队不少于十万人。您只要上表朝廷请求东征的军队固守，不要轻易出兵交战，这样用不了一个多用的时间，叛军必然会发生内乱，内部相互图谋。"颜真卿说："你说得好！"于是就命令录事参军李择交等人率领这些军队，会同清河和博平的军队五千人驻扎在堂邑县。安禄山所任命的魏郡太守袁知泰率兵前来迎战，被打得大败，于是官军攻克了魏都，军势大振。

唐玄宗任命贺兰进明为河北招讨使。

　　这时北海太守贺兰进明也起兵讨伐叛军，颜真卿就写信召他来合兵行动，于是贺兰进明率领步骑兵五千渡过黄河，颜真卿率兵去迎接，见面后，二人相互作揖行礼，在马上痛哭，以至感动了队伍中的士兵。贺兰进明率兵驻扎在平原城南，颜真卿遇到问题都与他商量，因此军权逐渐归于贺兰进明，而颜真卿却不以为疑。颜真卿又把堂邑之战的功劳让给贺兰进明，于是贺兰进明就向朝廷上奏表功，任意歪曲事实。唐玄宗于是下敕书加授贺兰进明为河北招讨使，李择交等人略微有所升迁，而清河与博

平有功者皆不录。进明攻信都郡,久之不克,参军第五琦劝进明厚以金帛募勇士,乃克之。

夏四月,郭子仪、李光弼与史思明战于九门,败之,进拔赵郡。

李光弼与史思明相守四十余日,思明绝常山粮道,城中乏草,马食荐藉。光弼遣使告急于子仪,子仪引兵自井陉出,四月,至常山,与光弼合,蕃、汉步骑共十余万,与思明等战于九门城南,思明大败。中郎将浑瑊射其将李立节,杀之。思明收余众奔赵郡,如博陵,以博陵降官军,尽杀郡官。河朔之民苦贼残暴,所在屯结,多至二万人,少者万人,各为营以拒贼。及郭、李军至,争出自效。攻赵郡,城降。士卒多虏掠,光弼坐城门悉收还之,民大悦。子仪生擒四千人,皆舍之,斩禄山太守郭献璆。光弼进围博陵,十日不拔,引兵还。

以来瑱为颍川太守。

杨国忠问将于左拾遗张镐及萧昕,镐、昕荐瑱,以为颍川太守。前后破贼甚众,人谓之"来嚼铁"。

以刘正臣为平卢节度使。

平卢军将刘客奴、董秦、王玄志同谋杀吕知诲,遣使逾海与颜真卿相闻,请取范阳以自效,真卿遣判官以衣粮助

平的有功将士都没有得到奖赏。贺兰进明又率兵进攻信都郡，很久不能攻克，录事参军第五琦劝说贺兰进明用重金招募敢死之士，然后才攻克了信都。

夏四月，郭子仪、李光弼与史思明在九门交战，打败史思明，然后进军攻克了赵郡。

李光弼与史思明相持了四十多天，史思明断绝了向常山运粮的道路，常山城中缺乏饲草，战马只好吃草垫子。李光弼派遣使者出发去向郭子仪求救，郭子仪率领军队从井陉关出来，四月，赶到了常山，与李光弼合兵，共有蕃汉步骑兵十余万人，他们与史思明在九门县城南面交战，史思明被打得大败。中郎将浑瑊射死了史思明的部将李立节。史思明收罗剩下的士兵逃往赵郡，从赵郡又逃奔到了博陵，因为博陵已经归顺了官军，史思明就把博陵郡的官吏全部杀死。河朔地区的民众不堪忍受叛军的残暴行为，各郡县纷纷起兵，到处都有军队聚结，多的军队达二万人，少的军队也有一万人，各自为营与叛军交战。及郭子仪与李光弼的大军一到，这些军队都竞相出兵助战。他们一起攻打赵郡，全城投降。入城的官军士卒大肆抢掠，李光弼坐在城门上，收缴了所有被抢掠的物品，全部发还了民众，民众十分高兴。郭子仪俘虏了四千叛军，把他们全部释放，斩杀了安禄山所任命的太守郭献璆。李光弼又率军包围了博陵，攻打了十天，没有攻克，于是率兵撤退。

朝廷任命来瑱为颍川太守。

杨国忠询问左拾遗张镐与萧昕，官吏中谁可以担任将领率兵讨伐叛贼，张镐与萧昕就向杨国忠推荐了来瑱，因此朝廷任命来瑱为颍川太守。来瑱前后打死和俘虏了很多叛军，人们都称他为"来嚼铁"。

朝廷任命刘正臣为平卢节度使。

叛军的平卢军将领刘客奴、董秦与王玄志合谋杀死了吕知诲，并派使者通过海路去报告平原太守颜真卿，主动请求攻取范阳为国效力，颜真卿派自己的判官运送了一批粮食和衣服去助

之。真卿时惟一子颇,才十余岁,使诣客奴为质。朝廷闻之,以客奴镇平卢,赐名正臣,秦及玄志拜官有差。

以虢王巨为河南节度使。

贼围南阳,太常卿张垍荐虢王巨有勇略,上征吴王祗还,以巨代之。引兵出蓝田,贼解围走。

五月,郭子仪、李光弼与史思明战于嘉山,大败之,复河北十余郡。

郭子仪、李光弼还常山,史思明收散卒数万踵其后,子仪选骁骑更挑战,三日,贼疲,乃退。子仪乘之,又败之于沙河。禄山复使蔡希德将步骑二万人北就思明,又使牛廷玠发范阳等郡兵,合五万余人。子仪至恒阳,深沟高垒以待之,贼来则守,去则追之,昼则耀兵,夜硟其营,贼不得休息。数日,子仪、光弼议曰:"贼倦矣,可以出战。"战于嘉山,大破之,斩首四万级,捕虏千余人。思明奔博陵,光弼就围之,军声大振。于是河北十余郡皆杀贼守将而降,渔阳路再绝,贼往来者多为官军所获,贼众家在渔阳者无不摇心。

禄山大惧,召高尚、严庄诟之曰:"汝教我反,以为万全。今守潼关,数月不能进,北路已绝,诸军四合,万全何在?"尚、庄惧,数日不敢见。田乾真说禄山曰:"自古帝王经营大业,皆有胜败,岂能一举而成! 尚、庄皆佐命元勋,

战。颜真卿只有一个儿子名叫颜颇,当时才十多岁,颜真卿就把他送给刘客奴作为人质。朝廷得知此事后,就任命刘客奴为平卢节度使,赐名叫刘正臣,对董秦和王玄志也都拜授大小不等的官职。

唐玄宗任命虢王李巨为河南节度使。

叛军包围了南阳,太常卿张垍推荐称虢王李巨有勇有谋,于是唐玄宗征召吴王李祗回朝,用虢王李巨取代他任河南节度使。李巨率兵从蓝田出发,包围南阳的叛军解围而去。

五月,郭子仪、李光弼与史思明在嘉山交战,史思明被打得大败,官军收复了河北地区十多个郡。

郭子仪与李光弼率兵退回常山,史思明又收罗散兵数万紧跟在后面追击,郭子仪挑选勇猛善战的骑兵轮番挑战,三天以后,叛军因疲劳无力再战,于是退兵。郭子仪乘机出战,又在沙河县打败了叛军。安禄山又派蔡希德率领步骑兵二万人向北靠近史思明,并派牛廷玠征发范阳等郡兵,合兵共有五万余人。郭子仪抵达恒阳,深沟高垒,以逸待劳,叛军来进攻时就固守,叛军撤兵时就追击,白天向叛军炫耀武力,夜里则派部队袭击敌营,使叛军无法休息。这样持续了好几天之后,郭子仪与李光弼商议说:"叛军已经疲劳,可以出战。"于是两军战于嘉山,大败叛军,杀死四万人,俘虏一千多人。史思明逃往博陵,李光弼率兵紧紧地包围了博陵,军势大振。因此河北地区原先被叛军占据的十多个州郡都杀死了叛军的守将而归顺朝廷,渔阳的归路再次被切断,来往的叛军大多都被官军俘获,家在渔阳的叛军士卒都人心动摇。

安禄山十分恐惧,召来高尚与严庄骂道:"你们劝我反叛,认为一定能够成功。现在有大军守卫潼关,几个月不能攻破,北归的路已被断绝,官府大军从四面八方赶到,这哪里是一定能够成功呢?"高尚与严庄惧怕,好多天都不敢去见安禄山。田乾真劝安禄山说:"自古以来要创建大业的帝王,都有胜有败,怎么能够指望一举成功呢!高尚与严庄都是跟随您多年的功臣元勋,

一旦绝之,诸将谁不内惧!"禄山即置酒酺宴,待之如初。遂议弃洛阳,走归范阳,计未决。

六月,哥舒翰与贼战于灵宝,大败,贼遂入关。

是时,天下以杨国忠召乱,莫不切齿。王思礼密说哥舒翰,使抗表请诛国忠,翰曰:"如此,乃翰反,非禄山也。"或说国忠:"朝廷重兵尽在翰手,翰若援旗西指,于公岂不危哉!"国忠大惧,募万人屯灞上,令所亲杜乾运将之,名为御贼,实备翰也。翰闻之,亦恐为国忠所图,乃表请灞上军隶潼关,召乾运斩之,国忠益惧。

会有告贼将崔乾祐在陕,兵不满四千,皆羸弱无备,上遣使趣翰进兵复陕、洛。翰奏曰:"禄山久习用兵,岂肯无备!是必以羸师以诱我,若往,正堕其计中。且贼远来,利在速战,官军据险,利在坚守。况贼势日蹙,将有内变,因而乘之,可不战擒也。要在成功,何必务速!今诸道征兵尚多未集,请且待之。"郭子仪、李光弼亦"请引兵北取范阳,覆其巢穴,贼必内溃。潼关大军惟应固守以弊之,不可轻出"。国忠疑翰谋己,言于上,以贼方无备,而翰逗留,将失机会。上以为然,续遣中使趣之,项背相望。翰不得已,

陛下就这样一下子把他们抛弃,如果让诸位将领知道了,谁不心中恐惧呢!"安禄山于是摆设酒宴与他们尽情畅饮,仍像以前那样对待他们。安禄山因此计划放弃洛阳,退回范阳,但是还没有下定决心。

六月,哥舒翰与叛军在灵宝交战,战败,叛军于是进入潼关。

这时,全国人都认为安禄山叛乱是杨国忠所招致的,无不对杨国忠切齿痛恨。王思礼悄悄地劝说哥舒翰,让他上表直言请求唐玄宗杀掉杨国忠,哥舒翰说:"如果这样就是我哥舒翰谋反,而不是安禄山谋反。"有人劝杨国忠说:"现在朝廷的重兵都在哥舒翰掌握之中,他如果挥兵西向京师,您不就危险了吗!"杨国忠大为恐惧,于是招募了一万人屯兵灞上,命令他的亲信杜乾运率领,名义上是抵御叛军,实际上却是为了防备哥舒翰。哥舒翰得知后,也恐怕遭到杨国忠的谋算,于是就上表唐玄宗请求把驻扎在灞上的军队隶属于潼关统一指挥,把杜乾运召到潼关,借机杀了他,因此杨国忠更加恐惧。

这时有人告诉唐玄宗说,叛贼将领崔乾祐在陕郡的兵力不到四千人,都是一些老弱之兵,而且没有防备,于是唐玄宗就派人催促哥舒翰出兵收复陕郡和洛阳。哥舒翰上奏说:"安禄山久经沙场,非常善于用兵,怎么能够不加设防呢! 这一定是故意用老弱之兵来引诱我们,如果出兵攻打,就会正中了他的计谋。再说叛军远道而来,利在速战速决,我们据险扼守,利在长期坚持。何况叛军的兵势正变得越来越不利,将会有内部的变乱发生,到那时再乘机进攻,就可不战而擒获叛军。我们最主要的目的是取胜,何必要立刻出兵呢! 现在征调的各地兵大多都还没有到达,请暂且等待一段时间。"郭子仪与李光弼也"请求率兵向北攻取范阳,直捣叛军巢穴,这样叛军内部必定会大乱。坚守潼关的大军应该固守以挫敌锐气,不可轻易出关交战"。杨国忠怀疑哥舒翰要图谋他,就告诉唐玄宗说叛军没有准备,而哥舒翰却故意逗留拖延,这样将会失去战机。唐玄宗信以为然,于是连续不断地派宦官去催促哥舒翰出兵,一路不断。哥舒翰迫不得已,

抚膺恸哭，引兵出关。

遇贼于灵宝西原。乾祐先据险，南薄山，北阻河，隘道七十里。翰使王思礼等将精兵五万居前，庞忠等将余兵十万继之，翰以兵三万登河北阜望之，鸣鼓以助其势。乾祐所出兵不过万人，什什伍伍，散如列星，或疏或密，或前或却，官军望而笑之。兵既交，贼偃旗如欲遁者，官军懈不为备，贼乘高下木石，击杀士卒甚众。道隘，士卒如束，枪槊不得用。翰以毡车驾马为前驱，欲以冲贼。日过中，东风暴急，乾祐以草车数十乘塞毡车之前，纵火焚之。烟焰所被，官军不能开目，妄自相杀，谓贼在烟中，聚弓弩射之。日暮，矢尽，乃知无贼。乾祐遣精骑自后击之，官军大败，后军自溃，河北军望之亦溃。翰独与麾下百余骑走入关。乾祐进攻潼关，克之。

翰至关西驿，揭榜收散卒，欲复守潼关。蕃将火拔归仁等执以降贼，俱送洛阳。禄山问翰曰："汝常轻我，今定何如？"翰伏地对曰："臣肉眼不识圣人。"禄山以翰为司空。谓归仁不忠，斩之。于是河东、华阴、冯翊、上洛防御使皆弃郡走。

帝出奔蜀。

哥舒翰麾下来告急，上不时召见。及暮，平安火不至，上始惧，召宰相谋之，杨国忠首唱幸蜀之策，上然之。乃御楼下制，云欲亲征，闻者皆莫之信。以崔光远为西京留

抚胸痛哭，然后率兵出关。

　　在灵宝县西原与叛军相遇。崔乾祐的军队先占据着险要之地，南靠大山，北据黄河天险，有狭道七十里。哥舒翰命王思礼等率领精兵五万在前，庞忠等率领其余的十万军队在后，哥舒翰亲自率兵三万登上黄河北岸的高丘观察指挥，并擂鼓助战。崔乾祐出战的兵力不到一万，五人一帮，十人一伙，散如群星，有疏有密，有前有后，官军看见后都大笑叛军不会用兵。两军交战后，叛军偃旗息鼓假装逃跑，官军斗志松懈，毫无防备，叛军占据着高地，用滚木石块打击官军，官军死伤惨重。又因为道路狭窄，士卒拥挤，枪槊伸展不开。哥舒翰让马拉毡车为前队，想用来冲击叛军。过了中午，东风骤然刮起，崔乾祐把数十辆草车塞于毡车之前，放火焚烧。大火熊熊，烟雾蔽天，官军睁不开眼睛，敌我不分，相互冲杀，误认为叛军在烟火中，就召集弓箭手和弩机手射击。持续到天黑，箭已射尽，才知道没有叛军。这时崔乾祐派遣精锐骑兵从官军后面发起进攻，官军大败，官军后面的部队也纷纷溃逃，黄河北岸的官军看见后也向后逃跑。哥舒翰仅与部下数百名骑兵得以逃脱进入潼关。崔乾祐率兵攻克潼关。

　　哥舒翰逃到关西驿站，张贴告示收罗逃散的士卒，想重新守卫潼关。蕃人将领火拔归仁等抓住哥舒翰后向叛军投降，叛军把他们都送往洛阳。安禄山问哥舒翰说："你过去总是看不起我，现在怎么样呢？"哥舒翰伏地而拜回答说："我是凡人，肉眼不识圣人。"于是安禄山任命哥舒翰为司空。安禄山认为火拔归仁不忠诚，斩杀了他。于是河东、华阴、冯翊、上洛等郡的防御使都弃郡而逃。

唐玄宗出逃奔向蜀中。

　　哥舒翰的部下到朝廷报告情况危急，唐玄宗当时没有召见。到了晚上，没有看到报告平安的烽火，唐玄宗才感到惧怕，把宰相召来商议，杨国忠首先提出到蜀中避难的计策，唐玄宗赞成他的意见。于是唐玄宗登临勤政楼，下制书说要亲自率兵征讨安禄山，听到的人都不相信他的话。唐玄宗任命崔光远为西京留

守，边令诚掌宫闱管钥。既夕，命龙武大将军陈玄礼整比六军，厚赐钱帛，选闲厩马九百余匹。黎明，上独与贵妃姊妹、皇子、妃、主、皇孙及亲近宦官、宫人出延秋门。妃、主、皇孙之在外者，皆委之而去。上过左藏，国忠请焚之，上曰："贼来无所得，必更敛于百姓，不如与之，无重困赤子。"是日，百官犹入朝。门既启，则宫人乱出，中外大扰，不知上所之，四出逃匿。崔光远遣其子东见禄山，令诚亦以管钥献之。

上既过便桥，杨国忠即使人焚桥，上曰："人各避贼求生，奈何绝其路！"留力士扑灭之。至咸阳望贤宫，日向中，上犹未食，民献粝饭，杂以麦豆，皇孙辈争以手掬食之，须臾而尽。有老父郭从谨进言曰："禄山包藏祸心，固非一日，有告其谋者，陛下往往诛之，使得逞其奸逆，致陛下播越。是以先王务延访忠良以广聪明，盖为此也。臣犹记宋璟为相，数进直言，天下赖以安。自顷以来，在廷之臣以言为讳，阙门之外，陛下皆不得知。草野之臣，必知有今日久矣，但九重严邃，区区之心无路上达。事不至此，臣何由得睹陛下之面而诉之乎！"上曰："此朕之不明，悔无所及。"慰谕而遣之。命军士散诣村落求食。夜将半，乃至金城县，县民皆走，驿中无灯，人相枕藉而寝，贵贱无以复辨。

次于马嵬，杨国忠及贵妃杨氏伏诛。

守,让宦官边令诚掌管宫殿的钥匙。天黑以后,命令龙武大将军陈玄礼集合禁军六军,重赏给他们金钱布帛,又挑选了闲厩中的骏马九百余匹。天刚亮,唐玄宗只与杨贵妃姊妹、皇子、皇妃、公主、皇孙以及亲信宦官、宫人从延秋门出发。在宫外的皇妃、公主及皇孙,都弃而不顾,只管自己逃难。唐玄宗路过左藏库,杨国忠请求放火焚烧,唐玄宗说:"叛军来了没有钱财,一定又会向老百姓征收,还不如留给他们,以减轻老百姓的苦难。"这一天,百官还有人入朝。宫门打开后,看见宫人乱哄哄地出逃,宫里宫外一片混乱,都不知道皇帝去了哪里,各人四出逃命。崔光远派他的儿子往东去见安禄山,边令诚也把宫殿各门的钥匙献给安禄山。

　　唐玄宗一行经过便桥后,杨国忠立即派人放火烧桥,唐玄宗说:"官吏百姓都在避难逃生,为何要断绝他们的生路呢!"于是就让高力士留下把大火扑灭。到了咸阳望贤宫,已近中午,唐玄宗还没有进食,有百姓献上粗饭,并参杂着麦豆,皇孙们争着用手抓饭吃,不一会就吃光了。有一位名叫郭从谨的老人进言说:"安禄山包藏祸心,阴谋反叛已经很久了,其间有人到朝廷告发他的阴谋,而陛下却常常把这些人杀掉,使安禄山的奸计得逞,以致陛下出逃。所以先代的帝王务求延访忠诚贤良之士以广视听,就是因为这个道理。我还记得宋璟担任宰相的时候,敢于犯颜直谏,所以天下得以平安无事。但从那时候以后,朝廷中的大臣都忌讳直言进谏,所以对于宫门之外所发生的事情,陛下都不得而知。那些远离朝廷的臣民,早就知道会发生今天的事情,但由于宫禁森严,远离陛下,区区效忠之心无法上达。如果不是安禄山反叛,事情到了这种地步,我怎么能够见到陛下而当面诉说呢!"唐玄宗说:"这都是我的过错,后悔已经来不及了。"然后安慰了一番郭从谨,让他走了。唐玄宗命令士卒分散到各村落去寻找食物。快半夜时,到达金城县,民众都已逃走,驿站中没有灯火,人们相互拥挤依靠而睡,也不管身份的高低贵贱。

唐玄宗一行到达马嵬驿,杨国忠和杨贵妃被处死。

明日,至马嵬驿,将士饥疲,皆愤怒。陈玄礼以祸由杨国忠,欲诛之,因李辅国以告太子,未决。会吐蕃使者二十余人遮国忠马,诉以无食,军士呼曰:"国忠与胡虏谋反!"追杀之,以枪揭其首于驿门外,并杀韩国、秦国夫人。上闻喧哗,出门慰劳,令收队,军士不应。上使高力士问之,玄礼对曰:"国忠谋反,贵妃不宜供奉,愿陛下割恩正法。"上曰:"朕当自处之。"入门,倚杖倾首而立。久之,京兆司录韦谔,见素之子也,前言曰:"今众怒难犯,安危在晷刻,愿陛下速决!"因叩头流血。上曰:"贵妃常居深宫,安知国忠反谋!"高力士曰:"贵妃诚无罪,然将士已杀国忠,而贵妃在陛下左右,岂敢自安!愿陛下审思之,将士安则陛下安矣。"上乃命力士引贵妃于佛堂,缢杀之。舆尸置驿庭,召玄礼等入视之。玄礼等乃免胄释甲,顿首谢罪,军士皆呼万岁,于是始整部伍为行计。国忠妻子及虢国夫人走陈仓,县令薛景仙诛之。

发马嵬,留太子东讨贼。

明日,将发马嵬,朝臣惟韦见素一人,乃以韦谔为御史中丞,充置顿使。将士皆曰:"国忠将吏皆在蜀,不可往。"谔曰:"不如且至扶风,徐图去就。"众以为然,上乃从之。父老遮道请留,上命太子宣慰之。父老曰:"至尊既不肯

第二天，唐玄宗一行到达马嵬驿，随从的将士们因为饥饿疲劳，心中都怨恨愤怒。陈玄礼认为天下大乱都是杨国忠一手造成的，想要杀掉他，于是就让李辅国转告太子，太子犹豫不决。适逢有吐蕃使节二十余人拦住杨国忠的马匹，向他诉说没有吃的，这时士卒们喊道："杨国忠与胡人谋反！"然后追上杀死了杨国忠，把他的头颅挂在枪矛上在驿门外示众，并杀死了韩国和秦国夫人。唐玄宗听见喧哗之声，走出驿门慰劳士卒，命令他们收兵，但士卒们不答应。唐玄宗又让高力士去问话，陈玄礼回答说："杨国忠谋反被诛杀，杨贵妃不应该再侍奉陛下，愿陛下能够忍心割爱，把杨贵妃处死。"唐玄宗说："这件事由朕自行处置。"然后进入驿站，拄着拐杖侧首而立。过了一会，京兆司录参军韦谔，是韦见素的儿子，他上前说道："现在是众怒难犯，形势十分危急，安危在片刻之间，希望陛下从速做出决断！"说着不断地跪下叩头，以至血流满面。唐玄宗说："杨贵妃常住在戒备森严的宫中，不与外人交结，怎么会知道杨国忠谋反的事呢！"这时高力士说："杨贵妃确实没有罪，但将士们已经杀了杨国忠，而杨贵妃还在陛下的左右侍奉，他们怎么能够安心呢！希望陛下好好地考虑一下，将士安宁陛下才会安全。"唐玄宗这才命令高力士把杨贵妃引到佛堂内，勒死了她。然后把尸体抬到驿站的庭中，召陈玄礼等人入驿站察看。于是陈玄礼等人脱去甲胄，叩头谢罪，将士们都高喊万岁，然后整顿军队准备继续前进。杨国忠的妻子、儿子及虢国夫人逃到陈仓，被陈仓县令薛景仙抓获杀掉。

唐玄宗从马嵬驿出发，留下太子李亨讨伐东面的叛军。

　　第二天，唐玄宗将要从马嵬驿出发，朝臣中只有韦见素一人随行，于是就任命韦谔为御史中丞，并充任置顿使。这时六军将士们都纷纷说："杨国忠的部下将吏都在蜀中，不能去那里避难。"韦谔说："不如暂且到扶风郡，再慢慢考虑去向。"大家都认为韦谔说得有道理，唐玄宗于是同意了。当出发时，当地的父老乡亲拦在路中请求唐玄宗留下来，唐玄宗命令太子留在后面安慰这些父老乡民。父老们因此对太子说："皇上既然不愿意

留,某等愿帅子弟从殿下东破贼,取长安。若殿下与至尊皆入蜀,使中原百姓谁为之主?"须臾,聚至数千人。太子不可,涕泣跋马欲西,建宁王倓与李辅国执鞚谏曰:"逆胡犯阙,四海分崩,不因人情,何以兴复!殿下不如收西北守边之兵,召郭、李于河北,与之并力东讨逆贼,克复二京,削平四海,使社稷危而复安,宗庙毁而更存,扫除宫禁以迎至尊,岂非孝之大者!何必区区温情,为儿女之恋乎!"广平王俶亦劝太子留。父老共拥太子马,不得行。太子乃使俶白上,上曰:"天也!"命分后军二千人及飞龙厩马从太子,谕之曰:"太子仁孝,可奉宗庙,汝曹善辅佐之。"又使谕太子曰:"汝勉之,勿以吾为念。西北诸胡,吾抚之素厚,汝必得其用。"且宣旨欲传位太子,太子不受。俶、倓,皆太子之子也。

帝至扶风。

上至扶风,士卒流言不逊,陈玄礼不能制。会成都贡春彩十余万匹至,上命陈之于庭,召将士谕之曰:"朕衰耄,托任失人,致逆胡乱常,须远避其锋。卿等仓猝从朕,不得别父母妻子,茇涉至此,劳苦至矣,朕甚愧之。蜀路阻长,郡县褊小,人马众多,或不能供,今听卿等各还家,朕独与子、孙、中官前行入蜀,亦足自达。今日与卿等诀别,可共分此彩以备资粮。若归,见父母及长安父老,为朕致意,各

留下来，我们愿意率领子弟跟随殿下向东讨伐叛贼，收复长安。如果殿下与皇上都逃向蜀中，那么谁为中原的百姓们做主呢？"不一会，聚集到太子跟前的多达数千人。太子不肯，涕泣流泪，要回马西行，这时建宁王李倓与李辅国拉着太子的马笼头进谏说："叛逆胡人安禄山起兵造反，进犯长安，致使四海沸腾，国家分裂，如果不顺从民意，怎么能够复兴大唐天下呢！殿下不如收聚西北边防的镇兵，召集在河北地区的郭子仪与李光弼，与他们合兵东讨叛贼，收复两京，平定四海，挽救国家于危难之中，使大唐的帝业毁而重兴，然后再打扫宫殿，迎接皇上返回京师，这难道不是最好的孝顺行为吗！何必因为区区温情，而为儿女子之恋呢！"广平王李俶也劝太子留下来。父老乡亲们都拦住太子的马，使他无法前进。于是太子就让广平王李俶去报告唐玄宗，唐玄宗说："这是天意啊！"于是命令从后军中分出二千人，再加一批飞龙厩马，让跟随太子，并且告谕将士说："太子仁义孝顺，能够继承我们大唐的帝业，希望你们好好辅佐他。"然后又派人告谕太子说："希望你好自为之，不要为我而担心。西北地区的各族胡人，我一直待他们厚道，你一定能够用得上。"并且宣旨说要传位给太子，太子不接受。李俶和李倓都是太子的儿子。

唐玄宗到达扶风郡。

唐玄宗抵达扶风郡，随从护驾的士卒往往出言不逊，龙武大将军陈玄礼无法制止。适逢成都进献给朝廷的春织丝绸十余万匹到了，唐玄宗命令把这些丝绸都陈放在庭中，召来随从的将士说："朕由于年老，任人失当，以致逆胡安禄山举兵反叛，逆乱天常，朕不得不远行避难，躲其兵锋。你们仓促随从朕出来，来不及与自己的父母妻子告别，跋山涉水到了这里，非常辛苦，朕感到十分惭愧。去蜀中的道路艰险遥远，而且那里地方狭小，难以供应如此众多的人马，现在允许你们各自回家，朕只与儿子、孙子及侍奉的宦官前往蜀中，这些人完全能够保护朕到达。现在就与你们分别了，你们可把这些丝绸分掉作为资费。如果你们回去，见到父母与长安城中的父老们，请代朕向他们问好，让他们

好自爱也。"因泣下沾襟。众皆哭曰:"臣等死生从陛下,不敢有贰!"上良久曰:"去留听卿。"自是流言始息。

太子至平凉。

太子既留,未知所适,建宁王倓曰:"殿下昔尝为朔方节度大使,将吏岁时致启,倓略识其姓名。今河西、陇右之众皆败降贼,父兄子弟多在贼中,或生异图。朔方道近,士马全盛,裴冕衣冠名族,必无贰心。速往就之,此上策也。"众皆曰:"善!"通夜驰三百余里,至彭原,太守李遵出迎,献衣及糗粮。遂至平凉,阅监牧马,得数万匹,又募士,得五百余人,军势稍振。

帝至河池,以崔圆同平章事。

圆奉表迎车驾,具陈蜀土丰稔,甲兵全盛。上大悦,即以为相。

陈仓令薛景仙杀贼将,克扶风而守之。　贼将孙孝哲陷长安。

禄山不意上遽西幸,止崔乾祐兵留潼关,凡十日,遣孙孝哲将兵入长安,杀妃、主、皇孙数十人,刳其心以祭安庆宗。搜捕百官、宫女送洛阳。王侯将相扈从车驾、家留长安者,诛及婴孩。陈希烈以晚节失恩,怨上,与张均、张垍等皆降于贼。禄山以希烈、垍为相,自余朝士皆授之官。于是贼势大炽,西胁汧、陇,南侵江、汉,北割河东之半。既克长安,贼将日夜纵酒,专以声色宝贿为事,无复西出之

多多保重。"说着泪流沾襟。将士们听完唐玄宗的话后都哭泣说:"我们生死在所不惜,愿意永远跟随陛下,不敢有二心!"从此那些不恭敬的话才平息下来。

太子李亨到达平凉。

太子留下来以后,不知道该往何处去,建宁王李倓说:"殿下过去曾经担任过朔方节度大使,朔方镇的将领官吏每年送来问安书信,我大略记得他们的姓名。现在河西与陇右镇的军队都因战败而投降了叛军,他们的父兄子弟大多在叛军中,到那里去恐怕会发生变故。而朔方距离较近,军队完好,兵马强盛,再说河西行军司马裴冕出身世家大族,一定不会有二心。应该立刻前往朔方,这是最好的计策。"大家听后都说:"好!"于是一夜行进了三百里,到达彭原,彭原太守李遵出来迎接,并献上衣服和干粮。然后到达平凉,太子察看监牧所养的马,得到数万匹,又招募到士卒五百余人,军势稍微得到加强。

唐玄宗到达河池郡,任命崔圆为同平章事。

蜀郡长史崔圆持表书前来迎接唐玄宗的车驾,并陈述说蜀中富饶,粮食丰收,兵马强盛。唐玄宗非常高兴,于是立刻任命崔圆为宰相。

陈仓县令薛景仙杀掉叛军守将,攻克扶风郡而率兵镇守。

叛军将领孙孝哲攻陷长安。

安禄山没有料想到唐玄宗会立刻西行避难,让崔乾祐留兵潼关,十天以后,才派孙孝哲率兵进入长安,杀害妃子、公主、皇孙数十人,挖掉他们的心肝来祭奠安庆宗。搜捕朝廷百官和后宫宫女送往洛阳。对于跟随唐玄宗避难而家还留在长安的王侯将相,连他们家中的婴儿也都杀害。陈希烈因为晚年失去唐玄宗的宠信,所以怨恨唐玄宗,就与张均、张垍兄弟等人都投降了叛军。安禄山任命陈希烈、张垍为宰相,其余投降的朝臣都授以官职。因此叛军势力大盛,向西威胁汧阳、陇州,向南侵扰长江与汉水流域,向北占领了河东道的一半。叛军攻占长安之后,将领们日夜饮酒作乐,沉湎于声色珍宝财物,没有再向西进攻的

意,故上得安行入蜀,太子北行亦无追迫之患。

郭子仪、李光弼引兵入井陉。刘正臣袭范阳,不克。

郭子仪、李光弼闻潼关不守,引兵入井陉,留王俌守常山。刘正臣将袭范阳,未至,史思明击败之。

帝至普安,以房琯同平章事。

上之发长安也,群臣多不知,至咸阳,谓高力士曰:"朝臣谁当来,谁不来?"对曰:"张均、张垍受恩最深,且连戚里,是必先来。时论皆谓房琯宜为相,陛下不用,又禄山尝荐之,恐或不来。"上曰:"事未可知。"及琯至,上问均兄弟,对曰:"臣帅与偕来,逗遛不进,观其意,似有所蓄而不能言也。"上顾力士曰:"朕固知之矣。"即日,以琯为相。初,陈希烈罢相,上许以垍代之,垍拜谢。既而不用,故垍怀怏怏。

秋七月,太子即位于灵武,尊帝为上皇天帝,以裴冕同平章事。

初,太子至平凉,朔方留后杜鸿渐、水陆运使魏少游、判官崔漪、卢简金、李涵相与谋曰:"平凉散地,非屯兵之所,灵武兵食完富,若迎太子至此,北收诸城兵,西发河、陇劲骑,南向以定中原,此万世一时也。"乃使涵奉笺于太子,且籍朔方士马、甲兵、谷帛、军资之数以献之。会河西司马裴冕至平凉,亦劝太子之朔方。鸿渐自迎太子于平凉北

意图，所以唐玄宗得以平安地避难入蜀，而太子北上也不必担心叛军的追赶攻打。

郭子仪和李光弼率军退入井陉关。平卢节度使刘正臣将要袭击范阳，没有攻克。

郭子仪和李光弼得知潼关失守，率兵退入井陉关，留下常山太守王俌兵守卫常山。平卢节度使刘正臣将要袭击范阳，军队还未到达，就被史思明打败。

唐玄宗到达普安，任命房琯为同平章事。

唐玄宗从长安出发时，朝中群臣大多数都不知道，到了咸阳，唐玄宗对高力士说："你说朝廷大臣中谁会赶来，谁不会赶来？"高力士回答说："张均和张垍兄弟受陛下的恩惠最深，而且张垍还是驸马，与陛下连亲，所以他们兄弟一定会先赶来。大家都认为房琯应该担任宰相，而陛下却不加任用，而且安禄山也曾经推荐过他，所以他可能不来。"唐玄宗说："此事难以预料。"房琯赶到后，唐玄宗向他询问张均兄弟的情况，房琯回答说："我约他们一起追赶陛下，而他们却犹豫不决，看他们的意思，好像有什么难言之隐。"唐玄宗看着高力士说："朕早就知道他们不会赶来。"当天，唐玄宗就任命房琯为宰相。当初，陈希烈被罢免宰相职务，唐玄宗答应张垍取代陈希烈，张垍因此向唐玄宗礼拜谢恩。但后来却没有任用张垍，所以张垍心中不高兴。

秋七月，太子李亨在灵武即皇帝位，尊称唐玄宗为上皇天帝，任裴冕为同平章事。

当初，太子李亨到达平凉后，朔方留后杜鸿渐、水陆运使魏少游、判官崔漪、卢简金、李涵等人在一起商议说："平凉地势平坦，不是驻守军队的地方，而灵武兵强粮足，如果把太子迎接到此地，向北召集诸郡之兵，向西征调河西、陇右的精锐骑兵，然后挥师南下，平定中原，这实在是千载难逢的大好时机。"于是就派李涵持笺表上于太子，并且把朔方镇的士卒、马匹、武器、粮食、布帛以及其他军用物资的账簿一同奉献给太子。这时河西司马裴冕来到平凉，也劝太子前往朔方。杜鸿渐亲自到平凉的北面

境,说以兴复之计。少游盛治宫室,帷帐皆仿禁中,饮膳备水陆。太子至,悉命撤之。

至是,冕、鸿渐等上太子笺,请遵马嵬之命,不许。笺五上,太子乃许之。是日,即位于灵武,尊帝为上皇天帝,大赦,改元,以杜鸿渐、崔漪并知中书舍人事,裴冕为中书侍郎、同平章事。时文武官不满三十人,披草莱,立朝廷,制度草创,武人骄慢。大将管崇嗣在朝堂,背阙而坐,言笑自若,监察御史李勉奏弹之,系于有司。上特原之,叹曰:"吾有李勉,朝廷始尊!"

张良娣性巧慧,能得上意,从上来朔方。良娣每寝,常居上前。上曰:"御寇非妇人所能。"良娣曰:"仓猝之际,妾以身当之,殿下可从后逸去。"至灵武,产子,三日起,缝战士衣。上止之,对曰:"此非妾自养之时。"上以是益怜之。

上皇制以太子充天下兵马元帅,诸王分总天下节制。

上皇制以太子为兵马元帅,永王璘、盛王琦、丰王珙分领诸道节度都使。琦、珙皆不出阁,惟璘赴江陵。先是,四方闻潼关失守,莫知上所之,及是制下,始知乘舆所在。

上皇至巴西,以崔涣同平章事,韦见素为左相。 贼兵寇扶风,薛景仙击破之。 安禄山遣高嵩使河、陇,大震关使郭英乂斩之。

边境迎接太子,并陈说了复兴天下的计策。魏少游大力修治宫室,帐幕都完全模仿皇宫中的样子,准备的饮食,水陆之物一应俱有。太子到达灵武后,命令把这些全都撤去。

这时,裴冕、杜鸿渐等人向太子上笺表,请求他遵照唐玄宗在马嵬驿的命令即皇帝位,太子不同意。接着一连五次上笺表,太子才同意。当天,唐肃宗在灵武即位,尊称唐玄宗为上皇天帝,大赦天下罪人,改天宝十五载为至德元载,任命杜鸿渐、崔漪并知中书舍人事,任命裴冕为中书侍郎、同平章事。当时文武官吏总共不到三十人,他们披荆斩棘,建立朝廷,但因为制度刚刚创立,武人骄横傲慢。大将管崇嗣在朝堂中背对宫阙而坐,言笑自如,监察御史李勉上奏弹劾他,并把他关押起来。唐肃宗特赦了管崇嗣,并感叹说:"我只是因为有李勉这样的人,朝廷才开始有尊严啊!"

张良娣性情乖巧聪明,善于讨唐肃宗的欢心,所以跟随唐肃宗来到朔方。张良娣每当睡觉时,总是睡在唐肃宗的前面。唐肃宗说:"抵御敌人不是妇人的事情。"张良娣说:"如果发生了意外的事情,我可先用身体抵挡一阵,以使殿下能够从后面逃走。"到了灵武,张良娣生下一个孩子,三天后就起来为战士们缝补衣服。唐肃宗阻拦她,她说:"现在不是我休养身体的时候。"因此唐肃宗对她更加怜爱。

唐玄宗下制书任命太子李亨充任天下兵马元帅,诸王分别总领天下的节度使。

唐玄宗下制书任命太子李亨为天下兵马元帅,永王李璘、盛王李琦和丰王李珙分别兼领各道节度都使。盛王李琦和丰王李珙都不出朝赴任,只有永王李璘赴江陵就职。先前,四方人士听说潼关失守,都不知道唐玄宗的去向,这道制书颁下后,人们才知道皇上在何处。

唐玄宗到达巴西郡,任命崔涣为同平章事,韦见素为左相。

叛军进攻扶风郡,被薛景仙击退。 安禄山派遣高嵩出使河西、陇右,被大震关使郭英乂抓获斩杀。

禄山遣其将高嵩以敕书、缯彩诱河、陇将士，英乂斩之。

李泌至灵武。

初，京兆李泌，幼以才敏著闻，玄宗欲官之，不可，使与太子为布衣交。杨国忠恶之，奏徙蕲春，后隐居颍阳。上自马嵬遣使召之，谒见于灵武。上大喜，出则联辔，寝则对榻，如为太子时，事无大小皆咨之，言无不从。上欲以泌为右相，泌固辞曰："陛下待以宾友，则贵于宰相矣，何必屈其志！"上乃止。

河西、安西皆遣兵诣行在。

上命河西节度副使李嗣业将兵五千赴行在，嗣业与节度使梁宰谋，且缓师以观变。绥德府折冲段秀实让嗣业曰："岂有君父告急而臣子晏然不赴者乎！特进常自谓大丈夫，今日视之，乃儿女子耳！"嗣业大惭，即白宰发兵，以秀实自副，将之诣行在。上又征兵于安西，行军司马李栖筠发兵七千，励以忠义而遣之。

改扶风为凤翔郡。　　上皇至成都。

从官六军至者千三百人而已。

令狐潮围雍丘，张巡击走之。

令狐潮攻雍丘。潮与张巡有旧，于城下相劳苦如平生，潮因说巡曰："天下事去矣，足下坚守危城，欲谁为乎？"巡曰："足下平生以忠义自许，今日之举，忠义何在！"潮惭而退。围守四十余日，朝廷声问不通。潮闻上皇已幸蜀，

安禄山派遣部将高嵩携带敕书和丝绸去诱降河西和陇右的将士,被郭英义斩杀。

李泌抵达灵武。

当初,京兆人李泌年幼时因才华聪明而著名,唐玄宗想要授给他官职,他不接受,唐玄宗就让他以平民身份与太子结为朋友。因为杨国忠憎恨他,就上奏把他迁移到蕲春郡,后来隐居于颍阳。唐肃宗在马嵬驿派人去征召他,李泌在灵武晋见唐肃宗。唐肃宗十分高兴,与李泌出则并马而行,寝则对床而眠,仍然像自己做太子时那样,不论大小事情都要征询李泌的意见,而且言听计从。唐肃宗想要任命李泌为右相,李泌坚决辞让说:"陛下像对待宾客朋友那样对待我,比任命我为宰相还要高贵,何必要违背我的意愿呢!"唐肃宗这才作罢。

河西和安西镇都派兵马前往行在所。

唐肃宗命令河西节度副使李嗣业率兵五千赶赴行在所,李嗣业与节度使梁宰商议,决定暂缓发兵以观察形势的变化。这时绥德府折冲都尉段秀实责备李嗣业说:"难道有君父告急而臣子安然不赶赴救难的吗!您常常自称为大丈夫,现在看来,只不过是小儿女子罢了!"李嗣业听后十分惭愧,当即报告梁宰发兵,并任命段秀实为自己的副将,率兵前往行在所。唐肃宗又向安西镇征调兵力,安西行军司马李栖筠发兵七千人,并勉励他们要为国效忠尽义。

唐肃宗下敕书改扶风郡名为凤翔郡。 **唐玄宗到达成都。**

随从到达的官吏及六军将士只有一千三百人。

叛军将领令狐潮率兵包围了雍丘,被张巡击退赶走。

叛军将领令狐潮率兵攻打雍丘。令狐潮与张巡有旧交情,二人就在城下像平时见面那样互相问候,令狐潮借机对张巡说:"现在唐朝的大势已去,你还在为谁苦守危城呢?"张巡说:"你平常总是说自己如何忠义,而现在这种叛逆行为哪有一点忠义!"令狐潮听后惭愧而退。令狐潮包围了雍丘,张巡坚守了四十多天,与朝廷的联系完全断绝。令狐潮得知唐玄宗已逃往蜀中,

复以书招巡。大将六人白巡以兵势不敌，且上存亡不可知，不如降贼。巡阳许诺。明日，堂上设天子画像，帅将士朝之，人人皆泣。引六将于前，责以大义，斩之。士心益劝。

城中矢尽，巡缚稿为人千余，被以黑衣，夜缒城下，潮兵争射之，得矢数十万。其后复夜缒人，贼笑不设备，乃以死士五百斫潮营，潮军大乱，焚垒而遁，追奔十余里，潮益兵围之。

巡使郎将雷万春于城上与潮相闻，语未绝，贼弩射之，面中六矢而不动。潮疑其木人，使谍问之，乃大惊，遥谓巡曰："向见雷将军，方知足下军令矣，然其如天道何！"巡谓之曰："君未识人伦，焉知天道！"未几，出战，擒贼将十四人，斩首百余级，贼乃夜遁。自是巡数破贼军，分别其众，凡胡兵悉斩之，胁从者皆令归业。旬日间，民去贼来归者万余户。

常山诸将讨杀太守王俌。

河北诸郡犹为唐守，常山太守王俌欲降贼，诸将怒，因击球，纵马践杀之。时信都太守乌承恩麾下有朔方兵三千人，诸将遣宗仙运迎承恩镇常山，承恩辞以无诏命。仙运说承恩曰："常山地控燕、蓟，路通河、洛，有井陉之险，

就又写书信招降张巡。张巡部下的六位大将劝张巡说，我们兵力弱小，难以抵御叛军，况且皇上的生死不得而知，不如向叛军投降。张巡假装许诺。第二天，张巡在堂上设置了皇上的画像，率领众将士们朝拜，大家都泣不成声。然后张巡把六位部将带到画像前面，责备他们不忠不义，并斩杀了他们。从此军心更加坚定了。

城中的箭矢已经用完，张巡就命令士卒用稻草扎成一千多个草人，给他们穿上黑衣服，夜晚用绳子放到城下，令狐潮的军队争相射击，这样获得了箭矢数十万支。后来又用绳子把人放下城头，叛军大笑，还以为是草人，不加防备，于是派五百名敢死之士袭击叛军的大营，令狐潮的军队顿时大乱，烧掉营垒而逃，张巡率兵追击了十多里才返回，令狐潮又增加兵力把雍丘紧紧地包围起来。

张巡让郎将雷万春在城头上与令狐潮对话，话还未说完，叛军就乘机用弩机射击雷万春，雷万春脸上被射中了六处，仍旧巍然挺立不动。令狐潮怀疑是木头人，派人去侦察，得知确实是雷万春，十分惊奇，远远地对张巡说："刚才看见雷将军，才知道您的军令是多么森严了，然而这对于天道又能怎么样呢！"张巡回答说："你已丧尽人伦，还有什么资格来谈论天道！"不久，张巡又率兵出战，擒获叛将十四人，杀死一百余人，于是叛军乘夜而逃。此后，张巡多次率军打败叛军，把俘获的叛军分开，凡是胡兵全部杀掉，胁从者就予以遣散，令他们各归其业。十日之间，民众脱离叛军来归附张巡的就达一万余户。

常山郡诸将杀死太守王俌。

河北地区的大多数州郡还在为唐朝而坚守着，常山太守王俌想要投降叛军，其他将领得知后大为愤怒，就借打马球的机会，纵马将他踩死。当时信都太守乌承恩手下有三千朔方兵，常山诸将派遣宗仙远去邀请乌承恩率兵来镇守常山，乌承恩以没有诏命为由而拒绝。宗仙运劝乌承恩说："常山是战略要地，北可控制燕、蓟地区，向南通往河南、洛阳，并且有井陉关的天险，

足以扼其咽喉。将军若以国家为念,移据常山,则洪勋盛烈,孰与为比。若疑而不行,又不设备,常山既陷,信都岂能独全!"承恩不从。仙运又曰:"将军不纳鄙夫之言,必惧兵少故也。今人不聊生,咸思报国,竞相结聚,屯据乡村,若悬赏招之,不旬日十万可致也。若舍要害以授人,居四通而自安,譬如倒持剑戟,取败之道也。"承恩竟疑不决。

以颜真卿为工部尚书。

初,真卿闻李光弼下井陉,即敛军还平原。及闻郭、李西入,始复区处河北军事,以蜡丸达表于灵武。以真卿为尚书兼御史大夫,领使如故,并致敕书,亦以蜡丸达之。真卿颁下诸郡,又遣人颁于河南、江、淮。由是诸道始知上即位于灵武,徇国之心益坚矣。

八月,以郭子仪为灵武长史,李光弼为北都留守,并同平章事。

子仪等将兵五万自河北至灵武,灵武军威始盛,人有兴复之望矣。光弼以景城、河间兵五千赴太原。先是,河东节度使王承业军政不修,朝廷遣侍御史崔众交其兵,寻遣中使诛之。众侮易承业,光弼素不平。至是,敕交兵于光弼,众见光弼不为礼,又不时交兵,光弼怒,收斩之,军中股栗。

占据这一要地就等于扼住了叛军的咽喉。将军您如果能以国家利益为重，移军常山，那么大功大勋，无人可比。如果还犹豫不决，又不加防备，常山如果落入敌手，信都如何能够保全!"乌承恩不听从。宗仙运又说："将军您不听从我的意见，一定是害怕兵力单薄的缘故。现在民不聊生，都想报效国家，竞相聚结为兵，屯乡据村以自保，如果能够悬赏招集，用不了十天就可集兵十万。如果放弃常山这样的要害之地不去占据，而拱手让给叛军，而自己却占据着信都这样四通八达无险可守的地方想要保全，那无异于倒持剑戟与敌交战，必定会失败。"乌承恩还是犹豫不决。

唐肃宗任命颜真卿为工部尚书。

当初，颜真卿听说河北节度使李光弼率兵出井陉关，就收兵回平原，等待李光弼的命令。及得知郭子仪与李光弼又率兵西入井陉关，颜真卿就重新暂时指挥河北地区反抗叛军的军事行动，派使者把用蜡丸密封的表书送达灵武。于是唐肃宗任命颜真卿为工部尚书兼御史大夫，仍旧兼领河北招讨、采访、处置使，又下赦免文书，也用蜡丸密封送达颜真卿。颜真卿把赦免文书颁下河北地区的各郡，同时又派人颁下河南与江、淮地区的各郡。因此各地才知道唐肃宗已在灵武即皇帝位，为国家坚守抗击叛军的信心更加坚决了。

八月，唐肃宗任命郭子仪为灵武长史，李光弼为北都留守，二人并同平章事。

郭子仪等率兵五万从河北到达灵武，灵武的军势开始强盛，人们才觉得大唐王朝的复兴有了希望。李光弼率领景城、河间兵五千奔赴太原。先前，河东节度使王承业不理军务，朝廷派侍御史崔众收缴了他的兵权，不久又派宦官杀死了他。崔众曾经侮辱王承业，李光弼早就心中不满。这时，唐肃宗下赦书命令崔众把兵权交给李光弼，而崔众见李光弼后不行礼，也不按时交出兵权，李光弼十分愤怒，就把崔众抓起来杀了，因此军中都十分畏惧李光弼。

其后,上谓李泌曰:"今子仪、光弼已为宰相,若克两京,平四海,则无官以赏之,奈何?"对曰:"古者有功则锡以茅土,传之子孙。太宗欲复古制,大臣议论不同而止。由是赏功以官。夫以官赏功有二害,非才则废事,权重则难制。向使禄山有百里之国,亦惜之以遗子孙而不反矣。为今计,莫若疏爵土以赏功臣,则虽大国,不过二三百里,可比今之小郡,岂难制哉!"上曰:"善!"

回纥、吐蕃遣使请助讨贼。　上皇以第五琦为江、淮租庸使。

贺兰进明遣参军第五琦入蜀奏事,琦言:"今方用兵,财赋为急,财赋所产,江、淮居多,乞假臣一职,可使军无乏用。"上皇悦,以为租庸使。

史思明陷九门。　上皇遣使奉册宝如灵武。

灵武使者至蜀,上皇喜曰:"吾儿应天顺人,吾复何忧!"制:"自今改制敕为诰,表疏称太上皇。军国事皆先取皇帝进止,仍奏朕知。俟克复上京,朕不复预事。"命韦见素、房琯、崔涣奉传国宝及玉册诣灵武传位。

史思明陷藁城。　禄山取长安乐工、犀、象诣洛阳。

初,上皇每酺宴,先设太常雅乐,继以鼓吹、胡乐、散乐、杂戏,又出宫人舞《霓裳羽衣》,又教舞马百匹,衔杯上寿,又引犀、象入场,或拜或舞。安禄山见而悦之,至是,命搜捕送洛阳。

后来，唐肃宗对李泌说："现在郭子仪与李光弼已贵为宰相，如果他们克复两京，平定天下，就没有更高的官位赏赐他们了，那怎么办？"李泌回答说："古代对有功的人则赏赐给土地，可以传之子孙。太宗皇帝曾经想要恢复古代的制度，因为大臣们有不同的意见而没有实行。因此赏赐有功的人多是给他们以高官。用官职赏赐功劳有两种危害，如果所任非才就会误事，如果权力过重则难以控制。假如过去封给安禄山一个百里之国，他就会珍惜封国以传给子孙，而不会谋反了。为现在的情况考虑，不如分土封爵以赏功臣，虽是大国，也不过二三百里，与现在的小郡差不多，难道还会控制不住吗！"唐肃宗听后说："你说得好！"

　　回纥可汗与吐蕃赞普相继派遣使者来请求派兵帮助唐朝讨伐叛军。　唐玄宗任命第五琦为江、淮租庸使。

　　北海太守贺兰进明派遣录事参军第五琦入蜀中奏事，第五琦对唐玄宗说："现在正是国家用兵之机，财赋十分重要，而财赋大多出自江、淮地区，请求任命我一个职务，可以保证军用充足。"唐玄宗很高兴，即任命第五琦为江、淮租庸使。

　　史思明率兵攻陷九门。　唐玄宗派遣使者奉送传国宝与玉册前往灵武。

　　灵武派出的使者到达蜀中，唐玄宗高兴地说："我儿子顺应天命人心，即皇帝位，我还有什么忧虑的呢！"于是下制书说："从今以后改制敕为诰令，所上的表疏称太上皇。国家的军政大事都先听候皇帝的处置，然后再奏报朕知即可。等待收复京城后，朕就不再参预政事。"然后命令韦见素、房琯与崔涣奉送传国宝及玉册前往灵武传皇帝位。

　　史思明攻陷藁城。　安禄山命令把长安城中的乐工、犀牛、大象送往洛阳。

　　当初，唐玄宗每当聚会设宴时，先让太常寺的雅乐演奏，接着是鼓吹曲、胡人乐、散乐和杂戏，又让宫女们表演《霓裳羽衣》舞，又让一百匹舞马口里衔杯跳舞祝寿，又引犀牛和大象入场跳舞、礼拜。安禄山观看后很喜欢，这时，就命令搜捕他们送往洛阳。

宴其群臣于凝碧池，盛奏众乐，梨园弟子往往歔欷泣下，贼皆露刃睨之。乐工雷海清不胜悲愤，掷乐器于地，西向恸哭。禄山怒，支解之。

禄山闻向日百姓乘乱多盗库物，既得长安，命大索三日，并其私财尽掠之。民间骚然，益思唐室。

民间相传太子北收兵来取长安，日夜望之，或时相惊曰："太子大军至矣！"则皆走，市里为空。贼望见北方尘起，辄惊欲走。京畿豪杰往往杀贼官吏，遥应官军，诛而复起，相继不绝，贼不能制。至是四门之外率为敌垒，贼兵力所及者，南不出武关，北不过云阳，西不过武功。江、淮奏请贡献之蜀、之灵武者，皆自襄阳取上津路抵扶风，道路无壅，皆薛景仙之功也。

九月，史思明陷赵郡、常山。　以广平王俶为天下兵马元帅，李泌为侍谋军国、元帅长史。

建宁王倓，英果有才略，从上自马嵬北行，屡逢寇盗，自选骁勇，居上前后，血战以卫上，军中皆属目。上欲以为元帅，李泌曰："建宁诚元帅才，然广平，兄也，若建宁功成，岂可使广平为吴太伯乎！"上曰："广平，冢嗣也，何必以元帅为重！"泌曰："广平未正位东宫，今天下艰难，众心所属在于元帅。若建宁大功既成，陛下虽欲不以为储副，同立功者岂肯已乎！太宗、上皇，即其事也。"乃以广平王俶为

安禄山在洛阳城的凝碧池边宴请他的臣下，大奏各种乐曲，梨园弟子往往歔欷哭泣，叛军都握着刀，斜着眼睛观看。乐工雷海清不胜悲痛，把乐器扔在地上，向西痛哭。安禄山大为愤怒，肢解了他的身体。

安禄山听说往日长安城被攻陷时，老百姓多乘乱盗窃府库中的财物，于是攻占长安后，他命令部下大肆搜索三天，连老百姓的私有财物都被掠夺一空。因此民不安生，骚动不已，更加思念大唐王朝。

民间都传言说太子已北上集兵要来收复长安，长安市民日夜翘首盼望，有时人们在一起惊呼："太子大军来了！"然后就全都跑散，市里为之一空。叛军如果看见北方扬起的沙尘，就会惊恐地想要逃走。京畿地区的豪杰常常杀掉叛军所任命的官吏，与官军遥相呼应，被镇压后重又兴起，前仆后继，叛军无法制止。这时长安城的四门之外都变成了战场，叛军兵力所能控制的地区，南不出武关，北不过云阳，西不越武功。江、淮地区的奏疏以及贡献的物资送往蜀中和灵武，都从襄阳取道上津抵达扶风，道路畅通无阻，这都是薛景仙的功绩。

九月，史思明率兵攻陷赵郡、常山。　唐肃宗任命广平王李俶为天下兵马元帅，李泌为侍谋军国、元帅府长史。

建宁王李倓性格豪爽果断，有雄才大略，随从唐肃宗从马嵬驿北上时，多次遭遇到强盗，李倓就亲自挑选了一批骁勇善战之士，走在唐肃宗的前面，浴血奋战保卫唐肃宗，所以很得军心。唐肃宗想要任命李倓为天下兵马元帅，李泌说："建宁王确实具有担任元帅的才能，但是广平王是兄长，如果建宁王立了大功，广平王岂不是要像周朝的吴太伯那样让位了吗！"唐肃宗说："广平王李俶是嫡长子，将来要继承皇位，何必把元帅之职看得那么重呢！"李泌说："广平王李俶虽然是嫡长子，但还没有册封为太子，现在天下战乱，众心所向，在于元帅。如建宁王李倓大功告成，陛下虽然不想立他为太子，与他一起建立功业的人肯答应吗！太宗皇帝和太上皇就是这样。"唐肃宗于是任命广平王李俶为

元帅，诸将皆属。傧闻之，谢泌曰："此固傧之心也！"

上与泌出行军，军士指之，窃言曰："衣黄者圣人也，衣白者山人也。"上闻之，以告泌，曰："艰难之际，不敢相屈以官，且衣紫袍以绝群疑。"泌不得已受之。上笑曰："既服此，岂可无名称！"出怀中敕，以泌为侍谋军国、元帅府行军长史。泌固辞，上曰："朕非敢相臣，以济艰难耳。俟贼平，任行高志。"泌乃受。泌又言于上曰："诸将畏惮天威，在陛下前敷陈军事，或不能尽所怀，万一小差，为害甚大。乞先令与臣及广平熟议，臣与广平从容奏闻，可者行之，不可者已之。"上许之。时军旅务繁，四方奏报，自昏至晓无虚刻，上悉使送府，泌先开视，有急切者及烽火，重封通进，余则待明。禁门钥契悉委傧与泌掌之。

同罗叛，遣郭子仪发兵讨破之。

初，同罗、突厥从安禄山反者屯长安苑中，其酋长阿史那从礼帅五千骑，窃厩马二千匹逃归朔方，谋邀结诸胡，盗据边地。上遣使宣慰之，降者甚众。至是说诱九姓、六州诸胡数万，将寇朔方，上命郭子仪诣天德军发兵讨之。左武锋使仆固怀恩之子玢兵败降虏，既而逃归，怀恩斩之。将士股栗，无不一当百，遂破同罗。

遣使征兵回纥。

天下兵马元帅,诸位将领都由他指挥。建宁王李倓得知此事后,感谢李泌说:"这本来就是我李倓的心意啊!"

唐肃宗与李泌外出行军,军士都指着他们私下说:"穿黄衣服的是圣人,穿白衣服的是山中隐士。"唐肃宗听说后,就告诉了李泌,并说:"现在是战乱时期,我不敢违背您的意志委以官职,但应该暂时着紫袍以防止众人猜疑。"李泌不得已,只好接受了紫袍。唐肃宗笑着说:"您既已身着此服,怎么可以没有名称呢!"于是从怀中拿出了敕书,任命李泌为侍谋军国、元帅府行军长史。李泌坚辞不受,唐肃宗说:"朕不敢以宰相一职难为您,只是想任命这一职务以度过眼下的艰难时期。等叛乱平定后,就满足您归隐的志向。"李泌这才接受。李泌又对唐肃宗说:"诸位将领畏惧陛下的天威,在陛下面前陈述军务大事时,常常因拘束不能尽兴,万一出现了小的差错,将会招致极大的损失。请求先让他们与我及广平王商议,然后我与广平王再向陛下报告,可行的就命令执行,不可行的就停止。"唐肃宗同意。当时军务繁忙,各地所上的奏疏整夜不断,唐肃宗让全部送到元帅府,先由李泌打开批阅,如果有紧急情况及烽火战报,李泌就加以重封,隔门传进宫中,其他不重要的事情就等到天亮以后再奏报。唐肃宗还把宫门的钥匙和符契全部委托给广平王李俶与李泌掌管。

同罗兵反叛,唐肃宗派遣郭子仪率兵讨伐,并打败他们。

当初,跟随安禄山举兵反叛的同罗和突厥部落军队驻扎在长安的禁苑中,他们的酋长阿史那从礼率领五千骑兵,盗得二千匹厩马逃回朔方,阴谋联结其他胡人部落占领边疆地区。唐肃宗派使者去安抚,归降者极多。这时他们的酋长阿史那从礼引诱九姓府与六胡州的诸部落胡人数万,准备侵犯朔方,唐肃宗命令朔方节度使郭子仪到天德军发兵讨伐。左武锋使仆固怀恩的儿子仆固玢兵败投降了敌人,不久又逃了回来,被仆固怀恩斩杀。所以其余的将士都十分畏惧,作战时无不以一当百,于是打败了同罗。

唐肃宗派遣使者去向回纥借兵。

上虽用朔方之众，欲借兵于外夷以张军势，以邠王守礼之子承寀为敦煌王，与仆固怀恩使回纥以请兵。又发拔汗那兵，且使转谕城郭诸国，许以厚赏，使从安西兵入援。

帝如彭原。

李泌劝上："且幸彭原，俟西北兵将至，进幸扶风以应之，于时庸调亦集，可以赡军。"上从之。至彭原，廨舍隘狭，上与张良娣博，打子声闻于外。李泌言诸军奏报停壅，上乃潜令刻乾树鸡为子，不欲有声。良娣以是怨泌。

宝册至自成都。

韦见素等至自成都，奉上宝册，上不肯受，曰："比以中原未靖，权总百官，岂敢乘危，遽为传袭！"群臣固请，上不许，置于别殿，朝夕事之，如定省之礼。上以见素本附杨国忠，意薄之。素闻房琯名，虚心待之。琯见上言时事，辞情慷慨，上为改容，由是军国事多谋于琯。琯亦以天下为己任，知无不为，诸相拱手避之。

上皇赐张良娣七宝鞍，李泌曰："今四海分崩，当以俭约示人，良娣不宜乘此。请撤其珠玉付库吏，以赏战功。"上遽从之。建宁王倓泣于廊下，上惊问之，对曰："臣比忧祸乱未已，今陛下从谏如流，不日当见陛下迎上皇还长安，是以喜极而悲耳。"上又谓泌曰："良娣，上皇所念，朕欲使

唐肃宗虽然依靠朔方镇的兵力平叛，但还想要借助外夷的兵力以壮大声威，于是就册封豳王李守礼的儿子李承宷为敦煌王，与仆固怀恩一道出使回纥借兵。又征调拔汗那的兵众，并让他转告西域各国，许以重赏，让他们跟随安西兵一起入援。

唐肃宗到达彭原。

李泌劝唐肃宗说："不如暂时先到彭原郡，等待所征调的西北地区的军队到来，再前往扶风郡接应他们，那时庸调也到了，可以供应军队。"唐肃宗同意。唐肃宗到达彭原郡，因为房舍窄小，唐肃宗与张良娣赌博，掷骰子的声音在房外都可听到。李泌上言说各军的奏报不能及时处置，于是唐肃宗私下命令刻乾树鸡作为骰子，不想赌博时有声响。张良娣因此怨恨李泌。

传国宝和玉册从成都送达。

韦见素等人从成都到达，奉上传国宝和玉册，唐肃宗不肯接受，并说："近来因为中原地区战乱，所以暂时管理百官，怎么敢乘此危急时刻，立刻就继承皇位呢！"群臣坚决请求接受皇位，唐肃宗不答应，于是把传国宝和玉册放置在另一座殿中，如早晚礼拜父母那样去礼敬。唐肃宗因为韦见素原来曾依附杨国忠，所以对他很冷淡。又因为久闻房琯的大名，所以对他很热情。房琯见到唐肃宗时谈及时事，慷慨陈辞，感情激昂，以至唐肃宗为之而动情，所以军国大事大多都与房琯商量。房琯也以平定天下为己任，对于所知道的事情没有不做的，其他的宰相都对他拱手相让。

唐玄宗赏赐给张良娣七宝马鞍，李泌说："现在天下大乱，分崩离析，应该以节俭处世，张良娣不应该乘坐这样的马鞍。请撤去马鞍上的珍珠宝玉交给府库官吏，用来赏给立功的战士。"唐肃宗立刻照办。这时建宁王李俶在房外的廊庑下哭泣，唐肃宗听见后十分吃惊，就询问他为什么哭泣，李俶回答说："我近来非常担忧战乱难以平定，现在看到陛下从谏如流，用不了多长时间就会看见陛下迎接上皇返回长安，所以高兴得过分而悲泣。"唐肃宗又对李泌说："上皇十分关心张良娣，所以朕想把张良娣立

正位中宫,何如?"对曰:"陛下在灵武,以群臣望尺寸之功,故践大位,非私己也。至于家事,宜待上皇之命,不过晚岁月之间耳。"良娣由是恶泌及俶。

上尝从容与泌语及李林甫,欲敕诸将克长安日,发其冢,焚骨扬灰。泌曰:"陛下方定天下,奈何仇死者!彼枯骨何知,徒示圣德之不弘耳。且方今从贼者皆陛下之仇也,若闻此举,恐阻其自新之心。"上不悦,曰:"此贼昔日百方危朕,奈何矜之!"对曰:"臣岂不知此!顾以上皇春秋高,闻陛下此敕,必以为用韦妃之故。万一感愤成疾,是陛下以天下之大不能安君亲也。"言未毕,上流涕被面,曰:"朕不及此。"

制谏官言事,勿白宰相。
初,李林甫为相,谏官言事皆先白宰相,退则又以所言白之,御史言事须大夫同署。至是,敕尽革其弊,开谏诤之途。又令宰相分直政事笔、承旨,旬日而更。惩林甫及杨国忠专权故也。

冬十月朔,日食,既。
加第五琦山南等道度支使。
琦请以江、淮租庸市轻货,溯江、汉而上至洋川,令汉中王瑀陆运至扶风以助军,上从之。琦作榷盐法,用以饶。

以房琯为招讨、节度等使,与贼战于陈涛斜,败绩。

为皇后,如何?"李泌回答说:"陛下在灵武时,因为群臣都希望建功立业,所以即皇帝位,这并不是陛下私下想要做皇帝。至于立皇后这样的家事,还是应该等待上皇的命令,这只不过是时间早晚的问题罢了。"张良娣因此憎恨李泌与建宁王李倓。

唐肃宗曾经在闲暇时对李泌谈及李林甫的事,说要下敕书让诸将攻克长安后,挖开李林甫的坟墓,焚烧他的尸骨,把骨灰扬弃。李泌说:"陛下正在平定天下,为何要与死者为仇呢!那堆枯骨知道什么,这样做只能表示圣上的德行不够宽宏。再说现在跟随安禄山反叛的人都是陛下的仇敌,如果他们听到这样的举动,恐怕会从心理上阻止他们悔过自新。"唐肃宗听后不高兴,又说:"李林甫这个奸贼过去千方百计地想要动摇朕的地位,为什么要可怜他呢!"李泌回答说:"这些事情我怎么能不知道呢!只是因为上皇年纪已大,如果听到陛下颁布这样的敕书,一定会以为陛下是为了报复废掉韦妃的仇恨。万一因此而感愤成病,天下人就会认为陛下心胸狭隘,容不得君父。"李泌的话还未说完,唐肃宗已泪流满面,说:"朕没有想到这一点。"

唐肃宗下制书规定谏官上言事情,不要告诉宰相。

先前,李林甫担任宰相时,谏官向皇帝进谏以前都要先告诉宰相,退朝后也要把与皇上谈话的内容告诉宰相,御史进言须要御史大夫同时署名。这时,唐肃宗下敕书命令全部革除这些弊政,大开进谏之路。又命令宰相分别在政事堂分日当笔,听候皇上的召见,每十日一更换。这都是为了戒除李林甫和杨国忠那样的宰相专权的缘故。

冬十月初一,发生日食,不久就消失。

唐肃宗加授第五琦为山南等道度支使。

第五琦向唐肃宗请求把江、淮地区征收的租庸变卖成贵重的货物,沿着长江、汉水而上运送到洋川郡,然后命令汉中王李瑀从陆地运到扶风以供给唐军,唐肃宗同意。第五琦又制定了食盐专营制度,使国用充足。

任命房琯为招讨、节度等使,与叛军在陈涛斜交战,战败。

房琯喜宾客,好谈论,多引拔知名之士,而轻鄙庸俗,人多怨之。北海太守贺兰进明诣行在,上命琯以为御史大夫,琯以为摄御史大夫。进明入谢,上怪之,进明因言与琯有隙,且曰:"晋用王衍为三公,祖尚浮虚,致中原板荡。今房琯专为迂阔大言以立虚名,所引用皆浮华之党,真王衍之比也!陛下用为宰相,恐非社稷之福。且琯在南朝佐上皇,使陛下与诸王分领诸道节制,仍置陛下于沙塞空虚之地,又布私党于诸道,使统大权。其意以为上皇一子得天下,则己不失富贵,此岂忠臣所为乎!"上由是疏之。

琯请自将兵复两京,上许之。琯请以李揖为司马,刘秩为参谋,悉以戎务委之,曰:"贼曳落河虽多,安能当我刘秩!"二人皆书生,不闲军旅,遇贼将安守忠于咸阳之陈涛斜。琯效古法,用车战,以牛车二千乘,马步夹之。贼顺风鼓噪,牛皆震骇。纵火焚之,人畜大乱,死伤四万余人。上大怒,李泌为之营救,上乃宥之,待琯如初。

史思明攻陷河北诸郡,饶阳裨将张兴死之。

史思明陷河间、景城,李奂、李晔皆死。使两骑赍尺书以招乐安,即时举郡降。又使其将康没野波攻平原,颜真卿力不敌,弃郡走。思明攻清河、博平,皆陷之。进围信都,乌承恩以城降。

房琯喜欢结交朋友，爱好高谈阔论，引荐了许多知名之士，而鄙视无名庸俗之辈，所以人们都怨恨他。北海太守贺兰进明到达行在，唐肃宗命令房琯任命贺兰进明为御史大夫，而房琯却任命贺兰进明为代理御史大夫。贺兰进明入朝谢恩，唐肃宗感到奇怪，贺兰进明乘机说自己与房琯有矛盾，并说："西晋任用王衍为三公，因为崇尚浮华虚名，致使五胡乱华，中原沦陷。现在房琯喜好迂阔不切实际的言论而图虚名，所引用的人都是轻浮之辈，真是第二个王衍！陛下任用这样的人为宰相，恐怕不是国家的福气。再说房琯在成都辅佐太上皇，让陛下与诸王分别兼任各道节度使，而把陛下分置于塞外的荒凉贫乏之地，又把自己的亲信私党分别安插在各地，让他们统领大权。房琯的用心是不管太上皇的哪一个儿子得天下继承皇位，自己都会大富大贵，这难道是忠臣应该做的事吗！"唐肃宗因此疏远了房琯。

房琯上疏请求亲自率兵收复两京，唐肃宗同意。房琯请求任命李揖为行军司马，刘秩为参谋，把军务大事都委托给他们处置，并说："叛军的壮士虽然众多，但怎么能够敌得过我的谋士刘秩呢！"李揖与刘秩二人都是文弱书生，不懂得军事，在咸阳的陈涛斜与叛军大将安守忠相遇。房琯仿效古人的兵法，用战车进攻，组成牛车二千辆，并让步兵与骑兵护卫。叛军顺风擂鼓呼喊，牛全受到惊吓。这时叛军放火焚烧战车，顿时战阵大乱，人畜相杂，唐军死伤达四万余人。唐肃宗极为愤怒，因为李泌从中营救，唐肃宗才赦免了房琯，仍像过去那样对待他。

叛军大将史思明率军攻陷河北地区的其他州郡，饶阳副将张兴不屈而死。

史思明率兵攻陷了河间和景城，河间守将李奂和景城太守李暐都被杀害。史思明于是派遣两名骑兵持书信去招降乐安郡，乐安郡立刻投降了叛军。史思明又派遣部将康没野波率兵攻打平原郡，颜真卿自知兵力不敌叛军，于是放弃郡城而退走。于是史思明又攻打清河和博平，都被攻陷。然后史思明又进兵包围了信都郡，乌承恩献城投降。

饶阳裨将张兴,力举千钧,性复明辩。贼攻饶阳,弥年不能下。及诸郡皆陷,思明并力围之,外救俱绝,城陷。擒兴,谓曰:"将军真壮士,能与我共富贵乎?"兴曰:"兴,唐之忠臣,固无降理。今数刻之人耳,愿一言而死。"思明曰:"试言之。"兴曰:"主上待禄山恩如父子,群臣莫及,不知报德,乃兴兵指阙,涂炭生人。大丈夫不能剪除凶逆,乃北面为之臣乎!且足下所以从贼,求富贵耳,譬如燕巢于幕,岂能久安!何如乘间取贼,转祸为福,长享富贵,不亦美乎!"思明怒,锯杀之。骂不绝口,以至于死。禄山初以卒三千人授思明,使定河北,至是,河北皆下之,郡置防兵三千,杂以胡兵镇之,思明还博陵。

永王璘反,上皇遣淮南节度使高适等讨之。

初,上皇命诸子分总节制,谏议大夫高适谏以为不可,上皇不听,以璘领四道节度都使,镇江陵。时江、淮租赋山积于江陵,璘召募勇士数万人,日费巨万。子玚,有勇力,好兵,薛镠等为之谋主,以为今天下大乱,淮南方完富,宜据金陵,保有江表,如东晋故事。上闻之,敕璘归蜀,璘不从。上乃以高适为淮南节度使,来瑱为淮南西道节度使,与江东节度使韦陟共图璘。璘遂引舟师沿江东下,吴郡太守李希言平牒璘,诘之。璘怒,遣其将浑惟明袭吴郡,季广琛袭广陵,破其兵于当涂,江、淮大震。高适与来瑱、韦陟会于安陆,结盟誓众以讨之。

饶阳副将张兴,勇力过人,而且心有计谋。叛军围攻饶阳,一年没有攻克。及至其他的郡城都被攻陷,史思明遂全力围攻饶阳,外援全部断绝,郡城被攻陷。史思明抓住了张兴,对他说:"将军真是一位壮士,不知道能否与我同享富贵?"张兴说:"我张兴是唐朝的忠臣,绝对没有投降的道理。现在活在世上的时间已经不长了,只希望进献一言而死。"史思明说:"请你说出来。"张兴说:"皇上对待安禄山恩同父子,群臣都无法相比,而安禄山却忘恩负义,不知报答皇上的恩德,反而起兵攻打长安,使生灵涂炭。身为大丈夫不能平定反叛除掉逆凶,怎么还能再做逆臣呢!再说足下之所以跟随安禄山反叛,贪图的不过是富贵荣华,这就好似燕子做巢于帷幕之上,怎么能够长久呢!不如乘机攻打灭掉叛贼,转祸为福,长享荣华富贵,不也是一件美事吗!"史思明听后大怒,用锯子锯杀了他。张兴到死还骂不绝口。安禄山最初交给史思明三千士卒,让他平定河北,这时河北都被他攻占,每郡设置兵力三千防守,参杂胡兵以镇抚,史思明返回博陵。

永王李璘反叛,唐玄宗派遣淮南节度使高适等率兵讨伐。

起初,唐玄宗任命诸皇子分别总领天下节度使,谏议大夫高适进谏说不可行,但唐玄宗不听,于是任命李璘兼领四道节度都使,镇守江陵。当时从江、淮地区所征收的租赋在江陵堆积如山,李璘招募数万名勇士为兵,每日耗费巨大。他的儿子李瑒勇武有力,喜好用兵,又有薛镠等人为谋士,认为当今天下大乱,只有淮南富有,未遭破坏,应该占据江陵,保有江表,像东晋王朝那样占据一方。唐肃宗得知后,下敕命李璘往蜀中朝见唐玄宗,但李璘不听。唐肃宗于是任命高适为淮南节度使,来填为淮南西道节度使,与江东节度使韦陟共同征讨李璘。永王李璘于是率领水兵沿长江东下,吴郡太守李希言用平等身份的礼节写信给李璘,责问他发兵的意图。李璘大为愤怒,就派遣他的部将浑惟明攻打吴郡,派季广琛攻打广陵,在当涂打败了李希言的部队,因此江、淮地区大为震惊。高适与来填、韦陟会兵于安陆,结盟誓师讨伐李璘。

回纥遣葛逻支将兵入援，十一月，与郭子仪合击同罗，破之。 十二月，安禄山遣兵陷颍川，执太守薛愿、长史庞坚，杀之。

禄山遣兵攻陷颍川。城中兵少，无蓄积，太守薛愿、长史庞坚悉力拒守。期年，救兵不至，至是城陷，执愿、坚送洛阳，杀之。

上问李泌："今敌强如此，何时事定？"对曰："臣观贼所获子女、金帛，皆输之范阳，此岂有雄据四海之志邪！今独虏将或为之用，中国之人惟高尚等数人，自余皆胁从耳。以臣料之，不过二年，天下无寇矣。"上曰："何故？"对曰："贼之骁将，不过史思明、安守忠、田乾真、张忠志、阿史那承庆等数人而已。今若令李光弼自太原出井陉，郭子仪自冯翊入河东，则思明、忠志不敢离范阳、常山，守忠、乾真不敢离长安，是以两军縶其四将也。从禄山者，独承庆耳。愿敕子仪勿取华阴，使两京之道常通，陛下军于扶风，与子仪、光弼互出击之，彼救首则击其尾，救尾则击其首，使贼往来数千里，疲于奔命，我常以逸待劳。贼至则避其锋，去则乘其弊，不攻城，不遏路。来春复命建宁为范阳节度大使，并塞北出，与光弼南北掎角以取范阳，覆其巢穴。贼退则无所归，留则不获安，然后大军四合而攻之，必成擒矣。"上悦。

张良娣与李辅国相表里，皆恶泌。建宁王倓谓泌曰："先生举倓于上，得展臣子之效，无以报德，请为先生除

回纥可汗派遣大臣葛逻支率兵助唐平叛,十一月,与郭子仪会合一起打败同罗。　十二月,安禄山派兵攻占颍川郡,捉住太守薛愿和长史庞坚,把他们杀害。

安禄山派兵攻陷颍川郡。城中兵力少,又没有粮草储备,太守薛愿与长史庞坚竭力坚守。坚守了一年,救兵不来,这时城被攻陷,薛愿与庞坚被捉住送往洛阳,安禄山杀害了他们。

唐肃宗问李泌说:“现在叛军如此强大,不知道什么时候才能够平定?”李泌回答说:“我看到叛军把抢掠的子女与财物都运往老巢范阳,这难道有雄踞天下的志向吗!现在只有那些胡人将领为安禄山卖力,汉人只有高尚等几个人,其余的都不过是一些胁从。以我的看法,不过二年,天下就会平定。”唐肃宗说:“为什么呢?”李泌回答说:“叛军中的勇将不过是史思明、安守忠、田乾真、张忠志、阿史那承庆等几个人罢了。现在朝廷如果命令李光弼率兵从太原出井陉关,郭子仪率兵从冯翊进入河东,这样史思明与张忠志便不敢离开范阳与常山,安守忠与田乾真则不敢离开长安,我们这是用两支军队拖住了叛军的四员骁将。跟随安禄山的只有阿史那承庆了。希望下敕书命令郭子仪不要攻取华阴,使两京之间的道路畅通,陛下率领所征召的军队驻扎在扶风,与郭子仪、李光弼交互攻打叛军,叛军如果救援这头,就攻打他们的那头,如果救援那头,就攻打他们的这头,使叛军在数千里长的战线上往来,疲于奔命,我们则以逸待劳。叛军如果来交战,就避开他的锋芒,如果要撤退,就乘机攻打,不攻占城池,不切断往来的道路。明年春天再任命建宁王李倓为范阳节度大使,从塞北出击,与李光弼形成南北夹击之势,以攻取范阳,捣毁叛军的巢穴。这样叛军想要撤退则归路已断,要留在两京则不得安宁,然后各路大军四面合击而进攻,就一定能够消灭叛军。”唐肃宗听后十分高兴。

当时张良娣与李辅国内外一起勾结,他们二人都非常憎恨李泌。建宁王李倓对李泌说:“先生您在皇上面前推荐了我,使我得以效臣子之忠,您的大恩大德无以报答,请让我为先生除掉

害。"泌曰:"何也?"倓以良娣为言。泌曰:"此非人子所言,愿王置之。"倓不从。

张巡移军宁陵,与贼将杨朝宗战,大破之。

令狐潮、李庭望攻雍丘,数月不下,筑城于雍丘之北,以绝其粮援。贼常数万人,而张巡众才千余,每战辄克。河南节度使虢王巨屯彭城,假巡先锋使。是月,鲁、东平、济阴陷于贼。贼将杨朝宗帅马步二万,将袭宁陵,断巡后。巡遂拔雍丘,东守宁陵,以待之,始与睢阳太守许远相见。是日,朝宗亦至,巡、远与战,昼夜数十合,大破走之,斩首万余级。敕以巡为河南节度副使。以将士有功,遣使诣虢王巨请空名告身及赐物,巨唯与折冲、果毅告身三十通,不与赐物。巡移书责巨,巨竟不应。

于阗王胜将兵入援。

胜闻乱,使弟曜摄国事,自将兵五千入援。上嘉之,以为殿中监。

吐蕃陷威戎等军。

凡陷军七,城三。

丁酉(757) 肃宗皇帝至德二载

春正月,上皇以李麟同平章事,命崔圆赴彭原。 安庆绪杀禄山。

禄山自起兵以来,目渐昏,至是不复睹物。又病疽,性益躁暴,左右使令,小不如意,动加棰挞,或时杀之。严庄

大害。"李泌说:"你说的是什么意思?"李俶就说是张良娣。李泌说:"这样的话不是臣子应该说的,希望你暂时把这件事放下。"但李俶没有听从李泌的话。

张巡把军队转移到宁陵,与叛军将领杨朝宗交战,大败杨朝宗。

叛军将领令狐潮与李庭望率兵攻打雍丘,几个月未能攻克,于是在雍丘北面筑城,以断绝雍丘城的粮食援助。叛军经常用数万人来进攻,而张巡的兵力才有一千余人,但每次交战都能打败叛军。河南节度使虢王李巨率兵驻扎在彭城,任命张巡为先锋使。这一月,鲁郡、东平、济阴都落入叛军之手。叛军大将杨朝宗率领步、骑兵二万,将要袭击宁陵,断绝张巡的后路。张巡于是率兵撤出雍丘,向东退守宁陵,抵御叛军,这时张巡才与睢阳太守许远见面。当天,杨朝宗也率兵来到宁陵城下,张巡、许远与杨朝宗交战,一昼夜交战数十次,打退了叛军,杀死一万余人。唐肃宗下敕书任命张巡为河南节度副使。张巡认为部下将士有功,就派遣使者向虢王李巨请求给予空名的委任状以及赏赐物品,而虢王李巨只给了折冲都尉与果毅都尉的委任状三十份,没有给予赏赐的物品。张巡写信责备李巨,李巨竟不回信。

于阗王尉迟胜率兵入朝援助平叛。

尉迟胜得知安禄山反叛,就让他的弟弟尉迟曜代理国政,自己亲自率兵五千入朝援助平叛。唐肃宗赞赏他的忠诚,任命他为殿中监。

吐蕃攻陷唐朝的威戎等军。

共攻陷军七个,城三座。

丁酉(757) 唐肃宗至德二载

春正月,唐玄宗任命李麟为同平章事,并命令崔圆赶赴彭原。 安庆绪杀死安禄山。

安禄山自从起兵反叛以来,视力逐渐下降,到了这个时候已经看不见东西。又因为身上长了毒疮,性情更加暴躁,对于左右的官员稍有不如意,就用鞭子抽打他们,有时干脆杀掉。严庄

虽贵用事,亦不免棰挞,阉竖李猪儿被挞尤多,左右人不自保。既而嬖妾生子庆恩,欲以代庆绪,庆绪惧。庄谓之曰:"事有不得已者,时不可失。"庆绪从之。又谓猪儿曰:"汝不行大事,死无日矣!"猪儿亦许诺。庄与庆绪夜持兵立帐外,猪儿执刀直入帐中,斫禄山腹。禄山扪枕旁刀,不获,曰:"必家贼也。"遂死。庄宣言禄山疾亟,立庆绪为太子,袭伪号,尊禄山为太上皇,然后发丧。庆绪性昏懦,言辞无序,庄不令见人。庆绪日纵酒为乐,兄事庄,以为御史大夫,事无大小,皆取决焉。

杀建宁王倓。

上谓李泌曰:"广平为元帅逾年,今欲命建宁专征,又恐势分。立广平为太子,何如?"对曰:"戎事交切,须即区处,至于家事,当俟上皇。不然,后代何以辨陛下灵武即位之意邪!"泌出,以告广平王俶,俶入,固辞曰:"陛下犹未奉晨昏,臣何心敢当储副!"上赏慰之。

李辅国本飞龙小儿,粗闲书计,上委信之。辅国外恭谨而内狡险,见张良娣有宠,阴附之。建宁王倓数于上前诋讦二人罪恶,二人潜之曰:"倓恨不得为元帅,谋害广平王。"上怒,赐倓死。于是广平王俶内惧,谋去辅国及良娣。泌曰:"王不见建宁之祸乎?但尽人子之孝。良娣妇人,委

虽然贵有权势,但也免不了被鞭打,宦官李猪儿挨打尤多,安禄山左右的人都感到自身难保。不久,安禄山的爱妾生子名叫安庆恩,想要取代安庆绪为太子,所以安庆绪惧怕。严庄对安庆绪说:"事情有迫不得已的时候,现在机不可失。"安庆绪听从了他的话。严庄又对李猪儿说:"你如果再不干大事,就离死不远了!"李猪儿也答应。严庄与安庆绪手持武器站在帐幕外面,李猪儿手持刀子直入帐中,向安禄山的腹部砍去。安禄山伸手摸取枕旁的刀子,没有拿到,说:"这一定是家贼干的。"因此被杀死。然后严庄向外宣布说安禄山病重,立安庆绪为太子,不久安庆绪即伪皇帝位,尊称安禄山为太上皇,然后才发丧。安庆绪性情昏庸懦弱,说话语无伦次,严庄不让他出来见人。安庆绪每天以饮酒为乐,称严庄为兄,任命他为御史大夫,大小事情都由严庄决定。

唐肃宗杀建宁王李倓。

唐肃宗对李泌说:"广平王李俶担任天下兵马元帅一职已经一年了,现在想要委任建宁王李倓专门掌管征讨叛军的军事,但又恐怕权力分散。立广平王李俶为太子如何?"李泌回答说:"现在战事紧迫,形势紧张,必须立刻处理,至于立太子这一类的家事,应该等待上皇的命令。不然,后代的人会怎么看待陛下在灵武即皇帝位的用意呢!"李泌出宫后,把此事告诉了广平王李俶,李俶入宫,坚固辞让说:"陛下即皇帝位后还没有来得及行早晚问候上皇的礼节,我怎么敢当太子呢!"唐肃宗赏赐慰勉广平王。

李辅国本是飞龙厩中的一个小杂役,粗通文墨,深受唐肃宗的信任。李辅国外表恭顺谨慎,而内心却狡诈阴险,看到张良娣受到唐肃宗的宠爱,就暗中依附于她。建宁王李倓多次在唐肃宗面前揭发他们二人的罪恶,二人就向唐肃宗进谗言说:"建宁王李倓怨恨自己没有被任命为天下兵马元帅,因此阴谋陷害广平王李俶。"唐肃宗听后大为愤怒,于是把建宁王李倓赐死。因此广平王李俶内心恐惧,计谋要除掉李辅国与张良娣。李泌说:"大王难道没有看见建宁王李倓遭到杀身之祸的事吗?您只管尽儿子的孝心就是了。张良娣不过是一个妇道人家,只要委

曲顺之,亦何能为!"

帝如保定。

上闻安西、北庭及拔汗那、大食诸国兵至凉、鄯,乃幸保定。

史思明等寇太原,李光弼击破之。

史思明等引兵十万寇太原,李光弼麾下精兵皆赴朔方,余众不满万人。诸将皆惧,议修城以待之,光弼曰:"太原城周四十里,贼垂至而兴役,是先自困也。"乃帅士民于城外凿壕以自固。作墼数十万,众莫知所用。及贼攻城,光弼用以增垒,城坏辄补。

月余不下,思明乃选骁锐为游兵,戒之曰:"我攻其北则汝潜趣其南,有隙则乘之。"而光弼军令严整,虽寇所不至,警逻亦不少懈,贼不得入。光弼募军中有小技,皆取之,人尽其用。得钱工三,善穿地道。贼为梯冲、土山以攻城,光弼为地道以迎之,近城辄陷。又作大炮飞巨石,一发辄毙二十余人。贼死者什二三,乃退营于数十步外。光弼遣人诈为约降,而穿地道周贼营中。至期,遣裨将将数千人出如降状,贼皆属目。俄而营中地陷,死者千余人,贼众惊乱,官军鼓噪乘之,俘斩万计。会安禄山死,庆绪使思明归守范阳,留蔡希德等围太原。光弼复出击之,斩首七万,希德遁去。

曲求全顺从她的心意,她还能有什么作为呢!"

唐肃宗驾幸保定。

唐肃宗得知安西、北庭及拔汗那、大食诸国援兵到达凉州、鄯州,于是驾幸保定。

史思明等侵犯太原,李光弼把他们打败。

史思明等人率兵十万侵犯太原,李光弼部下的精兵都已赶赴朔方,剩下的不到一万人。太原城中的将领都十分惧怕,商议修筑城池来对付叛军的进攻,李光弼说:"太原城周长四十里,在叛军将要来到时而役使人们修筑城池,这是先疲困自己的做法。"于是率领士卒百姓在城外挖掘壕沟准备固守。又让士卒做了数十万块砖坯,大家都不知道做何用处。等到叛军在城外攻城时,李光弼就让士卒在城内用砖坯加高城墙,有被毁坏的地方便立刻修补。

史思明攻打了一个多月,还没有攻下,于是就挑选了一批骁勇善战的精兵,作为机动部队,告诫他们说:"我率兵攻打城北时,你们就暗中赶赴城南,见到有机可乘就进攻。"但因为李光弼军令严整,即使叛军没有攻打的地方,巡逻的士卒也十分警惕,未曾大意,使叛军无法攻进城中。李光弼在军中招募人才,有一点小技能的人都被选中,使人尽其才。招募到三个铸钱工匠,善于挖掘地道。叛军制做云梯和堆积土山用来攻城,李光弼就挖掘地道来迎战,所以这些器械在临近城墙时都陷入地中。李光弼又制造大炮用来发射大石块,一发总能打死二十余人。叛军被打死了十分之二三,于是就撤退到数十步之外扎营。李光弼又派人与叛军相约假装投降,却暗中命令士卒在叛军的营寨周围挖掘地道。到了约好投降的日期,李光弼就派遣副将率领数千人出城,假装投降的样子,叛军都在专心观看。忽然营中地面塌陷,死了一千多人,叛军顿时惊慌大乱,官军乘机擂鼓呼喊,俘获杀死叛军一万多人。适逢安禄山死去,安庆绪命令史思明归守范阳,留下蔡希德等人继续围攻太原。李光弼又率兵出城攻打,斩杀七万叛军,蔡希德逃走。

贼将尹子奇寇睢阳,张巡入睢阳,与许远拒却之。

安庆绪以子奇为河南节度使。子奇以归、檀兵十三万趣睢阳,许远告急于张巡,巡自宁陵引兵入睢阳。巡有兵三千人,与远兵合六千八百人。贼悉众逼城,巡督励将士,昼夜苦战,一日或二十合,凡十六日,擒贼将六十余人,杀士卒二万余,众气自倍。远谓巡曰:"远懦不习兵,公智勇兼济,远请为公守,请公为远战。"自是之后,远但调军粮,修战具,居中应接而已,战斗筹画一出于巡。贼遂夜遁。

郭子仪平河东,贼将崔乾祐败走。

初,郭子仪以河东居两京之间,扼贼要冲,得河东则两京可图。时贼将崔乾祐守之,子仪潜遣人入河东,与唐官陷贼者谋,俟官军至,为内应。子仪引兵趣河东,司户韩旻等翻城迎官军。乾祐逾城得免,发城北兵拒官军,子仪击之,斩首四千级,遂平河东。

平卢节度使刘正臣卒。

为安东都护王玄志所鸩也。

二月,帝至凤翔。

上至凤翔旬日,陇右、河西、安西、西域之兵皆会,江、淮庸调亦至。长安人闻车驾至,从贼中自拔而来者日夜不绝。李泌请如前策,遣安西、西域之众,并塞东北取范阳。上曰:"今大众已集,当乘兵锋捣其腹心,而更引兵东北数千里,先取范阳,不亦迂乎?"对曰:"今所恃者,皆西北及

叛军将领尹子奇率兵进攻睢阳,张巡进入睢阳城,与许远一起击退叛军。

安庆绪任命尹子奇为河南节度使。尹子奇率领归州、檀州的士兵十三万来进攻睢阳,许远向张巡紧急求援,张巡率兵从宁陵进入睢阳。张巡有兵力三千人,与许远会合,共有兵力六千八百人。叛军用所有的兵力来攻城,张巡亲自督战,激励士卒,昼夜奋战,有时一天交战二十次,共激战十六天,生擒叛军将领六十余人,杀死叛军士卒二万余人,士气倍增。许远对张巡说:"我许远性情懦弱,不懂用兵之道,你智勇双全,请让我许远为你坚守,你代我指挥作战。"从此以后,许远只调集军粮,修理作战器械,在军中处理杂事而已,作战筹划的事都由张巡决定。于是叛军乘夜而逃。

郭子仪平定了河东,叛军将领崔乾祐兵败逃走。

当初,郭子仪认为河东居于东京和西京之间,扼守着叛军的要害之地,如果占据了河东,那么两京就容易收复。当时叛军大将崔乾祐率兵守卫河东,郭子仪秘密地派人潜入河东,与陷于叛军中的唐朝官员密谋,等到官军来攻打时,作为内应。郭子仪率兵急赴河东,河东司户韩旻翻越河东城来迎接官军。崔乾祐跳过城墙得以逃脱,然后调发驻扎在城北的叛军来抵御,郭子仪率兵攻打,斩首四千级,于是平定了河东。

平卢节度使刘正臣去世。

刘正臣被安东都护王玄志毒杀而死。

二月,唐肃宗到达凤翔。

唐肃宗到达凤翔十天,陇右、河西、安西、西域的援兵都来会合,江、淮地区所征收的庸调也运到。长安民众听说皇上到达,纷纷从叛军的统治下逃出,归顺朝廷,日夜不断。李泌请唐肃宗按照原来的战略,派遣安西和西域兵从东北进攻占领范阳。唐肃宗说:"现在大军已经聚集,应该乘士气正盛直捣叛军的腹心,而您却要领兵向东北数千里,先攻取范阳,不是迂腐的计策吗?"李泌回答说:"我们现在所依靠的是西北各军镇的守兵以及

诸胡之兵,性耐寒而畏暑,若乘其新至之锐,攻禄山已老之师,其势必克两京。然春气已深,贼归巢穴,关东地热,官军必困而思归。伺官军之去,必复南来,然则征战之势,未有涯也。不若先用之于寒乡,除其巢穴,则贼无所归,根本永绝矣。"上曰:"朕切于晨昏之恋,不能待此决矣。"

庆绪使史思明守范阳。

庆绪以史思明为范阳节度使。先是,安禄山得两京,珍货悉输范阳。思明拥强兵,据富资,益骄横,浸不用庆绪之命,庆绪不能制。

江南采访使李成式讨永王璘,璘败走死。

成式与河北招讨官李铣合兵讨璘。季广琛召诸将谓曰:"吾属从王至此,天命未集,人谋已隳,兵锋未交,尚及早图去就。不然,死于锋镝,永为逆臣矣。"诸将皆然之。于是广琛以麾下奔广陵。璘党皆散,忧惧不知所出。成式将赵侃等济江,璘兵遂溃。璘奔鄱阳,江西采访使皇甫侁遣兵擒杀之。

三月,韦见素、裴冕罢,征苗晋卿为左相。 上皇遣中使祭始兴文献公张九龄。

上皇思张九龄之先见,为之流涕,遣中使至曲江祭之,厚恤其家。

尹子奇复寇睢阳,张巡击走之。

尹子奇复引兵攻睢阳。张巡谓将士曰:"吾受国恩,所守,正死耳。但恐诸君捐躯力战,而赏不酬勋,以此痛心

西域各国的胡兵，他们能够忍耐寒冷而害怕暑热，如果以新到之兵的锐气，攻打安禄山已经疲劳的叛军，一定能够攻克东西两京。但是现在已经暮春了，叛军如果逃回老巢，因关东气候炎热，官军必定会由于忍受不了炎热的气候而想要西归。叛军看见官军撤退，一定会重新南下，这样与叛军的交战就会无休无止。不如先向北方寒冷的地区用兵，捣毁叛军的巢穴，那样叛军就会无路可退，可以从根本上消灭叛军。"唐肃宗说："朕急于收复两京，然后迎接上皇回来，不能按照你的计策行事，已经没有再商量的余地了。"

安庆绪让史思明守卫范阳。

安庆绪任命史思明为范阳节度使。先前，安禄山占领两京后，把两京的珍宝财物全都运往范阳。史思明手握重兵，拥有财物，更加骄横，逐渐不听从安庆绪的命令，安庆绪不能节制他。

江南采访使李成式率兵征讨永王李璘，李璘败逃而死。

李成式与河北招讨判官李铣合兵讨伐永王李璘。李璘的部将季广琛召集其他的将领们说："我们跟随永王走到这一步，可惜天命不助，人谋已不能成功，还不如趁没有交战之时，早一点图谋出路。否则，就会战败身死，永远成为逆臣贼子。"诸将听后都认为他说得对。于是季广琛带领自己的部队逃往广陵。李璘的部下都各自逃走，李璘忧愁恐惧，不知道应该怎么办才好。李成式的部将赵侃等渡过长江，李璘的军队于是溃败。李璘逃往鄱阳，被江西采访使皇甫侁所派的军队追上擒获，然后杀掉。

三月，唐肃宗罢免了韦见素与裴冕的宰相职务，征召苗晋卿任左相。 唐玄宗派遣宦官去祭祀始兴文献公张九龄。

唐玄宗思念张九龄对安禄山有先见之明，因此而痛哭流涕，于是派宦官到韶州曲江县祭祀张九龄，并重赏他的家属。

叛军大将尹子奇又率兵来攻打睢阳，被张巡击退赶走。

尹子奇又率领军队来攻打睢阳。张巡对将士们说："我身受国家的恩惠，要死守此城，为国家效命。可是担忧大家为国家献身，英勇奋战，而赏赐难以酬劳所建立的功勋，我感到万分痛

耳。"将士皆激励请奋。巡乃椎牛飨士,尽军出战。贼望见兵少,笑之。巡执旗,帅诸将直冲贼陈,贼乃大溃。明日,贼又合军至城下,巡出战,昼夜数十合,屡摧其锋,而贼攻围益急。

巡于城中夜鸣鼓严队,若将出击者,贼闻之,达旦儆备。既明,巡乃寝兵绝鼓。贼以飞楼瞰城中,无所见,遂解甲休息。巡与南霁云、雷万春等十余将各将五十骑开门突出,直冲贼营,斩贼将五十余人,杀士卒五千余人。巡欲射子奇而不识,剡蒿为矢,中者喜,谓巡矢尽,走白子奇,乃得其状。使霁云射之,中其左目,几获之。子奇乃走。

夏四月,以郭子仪为司空、天下兵马副元帅,与贼战于清渠,败绩。

初,关内节度使王思礼军武功,贼安守忠等攻之,兵马使郭英乂战不利,思礼退军扶风。贼游兵至大和关,去凤翔五十里,凤翔大骇。上以子仪为司空、副元帅,子仪将兵赴凤翔。贼李归仁以铁骑五千邀之,子仪使其将仆固怀恩等伏兵击之,杀伤略尽。安守忠伪遁,子仪悉师逐之。贼以骁骑九千为长蛇陈,官军击之,首尾为两翼夹击,官军大溃,子仪退保武功。

是时府库无蓄积,朝廷专以官爵赏功,诸将出征,皆给空名告身,听临事注名,有至开府、特进、异姓王者。诸军但以职任相统摄,不复计官爵高下。及是,复以官爵收散

心。"将士们听后情绪都非常激动,奋勇请战。于是张巡杀牛设宴,犒劳士卒,率领全军出战。叛军看见官军兵少,就纷纷嘲笑官军。张巡手持战旗,率领众将直冲入叛军阵中,叛军于是溃败。第二天,叛军又聚集兵力逼临城下,张巡率兵出战,昼夜交战数十回合,多次挫败了叛军进攻的锋锐,但叛军围城攻打得更加急迫。

夜晚,张巡在城中鸣鼓整理队伍,像要出击的样子,叛军闻知,整夜严备。天亮后,张巡却停鼓息兵。叛军在飞楼上瞭望城中,什么也看不见,于是解甲休息。张巡与南霁云、雷万春等十多名将领各率五十名骑兵打开城门突然杀出,直冲叛军营地,斩杀敌将五十余人,杀死士卒五千余人。张巡想要射杀尹子奇,但不认识他,于是就削蒿草做箭矢,被射中的叛军十分高兴,认为张巡他们的箭矢已射完,就去报告尹子奇,张巡因此认识了尹子奇。于是让南霁云射击,射中了尹子奇的左眼,差一点抓获了他。尹子奇于是收兵退去。

夏四月,唐肃宗任命郭子仪为司空、天下兵马副元帅,与叛军在清渠交战,郭子仪战败。

当初,关内节度使王思礼率兵驻扎在武功,叛军将领安守忠等率兵进攻武功,兵马使郭英义交战失利,王思礼率兵退到扶风。叛军的游兵到了大和关,距离凤翔五十里,唐肃宗在凤翔大为惊骇。于是唐肃宗任命郭子仪为司空、天下兵马副元帅,命他率兵赶赴凤翔。叛军大将李归仁率领精锐骑兵五千截击郭子仪,郭子仪派部将仆固怀恩等埋伏兵力攻打叛军,几乎全歼叛军。安守忠假装逃跑,郭子仪率全军追击。叛军以九千精锐骑兵摆成长蛇阵,官军去攻打,叛军变首尾为两军,前后夹击,官军大败,郭子仪退守武功。

当时朝廷府库中没有财物积蓄,对于立功的将士只能赏赐官爵,诸将出征时,都给予空名委任状,允许他们临时写名授给官职,有的被授予开府、特进,甚至封为异姓王。各路军队以职务大小相互统辖,不再看官爵的高低。这时,又滥赏官爵召集散

卒。由是官爵轻而货重，大将军告身一通才易一醉。凡应募入军者，一切衣金紫。名器之滥，至是而极焉。

房琯罢，以张镐同平章事。

琯性高简，时国家多难，而琯不以职事为意，日与刘秩、李揖高谈释、老，或听门客董庭兰鼓琴，庭兰因是大招权利。御史劾之，罢为太子少师，以镐同平章事。上常使僧数百人为道场于内，镐谏曰："帝王当修德以弭乱，未闻饭僧可致太平也。"上然之。

山南东道节度使鲁炅奔襄阳。

初，贼将武令珣、田承嗣攻山南东道节度使鲁炅于南阳。城中食尽，饿死者相枕藉。上遣宦官曹日昇往宣慰，围急不得入。日昇请单骑入城，襄阳太守魏仲犀不许。会颜真卿自河北至，曰："曹将军不顾万死以致帝命，何为沮之！借使不达，不过亡一使者，达则一城之心固矣。"日昇与十骑偕往，贼不敢逼。城中大喜。炅在围中凡周岁，昼夜苦战，力竭不能支，夜开城帅余兵数千突围，奔襄阳。承嗣追之，转战二日，不克而还。时贼欲南侵江、汉，赖炅扼其冲要，南夏得全。

贬郭子仪为左仆射。
子仪诣阙请自贬，以为左仆射。
六月，将军王去荣有罪，敕免死，自效。

兵游勇。因此官爵贱而钱物贵，一通大将军的委任状才能换得一次喝酒钱。凡是被招募参军的人，全都穿金紫衣服。唐朝的封官赏爵之滥，至此达到了极点。

唐肃宗罢免房琯的宰相职务，任命张镐为同平章事。

房琯性情高傲，正值国家处于危难之际，而房琯却不重视处理自己职权内的政事，每天与刘秩、李揖空谈佛教与道教，有时听自己的门客董庭兰弹琴，董庭兰也借机弄权谋利。御史上奏弹劾董庭兰，唐肃宗于是罢免了房琯的宰相职务，任他为太子少师，同时任命张镐为同平章事。唐肃宗经常召集僧人数百名在宫内做道场，张镐向唐肃宗进谏说："帝王应当培养德行以平息叛乱，没有听说过布施僧人可以使天下太平的。"唐肃宗认为他说得对。

山南东道节度使鲁炅逃奔襄阳。

当初，叛军将领武令珣、田承嗣率兵攻打守卫南阳的山南东道节度使鲁炅。南阳城中的粮食吃尽，到处都是饥饿而死的人。唐肃宗派遣宦官曹日昇前往南阳宣慰士卒，因为叛军围城急迫而不得入城。曹日昇请求单枪匹马入城，襄阳太守魏仲犀不答应。这时颜真卿从河北到达，说："曹将军冒着生命危险要去传达皇上的命令，为何要阻拦他呢！假使他不能到达，也不过是死一个使者，如果能够到达，那么全城人的信心就会更加坚强。"于是曹日昇与十名骑兵一起入城，叛军不敢逼近他们。南阳城中的人见到曹日昇后都十分高兴。鲁炅在叛军包围的城中已经坚守了一年，昼夜苦战，力尽而无法坚守，于是在夜晚打开城门，率领剩余的数千兵力而出，奔向襄阳。田承嗣率兵追击，连续两天辗转交战，没有战果而返回。当时叛军想要向南进攻江、汉地区，多亏鲁炅扼守住了战略要地，南夏得以保全。

唐肃宗贬郭子仪为左仆射。

司空郭子仪入朝自请贬官，唐肃宗任命郭子仪为左仆射。

六月，将军王去荣犯罪，唐肃宗下敕书赦免他的死罪，让他作为一名普通战士在军中效力。

　　将军王去荣以私怨杀本县令,当死。上以其善用炮,赦免死,以白衣诣陕郡效力。中书舍人贾至上表曰:"去荣无状,杀本县之君。而陛下以炮石一能,免其殊死,今诸军技艺绝伦者甚众,必恃其能,所在犯上,复何以止之! 若止舍去荣而诛其余者,则是法令不一,而诱人触罪也。今惜一去荣之材而不杀,必杀十如去荣之材者,其伤不益多乎! 夫去荣,逆乱之人也,焉有逆于此而顺于彼,悖于县君而不悖于大君欤! 伏惟明主全其远者、大者,则祸乱不日而定矣。"上令百官议之。太子太师韦见素等议,以为:"律,杀本县令,列于十恶。而陛下宽之,则王法不行,人伦道屈矣。夫国以法理,军以法胜。陛下厚养战士而每战少利,岂非无法邪! 陕郡虽要,不急于法。而况去荣末技,又非陕郡之所以存亡耶!"上竟舍之。

秋七月,尹子奇复寇睢阳。

　　子奇复征兵数万,攻睢阳。城中食尽,将士人廪米日一合,杂以茶纸、树皮为食,馈救不至,士卒消耗至千六百人,皆饥病不堪斗,遂为贼所围。张巡乃修守具,贼为云梯,势如半虹,置精卒二百于其上,推之临城,欲令腾入。巡预于城潜凿三穴,候梯将至,一穴中出大木,末置铁钩,钩之使不得退;一穴中出一木,拄之使不得进;一穴中出一

将军王去荣为报私仇杀了本县的县令,按罪应该处死。唐肃宗因为他善于使用石炮,就下敕书赦免他的死罪,让他作为一名普通战士在陕郡效力。中书舍人贾至上表说:“王去荣行为不端,杀死本县长官。而陛下因为他善于使用石炮这一种技能,免除他的死罪,现在各军中身怀绝技的士卒人数众多,他们必定会依仗自己的技能,在各地犯上作乱,又怎么制止他们呢!如果只是赦免王去荣的罪而杀掉其他的人,那就是执行法律没有原则,而诱使人们犯罪。现在怜惜一个王去荣这样有才能的人而不杀,那么以后必定要杀掉十个这样像王去荣一样有才能的人,那样伤害的人不是更多了吗!这个王去荣,实在是一个逆臣贼子,哪里会在这里为逆而在那里恭顺,逆乱于县令而不逆乱于天子呢!真诚地希望陛下作为贤明的君主能从长远和大处考虑,那么祸乱不久就可以平定。”唐肃宗把这件事下达百官,让他们发表意见。太子太师韦见素等人议论,认为:“按照刑律,杀本县县令属于十恶之罪。而陛下却要加以赦免,那么国家的大法就不能施行,人伦之道就不能伸张。国家要依靠法律进行治理,军队要依靠军法才能取得胜利。陛下重赏战士,而每当作战时却少能取胜,难道不是因为执行军法不严吗!现在陕郡虽然重要,但没有国家的法律重要。何况王去荣不过有一点雕虫小技,陕郡不会因他的有无而存亡啊!”唐肃宗最终赦免了王去荣。

秋七月,叛军大将尹子奇再次率兵攻打睢阳。

　　尹子奇又征调兵力数万名,来围攻睢阳。这时睢阳城中的粮食已经吃尽,将士每人每天给米一合,并夹杂茶纸、树皮而食,而粮食接应不上,士卒损伤得仅剩下一千六百人,都因为饥饿疾病而没有多少战斗力,于是睢阳城被叛军紧紧地包围。张巡便修理守城的战具,叛军制作了云梯,高大如半个彩虹,在上面安置了二百名精兵,推临城下,想令士兵跳入城中。张巡事先在城墙上凿了三个洞穴,等待云梯快临近时,从一穴中伸出一根大木,头上设置了铁钩,钩住云梯使其不能退去;从又一穴中伸出一根木头,顶住云梯使其不能前进;从另外的那一穴中伸出一根

木,末置铁笼,盛火焚之。贼又以钩车钩城上棚阁。巡以大木置连锁、大环,拔其钩而截之。贼又造木驴攻城,巡熔金汁灌之。贼又以土囊积柴为磴道,欲登城,巡潜以松明、干蒿投之,积十余日,使人顺风持火焚之。巡之所为,皆应机立办,贼伏其智,不敢复攻。遂于城外穿三重壕,立木栅以守巡,巡亦于其内作壕以拒之。士卒死伤之余,才六百人。

时许叔冀在谯郡,尚衡在彭城,贺兰进明在临淮,皆拥兵不救。城中日蹙,巡乃令南霁云犯围而出,告急于临淮。进明爱霁云勇壮,具食延之。霁云泣曰:“睢阳之人不食月余矣,霁云虽欲独食,且不下咽。大夫坐拥强兵,曾无分灾救患之意,岂忠臣义士之所为乎!”因啮落一指以示进明,曰:“霁云既不能达主将之意,请留一指以示信归报。”座中皆为泣下。

霁云去,至宁陵,与城使廉坦同将步骑三千人,且战且行,至城下,大战,坏贼营,死伤之外,仅得千人入城。城中将吏知无救,皆恸哭。贼围益急。

初,房琯为相,恶进明,以为河南节度使,而以许叔冀为之都知兵马使,俱兼御史大夫。叔冀遂不受其节制,故进明不敢分兵,非惟疾巡、远功名,亦惧为叔冀所袭也。

以张镐兼河南节度使。　蔡希德寇上党,执节度使程千里。

木头，在末梢上安置了一个铁笼，笼中装着火焚烧云梯。叛军又用钩车来钩城头上的敌楼。张巡在大木头上安置了连锁，锁头上装置了大环，把钩车拔入城中，截去车上的钩子。叛军又制作木驴来攻城，张巡就熔化铁水浇灌木驴。叛军又用土袋和柴木堆积成阶道，想借此登城，张巡暗中把松明和干草投进正在堆积的阶道中，共十多天，然后派人顺风纵火焚烧了阶道。张巡的所作所为，都是随机应变，立刻办理，叛军信服他的智谋高强，不敢再来攻城。于是在城外挖了三道壕沟，树立木栅来防备张巡，张巡也在城内挖掘壕沟以对抗叛军。士卒死伤得仅剩下六百人。

当时许叔冀在谯郡，尚衡在彭城，贺兰进明在临淮，都拥兵不救睢阳。城中日益艰难，于是张巡命令南霁云突围出城，往临淮去求援兵。贺兰进明很喜欢南霁云的勇敢，就准备了宴食来招待他。南霁云哭泣着说："睢阳城中的将士已经有一个多月没有粮食吃了，我南霁云虽然想独自在这里进食，但实在难以下咽。大夫你手握强兵，却丝毫没有分灾救难之意，这难道是作为忠臣之士所应该具有的行为吗！"南霁云因此咬掉自己一个手指头而让贺兰进明看，并说："我南霁云既然不能完成主将托付给我的任务，请留下一个指头以表示信用而归报主将。"座中的人都被他的行为感动而哭泣。

南霁云离开临淮，到达宁陵，与宁陵城使廉坦一起率领步骑兵三千人，边战边行，来到睢阳城下，与叛军交战，毁坏了敌营，自己伤亡惨重，只剩下一千人得以入城。城中将士与官吏得知救兵无望，都大声痛哭。而叛军的围攻更加急迫。

当初，房琯任宰相时，因为嫉恨贺兰进明，就任命他为河南节度使，而任命许叔冀为他的都知兵马使，二人都兼御史大夫。于是许叔冀不接受贺兰进明的节制，所以贺兰进明不敢分出兵力去救援睢阳，并不是仅仅嫉妒张巡、许远的功名，也害怕遭到许叔冀的袭击。

唐肃宗任命张镐兼任河南节度使。 **叛军大将蔡希德率兵攻打上党，俘获了节度使程千里。**

贼屡攻上党，常为节度使程千里所败。蔡希德复引兵围之，以轻骑至城下挑战，千里帅百骑开门突出，欲擒之，会救至，退还，桥坏，坠堑中，反为希德所擒。仰谓从骑曰："吾不幸至此，天也！归语诸将，善为守备，宁失帅，不可失城。"希德攻城，竟不克，送千里于洛阳，囚之。

九月，广平王俶、郭子仪收复西京。

上劳飨诸将，遣攻长安，谓郭子仪曰："事之济否，在此行也！"对曰："此行不捷，臣必死之。"回纥怀仁可汗遣其子叶护等将精兵四千余人来至凤翔。广平王俶将朔方等军及回纥、西域之众十五万发凤翔。俶见叶护，约为兄弟，叶护大喜，谓俶为兄。

至长安城西，陈于香积寺北，沣水之东。李嗣业为前军，郭子仪为中军，王思礼为后军。贼众十万陈于其北，李归仁出挑战，官军逐之，逼于其陈，贼军齐进，官军却。李嗣业曰："今日不以身饵贼，军无孑遗矣。"乃肉袒，执刀，大呼奋击，杀数十人，陈乃稍定。于是嗣业帅前军各执长刀，如墙而进，身先士卒，所向摧靡。贼伏精骑于陈东，欲袭官军之后，侦者知之，仆固怀恩引回纥就击，尽杀之。李嗣业又与回纥出贼陈后，乃与大军夹击，自午至酉，斩首六万级，贼遂大溃。余众走入城，迨夜，嚣声不止。

仆固怀恩言于广平王俶曰："贼弃城走矣，请以二百骑追之，缚取安守忠、李归仁等。"俶曰："将军战亦疲矣，且休

叛军多次攻打上党，都被节度使程千里打败。蔡希德又率兵包围了上党，带领轻装骑兵来到城下挑战，程千里率领一百名骑兵开城门突然杀出，想要生擒蔡希德，这时叛军救兵赶到，程千里只好收兵退回，因为城门口的过桥被毁坏，程千里掉进了城壕之中，反被蔡希德俘虏。程千里仰天长叹对随从的骑兵说："我不幸被叛军俘虏，这是天意！回到城里后请告诉诸位将领，让他们好好坚守，宁可失去将帅，不能够失去城池。"蔡希德又领兵攻城，没有攻克，于是把程千里送往洛阳，被安庆绪囚禁起来。

九月，广平王李俶与郭子仪率兵收复西京。

唐肃宗犒劳诸位将领，让他们攻打长安，并对郭子仪说："事情成功与否，在此一举！"郭子仪回答说："这一次出战如果不能够获胜，我一定以死相报。"回纥怀仁可汗派遣他的儿子叶护等率领精兵四千余人来到凤翔。广平王李俶率领朔方等各镇兵及回纥、西域各国兵共十五万人从凤翔出发。李俶见到回纥叶护，与他结拜为兄弟，叶护十分高兴，称李俶为兄。

军队到达长安城西，在香积寺的北面沣水东岸结成阵列。李嗣业为前军，郭子仪为中军，王思礼为后军。叛军十万在北面列阵，叛将李归仁出阵挑战，官军追击，逼近叛军阵中，叛军一齐进发，官军退却。这时李嗣业说："今天如果不拼死抵抗，官军就会彻底灭亡。"于是就袒露上身，手执长刀，大声呼喊，奋勇攻打，接连杀死叛军数十人，才稳住了官军的军阵。然后李嗣业率领前军各持长刀，排成横队，如墙向前推进，自己身先士卒，官军所向披靡。叛军在阵地东面埋伏了精兵，想要从背后袭击官军，被官军侦察发现，朔方左厢兵马使仆固怀恩带领回纥兵去攻打叛军伏兵，全部消灭了他们。李嗣业又与回纥兵绕道至叛军阵后，与大军前后夹击，从午时战到酉时，共杀敌六万人，叛军于是大败而溃退。其余的残兵逃入长安城中，到了夜晚，喧叫声不止。

仆固怀恩对广平王李俶说："叛军想要放弃长安城逃走，请让我率领二百名骑兵追击他们，活捉安守忠、李归仁等人。"广平王李俶回答仆固怀恩说："将军您作战已经非常疲劳了，暂且休

息，俟明旦图之。"怀恩曰："战尚神速，何明旦也！"俶固止之。迟明，谍至，守忠、归仁与张通儒、田乾真等皆已遁矣。大军入西京。

初，上欲速得京师，与回纥约曰："克城之日，土地、士庶归唐，金帛、子女归回纥。"至是，叶护欲如约，广平王俶拜于叶护马前曰："今始得西京，若遽俘掠，则东京之人皆为贼固守，不可复取矣，愿至东京乃如约。"叶护惊跃下马答拜，曰："当为殿下径往东京。"即与仆固怀恩引回纥、西域之兵，自城南过，营于浐水之东。军民、胡虏见俶拜者，皆泣曰："广平王真华、夷之主！"上闻之喜曰："朕不及也！"俶整众入城，百姓老幼夹道欢呼悲泣。俶留长安，镇抚三日，引大军东出。

遣使请上皇还京师。
捷书至凤翔，上即日遣中使啖庭瑶奏上皇，命左仆射裴冕入京师，告郊庙及宣慰百姓。召李泌曰："朕已表请上皇东归，朕当还东宫，复修人子之职。"泌曰："上皇不来矣。"上惊问故，泌曰："理势自然。"上曰："为之奈何？"泌曰："今请更为群臣贺表，言自马嵬请留，灵武劝进，及今成功，圣上思恋晨昏，请速还京师，就孝养之意，则可矣。"上即使泌草表，立命中使奉以入蜀。

因就泌饮酒，同榻而寝。泌曰："臣今报德足矣，复为闲人，何乐如之！"上曰："朕与先生久同忧患，今方同乐，

息,等到明天再作计议。"仆固怀恩说:"兵贵神速,为何要等到明天呢!"但广平王李俶坚持不同意。到了天亮,侦察人员回来,报告说叛军守将安守忠、李归仁与张通儒、田乾真等人都已逃跑。唐朝大军进入西京长安。

起初,唐肃宗急于收复京师,与回纥约定说:"收复了京师之日,土地与官吏百姓归唐朝所有,金帛与女人全部归于回纥。"这时,回纥叶护要按约定办事,广平王李俶拜于叶护马前说:"现在刚刚收复了西京,如果马上大肆进行抢掠,那么在东京的人就会为叛军死守,难以再攻取,希望到东京洛阳后再履行约定。"回纥叶护吃惊地跳下马回拜,并说:"我当率军为殿下立刻前往收复东京。"于是立即与仆固怀恩率领回纥、西域的军队从长安城南经过,扎营于浐水东岸。军士、百姓以及胡人见到广平王李俶纷纷下拜,都哭泣着说:"广平王真不愧是汉夷各族的主人啊!"唐肃宗得知后高兴地说:"朕不如广平王!"于是广平王李俶整军进入京城,城中百姓不分男女老幼,都夹道欢呼悲泣。李俶留在长安,安抚三天后,率领大军向东去收复洛阳。

唐肃宗派遣使者去蜀中请求唐玄宗返回京师。

收复京城的捷报到达凤翔,唐肃宗当天即派宦官啖庭瑶入蜀中上奏唐玄宗,又命令左仆射裴冕先入京师,告慰祖宗陵庙并安抚百姓。唐肃宗把李泌召来说:"朕已经上表请求上皇回京城,朕当让帝位,回东宫重为太子,履行臣子的职责。"李泌说:"上皇不会回来。"唐肃宗吃惊地问什么原因,李泌说:"按道理和情势,不回来是自然的。"唐肃宗说:"那怎么办呢?"李泌说:"现在请再写一份群臣贺表,就说自从在马嵬驿被留,在灵武被劝说即帝位,到今天克复京城,陛下时刻思念着上皇,请上皇立刻起身回京城,以使陛下能尽孝养之心,这样就可以了。"唐肃宗听后立即让李泌草写表书,然后马上命令宦官奉表书入蜀。

唐肃宗与李泌一起饮酒,同床而睡。李泌说:"我现在已经报答了陛下的知遇之恩,想重新做隐士,那将是多么快乐!"唐肃宗说:"朕与先生多年来共经患难,现在正到了同享欢乐的时候,

奈何遽去!"泌曰:"臣有五不可留,愿陛下听臣去,免臣于死。"上曰:"何谓也?"泌对曰:"臣遇陛下太早,陛下任臣太重,宠臣太深,臣功太高,迹太奇,此其所以不可留也。"上曰:"且眠矣,异日议之。"对曰:"陛下今就臣榻卧,犹不得请,况异日香案之前乎! 陛下不听臣去,是杀臣也。"上曰:"不意卿疑朕如此,岂朕而办杀卿耶!"对曰:"陛下不办杀臣,故臣求归。若其既办,臣安得复言! 且杀臣者,非陛下也,乃'五不可'也。陛下向日待臣如此,臣于事犹有其不敢言者,况天下既安,臣敢言乎!"

上良久曰:"卿以朕不从卿北伐之谋乎?"对曰:"非也,乃建宁耳。"上曰:"建宁为小人所教,欲害其兄,图继嗣,朕以社稷大计,不得已而除之,卿不知耶?"对曰:"若有此心,广平当怨之。广平每与臣言其冤,辄流涕呜咽。且陛下昔欲用建宁为元帅,臣请用广平。建宁若有此心,当深憾臣,而以臣为忠,益相亲善,陛下以此可察其心矣。"上乃泣下曰:"先生言是也。然既往不咎,朕不欲闻之。"

泌曰:"臣非咎既往,乃欲陛下慎将来耳。昔天后有四子,长曰太子弘,天后方图称制,恶其聪明,鸩杀之,立次子贤。贤内忧惧,作《黄台瓜辞》,冀以感悟天后。天后不听,

为何想要立刻离开我呢！"李泌说："我有五条理由不能够留下来，希望陛下能够答应我离去，使我免于一死。"唐肃宗说："这是什么意思？"李泌回答说："我与陛下相识太早，陛下任用我太重，宠信我太深，我的功劳太高，事迹太奇，这就是我不能够留在朝中的原因。"唐肃宗说："现在先睡觉吧，以后再说这件事。"李泌说："现在陛下与我同床而睡，我请求的事都不答应，何况以后在朝廷的殿上呢！陛下不答应我离开朝廷，实际上是在杀死我。"唐肃宗说："没有想到你对朕如此疑心，朕怎么能够杀你呢！"李泌回答说："正因为陛下不杀掉我，所以我才要求离去归隐。如果要杀掉我，我还怎么敢说离去的事呢！再说要杀掉我的并不是陛下，而是我刚才所说的不能够留下来的五条理由。陛下过去待我如此之好，我有时遇事还不敢尽言，何况现在天下已经安定，我还敢直言吗！"

唐肃宗想了一会说："你是因为朕没有听从你关于北伐的计谋吗？"李泌回答说："不是关于北伐的事，而是关于建宁王李倓的事。"唐肃宗说："建宁王李倓受小人的教唆，想要谋害他的哥哥广平王李俶，图谋为太子，朕从国家的利益考虑，不得已才除掉了他，你难道不知道这一原因吗？"李泌回答说："建宁王如果有谋害广平王的心意，那么广平王就应该怨恨他。但广平王每当与我言及此事，总是涕泣呜咽。再说陛下过去想要任用建宁王为元帅，我请求任用广平王。建宁王如果有谋害广平王而自己当太子的野心，那么就应当十分怨恨我，而他却认为我忠心，与我更加亲密友好，陛下通过此事就可看出建宁王的心意。"唐肃宗听后哭泣着说："先生所说的话都非常正确。但既往不咎，我不想再听到这件事了。"

李泌说："我之所以谈及这件事情，并不是要论说陛下过去的错误，而是想要陛下谨慎地处理将来的事情。过去天后武则天有四个儿子，长子是太子李弘，当天后正图谋称帝时，因为嫉恨太子李弘聪明，就毒杀了他，又立次子李贤为太子。李贤心怀忧惧，就作了《黄台瓜辞》，希望能借此使天后感悟。而天后不听，

贤亦废死。其辞曰：'种瓜黄台下，瓜熟子离离。一摘使瓜好，再摘使瓜稀，三摘犹为可，四摘抱蔓归！'今陛下已一摘矣，慎无再摘！"上愕然曰："安有是哉！朕当书绅。"对曰："陛下但识之于心，何必形于外也！"是时广平王有大功，良娣忌而谮之，故泌言及之。泌复固请归山，上曰："俟将发此议之。"

其后成都使还，言："上皇初得上表，彷徨不能食，欲不归。及群臣表至，乃大喜，命食作乐，下诰定行日。"上召李泌告之曰："皆卿力也！"

郭子仪克华阴、弘农。

子仪引蕃、汉兵追贼至潼关，斩首五千级，克华阴、弘农二郡。献俘百余人，敕皆斩之，李勉言于上曰："元恶未除，为贼所污者半天下，闻陛下龙兴，咸思洗心以承圣化，今悉诛之，是驱之使从贼也。"上遽赦之。

冬十月，尹子奇陷睢阳，张巡、许远死之。

尹子奇久围睢阳，城中食尽，议弃城东走，张巡、许远谋曰："睢阳，江、淮之保障，若弃之去，贼必乘胜长驱，是无江、淮也。且我众饥羸，走必不达。古者战国诸侯，尚相救恤，况密迩群帅乎！不如坚守以待之。"茶纸既尽，遂食马，马尽，罗雀掘鼠，雀鼠又尽，巡出爱妾，杀以食士。城中知必死，莫有叛者，所余才四百人。

李贤也被废黜而死。他所作的《黄台瓜辞》是:'种瓜黄台下,瓜熟子离离。一摘使瓜好,再摘使瓜稀,三摘犹为可,四摘抱蔓归!'现在陛下已经一摘瓜了,希望不要再摘!"唐肃宗惊愕地说:"怎么会那样呢!朕要把歌辞书于条幅之上。"李泌说:"只希望陛下记在心中,何必要形之于外呢!"当时因为广平王李俶有大功,张良娣忌恨他,就说他的坏话,所以李泌对唐肃宗谈及此事。李泌再次坚决请求归隐山中,唐肃宗说:"等待将来下给百官商议。"

后来使者从成都回来,说:"上皇先得到陛下请求归还皇位的表书后,游移不定,吃不下饭,不想回来。等到群臣所上的贺表到后,才心中大喜,命准备饮食歌舞,并颁下诰命确定了动身的日期。"唐肃宗把李泌召来告诉他说:"这都是您的功劳!"

郭子仪率兵攻克华阴、弘农。

郭子仪率领蕃、汉兵追击叛军至潼关,杀敌五千人,攻克了华阴、弘农二郡。关东向朝廷献来俘虏一百余人,唐肃宗下敕书命令把他们全部杀掉,这时监察御史李勉向唐肃宗进言说:"现在起兵反叛的元凶还没有被除掉,战乱波及大半个国家,许多人都受到了牵连,他们得知陛下即皇帝位,率兵平叛,都想着洗心革面,来服从陛下,现在如果把这些被俘的人全部杀掉,是逼迫那些跟随反叛的人继续作乱。"唐肃宗听后,立即下命令赦免了他们。

冬十月,叛军将领尹子奇攻陷睢阳,张巡和许远被杀害。

尹子奇率兵久围睢阳,因城中粮食吃尽,有人建议放弃睢阳把军队撤往东面,张巡与许远商议说:"睢阳是江、淮地区的屏障,如果放弃睢阳城,那么叛军就会乘胜长驱南下,侵占江、淮地区。再说我们的将士都因饥饿劳累病弱,要撤退也必定走不脱。古时战国时代各国诸侯交战时,同盟国还相互救援,何况我们周围不远还有许多朝廷的驻军将帅!不如固守以待援。"茶纸吃完以后,就杀马而食,马被杀完后,又捕鸟雀和掘地抓鼠而食,鸟鼠又吃尽后,张巡就杀掉自己的爱妾,让士卒们吃掉。城中的人都知道必死无疑,所以没有人叛变,最后剩下的只有四百人。

　　贼登城，将士病，不能战。巡西向再拜曰："臣力竭矣，生既无以报陛下，死当为厉鬼以杀贼！"城遂陷，巡、远俱被执。子奇问曰："闻君每战眦裂齿碎，何也？"巡曰："吾志吞逆贼，但力不能耳。"子奇以刀抉视之，所余才三四。并南霁云、雷万春等三十六人皆被杀。巡且死，颜色不乱。生致许远于洛阳。

　　巡初守睢阳时，卒仅万人，城中居人亦且数万，巡一见问姓名，其后无不识者。前后大小战凡四百余，杀贼卒十二万人。巡行兵不依古法教战陈，令本将以其意教之。人或问其故，巡曰："今与胡虏战，云合鸟散，变态不恒，数步之间，势有同异。临机应猝，在于呼吸之间，而动询大将，事不相及，非知兵之变者也。故吾使兵识将意，将识士情，投之而往，如手之使指。兵将相习，人自为战，不亦可乎！"器械、甲仗皆取之于敌，未曾自修。推诚待人，无所疑虑，临危应变，出奇无穷，号令明，赏罚信，与众共甘苦寒暑，故下争致死力。

　　张镐闻睢阳围急，倍道亟进，且檄谯郡太守闾丘晓救之，晓不受命。镐至，睢阳城已陷三日矣。镐召晓，杖杀之。

广平王俶、郭子仪等收复东京。

叛军登上睢阳城头，守城的将士们因为病弱，不能再战斗了。张巡向西拜了两拜说："我已经竭尽全力战斗到最后一刻了，在世时既然不能报答陛下的恩德，死后作为没有归宿的鬼魂也要英勇杀敌！"随后城被叛军攻陷，张巡与许远都做了俘虏。尹子奇问张巡说："听说将军你每当作战时眼角睁裂，牙齿咬碎，不知这是为什么？"张巡说："我是想要吞掉你们这些叛逆的贼党，但恨力不从心。"尹子奇就用刀撬开张巡的口探视，只剩下三四颗牙齿。于是尹子奇就把张巡与南霁云、雷万春等三十六人全部杀掉。张巡临刑前，神色自若，面不改色。尹子奇把许远送往洛阳。

　　张巡起初坚守睢阳时，仅有士兵一万人，而城中的居民百姓却有数万人，张巡每见一人就询问其姓名，以后没有不认识的。前后大小战斗共进行了四百多次，杀死叛军十二万人。张巡练兵不按照古人的兵法作战布阵，而是命令部下的将领各自按照自己的战略教习战法。有人问其中的原因，张巡说："现在是与反叛的胡人作战，他们忽散忽合，变化不定，有时在数步之内，军势都不同。所以就需要将领在很短的时间内能应付突发的事件，如果让他们动不动就要请求大将，那就来不及了，这是不知道作战用兵的变化。所以我让士卒们了解将领的心意，将领熟悉士卒的性情，这样将领指挥士卒作战，就如同手使用自己的指头一样自如。兵与将都相互了解，部队各自为战，不是很好吗！"自从与叛军交战以来，守城所用的器械与作战所用的兵器都是缴获敌人的，守城的官军没有修理制造过。张巡待人诚恳，胸怀坦荡，善于随机应变，出奇制胜，并且号令严明，赏罚有信，能够与部下同甘共苦，所以部下的将士都拼死效力。

　　河南节度、采访等使张镐得知睢阳危急，率兵日夜兼程，并发文书给谯郡太守闾丘晓，让他也发兵救援，而闾丘晓竟不听从张镐的命令。等到张镐率兵赶到，睢阳城已经被攻陷三天。张镐召来闾丘晓，命令用棍子把他打死。

广平王李俶与郭子仪等率兵收复东京。

张通儒等收余众走保陕,安庆绪悉发洛阳兵,使严庄将之,就通儒以拒官军,步骑犹十五万。子仪等与贼遇于新店,贼依山而陈,子仪等初与之战,不利。回纥自南山袭其背,于黄埃中发十余矢。贼惊顾曰:"回纥至矣!"遂溃。官军与回纥夹击之,贼大败走,仆固怀恩等分道追之。庆绪乃帅其党走河北,杀所获唐将哥舒翰、程千里等三十余人而去。许远死于偃师。广平王俶入东京,回纥纵兵大掠,意犹未厌,俶患之。父老请率罗锦万匹以赂回纥,回纥乃止。

李泌归衡山。

泌求归山不已,上固留之,不能得,乃听归衡山。敕郡县为筑室于山中,给三品料。

帝发凤翔,遣韦见素奉迎上皇。　郭子仪遣兵取河阳及河内。　严庄来降,以为司农卿。

陈留人杀尹子奇,举城降。　帝入西京,上皇发蜀郡。

上入西京。百姓出国门奉迎,至二十里不绝,舞跃呼万岁,有泣者。上入居大明宫。御史中丞崔器令百官受贼官爵者皆脱巾徒跣立于含元殿前,顿首请罪,环之以兵,使百官临视之。太庙为贼所焚,上素服向庙哭三日。是日,上皇发蜀郡。

安庆绪走保邺郡。

庆绪走保邺,步骑不过千余人。旬日间,蔡希德自上党,田承嗣自颍川,武令珣自南阳,各帅所部兵归之。又召募河北诸郡人,众至六万,军声复振。

叛军大将张通儒等收罗残兵退保陕郡,安庆绪调发了洛阳的全部兵力,命令他的御史大夫严庄率领,与张通儒合兵,来抵御官军,共有步骑兵十五万人。郭子仪等率兵与叛军相遇于新店,叛军依山布阵,郭子仪等初战不利。这时回纥军队从南山袭击叛军的背面,在漫天黄尘中射了十余箭。叛军回头一看,吃惊地说:"回纥兵来了!"于是溃败。官军与回纥军乘机前后夹击,叛军被打得大败而逃走,仆固怀恩等率兵分头追击叛军。安庆绪率领他的部下逃向河北,并在逃走前杀了所俘获的朝廷将领哥舒翰、程千里等三十余人。许远死于偃师县。广平王李俶率兵进入东京,回纥纵兵大肆抢掠,还不满足,李俶十分忧虑。东京父老百姓请求用罗锦一万匹贿赂回纥军,回纥军这才罢休。

　　李泌归隐衡山。

　　李泌多次请求归隐山中,唐肃宗执意挽留,不得已,才允许他返回衡山。并下敕书命令郡县官为李泌在山中建造房屋,给予他三品官的俸禄。

　　唐肃宗从凤翔出发回京师,派韦见素迎接唐玄宗。　郭子仪派兵攻取河阳及河内。　叛将严庄投降,任命他为司农卿。

　　陈留人杀死叛军将领尹子奇,献城来投降。　唐肃宗进入西京,唐玄宗从蜀郡动身回京师。

　　唐肃宗进入西京。城中百姓到城门外二十里来迎接,一路不绝,拜舞跳跃,高呼万岁,还有人哭泣。唐肃宗入居大明宫。御史中丞崔器命令接受过安禄山叛军官爵的人都解下头巾赤脚立于含元殿前,叩头谢罪,周围站立着手持武器的士卒,并让百官在含元殿台上观看。因为太庙被叛军烧毁,唐肃宗身着白色的服装,向着太庙大哭三天。当天,唐玄宗从蜀郡出发。

　　安庆绪败逃退守邺郡。

　　安庆绪败逃退守邺郡,这时跟随他的步、骑兵不过一千多人。十天之内,蔡希德从上党,田承嗣从颍川,武令珣从南阳,各自率领本部兵马归附安庆绪。安庆绪又在河北各郡招募人马,兵众达到六万人,军队的声势又一次振作起来。

以甄济为秘书郎,苏源明为知制诰。

广平王俶之入东京也,百官受安禄山父子官者陈希烈等三百余人,皆素服悲泣请罪。俶以上旨释之,寻勒赴西京。崔器令诣朝堂请罪,如仪,然后收系大理。

初,汲郡甄济,有操行,隐居青岩山。安禄山为采访使,奏掌书记。济察禄山有异志,诈得风疾,舁归家。禄山反,使蔡希德引行刑者二人,封刀召之,济引首待刃,希德以实病白禄山,乃免。后庆绪亦使强舁至洛阳,会官军平东京,济起,诣军门上谒。俶遣诣京师,上命馆之于三司,令受贼官爵者列拜以愧其心。以济为秘书郎。国子司业苏源明亦称病不受禄山官,上擢为考功郎中、知制诰。制:“士庶受贼官禄者,令三司条件闻奏。”

宴回纥叶护于宣政殿。

叶护自东京还,上命百官迎之,与宴于宣政殿。叶护奏以:“军中马少,请留兵沙苑,自归取马,还为陛下扫除范阳余孽。”上赐而遣之。以叶护为忠义王,岁遗回纥绢二万匹,使就朔方军受之。

朝享于长乐殿。

上在彭原,更以栗为九庙主。至是,朝享于长乐殿。

十二月,上皇还西京。

唐肃宗任命甄济为秘书郎,苏源明为知制诰。

广平王李俶进入东京后,百官中接受过安禄山与安庆绪父子官爵的陈希烈等三百余人,都穿着白色的衣服悲泣请罪。李俶按照唐肃宗的意旨,都释放了他们,不久又把他们押送往西京。崔器命令他们到朝堂向唐肃宗请罪,如同在西京对待接受伪职的百官那样,然后把他们关进大理寺的狱中。

当初,汲郡人甄济,操行清高,隐居于青岩山中。安禄山担任河北采访使时,上奏任命甄济为掌书记。甄济觉察到安禄山有反叛的野心,就假装中风,让人抬回家中。安禄山率兵反叛后,让蔡希德带领两名剑子手,手持大刀去召甄济,甄济伸出头等待着杀掉他,因此蔡希德认为甄济确实有病,回去报告了安禄山,甄济才得以免死。后来安庆绪也派人强行把甄济抬到洛阳,适逢官军收复了东京,甄济立刻起来到军中去拜见广平王李俶。李俶让甄济前往京师,唐肃宗让甄济住在三司的官舍中,命令接受过叛军官爵的人列队向他伏拜,以此来羞辱这些人。于是任命甄济为秘书郎。国子司业苏源明也因为假称有病,没有接受安禄山所委任的官爵,所以唐肃宗升任他为考功郎中、知制诰。唐肃宗下制书说:"对于官吏和百姓中接受过安禄山叛军官爵、俸禄的人,命三司分别不同情况上奏。"

唐肃宗在宣政殿设宴招待回纥叶护。

回纥叶护从东京返回,唐肃宗命令百官去迎接,然后在宣政殿设宴招待叶护。叶护向唐肃宗上奏说:"因为军中缺少战马,请把军队留在沙苑,自己回国取马,然后再回来为陛下扫除范阳叛军的残余。"唐肃宗加以赏赐,然后遣叶护回去。唐朝封回纥叶护为忠义王爵位,并答应每年赠送回纥绢二万匹,让他们到朔方军去受取。

唐肃宗在长乐殿中祭祀九庙神主。

唐肃宗在彭原的时候,改用栗木为九庙中的神主。这时,唐肃宗在长乐殿中祭祀九庙神主。

十二月,唐玄宗回到西京长安。

上皇至凤翔,命悉以甲兵输郡库。上发精骑三千奉迎。上皇至咸阳,上备法驾迎于望贤宫。上皇在宫南楼,上著紫袍,望楼下马,趋进,拜舞于楼下。上皇降楼,抚上而泣,索黄袍,自为上著之,上伏地顿首固辞。上皇曰:"天数、人心皆归于汝,使朕得保养余齿,汝子孝也!"上乃受之。上皇不肯居正殿,上自扶登殿。尚食进食,尝而荐之。将发行宫,上亲为上皇习马而进之,执鞚行数步,上皇止之。上乘马前引,不敢当驰道。上皇谓左右曰:"吾为天子五十年,未为贵,今为天子父,乃贵耳!"入御含元殿,慰抚百官,乃诣长乐殿谢九庙主,恸哭久之。即日,出居兴庆宫。上累表请避位还东宫,上皇不许。以传国宝授上,上始涕泣受之。

赦天下。

上御丹凤楼,赦天下,惟与安禄山同反及李林甫、王铁、杨国忠子孙不在免例。以礼部尚书李岘、兵部侍郎吕諲与御史大夫崔器共按陈希烈等狱。岘以李栖筠为详理判官,栖筠多务平恕,故人皆怨諲、器,而岘独得美誉。

立广平王俶为楚王。 **加郭子仪司徒,李光弼司空,功臣皆进阶、赐爵有差。** **追赠死节之士。**

李憕、卢奕、颜杲卿、袁履谦、许远、张巡、张介然、蒋

唐玄宗到达凤翔后,命令跟随护卫的将士把兵器全部交到凤翔郡的武器库中。唐肃宗派精锐骑兵三千去迎接。唐玄宗到达咸阳,唐肃宗准备了皇帝所乘的车驾在望贤宫迎接唐玄宗。唐玄宗在望贤宫中的南楼上,唐肃宗身着紫袍,望着南楼下马,用小步快速前行,伏身拜舞于楼下。唐玄宗从楼上下来,抚摸唐肃宗而哭泣,并要来黄袍,亲自为唐肃宗穿上,唐肃宗伏地叩头,坚决辞让不敢接受。唐玄宗说:"天命与人心都归向于你,你能够让我安度晚年,就是你作为臣子的忠孝了!"唐肃宗这才接受了黄袍。唐玄宗不肯住进行宫中的正殿,唐肃宗就亲自扶唐玄宗上殿。尚食官进上食物时,唐肃宗都亲自品尝后再献上去让唐玄宗进食。唐玄宗将要从行宫出发,唐肃宗亲自为唐玄宗遛马然后进上,牵着马笼头行走了数步后,被唐玄宗制止。唐肃宗又乘马在前面引导,不敢在路中央驰马。唐玄宗对左右的人说:"我做了五十年天子,都没有感到高贵过,现在做了天子的父亲,才真正觉得高贵了!"唐玄宗驾临含元殿,抚慰百官,然后到长乐殿中谢九庙神主,痛哭了很久。当天,唐玄宗就移居到兴庆宫中。唐肃宗多次上表请求归还帝位,自己回东宫仍做太子,唐玄宗不答应。唐玄宗又把传国宝授给唐肃宗,唐肃宗痛哭流涕地接受了传国宝。

　　唐肃宗大赦天下罪人。

　　唐肃宗登临丹凤楼,大赦天下罪人,只有与安禄山共同谋反的人及李林甫、王铁与杨国忠的子孙不在赦免之例。又命令礼部尚书李岘、兵部侍郎吕諲与御史大夫崔器共同审讯处置投敌的陈希烈等人的案件。李岘任命李栖筠为详理判官,李栖筠多从宽处理,所以人们都怨恨吕諲与崔器的严酷,而只有李岘一人得到人们的称赞。

　　唐肃宗封广平王李俶为楚王。　加授郭子仪为司徒,李光弼为司空,其余的有功之臣都进官封爵,并加封多少不等的食邑。　追赠为平叛而死的节义之士。

　　死节之士李憕、卢奕、颜杲卿、袁履谦、许远、张巡、张介然、蒋

清、庞坚等皆加追赠,官其子孙。战亡之家,给复三载。议者或罪张巡以守睢阳不去,与其食人,曷若全人。其友人李翰为之作传,表上之,曰:"巡以寡击众,以弱制强,保江、淮以待陛下之师,其功大矣。且巡所以固守者,以待诸军之救也,救不至而食尽,既尽而及人,岂其素志哉!设使守城之初,已有食人之计,损数百人以全天下,臣犹曰功过相掩,况非其素志乎!"众议由是始息。

蠲来载租庸三分之一。 复郡名、官名。 上上皇尊号。 以良娣张氏为淑妃。 史思明、高秀岩各以所部来降。

安庆绪之北走也,其大将李归仁及精兵数万人皆溃归范阳。庆绪忌思明之强,遣阿史那承庆、安守忠往征兵,因密图之。判官耿仁智说思明曰:"大夫所以尽力于安氏者,迫于凶威耳。今唐室中兴,天子仁圣,大夫诚帅所部归之,此转祸为福之计也。"裨将乌承玼亦曰:"庆绪,叶上露耳,大夫奈何与之俱亡!"思明以为然。承庆、守忠以五千劲骑自随,至范阳,思明引入内厅乐饮,别遣人收其甲兵,诸郡兵皆给粮纵遣之。因承庆等,遣其将窦子昂奉表,以所部十三郡及兵八万来降,河东节度使高秀岩亦以所部来降。上大喜,以思明为归义王、范阳节度使,遣内侍李思敬与乌承恩往宣慰,使将所部兵讨庆绪。承恩所至宣布诏旨,沧、

清、庞坚等都加以追赠官衔，并任命他们的子孙为官。对于战亡的将士，免除他们家人三年的赋税。有人议论说张巡死守睢阳，不肯撤离，与其在城中杀人而食，不如弃城而保全人命。张巡的朋友李翰就为他作了传记，上奏给唐肃宗，说："张巡率兵以少敌众，以弱兵制强兵，努力保全江、淮地区，等待陛下派兵增援，他的战功确实是非常大。再说张巡之所以要固守睢阳城，是想等待其他的军队来救援，救兵不到而城中粮绝，粮食既已吃尽只好吃人，这难道是他的心愿吗！假如张巡在守城之初已有杀人而食的用心，杀害了数百人而来保全天下，我还认为他是功过相当，何况那样做绝非他的意愿！"从此才没有人再非议这件事。

唐肃宗下令各郡县明年的租庸免除三分之一。　　恢复近年来所改的郡名和官名的旧称。　　给唐玄宗上尊号。　　封良娣张氏为淑妃。　　史思明和高秀岩各自率领自己的部下向朝廷投降。

安庆绪率领部下向北逃走，他的大将北平王李归仁与精兵数万人都逃往范阳。安庆绪因为忌恨史思明的兵力强大，于是派遣阿史那承庆和安守忠前往范阳去征调史思明的部队，并让他们暗中消灭史思明。范阳节度判官耿仁智对史思明说："大夫你之所以竭力为安氏效力，是因为迫于他们的威势。现在大唐王朝又复兴，当代皇帝仁义贤明，你如果能够率领部下的将士归顺朝廷，实在是转祸为福的一条出路。"副将乌承玼也劝史思明说："现在安庆绪就好似树叶上的露水，难以长久，大夫你为何要与他一起灭亡呢！"史思明认为他们说得正确。阿史那承庆与安守忠以五千精锐骑兵护卫，来到范阳，史思明把他们引到内厅中饮酒作乐，另派人收缴了他们部下的兵器，对于各郡的兵全部发给资粮加以遣散。然后囚禁了阿史那承庆等人，派他的部将窦子昂奉上表书，率自己所辖的十三郡及八万士兵归降朝廷，叛军的河东节度使高秀岩也带领自己的部众及辖地来投降。唐肃宗非常高兴，就封史思明为归义王，任命他为范阳节度使，并派宦官李思敬与朝官乌承恩前往范阳安抚史思明，让他率领部下将士去讨伐安庆绪。乌承恩所到之处宣布皇帝的诏书，于是沧州、

瀛、安、深、德、棣等州皆降,虽相州未下,河北率为唐有矣。

制陷贼官以六等定罪。

崔器、吕谭上言:"诸陷贼官,背国从伪,准律皆应处死。"李岘以为:"贼陷两京,天子南巡,人自逃生。此属皆陛下亲戚或勋旧子孙,今一概以叛法处死,恐乖仁恕之道。且河北未平,群臣陷贼者尚多,若尽诛之,是坚其附贼之心也。"上从岘议,以六等定罪,重者刑之于市,次赐自尽,次杖一百,次三等流、贬。斩达奚珣等十八人,陈希烈等七人赐自尽。

上欲免张均、张垍死,上皇不可。上叩头流涕曰:"臣非张说父子,无有今日。若不能活均、垍,死何面目见说于九泉!"上皇曰:"垍为汝长流岭南。均为贼毁吾家事,决不可活。"上泣而从命。

顷之,有自贼中来降者,言:"群臣在邺者,闻赦希烈等,皆自悼,恨失身贼庭。及闻希烈等诛,乃止。"上甚悔之。

置左、右神武军。

置左、右神武军,取元从子弟充,其制皆如四军,总谓之北牙六军。又择善骑射者千人为殿前射生手,分左、右厢,号曰英武军。

故妃韦氏卒。

瀛州、安州、深州、德州、棣州等州全都投降了朝廷,只有安庆绪占据的相州没有投降,其余河北地区的州郡都归顺了唐朝。

唐肃宗下制书规定投降叛军的官吏分六等定罪。

御史大夫崔器与兵部侍郎吕𬤝上言说:"那些投降过叛军的官吏,背叛了国家,依附于伪朝廷,按照法律,都应该处死。"而礼部尚书李岘却认为:"当叛军攻陷两京时,天子南逃避难,人们都各自逃生。那些投向叛军的官吏都是陛下的亲戚,或是一些功臣的子孙,现在如果一概以叛逆罪把他们处死,恐怕有违陛下的仁恕之道。再说河北地区还没有平定,群臣中投向叛军的还有许多人,如果把他们全部处死,就会更加坚定那些投敌官吏的反心。"唐肃宗于是听从了李岘的意见,决定分为六等定罪,罪行严重者在市中公开处死,二等赐他们自尽,三等处杖刑一百下,以下三等是流放、贬官。于是斩杀了达奚珣等十八人,赐陈希烈等七人自尽。

唐肃宗想要免除张均、张垍兄弟的死罪,唐玄宗不同意。唐肃宗叩头涕泣说:"我若无张说与张均、张垍父子的保护,就不会有今天。我如果不能救张均、张垍兄弟,有何面目在九泉之下去见张说呢!"唐玄宗说:"因为你的请求,把张垍流放到岭南。张均在叛军面前诋毁我们家中的事,罪不可赦。"唐肃宗哭泣着服从了唐玄宗的命令。

不久,有人从叛军中回来说:"跟随安庆绪在邺郡的唐朝群臣,听说广平王李俶赦免了陈希烈等人,都十分痛心,恨自己失身叛国。后来又得知陈希烈等人被诛杀,又坚定了反叛的决心。"唐肃宗非常后悔。

唐朝建立左、右神武军。

唐朝建立左、右神武军,征召跟随唐肃宗平叛的青年军人充当,其建制全都与禁军中的左、右羽林和左、右龙武等四军相同,总称为北牙六军。又挑选善于骑马射箭的一千名士卒为殿前射生手,分为左、右两厢,号称英武军。

唐肃宗先前的妃子韦氏去世。

戊戌（758） 乾元元年

春正月，上皇加帝尊号，帝复上上皇尊号。　二月，以李辅国兼太仆卿。

辅国依附张淑妃，势倾朝野。

贼将能元皓举所部来降。　大赦，改元。

尽免百姓今载租、庸，复以"载"为"年"。

三月，徙楚王俶为成王。　立淑妃张氏为皇后。　夏四月，新主入太庙。　五月，停采访使，改黜陟使为观察使。张镐罢。

张镐性简澹，不事中要，闻史思明请降，上言："思明凶险，因乱窃位，人面兽心，难以德怀，愿勿假以威权。"又言："滑州防御使许叔冀，狡猾多诈，临难必变，请征入宿卫。"时上以宠纳思明，会中使自范阳及白马来，皆言思明、叔冀忠恳可信，上以镐为不切事机，罢为荆州防御史。

立成王俶为皇太子，更名豫。

张后生兴王佋，才数岁，欲以为嗣，上疑未决，从容谓知制诰李揆曰："成王长，且有功，朕欲立为太子，卿意如何？"揆再拜贺曰："此社稷之福，臣不胜大庆。"上意始决。

崔圆、李麟罢，以王玙同平章事。

上颇好鬼神，玙专依鬼神以求媚，每议礼仪，多杂以巫祝俚俗，上悦之。

戊戌（758） 唐肃宗乾元元年

春正月，唐玄宗给唐肃宗加尊号，唐肃宗又给唐玄宗上尊号。　二月，唐肃宗任命宦官李辅国兼任太仆卿。

李辅国依附于张淑妃，权势压倒朝野人士。

安庆绪所任命的叛军将领北海节度使能元皓率领部众归降朝廷。　唐肃宗大赦天下罪人，改年号为乾元。

并免除百姓今年的全部租、庸，又将"载"改回为"年"。

三月，唐肃宗改封楚王李俶为成王。　册立淑妃张氏为皇后。　夏四月，将新神主送入太庙。　五月，唐肃宗下制书取消采访使的官职，改黜陟使为观察使。　唐肃宗罢免张镐的河南节度使职务。

张镐为人单纯淡泊，不巴结身居要职的宦官，听说史思明请求归降朝廷，就上言说："史思明为人凶恶阴险，借助叛乱从而得以窃取高位，人面兽心，难以用仁德来感化他，希望不要授与他显要的职位。"又说："滑州防御使许叔冀，狡猾诡诈，在危难时刻必定会背叛朝廷，请求陛下把他征调入京师，担任警卫。"当时唐肃宗正宠信史思明，接受了他的投降，适逢有宦官从范阳和白马县回来，他们都说史思明和许叔冀忠诚可靠，值得信任，因此唐肃宗就认为张镐不识事机，罢免了他河南节度使的职务，任命他为荆州防御使。

唐肃宗立成王李俶为皇太子，改名叫李豫。

张皇后所生的兴王李佋，年纪才几岁，张皇后就想要把他立为太子，唐肃宗犹豫不决，就口气和缓地对知制诰李揆说："成王李俶年长，而且有战功，我想立他为太子，你看如何？"李揆拜了两拜祝贺说："这真是国家的大幸，我不胜欢喜。"唐肃宗的主意这才坚定了下来。

唐肃宗罢免崔圆、李麟的宰相职务，任命王玙为同平章事。

唐肃宗十分迷信鬼神，所以太常少卿王玙专门以鬼神之事来取悦唐肃宗，每当议论礼仪时，王玙就常常夹杂着一些巫术和俚俗，唐肃宗很喜欢他。

赠颜杲卿太子太保,谥曰"忠节"。

杲卿之死也,杨国忠用张通幽之谮,竟无褒赠。颜真卿为御史大夫,泣诉于上,上为之言于上皇,杖杀通幽而赠杲卿。杲卿子泉明,为史思明所虏,得归,求其父尸于东京,得之,遂并袁履谦尸棺敛以归。杲卿姊妹女及泉明之子皆流落河北,泉明号泣求访,哀感路人,久乃得之。诣亲故乞索赎之,先姑姊妹而后其子。遇父时将吏妻子流落者,皆与之归,凡五十余家,均减资粮,一如亲戚。真卿悉加赡给,随其所适而资送之。袁履谦妻疑履谦衣衾俭薄,发棺视之,与杲卿无异,乃始惭服。

六月,立太一坛。

从王玙之请也。上尝不豫,卜云山川为祟,玙请遣中使与女巫乘驿分祷。所过烦扰。黄州有巫,盛年美色,从无赖少年数十,为蠹尤甚,刺史左震悉收斩之。藉其赃数十万,具以状,闻。请以其赃代贫民租,遣中使还京,上无以罪也。

初行新历。

山人韩颖所造也。

贬房琯为豳州刺史。

琯既失职,颇怏怏,多称疾不朝,而宾客朝夕盈门,上恶而贬之。

唐肃宗追赠原常山太守颜杲卿为太子太保,谥号叫"忠节"。

颜杲卿殉难时,因为杨国忠听信了张通幽的谗言,竟没有追赠官衔加以表彰。后来颜真卿任御史大夫,向唐肃宗哭诉此事,唐肃宗因此上奏给唐玄宗,于是杖杀了张通幽而追赠给颜杲卿官衔。颜杲卿的儿子颜泉明,曾被史思明俘虏,后来因史思明投降才得以归来,在东京洛阳寻找到他父亲颜杲卿的尸体,于是连同袁履谦的尸体一起装入棺材,送归长安。颜杲卿妹妹的女儿与颜泉明的儿子都流落在河北地区,颜泉明号泣求访,以至悲哀感动了过路的行人,过了很久找到。于是颜泉明到亲朋故旧那里去借钱,用来赎回他们,先赎回姑表姊妹,然后才赎回自己的儿子。颜泉明遇到流落在河北地区的父亲部将属官的妻儿,都让他们跟随着一起回来,总共收罗了五十多家,一路上有资粮则大家均分,一如对待自己的亲戚。当时担任蒲州刺史的颜真卿对他们都加以接济,按照他们的意愿,资送他们而去。袁履谦的妻子曾经怀疑袁履谦入殓时的衣被比颜杲卿薄,等打开棺材检视,与颜杲卿没有区别,心中才惭愧信服。

六月,唐肃宗下令在长安南郊的东面建立太一神坛。

这是唐肃宗根据王玙的请求。唐肃宗曾经身体患病,占卜者说是因为山河在作祟,于是王玙就请求派遣宦官与巫师乘驿马分别去祷告天下的名山、大河。这些人在所经过的地方烦扰州县官吏百姓。黄州有一名女巫师,年轻漂亮,身后跟随着数十名无赖少年,为害尤其严重,黄州刺史左震把他们全部收捕斩杀。又清查女巫师所贪污的财物,多达数十万,左震把此事详细上奏给朝廷。并请求用这些赃物代替贫民百姓的租赋,打发宦官返回京师,唐肃宗也没有治左震的罪。

开始实行新的历法。

这种新的历法是隐士韩颍编定的。

唐肃宗贬房琯为豳州刺史。

房琯被罢免宰相职务后,心怀不满,常装病不去朝见皇上,而来往宾客却早晚盈门,唐肃宗厌恶他,因此贬他为豳州刺史。

史思明反，杀范阳副使乌承恩。

李光弼以史思明终当叛乱，而乌承恩为思明所亲信，阴使图之。又劝上以承恩为范阳节度副使，赐阿史那承庆铁券，令共图思明，上从之。

承恩多以私财募部曲，又数衣妇人服诣诸将说诱之，思明闻而疑之。会承恩入京师，上使内侍李思敬与俱宣慰范阳。谋泄，思明执承恩，索其装囊，得铁券及光弼牒。思明乃集将佐吏民，西向大哭曰："臣以十三万众降朝廷，何负陛下而欲杀臣！"遂杀承恩及其党二百人。囚思敬，表言之。上遣中使慰谕思明曰："此非朝廷与光弼之意，皆承恩所为，杀之甚善。"

思明表求诛光弼，命耿仁智、张不矜为表，云："陛下不为臣诛光弼，臣当自引兵就太原诛之。"不矜以示思明，及将入函，仁智削去之。思明闻之，命执二人斩之。仁智事思明久，思明怜，欲活之，仁智大呼言曰："人生会有一死，得尽忠义，死之善者也。今从大夫反，不过延岁月，岂若速死之愈乎！"思明怒，捶杀之。

秋七月，初铸大钱。

铸当十大钱，文曰"乾元重宝"，从御史中丞第五琦之谋也。

册回纥英武可汗，以宁国公主归之。

史思明反叛，杀死范阳节度副使乌承恩。

李光弼认为史思明最终还会反叛，而乌承恩深受史思明的信任，所以就让他暗中图谋史思明。李光弼又劝唐肃宗任命乌承恩为范阳节度副使，赐给阿史那承庆铁券，让他们共同消灭史思明，唐肃宗听从了他的意见。

乌承恩多次用自己的私人财物招募部曲，又屡次穿上妇人衣服到其他将领的营中诱劝士卒，史思明听说后对他产生了怀疑。这时乌承恩入京师，唐肃宗就派宦官李思敬与他一起到范阳慰问史思明。他们要谋害史思明的计谋被泄露，史思明就把乌承恩抓了起来，又搜查他的衣装袋囊，得到了铁券和李光弼的公文。于是史思明就召集将士官吏和百姓，向西大哭着说："我率领十三万人马归顺了朝廷，有什么地方对不起陛下，而想要杀死我！"然后杀死了乌承恩及其同党二百人。史思明又囚禁了李思敬，并上表告诉了朝廷。唐肃宗派遣宦官安慰史思明说："这不是朝廷与李光弼的意图，都是乌承恩一人干的，杀了他是罪有应得。"

史思明上表给朝廷请求诛杀李光弼，于是命令耿仁智与张不矜作表书，表书说："陛下如果不为我杀掉李光弼的话，我就亲自率兵到太原去杀死他。"张不矜将起草的表书让史思明过目后，将要入函封缄时，耿仁智把上面的话全部删去。史思明得知后，命令把二人抓起来杀掉。耿仁智因为长期事奉史思明，史思明爱怜他，想要免他一死，耿仁智大声喊道："人生总有一死，如果为忠义而死，是死得其所。现在再跟随你反叛，不过是苟延残喘，真不如立刻就死掉为好！"史思明听后非常愤怒，就用乱棍打死了他。

秋七月，开始铸造大钱。

铸造以一当十的大钱，名为"乾元重宝"钱，这是根据御史中丞第五琦的建议实行的。

唐朝册封回纥可汗为英武可汗，并把宁国公主嫁给回纥可汗为妻。

册命回纥可汗曰英武威远毗伽阙可汗,以上幼女宁国公主妻之。以汉中王瑀为册礼使,右司郎中李巽副之。上送至咸阳,公主辞诀曰:"国家事重,死且无恨。"上流涕而还。

瑀等至回纥牙帐,可汗衣赭袍坐帐中,引瑀等立帐外。瑀不拜,可汗曰:"我与天可汗两国之君,君臣有礼,何得不拜?"瑀对曰:"天子以可汗有功,自以所生女妻可汗。恩礼至重,可汗奈何以子婿傲妇翁,坐榻上受册命邪!"可汗改容,起受册。明日,立公主为可敦,举国皆喜。遣骑三千助讨安庆绪。

郭子仪、李光弼入朝。八月,以子仪为中书令,光弼为侍中。 **命郭子仪等九节度讨安庆绪,以宦官鱼朝恩为观军容使。**

安庆绪之初至邺也,犹据七郡,兵粮丰备,专以缮台沼、酣饮为事。高尚、张通儒等争权不叶,无复纲纪。蔡希德有才略,好直言,通儒谮而杀之,诸将怨怒不为用。

上命朔方郭子仪及淮西鲁炅、兴平李奂、滑濮许叔冀、镇西北庭李嗣业、郑蔡季广琛、河南崔光远七节度使讨之。又命河东李光弼、泽潞王思礼二节度使将所部兵助之。上以子仪、光弼皆元勋,难相统属,故不置元帅,但以宦官鱼朝恩为观军容宣慰处置使。观军容之名自此始。

冬十月,郭子仪等拔卫州,遂围邺城。

唐朝册封回纥可汗为英武威远毗伽阙可汗,并把唐肃宗的小女儿宁国公主嫁给回纥可汗为妻。唐肃宗任命殿中监汉中王李瑀为册礼使,右司郎中李巽为副使。唐肃宗亲自把宁国公主送到咸阳,公主告辞说:"国家事重大,死而无憾。"唐肃宗痛哭流涕而返回。

李瑀等人来到了回纥牙帐,回纥可汗身着红褐色的袍子坐在帐中,却让李瑀等人立在牙帐外面。李瑀不拜,回纥可汗说:"我与你们的皇帝天可汗都是国家的君主,君与臣见面有礼节,你们为何不下拜?"李瑀回答说:"现在我们大唐天子认为可汗您有战功,所以把自己的亲生女儿嫁给可汗为妻。恩重礼厚,不知可汗为什么要以女婿的身份而傲视岳丈,而坐在床上接受册命!"可汗听后,立刻改变了态度,起来接受册命。第二天,又立宁国公主为可敦,举国庆贺。然后派遣了骑兵三千来帮助唐朝讨伐安庆绪。

郭子仪与李光弼入朝。八月,唐肃宗任命郭子仪为中书令,**李光弼为侍中。 唐肃宗命令郭子仪等九节度使率兵讨伐安庆绪,任命宦官鱼朝恩为观军容使。**

安庆绪刚到邺郡时,还占据着七个郡的地盘,兵器资粮充足,但安庆绪不理政事,而是热衷于大兴土木,修造宫殿庭台、楼船沼池,以饮酒为乐。他的大臣高尚与张通儒等人因争权不和,没有法纪。大将蔡希德有才能谋略,但直言不讳,张通儒就进谗言杀死了他,因此诸将都怨恨不肯卖力。

唐肃宗命令朔方节度使郭子仪与淮西节度使鲁炅、兴平节度使李奂、滑濮节度使许叔冀、镇西及北庭节度使李嗣业、郑蔡节度使季广琛、河南节度使崔光远等七节度使率兵讨伐安庆绪。又命令河东节度使李光弼与泽潞节度使王思礼率领部下的兵助战。唐肃宗因为郭子仪与李光弼二人都是元勋功臣,难以相互统属,所以不设置元帅,只是任命宦官鱼朝恩为观军容宣慰处置使。观军容使之名从这时开始出现。

冬十月,郭子仪等人率兵攻克卫州,然后包围了邺城。

子仪引兵济河，东至获嘉，破安太清。太清走保卫州，子仪进围之。炅、广琛、光远、嗣业兵皆会于卫州，庆绪悉举邺中之众七万救卫州。子仪使善射者三千人伏于垒垣之内，令曰："我退，贼必逐我，汝乃登垒，鼓噪而射之。"既而与庆绪战，伪退，贼逐之，至垒下，伏兵起射之，贼还走，子仪复引兵逐之，庆绪大败，遂拔卫州。庆绪走，子仪等追之至邺，庆绪入城固守，子仪等围之，光弼等兵皆至。庆绪窘急，遣薛嵩求救于史思明，且请以位让之。

河南节度使崔光远拔魏州，史思明复陷之。

光远拔魏州，史思明引兵大下，光远使将军李处崟拒之。连战不利，还趣城。贼追至城下，扬言曰："处崟召我来，何为不出？"光远信之，斩处崟。处崟，骁将，众所恃也。既死，众无斗志，光远脱身走还汴州。思明陷魏州，所杀三万人。

以侯希逸为平卢节度副使。

平卢节度使王玄志卒，上遣中使往抚慰将士，且就察军中所欲立者，授以旌节。高丽人李怀玉为裨将，杀玄志之子，推侯希逸为军使，朝廷因以希逸为节度副使。节度使由军士废立自此始。

郭子仪率兵渡过黄河，向东到达获嘉，打败了叛军大将安太清。安太清退守卫州，郭子仪进军包围了卫州。鲁炅、季广琛、崔光远与李嗣业都率兵会师于卫州，于是安庆绪调发邺中的全部兵力七万来救援卫州。郭子仪命令擅长射箭的士兵三千人埋伏在军营垒墙的后面，命令他们说："我如果领兵退却，叛军必定要来追击，那时你们就登上墙垒，擂鼓叫喊而射击叛军。"不久郭子仪与安庆绪交战，假装退却，叛军遂来追赶，来到垒下，这时伏兵齐发而射击，叛军退却逃跑，郭子仪又率兵追击，安庆绪大败，于是攻克了卫州。安庆绪败逃，郭子仪等率兵一直追到邺城，安庆绪入城固守，郭子仪等率兵包围了邺城，李光弼等节度使率兵赶到。安庆绪危急，于是派薛嵩去向史思明求援，并请求把帝位让给史思明。

河南节度使崔光远率兵攻克魏州，史思明又率兵夺回魏州。

崔光远率兵攻克魏州，史思明率领大军来到，崔光远派部将李处崟去迎战。由于叛军兵力强大，李处崟连战失利，领兵退回城中。叛军追到城下，扬言说："李处崟召我们前来，为什么不出来呢？"崔光远听信了叛军的话，因此将李处崟腰斩处死。李处崟是一员勇将，深受将士的信赖。他死后，士卒没有斗志，崔光远脱身逃回汴州。史思明攻陷魏州，杀死三万人。

朝廷任命侯希逸为平卢节度副使。

平卢节度使王玄志去世，唐肃宗派宦官去安抚将士，并察看军中将士想要立谁为节度使，以便授给旌节。高丽人李怀玉担任副将，杀了王玄志的儿子，推举侯希逸为平卢军使，于是朝廷就任命侯希逸为平卢节度副使。唐朝的节度使由军中将士自行废立从这时开始。

资治通鉴纲目卷四十五

起己亥(759)唐肃宗乾元二年,尽戊午(778)唐代宗大历十三年。凡二十年。

己亥(759) 二年

春正月,史思明自称燕王。

史思明自称大圣燕王,周挚为行军司马。李光弼曰:"思明得魏州而按兵不进,此欲使我懈惰,而以精锐掩吾不备也。请与朔方军同逼魏城,求与之战,彼惩嘉山之败,必不敢轻出。得旷日引久,则邺城拔。庆绪死,而彼无辞以用其众矣。"鱼朝恩以为不可,乃止。

镇西节度使李嗣业卒于军。

嗣业攻邺城,中流矢,卒。兵马使荔非元礼代将其众。初,嗣业表段秀实为怀州长史,知留后事。秀实运刍粟,募兵市马以奉镇西行营,相继于道。

二月,月食,既。

先是,百官请加皇后尊号,上以问中书舍人李揆,对曰:"自古皇后无尊号,惟韦后有之,岂足为法!"上惊曰:"庸人几误我!"会月食,事遂寝。后与李辅国相表里,干豫政事,上颇不悦,而无如之何。

三月,九节度之兵溃于相州。

己亥（759）　唐肃宗乾元二年

春正月,史思明自称燕王。

史思明自称大圣燕王,任命周挚为行军司马。李光弼说:"史思明攻占魏州后,按兵不动,是想松懈我们的意志,然后在我们不防备的情况下,用精兵突然袭击。请求让我率兵与朔方军联兵进逼魏州城,向史思明挑战,史思明因鉴于嘉山之败的经验,必定不敢轻易出战。这样旷日持久,我们就能够攻克邺城。如果安庆绪败死,史思明就会失去号召力,难以指挥叛军。"而观军容使宦官鱼朝恩却认为此计不可行,只好作罢。

镇西节度使李嗣业在军中去世。

李嗣业在攻打邺城时,被乱箭射中而去世。由兵马使荔非元礼代替他指挥军队。起初,李嗣业上表任命段秀实为怀州长史,主管留后事务。这时段秀实运送粮草,招兵买马,用以供应镇西行营兵,道路上络绎不绝。

二月,出现月全食。

此前,朝中百官请求给张皇后加尊号,唐肃宗就此事征求中书舍人李揆的意见,李揆回答说:"自古以来皇后都没有尊号,只有中宗皇帝时韦皇后曾经有过尊号,怎么能够效法呢!"唐肃宗吃惊地说:"这些庸人几乎误了我的大事!"适逢出现月食,此事于是作罢。张皇后与李辅国相互勾结,干预政事,唐肃宗虽然心中不满,但也无可奈何。

三月,包围安庆绪的九节度使之兵败于相州。

郭子仪等九节度围邺城，壅漳水灌之，庆绪坚守以待思明。城中食尽，淘马矢以食马。而官军无统御，进退无所禀，城久不下，上下解体。

思明引兵趣邺，选精骑日于城下抄掠，官军出则散归其营，昼备之则夜至，夜备之则昼至。又多遣壮士窃官军装号，督趣运者，妄杀戮人，舟车所聚，则密纵火焚之，往复聚散，自相辨识，而官军不能察也。由是诸军乏食，思明乃引大军直抵城下，刻日决战。

官军步骑六十万，陈于安阳河北，李光弼、王思礼、许叔冀、鲁炅先战，杀伤相半。郭子仪承其后，未及布阵，大风忽起，吹沙拔木，天地昼晦，咫尺不辨，两军大惊，官军溃而南，贼溃而北。

子仪断河阳桥，保东京。战马万匹，惟存三千，甲仗十万，遗弃殆尽。东京士民骇散，留守崔圆等奔襄、邓，诸道兵溃归，所过剽掠，惟李光弼、王思礼整军而归。子仪至河阳，周挚引兵争之，不得。都虞候张用济筑南、北两城而守之。诸将各上表请罪，上皆不问。

史思明杀安庆绪，还范阳。

史思明知官军溃去，还屯邺南，不与庆绪相闻。庆绪窘蹙，不知所为，乃上表称臣于思明。思明乃手疏喧庆绪，愿为兄弟之国。庆绪大悦，以三百骑诣思明营，思明陈兵

郭子仪等九节度使包围了邺城，堵塞漳河水灌城，安庆绪死死坚守，以等待史思明来援救。城中粮食吃尽，叛军就淘洗马粪用来喂养战马。但由于官军的各路军队没有统帅，进退不能统一指挥，所以邺城久攻不下，官军疲困解体，没有士气。

　　史思明率兵赶赴邺城，挑选精锐骑兵每天到城下抢掠，官军如果出来交战，他们就散归自己的营中，官军白天设备，他们就在夜里来骚扰，如果夜里防备，他们就白天来。史思明又多派壮士穿上官军的服装，窃取官军的号令，去督促运粮者，随便杀人，在运送粮饷船车聚集的地方，暗中放火焚烧，神出鬼没，聚散无常，他们自己能够相识别，而官军却抓不到他们。因此官军各路军队都缺乏粮食，史思明这才率领大军直抵城下，与官军定好了决战的日期。

　　官军步、骑兵六十万在安阳河北岸摆开阵势，李光弼、王思礼、许叔冀、鲁炅先领兵交战，双方杀伤相当。郭子仪率兵紧跟在后面，还未及布阵，大风急起，吹沙拔木，天地一片昏暗，咫尺之间，人马不辨，两军都大吃一惊，接着官军向南溃退，叛军向北溃退。

　　郭子仪下令部队切断了河阳桥，以确保东京的安全。一万匹战马仅剩下三千，十万盔甲兵器差不多全部丧失。东京城中的官吏百姓十分惊恐，各自逃命，东京留守崔圆等逃往襄州、邓州，各路节度使也率领自己的兵马逃回本镇，这些败兵沿路大肆抢掠，只有李光弼与王思礼整理队伍，全军返回。郭子仪到达河阳，叛军的行军司马周挚率兵来争夺河阳城，没有争到。都虞侯张用济让士兵筑南、北两城准备坚守。各路将帅都上表谢罪，唐肃宗都不责问。

史思明杀死安庆绪，然后返回范阳。

　　史思明得知官军败退，还军邺城南，不与安庆绪通报情况。安庆绪无计可施，不知道怎么办才好，于是向史思明上表称臣。史思明亲手写信安慰安庆绪，说愿意结为兄弟邻国。安庆绪十分高兴，带三百名骑兵来到史思明营中，史思明命令士卒全副武装

待之,引入再拜。思明忽震怒曰:"尔为子杀父,天地所不容。吾为太上皇讨贼,岂受尔佞媚乎!"命左右牵出,并高尚、孙孝哲、崔乾祐皆杀之。勒兵入邺城,收其士马,留其子朝义守之,引兵还范阳。

苗晋卿、王玙罢,以李岘、李揆、吕諲、第五琦同平章事。

上于李岘恩意尤厚,岘亦以经济为己任,军国大事多独决之。于是京师多盗,李辅国请选羽林骑士五百以备巡逻。李揆曰:"西汉以南北军相制,故周勃得因南军入北军。皇朝置南、北牙,文武区分,以相伺察。今以羽林代金吾警夜,忽有非常之变,将何以制之!"乃止。

以郭子仪为东畿等道元帅。 夏四月,史思明僭号。**
制停口敕处分。**

初,李辅国,自上在灵武,侍直帷幄,宣传诏命,四方文奏、宝印符契、晨夕军号,一以委之。及还京师,专掌禁兵,常居内宅,制敕必经辅国押署,然后施行,宰相百司皆因辅国关白。口为制敕,付外施行。御史台、大理寺重囚,或推断未毕,辅国一时纵之,莫敢违者。李揆见之执子弟礼,谓之五父。

及李岘为相,于上前叩头论制敕应出中书,具陈辅国专权乱政之状。上感悟,制:"停口敕处分,诸务各归有司。

以等待安庆绪，把安庆绪引入庭中，安庆绪叩头再拜。史思明忽然大怒说："你身为人子，杀父篡位，为天地之所不容。我是为太上皇讨伐你这个逆贼，怎么肯受你讨好的假话欺骗呢！"说完当即命令左右的人把安庆绪拉出去，连同高尚、孙孝哲、崔乾祐等全都杀掉。然后史思明整军进入邺城，收集了安庆绪的兵马，把自己的儿子史朝义留下镇守相州，自己率兵返回范阳。

唐肃宗罢免了苗晋卿、王玙的宰相职务，任命李岘、李揆、吕 **諲与第五琦为同平章事。**

唐肃宗特别赏识李岘，李岘也以经邦治国为己任，所以军国大事大多由李岘一人处理。当时京城盗贼横行，宦官李辅国请求挑选羽林军的五百骑兵以备巡逻搜捕。李揆说："过去西汉王朝设置南北二军相互制约，所以周勃得以率南军进入北军，安定了刘氏的天下。我们大唐王朝设置南牙与北牙，文臣与武将相区别，以使他们互相监督。现在用羽林军代替金吾卫巡夜，如果发生了突发事件，怎么控制局势呢！"此事只好作罢。

唐肃宗任命郭子仪为东畿等道元帅。 　夏四月，史思明即**伪皇帝位。** 　**唐肃宗下制书停止口宣制敕处理政事。**

当初，宦官李辅国，自唐肃宗在灵武时，就侍奉在肃宗左右，宣布传达诏敕诰命，唐肃宗把四方来的文书奏疏、印玺符契以及早晚军队的号令等事，全都委任于他。到收复京师后，李辅国又专门掌管禁军，常常住在宫中的署舍里，唐肃宗所颁下的制敕，必须经过李辅国画押签署，然后才能施行，宰相以及百官有急事上奏时，都要通过李辅国禀告和接受圣旨。不管大小事情，都由李辅国口宣制敕，写好后交给外面去执行。关在御史台与大理寺的重刑犯人，有的还没有审讯完毕，李辅国就把他们全部放掉，没有人敢于违抗他的旨意。李揆见到李辅国都要行子弟礼，称他为五父。

李岘任宰相后，在唐肃宗面前叩头论说皇上的制敕都应由中书省出，陈述李辅国专权乱政的情况。唐肃宗因此醒悟，下制说："停止口宣制敕处理政事，一切事务都各归主管部门办理。

或有追摄,须经台、府。"辅国由是忌岘。

以李抱玉为郑、陈、颍、亳节度使。

李光弼裨将安抱玉屡有战功,自陈耻与安禄山同姓,赐姓李氏。

回纥毗伽阙可汗死。

子登里可汗立。

五月,贬李岘为蜀州刺史。

凤翔马坊押官为劫,天兴尉谢夷甫捕杀之。其妻讼冤。李辅国素出飞龙厩,敕监察御史孙蓥鞫之,无冤。又使中丞崔伯阳等鞫之,与蓥同。又使侍御史毛若虚鞫之,若虚希辅国意,归罪夷甫。伯阳怒,召若虚诘责,欲劾奏之。若虚先自归于上,上匿若虚于帘下。伯阳寻至,言若虚附会中人,鞫狱不直。上怒,叱出之,贬岭南尉,蓥流播州。岘奏伯阳等无罪,上以为党,贬蜀州刺史。谓散骑常侍韩择木曰:"李岘专权,朕自觉用法太宽。"对曰:"李岘言直,非专权。陛下宽之,祇益圣德耳。"若虚寻除御史中丞,威振朝廷。

秋七月,召郭子仪还京师,以李光弼为朔方节度使、兵马元帅。

鱼朝恩恶郭子仪,因其败,短之于上。上召子仪还京师,以李光弼代之。士卒涕泣,遮中使,请留子仪。子仪绐之曰:"我饯中使耳,未行也。"因跃马而去。

如果要追捕犯人,须要经过御史台与京兆府。"李辅国因此忌恨李岘。

唐肃宗任命李抱玉为郑州、陈州、颍州、亳州节度使。

李光弼的副将安抱玉多次立有战功,自己上奏说耻与安禄山同姓,所以被赐姓李氏。

回纥毗伽阙可汗死。

他的儿子登里可汗继位。

五月,唐肃宗贬李岘为蜀州刺史。

凤翔马坊押官因为抢劫,被天兴县尉谢夷甫抓住杀掉。押官的妻子为其丈夫诉冤。李辅国因为原本是飞龙马厩养马小儿出身,于是就命令监察御史孙蓥审问,结果不是冤案。李辅国又让御史中丞崔伯阳等人审问,结果与孙蓥相同。李辅国就又让侍御史毛若虚审问,毛若虚迎合李辅国的旨意,归罪于谢夷甫。崔伯阳十分愤怒,把毛若虚叫来责问他,想要上奏弹劾他。毛若虚自己先跑到唐肃宗那里,肃宗把毛若虚藏在帘子后面。不久崔伯阳来到,说毛若虚依附宦官,审理案件不公平。唐肃宗听后大为愤怒,就把崔伯阳呵斥出去,然后贬去岭南做县尉,把孙蓥流放到播州。李岘上奏说崔伯阳等人没有罪,唐肃宗认为李岘与崔伯阳等人结党,于是贬李岘为蜀州刺史。唐肃宗对散骑常侍韩择木说:"李岘想要专权,现在已被贬任蜀州刺史,朕还觉得对他用法太宽大。"韩择木回答说:"李岘直言不讳,并不是专权。陛下如果能够宽大处理,只能够增加陛下的圣德。"不久毛若虚被任命为御史中丞,威震朝廷。

秋七月,唐肃宗召郭子仪回京师,任命李光弼为朔方节度使、天下兵马元帅。

观军容使鱼朝恩忌恨郭子仪,因此借相州之败,在唐肃宗面前进谗言。于是唐肃宗召郭子仪回京师,任命李光弼取代他为朔方节度使、天下兵马元帅。朔方士卒痛哭流涕,拦住传达朝命的宦官,请求把郭子仪留下来。郭子仪欺骗士卒们说:"我先去设酒食去送别传达朝命的宦官,不是要离开。"借此跳上马而去。

光弼以骑五百驰赴东都，夜入其军。光弼治军严整，始至，号令一施，士卒、壁垒、旌旗、精彩皆变。是时朔方将士乐子仪之宽，惮光弼之严。

兵马使张用济屯河阳，与诸将谋以精锐突入东京，逐光弼，请子仪。命其士皆被甲上马以待。朔方节度副使仆固怀恩曰："邺城之溃，郭公先去，朝廷责帅，故罢其兵柄。今逐李公而强请之，是反也，其可乎！"康元宝曰："君以兵请郭公，朝廷必疑郭公讽君为之，是破其家也。郭公百口何负于君乎！"用济乃止。光弼以数千骑东出汜水，用济单骑来谒，光弼责而斩之，命部将辛京杲代领其众。

以王思礼为河东节度使。

初，潼关之败，思礼马中矢而毙，有骑卒张光晟下马授之，问其姓名，不告而去。思礼阴识其状貌，求之不获。及至河东，或谮代州刺史辛云京，思礼怒之。光晟时在云京麾下，请见思礼而解之。即往谒，未及言，思礼执其手曰："吾求子久矣。"引与同坐。光晟因从容言云京之冤。思礼曰："云京过亦不细，今特为故人舍之。"即日擢光晟为兵马使。

赐仆固怀恩爵大宁郡王。

怀恩从郭子仪为前锋，勇冠三军，前后战功居多，故赏之。

李光弼带领河东镇的五百名骑兵驰往东都赴任,在夜晚进入朔方军。李光弼治军严厉,到达朔方军营中后,号令一经下达,朔方军的士卒、营垒、旌旗、军容等都为之一变。这时朔方军的将士都喜欢郭子仪的宽厚,而害怕李光弼的严厉。

　　朔方军左厢兵马使张用济率兵驻扎在河阳,与其他的将领计谋带领精锐骑兵突击进入东京,赶走李光弼,把郭子仪请回来。于是命令士兵们都披甲上马,整装待发。这时朔方节度副使仆固怀恩说:"九节度使邺城之败时,郭将军先领兵退却,朝廷责罚元帅,所以罢了他的兵权。现在如果赶走李将军而强请郭将军回来,这是反叛行为,怎么能行呢!"右武锋使康元宝也说:"你率兵强请郭将军回来,朝廷一定会怀疑这是郭将军暗中指使你这么干,这是要他家破人亡啊。郭将军百口之家有什么地方对不起你的呢!"张用济听后才罢休。李光弼率领数千名骑兵东出汜水县,张用济单枪匹马来晋见李光弼,李光弼责备张用济接到檄书后没有及时赶到,便将他斩首,并命令部将辛京杲代替张用济领兵。

唐肃宗任命王思礼为河东节度使。

　　当初,潼关战败时,王思礼的马中箭而死,这时有一名骑兵张光晟把自己的马给了他,王思礼询问他的姓名,他没有告诉而去。王思礼暗中记下了张光晟的相貌,后来多方寻找,但没有找到。王思礼到河东镇后,有人进谗言陷害代州刺史辛云京,王思礼对辛云京十分愤怒。这时张光晟在辛云京的部下,就向辛云京请求去见王思礼,为他解除危难。于是张光晟就去谒见王思礼,还没有说话,就被王思礼认了出来,握着他的手说:"我寻找你已经很长时间了。"于是召引张光晟一同就座。张光晟借机谈了辛云京的冤情。王思礼说:"辛云京罪过也不小,现在因为你的情面而饶恕他。"当天,王思礼就提拔张光晟担任兵马使。

唐肃宗赐与仆固怀恩大宁郡主爵位。

　　仆固怀恩是郭子仪的前锋,勇冠三军,多次立有战功,所以受到奖赏。

宁国公主归京师。

回纥以公主无子,听归。

八月,襄州将康楚元等作乱,破荆州。

襄州将康楚元、张嘉延作乱,上使将军曹日昇往慰谕楚元,贬其刺史王政,而以张光奇代之,楚元不从。张嘉延袭破荆州,节度使杜鸿渐弃城走。

更铸大钱。

铸乾元重宝大钱,加以重轮,一当五十。在京百官,先以军旅,皆无俸禄,至是,始以新钱给之。

冬十月,李光弼与史思明战于河阳,大败之。

史思明分军四道济河,会于汴州。李光弼方巡诸营,闻之,入汴州,谓节度使许叔冀曰:"大夫能守汴州十五日,我则将兵来救。"叔冀许诺。思明至汴州,叔冀与战,不胜,遂降之。

思明乘胜西攻郑州,光弼整众徐行,至洛阳,留守韦陟请留兵于陕,退守潼关。光弼曰:"两敌相当,贵进忌退,今无故弃五百里地,则贼势益张矣。不若移军河阳,北连泽潞,利则进取,不利则退守,表里相应,使贼不敢西侵,此猿臂之势也。"判官韦损曰:"东京帝宅,奈何不守?"光弼曰:"守之则汜水、崿岭、龙门皆应置兵,子为兵马判官,能守之乎?"遂牒河南尹帅吏民避贼,而帅军士诣河阳。时思明游兵已至石桥,光弼当石桥而进,部曲坚重,贼不敢逼。夜至

宁国公主回到京师。

回纥因为宁国公主没有儿子，所以允许她回朝。

八月，襄州将领康楚元等起兵作乱，并攻占了荆州。

襄州将领康楚元、张嘉延起兵作乱，唐肃宗派将军曹日昇到襄州安抚康楚元，并贬黜襄州刺史王政，而任命司农少卿张光奇取代他任襄州刺史，但康楚元不答应。张嘉延攻破荆州，荆州节度使杜鸿渐弃城逃走。

唐肃宗又命令铸造大钱。

唐肃宗命令铸造乾元重宝大钱，并在背部的外郭加上重轮，以一钱当五十钱使用。当时在京城的百官因为战乱，都没有俸禄，这时朝廷用新铸的乾元重宝大钱支给他们俸料钱。

冬十月，李光弼率领军队与史思明在河阳交战，史思明被打得大败。

史思明把军队分为四路渡过黄河，约好在汴州会合。李光弼正在巡视黄河岸边的各营部队，得知史思明率兵南下，立即返回汴州，对汴滑节度使许叔冀说："你如果能够坚守汴州十五天，我就率兵来救。"许叔冀说可以。史思明率兵来到汴州，许叔冀与他交战兵败，于是就投降了史思明。

史思明乘胜向西攻打郑州，李光弼整军缓缓而行，到了洛阳，东都留守韦陟请求留兵于陕郡，退守潼关。李光弼说："两军兵力相当时，贵进忌退，现在没有交战而放弃五百里地，叛军的势力就会更加嚣张。不如移军于河阳，北与泽潞相连，如果形势有利的话就进取，不利就退守，里外相应，使叛军不敢向西进攻，这形势就好似猿猴伸缩自如的手臂。"判官韦损说："东京是大唐王朝的都城之一，怎么能不坚守呢？"李光弼说："如果要坚守东京，那么汜水、崿岭、龙门一带都要布兵设防，你是兵马判官，试想能够守得住吗？"于是李光弼发文书命令河南尹李若幽率领官吏民众出城以躲避叛军，而李光弼则率领士卒移军河阳，准备防守。当时史思明的流动部队已经到了石桥，李光弼就率领士兵从石桥上通过，队伍严整，叛军不敢逼近。李光弼率兵夜晚到达

河阳,有兵二万,粮才支十日。光弼按阅守备,部分士卒,无不严办。

思明入洛阳,城空,无所得,遂引兵攻河阳,使骑将刘龙仙挑战,慢骂光弼。光弼顾诸将曰:"谁能取彼?"仆固怀恩请行,光弼曰:"此非大将所为。"裨将白孝德请挺身取之,光弼壮其志,因问所须,对曰:"愿选五十骑为后继,而请大军鼓噪以增气。"光弼抚其背而遣之。孝德挟二矛,策马乱流而进。半涉,怀恩贺曰:"克矣。"光弼曰:"何以知之?"对曰:"观其揽辔安闲,是以知之。"龙仙易之,慢骂如初。孝德瞋目大呼,运矛跃马搏之。城上鼓噪,五十骑继进。龙仙走堤上,孝德追及,斩之以归。

思明有良马千余匹,每日出于河南渚浴之,循环不休。光弼命索军中牝马,得五百匹,絷其驹而出之。思明马见之,悉浮渡河,尽驱入城。思明怒,泛火船欲烧浮桥。光弼先贮百尺长竿,以巨木承其根,毡裹铁叉置其首,以迎火船而叉之,船不得进,须臾自焚尽。

思明见兵于河清,欲绝光弼粮道,光弼军于野水渡以备之。既夕,还河阳,留兵千人,使将雍希颢守其栅,曰:"贼将高庭晖、李日越,皆万人敌也。至,勿与之战;降,则与之俱来。"诸将莫谕其意,皆窃笑之。既而思明果谓日越

河阳,共有兵力二万人,河阳城中的粮食仅能够吃十天。李光弼检查守备,布置士卒防守,一切事情都从严办理。

史思明率兵进入洛阳城后,发现是一座空城,什么都没有得到,于是率兵来攻打河阳,派骑兵猛将刘龙仙到城下挑战,谩骂李光弼。李光弼看着各位将领说:"哪一位能够替我把他拿下来?"仆固怀恩请战,李光弼说:"这样的事不是你身为大将的人应该去干的。"这时副将白孝德挺身而出请求出战,李光弼很欣赏他的勇敢,并问他需要什么,白孝德回答说:"希望挑选五十名骑兵作为后援,并请求大军在后面擂鼓叫喊以助威。"李光弼拍着白孝德的肩膀鼓励他出战。白孝德挟着两根长矛,策马横过河流而进。当白孝德渡过一半时,仆固怀恩道贺说:"白孝德胜利了。"李光弼说:"你怎么能够知道呢?"仆固怀恩回答说:"看白孝德手握缰绳轻松的样子,就可以知道他必能取胜。"刘龙仙很轻视白孝德,仍然像起初那样谩骂。白孝德怒目大声呼喊,跃马挥矛上前来搏击。这时城上也擂鼓呐喊,五十名骑兵从后面杀出。刘龙仙逃到河堤上,被白孝德追到,斩下首级而回。

史思明有好马一千多匹,每天都出来在黄河南岸的沙洲上洗浴,往复不停,以显示马多。李光弼命令把军中的母马都挑选出来,共有五百匹,把马驹都圈在城内,而把母马放出去。史思明的战马看见这些母马后,都纷纷渡过黄河来追赶,被李光弼的士卒全部赶入城中。史思明十分愤怒,就漂火船想要烧毁浮桥。李光弼预先准备了许多一百尺长的木杆,用大木头撑住其根,把用毛毡包裹的铁叉安置在长杆的前端,迎着火船并叉住他们,使火船无法前进,不久就自行烧毁。

史思明出兵于河清县,想要断绝李光弼的粮道,李光弼就率兵进驻野水渡以防备叛军。到了晚上,李光弼回军河阳,留下兵力一千人,让部将雍希颢率领这些人守卫营栅,并说:"叛军大将高庭晖与李日越,都是万人难敌的勇将。如果他们来了,不要与他们交战;如果投降,就与他们一起回来。"众将领都不理解李光弼所说的意思,所以都私下发笑。不久史思明果然对李日越

曰："李光弼长于凭城，今出在野。汝以铁骑宵济，为我取之，不得，则勿返。"日越将五百骑晨至栅下，问曰："司空在乎？"希颢曰："夜去矣。"日越曰："失光弼而得希颢，我死必矣。"遂请降。希颢与之俱见光弼，光弼厚待之，任以心腹。高庭晖闻之亦降。或问光弼："降二将何易也？"光弼曰："思明常恨不得野战，闻我在外，以为必可取。日越不获我，势不敢归。庭晖才勇过于日越，闻日越被宠任，必思夺之矣。"

思明复攻河阳，光弼谓李抱玉曰："将军能为我守南城二日乎？"抱玉曰："过期何如？"光弼曰："过期而救不至，任弃之可也。"抱玉许诺，勒兵拒守。城且陷，抱玉绐之曰："吾粮尽，明旦当降。"贼敛军以待之。抱玉缮完城备，明旦，复请战，出奇兵夹击，杀伤甚众。

时光弼屯中潬，城外置栅，栅外穿堑。贼将周挚攻之，光弼命镇西行营节度使荔非元礼出劲卒于羊马城以拒贼。贼填堑八道，开栅为门。光弼使问元礼曰："中丞视贼填堑开栅，晏然不动，何也？"元礼曰："司空欲守乎，战乎？"光弼曰："欲战。"元礼曰："欲战，则贼为吾填堑，何为禁之！"光弼曰："善，吾所不及，勉之！"元礼俟栅开，帅敢死士突出奋击，破之。

说:"李光弼善于凭借城池而战,现在出兵在野外。你率领精锐骑兵连夜渡过黄河,为我把他抓获,如果抓不到,你就不要回来见我。"于是李日越率领五百名骑兵早晨来到野水渡的营栅下,问道:"李司空在吗?"雍希颢说:"李司空晚上已经走了。"李日越说:"现在失掉了李光弼,就是抓住了雍希颢回去,我也免不了一死。"于是就请求投降。雍希颢与李日越一起来见李光弼,李光弼十分礼待李日越,并把他作为自己的亲信将领。高庭晖知道这件事后,也来投降。有人问李光弼说:"你为什么这么容易就招降了史思明的两员大将?"李光弼说:"史思明常恨不能与我在野外交战,得知我在城外,就以为一定能够抓到我。李日越没有抓到我,必定不敢回去。高庭晖的智谋和勇气都在李日越之上,听说李日越受到重用和信任,一定想着要夺得李日越的地位。"

史思明又率兵进攻河阳,李光弼对郑陈节度使李抱玉说:"李将军能够为我坚守南城两天吗?"李抱玉说:"超过两天以后怎么办?"李光弼说:"如果超过两天而救兵不来,任你随便放弃。"李抱玉答应,然后整兵守城。当城快要被攻陷时,李抱玉就欺骗叛军说:"我们的粮食已经吃尽,明天就投降。"叛军听后就收兵等待。李抱玉乘机修补城池,准备守具,第二天早晨,又请求交战,并派出一支奇兵到叛军背后,内外夹击,叛军死伤众多。

当时李光弼亲自率兵驻扎在中潬,在城外设置了木栅,栅外又挖了壕沟。叛军大将周挚率兵来攻打中潬,李光弼命令镇西行营节度使荔非元礼率领精兵在城外的低垣内迎击叛军。叛军在城外填埋了八条道路,又打开木栅作为出口。李光弼派人问荔非元礼说:"你看见叛军填壕开栅准备通过,却安然不动,这是为什么呢?"荔非元礼说:"李司空您是想坚守呢,还是想出战呢?"李光弼说:"想要出战。"荔非元礼说:"如果想出战,那么叛军正是在为我们填壕,为什么要禁止他呢!"李光弼说:"你的计策好,这是我没有想到的,希望你好好干!"荔非元礼等到叛军打开栅门时,就率领敢死队突然杀出攻打叛军,打败了叛军。

周挚复收兵趣北城。光弼入，登城望曰："贼兵多而不整，不足畏也。不过日中，保为诸君破之。"乃命出战。及期，不决，召诸将问曰："贼阵何方最坚？"曰："西北隅。"命郝廷玉当之。又问其次，曰："东南隅。"命论惟贞当之。令诸将曰："尔辈望吾旗而战，吾飐旗缓，任尔择利，吾急飐旗三至地，则万众齐入，死生以之，少退者斩！"又以短刀置靴中，曰："战，危事，吾国之三公，不可死贼手，万一不利，诸君死敌，我自刭，不令诸君独死也。"再战，廷玉奔还，光弼惊，命取其首。廷玉曰："马中箭，非敢退也。"易马遣之。仆固怀恩小却，光弼又命取其首。怀恩更前决战。光弼连飐其旗，诸将齐进致死，呼声动天地，贼众大溃，思明及挚皆遁去。

十一月，商州刺史韦伦发兵讨荆、襄，平之。

康楚元等众至万余，伦发兵讨之，生擒楚元，得其所掠租庸二百万缗，荆、襄皆平。

贬第五琦为忠州长史。

乾元钱、重轮钱与开元钱三品并行，民争盗铸，货轻物重，谷价腾踊，饿殍相望，言者皆归咎于琦，故贬之。御史

周挚又收兵逼近北城。李光弼立刻率兵到了北城，登上城头望着叛军说："敌人虽然兵多，但队伍不整齐，用不着惧怕。过不了中午，我保证为大家打败敌人。"于是就命令众将领出战。到了中午，还没有决出胜负，于是李光弼就把众将领召来问道："叛军的阵势哪里最强？"他们说："西北方向最强。"李光弼就命令部将郝廷玉到西北面守卫。李光弼又问其次是哪里最强，众将领说："东南方向。"于是李光弼就命令部将论惟贞去东南面坚守。然后李光弼命令众将领说："你们都看着我的旗子作战，如果我的旗子挥动缓慢，就任凭你们选择有利时机出战，如果我急速往地上挥动旗子三下，你们就全军齐发，冒死前进，稍后退者杀！"然后李光弼又把一把短刀放置在自己的靴子中，并说："战斗是危险的事情，我身为国家三公之一的司空，不能够死于叛军之手，万一战斗失败，大家在前面死于敌手，我就在这里自刎而死，决不会只让大家战死。"于是再次交战，郝廷玉败下阵来，李光弼大为吃惊，命令左右的人前去把他的头颅割下来。郝廷玉说："是我的坐骑中箭，并不是我怯战退了下来。"李光弼就命令给他换了一匹马，然后让郝廷玉重新上阵。仆固怀恩稍有退却，李光弼又命令左右的人把他的头颅割下来。于是仆固怀恩重新上前决战。李光弼不断地挥动着手中的指挥旗，众将领都冒死一齐进攻，呼喊之声惊天动地，叛军大败，史思明与周挚都落荒而逃。

十一月，商州刺史韦伦发兵讨伐占据着荆州和襄州的康楚元等人，平定了他们。

康楚元等人的兵众达到一万余人，商州刺史韦伦发兵讨伐他们，生擒了康楚元，缴获了康楚元所掠夺的租庸二百万缗钱，荆州与襄州都被平定。

唐肃宗贬第五琦为忠州长史。

根据第五琦的建议所铸造的乾元钱、重轮钱，与开元钱一起流通，民间争相盗铸，致使钱轻物重，粮价暴涨，饿殍遍野，上言的人都把此事归罪于第五琦，所以唐肃宗贬斥了第五琦。御史

大夫贺兰进明坐琦党,亦贬溱州司马。

十二月,史思明寇陕,卫伯玉击却之。

史思明遣其将李归仁将铁骑五千寇陕州,神策兵马使卫伯玉以数百骑破之,得马六百匹。

庚子(760) 上元元年

春正月,以李光弼为太尉兼中书令。 以郭子仪领邠宁、鄜坊节度使。

党项等羌吞噬边鄙,将逼京畿,乃分邠宁为鄜坊节度,以邠州刺史桑如珪、鄜州刺史杜冕领之,分道招讨。而以郭子仪领两道节度,留京师,假其威名以镇之。

二月,李光弼攻怀州,与史思明战,破之。 第五琦除名,流夷州。

或告琦受人金二百两,遣御史刘期光按之。琦曰:"二百金不可手掣,若付受有凭,请准律科罪。"期光奏琦已服罪,故有是命。

三月,李光弼破安太清于怀州。夏四月,破史思明于河阳。 以韦伦为山南东道节度使,寻以来瑱代之。

襄州将张维瑾、曹玠杀节度使史翙,据州反。制以伦为节度使。时李辅国用事,节度使皆出其门。伦既朝廷所除,又不谒辅国,寻改秦州防御使,以来瑱镇襄阳。瑱至,维瑾等降。

大夫贺兰进明因是第五琦的同党而受到牵连,也被贬为溱州员外司马。

十二月,史思明的军队攻打陕州,被卫伯玉击退。

史思明派遣部将李归仁率领精锐骑兵五千进攻陕州,神策兵马使卫伯玉率领数百名骑兵打败了李归仁,缴获战马六百匹。

庚子(760)　唐肃宗上元元年

春正月,唐肃宗任命李光弼为太尉兼中书令。　唐肃宗又任命郭子仪兼任邠宁、鄜坊节度使。

党项等羌族侵吞唐朝的边疆,将要逼近京郊地区,于是唐朝从邠宁节度使分出鄜坊节度使,分别任命邠州刺史桑如珪与鄜州刺史杜冕为邠宁节度副使和鄜坊节度副使,分道招抚讨伐党项等羌族。而任命郭子仪兼任两道节度使,留在京师,假借他的威名以镇抚党项。

二月,李光弼率兵攻打怀州,与史思明交战,打败了史思明。第五琦被削除名籍,流放到夷州。

有人告发说第五琦接受了别人贿赂的黄金二百两,于是唐肃宗派御史刘期光去审问。第五琦说:"二百两黄金又不能放在手里拿着,如果证据确凿,请按法律处置。"但刘期光却上奏说第五琦已经服罪,所以第五琦被除名流放。

三月,李光弼在怀州打败叛军将领安太清。夏四月,李光弼在河阳打败史思明。　唐肃宗下制书任命韦伦为山南东道节度使,不久又任命来瑱取代他。

襄州将领张维瑾与曹玠杀害了山南东道节度使史翙,占据州城反叛。唐肃宗下制书任命陇州刺史韦伦为山南东道节度使。当时宦官李辅国专权用事,节度使的任命都要经过他的许可。韦伦的节度使职务既然是朝廷所任命,又没有去拜见李辅国,所以不久就被改授为秦州防御使,而任命陕西节度使来瑱为山南东道节度使,镇抚襄阳。来瑱到达襄阳后,张维瑾等人即向他投降。

闰月,以王思礼为司空。

武德以来,不为宰相而拜三公自此始。

追谥太公望为武成王。 **五月,以苗晋卿行侍中。**

晋卿练达吏事,而谨身固位,时人比之胡广。

吕諲罢。

宦官马上言受赂,为人求官于諲,諲为补官。事觉,上言杖死,諲罢。

以刘晏为户部侍郎,充度支、铸钱、盐铁等使。

晏善治财利,故用之。

六月,桂州破西原蛮。 **羌、浑寇凤翔,节度使崔光远破之。** **敕小钱一当十,其重轮者当三十。**

三品钱行浸久,属岁荒,米斗至钱七千,人相食。京兆捕私铸者,数月间,榜死者八百余人,不能禁。乃敕开元钱与乾元小钱皆当十,其重轮者当三十。

兴王佋卒。

佋,张后之子也。张后数欲危太子,太子以恭逊取容。会佋卒,后幼子定王侗幼,太子位遂定。

秋七月,李辅国迁太上皇于西内。

上皇爱兴庆宫,自蜀归,即居之。上时自夹城往起居,上皇亦时至大明宫。陈玄礼、高力士侍卫,上又命玉真公

闰四月，唐肃宗拜授河东节度使王思礼为司空。

唐高祖武德年间以来，王思礼是第一个没有做过宰相而拜为三公的人。

唐朝追赠西周的姜太公吕望谥号为武成王。　五月，唐肃宗任命太子太傅苗晋卿为侍中。

苗晋卿善于处理政事，但处事谨慎，明哲保身，当时的人们都把他比作东汉的胡广。

吕䛒被罢免宰相职务。

宦官马上言接受了贿赂，为行贿人向兵部侍郎、同中书门下三品吕䛒求官，吕䛒就将此人补选为官。这件事情被揭发，马上言受杖刑而死，吕䛒被罢免宰相职务。

唐肃宗任命刘晏为户部侍郎，兼任度支、铸钱、盐铁等使。

刘晏善于理财，所以唐肃宗重用他。

六月，桂州上奏说打败了西原蛮。　羌族和浑族军队侵犯凤翔，被凤翔节度使崔光远打败。　唐肃宗下敕命令小钱以一当十使用，重轮钱以一当三十使用。

开元钱、乾元重宝钱与重轮钱等三种钱流通已久，适逢年荒，每斗米价值达七千钱，甚至发生了人吃人的现象。京兆府抓捕私自铸钱的人，几个月之间，被打死的就有八百多人，但还是不能禁止。于是唐肃宗下敕命令开元钱与乾元重宝小钱都以一当十使用，重轮钱以一当三十使用。

兴王李佋去世。

李佋是张皇后的儿子。张皇后多次想要动摇太子李豫的地位，太子总是恭恭敬敬地讨好张皇后。这时兴王李佋去世，张皇后的小儿子定王李侗年纪还幼小，太子李豫的地位才得以确定。

秋七月，宦官李辅国把唐玄宗迁移到西内居住。

唐玄宗非常喜欢兴庆宫，所以从蜀中返回长安之后，就一直居住在兴庆宫中。唐肃宗经常从夹城中去兴庆宫向唐玄宗问候请安，唐玄宗也经常到大明宫中来看望唐肃宗。左龙武大将军陈玄礼与内侍监高力士侍奉护卫唐玄宗，唐肃宗又命令玉真公

主、如仙媛及梨园弟子往娱侍之。上皇多御长庆楼，父老过者往往瞻拜，呼万岁，上皇常于楼下置酒食赐之。又尝召将军郭英乂等上楼赐宴。

李辅国言于上曰："上皇居兴庆宫，日与外人交通，玄礼、力士谋不利于陛下。今六军将士尽灵武勋臣，皆反仄不安，臣不敢不以闻。"上泣曰："圣皇慈仁，岂容有此！"对曰："上皇固无此意，其如群小何！陛下当为社稷大计消乱于未萌，岂得徇匹夫之孝！且兴庆浅露，非至尊所宜居。大内深严，奉迎居之，有何不可！"

又令六军将士叩头请之，上泣不应。会上不豫，辅国矫称上语迎上皇游西内，辅国将射生五百骑，露刃遮道奏曰："皇帝以兴庆宫湫隘，迎上皇迁居西内。"上皇惊，几坠马。高力士曰："李辅国何得无礼！"叱令下马。力士因宣上皇诰曰："诸将士各好在！"将士皆纳刃，再拜，呼万岁。力士又叱辅国共执上皇马鞚，侍卫如西内。侍卫兵才尪老数十人，玄礼、力士皆不得留左右。辅国遂与六军大将素服见上，请罪。上曰："卿等防微杜渐，以安社稷，何所惧也！"刑部尚书颜真卿首帅百僚上表，请问上皇起居。辅国恶之，奏贬蓬州长史。

主、如仙媛及梨园弟子去侍奉唐玄宗,使他高兴。唐玄宗经常登临长庆楼,经过的父老百姓看见后,总是下拜,并高喊万岁,唐玄宗就经常在楼下设置酒宴赏赐他们。唐玄宗又曾经把将军郭英义等召上楼宴请他们。

李辅国对唐肃宗说:"上皇居住在兴庆宫中,每天都与外面的人交结,特别是陈玄礼与高力士,在谋划做不利于陛下的事。现在禁军的六军将士都是在灵武拥立陛下即位的元勋功臣,他们都议论纷纷,心中不安,所以我不敢不向陛下报告此事。"唐肃宗听后哭泣着说:"父皇仁慈,怎么会有那种事呢!"李辅国又说:"上皇固然不会做那种事,但在他周围的那些小人就难说了!陛下应该为国家的前途着想,把内乱消除于未萌芽之时,怎么能够遵从凡夫之孝而误了国家的大事呢!再说兴庆宫墙垣低矮,不适合于上皇居住。而皇宫内戒备森严,把上皇迎进来居住,有什么不好呢!"

李辅国又命令禁军六军将士在唐肃宗面前叩头请求将唐玄宗移居到西内,唐肃宗哭泣着没有答应。适逢唐肃宗患病,李辅国就伪称唐肃宗有话,迎接唐玄宗到西内游玩,然后李辅国就率领殿前射生手骑兵五百,手持出鞘的刀拦住道路,向唐玄宗上奏说:"皇上说兴庆宫低卑狭小,让我们来迎接上皇迁居到西内。"唐玄宗听后十分惊恐,差一点坠下马背。这时高力士说:"李辅国你怎么能如此无礼!"并且喝令他下马。然后高力士宣布唐玄宗的诰命说:"诸位将士不要无礼!"于是这些将士都收起了刀,拜了两拜,高呼万岁。高力士又斥责李辅国,让他与自己一起拉着唐玄宗的马缰绳,护卫着到了西内。留下的侍卫兵只有老弱病残数十人,陈玄礼与高力士都不能够留在唐玄宗的左右。然后李辅国与六军将领身着白衣服去晋见唐肃宗,向他请罪。唐肃宗说:"你们防微杜渐,之所以这么做,是为了安定国家,又有什么可害怕的呢!"刑部尚书颜真卿首先率领百官上表书,询问唐玄宗的起居饮食。因此遭到李辅国的忌恨,就上奏把颜真卿贬为蓬州长史。

高力士流巫州，陈玄礼勒致仕，更选后宫百余人，以备洒扫。令万安、咸宜二公主视服膳。四方所献珍异，先荐上皇。然上皇日以不怿，因不茹荤，辟谷，浸以成疾。上初犹往问安，既而上亦有疾，但遣人起居。其后上稍悔寤，恶辅国，欲诛之，畏其握兵，竟不能决。

命郭子仪出镇邠州。

或上言："天下未平，不宜置郭子仪于散地。"命出镇邠州，党项遁去。

制郭子仪统诸道兵取范阳，定河北，不果行。

制下旬日，为鱼朝恩所沮，事竟不行。

冬十一月，江淮都统刘展反。

李铣、刘展皆领淮西节度副使。铣贪暴不法，展刚强自用，节度使王仲昇奏铣罪而诛之。又使监军邢延恩入奏："展倔强不受命，请除之。"延恩因说上："请除展江淮都统，代李峘，俟其释兵赴镇，中道执之。"上从之，以展为江淮都统，密敕李峘及淮东节度使邓景山图之。

延恩以制书授展，展疑之，曰："江淮租赋所出，今之重任，展无勋劳，一旦恩命如此，疑有谗人间之。事苟不欺，印节可先得乎？"延恩惧，乃驰诣广陵，解峘印节以授展。

高力士被流放到巫州，陈玄礼被勒令退休，唐肃宗另行从后宫中挑选了一百余人，安置在西内侍奉唐玄宗。唐肃宗又命令万安公主与咸宜公主侍候唐玄宗的穿衣吃饭。对于各国各地所进献的美味佳肴，唐肃宗都先送给唐玄宗品尝。但是唐玄宗的心情越来越不好，又因为不吃肉菜，修炼辟谷之术，所以逐渐患了疾病。唐肃宗开始时还去问候请安，不久唐肃宗也患病，只派人去问候日常生活。后来唐肃宗逐渐有所悔悟，憎恨李辅国，想要杀掉他，但又畏惧他手握兵权，犹豫不决。

唐肃宗命令郭子仪出镇邠州。

有人上言说："天下还没有平定，不应该剥夺郭子仪的实权，而任命他为闲官。"因此唐肃宗命郭子仪出镇邠州，党项军队闻风而退。

唐肃宗下制书命令郭子仪统帅各路兵马攻取范阳，然后平定河北，但最终没有施行。

制书颁下后十天，因为受到宦官鱼朝恩的阻挠，最终没有施行。

十一月，江淮都统刘展反叛。

御史中丞李铣与宋州刺史刘展都兼任淮西节度副使。李铣贪婪残暴，不守法纪，刘展为人刚愎自用，淮西节度使王仲昇先上奏说李铣有罪，因而诛杀了他。然后又派监军邢延恩入朝上奏说："刘展倔强不服从命令，请求除掉他。"邢延恩借机对唐肃宗献计说："请求任命刘展为江淮都统，以代替李峘，等到他交出兵权赴任时，在半道上把他抓住。"唐肃宗听从了邢延恩的建议，于是就任命刘展为江淮都统，并下密敕给旧都统李峘与淮南东道节度使邓景山，让他们设法除掉刘展。

邢延恩把任命的制书授给刘展时，刘展心中生疑，于是对他说："江淮地区是国家租赋的主要产地，江淮都统是一个十分重要的职务，我刘展没有显赫的功勋，而一下子受到如此的重用和信任，我怀疑有小人从中挑拨。如果不是在欺骗我，可以把江淮都统的印玺和旌节先授给我吗？"邢延恩听后心中惧怕，于是就驰马到广陵，解下李峘的江淮都统印玺与旌节，然后授给刘展。

展乃上表谢恩,牒追江淮亲旧,置之心膂,悉举宋州兵七千趣广陵。

延恩奔还广陵,与李峘、邓景山发兵拒之,移檄州县,言展反。展亦移檄言峘反,州县莫知所从。峘引兵渡江,屯京口,邓景山将万人屯徐城。展素有威名,江淮人望风畏之。使其将孙待封击景山,景山众溃,展遂入广陵,遣屈突孝标徇濠、楚,王暅略淮西。

展军白沙,设疑兵,若将趣北固者,李峘悉兵拒守。展乃自上流济,袭下蜀,峘军溃,奔宣城,展遂陷昇、润州。

李光弼拔怀州,擒安太清。　敕平卢兵马使田神功讨刘展。

李峘之去润州也,副使李藏用谓峘曰:"处尊位,食重禄,临难而逃之,非忠也;以数十州之兵食,三江、五湖之险固,不发一矢而弃之,非勇也。失忠与勇,何以事君!藏用请收余兵,竭力以拒之。"峘乃悉以后事授藏用。藏用收散卒,募壮士,得二千余人,立栅以拒展。战败,奔杭州。展诸将遂陷宣、苏、湖、濠、楚、舒、和、滁、庐等州,所向摧靡,横行江淮间。

时平卢兵马使田神功将兵三千屯任城,邓景山奏乞敕神功救淮南,且遣人趣之,许以淮南金帛子女为赂,神功及所部皆喜,悉众南下。展惧,选精兵渡淮击神功,连战皆败,神功入广陵。

刘展于是上表谢恩,并发文书召来在江淮地区的亲信,委以重任,然后率领宋州的所有七千兵赶往广陵赴任。

邢延恩奔回广陵,与李峘、邓景山一起发兵抵挡刘展,并下檄书给各州县,说刘展谋反。刘展也发布檄书说李峘反,各州县不知道究竟谁是谁非。李峘率兵渡过长江,驻守在京口,邓景山率兵一万人驻扎在徐城县。刘展因为素负威名,所以江淮地区的人们都对他闻风丧胆。刘展派部将孙待封率兵攻打邓景山,邓景山的军队溃败,于是刘展率兵进入广陵,又派他的部将屈突孝标率兵攻掠濠州、楚州,派王暀率兵侵犯淮西。

刘展率兵驻扎在白沙,却在瓜州布设疑兵,好像要从这里进攻北固山,因此李峘率领所有的军队守卫京口准备抵御刘展的进攻。但刘展却从上游渡过长江,袭击了下蜀,李峘的军队不战而溃,李峘逃奔宣城,于是刘展攻占了昇州和润州。

李光弼率兵攻克怀州,生擒了叛军守将安太清。　唐肃宗下敕书给平卢兵马使田神功,命他率兵讨伐刘展。

李峘弃润州而逃时,副使李藏用对李峘说:"你占据着重要的职位,享受着朝廷丰厚的俸禄,却临难而逃,这是不忠诚;你掌握数十州的重兵,粮饷充足,又守着襟带三江、五湖的战略要地,面对反叛的敌人却不放一箭而弃城逃跑,是怯懦胆小的表现。丧失忠心和勇敢,还怎么做君主的臣子呢!我请求收罗残兵,尽力抗拒敌人。"于是李峘就把后事全部委托给李藏用。李藏用收集散兵,招募勇士,募得二千人,修治栅垒准备抵御刘展。李藏用战败,逃奔杭州。刘展的部将于是攻占了宣州、苏州、湖州、濠州、楚州、舒州、和州、滁州、庐州等州,所向披靡,横行于江淮地区。

当时平卢兵马使田神功率兵三千人驻扎在任城,邓景山上奏唐肃宗请求下敕书命令田神功救援淮南,并派人催促田神功出兵,许诺战胜后把淮南的财物女人都送给田神功,田神功与部下听后都十分欢喜,就全军南下。刘展得知田神功率平卢兵马来讨伐,心中惧怕,于是就挑选精兵渡过淮河攻打田神功,连战连败,因此田神功率兵进入广陵。

辛丑（761） 二年

春正月，田神功击刘展，斩之，余党皆平。

田神功使杨惠元、范知新等分道击刘展。知新至下蜀，展拒击之，将军贾隐林射展中目，遂斩之。惠元破王暅于淮南，孙待封诣李藏用降，余党皆平。平卢军大掠十余日。安史之乱，兵不至江淮，至是其民始罹荼毒矣。

二月，李光弼与史思明战于邙山，败绩，河阳、怀州皆陷。

或言："洛中将士皆燕人，久戍思归，上下离心，急击之，可破也。"鱼朝恩以为信然，屡言之，上敕李光弼等进取东京。光弼奏："贼锋尚锐，未可轻进。"仆固怀恩勇而愎，麾下皆蕃、汉劲卒，恃功，多不法，郭子仪宽厚，曲容之，每用兵，倚以集事。光弼一裁之以法，怀恩不悦，乃附朝恩，言东都可取。由是中使相继督光弼出师，光弼不得已，将兵会朝恩等攻洛阳，陈于邙山。

光弼命依险而陈，怀恩陈于平原，光弼曰："依险则可进可退，若陈平原，战而不利则尽矣。思明不可忽也。"命移于险，怀恩复止之。史思明乘其未定，薄之，官军大败，走保闻喜，河阳、怀州皆没于贼。朝廷闻之，大惧，益兵屯陕。

辛丑(761) 唐肃宗上元二年

春正月,平卢兵马使田神功率兵攻打刘展,将他斩杀,从而平定了他的残余势力。

田神功派遣杨惠元与范知新等分别攻打刘展。范知新率兵到达下蜀,刘展率兵迎击,将军贾隐林用箭射中了刘展的眼睛,于是斩杀了刘展。杨惠元在淮南打败了王暅,孙待封向李藏用投降,刘展的残余势力全都被平定。平卢军大肆抢掠十多天。安史之乱期间,叛军没有到达江淮地区,这时江淮地区的百姓也遭受到战乱的蹂躏。

二月,李光弼率兵与史思明在邙山交战,李光弼大败,河阳和怀州都被史思明攻占。

有人说:"洛中的叛军将士都是燕地人,因长期戍守洛中,都思归故乡,所以军中上下离心离德,这时攻打他们,就可以将他们打败。"陕州观军容使鱼朝恩深信不疑,所以多次在唐肃宗前提到此事,于是唐肃宗下敕书命令李光弼等人去攻取东京。李光弼上奏说:"叛军的士气还很盛,不可轻举冒进。"朔方节度使仆固怀恩生性勇敢,但刚愎自用,他的部下都是蕃、汉劲旅,他们依仗有功,多行不法之事,郭子仪生性宽厚,对他们委曲包容,每当用兵作战之时,都依靠他们取得成功。而李光弼却将他们一一绳之以法,所以仆固怀恩心中不满,于是就附和鱼朝恩的意见,说东都可以攻取。因此唐肃宗不断地派遣宦官督促李光弼出兵,李光弼迫不得已,于是率兵会同鱼朝恩等人攻打洛阳,在邙山摆开战阵。

李光弼命令军队依靠险要地势布阵,而仆固怀恩却率兵布阵于平原地带,李光弼说:"如果依靠险要地势布阵就进可攻而退可守,如果在平原地带布阵,交战不利就会全军覆没。对史思明绝不可轻视。"然后命令军队转移到险要的地方布阵,又被仆固怀恩制止。史思明乘着官军立足未稳之机,率兵逼近,官军被打得大败,李光弼与仆恩率兵退保闻喜,河阳、怀州都落入叛军之手。朝廷得知官军战败后,十分恐惧,便增加兵力驻守陕州。

贬李揆为袁州长史，**以萧华同平章事。**

荆南节度使吕𬤇以善政闻，李揆与𬤇不相悦，恐其复入相，阴使人求𬤇过失。𬤇上疏自讼，乃贬揆而相华。

三月，**史朝义杀史思明。**

史思明猜忍好杀，群下人不自保。朝义，其长子也，无宠，爱少子朝清，使守范阳，常欲杀朝义，立朝清为后。既破李光弼，欲乘胜西入关，使朝义袭陕，自将大军继之。朝义数进兵皆败，思明诟怒，欲斩之，朝义忧惧。

部将骆悦、蔡文景说之曰："悦等与王，死无日矣！古有废立，请召曹将军谋之。王苟不许，今归李氏矣。"朝义召思明宿卫将曹将军者，以其谋告之，遂以兵入，射思明杀之。朝义即伪位，使人至范阳杀朝清并不附己者数十人。诸部旧将皆思明故等夷，召之多不至，略相羁縻而已。

贬李光弼为开府仪同三司。

光弼上表求自贬也。

夏四月，**梓州刺史段子璋反**，**讨平之。**

段子璋骁勇，从上皇在蜀有功，东川节度使李奂奏替之，子璋举兵袭奂于绵州。道过遂州，杀刺史虢王巨。奂战败，奔成都，子璋自称梁王，陷剑州。西川节度使崔光远与奂共攻，斩之。

唐肃宗贬李揆为袁州长史，并任命萧华为同平章事。

荆南节度使吕谭以治理有政绩而闻名，李揆因为与吕谭有矛盾，恐怕吕谭再次入朝任宰相，于是就私下派人去搜求吕谭的过失。吕谭上疏为自己辩解，因此唐肃宗贬李揆为袁州长史，而任命萧华为宰相。

三月，史朝义杀死史思明。

史思明生性多疑残忍，好杀无辜，所以弄得部下人人自危。史朝义是史思明的长子，但不受宠爱，而史思明喜爱小儿子史朝清，让他留守范阳，所以常常想要杀掉史朝义，立史朝清为太子。史思明打败李光弼后，想要乘胜向西攻入潼关，于是命令史朝义率兵袭击陕城，而自己率领大军在后面跟进。史朝义多次进攻都被打败，史思明十分愤怒，责骂史朝义，想要杀掉他，因此史朝义非常忧愁恐惧。

这时史朝义的部将骆悦、蔡文景劝他说："我骆悦等人与大王已经死到临头了！废立君主的事自古就有，请把曹将军召来共同谋划大事。大王如果不答应，我们现在就去归顺李唐朝廷。"于是史朝义召来保卫史思明的将领曹将军，把谋杀史思明的计划告诉了他，然后骆悦率兵进入史思明的住所，用箭射中史思明，后又杀死了他。史朝义即伪皇帝位，派人到范阳杀死史朝清以及数十名不依附于自己的人。叛军各部的旧将都是史思明的故旧，与史思明地位相当，所以史朝义召见他们，他们大多不来，只是相互之间名义上维持君臣关系而已。

唐肃宗下诏贬李光弼为开府仪同三司。

这是因为李光弼上表请求将自己贬官。

夏四月，梓州刺史段子璋反叛，被讨伐平定。

段子璋作战勇猛，随从唐玄宗在蜀中有战功，东川节度使李奂上奏请求取代他，所以段子璋起兵在绵州攻打李奂。段子璋路过遂州时，杀害了遂州刺史虢王李巨。李奂战败，逃往成都，段子璋自称梁王，并攻占了剑州。西川节度使崔光远与李奂一起攻打段子璋，杀死了他。

复以李光弼为太尉,统八道行营镇临淮。 秋七月朔,日食,既,大星皆见。

八月,加李辅国兵部尚书。

辅国求为宰相,上曰:"以卿之功,何官不可为! 其如朝望未允何?"辅国乃讽仆射裴冕等使荐己。冕曰:"吾臂可断,宰相不可得!"上大悦,辅国衔之。

九月,置道场于三殿。

上以天成地平节,于三殿置道场,以宫人为佛、菩萨,北门武士为金刚神王,召大臣膜拜围绕。

制去尊号及年号,以建子月为岁首。

制除五品以上官,令举一人自代。 江淮大饥。 冬十月,楚州牙将高幹杀其刺史李藏用。

江淮都统崔圆署李藏用为楚州刺史。会度支租庸使以刘展之乱,诸州用物无准,奏请征验。诸将往往卖产以偿之。藏用恐其及己,尝与人言,颇有悔恨。其牙将高幹挟故怨,告藏用反,袭杀之。崔圆遂薄责藏用将吏,将吏皆附成其状。独孙待封坚言不反,圆命斩之。或谓曰:"子何不从众以求生!"待封曰:"吾始从刘大夫,奉诏书来赴镇,人谓吾反。李公起兵灭刘大夫,今又以李公为反。如此,谁则非反者! 吾宁就死,不能诬人以非罪。"遂斩之。

建子月,受朝贺,如正旦仪。 贬刘晏为通州刺史。

唐肃宗重又任命李光弼为太尉,统帅八道行营之兵镇抚临淮郡。 秋七月初一,发生日全食,大星都出现在天空。

八月,唐肃宗加授李辅国为兵部尚书。

李辅国请求担任宰相,唐肃宗说:"按照你的功劳,有什么官职不可以担任呢! 只是恐怕朝廷大臣不服气,怎么办呢?"李辅国就暗示仆射裴冕等人,让他们举荐自己。裴冕说:"我的手臂可断,而李辅国的宰相不可得!"唐肃宗得知后十分高兴,而李辅国却从此怨恨裴冕。

九月,唐肃宗在三殿设置道场。

唐肃宗于天成地平节这一天,在三殿设置道场,让宫人装扮成佛与菩萨,让北门武士装扮成金刚神王,召来大臣围绕着他们顶礼膜拜。

唐肃宗下制书去掉尊号及年号,把建子月作为每年的第一月。

唐肃宗下制书命令朝廷所任命的五品以上的官,让他们都举荐一人替代自己。 江淮地区发生大饥荒。 冬十月,楚州牙将高幹杀死刺史李藏用。

江淮都统崔圆任命李藏用为楚州刺史。适逢度支租庸使因为刘展之乱,各州支出的财物没有标准,上奏请求查验。诸将因此往往卖掉自己的家产用来补偿官府中的财物。李藏用害怕清算到自己,曾与人谈话,露出悔恨之意。李藏用的牙将高幹对他心怀旧怨,于是就告发说李藏用谋反,并攻打杀死了他。崔圆因此按照文簿一一盘问李藏用部下的将领官吏,他们都附和高幹的说法承认李藏用谋反。只有孙待封坚持说李藏用没有谋反,崔圆下令斩杀孙待封。有人对孙待封说:"你为什么不附和大家的意见而求得生存呢!"孙待封说:"我起始随从刘展大夫,奉行皇帝的诏书来赴任,人们都说我谋反。李藏用起兵消灭了刘展大夫,而现在又说李藏用谋反。这样说来,谁才算不是谋反的人呢! 我宁愿去死,也不能诬陷没有罪的人。"于是被崔圆杀掉。

建子月(十一月),唐肃宗接受百官的朝贺,仪式如正月初一的朝贺一样。 唐肃宗贬刘晏为通州刺史。

或告鸿胪卿康谦与史朝义通，事连司农卿严庄，俱下狱。京兆尹刘晏遣吏防守庄家，庄怨晏，告其道禁中语，矜功怨上。乃贬晏、庄而诛谦。

以元载为度支、盐铁、转运等使。
度支郎中元载敏悟善奏对，上爱其才，委以江淮漕运。数月，遂代刘晏掌财利。

载以江、淮虽经兵荒，其民犹有资产，乃案籍举八年租调之违负及逋逃者，计其大数而征之。择豪吏为县令督之，不问负之有无，察民有粟帛者发徒围之，籍其所有而中分之，甚者取八九，谓之白著。有不服者，严刑以威之。民聚山泽为群盗，州县不能制。

上朝太上皇于西内。
先是，山人李唐见上，上方抱幼女，谓唐曰："朕念之，卿勿怪也。"对曰："太上皇思见陛下，计亦如陛下之念公主也。"上泫然泣下，然畏张后，不敢诣西内。至是始往朝。

壬寅（762）　宝应元年
春建寅月，李光弼拔许州。　建卯月，河东军乱，杀其节度使邓景山。
初，王思礼为河东节度使，资储丰衍，积米百万斛。管崇嗣代之，为政宽弛，耗散殆尽。上闻之，以邓景山代之。

有人告发说鸿胪卿康谦与史朝义通谋，此事牵连到司农卿严庄，因此二人都被逮捕入狱。京兆尹刘晏派官吏防守严庄的家院，严庄因此怨恨刘晏，就告发说刘晏泄露了与皇帝谈话的内容，并自夸有功，怨恨皇上。唐肃宗于是将刘晏与严庄贬官，而诛杀了康谦。

唐肃宗任命元载为度支、盐铁、转运等使。

度支郎中元载生性聪明，善于奏对，唐肃宗爱惜他的才能，于是委任他掌管江淮地区的漕运事务。数个月之后，便取代刘晏，掌管财政事务。

元载认为江、淮地区虽然经历了兵荒马乱的年月，但百姓仍然拥有财产，于是就按照户籍查出八年拒交和欠交租调的逃赋户，然后估计一个大概数目进行征收。元载选择凶恶的官吏担任县令，让他们督办征收事宜，他们不管百姓是否拖欠租调，只要知道谁家有粮食布帛，就派人把他们的家包围起来，没收所有粮食布帛的一半，甚至拿走十分之八九，称之为白著。如果有不服的人，就施用严酷的刑罚威胁他们。因此有的百姓就聚集在山中河上成为强盗，州县无法制止。

唐肃宗到西内朝见唐玄宗。

先前，有一次隐士李唐见到唐肃宗，当时唐肃宗正抱着自己的小女儿，对李唐说："朕想念小女儿，你不要见怪。"李唐回答说："太上皇思念想要见到陛下，大概也如同陛下思念公主一样。"唐肃宗听后潸然泪下，但因为惧怕张皇后，所以不敢到西内去拜见。这时才去朝见唐玄宗。

壬寅（762） 唐肃宗宝应元年

春建寅月（正月），李光弼率兵攻克许州。 **建卯月（二月），河东军作乱，杀害了河东节度使邓景山。**

起初，王思礼担任河东节度使，储备了大量物资，积蓄粮米达一百万斛。后来管崇嗣取代王思礼担任节度使，因为治理不严，粮米损耗几尽。唐肃宗听说后，就任命邓景山取代管崇嗣。

景山至,钩校出入,将士隐没者皆惧。有裨将抵罪当死,诸将请之,不许。其弟请代之,亦不许。请入一马以赎罪,乃许之。诸将怒曰:"我辈曾不及一马乎!"遂杀景山。上以景山抚御失所以致乱,遣使慰谕以安之。诸将请以兵马使辛云京为节度使,从之。

行营兵杀都统李国贞、节度使荔非元礼。

绛州粮赐不充,朔方行营都统李国贞屡以状闻,朝廷未报,军中咨怨。又以国贞治军严,思郭子仪之宽,突将王元振因谋作乱,矫令于众曰:"来日修都统宅,具畚锸待命。"士卒皆怒,曰:"朔方健儿岂修宅夫邪!"元振帅之执国贞,置卒食于前,曰:"食此而役其力,可乎!"国贞曰:"修宅则无之,军食则屡奏而未报,诸君所知也。"众欲退,元振曰:"今日都统不死,则我辈死矣。"遂杀之。镇西、北庭行营兵亦杀其节度使荔非元礼,推裨将白孝德为帅,朝廷因而授之。

建辰月,赐郭子仪爵汾阳王,知诸道行营。

绛州诸军剽掠不已,朝廷忧其与太原乱军合,非新进诸将所能镇服,以郭子仪为汾阳王,知诸道节度行营兼兴平、定国等军副元帅,发京师粟帛数万以给绛军。

邓景山到任后，就清查出入粮米的账目，那些隐藏了粮米的将士都十分恐惧。有一位副将按罪应当处死，诸将为他求情，邓景山不答应。那位副将的弟弟请求代兄去死，邓景山也不答应。他们又请求交一匹马来赎取死罪，邓景山这才同意。诸将愤怒地说："我们的性命难道还不如一匹马吗！"于是起兵杀了邓景山。唐肃宗因为这次兵乱是邓景山治理不当所致，就派遣使者劝慰安抚他们。诸将请求任命都知兵马使辛云京为节度使，唐肃宗同意。

行营兵杀害朔方行营都统李国贞和镇西、北庭节度使荔非元礼。

绛州因为赏赐给将士的粮食不足，朔方行营都统李国贞多次向朝廷报告，朝廷都没有答复，所以军中将士心中怨恨。又因为李国贞治军严厉，将士们都思念郭子仪的宽厚，突将王元振乘机思谋作乱，就在将士面前假称有军令说："过几天让你们修造都统的住宅，各自准备好畚箕铁锹待命。"士兵们听后都很愤怒，说："我们朔方军的健儿难道是修造第宅的民夫吗！"于是王元振率领这些愤怒的士卒抓住了李国贞，把士兵们吃的食物摆在他前面，说："吃这样的东西还要役使他们修造第宅，能行吗！"李国贞说："修造第宅的事纯属子虚乌有，至于军粮问题，我已多次奏报朝廷，但没有得到答复，这是诸位都知道的事。"众将士听后想要退下去，王元振道："现在如果我们不杀死都统，我们就必死无疑了。"于是杀死了李国贞。镇西、北庭行营兵也杀害了他们的节度使荔非元礼，推举副将白孝德为节度使，朝廷也就正式任命白孝德为节度使。

建辰月（三月），唐肃宗赐郭子仪汾阳王爵位，并知诸道行营节度使。

驻扎在绛州的各道军队抢掠不止，朝廷担心他们与太原作乱的军队联合，绝不是新提拔的诸将所能镇服的，于是就封郭子仪为汾阳王，知诸道节度行营兼任兴平、定国等军副元帅，并调拨京师的粮食布帛数万以供给绛州的军队。

时上不豫,群臣莫得进见。子仪请曰:"老臣受命,将死于外,不见陛下,目不瞑矣。"上召入卧内,谓曰:"河东之事,一以委卿。"子仪至军,王元振自以为功,子仪曰:"吾为宰相,岂受一卒之私耶!"收元振及其党四十人,皆杀之。辛云京闻之,亦按诛杀邓景山者数十人。由是河东诸镇率皆奉法。

以来瑱为淮西、河南节度使。

召山南东道节度使来瑱赴京师,瑱乐在襄阳,讽将吏上表留己,复得还镇。吕𬤇及中使往来者言:"瑱曲收众心,恐久难制。"上乃割商、金、均、房别置观察使,令瑱止领六州。行军司马裴茙谋夺瑱位,密表瑱倔强难制,请以兵袭取之,上以为然。以瑱为淮西、河南节度使,外示宠任,实欲图之。密敕以茙代瑱为防御使。

萧华罢,以元载同平章事,领度支、转运使如故。

李辅国以求宰相不得,怨萧华,言华专权,请罢之,而相载。上不许,固请不已,上乃从之。

建巳月,楚州得宝玉十三枚。

楚州言,尼真如,恍惚登天,见上帝,赐以宝玉十三枚,云:"中国有灾,以此镇之。"群臣表贺。

太上皇崩。

当时唐肃宗身体患病,大臣们都不得晋见。郭子仪请求说:"我受命外任,将要死于朝外,如果不见陛下一面,死不瞑目。"于是唐肃宗将郭子仪召入内室,对他说:"河东的事情,全都托付给你了。"郭子仪来到军中,王元振自认为自己有功,郭子仪说:"我身为宰相,难道会接受一个士卒的私托吗!"于是收捕了王元振及其同党四十人,把他们全都杀掉。辛云京得知此事后,也审问出杀害邓景山的几十个人,将他们诛杀。因此河东诸镇兵大都遵守法令。

唐肃宗任命来瑱为淮西、河南节度使。

唐肃宗召山南东道节度使来瑱赴京师,来瑱因为喜欢在襄阳,于是就暗中指使将士官吏上表朝廷把自己留下,因此得以重返镇所。荆南节度使吕諲和往来出使的宦官上言说:"来瑱曲意收买人心,恐怕时间一长难以节制。"唐肃宗于是从山南东道分出商州、金州、均州、房州,另行设置观察使,让来瑱只管辖六个州。行军司马裴茙图谋夺取来瑱的职位,就秘密上表说来瑱桀骜不驯难以控制,并请求率兵攻打来瑱,唐肃宗同意他的意见。于是唐肃宗任命来瑱为淮西、河南节度使,表面上看是对他的宠信,实际上是想要图谋他。唐肃宗又下密敕让裴茙取代来瑱担任防御使。

唐肃宗罢免了萧华的宰相职务,任命元载为同平章事,仍然兼任度支、转运使。

李辅国因为想谋求宰相而没有得到,怨恨萧华,于是就在唐肃宗面前说萧华专权,请求罢免他的宰相职务,而任命元载为宰相。唐肃宗不同意,但李辅国不断地请求,唐肃宗只好采纳了他的意见。

建巳月(四月),楚州获得宝玉十三枚。

楚州刺史上表说,有一名叫真如的尼姑,在恍惚中登天,见到了上帝,上帝赐给他十三枚宝玉,并说:"中国如果发生了灾难,可用这些宝玉镇压。"大臣们上表祝贺。

唐玄宗驾崩。

太上皇崩，年七十八。上自仲春寝疾，闻上皇登遐，疾转剧，乃命太子监国。

复以建寅为正月。 帝崩，李辅国杀皇后张氏。

初，张后与辅国相表里，专权用事，晚更有隙。内射生使程元振党于辅国。上疾笃，后召太子谓曰："辅国久典禁兵，阴与程元振谋作乱，不可不诛。"太子泣曰："陛下疾甚危，不告而诛，必致震惊，恐不能堪也。"太子出，后召越王系，选宦官授甲，以诛辅国。元振知其谋，密告辅国，以兵送太子于飞龙厩，勒兵收系，迁后于别殿。时上在长生殿，使者逼后下殿，宦官宫人惊散。明日，上崩，辅国等杀后并系及兖王佋。

太子即位。

辅国引太子素服与宰相相见，遂即位。辅国恃功益横，明谓上曰："大家但居禁中，外事听老奴处分。"上内不能平，以其方握禁兵，外尊礼之，号为尚父而不名，事无大小皆咨之。群臣出入，皆先诣辅国，辅国亦晏然处之。

以李辅国司空兼中书令。 敕大小钱皆当一。

民始安之。

李光弼使田神功击史朝义，大破之。

史朝义自围宋州数月，城中食尽。果毅刘昌曰："仓中犹有曲数千斤，请屑食之，不过二十日，李太尉必救我。"李光弼至临淮，诸将以朝义兵尚强，请南保扬州。光弼曰：

唐玄宗驾崩，享年七十八岁。唐肃宗自开春以来就卧病不起，得知唐玄宗去世，病情加重，于是命令太子监理国政。

　　唐肃宗下诏重以建寅月为正月。　　**唐肃宗驾崩，李辅国杀掉皇后张氏。**

　　起初，张皇后与李辅国相互勾结，专权用事，后来二人产生了矛盾。内射生使程元振党附于李辅国。唐肃宗病重，张皇后召来太子对他说："李辅国长期掌握禁军，暗中与程元振图谋作乱，必须诛杀。"太子涕泣说："陛下病危，如果不告诉陛下而杀掉他们，必定会使陛下震惊，恐怕陛下承受不了。"太子出宫后，张皇后就召来越王李系，挑选宦官分发给他们兵器，命令他们诛杀李辅国。程元振知悉了张皇后的阴谋，密告了李辅国，于是派兵送太子到飞龙厩，然后率兵收捕了越王李系，把张皇后迁居到别殿。当时唐肃宗住在长生殿，使者逼迫张皇后下殿，宦官和宫人惊恐害怕，各自逃散。第二天，唐肃宗驾崩，李辅国等杀死张皇后与越王李系、兖王李侗。

　　皇太子李豫即皇帝位。

　　李辅国领着太子李豫，让他穿着白衣服与宰相相见，然后即皇帝位。李辅国依仗有功，更加骄横，公然对唐代宗李豫说："陛下只管居住在宫中，外面的事情让老奴处理。"唐代宗心中愤恨不平，但因为李辅国正掌握着禁军，所以表面上对他很尊重，称他为尚父，而不直呼其名，大小事情都征询他的意见。群臣出入宫禁，都要先拜见李辅国，李辅国也安然处之。

　　唐代宗任命李辅国为司空兼中书令。　　**唐代宗下敕书命大小乾元通宝钱都以一当一流通使用。**

　　百姓这才安心。

　　李光弼派田神功率兵攻打史朝义，史朝义被打得大败。

　　史朝义包围宋州已经几个月了，城中粮食都已经吃光了。果毅刘昌说："粮仓中还有数千斤酒曲，请大家捣碎吃掉，不出二十天，李太尉一定会来援救我们。"李光弼到了临淮，各位将领认为史朝义的兵力还很强大，请求向南退守扬州。李光弼说：

"朝廷倚我以为安危,我复退缩,朝廷何望!"径趣徐州,使兖郓节度使田神功进击朝义,大破之。先是,神功既克刘展,留连扬州,闻光弼至,乃还。

光弼在徐州,惟军旅之事自决之,众务悉委判官张傪。傪吏事精敏,区处如流,诸将事之如事光弼,由是军中肃然,东夏以宁。先是,神功见官属,皆平受其拜,及见光弼与傪抗礼,乃大惊,遍拜官属曰:"神功出于行伍,不知礼仪,诸君亦胡为不言,成神功之过乎!"

复以来瑱为山南东道节度使。

来瑱闻徙淮西,大惧,上言:"淮西无粮,请俟收麦而行。"又讽将吏留己。上欲姑息,许之。裴茙屯谷城,既得密敕,即帅麾下趣襄阳。瑱以兵逆之,且问来故,对曰:"尚书不受朝命,故来。"瑱曰:"吾已蒙恩,复留镇此。"因取敕、告示之,茙惊惑。瑱纵兵击之,擒送京师,赐死。

六月,进李辅国爵博陆王。

程元振谋夺李辅国权,密言于上,请稍加裁制。解辅国行军司马及兵部尚书,出居外第。于是道路相贺。辅国始惧,上表逊位,诏罢中书令,而进其爵。

以刘晏为度支、转运、盐铁等使。 **秋七月,郭子仪入朝。**

"朝廷把国家的安危系于我一身,我如果再退缩,朝廷还指望什么呢!"于是直接赶赴徐州,派兖郓节度使田神功率兵攻打史朝义,把史朝义打得大败。起先,田神功平定刘展之乱以后,留恋扬州而不返回,听说李光弼到来,这才返回。

李光弼在徐州,只有军务大事由自己处置,其余的一切事务都委托判官张傪处理。张傪对处理政事精明强干,速度很快,诸将事奉他如同事奉李光弼,因此军中整肃,东夏得以安定。先前,田神功见到自己的官属时,都受他们的叩拜而不回拜,及见到李光弼与张傪行对等礼时,才大吃一惊,一一拜见自己的官属们说:"我田神功出身于行伍,不懂得礼义,诸位为什么不指出来,而铸成我的错误呢!"

唐代宗重又任命来瑱为山南东道节度使。

来瑱听说朝廷改任自己为淮西节度使,十分惧怕,就进言说:"淮西没有粮食,请求等到收麦后再动身前往。"同时又指使将领官吏们挽留自己。唐代宗想要息事宁人,就答应了来瑱的请求。襄邓防御使裴茙率兵驻扎在谷城,得到唐代宗的密敕后,就率领部下的兵赶赴襄阳。来瑱率兵来迎战,并质问裴茙率兵而来的原因,裴茙回答说:"因为来尚书您不接受朝廷的命令,所以我才率兵而来。"来瑱说:"我已得到皇上的恩命,重又留下来镇守襄阳。"说着便取出唐代宗的敕书和朝廷的委任状,让裴茙过目,裴茙吃惊疑惑。来瑱于是发兵攻打裴茙,将他生擒,送往京师,被赐死。

唐代宗进李辅国爵位为博陆王。

飞龙副使程元振谋划夺取李辅国的权力,于是密告唐代宗,请求对李辅国稍加压制。因此唐代宗解除了李辅国的行军司马和兵部尚书职务,并让他迁出宫禁到外面居住。于是人们都互相祝贺。李辅国开始感到恐惧,就上表请求退休,唐代宗下诏罢免了他的中书令职务,而进封爵位为博陆王。

唐代宗任命通州刺史刘晏为度支、转运、盐铁等使。秋七月,郭子仪入朝。

时程元振用事，忌子仪功高任重，数谮之。子仪不自安，表请解副元帅、节度使，遂留京师。

台州袁晁作乱。 **以程元振为骠骑大将军。** **九月，以来瑱同平章事。** **贬裴冕为施州刺史。**

左仆射裴冕为山陵使，议事与程元振相违，贬为刺史。

回纥举兵入援，冬十月，以雍王适为天下兵马元帅，讨史朝义，大败之，取东京及河阳，贼将薛嵩、张忠志以州降。

上遣中使刘清潭使于回纥，修旧好，且征兵讨史朝义。时回纥登里可汗已为朝义所诱，云："唐室继有大丧，中原无主。"清潭谓曰："先帝虽弃天下，今皇帝即广平王也。"回纥乃为起兵，至三城，见州县皆为丘墟，有轻唐之志，乃困辱清潭。清潭遣使言状，京师大骇。上遣殿中监药子昂往劳之。初，毗伽阙为登里求昏，肃宗以仆固怀恩女妻之。上令怀恩往见可汗，为言唐家恩信不可负，可汗悦。自陕州大阳津渡河，食太原仓粟，与诸道俱进。

制以雍王适为天下兵马元帅，以药子昂、魏琚为左、右厢兵马使，韦少华、李进为行军司马，会诸道节度使及回纥于陕州，进讨史朝义。上欲以郭子仪为适副，程元振、鱼朝恩等沮之而止。加仆固怀恩同平章事，领诸军节度行营以副适。

适至陕州，回纥屯于河北，适与僚属往见之。可汗责适不拜舞，药子昂对以礼不当然。回纥将车鼻曰："唐天

当时程元振当权用事,因为忌恨郭子仪功高权重,就多次在唐代宗面前说郭子仪的坏话。郭子仪心中不安,就上表请求解除自己的副元帅、节度使职务,于是便留在了京师。

台州贼帅袁晁作乱。　唐代宗任命程元振为骠骑大将军。九月,唐代宗任命来瑱为同平章事。　贬裴冕为施州刺史。

左仆射裴冕担任山陵使,商议事情时与程元振意见不合,因此被贬为刺史。

回纥发兵入朝援助朝廷讨伐叛军,冬十月,唐代宗任命雍王李适为天下兵马元帅,率兵讨伐史朝义,史朝义大败,官军收复了东京与河阳,叛军将领薛嵩和张忠志献州投降朝廷。

唐代宗派遣宦官刘清潭出使回纥,重新建立过去的友好关系,并且征调回纥军队讨伐史朝义。当时回纥登里可汗已受到史朝义的引诱,说:“唐朝相继出现大丧,中原地区没有君主。”刘清潭对回纥可汗说:“先皇帝虽然驾崩,但现在的皇帝就是过去的广平王。”回纥这才调发军队入援,到了三受降城,看见州县都成为废墟,便产生了轻视唐朝之心,于是就侮辱刘清潭。刘清潭派使者向朝廷报告了情况,京师大为惊骇。唐代宗派遣殿中监药子昂前去慰劳回纥军队。当初,回纥毗伽阙可汗曾向唐朝为登里可汗求婚,唐肃宗就把仆固怀恩的女儿嫁给登里可汗为妻。这时唐代宗就命令仆固怀恩去见回纥登里可汗,向他说不要辜负了唐朝的恩情和信任,登里可汗听后十分高兴。回纥军队从大阳津渡过黄河,食用太原仓的粮米,与诸道军队一起进军。

唐代宗下制书任命雍王李适为天下兵马元帅,任命药子昂和魏琚为左、右厢兵马使,韦少华与李进为行军司马,会合诸道节度使和回纥军队于陕州,进军讨伐史朝义。唐代宗想任命郭子仪为雍王李适的副元帅,因程元振和鱼朝恩阻挠而作罢。任命仆固怀恩为同平章事,兼领诸军节度行营,担任李适的副元帅。

雍王李适到达陕州,回纥军队驻扎在河北县,李适与僚属去见回纥可汗。回纥登里可汗责备李适不行拜舞礼,药子昂回答说,按照礼节雍王不应该行拜舞礼。回纥将军车鼻说:“唐朝天

子与可汗约为兄弟,可汗于雍王,叔父也,何得不拜舞?"子昂曰:"安有中国储君向外国可汗拜舞乎!且两宫在殡,不应舞蹈。"力争久之,车鼻遂引子昂等各鞭一百,遣适归营。琚、少华遂死。

诸军发陕州,仆固怀恩与回纥为前锋,郭英乂、鱼朝恩为殿,李抱玉自河阳入,李光弼自陈留入,会于洛阳。陈于横水,怀恩遣骁骑及回纥并南山出贼栅东北,表里合击,大破之。朝义悉其精兵十万救之,官军击之不动。镇西节度使马璘曰:"事急矣!"遂单骑奋击,夺贼两牌,突入万众中。贼左右披靡,大军乘之而入,贼众大败,斩首六万级,捕虏二万,朝义将轻骑数百东走。怀恩进克东京及河阳城,获伪中书令许叔冀。怀恩留回纥营河阳,使其子玚帅步骑万余逐朝义,至郑州,再战皆捷。汴州降。

回纥入东京,肆行杀掠,死者万计。朝义自濮州北渡河,怀恩追败之于卫州。贼将田承嗣等将兵四万与朝义合,复来拒战,仆固玚击破之。于是朝义邺郡节度使薛嵩以相、卫、洺、邢四州降于李抱玉,恒阳节度使张忠志以恒、赵、深、定、易五州降于辛云京。抱玉等入其营,嵩等皆受代。居无何,仆固怀恩皆令复位。由是抱玉、云京各表怀恩有二心,朝廷宜密为备。怀恩亦上疏自理,上慰勉之。

子已经与回纥可汗结为兄弟,可汗对于雍王来说,就是叔父,怎么能不行拜舞礼呢?"药子昂说:"哪里有中国的副君向外国可汗行拜舞礼的道理呢!而且两位先帝尚未出殡,不应该舞蹈。"力争了很久,车鼻于是将药子昂等人各自抽打一百鞭,放李适回营。魏琚和韦少华遭鞭打后死去。

各路军队从陕州出发,仆固怀恩与回纥军队做前锋,陕州节度使郭英义与神策观军容使鱼朝恩殿后,泽潞节度使李抱玉从河阳入攻洛阳,河南等道副元帅李光弼从陈留入攻洛阳,各路军队会合于洛阳。官军在横水布阵,仆固怀恩派遣精锐骑兵以及回纥军队出南山攻到叛军的栅寨东北,内外夹击,大败叛军。史朝义率领所有的十万精兵来救援,官军攻打不动他们。镇西节度使马璘说:"事情危急了!"于是单枪匹马奋勇冲杀,夺下叛军两块盾牌,突入叛军的千军万马之中。叛军纷纷倒下,官军大部队乘机攻入敌阵,叛军大败,官军斩杀叛军六万人,俘获二万人,史朝义带领数百名骑兵向东逃走。仆固怀恩进而攻克东京与河阳城,俘获了叛军的中书令许叔冀。仆固怀恩让回纥军队留在河阳驻扎,派他的儿子仆固场率领步、骑兵一万多人去追击史朝义,到了郑州,再次与叛军交战,又取得胜利。汴州的叛军向朝廷投降。

回纥军队进入东京后,纵兵大肆杀掠,死者数以万计。史朝义从濮州北面渡过黄河,仆固怀恩率兵追上史朝义,在卫州又将他打败。叛军大将田承嗣等率兵四万与史朝义合兵,又来抵抗,被仆固场率兵打败。于是史朝义所任命的邺郡节度使薛嵩献出相州、卫州、洺州和邢州四州,向陈郑、泽潞节度使李抱玉投降,恒阳节度使张忠志献出恒州、赵州、深州、定州和易州五州,向河东节度使辛云京投降。李抱玉等人进入叛军的营中,薛嵩等人都交出了兵权。但是不久,仆固怀恩都让他们官复原职。因此李抱玉和辛云京各自向唐代宗上表,说仆固怀恩对朝廷有二心,朝廷应该暗中有所防备。而仆固怀恩也上疏为自己辩解,唐代宗安慰勉励他。

盗杀李辅国。

上在东宫,以李辅国专权,心甚不平。及嗣位,以辅国有杀张后之功,不欲显诛之,夜遣盗入其室,窃辅国首及一臂而去。敕有司捕盗,遣中使存问其家,仍赠太傅。

十一月,以张忠志为成德军节度使,赐姓名李宝臣。

初,辛云京引兵将出井陉,常山裨将契丹王武俊说张忠志曰:"河东兵精锐,出境远斗,不可敌也。且吾以寡当众,以曲遇直,战则必离,守则必溃,公其图之。"忠志乃降。制复以为节度使,赐姓名李宝臣。宝臣擢武俊为先锋兵马使。

以仆固怀恩为河北副元帅。

郭子仪以怀恩有平河朔功,请以副元帅让之。

诸军围史朝义于莫州。

史朝义走至贝州,与其大将薛忠义等合,还攻仆固玚,玚设伏击走之。回纥又至,战于下博,朝义大败,奔莫州。怀恩兵马使薛兼训、郝庭玉及田神功、辛云京皆会,进围朝义于莫州。

癸卯(763) 代宗皇帝广德元年
春正月,以刘晏同平章事,度支等使如故。 流来瑱于播州,杀之。

强盗杀死李辅国。

唐代宗在做太子的时候,因为李辅国专擅大权,心中忿忿不平。等到即皇帝位后,因为李辅国有杀死张皇后的功劳,所以不想公开杀死他,于是就指使强盗在夜晚进入李辅国的宅第,杀死李辅国后,割下他的头颅和一条手臂而去。事情发生后,唐代宗下敕有关部门抓捕强盗,并派宦官慰问他的家人,同时追赠他为太傅。

十一月,唐代宗任命张忠志为成德军节度使,并赐给他姓名叫李宝臣。

当初,辛云京率兵将要出井陉关,常山副将契丹人王武俊劝张忠志说:"河东兵精锐,出境远征,势不可敌。况且我们是以少击众,以曲遇直,如果交战必定会众叛亲离,坚守必定会溃败,希望你仔细考虑。"张忠志于是投降了辛云京。这时唐代宗下制书重又任命张忠志为节度使,并赐给他姓名叫李宝臣。李宝臣因此提拔王武俊为先锋兵马使。

唐代宗任命仆固怀恩为河北副元帅。

郭子仪因为仆固怀恩有率兵平定河朔叛军的战功,就请求把副元帅的职务让给他。

各路军队包围史朝义于莫州。

史朝义逃到贝州,与他的大将薛忠义等人会合,回攻仆固场,仆固场设伏兵将他们击退。这时,回纥军队到达,与史朝义在下博交战,史朝义大败,逃奔莫州。仆固怀恩的都知兵马使薛兼训、郝庭玉以及田神功、辛云京都率兵来会合,便进军把史朝义包围在莫州。

唐代宗

癸卯(763) 唐代宗广德元年

春正月,唐代宗任命刘晏为同平章事,仍旧担任度支等使。唐代宗把来瑱流放到播州,并杀了他。

初,来瑱在襄阳,程元振有所请托,不从。及为相,元振谮瑱言涉不顺,与贼合谋。坐削官爵,流播州,赐死。由是藩镇皆切齿于元振。

贼将田承嗣以莫州降,李怀仙杀史朝义,传首京师。

史朝义屡出战,皆败,田承嗣说朝义,令往幽州发兵,朝义从之。承嗣即以城降。时朝义范阳节度使李怀仙已请降,朝义至,不得入,独与胡骑数百东奔,欲入奚、契丹。怀仙遣兵追及之,朝义穷蹙,缢于林中,怀仙取其首以献。仆固怀恩与诸军皆还。

以薛嵩、田承嗣、李怀仙为河北诸镇节度使。

以史朝义降将薛嵩为相、卫、邢、洺、贝、磁六州节度使,田承嗣为魏、博、德、沧、瀛五州都防御使,李怀仙仍故地为卢龙节度使。时河北诸州皆已降,嵩等迎仆固怀恩,拜于马首,乞行间自效,怀恩恐贼平宠衰,故奏留嵩等及李宝臣分帅河北,自为党援。朝廷亦厌苦兵革,苟冀无事,因而授之。承嗣举管内户口,壮者皆籍为兵,惟使老弱耕稼。数年间有众十万。又选其骁健者万人自卫,谓之"牙兵"。

回纥归国。

回纥部众所过抄掠,廪给小不如意,辄杀之,无所忌惮。陈郑节度使李抱玉欲遣官属置顿,人人辞惮,赵城尉马燧独请行。比回纥将至,燧先遣人赂其渠帅,约毋暴掠,

当初，来瑱在襄阳时，程元振曾经请托他办事，来瑱没有答应。等到来瑱担任宰相，程元振就谮毁说来瑱说过对唐代宗不恭顺的话，而且与叛军通谋。来瑱因此坐罪被剥夺官爵，流放到播州，在半道上被赐死。因此藩镇都对程元振切齿痛恨。

叛军将领田承嗣献出莫州投降，范阳节度使李怀仙杀死史朝义，传首级到京师。

史朝义多次出战，都被打败，田承嗣便劝说史朝义，让他到幽州调发军队，史朝义听从了他的建议。史朝义离去后，田承嗣立即献城投降。当时史朝义所任命的范阳节度使李怀仙已向朝廷请求投降，史朝义到达范阳后，不得入城，仅带领数百名胡人骑兵向东逃走，想要逃入奚、契丹境内。李怀仙派兵追上了史朝义，史朝义走投无路，在树林中上吊自杀，李怀仙取下他的首级献给朝廷。仆固怀恩与各路军队返回。

唐代宗任命薛嵩、田承嗣、李怀仙为河北诸镇节度使。

唐代宗任命史朝义部下的降将薛嵩为相、卫、邢、洺、贝、磁六州节度使，田承嗣为魏、博、德、沧、瀛五州都防御使，李怀仙仍旧在故地担任卢龙节度使。当时河北各州都向朝廷投降，薛嵩等人迎接仆固怀恩，叩拜于马前，请求让他们留在军中效力，仆固怀恩恐怕叛军平定后自己失宠，所以就上奏朝廷请求留下薛嵩等人及李宝臣，让他们分别统领河北各镇，而作为自己的党援。朝廷也因为厌烦战争，暂且希望天下无事，因而授给他们节度使职务。田承嗣检查管辖内的全部户口，强壮者全都登记为兵，只剩下老弱者耕种庄稼。数年时间便拥有十万军队。又挑选其中勇猛强健的一万人用来保卫自己，称为"牙兵"。

回纥军队回国。

回纥军队回国时，在所经之地大肆抢掠，由官府供给他们粮食，稍有不满意的地方，就会动手杀人，无所顾忌。陈郑节度使李抱玉想要派遣下属官吏去办理招待和供应的事情，人人都因为害怕回纥而推托，只有赵城县尉马燧请求去办理。等到回纥军队将要到达时，马燧先派人贿赂他们的首领，约定不许施暴抢掠，

帅遗之旗曰:"有犯令者,君自戮之。"燧取死囚为左右,小有违令,立斩之。回纥相顾失色,涉其境者皆拱手遵约束。抱玉奇之,燧因说抱玉曰:"燧与回纥言,颇得其情。仆固怀恩恃功骄蹇,其子玚好勇而轻,今内树四帅,外交回纥,必有窥河东、泽潞之志,宜深备之。"抱玉然之。

以梁崇义为山南东道节度留后。

初,梁崇义从来瑱镇襄阳,累迁右兵马使。有勇力,能卷铁舒钩,沉毅寡言,得众心。瑱死,自邓州引戍兵归,众推为帅,上不能讨,因以为留后。崇义奏改葬瑱。

三月,葬泰陵、建陵。 夏四月,李光弼遣将攻袁晁,浙东平。

初,台州贼袁晁攻陷浙东,诸州民疲于赋敛者多归之,聚众近二十万。光弼使部将张伯仪将兵讨平之。

分河北诸州节度。

以幽、莫、妫、檀、平、蓟为幽州管,恒、定、赵、深、易为成德军管,相、贝、邢、洺为相州管,魏、博、德为魏州管,沧、棣、冀、瀛为青淄管,怀、卫、河阳为泽潞管。

敕议举孝廉。

礼部侍郎杨绾上疏曰:"古之选士,必取行实。自隋炀帝始置进士科,犹试策而已,至高宗时,考功员外郎刘思立始奏进士加杂文,明经加帖,从此成俗。公卿以此待士,

首领送给他一面旗子说:"有违犯军令的人,你可以自行杀掉他们。"马燧便取来一些刑犯作为自己的随从,稍有违犯命令者,立刻斩杀。回纥军队看见后大惊失色,通过他所管辖境内的回纥军队都恭敬地遵守规定。李抱玉感到奇怪,马燧便借机对李抱玉说:"我与回纥言谈,对他们的情况颇为了解。仆固怀恩自恃有功,骄横傲慢,他的儿子仆固玚争强好胜,轻率浮躁,如今在国内树立了田承嗣、李宝臣、李怀仙与薛嵩四员叛军将帅,对外交结回纥,一定有窥伺河东、泽潞的意图,应该严加防备。"李抱玉深以为然。

唐代宗任命梁崇义为山南东道节度留后。

起初,梁崇义随从来瑱镇守襄阳,多次迁任做到右兵马使。梁崇义勇武有力,能够弯卷铁器,舒展铁钩,生性刚毅,沉默寡言,很得人心。来瑱死后,梁崇义率领在外戍守的军队返回襄阳,被士卒们推举为统帅,唐代宗无力讨伐,因此任命梁崇义为留后。梁崇义上奏请求改葬来瑱。

三月,唐代宗将唐玄宗埋葬在泰陵,将唐肃宗埋葬在建陵。

夏四月,李光弼派遣部将攻打袁晁,浙东被平定。

当初,台州贼帅袁晁攻占了浙东各地,深受横征暴敛之苦的各州百姓纷纷归附于他,袁晁的兵众将近二十万人。李光弼派遣部将张伯仪率兵讨伐平定了袁晁。

唐代宗下制书划分河北诸州节度使的管辖范围。

将幽州、莫州、妫州、檀州、平州、蓟州归属幽州节度使管辖,恒州、定州、赵州、深州、易州归属成德军节度使管辖,相州、贝州、邢州、洺州归属相州节度使管辖,魏州、博州、德州归属魏州节度使管辖,沧州、棣州、冀州、瀛州归属青淄节度使管辖,怀州、卫州、河阳归属泽潞节度使管辖。

唐代宗下敕有关部门商议荐举孝廉之士。

礼部侍郎杨绾上疏说:"古代选拔官吏,一定要考核他们的操行。自隋炀帝开始设置进士科时,还只是考试策论而已,到了唐高宗时代,考功员外郎刘思立首次上奏,考进士科要加试杂文,明经科要加试帖经,从此约定成俗。公卿大臣以此来看待士人,

长老以此训子,其明经则诵帖括以侥倖。又令举人投牒自应,如此,欲其返淳朴,崇廉让,何可得也!请置孝廉科,令县令取行著乡间,学知经术者,荐之于州,刺史考试,升之于省。任占一经,问经义二十条,对策三道,上第注官,中第出身,下第罢归。其道举亦非理国所资,望与明经、进士并停。"上命诸司通议,给事中李栖筠、左丞贾至、京兆尹严武并是绾议。仍"请兼广学校,保桑梓者乡里举焉,在流寓者庠序推焉"。敕礼部具条目以闻。绾奏:"国子监举人,令博士荐于祭酒,祭酒试通者升之于省,如乡贡法。明法,委刑部考试。"或以为明经、进士,行之已久,不可遽改。事虽不行,识者是之。

秋七月,群臣上尊号。 **九月,遣使征仆固怀恩入朝,不至。**

初,仆固怀恩受诏与回纥可汗相见于太原,河东节度使辛云京恐其合谋袭军府,闭城自守,亦不犒师。怀恩怒,具表其状,不报。中使骆奉仙至太原,云京厚结之,使言怀恩反状已露,怀恩亦奏请诛云京、奉仙,诏和解之。怀恩自以兵兴以来,所在力战,一门死王事者四十六人,女嫁绝域,说谕回纥,再收两京,平定河南、北,功无与比,而为人构陷,愤怒殊深,上书自讼曰:"臣罪有六:昔同罗叛乱,臣

家中长辈以此来教导儿子，其中明经科的考试，人们都背诵帖括经书以求侥幸及第。又让举人自己呈递牒文前来应试，这样一来，要想让他们回归淳朴，崇尚清廉忍让，怎么做得到呢！请求设置孝廉科，让县令选出那些在乡里表现出众、饱读经书的人，推荐给州，经过刺史的考试以后，再推荐到尚书省。让他们各自任意选一部经典，考问他们经义二十条，应对策文三道，考试成绩优异者便按名次资历授予官职，中等的给予录取的资格，下等的让他们回去。再有，考试老庄之学的道举也同治理国家无关，希望与明经、进士二科一并停止。"唐代宗命令有关各部门共同商议，给事中李栖筠、左丞贾至、京兆尹严武都同意杨绾的意见。同时还"请求朝廷广设学校，确保在故乡的人能得到乡里的推荐，寓居他乡的人能得到学校的推荐"。唐代宗下敕命令礼部拟定好详细的条目，然后上奏。杨绾上奏了新的考试条例说："国子监推举的人才，首先让博士向国子祭酒推荐，经过国子祭酒考试合格者，再推荐给尚书省，如同科举考试的乡贡法一样。明法科的考试，则委托刑部进行。"有人认为明经、进士二科的考试已实行了很久，不能够立刻改变。杨绾的建议虽然未能实行，但有识之士都认为是可行的。

秋七月，群臣给唐代宗上尊号。　**九月**，唐代宗派使者征召仆固怀恩入朝，仆固怀恩不来。

当初，仆固怀恩奉唐代宗诏令在太原与回纥可汗相见，河东节度使辛云京怕他们合谋袭击军府，因此闭城守卫，也不犒劳他们的军队。仆固怀恩很愤怒，向唐代宗上表诉说事情的经过，没有得到答复。宦官骆奉仙到达太原，辛云京就深相交结，让骆奉仙上言说仆固怀恩谋反迹象已经显露，仆固怀恩也上奏请求诛杀辛云京与骆奉仙，唐代宗下诏书为他们和解。仆固怀恩自认为从安禄山叛乱以来，每次战斗他都奋勇拼杀，一家为朝廷战死的就有四十六人，女儿远嫁回纥，又劝说回纥出兵，再度收复两京，平定河南、河北，功劳无与伦比，却受到他人的诬陷，怨愤极深，就上书为自己辩解说："我有六大罪状：过去同罗叛乱，我

为先帝扫清河曲,一也;男玢陷虏亡归,臣斩之以令众士,二也;二女远嫁,为国和亲,三也;身与男玚为国效命,四也;河北新附,抚安反侧,五也;说谕回纥,使赴急难,六也。臣既负六罪,诚合万诛。思得一奉天颜,又以来瑱之死,深畏中官谗口,虚受陛下诛夷。臣奏奉仙非不撼实,陛下竟无处置,宠任弥深。窃闻四方遣人奏事,陛下皆云与骠骑议之,曾不委宰相可否,或留数月不还,远近无不疑阻。傥不纳愚恳,且务因循,臣实不敢保家,陛下岂能安国!惟陛下图之。"

上遣裴遵庆诣怀恩谕旨,讽令入朝。怀恩抱遵庆足号泣诉冤。然以惧死为辞,竟不奉诏。

冬十月,吐蕃入寇,上如陕州,吐蕃入长安,关内副元帅郭子仪击之,吐蕃遁去。

唐自武德以来,开拓边境,地连西域,皆置都督府。开元中,置朔方、陇右、河西、安西、北庭诸节度使以统之,岁发山东丁壮为戍卒,缯帛为军资,开屯田,供糗粮,设监牧,畜马牛,军城戍逻,万里相望。及安禄山反,边兵精锐者皆征发入援,谓之行营。留兵单弱,数年之间,胡虏蚕食,自凤翔以西,邠州以北,皆为左衽矣。

为先皇帝扫清了河曲地区，这是第一条罪状；我的儿子仆固玢被同罗俘虏后得以逃回，我将他斩杀以号令士卒，这是第二条罪状；我有两个女儿远嫁外族，为了国家和亲，这是第三条罪状；我与儿子仆固玚冒着生命危险，为国效命疆场，这是第四条罪状；河北地区的叛军近来归顺朝廷，我对他们加以安抚，使他们不再叛乱，这是第五条罪状；我劝说回纥出兵，解除了朝廷的危难，这是第六条罪状。我既然有这六大罪状，确实应该千刀万剐。我想着能够去见陛下一面，但因为来瑱被无罪诛杀，所以十分畏惧宦官的谗言，害怕自己也枉遭陛下的杀戮。我上奏所言骆奉仙的情况全都是事实，陛下不但不加以处置，而且对他更加宠信。我私下听说各地派人到朝中上奏政事时，陛下总是说先与骠骑大将军程元振一起商议，却从来不让宰相决定事情是否可行，有时让使者几个月不得返回，致使远近的节度使更加疑虑。倘若陛下不采纳我的诚恳意见，还像过去那样办事，我实在担忧自己会家破人亡，陛下这样又怎么能使国家安定呢！希望陛下深思熟虑。"

唐代宗派遣裴遵庆到仆固怀恩那里宣谕圣旨，并婉劝他入朝。仆固怀恩见到裴遵庆，抱着他的脚大声哭泣，诉说冤情。但仆固怀恩以惧怕被杀为由，最终没有奉行诏书入朝。

冬十月，吐蕃军队入侵，唐代宗驾幸陕州，吐蕃军队进入长安，关内副元帅郭子仪率兵攻打，吐蕃逃走。

唐朝自从武德年间以来，向外开拓疆域，地与西域相连接，在这些地方都设置都督府。开元年间，朝廷设置了朔方、陇右、河西、安西、北庭各节度使统辖西北地方，每年征发山东地区的壮丁作为戍守的士卒，征调丝织品作为军费，开垦屯田，以供给粮饷，设置监牧，畜养马牛，军城和戍守巡逻的哨所，万里相望。及安禄山反叛，边疆地区的精锐部队都被征调入朝援助朝廷讨伐叛军，被称为节度行营。而留下来的兵力弱小，数年之间，胡人逐渐侵占边疆土地，从凤翔以西，邠州以北的地方，都被胡人侵占。

　　至是吐蕃入大震关,陷兰、廓、河、鄯、洮、岷、秦、成、渭等州,尽取河西、陇右之地。边将告急,程元振皆不以闻。十月,虏至泾州,刺史高晖降之,为之乡导。既过邠州,上始闻之。至奉天、武功,京师震骇。诏以雍王适为关内元帅,郭子仪副之,出镇咸阳以御之。

　　子仪闲废日久,部曲离散,至是召募,得二十骑而行。至咸阳,吐蕃帅吐谷浑、党项、氐、羌二十余万众渡渭,循山而东。子仪使判官王延昌入奏,请益兵,程元振遏之,竟不召见。

　　吐蕃渡便桥,上仓猝不知所为,出幸陕州,官吏六军逃散。子仪闻之,遽自咸阳归长安。射生将王献忠拥四百骑胁丰王珙等十王西迎吐蕃,遇子仪。子仪叱之,献忠曰:"今社稷无主,令公为元帅,废立在一言耳。"子仪责之,以兵送行在,赐珙死。

　　吐蕃入长安,立广武王承宏为帝,纵兵焚掠,长安中萧然一空。苗晋卿病卧家,舆入胁之,晋卿闭口不言,虏不敢杀。

　　子仪引三十骑自御宿川循山而东,谓王延昌曰:"六军逃溃,多在商州,速往收之。"延昌径入商州,抚谕之。诸将方纵兵暴掠,闻子仪至,皆大喜,听命。得四千人,军势稍振。子仪乃泣谕将士以共雪国耻,取长安,皆感激受约束。上恐吐蕃出潼关,征子仪诣行在。子仪表曰:"臣不收京城

这时吐蕃侵入大震关，攻占了兰州、廓州、河州、鄯州、洮州、岷州、秦州、成州、渭州等州，完全占领了河西、陇右地区。边防将领向朝廷告急，而程元振却不向唐代宗奏报。十月，吐蕃军队侵犯泾州，泾州刺史高晖投降了吐蕃，并成为吐蕃的向导。等吐蕃军队过了邠州，唐代宗才得知情况。吐蕃军队入侵奉天、武功，京师极为惊骇。唐代宗下诏任命雍王李适为关内元帅，郭子仪为副元帅，出镇咸阳抵御吐蕃军队。

郭子仪闲居京师已久，部下都已离散，这时才临时招募，征得骑兵二十名，然后启程。到达咸阳，吐蕃率领吐谷浑、党项、氐、羌等二十余万渡过渭水，沿山向东进发。郭子仪派遣判官王延昌入朝上奏，请求增兵，被程元振阻拦，竟得不到唐代宗召见。

吐蕃军队越过便桥，唐代宗仓猝之间不知道怎么办才好，于是出逃驾幸陕州，朝中官吏和禁军六军将士也都纷纷逃散。郭子仪得知情况后，马上从咸阳返回长安。射生将王献忠率领四百名骑兵迫胁丰王李珙等十王西去迎接吐蕃，遇到了郭子仪。郭子仪斥责他们，王献忠说："现在国家没有君主，您身为元帅，皇上的废立全在于您一句话！"郭子仪责备王献忠与丰王李珙，派兵把他们送到行在，李珙后来被唐代宗赐死。

吐蕃军队进入长安城后，立广武王李承宏为皇帝，纵兵大肆焚烧抢掠，长安城被抢掠一空，一片萧条。苗晋卿正卧病在家，吐蕃军队派人把他抬来，迫胁他出任伪官，而苗晋卿闭口不言，吐蕃也不敢杀害他。

郭子仪率领三十名骑兵从御宿川沿山向东，对王延昌说："溃逃的禁军六军将士，大多逃往商州，快去收罗他们。"王延昌径直进入商州，安抚逃散的将士。当时诸将正放纵士兵大肆抢掠，听说郭子仪来到，都十分高兴，愿意听从他的指挥。郭子仪共收罗到军队四千人，军势稍有振作。于是郭子仪哭泣着告谕将士，勉励他们要共同为国家雪耻，攻取长安，将士们都十分感激，表示要听从郭子仪的命令。唐代宗恐怕吐蕃军队东出潼关，就召郭子仪前往行在。郭子仪上表说："我如果不收复京城，

无以见陛下，若出兵蓝田，虏亦不敢东向。"上许之。鄜坊节度判官段秀实说白孝德引兵赴难，孝德即日大举，南趣京畿，与蒲、陕、商、华合势进击。

子仪使羽林大将军长孙全绪将二百骑出蓝田，又令宝应军使张知节将兵继之。全绪至韩公堆，昼则击鼓张旗帜，夜则多燃火，以疑吐蕃。吐蕃惧，百姓又绐之曰："郭令公自商州将大军至矣。"吐蕃惶骇，悉众遁去。高晖东走潼关，守将李日越擒杀之。

诏以子仪为西京留守。王甫自称京兆尹，聚众二千余人，暴横长安中。子仪至浐水，引三十骑徐进，召甫斩之。白孝德与邠宁节度使张蕴琦将兵屯畿县，子仪召之入城，京畿遂安。

吐蕃还围凤翔，镇西节度使马璘将精骑千余人赴难，转斗至城下，持满外向，突入城中，不解甲出战，单骑奋击，俘斩千计。明日，虏复请战，璘开悬门以待之，虏引退，曰："此将军不惜死，宜避之。"遂去。

十一月，削程元振官爵，放归田里。

骠骑大将军程元振专权自恣，人畏之甚于李辅国。诸将有大功者，元振皆忌疾欲害之。吐蕃入寇，元振不以时奏，致上狼狈出幸。上发诏征诸道兵，李光弼等皆忌元振，莫有至者，中外切齿，莫敢言。太常博士柳伉上疏曰："犬戎犯关度陇，不血刃而入京师，劫宫闱，焚陵寝，武士无一人力战者，此将帅叛陛下也。陛下疏元功，委近习，日引月

无颜来见陛下，如果出兵蓝田，吐蕃军队必定不敢向东进犯。"唐代宗同意。鄜坊节度判官段秀实劝说节度使白孝德率兵为国赴难，白孝德当天即率大军出发，向南赶赴京畿，与蒲州、陕州、商州、华州的军队合兵进攻。

郭子仪派羽林大将军长孙全绪率领二百名骑兵出蓝田，又命令宝应军使张知节率兵继进。长孙全绪抵达韩公堆，白天则擂鼓张设旗帜，晚上则燃起火堆，用来迷惑吐蕃军队。吐蕃军队大为恐惧，百姓又欺骗他们说："郭令公从商州率领大军赶到了。"吐蕃军队因此害怕，全军逃走。高晖向东逃往潼关，被潼关守将李日越抓获杀死。

唐代宗下诏任命郭子仪为西京留守。王甫自命为京兆尹，聚集了二千多人，在长安城中横行霸道。郭子仪到达浐水，率领三十名骑兵缓慢而进，召来王甫斩杀了他。白孝德与邠宁节度使张蕴琦率兵驻扎在京畿各县，郭子仪把他们召入京城，京畿地区于是安定。

吐蕃军队回兵包围了凤翔，镇西节度使马璘率领精锐骑兵一千多人去救难，一路转战来到城下，命令士卒手持张开满弦的弓箭，向着吐蕃，突进城中，兵不解甲即出兵交战，马璘单枪匹马奋勇冲杀，俘获斩杀的敌人数以千计。第二天，吐蕃军队又来挑战，马璘打开护城河上的悬门，严阵以待，吐蕃军队退走，说："这位将军不怕死，还是躲避为好。"于是撤走。

十一月，唐代宗削夺了程元振的官爵，令他退休回乡。

骠骑大将军程元振专权用事，为所欲为，人们畏惧他超过了李辅国。对于功劳卓著的将领，程元振总是嫉妒想要陷害他们。吐蕃入侵，程元振不及时向唐代宗上奏，致使唐代宗狼狈出逃。唐代宗下诏征调诸道兵救驾，李光弼等节度使都因怨恨程元振，没有一人前来，朝野内外都对程元振切齿痛恨，但敢怒不敢言。太常博士柳伉上疏说："犬戎吐蕃侵犯关陇地区，兵不血刃进入京城，抢劫皇宫，焚烧陵庙，而军中没有一人为朝廷拼死力战，这是将帅背叛了陛下。陛下疏远元勋功臣，亲近小人，天长日

长，以成大祸，群臣在庭，无一人犯颜回虑者，此公卿叛陛下也。陛下始出都，百姓填然，夺府库，相杀戮，此三辅叛陛下也。自十月朔召诸道兵，尽四十日，无只轮入关，此四方叛陛下也。陛下必欲存宗庙，安社稷，独斩程元振首，驰告天下，悉出内使隶诸州，持神策兵付大臣，然后削尊号，下诏引咎，曰：'天下其许朕自新改过，宜即募士西赴朝廷；若以朕恶未悛，则帝王大器，敢妨圣贤！'如此而兵不至，人不感，天下不服，臣请阖门寸斩，以谢陛下。"上犹以元振尝有保护功，削官爵，放归田里。

宦官吕太一反广州，讨平之。 **十二月，上还长安。**

车驾发陕州，左丞颜真卿请上先谒陵庙，然后还宫，元载不从，真卿怒曰："朝廷岂堪相公再坏邪！"载由是衔之。上至长安，郭子仪帅百官、诸军奉迎，伏地待罪。上劳之曰："用卿不早，故及于此。"

以鱼朝恩为天下观军容宣慰处置使，总禁兵。 **苗晋卿、裴遵庆罢，以李岘同平章事。**

遵庆既去，元载权益盛，以货结内侍董秀，上意所属，载必先知之，承意探微，言无不合，上以是愈爱之。

放广武王承宏于华州。
吐蕃既去，承宏逃匿草野，上赦不诛，放之于华州。

久，酿成大祸，而在朝廷中的大臣，竟没有一人犯颜直谏，以使陛下回心转意，这是公卿们背叛了陛下。陛下才逃出都城，百姓就纷纷涌入，劫掠府库，互相杀戮，这是三辅地区的百姓背叛了陛下。从十月初一起就开始征召诸道兵救驾，已满四十天，还没有一兵一卒入关赴难，这是四方各地的人们背叛了陛下。陛下如果真要想使宗庙存在下去，国家安定，只有将程元振斩首，驰马通告天下，让担任内廷诸司使的宦官全部隶于各州，将神策军交给大臣统领，然后削去尊号，下诏书引咎自责，说：'天下人们如果允许朕改过自新，就立刻召集士卒西来救援朝廷；天下人们如果认为朕的过恶还未改，那么帝王的宝座，朕怎么敢妨碍贤人登位呢！'如果陛下这样做了，而军队还不赶来救驾，人们仍然不受感动，天下仍然不服，我就请求将我满门抄斩，来向陛下谢罪。"但唐代宗仍然认为程元振曾有护驾之功，只是削夺了他的官爵，令其退休回乡。

宦官广州市舶使吕太一在广州反叛，被官军讨伐平定。

十二月，唐代宗回到长安。

唐代宗从陕州出发回京，左丞颜真卿请求唐代宗先拜谒祖宗陵庙，然后再回宫，元载不听从他的建议，颜真卿愤怒地说："朝廷还经受得起你再次破坏吗！"元载因此怨恨颜真卿。唐代宗到达长安，郭子仪率领百官和诸军来迎接，并伏地待罪。唐代宗慰劳郭子仪说："朕没能及早任用你，所以才落到这种地步。"

唐代宗任命鱼朝恩为天下观军容宣慰处置使，总管禁兵。

唐代宗罢免了苗晋卿和裴遵庆的宰相职务，任命李岘为同平章事。

裴遵庆被罢相后，元载的权势更盛，用财物结交内侍董秀，这样唐代宗有什么想法，元载必定能事先知悉，奉承唐代宗的旨意做深入细致的考虑，言无不合，唐代宗因此更加宠爱他。

唐代宗将广武王李承宏流放到华州。

吐蕃军队离去之后，广武王李承宏隐逃到荒野中，唐代宗赦免了他的罪过而不加诛杀，把他流放到华州。

吐蕃陷松、维、保三州。

吐蕃陷三州及二城,西川节度使高适不能救,于是剑南西山诸州亦入于吐蕃矣。

甲辰(764) **二年**
春正月,流程元振于溱州。

元振得罪,归三原,闻上还宫,农妇人服,私入长安,复规任用。京兆擒之以闻,敕流溱州。上念其功,复令江陵安置。

遣刑部尚书颜真卿宣慰朔方行营。

上之在陕也,真卿请奉诏召仆固怀恩,不许。至是,命真卿谕怀恩入朝。对曰:"陛下在陕,臣往,以忠义责之,使之赴难,彼犹有可来之理。今陛下还宫,彼进不成勤王,退不能释众,召之,庸肯至乎!且言怀恩反者,独辛云京、骆奉仙、李抱玉、鱼朝恩四人耳。陛下若以郭子仪代怀恩,可不战而服也。"时抱玉从弟抱真为邠州别驾,知怀恩有异志,脱身归京师。召见问计,对曰:"此不足忧也。朔方将士思郭子仪如父兄,陛下诚以子仪镇朔方,彼皆不召而来耳。"上然之。

立雍王适为皇太子。 **以魏博为天雄军。**
从田承嗣之请也。
仆固怀恩反,寇太原。

怀恩谋取太原,辛云京觉之,乘城设备。怀恩使其子瑒攻之,大败而还。

吐蕃军队攻占松州、维州、保州等地。

吐蕃军队攻占松州、维州、保州等三州及二座城池,西川节度使高适不能救援,于是剑南西山各州也都被吐蕃占据。

甲辰(764)　唐代宗广德二年

春正月,唐代宗下敕将程元振流放到溱州。

程元振被治罪后,回到三原县,听说唐代宗返回宫中,就穿上妇人的衣服,私自潜入长安城中,希望重新获得任用。京兆府擒获了他,然后奏闻,唐代宗于是下敕把他流放到溱州。唐代宗思念程元振有保驾之功,又下令安置于江陵。

唐代宗派刑部尚书颜真卿去宣慰朔方行营的将士。

唐代宗在陕州避难时,颜真卿请求奉诏书去征召仆固怀恩,唐代宗不同意。这时,唐代宗命令颜真卿去说服仆固怀恩入朝。颜真卿回答说:"陛下在陕州时,臣前往征召他,责备以忠义之理,让他率军救赴国难,他还有入朝的道理。现在陛下已经返回宫中,仆固怀恩进而入朝不能算是救陛下的危难,退而不来又无法解除大家的疑心,这时候征召他,他怎么肯来呢!再说,告发说仆固怀恩反叛的人,只有辛云京、骆奉仙、李抱玉、鱼朝恩四个人。陛下如果任命郭子仪取代仆固怀恩,可以不战而使其臣服。"当时李抱玉的堂弟李抱真担任邠州别驾,知道仆固怀恩有反叛的图谋,便脱身回到京师。唐代宗召见李抱真询问对策,李抱真回答说:"这件事不值得忧愁。朔方将士如子弟思念父兄一样思念郭子仪,陛下如果任命郭子仪为朔方节度使,他们都会不召而来。"唐代宗信以为然。

唐代宗立雍王李适为皇太子。　朝廷改魏博镇为天雄军。

这是听从了魏博节度使田承嗣的请求而改。

仆固怀恩反叛,率兵侵犯太原。

仆固怀恩阴谋攻占太原,河东节度使辛云京发觉了他的阴谋,登城设备。仆固怀恩派他的儿子仆固瑒率兵攻打太原城,被打得大败而回。

以郭子仪为河中节度等使。

上谓子仪曰："怀恩父子负朕实深。闻朔方将士思公如枯旱之望雨，公为朕镇抚河东，汾上之师必不为变。"乃以子仪为关内、河东副元帅，河中节度等使。怀恩将士闻之，皆曰："吾辈从怀恩为不义，何面目见汾阳王！"

子仪至河中，云南子弟万人戍河中，将贪卒暴，为一府患。子仪斩十四人，杖三十人，府中遂安。

仆固玚为其下所杀，怀恩走云州。

仆固玚围榆次，十将焦晖、白玉攻杀之。怀恩闻之，入告其母。母曰："吾语汝勿反，国家待汝不薄，今众心既变，祸必及我，将如之何！"怀恩不对而出。母提刀逐之曰："吾为国家杀此贼，取其心以谢三军。"怀恩疾走得免，遂与麾下三百渡河北走。

云州都虞候张维岳在沁州，闻怀恩去，乘传至汾州，抚定其众，杀焦晖、白玉而窃其功，以告子仪。子仪使牙官卢谅至汾州，维岳赂谅，使实其言。子仪奏维岳杀玚，传首诣阙。群臣入贺，上惨然不悦，曰："朕信不及人，致勋臣颠越，深用为愧，又何贺焉！"命辇怀恩母至长安，给待优厚。月余，以寿终，以礼葬之，功臣皆感叹。

子仪如汾州，怀恩之众数万悉归之，咸鼓舞涕泣，喜其来而悲其晚也。子仪知卢谅之诈，杖杀之。上以李抱真言

唐代宗任命郭子仪为河中节度等使。

唐代宗对郭子仪说:"仆固怀恩父子辜负朕的恩德实在太深。听说朔方镇的将士思念你如同久旱渴望甘雨一般,你为朕镇抚河东,汾阳的朔方军必定不会叛变。"于是唐代宗任命郭子仪为关内、河东副元帅,河中节度等使。仆固怀恩部下的将士听说后,都说:"我们跟随仆固怀恩做不仁不义之事,还有何脸面再见汾阳王呢!"

郭子仪到达河中,当时有一万名云南籍士兵戍守河中,将领贪婪,士卒残暴,成为河中府一大祸害。郭子仪斩杀了十四人,杖打了三十人,于是河中府安定。

仆固玚被部下杀死,仆固怀恩逃往云州。

仆固玚率兵包围了榆次,被部下的十将焦晖和白玉攻打杀死。仆固怀恩听说后,进入府中来告诉他的母亲。他母亲说:"我曾经告诫你不要反叛,朝廷待你不薄,现在军心已变,祸难必然要殃及于我,该怎么办为好呢!"仆固怀恩没有回答而出。他的母亲提刀追逐他说:"我要为国家杀掉你这个叛贼,取下你的心肝来向三军谢罪。"仆固怀恩急忙逃跑才得幸免,然后率领部下三百名渡过黄河向北逃走。

云州都虞候张维岳在沁州,听说仆固怀恩已逃走,就乘驿传到达汾州,安抚他的部下,又杀掉焦晖、白玉,将其功劳窃为己有,然后报告了郭子仪。郭子仪派牙官卢谅到汾州,张维岳贿赂卢谅,让他证实自己所说的都是实情。郭子仪于是上奏说张维岳杀掉了仆固玚,并传其首级到朝廷。群臣入宫祝贺,唐代宗表情凄然地说:"朕未能信任好人,致使功臣备受苦难,朕深感惭愧,又有什么可庆贺的呢!"于是命令用车把仆固怀恩的母亲载到长安,待遇优厚。一个多月后,仆固怀恩的母亲寿终正寝,代宗又按照礼仪将她埋葬,功臣们都很感叹。

郭子仪到达汾州,仆固怀恩部众数万人都归附于他,他们欢欣鼓舞又流泪,高兴的是郭子仪的到来,悲痛的是他来得晚。郭子仪得知卢谅所言有诈,杖杀了他。唐代宗因为李抱真所说

有验,迁殿中少监。

刘晏、李岘罢。

晏坐与元振交通。元振获罪,岘有力焉,由是为宦官所疾,故与晏皆罢。

以王缙、杜鸿渐同平章事。 三月,以刘晏为河南、江、淮转运使。

自丧乱以来,汴水堙废,漕运者自江、汉抵梁、洋,迂险劳费。兵火之后,中外艰食,关中米斗千钱,百姓接穗以给禁军,宫厨无兼时之积。晏乃疏浚汴水,遗元载书,具陈漕运利病,令中外相应。自是每岁运米数十万石以给关中。唐世称漕运之能者,推晏为首,后来者皆遵其法度云。

夏五月,初行《五纪历》。 罢孝悌力田及童子科。

杨绾奏孝悌力田无实状,及童子科皆侥幸,悉罢之。

六月,罢河中节度及耀德军。

郭子仪以安、史昔据洛阳,故诸道置节度使以制其要冲。今大盗已平,而所在聚兵,耗蠹百姓,表请罢之,仍自河中为始,从之。

秋七月,税青苗钱,给百官俸。 临淮武穆王李光弼卒。

上之幸陕也,李光弼竟迁延不至,上恐遂成嫌隙,以其母在河中,数遣中使存问之。吐蕃退,除光弼东都留守,光

仆固怀恩反叛的话应验,就迁任他为殿中监。

唐代宗罢免刘晏、李岘的宰相职务。

刘晏是因为与程元振交结而被罢免。程元振被治罪一事,李岘起了很大作用,因此受到了宦官的嫉恨,所以与刘晏都被罢免宰相职务。

唐代宗任命王缙、杜鸿渐为同平章事。 三月,唐代宗任命刘晏为河南、江、淮转运使。

自从安史之乱发生以来,汴水堵塞荒废,没有得到修治,漕运都从长江、汉水运抵梁州、洋州,道路迂回险阻,劳费财力。战乱之后,全国各地都缺乏粮食,关中地区一斗米价值一千钱,以至百姓揉搓麦穗以获得粮食来供给禁军,即使宫廷厨师,也没有可供第二个季节所用的存粮。刘晏于是疏通汴水,又给宰相元载上书,详细陈说漕运的利弊,要求朝内外响应。从此以后,每年运米数十万石,以供给关中地区。有唐一朝,大家认为最有能力管理漕运的官吏,首推刘晏,后来管理漕运者都遵守他的法令制度。

夏五月,初次实行《五纪历》。 朝廷罢除了科举考试中的孝悌力田科和童子科。

礼部侍郎杨绾上奏说孝悌力田科的考试名不符实,考中童子科的人都纯属侥幸,朝廷将此两科全都罢除。

六月,唐代宗下敕撤消了河中节度镇和耀德军。

郭子仪认为,过去安、史叛军盘踞洛阳,所以在各道设置节度使,用来控制战略要地。如今叛乱已经平定,而各地仍然驻守着大量兵力,耗费百姓的财物,上表请求罢兵,同时从撤消河中军镇开始,唐代宗听从了他的建议。

秋七月,朝廷征收天下青苗税钱,用来发给百官俸禄。 临淮武穆王李光弼去世。

唐代宗出幸陕州时,李光弼竟然拖延时间,不来救难,唐代宗恐怕因此产生嫌隙,因为李光弼的母亲在河中,就多次派宦官去慰问。吐蕃军队退去后,唐代宗任命李光弼为东都留守,李光

弼辞以就江、淮粮运,引兵归徐州。上迎其母至长安,厚加供给,使其弟光进掌禁兵,遇之加厚。光弼治军严重,指顾号令,诸将莫敢仰视。谋定而后战,能以少制众,与郭子仪齐名。及在徐州,拥兵不朝,诸将田神功等不复禀畏,光弼愧恨成疾而卒。诏以王缙都统诸道行营。

仆固怀恩引回纥、吐蕃入寇,诏郭子仪出镇奉天。

怀恩至灵武,收合散亡,其众复振。上厚抚其家,下诏曰:"怀恩勋劳著于帝室。疑隙之端,起自群小,君臣之义,情实如初。但当诣阙,更勿有疑。"怀恩竟不从。遂引回纥、吐蕃十万众入寇,京师震骇。

会郭子仪自河中入朝,诏子仪出镇奉天。召问方略,对曰:"怀恩勇而少恩,士心不附,所以能入寇者,因思归之士耳。怀恩本臣偏裨,其麾下皆臣部曲,必不忍以锋刃相向,无能为也。"

九月,关中虫蝗、霖雨。   冬十月,怀恩逼奉天,郭子仪出兵,怀恩退。

怀恩与回纥、吐蕃进逼奉天,诸将请战,郭子仪曰:"虏深入,利速战,吾坚壁以待之,彼必以吾为怯而不戒,乃可破也。若遽战而不利,则众心离矣,敢言战者斩!"既而夜出陈于乾陵之南,虏始以子仪为无备,欲袭之,忽见大军,惊愕,遂不战而退。

弼推托说要处理江、淮粮运,率兵返回徐州。唐代宗把李光弼的母亲接到长安,供给丰厚,又让他的弟弟李光进掌管禁军,待他更加厚道。李光弼治军严厉,发号施令,诸将领都不敢抬头看他。计谋确定之后再出战,常常能以少胜多,与郭子仪齐名。及至李光弼返回徐州后,坐拥重兵而不入朝,诸将如田神功等人便不再惧怕李光弼,李光弼因此愧恨交加,生病而去世。唐代宗下诏以王缙代替李光弼都统诸道行营。

仆固怀恩带领回纥、吐蕃军队入侵,唐代宗下诏命郭子仪出镇奉天。

仆固怀恩到达灵武,收罗逃散的残兵,部队重又壮大起来。唐代宗厚待他的家属,并下诏书说:"仆固怀恩对皇室立有功勋,之所以产生了疑虑,都是因为那些小人的离间,君臣之间的情义,仍然像当初一样真切。但愿能入朝觐见,不要再有所迟疑。"仆固怀恩竟然不听。于是带领回纥、吐蕃军队十万人入侵,京师震惊。

适逢郭子仪从河中入朝,唐代宗下诏郭子仪出镇奉天。唐代宗召见郭子仪询问对策,郭子仪回答说:"仆固怀恩虽然作战勇猛,但对部下缺少恩德,所以士卒并不归心于他,他们之所以来侵犯,是因为想回家乡的缘故。仆固怀恩原本是我的部将,他部下的人马都是我的部曲,他们一定不会忍心与我兵刃相见,因此可知仆固怀恩不会有所作为了。"

九月,关中地区遭受蝗灾、雨灾。 冬十月,仆固怀恩领兵进逼奉天,郭子仪率兵出战,仆固怀恩退走。

仆固怀恩与回纥、吐蕃兵一道进逼奉天,诸将请求出战,郭子仪说:"敌人深入我内地,利在速战速决,我们如果坚壁固守,敌人一定会认为我们是胆怯不敢出战,从而放松戒备,这样我们就能够打败敌人。如果仓促应战而失利,就会军心涣散,敢再有言战者斩无赦!"不久郭子仪夜晚出兵,在乾陵南面列阵,起初,敌人以为郭子仪没有防备,想要袭击他,忽然看见大军,十分惊愕,因此不战而退。

怀恩之南寇也,河西节度使杨志烈发卒五千,谓监军柏文达曰:"君将之以攻灵武,则怀恩有返顾之虑,此亦救京师之一奇也!"文达进攻灵州,怀恩遽归,夜袭文达,大破之。文达将余众归,哭而入。志烈迎之曰:"此行有安京室之功,卒死何伤!"士卒怨其言。未几,吐蕃围凉州,士卒不为用,志烈奔甘州,为沙陀所杀,凉州遂陷。沙陀者姓朱耶,世居沙陀碛,因以为名。

怀恩寇邠州,不克而遁。

初,郭子仪闻虏逼邠州,遣其子晞将兵救之,虏攻之不克。及还,又攻之,不克,遂遁。晞在邠州,纵士卒为暴,节度使白孝德患之,而不敢言。段秀实自请补都虞候。晞军士入市取酒,刺酒翁,坏酿器,秀实列卒尽取其首注槊上,植市门。晞一营大噪,尽甲,孝德恐。秀实曰:"无伤也,请往解之。"选老躄者一人,驰马至晞门。甲者出,秀实笑且入,曰:"杀一老卒,何甲也!吾戴吾头来矣。"晞出,秀实让之曰:"副元帅勋塞天地,当念始终。今常侍恣卒为暴,行且致乱,乱则罪及副元帅,郭氏功名,其存者几何!"言未毕,晞再拜曰:"公幸教晞以道,敢不从命!"叱左右:"皆解甲,敢哗者死!"秀实因留宿军中。旦,俱至孝德所谢。

十二月,加郭子仪尚书令,不受。

仆固怀恩南侵时,河西节度使杨志烈发兵五千,对监军柏文达说:"你率领这些军队去攻打灵武,仆固怀恩就会有后顾之忧了,这也是援救京师的一大奇计!"柏文达率兵进攻灵州,仆固怀恩立刻回军,在夜晚袭击柏文达的军队,柏文达被打得大败。于是柏文达带领残兵返回,哭着进入凉州。杨志烈迎接他说:"这次行动有安定京师朝廷的功劳,战死一些士兵有什么可悲伤的呢!"士卒们都愤恨杨志烈所说的话。不久,吐蕃包围了凉州,士卒们都不肯为他出力作战,杨志烈只好逃往甘州,被沙陀人杀死,凉州于是沦陷。沙陀人姓朱耶,世代居住在沙陀碛,因而得名。

　　仆固怀恩又侵犯邠州,没有攻克而逃走。

　　起初,郭子仪得知敌人逼近邠州,就派他的儿子郭晞带兵去救援,敌人没有攻克。及退军时,敌人又来攻打邠州,还是没有攻克,于是逃走。郭晞在邠州,放纵士卒施暴横行,邠宁节度使白孝德深以为患,但是不敢声言。泾州刺史段秀实自己请求担任都虞候。有一次郭晞部下的士卒到市中买酒,用刀刺杀卖酒老汉,砸坏了酿酒器具,段秀实派兵砍下这些士卒的头颅,挂在长矛上,然后树立在市门旁。郭晞全军大为愤怒,呼喊乱叫,全都穿上了铠甲,白孝德大为恐惧。段秀实说:"用不着害怕,请让我前去解决。"于是挑选了一名跛脚老翁作为随从,驰马来到郭晞的营门。这时披甲的士卒从里面出来,段秀实边笑边往里面走着说:"杀一名老兵,哪里用得着披甲呢!我戴着我的脑袋来了。"郭晞出来,段秀实责备他说:"副元帅功盖天地,应当想着要善始善终。现在你放纵士卒为非作歹,这样将会导致变乱,军乱就会株连到副元帅,郭氏家族的功名,还会留下来多少呢!"段秀实的话还未说完,郭晞就再拜说:"我郭晞有幸聆听了您的一番教诲,怎么敢不听从呢!"然后斥责左右的士卒说:"都给我卸下铠甲,敢有喧哗者斩!"段秀实于是留在郭晞的军营中过夜。第二天早晨,段秀实和郭晞一起来到白孝德的官署,郭晞向白孝德谢罪。

　　十二月,唐代宗加授郭子仪尚书令,郭子仪推辞不接受。

子仪以太宗为此官,近皇太子亦为之,不敢当,遂不受,还镇河中。

户部奏是岁户口之数。

户二百九十余万,口一千六百九十余万。

乙巳(765)　**永泰元年**

春正月,以李抱真为泽潞节度副使。

抱真以山东有变,上党为兵冲,而荒乱之余,土瘠民困,无以赡军,乃籍民。每三丁选一壮者,免其租徭,给弓矢,使农隙习射,岁暮都试,行其赏罚。比三年,得精兵二万,既不费廪给,府库充实,遂雄视山东,步兵为诸道最。

三月,命文武之臣十三人于集贤殿待制。

三月,命仆射裴冕、郭英乂等十三人于集贤殿待制。左拾遗独孤及上疏曰:"陛下召冕等以备询问,此盛德也。然恐陛下虽容其直,而不录其言,有容下之名,而无听谏之实,则臣之所耻也。今师兴不息十年矣,人之生产,空于杼轴。拥兵者第馆亘街陌,奴婢厌酒肉,而贫人羸饿就役,剥肤及髓。长安城中白昼椎剽,吏不敢诘,民不敢诉,有司不敢以闻。茹毒饮痛,穷而无告。陛下不思所以救之,臣实惧焉。今天下惟朔方、陇西有吐蕃、仆固之虞,邠、泾、凤翔之兵足以当之矣。东南泊海,西尽巴蜀,无鼠窃之盗,而兵不为解。倾天下之货,竭天下之谷,以给不用之军,臣不知

郭子仪因为太宗皇帝曾经担任过尚书令,近来皇太子也曾担任过此职,所以不敢接受,于是就推辞不受,然后返回河中镇。

户部上奏这一年的户口数目。

全国共有二百九十多万户,一千六百九十多万口。

乙巳(765)　唐代宗永泰元年

春正月,唐代宗任命李抱真为泽潞节度副使。

李抱真认为山东藩镇如果有变故,上党地区是战略要地,然而兵荒马乱之后,土地贫瘠,百姓穷困,无法供养军队,于是李抱真就登记百姓。每三个成丁选一名强壮者免除他们的租税徭役,发给弓箭,让他们在农闲时节练习武艺,到年终时进行考核,根据成绩实行赏罚。三年时间,训练成精兵二万人,既不用耗费官府的粮饷,还使得府库充实,因此威震山东,步兵是各道中最为强大的。

三月,唐代宗命令文武大臣十三人在集贤殿待制。

三月,唐代宗命令仆射裴冕、郭英乂等十三人在集贤殿待制。左拾遗独孤及上疏说:"陛下召集裴冕等人在集贤殿待制以备征询意见,这实在是德政。但恐怕陛下虽然能够容忍他们的直言,却不能按照他们所说的话办事,有容纳臣下的虚名,而没有听从谏言之实,那将是我都感到羞辱的事。如今战乱不息已有十年了,百姓无法生产,耕织荒废。手握军队的将领豪华宅第连街成片,他们家中的仆人都已厌烦美酒佳肴,而贫苦百姓贫困交加,身体虚弱,还要去服劳役,遭受着敲骨吸髓般的剥削。长安城中光天化日之下强盗横行,而官吏竟然不敢过问,百姓不敢上诉,有关部门不敢奏闻。百姓就好似在吃毒药饮苦酒,穷困而无处申诉。陛下不想着拯救他们的办法,我为此感到实在害怕。现在天下只有朔方、陇西有吐蕃入侵和仆固怀恩反叛的忧患,邠州、泾州和凤翔的兵力足以抵挡他们。东南到达海边,西面包括巴蜀,已没有任何盗贼,而驻扎的兵力仍然不撤。倾尽天下的财物,竭尽天下的粮食,用来供给那些无用的军队,我不知道

其故。假令居安思危，自可厄要害之地，俾置屯御，悉休其余，以粮储扉屡之资，充疲人贡赋，岁可减国租之半。陛下岂可持疑于改作，使率土之患日甚一日乎！”上不能用。

吐蕃遣使请和。

吐蕃遣使请和，诏元载等与之盟。上问郭子仪，子仪对曰：“吐蕃利我不虞，若不虞而来，则国不可守矣。”乃遣兵戍奉天。

旱。

米斗千钱。

夏四月，以裴谞为左司郎中。

河东租庸使裴谞入奏事，上问：“榷酤之利，岁入几何？”谞不对。复问，对曰：“臣自河东来，所过见菽粟未种，农夫愁怨，臣以为陛下见臣，必先问人之疾苦，乃责臣以营利，臣是以未敢对也。”上谢之，拜左司郎中。

剑南节度使严武卒。

武三镇剑南，厚赋敛，穷奢侈，专杀戮，母数戒之，武不从。及死，母曰：“吾今始免为官婢矣。”然吐蕃畏之，不敢犯其境。

畿内麦稔。

京兆尹第五琦请税百姓田，十亩收其一，曰：“此古什一之法也。”上从之。

平卢将李怀玉逐其节度使侯希逸，诏以怀玉为留后，赐名正己。

希逸好游畋，营塔寺。兵马使李怀玉得众心，希逸忌

为什么要这样做。假如陛下能够居安思危，自然可以派一部分军队扼守要害之地，设置城池寨堡防御，让其余的军队全部休养归农，用这些军用物资，来充当贫苦百姓的赋税，这样就可以每年使国家的赋税减少一半。陛下怎么能够对变革迟疑不决，使国家的忧患日甚一日呢！"唐代宗没有采纳他的建议。

吐蕃派遣使者来求和。

吐蕃派遣使者来求和，唐代宗下诏命元载等人与吐蕃盟誓。唐代宗就吐蕃求和之事征询郭子仪的意见，郭子仪回答说："吐蕃希望我们不加防备，如果我们没有准备，吐蕃来攻打，那么国家就不可保了。"于是唐代宗派遣军队戍守奉天。

大旱。

一斗米值一千钱。

夏四月，唐代宗任命裴谞为左司郎中。

河东租庸使裴谞入朝奏事，唐代宗问他："酒类专卖的收入，每年有多少？"裴谞沉默不答。唐代宗又问他，裴谞这才回答说："我从河东来，沿途看到田中庄稼未种，农夫怨愤哀愁，我原以为陛下见到我，一定会先问百姓疾苦，而陛下却责问我营利多少的事，所以我不敢回答。"唐代宗向裴谞表示歉意，拜授他为左司郎中。

剑南节度使严武去世。

严武曾经前后三次出任剑南节度使，横征暴敛，穷奢极侈，专事杀戮，他的母亲多次告诫他，但严武不听。严武死后，他的母亲说："我现在才可以免除沦为官婢的命运了。"但是吐蕃军队都畏惧严武，不敢侵犯他的边境。

京畿地区麦子成熟。

京兆尹第五琦请求征收百姓的田税，十亩田收取一亩的田税，说："这是古代征收十分之一的税法。"唐代宗同意。

平卢镇将李怀玉赶走了节度使侯希逸，唐代宗下诏任命李怀玉为平卢留后，赐名叫李正己。

平卢节度使侯希逸平时喜好游玩打猎，又营建了一些寺院佛塔。侯希逸的属将兵马使李怀玉很得军心，因此侯希逸忌恨

之,因事解其军职。希逸宿于城外,军士闭门,奉怀玉为帅。希逸奔滑州,召还京师。以郑王邈为节度使,怀玉知留后,赐名正己。时成德李宝臣、魏博田承嗣、相卫薛嵩、卢龙李怀仙,收安、史余党,各拥劲卒数万,治兵完城,自署将吏,不供贡赋,与山南东道梁崇义及正己皆结为婚姻,互相表里。朝廷专事姑息,不能复制。

秋九月,置百高座,讲《仁王经》。

内出《仁王经》二宝舆,以人为菩萨、鬼神之状,导以音乐、卤簿,百官迎,从至资圣、西明寺讲之。

仆固怀恩诱回纥、吐蕃杂虏入寇。怀恩道死,召郭子仪屯泾阳。冬十月,回纥受盟而还,吐蕃夜遁。

仆固怀恩诱回纥、吐蕃、吐谷浑、党项、奴剌数十万众俱入寇,令吐蕃趣奉天,党项趣同州,吐谷浑、奴剌趣盩厔,回纥继吐蕃之后,怀恩又以朔方兵继之。

子仪奏:"虏皆骑兵,其来如飞,不可易也。请使凤翔、滑濮、邠宁、镇西、河南、淮西诸节度各出兵以厄其冲要。"上从之。诸道多不时出兵,淮西李忠臣得诏,亟命治行。诸将请择日,忠臣怒曰:"父母有急,岂可择日而后救耶!"即日就道。

怀恩中涂遇暴疾死,大将范志诚领其众。怀恩拒命三年,再引胡寇,为国大患,上犹为之隐,曰:"怀恩不反,为左右所误耳!"

他，借故解除了他的军职。侯希逸留宿在城外，士卒关闭城门拒绝他入城，拥立李怀玉为主帅。侯希逸逃往滑州，唐代宗把他召回京师。唐代宗任命郑王李邈为节度使，李怀玉知留后事，并赐名叫李正己。当时，成德节度使李宝臣、魏博节度使田承嗣、相卫节度使薛嵩、卢龙节度使李怀仙等，收罗安史叛军的余党，各自拥有精兵数万名，练兵修城，自己任命将帅官吏，不向朝廷贡献赋税，与山南东道节度使梁崇义及平卢、淄青留后李正己都结为姻亲，相互勾结。朝廷一味姑息，不能再控制他们。

秋九月，唐代宗在资圣寺和西明寺设置百尺高座，请高僧宣讲《仁王护国经》。

从宫廷内载来两车《仁王护国经》，并让人装扮成菩萨和鬼神的模样，让音乐和仪仗队在前面引导，百官迎接，到资圣寺和西明寺宣讲。

仆固怀恩引诱回纥、吐蕃和其他杂种胡人入侵唐朝。仆固怀恩在半道上死去，唐代宗召见郭子仪，命他驻守泾阳。冬十月，回纥接受了唐朝的盟约而返，吐蕃军队趁夜晚逃走。

仆固怀恩引诱回纥、吐蕃、吐谷浑、党项、奴剌各部数十万兵一起进犯唐朝，命令吐蕃军队赶赴奉天，党项军队赶赴同州，吐谷浑、奴剌军队赶赴盩厔，回纥军队跟随在吐蕃军队后面，仆固怀恩又带领朔方军队跟随在回纥军队后面。

郭子仪上奏说：“敌人都是骑兵，来去如飞，千万不可轻敌。请求派遣凤翔、滑濮、邠宁、镇西、河南、淮西诸节度使各出兵扼守战略要地。”唐代宗采纳了郭子仪的意见。当时各道节度使大多不及时出兵，而淮西节度使李忠臣得到诏书后，立刻命令整军出发。诸将请求选择良辰吉日，李忠臣愤怒地说：“父母有了急难，怎么能够选择良辰吉日后再去救援呢！”当天就率兵上路。

仆固怀恩在中途遇暴病而死，部下大将范志诚统领了他的部众。仆固怀恩抗拒朝命三年，两次引诱胡人来入侵，成为国家的一大祸害，但唐代宗仍然为他隐讳，说：“仆固怀恩并没有谋反，只是受到他左右的人误导而已！”

吐蕃十万至奉天,始列营,朔方兵马使浑瑊帅骁骑二百冲之,虏众披靡。瑊挟虏一将,跃马而还,士气大振。夜复引兵袭之,杀千余人。京师闻虏至奉天,始罢百高座讲,召郭子仪,使屯泾阳。上自将六军屯苑中,下制亲征。

鱼朝恩请索城中私马,男子皆团结为兵。士民大骇,逃者甚众。百官入朝,朝恩从禁军操白刃宣言曰:"吐蕃攻犯郊畿,车驾欲幸河中,何如?"公卿皆错愕不知所对。有刘给事者,独出班抗声曰:"敕使反邪!今屯军如云,不戮力扞寇,而遽欲胁天子弃宗社,非反而何?"朝恩惊沮,事遂寝。

会大雨旬日,虏不能进,大掠而去。所过焚庐舍,蹂禾稼殆尽。同华节度周智光引兵邀击,破之,逐北至鄜州,杀刺史张麟,焚坊州三千余家。

十月,复讲经。吐蕃退至邠州,遇回纥,复相与入寇,合兵围泾阳,子仪严备不战。时二虏闻怀恩死,已争长,不相睦。子仪使牙将李光瓒说回纥,欲与共击吐蕃。回纥不信,曰:"郭公在此,可得见乎?"光瓒还报,子仪曰:"今众寡不敌,难以力胜。昔与回纥契约甚厚,不若挺身说之,可不战而下也。"诸将请选铁骑五百卫从,子仪曰:"此适足为害耳。"郭晞扣马谏曰:"大人,国之元帅,奈何以身为虏饵!"

吐蕃十万军队到达奉天，刚要扎营，朔方兵马使浑瑊率领勇猛骑兵二百冲击其阵营，敌军纷纷溃逃。浑瑊怀挟吐蕃一名将领，跃马而回，唐兵士气大振。浑瑊又率兵夜晚袭击敌营，杀死敌人一千余人。京师人们听说吐蕃军队到了奉天，唐代宗才取消了高僧在百尺高座讲解佛经，召见郭子仪，命他率兵驻守泾阳。唐代宗亲自率领禁军六军驻守在禁苑中，下制书说要亲自出征。

鱼朝恩请求征用京城中的私人马匹，命令男子都编练为兵。京城中的士人百姓都十分惊恐，逃跑的很多。百官们入朝，鱼朝恩带领禁军手持兵器宣布说："因为吐蕃侵犯京畿地区，皇上想要驾幸河中避难，你们认为如何？"公卿大臣们都惊愕得不知道说什么。有一位姓刘的给事中，独自从朝班中站出来大声说："你这个宦官要谋反吗！现在守军云集，你不同心戮力捍御敌人，却急忙想要迫胁天子抛弃宗庙社稷而逃跑，这不是谋反又是什么呢？"鱼朝恩听后惊恐沮丧，此事于是作罢。

适逢连雨十天，敌人不能进军，便大肆抢掠而去。敌人所经过的地方，焚烧房舍，践踏庄稼，毁坏略尽。同华节度使周智光率兵截击，打败了敌人，向北追击到了鄜州，杀害了鄜州刺史张麟，焚烧坊州百姓三千余家。

十月，唐代宗又命高僧宣讲佛经。吐蕃军队退到邠州，在这里遇到回纥军队，相互连兵再次入侵，会兵包围了泾阳，郭子仪命令士卒严阵以待，不与敌人交战。这时，吐蕃与回纥军队得知仆固怀恩已死，便争着要当首领，产生了矛盾。郭子仪派牙将李光瓒去劝说回纥，想与回纥军队一道攻打吐蕃。回纥不相信李光瓒的话，说："郭子仪将军如果在这里的话，我们能够与他相见吗？"李光瓒回来报告，郭子仪说："现在敌众我寡，难以靠兵力取胜。过去我们曾经与回纥缔结盟约，交情深厚，不如让我挺身前去劝说回纥，可以不战而取胜。"诸将请求挑选铁甲骑兵五百护卫随从，郭子仪说："这样做只会害了我。"郭晞拉住郭子仪的马进谏说："大人是国家的元帅，怎么能够深入虎口用性命冒险呢！"

子仪曰："今战则父子俱死,而国家危,往以至诚与之言,或幸而见从,则四海之福也! 不然,则身没而家全。"以鞭击其手曰："去!"遂与数骑出,使人传呼曰："令公来!"回纥大惊。

大帅药葛罗执弓注矢,立于陈前。子仪免胄释甲,投枪而进,诸酋长相顾曰："是也!"皆下马罗拜。子仪亦下马,前执药葛罗手,让之曰："汝回纥有大功于唐,唐之报汝亦不薄,奈何负约,深入吾地,弃前功,结后怨,背恩德而助叛臣乎! 且怀恩叛君弃母,于汝何有! 今吾挺身而来,听汝杀之,我之将士必致死与汝战矣。"药葛罗曰："怀恩欺我,言天可汗已晏驾,令公亦捐馆,中国无主,我是以来。今皆不然。怀恩又为天所杀,我曹岂肯与令公战乎!"子仪因说之曰："吐蕃无道,所掠之财不可胜载,马牛杂畜,长数百里,此天以赐汝也。全师而继好,破敌以取富,为汝之计,孰便于此! 不可失也!"药葛罗曰："吾为怀恩所误,负公诚深,今请为公尽力以谢过。然怀恩之子,可敦兄弟也,愿勿杀之。"子仪许之。

回纥观者为两翼,稍前,子仪麾下亦进,子仪挥手却之,因取酒与其酋长共饮。药葛罗使子仪先执酒为誓,子仪酹地曰："大唐天子万岁! 回纥可汗亦万岁! 两国将相亦万岁! 有负约者,身陷陈前,家族灭绝。"杯至药葛罗,亦酹地曰："如令公誓!"于是诸酋长大喜曰："军中巫言,此行安

郭子仪说:"现在如果交战,我们父子俩都会战死,而国家正处于危难之中,我前去用真诚劝说他们,或许有幸他们能听从我的话,就是国家的福气!如果他们不听从我的话,虽身死而家可以保全。"于是用马鞭抽打郭晞的手说:"走开!"然后与几名骑兵出城,让人传递呼喊说:"郭令公来了!"回纥军队听到后,大为吃惊。

回纥统帅药葛罗手执弓箭,搭上箭头,立在军阵前。郭子仪卸掉甲胄,放下长枪,骑马而前,回纥诸酋长相互看了看说:"真是郭子仪!"于是都下马围着郭子仪礼拜。郭子仪也下马,上前握住药葛罗的手,责备他说:"你们回纥为我们唐朝立了大功,唐朝对你们的报答也不薄,不知你们为何要违背盟约,深入我们的国境,放弃前功,新结怨仇,背负恩德而帮助叛臣呢!何况仆固怀恩背叛君主,抛弃母亲,对你们有什么好处呢!现在我挺身前来,听凭你们杀掉我,如果那样,我的部下将士必然要拼死与你们作战。"药葛罗说:"仆固怀恩欺骗我,说大唐皇帝已经驾崩,郭令公您也已去世,中国没有君主,所以我才率兵而来。而现在完全不是那样。仆固怀恩又被上天所杀,我们怎么会与您交战呢!"郭子仪趁机劝告回纥说:"吐蕃残暴无道,掠夺的财物车都载不完,马牛和其他牲畜前后长达数百里,这真是上天赐给你们的财物。保全自己的军队而能够与唐朝重新和好,打败敌人又能够获得财物,为你们回纥着想,还有比这更有利的事吗!机不可失啊!"药葛罗说:"我上了仆固怀恩的当,辜负了您的情义,现在请求为您尽力以谢罪。但是仆固怀恩的儿子是我们可敦的兄弟,希望不要杀死他。"郭子仪答应了他的请求。

在旁边观看的回纥军队形成两翼,稍稍向前,郭子仪部下的人也向前进,郭子仪挥手让他们退下去,于是取来酒与回纥首长共饮。药葛罗让郭子仪先拿起酒杯盟誓,于是郭子仪把酒洒在地上发誓说:"大唐天子万岁!回纥可汗也万岁!两国将相也万岁!谁要违背盟约,就让他身死阵前,家族灭绝。"酒杯传到药葛罗手中,他也把酒洒到地上说:"我的誓言与郭令公一样!"于是回纥诸酋长高兴地说:"出发时,军中的巫师说,这次行动平安

稳,不与唐战,见一大人而还,今果然矣。"遂与定约而还。

吐蕃闻之夜遁。回纥遣其酋长入见天子。药葛罗帅众追吐蕃,子仪使白元光帅精骑与之俱,战于灵台西原,大破吐蕃,杀获万计。诏罢亲征,京城解严。

初,肃宗以陕西节度使郭英乂领神策军,使鱼朝恩监之。英乂入为仆射,朝恩专将之。及上幸陕,朝恩举在陕兵与神策军迎扈,悉号神策军,天子幸其营。及京师平,朝恩遂以军归禁中,自将之,然尚未得与北军齿。至是,从上屯苑中,其势浸盛,分为左、右厢,居北军之右矣。

子仪恐怀恩骁将逃入外夷,请招之。上赦其罪,诏回纥送之。怀恩之侄名臣自回纥以千余骑来降。党项帅郑庭、郝德等亦诣凤翔降。

闰月,以路嗣恭为朔方节度使。
子仪以灵武初复,百姓凋弊,戎落未安,请以嗣恭镇之。嗣恭披荆棘,立军府,威令大行。

郭子仪还河中。
子仪在河中,以军食常乏,乃自耕百亩,将校以是为差,于是士卒皆不劝而耕,野无旷土,军有余粮。

汉州刺史崔旰杀西川节度使郭英乂。

无事,不会与唐朝军队交战,见到一位大人物就会返回,现在果然如此。"郭子仪就与回纥缔结了盟约后而返回。

吐蕃得知此事后,连夜逃走。回纥派遣他们的酋长入朝来觐见代宗。药葛罗率领部众去追击吐蕃军队,郭子仪派遣白元光率领精锐骑兵与回纥军队一道追击,与吐蕃军队在灵台西原交战,大败吐蕃军队,杀死和俘获了一万人。唐代宗下诏罢去亲自率兵征讨,并解除京城的警戒。

当初,唐肃宗任命陕西节度使郭英乂统领神策军,并派宦官鱼朝恩为神策军的监军。郭英乂入朝担任仆射后,鱼朝恩就单独统领神策军。及唐代宗驾幸陕州,鱼朝恩便率领在陕州的军队与神策军去迎驾扈从,把这些部队都称为神策军,唐代宗便到了神策军的营中。等到京师平定后,鱼朝恩便率领神策军回到禁中,由自己亲自统领,但是还不能与北门六军平起平坐。这时,鱼朝恩率领神策军随从唐代宗驻扎在禁苑中,势力逐渐强盛起来,分为左、右两厢,其地位在北门六军之上。

郭子仪恐怕仆固怀恩部下的勇将逃往外夷,就请求唐代宗招抚他们。唐代宗因此赦免了他们的罪,并下诏命令回纥把他们送归朝廷。仆固怀恩的侄子仆固名臣带领一千多名骑兵从回纥来向朝廷投降。党项统帅郑庭、郝德等人也到凤翔来向朝廷投降。

闰十月,唐代宗任命路嗣恭为朔方节度使。

郭子仪认为灵武刚刚收复,百姓贫困,戎人部落还不安定,就请求唐代宗让路嗣恭出镇灵武。路嗣恭到任后,披荆斩棘,建立节度使军府,威信树立,号令大行。

郭子仪返回河中镇。

郭子仪在河中镇,因为经常缺乏军粮,就亲自耕田一百亩,部下的将校军官按此标准耕种多少不等,因此士卒们都不用勉励而自动耕种田地,于是田野没有荒废的土地,而军中有剩余的粮食。

汉州刺史崔旰杀害了西川节度使郭英乂。

初，严武奏将军崔旰为汉州刺史，将兵击吐蕃，连拔其数城，攘地数百里，武作七宝舆迎旰入成都以宠之。

武卒，行军司马杜济等共请郭英乂为节度使，旰与所部共请大将王崇俊为节度使。会朝廷已除英乂。英乂至，诬崇俊以罪而诛之。召旰还成都，旰辞不至，英乂怒，自将兵攻之，大败而还。

玄宗之离蜀也，以所居行宫为道观，仍铸金为真容。英乂爱其竹树茂美，奏为军营，因徙去真容，自居之。旰因此宣言英乂反而袭之。英乂奔简州，普州刺史韩澄杀英乂，送首于旰。邛州牙将柏茂琳、泸州牙将杨子琳、剑州牙将李昌夔各举兵讨旰，蜀中大乱。

流顾繇于锦州。
华原令顾繇上言，元载子伯和等招权受贿，坐流锦州。

丙午（766）　**大历元年**
春正月，敕复补国子学生。
自安史之乱，国子监室堂颓坏，军士多借居之。祭酒萧昕上言："学校不可遂废。"故有是诏。

以户部尚书刘晏、侍郎第五琦分理天下财赋。　二月，释奠于园子监。
释奠于国子监，命宰相帅常参官、鱼朝恩帅六军诸将往听讲，子弟皆服朱紫为诸生。朝恩既贵显，乃学讲经为

当初，剑南节度使严武上奏朝廷，请求任命将军崔旰为汉州刺史，率兵攻打吐蕃，接连攻下了吐蕃几个城池，开拓了数百里的土地，因此严武特地制造了七宝车把崔旰迎进成都，以表示对他的宠爱。

严武去世后，行军司马杜济等人都奏请任命郭英乂为剑南节度使，而西山都知兵马使崔旰与部下都奏请任命大将王崇俊为剑南节度使。适逢朝廷已经任命了郭英乂为节度使。郭英乂到达成都后，就诬陷说王崇俊有罪而杀了他。郭英乂又召崔旰回成都，崔旰推托不来，郭英乂大为愤怒，亲自率兵去攻打崔旰，被崔旰打得大败而回。

唐玄宗离开蜀中后，把所居住的行宫改为道观，还铸造了唐玄宗的金像。郭英乂因为喜爱道观中的竹林茂盛幽美，就上奏改为军营，于是迁走了唐玄宗的真像，自己住了进去。崔旰因此宣称说郭英乂谋反，并率兵攻打他。郭英乂逃往简州，普州刺史韩澄杀掉郭英乂，把他的首级送给崔旰。于是邛州牙将柏茂琳、泸州牙将杨子琳、剑州牙将李昌巙都分别起兵讨伐崔旰，蜀中大乱。

顾繇被流放到锦州。

华原县令顾繇上言说，元载的儿子元伯和等人揽权受贿，因此坐罪被流放到锦州。

丙午(766)　唐代宗大历元年

春正月，唐代宗下敕重新补充国子监学生。

从安史之乱以后，国子监的厅堂房屋破坏严重，许多士卒都借居在里面。国子祭酒萧昕上言说："学校不应该因此而荒废。"所以唐代宗颁下了这一诏书。

唐代宗任命户部尚书刘晏和户部侍郎第五琦分别管理天下财赋。　二月，唐代宗在国子监行释奠礼。

唐代宗在国子监行释奠礼，命宰相率领常参官、鱼朝恩率领禁军六军诸将去听讲儒家经典，他们的子弟都身穿红紫色衣服作为学生。鱼朝恩既已地位显贵，于是就学习讲解经书和撰写

文,仅能执笔辨章句,遂自谓才兼文武,莫敢与之抗。

贬颜真卿为峡州别驾。

元载专权,恐奏事官攻讦其私,乃请:"百官论事,皆先白宰相,然后奏闻。"真卿上疏曰:"谏官、御史,陛下之耳目。今使论事者先白宰相,是自掩其耳目也。太宗著《司门式》云:'其无门籍人,有急奏者,皆令门司与仗家引奏,无得关碍。'所以防壅蔽也。李林甫为相,深疾言者,下情不通,卒成幸蜀之祸。陵夷至于今日,其所从来者渐矣。夫人主大开不讳之路,群臣犹莫敢尽言,况今宰相大臣裁而抑之,则陛下所闻见者不过三数人耳。天下之士从此钳口结舌,陛下见无复言者,以为天下无事可论,是林甫复起于今日也!陛下傥不早寤,渐成孤立,后虽悔之,亦无及矣!"载以为诽谤,贬之。

以杜鸿渐为剑南东、西川副元帅。

山南西道节度使张献诚与崔旰战于梓州,败走,旌节皆为旰所夺。鸿渐至蜀境,闻之而惧,使人先达意于旰,许以万全。旰卑辞重赂以迎之。鸿渐至成都,见旰,接以温恭,无一言责其干纪。又数荐之于朝,请以节制让旰,以柏茂琳、杨子琳、李昌夔各为本州刺史。上不得已,从之。以旰为成都尹、西川节度行军司马。

以马璘兼邠宁节度使。

文章,但只会握笔标点章句,就立刻自称自己是文武全才,没有人敢于与他抗争。

唐代宗把颜真卿贬为峡州别驾。

元载专擅大权,因为害怕上奏论事的官吏揭露他的罪状,就奏请说:"百官如果上奏论事,都要先告诉宰相,然后再由宰相上奏给陛下。"刑部尚书颜真卿上疏说:"谏官和御史就好似陛下的耳目。现在让上奏论事的官吏先告诉宰相,这是陛下自己掩蔽自己的耳目。太宗皇帝所著的《司门式》说:'那些没有出入宫门凭证的人,如果有急事要上奏,都命令掌管宫门的人和执掌仪仗宿卫的人引导上奏,不许阻挡。'这是为了防止堵塞言路蒙蔽君主。李林甫担任宰相时,因为十分愤恨上奏论事的人,致使皇上不能了解下面的情况,终于酿成了唐玄宗驾幸蜀中避难的祸患。国势衰落到了今天这种地步,是长期形成的。即使君主大开进谏之路,群臣还不敢知无不言,何况当今的宰相还对他们加以压制,那么陛下所能听到和看见的不过几个人。天下的士人从此闭口不言,陛下看到没有人再进谏论事,就会认为天下无事可论,这就像是李林甫式的人物又出现在今天了!陛下如果不能及早醒悟,就会逐渐成为孤家寡人,以后即使后悔,也来不及了!"元载认为颜真卿是在恶意诽谤,就上奏唐代宗将他贬官。

唐代宗任命杜鸿渐为剑南东、西川副元帅。

山南西道节度使张献诚在梓州与崔旰交战,张献诚战败逃走,节度使的旌节都被崔旰夺取。杜鸿渐到达蜀地后,听说张献诚被崔旰打败,感到很害怕,就派人先向崔旰转达意思,保证他的生命安全。崔旰于是以谦辞重礼来迎接他。杜鸿渐到达成都后,见到崔旰,以谦恭的态度接待他,没有一句责备他触犯法纪的话。杜鸿渐又多次向朝廷推荐崔旰,请求把节度使的职务让给崔旰,并让柏茂琳、杨子琳、李昌夒分别担任本州刺史。唐代宗迫不得已,答应了杜鸿渐的请求。于是唐代宗任命崔旰为成都尹、西川节度行军司马。

唐代宗任命马璘兼任邠宁节度使。

　　以四镇、北庭行营节度使马璘兼领邠宁。璘以段秀实为都虞候。卒有能引弓重二百四十斤者,犯盗当死,璘欲生之,秀实曰:"将有爱憎而法不一,虽韩、彭不能为理。"璘善其议,竟杀之。璘处事或不中理,秀实争之。璘或怒甚,秀实曰:"秀实罪若可杀,何以怒为!无罪杀人,恐涉非道。"璘拂衣起,良久,置酒召秀实谢之。自是事皆咨秀实而后行,声称甚美。

秋八月,以鱼朝恩判国子监事。

　　命鱼朝恩判国子监。中书舍人常衮言:"成均之任,当用名儒,不宜以宦者领之。"不听。命宰相百官送上。朝恩执《易》,升高坐,讲"鼎折足"以讥宰相。王缙怒,元载怡然。朝恩曰:"怒者常情,笑者不可测也。"

冬十月,上生日,诸道节度使上寿。

　　上生日,诸道节度使献金帛、器服、珍玩、骏马为寿,共直缗钱二十四万。常衮上言:"节度使非能男耕女织,必取之于人。敛怨求媚,不可长也。请却之。"上不听。

十一月,停什一税法。

　　京兆用第五琦什一税法,民多流亡,至是停之。

十二月,周智光杀陕州监军张志斌。

唐代宗任命四镇、北庭行营节度使马璘兼任邠宁节度使。马璘任命段秀实为都虞候。马璘的部下有一名能拉动二百四十斤重弓的士卒，犯了盗窃罪应该处死，马璘想要挽救他的生命，段秀实说："将帅如果心有爱憎而执法不公平，即使是像韩信、彭越那样的将帅也无法治理好军队。"马璘很赞赏段秀实的意见，最后还是杀了那名士卒。马璘处理事情如果不合理，段秀实就据理力争。有时马璘十分愤怒，段秀实说："我段秀实如果有罪该死，你何必发怒呢！如果无罪而杀了我，恐怕人们说你不讲道义。"马璘生气地甩动衣袖而起，很久之后，又设置酒宴召来段秀实谢罪。从此以后，大小事情马璘都要先征求段秀实的意见，然后再施行，段秀实深受人们的称赞。

秋八月，唐代宗命鱼朝恩判国子监事。

　　唐代宗命鱼朝恩判国子监事。中书舍人常衮说："任命国子监的官员，应该任用当代有名的儒生，不应该让宦官兼任。"唐代宗不听从。唐代宗令宰相和百官送鱼朝恩赴任。鱼朝恩手持《易经》，坐在高座上，讲解《易经》中所说的"鼎折一足，其中的美食就会倾覆"，以此来讽刺宰相。王缙听后大为愤怒，而元载却神情自然地微笑。鱼朝恩说："对此事发怒的人是情绪的正常表现，而微笑的人却居心叵测。"

冬十月，唐代宗生日，各道节度使都为唐代宗祝寿。

　　唐代宗生日，诸道节度使进献金帛、器物衣服、珍宝玩物和骏马为唐代宗祝寿，所进献的物品价值缗钱二十四万。常衮向唐代宗进言说："这些节度使自己并不会耕田织布，这些财物一定是搜刮百姓的。这种榨取人民钱财招致怨恨而讨好陛下的行为，千万不可助长。请求把这些财物退回去。"唐代宗没有听从常衮的劝告。

十一月，唐代宗下令停止征收十分之一的税法。

　　京兆府采用第五琦所提出的征收十分之一的税法，致使许多百姓逃亡，这时唐代宗下令停止实行。

十二月，周智光杀死陕州监军张志斌。

周智光还华州,益骄横,召之不至,聚亡命数万,纵其剽掠,擅留漕米二万斛,藩镇贡献,往往杀其使者而夺之。陕州监军张志斌入奏事,智光馆之,志斌责其部下不肃,智光怒,斩之。诏加智光仆射,遣中使持告身授之。智光慢骂曰:"智光有大功于天下,国家不与平章事而与仆射!且同、华地狭,不足展才。"因历数大臣过失,而曰:"此去长安百八十里,智光夜眠不敢舒足,恐踏破长安城。"郭子仪屡请讨之,不许。

以陈少游为宣歙观察使。

少游为吏强敏而好贿,善结权贵,以是得进。除桂管观察使,恶其道远多瘴疠,宦官董秀掌枢密,少游请岁献五万缗。又纳贿于元载子仲武,内外引荐,遂改宣歙。

丁未(767) 二年
春正月,诏郭子仪讨周智光,斩之。

子仪命大将浑瑊、李怀光军于渭上。华州牙将姚怀、李延俊杀智光,以其首来献。

二月,郭子仪入朝。

上礼重子仪,常谓之大臣而不名。其子暧尚昇平公主,尝与争言,暧曰:"汝倚乃父为天子邪?我父薄天子不为!"公主恚,奔车奏之。上曰:"此非汝所知,彼诚如是,彼欲为天子,天下岂汝家所有邪!"慰谕令归。子仪闻之,囚

周智光回到华州后，更加骄横，唐代宗召他入朝而不去，聚集亡命之徒数万人，放纵他们大肆抢掠，又擅自截留漕运的粮米二万斛，藩镇向朝廷贡献财物经过华州时，周智光经常杀掉使者而夺取财物。陕州监军张志斌入朝奏事，周智光把他留住在馆舍，张志斌责备周智光说他的部下不守法纪，周智光十分愤怒，斩杀了张志斌。唐代宗下诏加授周智光为仆射，并派宦官携带委任状授给周智光。周智光谩骂道："我周智光对国家立有大功，而朝廷不授给我平章事，却授给我仆射！何况同州与华州地方狭小，无法施展我的才能。"因而历数朝中大臣们的过失，并且说："这里距离长安城不过一百八十里地，我周智光夜晚睡觉都不敢伸脚，恐怕踏破长安城。"郭子仪多次请求讨伐周智光，唐代宗不同意。

唐代宗任命陈少游为宣歙观察使。

陈少游为官精明强干，又善于贿赂，擅长交结权贵大臣，因此得以进升。已被除授为桂管观察使，因为陈少游厌恶道路遥远，其地又流行瘴疠，当时宦官董秀掌管枢密事务，陈少游就请求每年进献给他五万缗钱。同时又向元载的儿子元仲武行贿，内外援引荐举，于是唐代宗改授陈少游为宣歙观察使。

丁未（767） 唐代宗大历二年
春正月，唐代宗下诏郭子仪率兵讨伐周智光，斩杀了他。

郭子仪命令大将浑瑊与李怀光率兵驻扎在渭水岸边。华州牙将姚怀和李延俊杀死周智光，并把他的首级献给朝廷。

二月，郭子仪入朝。

唐代宗对郭子仪礼遇厚重，经常称他为大臣，而不直呼其名。郭子仪的儿子郭暧娶代宗之女昇平公主为妻，一次二人争吵，郭暧说："你依仗着你父亲是天子吗？我父亲还不屑于当天子！"公主十分愤恨，乘车飞奔入宫奏报。唐代宗说："这不是你所知道的事情，事实确实如此，如果他们想要做天子，天下难道会是你家所有的吗！"安慰公主让她回去。郭子仪听说此事后，囚禁了

暖,入待罪。上曰:"鄙谚有之:'不痴不聋,不为家翁。'儿女子闺房之言,何足听也!"子仪归,杖暖数十。

夏六月,杜鸿渐入朝。秋七月,以崔旰为西川节度使。

杜鸿渐请入朝,广为贡献,因荐旰才堪寄任,上亦务姑息,乃留鸿渐复知政事,以旰为节度使。旰厚敛以赂权贵,元载擢其兄弟,皆至大官。

鱼朝恩作章敬寺。

鱼朝恩以赐庄为章敬寺,以资太后冥福,穷壮极丽,奏毁曲江及华清宫馆以给之。卫州进士高郢上书曰:"先太后圣德,不必以一寺增辉;国家永图,无宁以百姓为本。舍人就寺,何福之为!且古之明王,积善以致福,不费财以求福;修德以消祸,不劳人以禳祸。今徇左右之过计,伤皇王之大猷,臣窃为陛下惜之!"不报。

始,上未甚重佛,元载、王缙、杜鸿渐皆好佛。缙尤甚,不食荤血,鸿渐亦以使蜀无恙,饭千僧,二人造寺无穷。上尝问曰:"佛言报应,果有之耶?"载等对曰:"国家运祚灵长,非宿植福业,何以致之!福业已定,虽时有小灾,终不能为害。所以安、史皆有子祸,怀恩出门病死,二虏不战而退,此皆非人力所及,岂得言无报应也!"上由是深信之,常于禁中饭僧百余人,有寇至,则令僧讲《仁王经》以禳之,

郭暖,然后自己入宫等待治罪。唐代宗对郭子仪说:"民间有一句谚语说:'不痴不聋,当不了家长。'儿女们闺房中的话,怎么能相信呢!"郭子仪回来后,杖打了郭暖数十下。

夏六月,杜鸿渐入朝。秋七月,唐代宗任命崔旰为西川节度使。

杜鸿渐请求入朝,向朝廷进献了许多财物,并推荐说崔旰有才能,可以委以重任,唐代宗也一味姑息,于是就把杜鸿渐留在朝中,再次任命他为宰相,并任命崔旰为西川节度使。崔旰横征暴敛,用这些财物来贿赂朝中权贵,因此元载提拔崔旰的兄弟,都做到大官。

鱼朝恩修建章敬寺。

鱼朝恩把原先赐给他的庄园改为章敬寺,为章敬太后祈求冥福,因此把章敬寺修建得极为壮丽,并上奏拆毁曲江和华清宫馆,用其材料来修建章敬寺。卫州人进士高郢上书说:"先太后的美好德行,不必要为她修造一座寺院就增加光彩;国家要获得长久治安,不如把百姓的利益作为根本。舍弃百姓的利益而修建寺院,怎么能得到幸福呢!再说古代的贤明君主,都是积善行以致福,不耗费财力而求福;修养德行以消除灾祸,不劳费人力以免除灾祸。现在陛下听信左右人的错误意见,损害了帝王的宏大谋略,我私下为陛下感到痛惜!"高郢的上书没有得到答复。

起初,唐代宗并不十分重视佛教,而宰相元载、王缙、杜鸿渐都信佛。王缙尤其迷信佛教,不吃肉食,杜鸿渐也因为想要使蜀中安定,就施舍一千名僧人的饭食,二人还无止境地修建寺院。唐代宗曾经问道:"佛教所讲的因果报应,果真是那样吗?"元载等人回答说:"国家的命运长久,如果不是因为平素修植福业,怎么能够达到呢!福业已经确定,即使偶有小灾,但最终也不能造成危害。所以安禄山和史思明都被他们的儿子杀死,仆固怀恩刚出门就病死,回纥与吐蕃两大敌人不战而退,这些都不是人的力量所能够达到的,怎么能说没有因果报应呢!"唐代宗因此对佛教深信不疑,经常在宫中供养一百余名僧人,如果有敌人来进攻,唐代宗就命令僧人宣讲《仁王护国经》,以祈求免除战祸,

寇去则厚加赏赐。胡僧不空,官至卿监,爵为国公,出入禁闼,势移权贵。良田美利,多归僧寺。载等侍上,多谈佛事,由是臣民承化,皆废人事而奉佛,政刑日紊矣。

秋九月,吐蕃围灵州。冬十月,路嗣恭击却之。十二月,郭子仪入朝。

时盗发子仪父冢,捕之不获。人以鱼明恩素恶子仪,疑其使之。子仪入朝,朝廷忧其为变。及见上,上语及之,子仪流涕曰:"臣久将兵,不能禁暴,军士多发人冢。今日及此,乃天谴,非人事也。"朝廷乃安。

子仪禁无故军中走马,南阳夫人乳母之子犯禁,都虞候杖杀之。诸子泣诉,子仪叱遣。明日,以事语僚佐而叹息曰:"子仪诸子皆奴材也。不赏父之都虞候,而惜母之乳母子,非奴材而何!"

戊申(768) **三年**
春正月,上幸章敬寺,度僧尼千人。 三月朔,日食。夏四月,崔旰入朝,复使还镇。

旰入朝,以弟宽为留后,杨子琳帅精骑数千乘虚突入成都。朝廷闻之,加旰工部尚书,赐名宁,遣还镇。宽与杨子琳战,数不利,宁妾任氏出家财募兵得数千人,帅以击子琳,破走之。

征李泌于衡山。

等敌人退去后就对僧人大加赏赐。胡僧不空,官做到卿监,爵位封为国公,可以随便出入宫中,权势能左右权贵。当时的肥沃田地和获利丰厚的产业多归佛教寺院所有。元载等人侍奉唐代宗,大多谈论有关佛教的事情,因此官吏和百姓受此影响,都废弃人间的事业而去崇奉佛教,政事与刑法日益紊乱。

九月,吐蕃军队包围了灵州。冬十月,朔方节度使路嗣恭击退吐蕃军队。 十二月,郭子仪入朝。

当时盗贼挖掘了郭子仪父亲的坟墓,官府搜捕,没有抓获盗贼。人们因为鱼朝恩素来憎恨郭子仪,怀疑是他指使人干的。郭子仪入朝,朝廷担忧他因此而反叛。及郭子仪见到唐代宗后,唐代宗谈到这件事,郭子仪痛哭流涕地说:"我长期带兵,因为不能禁止士卒的暴力行为,许多士卒挖掘了别人的坟墓。如今发生了这件事,这是上天在谴责我,与人事无关。"朝廷这才安定下来。

郭子仪曾经下令禁止无故在军营中驰马奔跑,而郭子仪之妻南阳夫人奶妈的儿子违犯了禁令,都虞候用棍子打死了他。郭子仪的几个儿子向他哭泣诉冤,郭子仪责骂赶走了他们。第二天,郭子仪向自己的属官说起这件事,因而叹息说:"我郭子仪的几个儿子都是奴才。他们不赞赏父亲都虞候的行为,反而痛惜自己母亲奶妈的儿子,不是奴才是什么呢!"

戊申(768) 唐代宗大历三年

春正月,唐代宗驾幸章敬寺,剃度和尚、尼姑一千人出家。
三月初一,发生日食。 夏四月,剑南西川节度使崔旰入朝,唐代宗又派他返回镇所。

崔旰入朝后,命他的弟弟崔宽担任留后,泸州刺史杨子琳率领精锐骑兵数千人乘虚突袭杀入成都。朝廷得知此事后,加授崔旰为工部尚书,并赐名叫崔宁,派他返回镇所。崔宽与杨子琳交战,多次战败,这时崔宁的小妾任氏拿出家财招募到数千名士兵,率领他们打败了杨子琳,杨子琳逃跑。

唐代宗派人到衡山征召李泌入朝。

泌既至，复赐金紫，为之作书院于蓬莱殿侧，上时过
之，除拜方镇、给、舍以上、军国大事，皆与之议。欲以泌为
相，泌固辞。

追谥齐王倓为承天皇帝。

上与李泌语及齐王倓，欲厚加褒赠，泌请用岐、薛故事
赠太子。上泣曰："吾弟首建灵武之议，成中兴之业，岐、薛
岂有此功乎！竭诚忠孝，乃为谗人所害。向使尚存，朕必以
为太弟。今当崇以帝号，成吾夙志。"乃追谥倓曰承天皇帝。

**六月，幽州将朱希彩杀其节度使李怀仙，诏以希彩知
留后。**

幽州兵马使朱希彩及经略副使朱泚及弟滔共杀节度
使李怀仙，希彩自称留后。成德节度使李宝臣遣将讨希
彩，不克，朝廷不得已宥之。以王缙领卢龙节度使，希彩知
留后。缙至幽州，希彩盛兵以逆之。缙晏然而行，希彩迎
谒甚恭。缙度终不可制，劳军而还。

秋七月，遣右散骑常侍萧昕使回纥。

回纥可敦死，以昕为吊祭使。回纥庭诘昕曰："我于唐
有大功，唐奈何失信，市我马，不时归其直？"昕曰："回纥之
功，唐已报之矣。仆固怀恩之叛，回纥助之，与吐蕃连兵入
寇，逼我郊畿。及怀恩死，吐蕃走，然后回纥惧而请和，我

李泌到达后，唐代宗又赐给他金鱼袋与紫衣，并为他在蓬莱殿旁边修建了书院，唐代宗经常去书院问候李泌，对于藩镇节度使、给事中、中书舍人以上官吏的任命以及其他的军国大事，唐代宗都要与李泌一同商议。唐代宗想要任命李泌为宰相，李泌坚持推辞不接受。

唐代宗追赠齐王李倓谥号为承天皇帝。

唐代宗与李泌谈起齐王李倓，想要给予他隆重的追赠，以此来表彰他，李泌请求按照岐王李范和薛王李业的先例，追赠他为太子。唐代宗哭泣着说："我的弟弟首次提出让先帝北上灵武的建议，因此成就了中兴朝廷的大业，岐王李范与薛王李业哪有这样的功劳！只是因为他尽忠尽孝，所以才遭到小人的谮毁陷害。假如他还活着，朕一定要立他为皇太弟。现在应该给他追赠帝号，以实现我的夙愿。"于是唐代宗就下制追赠李倓谥号为承天皇帝。

六月，幽州镇将朱希彩杀掉了他们的节度使李怀仙，唐代宗下诏任命朱希彩知留后事。

幽州兵马使朱希彩、经略副使朱泚与他的弟弟朱滔合谋杀死了节度使李怀仙，朱希彩自称为留后。成德节度使李宝臣派遣将领率兵讨伐朱希彩，没有获胜，朝廷迫不得已，只好宽恕了朱希彩。唐代宗任命王缙兼任卢龙节度使，任命朱希彩知留后事。王缙到达幽州，朱希彩带领全副武装的士兵来迎接他。王缙神态轻松地行进，朱希彩十分恭敬地迎接拜见他。王缙觉得最终无法节制朱希彩，便慰劳军队后返回。

秋七月，唐代宗派遣右散骑常侍萧昕出使回纥。

回纥可敦去世，唐代宗任命右散骑常侍萧昕为吊祭使。回纥可汗当庭责问萧昕说："我们回纥为唐朝立了大功，唐朝为什么不讲信用，买了我们的马，却不及时付马钱？"萧昕说："对于你们回纥的功劳，我们唐朝已经报答了。仆固怀恩反叛时，你们回纥帮助他，又与吐蕃联合兵力入侵，进逼我们京畿地区。等到仆固怀恩死后，吐蕃军队逃走，这时你们回纥因惧怕而求和，我们

唐不忘前功,加惠而纵之。不然,匹马不归矣。乃回纥负约,岂唐失信耶!"回纥惭,厚礼之。

内出盂兰盆赐章敬寺。

内出盂兰盆赐章敬寺。设七庙神座,书尊号于幡上,百官迎谒于光顺门。自是岁以为常。

八月,吐蕃寇灵武。　以王缙领河东节度使。

河东节度使辛云京卒,以王缙代之。兵马使王无纵等恃功骄蹇,以缙书生,易之,多违约束。缙悉擒斩之,诸将悍戾者殆尽,军府始安。

九月,凤翔都将李晟屠吐蕃定秦堡,吐蕃遁还。

凤翔节度使李抱玉使其将李晟将兵五千击吐蕃,晟曰:"以力则五千不足用,以谋则太多。"乃将千人兼行出大震关,屠吐蕃定秦堡,焚其积聚而还。吐蕃闻之,释灵州之围而去。

冬十二月,以马璘为泾原节度使。

元载以吐蕃连岁入寇,马璘以四镇兵屯邠宁,力不能拒,而郭子仪以朔方重兵镇河中,深居腹中无事之地,乃与子仪及诸将议,徙璘镇泾州,而使子仪以朔方兵镇邠州,曰:"若以边土荒残,军费不给,则以内地租税、金帛以助之。"诸将皆以为然。徙璘为泾原节度使。璘先往城泾州,以都虞候段秀实知邠州留后。

初,四镇、北庭兵久羁旅,数迁徙,劳弊怨诽。兵马使王童之谋作乱,期以辛酉旦警严而发。前夕,有告之者,秀

唐朝念及以前的功劳,宽容地放你们回去。不然的话,你们一个人也逃不回去。这是你们回纥违背了盟约,怎么能说是唐朝失信呢!"回纥可汗听后感到很惭愧,于是对萧昕厚加礼待。

唐代宗从宫中拿出盂兰盆赐给章敬寺。

唐代宗从宫中拿出盂兰盆赐给章敬寺。唐代宗设置七庙神主牌位,把他们的尊号写在幡上,让大臣们在光顺门迎拜。从此每年都举行这样的礼仪。

八月,吐蕃军队入侵灵武。　唐代宗任命王缙兼任河东节度使。

河东节度使辛云京去世,唐代宗任命王缙替代他的职务。河东兵马使王无纵等人依仗有功,骄横傲慢,认为王缙是一介书生,看不起他,多次违犯命令。王缙把他们全部擒获斩杀,凶悍残暴的将领几乎没有了,军府因此获得安定。

九月,凤翔都将李晟摧毁了吐蕃的定秦堡,吐蕃军队逃走。

凤翔节度使李抱玉派遣部将李晟率兵五千去攻打吐蕃,李晟说:"如果要靠兵力取胜,五千人是不够用的,如果依靠智谋,五千人又太多了。"于是率领一千人倍道兼程出大震关,摧毁了吐蕃的定秦堡,焚烧了吐蕃军队屯积的军用物资,然后返回。吐蕃军队得知后,解除了对灵州的包围而退走。

冬十二月,唐代宗任命马璘为泾原节度使。

元载认为吐蕃军队连年入侵边境,马璘率领四镇军队驻守在邠宁,其兵力无法抵御吐蕃,而郭子仪率领朔方重兵镇守河中,深居于没有战事的内地,因此与郭子仪及诸将商议,让马璘移镇泾州,而让郭子仪率领朔方兵镇守邠州,元载说:"如果因为边地荒芜残破,军费不足,就用内地的租税和金帛资助。"朔方诸将都认为可行。于是唐代宗改任马璘为泾原节度使。马璘先去修筑泾州城,命都虞候段秀实知邠州留后。

当初,四镇、北庭兵长期客居他乡,多次迁移驻地,因辛劳疲困而怨言四起。兵马使王童之图谋作乱,决定在辛酉日的早晨击鼓报晓时发难。前一天晚上,有人把此事告诉了段秀实,段秀

实阳召掌漏者,怒之,以其失节,令每更来白,辄延之数刻,遂四更而曙,童之不果发。告者又云:"今夕欲焚马坊草,因救火作乱。"中夕,火果发,秀实命军中行者皆止,坐者勿起,各整部伍,严守要害。童之白请救火,不许。及旦,捕童之及其党八人,皆斩之。下令曰:"后徙者族,流言者刑!"遂徙于泾。

己酉(769) 四年
春正月,郭子仪入朝。

子仪入朝,鱼朝恩邀之游章敬寺。元载恐其相结,密使告子仪,曰:"朝恩谋不利于公。"子仪不听。将士请衷甲以从者三百人。子仪曰:"我,国之大臣,彼无天子之命,安敢害我! 若受命而来,汝曹欲何为!"乃从家僮数人而往。朝恩惊问其故,子仪以所闻告,且曰:"恐烦公经营耳。"朝恩抚膺流涕曰:"非公长者,能无疑乎!"

夏五月,以仆固怀恩女嫁回纥。

初,仆固怀恩死,上怜其有功,置其女宫中,养以为女。回纥请以为可敦,五月,册以为崇徽公主,遣兵部侍郎李涵送之,涵奏祠部郎中董晋为判官。至回纥,回纥言:"唐约我为市,马既入,而归我贿不足,我于使人乎取之。"涵惧,不敢对。晋曰:"吾非无马而与尔为市,为尔赐不既多乎!

实假装召见执掌更漏的士卒,对他发火,说他报时有误,命令他每过一更就来报告一次,每更都故意拖延几刻时间,于是到了四更时天已破晓,王童之未能发难作乱。告发的人又说:"今天晚上王童之要焚烧马坊的饲草,乘救火之机作乱。"午夜时分,马草果然起火,段秀实命令军中行走的人都停止走动,坐着的人不准起来,各自整理队伍,严加防守要害之地。王童之向段秀实请求去救火,段秀实没有同意。等到天亮,段秀实逮捕了王童之以及同党八人,将他们全部杀掉。又下命令说:"迁移迟的士卒要灭族,散布谣言者要严刑处置!"于是把军队迁移到泾州。

己酉(769) 唐代宗大历四年

春正月,郭子仪入朝。

郭子仪入朝后,鱼朝恩邀请他游览章敬寺。元载恐怕他们交结,就暗中派人告诉郭子仪说:"鱼朝恩要谋害你。"郭子仪不听。有三百名将士请求在衣服里穿上铠甲随从护卫郭子仪。郭子仪说:"我是国家的大臣,鱼朝恩没有天子的命令,哪里敢谋害我!如果他是接受了皇帝的命令而来,你们这样做是想干什么呢!"于是郭子仪带领几名家仆前往。鱼朝恩吃惊地询问他如此简朴的原因,郭子仪就把所听到的事情告诉了他,并说:"带的随从多了恐怕烦扰你接待。"鱼朝恩听后抚胸流泪说:"如果不是您这样的宽厚长者,能不怀疑我吗!"

夏五月,唐代宗把仆固怀恩的女儿嫁给回纥可汗为妻。

当初,仆固怀恩死后,唐代宗因为怜惜他有功劳,就把他的女儿安置在宫中,收为养女。回纥可汗请求让此女做他的可敦,五月,唐代宗册封她为崇徽公主,派兵部侍郎李涵护送,李涵上奏请求让祠部郎中董晋来担任判官。到了回纥牙帐后,回纥可汗说:"你们唐朝约请我们做买卖,我们的马已经交给你们了,而你们付给我们的钱却不够数,我要向你们这些使者索取。"李涵听后惧怕,不敢回答。董晋说:"我们唐朝并不是没有马,而要与你做买卖马匹的生意,唐朝赏赐给你们的东西还少吗!

尔之马岁至,吾数皮而归资。边吏请致诘也,天子念尔有劳,故下诏禁侵犯。诸戎畏我大国之尔与也,莫敢校焉。尔之父子宁而畜马蕃者,非我谁使之!"于是其众皆环晋拜。既又相帅南面序拜,皆举两手曰:"不敢有意大国。"

六月,郭子仪徙镇邠州。

子仪迁邠州,其精兵皆自随,余兵使裨将将之,分守河中、朔方。军士久家河中,颇不乐徙,往往自邠逃归。行军司马严郢领留府,悉捕得,诛其渠帅,众心乃定。

冬十月,杜鸿渐卒。

鸿渐病甚,令僧削发,遗令为塔以葬。

以裴冕同平章事,十二月,卒。

元载以冕老病易制,故举以为相。受命之际,蹈舞仆地。未几而卒。

庚戌（770） 五年
春三月,鱼朝恩伏诛。

朝恩专典禁兵,势倾朝野,陵侮宰相。每奏事,以必允为期,朝廷政事有不豫者,辄怒曰:"天下事有不由我者邪!"上闻之,不怿。元载乘间奏朝恩专恣不轨,请除之,上令载为方略。

你们每年送来的马,我们仅数一下马皮就付给你们马钱。边地官吏请求天子责问你们,天子因为顾念你们有功,所以下诏禁止他们侵犯你们。诸戎人因为畏惧我大唐国与你们回纥友好,所以都不敢与你们较量。你们可汗父子能获得安宁,牲畜马匹繁衍,不是我们大唐,谁能使你们这样呢!"于是回纥可汗的部众都围着董晋礼拜。然后又一起列队向南面而拜,都举起双手说:"我们不敢对你们大唐国另有企图。"

六月,郭子仪率领朔方兵迁往邠州。

郭子仪率兵迁往邠州,精锐部队都跟随他前往,留下的部队命副将率领,分别镇守河中、朔方。士卒们因为长期驻守河中,都不乐意迁移,常常有从邠州逃回河中的。行军司马严郢兼领河中留守军府事务,把逃回来的士卒全部抓获,诛杀了他们中间的首领,军心才得以安定。

冬十月,杜鸿渐去世。

杜鸿渐病重时,命令僧人为他剃去头发,留下遗言让为自己修造佛塔埋葬。

唐代宗任命裴冕为同平章事,十二月,裴冕去世。

元载认为裴冕年老多病,容易控制,所以元载荐举他任宰相。裴冕在接到任命时,高兴地向唐代宗行蹈舞礼而摔倒在地上。不久去世。

庚戌(770) 唐代宗大历五年
春三月,鱼朝恩伏罪被诛杀。

观军容宣慰处置使、左监门卫大将军兼神策军使、内侍监鱼朝恩专门掌管禁军,权势倾倒朝野,侮辱宰相。每当上奏政事时,鱼朝恩都认为唐代宗一定会答应,对于自己没有参预的朝政大事,鱼朝恩总是发怒说:"天下大事怎能不经过我而决定呢!"唐代宗听到这些话后,心中非常不高兴。元载乘机上奏说鱼朝恩独断专行,图谋不轨,请求唐代宗除掉他,唐代宗命令元载进行筹划。

朝恩入殿，常使射生将周皓将百人自卫，又使陕州节度使皇甫温握兵于外以为援，载皆以重赂结之。徙温为凤翔节度使，外重其权，实内温以自助也。载又请割兴平、武功、天兴、扶风隶神策军，朝恩喜于得地，殊不以载为虞。皇甫温至京师，元载留之，因与温、皓密谋诛朝恩。既定计，白上，上曰："善图之，勿反受祸！"

上以寒食宴贵近于禁中，载守中书省。宴罢，朝恩将出，上责其异图，皓与左右缢杀之。以尸还其家，赐钱以葬。赦京城系囚，且曰："北军将士，皆朕爪牙，勿有忧惧。"

罢度支、转运、常平、盐铁等使，委宰相领之。 以杨绾为国子祭酒，徐浩为吏部侍郎。

元载既诛鱼朝恩，上宠任益厚，载遂志气骄溢，自谓有文武才略，弄权舞智，政以贿成。吏部侍郎杨绾，典选平允，性介直，不附载。岭南节度使徐浩贪佞，倾南方珍货以赂载，载以绾为国子祭酒，引浩代之。

载有丈人来，从载求官，但赠河北一书而遣之。丈人不悦，行至幽州，私发书视之，无一言，惟署名而已。丈人不得已，试谒判官，闻有载书，大惊，立白节度使，遣大校以箱受书，馆之上舍，赠绢千匹。其威权动人如此。

秋七月，京畿饥。
斗米千钱。

鱼朝恩每次入殿，总是让射生将周皓率领一百人保卫自己，又派陕州节度使皇甫温手握重兵作为外援，元载都用重金交结收买了他们。元载又改任皇甫温为凤翔节度使，表面上加强了鱼朝恩的权力，实际是买通了皇甫温而协助自己。元载又请求割让兴平、武功、天兴、扶风隶属于神策军管辖，鱼朝恩因此高兴扩大了地盘，对元载丝毫不加戒备。皇甫温到京师，元载把他留下，因此元载与皇甫温、周皓密谋诛杀鱼朝恩。计策定下来后，元载报告了唐代宗，唐代宗说："希望考虑周密，不要反受其祸！"

唐代宗在寒食节这一天于禁中宴请亲近大臣，元载留守中书省。宴席散后，鱼朝恩将要出宫，唐代宗责备他有反叛的图谋，于是周皓与左右的人勒死了他。然后把鱼朝恩的尸体送回家，赐给钱物供埋葬之用。唐代宗赦免了关押在京城的囚犯，并说："北军的将士们都是朕的亲信，请不要忧愁恐惧。"

唐代宗罢免了度支、转运、常平、盐铁等使，委任宰相兼领。

元载任命杨绾为国子祭酒，徐浩为吏部侍郎。

元载定计诛杀鱼朝恩后，唐代宗对他更加亲信和重用，元载于是志气骄傲，自认为自己文武兼备，玩弄权术，运用诡计，依靠收受贿赂而处理朝政大事。吏部侍郎杨绾主持官吏的选举公平允当，生性耿直，不依附元载。而岭南节度使徐浩贪婪奸猾，竭尽南方的珍宝财物用来贿赂元载，因此元载改任杨绾为国子祭酒，而引用徐浩取代他任吏部侍郎。

元载有一位长辈来到京城，向元载谋求官职，元载只是写了一封信让他去河北地区求官。这位长辈很不高兴，走到幽州时，就私下拆开书信偷看，见信中没有写一句话，只有元载的署名而已。这位长辈迫不得已，试着去拜见节度判官，节度判官听说有元载的书信，大为吃惊，马上报告了节度使，节度使于是派遣大校用箱子接受元载的书信，并把这位长辈安排在上等馆舍居住，赠给他一千匹绢。元载的权威就是这么大。

秋七月，京畿地区发生饥荒。

每斗米值一千钱。

以李泌为江西观察判官。

上悉知元载所为,以其任政日久,欲全始终,因独见,深戒之,载犹不悛,上由是稍恶之。

载以李泌有宠于上,忌之,会江西观察使魏少游求参佐,上谓泌曰:"元载不容卿,朕今匿卿于魏少游所,俟朕决意除载,当有信报,卿可束装来。"乃以泌为江西判官,且属少游使善待之。

辛亥(771) 六年
春二月,诏李抱玉专备陇坻。

河西、陇右、山南副元帅李抱玉上言:"凡所掌之兵,当自训练。今自河、陇达于扶、文,绵亘二千余里,抚御至难。若吐蕃两道俱下,臣保固汧、陇则不救梁、岷,进兵扶、文则寇逼关辅,首尾不赡,进退无从。愿更择能臣,委以山南,使臣得专备陇坻。"诏从之。

岭南蛮酋梁崇牵作乱,讨平之。

蛮酋梁崇牵据容州,与西原蛮连兵,攻陷城邑。容州经略使王翃以私财募兵,不数月,斩贼帅欧阳珪,驰诣广州,见节度使李勉,请兵以复容州。勉以为难,翃曰:"然则但乞移牒诸州,扬言出兵,冀藉声势,亦可成功。"勉从之。翃乃募得三千余人,破贼数万,拔容州,擒崇牵。

三月,河北旱。

米斗千钱。

秋八月,以李栖筠为御史大夫。

唐代宗任命李泌为江西观察判官。

唐代宗对元载的所作所为全都知悉，只是认为他任宰相时间长久，想要保全他，使他能够善始善终，因此唐代宗单独召见元载，深深地告诫他，但元载仍然不改，唐代宗因此逐渐憎恨他。

元载因为李泌受到唐代宗宠信，所以忌恨他，适逢江西观察使魏少游向朝廷请求任命幕僚官属，唐代宗对李泌说："元载容不下你，朕现在把你暂时藏在魏少游那里，等到朕下决心除掉元载后，就写信告诉你，到那时你就可以收拾行装前来。"于是唐代宗任命李泌为江西观察判官，并嘱托魏少游好好对待李泌。

辛亥(771)　唐代宗大历六年

春二月,唐代宗下诏李抱玉专门守备陇坻。

河西、陇右、山南副元帅李抱玉上言说："凡是所管辖的军队，都应当自己加以训练。现在从河州、陇州到扶州、文州，绵延二千多里，防御十分困难。吐蕃军队如果从岷州和陇州两路同时进犯，我保卫汧州、陇州，就不能救援梁州、岷州，如果进兵扶州、文州，那么敌人就会逼近关辅地区，首尾不能相顾，进退无所适从。希望陛下另行挑选一名能干的大臣，把山南的防务委任给他，使我能够专心守备陇坻。"唐代宗下诏同意他的建议。

岭南蛮人酋长梁崇牵起兵作乱,被官军讨伐平定。

蛮人酋长梁崇牵占据了容州，与西原蛮联合兵力，攻占其他城邑。容州经略使王翃拿出自己的私人财产招募兵员，不出数月，就斩杀了贼军将帅欧阳珪，然后驰马前往广州，晋见岭南节度使李勉，请求出兵收复容州。李勉认为有困难，王翃说："那么只恳求你下文书给各州郡，扬言说要出兵，希望依靠这样的声势，也能够取得成功。"李勉听从了他的意见。王翃于是招募到三千多人，打败了数万名贼兵，攻克容州，生擒了梁崇牵。

三月,河北地区发生旱灾。

每斗米值一千钱。

秋八月,唐代宗任命李栖筠为御史大夫。

先是，成都司录李少良上书言元载奸赃阴事，上置少良于客省。少良以上语告友人韦颂，殿中侍御史陆珽以告载，载奏之。上以少良、颂、珽离间君臣，敕付京兆，皆杖死。

载所拟官多非法，恐为有司所驳，奏凡别敕除六品以下官，乞令吏部、兵部无得检勘，上亦从之。然益厌其所为，思得士大夫之不阿附者为腹心，渐收载权。内出制书，以栖筠为御史大夫，宰相不知，载由是稍绌。

以韩滉判度支。

自兵兴以来，所在赋敛无度，仓库出入无法，国用虚耗。滉为人廉勤，精于簿领，作赋敛出入之法，御下严急，吏不敢欺。亦值连岁丰穰，边境无寇，自是仓库蓄积始充。滉，休之子也。

壬子（772）　七年

春正月，回纥使者犯朱雀门。

回纥使者擅出鸿胪寺，掠人子女，所司禁之，殴击所司，以三百骑犯金光、朱雀门。上遣中使谕之，乃止。其后屡出杀人，上皆不问。

秋七月，卢龙将吏杀其节度使朱希彩。冬十月，诏以朱泚代之。

希彩残虐，孔目官李怀瑗因众怒，伺间杀之，众未知所从。经略副使朱泚弟滔，潜使百余人于众中大言曰："节度

此前，成都司录李少良上书揭发元载作奸贪赃的坏事，唐代宗把李少良安置在客省居住。李少良把唐代宗所说的话告诉了友人韦颂，殿中侍御史陆珽把此事告诉了元载，元载又上奏给唐代宗。唐代宗以李少良、韦颂、陆珽离间君臣关系的罪名，下敕把他们交付京兆府，都用杖刑处死。

　　元载所拟定的官员大多不符合法令，他恐怕受到有关部门的驳议，就上奏唐代宗说，凡是别敕所除授的六品以下官吏，请求命令吏部和兵部不要复核，唐代宗同意他的上奏。但是唐代宗更加厌恶元载的所作所为，想寻求刚正不阿的士大夫作为自己的亲信，逐渐收回元载的权力。于是唐代宗直接从宫中下制书，任命李栖筠为御史大夫，宰相不知此事，因此元载的权势稍微得到抑制。

　　唐代宗任命尚书右丞韩滉判度支。

　　自从战乱以来，各地征收赋税没有节度，仓库中的物资出入没有法度，因此国家财用空虚。韩滉为人清廉勤勉，精通账簿的要领，制定了赋税收支的法规，对待部下严格，官吏都不敢欺骗他。同时适逢连年粮食丰收，边境没有敌人入侵，以此仓库积蓄开始得到充实。韩滉是韩休的儿子。

　　壬子（772）　唐代宗大历七年
　　春正月，回纥使者侵犯朱雀门。

　　回纥使者擅自出鸿胪寺，抢掠百姓子女，有关部门加以制止，回纥使者殴打有关官员，并出来三百名骑兵侵犯金光门与朱雀门。唐代宗派宦官劝告他们，这才作罢。后来回纥使者又多次出来杀人，唐代宗都不问罪。

　　秋七月，卢龙将吏杀死了他们的节度使朱希彩。冬十月，唐代宗下诏任命朱泚为卢龙节度使，取代朱希彩。

　　卢龙节度使朱希彩残暴虐待将士，孔目官李怀瑗乘部众的愤怒，伺机杀死了他，这时部众不知道该怎么办才好。经略副使朱泚的弟弟朱滔，暗中指使一百多人在士卒中大声喊道："节度

使非朱副使不可。"众皆从之。泚遂权知留后,遣使言状。
诏以泚为节度使。

癸丑(773) 八年
春正月,昭义节度使薛嵩卒。

嵩子平,年十二,将士胁以为帅,平伪许之。既而让其
叔父崿,夜奉父丧,逃归乡里。制以崿知留后。

二月,永平节度使令狐彰卒。

彰承滑、亳离乱之后,治军劝农,府廪充实。时藩镇率
皆跋扈,独彰贡赋未尝阙,岁遣兵三千诣京西防秋,自赍粮
食,道路供馈皆不受,所过秋毫不犯。疾亟,遗表称:"仓库
畜牧,先已封籍,军中将士,按堵待命。臣男建等,今勒归
东都私第。尚书刘晏、李勉可委大事,愿速以代臣。"及卒,
将士欲立建,建誓死不从,举家西归。诏以勉代彰。

夏五月,贬徐浩为明州别驾。

徐浩妾弟侯莫陈怤为美原尉,浩属京兆尹杜济虚以知
驿奏优,又属薛邕拟长安尉。怤参台,御史大夫李栖筠劾
其状,敕礼部侍郎于邵等按之。邵奏邕罪在赦前,上怒,皆
贬之。朝廷稍肃。

回纥使者辞归。

使的职务非要朱泚副使担任不可。"部众都纷纷响应。于是朱泚权知卢龙留后事务,并派遣使者向朝廷奏报了此事。唐代宗下诏任命朱泚为卢龙节度使。

癸丑(773) 唐代宗大历八年
春正月,昭义节度使薛嵩去世。

薛嵩的儿子薛平,年龄十二岁,将士们就迫胁他担任主帅,薛平假装同意。不久薛平把职位让给他的叔父薛崿,夜晚护卫着父亲的遗体,逃回家乡。唐代宗下诏任命薛崿知留后事务。

二月,永平节度使令狐彰去世。

令狐彰在滑州、亳州经历了战乱之后,训练军队,鼓励农桑,府库充实。当时藩镇大都飞扬跋扈,只有令狐彰未曾断绝向朝廷贡献赋税,每年都派兵三千到京城西面去做防秋兵,以防备秋高马肥之机敌人来入侵,并由自己携带粮食,对经过之地的供给和馈赠都不接受,所经之地秋毫无犯。令狐彰病重时,留下遗表说:"仓库中的物资和蓄养的牧马,都已封存登记,军中的将士,都相安等待朝廷的命令。我的儿子令狐建等人,现在已经命令他们回到东都的私人第宅。我认为吏部尚书刘晏与工部尚书李勉可以委以重任,希望让他们迅速来接替我的职务。"待令狐彰去世后,军中将士想要拥立令狐建为节度使,令狐建誓死不接受,并率领全家人西归东都。于是唐代宗下诏任命李勉取代令狐彰为节度使。

夏五月,唐代宗贬徐浩为明州别驾。

吏部侍郎徐浩之妾的弟弟侯莫陈怤担任美原县尉,徐浩嘱托京兆尹杜济凭空捏造上奏说侯莫陈怤掌管驿传政绩突出,同时又嘱托薛邕上表推荐他担任长安县尉。侯莫陈怤去御史台参拜,御史大夫李栖筠上奏弹劾他的罪状,唐代宗下敕命令礼部侍郎于邵等人审问。于邵上奏说薛邕的犯罪在大赦以前,唐代宗大为愤怒,把他们全都贬官。因此朝廷的纲纪稍微有所整肃。

回纥使者辞别回国。

回纥自乾元以来,岁求和市,每一马易四十缣,动至数万匹,马皆驽瘠无用,朝廷苦之,所市多不能尽其数。至是,上欲悦其意,命尽市之。至是辞归,载赐遗及马价,共用车千余乘。

秋八月,朱泚遣弟滔将兵戍泾州。

自安禄山反,幽州兵未尝为用。至是,泚遣滔将五千骑诣泾州防秋,上大喜,劳赐甚厚。

九月,循州刺史哥舒晃反。　召郇模入见。

晋州男子郇模,以麻辫发,持竹筐苇席,哭于东市。人问其故,对曰:“愿献三十字,一字为一事。若言无所取,请以席裹尸,贮筐中,弃于野。”京兆以闻。上召见,赐新衣,馆于客省。其言“团”者,请罢诸州团练使也;“监”者,请罢诸道监军使也。

冬十月,加田承嗣同平章事。

田承嗣为安、史父子立祠,谓之“四圣”,且求为相,上讽令毁之,而加平章事以褒之。

吐蕃寇泾、邠,郭子仪遣浑瑊拒却之。

吐蕃寇泾、邠,浑瑊将步骑五千战于宜禄,宿将史抗等不用命,官军大败。马璘亦败,为虏所隔。段秀实发城中兵出陈东原,吐蕃稍却,璘乃得还。

回纥自从乾元年间以来,每年都请求与唐朝做买卖,每一匹马换四十匹缣帛,动辄交换数万匹马,这些马都瘦弱无用,朝廷深受其害,因此大多不能如数购买。这时,唐代宗想要求得回纥的欢心,就下令把回纥的马全数买下。到这时回纥使者辞行回国,用车载着朝廷赏赐的物品和买卖马匹得到的财物,共用车一千多辆。

秋八月,幽州节度使朱泚派遣他的弟弟朱滔率兵戍守泾州。

自从安禄山反叛以来,幽州镇的军队再也没有为朝廷出过力。这时,幽州节度使朱泚派遣其弟朱滔率领五千骑兵到泾州防备秋高马肥时节敌人来入侵,唐代宗十分高兴,加以慰劳,并给予丰厚的赏赐。

九月,循州刺史哥舒晃反叛。 唐代宗召见郇模。

有一名晋州男子名叫郇模,用麻绳扎上发辫,手里拿着竹筐苇席,在东市哭泣。有人问他为什么要这样,他回答说:"我希望献给朝廷三十个字,每一个字代表一件事。如果所说的字没有可取之处,请求杀掉我,用苇席裹上尸体,装进竹筐中,然后抛到荒郊野外。"京兆府向唐代宗上奏了此事。于是唐代宗召见郇模,赐给他新衣服,并把他安置在客省居住。郇模所说的"团"字,是请求罢免各州的团练使;所说的"监"字,是请求罢免各道的监军使。

冬十月,唐代宗加授田承嗣为同平章事。

魏博节度使田承嗣为安禄山、史思明父子建立祠堂,称他们为"四圣",并且请求让自己担任宰相,唐代宗婉言劝说命令田承嗣毁掉祠堂,同时加授他为同平章事,加以表彰。

吐蕃军队侵犯泾州、邠州,郭子仪派遣浑瑊抵御打退了吐蕃军队。

吐蕃军队侵犯泾州、邠州,浑瑊率领步骑兵五千人在宜禄与吐蕃军队交战,因为老将史抗等人不听从浑瑊的命令,官军被打得大败。马璘也战败,并被吐蕃军队阻隔。行军司马段秀实调发城中的兵在东原摆开战阵,吐蕃军队稍稍退却,马璘才得以返回城中。

郭子仪谓诸将曰:"败军之罪在我,不在诸将。然朔方兵精闻天下,今为虏败,何以雪耻?"浑瑊曰:"今日之事,惟理瑊罪,不则再见任。"子仪赦其罪,使将兵趣朝那。虏欲掠汧、陇,盐州刺史李国臣曰:"虏乘胜必犯郊畿,我掎其后,虏必返顾。"乃引兵趣秦原,鸣鼓而西。虏闻之,至百城,返,浑瑊邀之于隘,尽复得其所掠,马璘亦出精兵袭虏辎重,杀数千人,虏遂遁去。

元载奏请城原州。

初,元载尝为西州刺史,知河西、陇右山川形势,言于上曰:"四镇、北庭既治泾州,无险要可守。陇山高峻,南连秦岭,北抵大河。今国家西境尽潘原,而吐蕃戍摧沙堡,原州居其中间,当陇山之口,其西皆监牧故地,草肥水美,平凉在其东,独耕一县,可给军食,故垒尚存,吐蕃弃而不居。每岁夏,吐蕃畜牧青海,去塞甚远,若乘间筑之,二旬可毕。移京西军戍原州,移郭子仪军戍泾州,为之根本,分兵守石门、木峡,渐开陇右,进达安西,据吐蕃腹心,则朝廷可高枕矣。"并图地形献之。会田神功入朝,上问之,对曰:"行军料敌,宿将所难,陛下奈何用一书生语,欲举国从之乎!"载寻得罪,事遂寝。

郭子仪对诸位将领说:"军队战败的罪责由我来负,跟你们诸位将领无关。但是朔方兵素以精锐著称于天下,而现在却被吐蕃打败,怎么来报仇雪耻呢?"浑瑊说:"今天战败的事,只应该治我浑瑊的罪,要不然就让我仍然担任将领去杀敌。"于是郭子仪赦免了浑瑊的罪,命令他率领军队赶赴朝那。吐蕃军队想要虏掠汧州和陇州,盐州刺史李国臣说:"敌人乘着取得胜利,必定要侵犯京畿地区,如果我们从其背后牵制,敌人一定会回军接应。"于是李国忠率兵赶赴秦原,击鼓向西行进。吐蕃军队听说后,到达百城而返回,浑瑊率兵在关隘险地截击敌人,夺回了所有被他们虏掠的东西,马璘也派出精兵袭击吐蕃的辎重部队,杀死数千人,吐蕃军队于是逃走。

元载上奏请求筑原州城。

　　当初,元载曾经担任西州刺史,知悉河西、陇右地区的山河地势,这时对唐代宗说:"四镇和北庭节度使既已把治所迁到泾州,没有险要之地可以防守。陇山高峻,南连秦岭,北抵黄河。现在国家的西部边境到达潘原,而吐蕃军队守卫着摧沙堡,原州地居潘原与摧沙堡的中间,在陇山的山口,它的西面都是监牧旧地,草肥水美,平凉在原州的东面,只要耕种平凉一县之地,就可供给军粮,原州城的旧墙还在,吐蕃军队放弃而不去居住。每年夏天,吐蕃人都去青海放牧,离开这一要塞很远,如果乘此时机修筑原州城,二十天的时间就可完工。然后调发京西军队戍守原州,迁移郭子仪的军队戍守泾州,以此作为根据地,又分兵守卫石门关与木峡关,逐渐开拓陇右地区,然后再进兵安西,占据吐蕃的心腹地区,那么朝廷就可以高枕无忧了。"元载还绘制了地形图献给唐代宗。适逢汴宋节度使田神功入朝,唐代宗征求他的意见,田神功回答说:"行军作战预测敌情,即使是久经沙场的老将都感到为难,陛下为什么要听信一介书生的话,想要使全国的兵力都服从呢!"不久元载获罪,此事于是作罢。

甲寅（774）　九年

春二月，郭子仪入朝。

子仪言："朔方，国之北门，战士耗散，存者什一。而吐蕃兼河、陇之地，杂羌、浑之众，势强十倍。愿更于诸道各发精卒，成四五万人，则可以制胜矣。"

三月，诏以永乐公主妻田华。

诏以永乐公主妻田承嗣之子华。上欲固结其心，而承嗣益骄慢。

夏六月，胡僧不空死。

赠司空，赐爵肃国公，谥大辩正广智三藏和尚。

京师旱，秋七月雨。

京兆尹黎幹作土龙祈雨，自与巫觋更舞。弥月不雨，上闻之，命撤土龙，减膳节用。七月雨。

九月，卢龙节度使朱泚入朝。

初，朱泚遣弟滔奉表请入朝，自将防秋，上喜，为筑第京师以待之。泚至蔚州，有疾，诸将请还，泚曰："死则舆尸而前！"至京师，宴犒甚盛。泚请留阙下，以弟滔知留后，许之。

乙卯（775）　十年

春正月，田承嗣反，陷相州。

田承嗣诱昭义兵马使裴志清使作乱，志清逐其留后薛崿，帅众归承嗣。承嗣引兵袭取相州，上遣使谕止之，承嗣

甲寅（774）　唐代宗大历九年

春二月，郭子仪入朝。

郭子仪上言说："朔方镇是国家的北大门，因镇兵消耗散失，现在留下的只有十分之一。而今吐蕃吞并了河西、陇右地区，再加上羌族和吐谷浑的部众，势力强过我们十倍。希望能从各道再调发精锐士卒，组成四五万人的军队，那么就可以克敌制胜了。"

三月，唐代宗下诏把永乐公主许配给田华为妻。

唐代宗下诏把永乐公主许配给魏博节度使田承嗣的儿子田华为妻。唐代宗想以婚姻来讨得田承嗣的忠心，但田承嗣却更加骄横傲慢。

夏六月，兴善寺胡僧不空去世。

唐代宗追赠不空为司空，赐爵位肃国公，赠谥号为大辩正广智三藏和尚。

京师遭受旱灾，秋季七月下雨。

京兆尹黎幹制作土龙用来祈求雨水，自己与男女巫师交互舞蹈。整整一个月没有下雨，唐代宗听说后，命令撤去土龙，减少膳食，节约用费。七月下雨。

九月，卢龙节度使朱泚入朝。

当初，卢龙节度使朱泚派遣他的弟弟朱滔奉上表书请求入朝，由自己率兵防备秋季敌人入侵，唐代宗很高兴，为朱泚在京师修建第宅等待他入朝。朱泚到达蔚州，因患了疾病，诸位将领请求他回去，朱泚说："即使我死了，也要抬着我的尸体前去朝廷！"朱泚到达京师后，唐代宗举行了盛大的宴会欢迎他，犒赏丰厚。朱泚请求留在京师，让他的弟弟朱滔知留后事，唐代宗同意。

乙卯（775）　唐代宗大历十年

春正月，魏博节度使田承嗣反叛，攻占了相州。

魏博节度使田承嗣引诱昭义兵马使裴志清作乱，裴志清因此赶走昭义留后薛崿，然后率领部众归附了田承嗣。于是田承嗣率兵袭击夺取了相州，唐代宗派遣使者去劝告阻止他，田承嗣

不奉诏。

郭子仪入朝。

子仪尝奏除州县官一人，不报，僚佐以为言，子仪谓曰："兵兴以来，方镇跋扈，凡有所求，朝廷必委曲从之，盖疑之也。今子仪所奏，朝廷以其不可行而置之，是不以武臣相待而亲厚之也，诸君可贺矣，又何怪焉！"闻者皆服。

田承嗣陷洺、卫州。　诏诸道不得辄募兵。　二月，河阳军士逐三城使常休明。

休明苛刻少恩，军士攻之，奉兵马使王惟恭为帅，上遣中使慰抚之。

三月，陕州军乱。

陕州军乱，逐兵马使赵令珍，大掠库物。观察使李国清不能制，拜之而走。会淮西节度使李忠臣入朝，过陕，上命按之。忠臣设棘围，令军士匿名投库物，一日获万缗，尽以给其从兵。

夏四月，敕贬田承嗣，发诸道兵讨之。

初，李宝臣、李正己皆为田承嗣所轻。及承嗣拒命，宝臣、正己皆表讨之，于是贬承嗣永州刺史，命诸道进兵讨之。

时朱滔方恭顺，与宝臣及河东节度使薛兼训攻其北，正己与淮西节度使李忠臣等攻其南。承嗣将霍荣国以磁

拒不奉行诏命。

郭子仪入朝。

郭子仪曾经上奏朝廷请求任命一名州县官员,朝廷没有答复,郭子仪的僚属们都为他感到不平,郭子仪对他们说:"自从战乱以来,藩镇飞扬跋扈,他们凡是有所请求,朝廷一定会委曲求全答应他们,这是因为对他们抱有疑虑。现在我郭子仪所上奏的任命请求,朝廷认为不可行而搁置起来,这是不把我当作武臣看待,是对我亲近信任的表现,各位都应该表示祝贺,有什么可责怪的呢!"听到的人都深为叹服。

魏博节度使田承嗣攻占了洺州、卫州等地。 唐代宗下诏,命令诸道不许擅自招募兵员。 二月,河阳军士驱逐了三城使常休明。

河阳三城使常休明为人苛刻,对待部下缺少恩惠,因此军士们攻打他,拥戴兵马使王惟恭为主帅,唐代宗派遣宦官前去安抚他们。

三月,陕州军队作乱。

陕州军队作乱,赶走了兵马使赵令珍,并大肆抢掠府库中的物资。陕州观察使李国清无法制止,便求拜将士逃走。适逢淮西节度使李忠臣入朝,路过陕州,唐代宗命令他调查军乱之事。李忠臣用荆棘围成一个圈子,命令军士们匿名把所抢掠的库物放到圈中,一天时间就得到一万缗钱,然后把这些钱全部分发给了随从他的士卒。

夏四月,唐代宗下敕贬魏博节度使田承嗣为永州刺史,并征调诸道兵讨伐他。

起初,成德节度使李宝臣和淄青节度使李正己都被田承嗣所轻视。及至田承嗣抗拒朝廷的诏命,李宝臣与李正己都上表请求讨伐他,于是唐代宗下敕贬田承嗣为永州刺史,命令各道进兵征讨。

当时朱滔很恭顺,与李宝臣及河东节度使薛兼训从北攻,李正己与淮西节度使李忠臣等从南攻。田承嗣部将霍荣国献磁

州降。正己攻德州，拔之。忠臣进攻卫州。承嗣以诸道四合，惧，请束身归朝。

宝臣、正己会围贝州，承嗣出兵救之。平卢士卒以成德赏厚，有怨言，正己恐其为变，引兵退，宝臣亦退。李忠臣闻之，释卫州，南渡河，屯阳武。宝臣遂与朱滔攻沧州，不克。承嗣将卢子期攻磁州，城几陷，李宝臣与昭义节度使李承昭共击，擒子期，送京师，斩之。河南诸将又大破田悦于陈留。

冬十月朔，日食。 李正己按兵不进，李宝臣袭卢龙军。

初，李正己遣使至魏州，田承嗣囚之，至是，礼而遣之，籍境内户口、甲兵、谷帛之数以与正己，曰：“承嗣老矣，溘死无日，诸子不肖，今为公守耳，岂足以辱师乎！”正己遂按兵不进。于是诸道兵皆不敢进。

上嘉李宝臣之功，遣中使马承倩赍诏劳之，宝臣遗之百缣，承倩诟詈，掷出道中。王武俊说宝臣曰：“今公在军中新立功，竖子尚尔，况寇平之后，召归阙下，一匹夫耳，不如释承嗣以为己资。”宝臣遂有玩寇之志。

承嗣知范阳宝臣乡里，心常欲之，因刻石云：“二帝同功势万全，将田为侣入幽燕。”密令瘗宝臣境内，使望气者言彼有王气，宝臣掘而得之。又令客说之曰：“公与朱滔共

州向朝廷投降。李正己率兵攻打德州，并攻克了它。李忠臣率兵攻打卫州。田承嗣因为各道兵从四面八方来攻打，十分惧怕，于是请求归顺朝廷。

李宝臣与李正己合兵包围了贝州，田承嗣出兵救援贝州。平卢镇的士卒因为成德军的赏赐丰厚，有怨恨之言，李正己恐怕他们发生变乱，就率兵退去，于是李宝臣也领兵撤退。李忠臣得知此情后，放弃攻打卫州，南渡黄河，驻扎在阳武。李宝臣于是与朱滔一起攻打沧州，没有攻克。田承嗣的部将卢子期率兵攻打磁州，城快要被攻陷，李宝臣与昭义节度使李承昭一起攻打卢子期，生擒了他，送往京师，被斩杀。河南诸将又在陈留把田悦打得大败。

冬十月初一，发生日食。　李正己按兵不动，李宝臣率兵袭击卢龙军。

当初，李正己派遣使者到魏州，被田承嗣囚禁，这时，田承嗣客气地释放了使者，并把所管辖境内的户口、军队、粮食布帛的数量登记成册后给了李正己，说：“我田承嗣老了，离死不远，几个儿子无能，我现在的所有东西只不过是给你李公看守罢了，还值得你兴师动众来攻打我吗！”李正己因此按兵不动。于是各道之兵都不敢进讨。

唐代宗为了嘉奖李宝臣的功劳，就派遣宦官马承倩携带诏书去慰劳他，李宝臣赠送给马承倩一百匹丝织品，马承倩大骂了李宝臣一顿，然后把所赠的丝织品扔到路上。兵马使王武俊劝告李宝臣说：“如今你在军中新立战功，宦官小人尚且这样对待你，更何况敌人平定之后，把你召回朝廷，就不过是一位平民罢了，还不如放弃攻打田承嗣，以作为自己的党援。”因此李宝臣便产生了放过田承嗣的意图。

田承嗣知道范阳是李宝臣的家乡，心中常想攻取范阳，因而就在石头上刻字：“二帝同功势万全，将田为侣入幽燕。”派人秘密地埋在李宝臣的境内，让阴阳先生说那里有帝王之气，李宝臣掘得此石。田承嗣又派说客去劝告李宝臣说：“你与朱滔一起

取沧州，得之则地归国，非公所有。公能舍承嗣之罪，请以沧州归公，而从公取范阳以自效。"宝臣喜，谓事合符谶，遂与承嗣通谋。

宝臣谓滔使者曰："闻朱公仪貌如神，愿得画像观之。"滔与之。宝臣置于射堂，命诸将共观之，曰："真神人也！"遂选精骑二千，夜袭其军，戒曰："取貌如射堂者。"滔不虞有变，战败走免。

承嗣闻之，引军南还，使谓宝臣曰："河内有警，不暇从公。石上谶文，吾戏为之耳！"宝臣惭怒而退。

元载、王缙以魏州盐贵，请禁盐入其境以困之。上不许，曰："承嗣负朕，百姓何罪！"

吐蕃寇泾、陇，李抱玉、马璘等击破之。 **贵妃独孤氏卒。**

追谥贞懿皇后。

十一月，田承嗣将吴希光以瀛州降。 岭南节度使路嗣恭克广州，斩哥舒晃。

丙辰（776） 十一年

春二月，赦田承嗣，入朝。

初，田承嗣既请入朝，李正己亦屡为之请。至是，承嗣复遣使上表，诏赦其罪，听与家属入朝。

夏五月，汴宋军乱。秋七月，诏发诸道兵讨平之。

攻打沧州,如果攻占了它,那么土地归于国家,你并得不到。你如果能够舍弃田承嗣的罪,他请求把沧州让给你,而且愿意为你效力,随从你攻取范阳。"李宝臣听后十分高兴,认为事实与刻石上的预言相合,于是与田承嗣相互勾结。

李宝臣对朱滔的使者说:"听说朱先生的相貌如同神仙一般,我希望能得到他的画像看看。"于是朱滔就把自己的画像给了李宝臣。李宝臣把朱滔的画像挂在习射的堂中,命令部下诸将观看,并说道:"真是一位神人啊!"然后挑选了二千名精锐骑兵,在夜晚偷袭朱滔的军队,并告诫士卒说:"杀掉那个相貌如同习射堂画像一样的人。"朱滔没有料到会发生变故,因而战败,逃走得以免死。

田承嗣听说后,率领军队南返,并派使者对李宝臣说:"河内有紧急军情,没有时间随从你攻打范阳。石头上所刻的预言文字,是我跟你开的玩笑罢了!"李宝臣听后,惭愧愤怒而退兵。

元载、王缙说魏州食盐的价格昂贵,请求禁止食盐运入魏州境内,以此来困迫田承嗣。唐代宗不答应,并说:"只是田承嗣辜负了朕,老百姓有什么罪呢!"

吐蕃军队侵犯泾州、陇州,分别被凤翔节度使李抱玉、泾原节度使马璘打败。 **贵妃独孤氏去世。**

唐代宗追赠她谥号为贞懿皇后。

十一月,田承嗣的部将吴希光献出瀛州向朝廷投降。 岭南节度使路嗣恭攻克广州,斩杀了哥舒晃。

丙辰(776) 唐代宗大历十一年

春二月,唐代宗下诏赦免了田承嗣的罪行,允许他入朝觐见。

起初,田承嗣已经请求入朝,李正己也多次为他求情。这时,田承嗣又派遣使者奉上表书,唐代宗下诏赦免了他的罪行,允许他与家属入朝觐见。

夏五月,汴宋军作乱。秋七月,唐代宗下诏调发诸道兵讨伐平定了叛乱。

汴宋都虞候李灵曜杀兵马使孟鉴,北结田承嗣为援。诏以灵曜为濮州刺史,不受,遂以为汴宋留后。灵曜益骄慢,悉以其党为管内八州刺史、县令,欲效河北诸镇。诏淮西李忠臣、永平李勉、河阳三城马燧讨之。淮南陈少游、淄青李正己皆进兵击灵曜。

忠臣、燧军于郑州,灵曜逆战,淮西军溃。忠臣将归,燧曰:"以顺讨逆,何忧不克,奈何自弃功名!"坚壁不动。忠臣收散卒,军势复振。燧、忠臣与陈少游前军合,与灵曜大战于汴州,灵曜败,入城固守,忠臣等围之。

田承嗣遣田悦将兵救灵曜,败永平、淄青兵,乘胜进军汴州城北。忠臣遣裨将李重倩将轻骑数百,夜入其营,纵横贯穿,斩数十人而还。营中大骇,忠臣、燧因以大军乘之,鼓噪而入,悦众不战而溃。灵曜夜遁,永平将杜如江擒之。

燧知忠臣暴戾,以功让之。宋州刺史李僧惠争功,忠臣击杀之。李勉械灵曜送京师,斩之。

冬十二月,泾原节度使马璘卒。

璘疾亟,以行军司马段秀实知节度事,秀实严兵以备非常。璘卒,军中奔哭者数千人,喧咽门屏,秀实悉不听入。命押牙马颎治丧事于内,李汉惠接宾客于外,妻姜子孙位于堂,宗族位于庭,将佐位于前牙,士卒哭于营伍,百姓各守其家。有离立偶语于衢路,辄执而囚之,非护丧

汴宋都虞候李灵曜杀死了兵马使孟鉴，向北勾结田承嗣作为后援。唐代宗下诏任命李灵曜为濮州刺史，李灵曜拒不接受，于是唐代宗任命李灵曜为汴宋留后。李灵曜更加骄横傲慢，对于管内八州的刺史、县令，全部任命他的党羽担任，想要效法河北地区的各藩镇。唐代宗下诏命令淮西节度使李忠臣、永平节度使李勉、河阳三城使马燧率兵讨伐李灵曜。淮南节度使陈少游与淄青节度使李正己都进兵攻打李灵曜。

李忠臣、马燧率兵驻守郑州，李灵曜来迎战，李忠臣的淮西军队溃败。李忠臣将要返回淮西，马燧说："率领正义之军来讨伐叛逆的军队，何必担心不能战胜敌人，为什么要自行放弃功名呢！"因此马燧坚守壁垒，按兵不动。李忠臣收罗逃散的士卒，军势重新振作起来。马燧、李忠臣与陈少游的前军会合，与李灵曜在汴州大战，李灵曜战败，入城固守，李忠臣等人包围了汴州。

田承嗣派遣田悦率兵援救李灵曜，田悦打败了永平、淄青二镇的军队，然后乘胜进军到达汴州城北。李忠臣派遣副将李重倩率领数百名轻装骑兵在夜晚杀入田悦的军营，前后冲杀，斩杀了数十人而返。田悦的军营一片惊恐，李忠臣、马燧于是乘机率领大军击鼓呐喊冲入敌营，田悦的军队不战而溃。李灵曜乘夜逃走，被永平军将杜如江生擒。

马燧知道李忠臣粗暴蛮横，就把功劳让给他。宋州刺史李僧惠与李忠臣争功，被李忠臣杀死。李勉给李灵曜戴上枷锁送往京师，朝廷斩杀了李灵曜。

冬十二月，泾原节度使马璘去世。

马璘病重，让行军司马段秀实知节度使事，段秀实严设兵力以防变乱。马璘去世后，军中数千人奔走号哭，节度使府的门屏外一片哀哭声，段秀实都不允许他们进入府中。段秀实命令押牙马颋在府中办理丧事，李汉惠在府外接待宾客，把马璘的妻妾子孙安置在堂中，宗族之人安置在庭中，部下将领们安置在前牙，让士卒在军营队伍中哭泣，百姓各自在家中守候。如果有人离开自己的位置在大路上交谈，就全都抓住关押起来，不是护送

从行者无得远送。致祭拜哭,皆有仪节,送丧近远,皆有定处,违者以军法从事。都虞候史廷幹等谋因丧作乱,秀实知之,奏遣入宿卫,分徙其党,补以外职,不戮一人,军府晏然。

丁巳(777) 十二年
春三月,诏复讨田承嗣,既而释之。

承嗣竟不入朝,又助李灵曜,上复命讨之,承嗣上表谢罪,上亦无如之何,复其官爵,令不必入朝。

诛元载,贬王缙为括州刺史。

元载、王缙俱纳贿赂,又以政事委群吏。上欲诛之,独与元舅金吾大将军吴凑谋之。会有告载、缙夜醮图不轨者,上命凑收之。命吏部尚书刘晏与御史大夫李涵等同鞫之,皆伏罪,赐自尽。刘晏谓李涵曰:"故事,重刑覆奏,况大臣乎!且法有首从,宜更禀进止。"涵等从之。上乃诛载而贬缙。载妻子皆伏诛。有司籍载家财,胡椒至八百石,他物称是。遣中使发载祖父墓,斫棺弃尸,毁其庙主。

夏四月,以杨绾、常衮同平章事。

绾性清简俭素,制下之日,朝野相贺。郭子仪方宴客,闻之,减坐中声乐五分之四。京兆尹黎幹,驺从甚盛,即日省之,止存十骑。中丞崔宽,第舍宏侈,亟毁撤之。

灵柩出丧的人不得远送。吊祭拜哭都有仪式礼节,送丧近远都有确定的位置,违犯者按军法从事。都虞候史延幹等人计谋在办理丧事时作乱,段秀实知悉后,上奏朝廷派史延幹入朝宿卫,并分别调离了他的同党,补任外职,不杀一人,军府安定。

丁巳(777)　唐代宗大历十二年

春三月,唐代宗下诏再次讨伐田承嗣,不久就撤消了这一诏命。

田承嗣始终没有入朝,又出兵帮助李灵曜,唐代宗再次命令讨伐他,田承嗣上表谢罪,唐代宗也对他无可奈何,于是就恢复了田承嗣的官爵,命令他不必入朝。

唐代宗诛杀了元载,贬王缙为括州刺史。

元载与王缙都收受贿赂,二人又把朝政大事委托给官吏们处理。唐代宗想要诛杀他们,只与自己的舅父金吾大将军吴凑一起计谋此事。恰逢有人告发说元载、王缙在夜晚举行祷神祭礼,图谋不轨,唐代宗命令吴凑逮捕了他们。然后命令吏部尚书刘晏与御史大夫李涵等人一起审讯他们,元载与王缙都承认有罪,唐代宗赐他们自尽。刘晏对李涵说:"依照旧例,对于重刑犯应该审查上奏,更何况他们是执政大臣呢!再说法律上对首犯与从犯应该区别对待,应该再次报告皇上听候处置。"李涵等人听从了刘晏的意见。唐代宗于是诛杀了元载,而将王缙贬官。元载的妻子和儿子都被诛杀。与此有关部门没收了元载的家产,仅胡椒就有八百石,其他财物也相当。唐代宗又派宦官挖开元载祖父与父亲的坟墓,劈开棺材,把尸体抛弃,并毁掉家庙中的神主。

夏四月,唐代宗任命杨绾、常衮为同平章事。

杨绾生性节俭朴素,任命他为宰相的制书颁下那一天,朝内外都相互庆贺。当时郭子仪正在宴请宾客,听说杨绾被任命为宰相,立刻把宴席上助兴的歌舞音乐减去五分之四。京兆尹黎幹出行时的车马侍从盛大,当天就加以裁减,只留下十名骑从。御史中丞崔宽的宅第宏大奢侈,也立刻毁掉拆除。

初,元载以仕进者多乐京师,恶其逼己,乃薄其俸,于是京官不能自给,常从外官乞贷。至是,绾、衮乃奏增之。

悉罢诸州团练、守捉使。诸使非军事要急,无得擅召刺史,停其职务,差人权摄。又定诸州兵有常数,其召募给家粮、春冬衣者,谓之"官健";差点土人,春夏归农、秋冬追集、给身粮酱菜者,谓之"团结"。定节度使以下至主簿、尉俸禄,掊多益寡,上下有叙,法制粗立。

开元中,诏宰相共食实封三百户,谓之"堂封"。及载、缙为相,日赐御馔,可食十人,遂为故事。衮奏停之。又欲辞"堂封",同列不可而止。时人讥衮,以为:"朝廷厚禄,所以养贤,不能,当辞位,不当辞禄。"

秋七月,司徒文简公杨绾卒。

上方倚杨绾,使厘革弊政,会绾有疾,卒。上痛悼之甚,谓群臣曰:"天不欲朕致太平,何夺朕杨绾之速也!"

以颜真卿为刑部尚书。

杨绾、常衮荐之也。

九月,以段秀实为泾原节度使。

秀实军令简约,有威惠,奉身清俭,室无姬妾,非公会,未尝饮酒听乐。

吐蕃寇原、坊州。 霖雨,度支奏河中有瑞盐。

当初，元载因为做官的人大多喜欢留在京师，恐怕他们争夺自己的地位，就规定京官的俸禄微薄，因此京官们无法养活家人，经常向朝外官借钱。这时，杨绾、常衮才上奏唐代宗增加了京官的俸禄。

唐代宗下诏全部罢除了各州的团练使和守捉使。又下令诸使，如果不是有紧急军情，不得擅自召见刺史，停止他们的职务，派人暂时代理。又规定了诸州军队的人数定额，各州招募的由官府供给家人粮食、春冬二季衣服的士卒，称为"官健"；差派当地人服兵役，春夏季节回家种田，秋冬季节召集训练，官府供给服兵役者粮食和酱菜的士卒，称为"团结"。又规定了节度使以下到主簿、县尉的俸禄标准，减多补少，上下有别，法令制度初步确立。

开元年间，唐玄宗下诏规定宰相共食实封三百户，称为"堂封"。及元载、王缙担任宰相，唐代宗每天赐给他们由御厨所做的食物，可供十人食用，于是成为惯例。这时常衮上奏请求停止赏赐御用膳食。常衮又想要辞却"堂封"，因为同僚不同意而作罢。当时的人们讥讽常衮，认为："朝廷之所以提供丰厚的俸禄，就是为了供养贤能之士，如果没有才能，应当辞去宰相的职务，而不应该辞去朝廷所提供的俸禄。"

秋七月，司徒文简公杨绾去世。

唐代宗正依靠杨绾，让他革除朝政的弊病，适逢杨绾患病而去世。唐代宗十分悲痛，对群臣说："上天不想要朕使天下太平，为什么这么快就夺取了朕的杨绾呢！"

唐代宗任命颜真卿为刑部尚书。

这是杨绾与常衮向唐代宗推荐的。

九月，唐代宗任命段秀实为泾原节度使。

段秀实军令简明扼要，在军中有威信，能照顾士卒，自身清廉节俭，家中没有姬妾，不是因公聚会，从不饮酒听乐。

吐蕃军队侵犯原州、坊州。 阴雨连绵，度支上奏说河中府有好盐出产。

先是,秋霖,河中府池盐多败。户部侍郎韩滉奏雨不害盐,仍有瑞盐。上疑其不然,遣谏议大夫蒋镇往视之。京兆尹黎幹奏秋霖损稼,滉奏幹言不实,上命御史按视。还奏:"所损凡三万余顷。"渭南令刘澡附滉,称县境不损,御史赵计奏与澡同。上曰:"霖雨溥博,岂得渭南独无!"更命御史朱敖视之,损三千余顷。上叹息久之,曰:"县令,字人之官,不损犹应言损,乃不仁如是乎!"贬澡南浦尉,计澧州司户,而不问滉。蒋镇还,奏:"瑞盐如滉言。"仍上表贺,请置神祠,上从之,赐号"宝应灵应池"。时人丑之。

冬,吐蕃寇盐、夏,郭子仪遣兵拒却之。 以李纳为青州刺史。

李正己先有淄、青、齐、海、登、莱、沂、密、德、棣十州之地,及李灵曜之乱,诸道合兵攻之,所得之地,各为己有,又得曹、濮、徐、兖、郓五州,因徙治郓,使子纳守青州。正己用刑严峻,法令齐一,赋均而轻,拥兵十万,雄据东方,邻藩畏之。是时田承嗣据魏、博、相、卫、洺、贝、澶七州,李宝臣据恒、易、赵、定、深、冀、沧七州,各拥众五万。梁崇义据襄、邓、均、房、复、郢六州,有众二万。相与根据蟠结,虽奉事朝廷,而不用其法令,官爵、甲兵、租赋、刑杀皆自专之。上宽仁,一听其所为。朝廷或完一城,增一兵,辄有怨言,

起先，秋雨连绵，河中府的池盐大多损害。而户部侍郎韩滉却上奏说大雨并没有损害池盐，仍然有好盐出产。唐代宗怀疑不是事实，就派遣谏议大夫蒋镇前去视察。京兆尹黎幹上奏说秋雨连绵损害庄稼，韩滉上奏说黎幹所说的不符合实情，唐代宗命令御史前去视察核实。御史回来后上奏说："秋雨损害的庄稼总共有三万多顷。"渭南县令刘澡附会韩滉的意旨，声称他所管辖的渭南县境内的庄稼没有遭到损害，御史赵计所奏与刘澡相同。唐代宗说："大雨普降，怎么只有渭南没有降雨呢！"于是又命令御史朱敖去视察，实际渭南受损的庄稼有三千多顷。唐代宗叹息良久，说："县令是抚养百姓的父母官，即使没有损害还应该说有损害，而他们竟然不讲仁义到了如此地步！"于是把刘澡贬为南浦县尉，赵计贬为澧州司户，却不责问韩滉之罪。蒋镇从河中府返回，上奏说："确实如韩滉所说的出产了好盐。"同时上表祝贺，请求建造神祠，唐代宗同意，并给盐池赐号叫"宝应灵应池"。当时的人们都痛恨这件事。

冬季，吐蕃军队侵犯盐州、夏州，郭子仪派兵抵御击退了吐蕃军队。　唐代宗任命李纳为青州刺史。

平卢节度使李正己起先占据淄州、青州、齐州、海州、登州、莱州、沂州、密州、德州和棣州等十州地区，及李灵曜叛乱，各道合兵攻打，所夺之地都据为己有，李正己又得到曹州、濮州、徐州、兖州和郓州等五州地区，于是把治所迁到郓州，派儿子李纳留守青州。李正己用刑严酷，法令统一，赋税均平而轻薄，拥有十万军队，雄踞东方，相邻藩镇都畏惧他。这时魏博节度使田承嗣占据魏州、博州、相州、卫州、洺州、贝州和澶州等七州地区，成德节度使李宝臣占据恒州、易州、赵州、定州、深州、冀州和沧州等七州地区，二人各自拥有五万兵力。山南东道节度使梁崇义占据襄州、邓州、均州、房州、复州和郢州等六州地区，拥有兵力二万。他们相互勾结，虽然拥戴朝廷，但不用朝廷法令，任官封爵、指挥军队、征收赋税和刑罚杀戮都由自己掌管。唐代宗宽仁，听任他们为所欲为。朝廷有时修补一城，增加一兵，他们就有怨言，

以为猜贰,常为之罢役。而自于境内筑垒、缮兵无虚日。以是虽在中国名藩臣,而实如蛮貊异域焉。

戊午(778) **十三年**
春正月,敕毁白渠碾硙。

敕毁白渠支流碾硙以溉田。昇平公主有二硙,请存之。上曰:"吾欲利苍生,汝识吾意,当为众先。"公主即日毁之。

回纥寇太原,二月,代州都督张光晟击破之。

回纥入寇太原,押牙李自良曰:"回纥精锐,难与争锋,不如筑二垒于归路,以兵戍之。虏至,坚壁勿与战,彼师老自归,乃出军乘之。二垒扼其前,大军蹙其后,无不捷矣。"留后鲍防不从,逆战,败还。回纥纵兵大掠,代州都督张光晟击破之于羊武谷,乃引去。上亦不问,待之如初。

吐蕃寇灵州。 夏六月,陇右献猫鼠同乳。

陇右节度使朱泚献猫鼠同乳不相害者以为瑞,常衮帅百官贺。中书舍人崔祐甫不贺,曰:"物反常为妖,猫捕鼠,乃其职也,今同乳,妖也。何乃贺为! 宜戒法吏之不察奸、边吏之不御寇者,以承天意。"上嘉之。祐甫知选事,数以公事与常衮争,衮由是恶之。

认为朝廷猜疑他们有二心,朝廷常常因此而罢役。而他们却在自己的境内每天修筑堡垒,训练军队。因此,他们虽然名为中国的藩臣,实际上却与境外的蛮貊一样。

戊午(778) 唐代宗大历十三年

春正月,唐代宗下敕毁掉白渠上的水磨。

唐代宗下敕命令毁掉白渠支流上的水磨,用来浇灌农田。昇平公主有两部水磨,向唐代宗请求保留下来。唐代宗说:"我想为百姓谋利,你如果了解我的心意,就为大家做出表率。"于是昇平公主当天就毁掉了自己的水磨。

回纥军队侵犯太原,二月,代州都督张光晟率兵打败了回纥军队。

回纥军队入侵太原,河东押牙李自良说:"回纥军队精锐,难以与他们正面交锋,不如在他们的退路上修筑两个堡垒,派兵守卫。敌人到来,就坚守壁垒不要与他们交战,这样敌人军队就会疲劳,士气低落,到时自然就会退去,那时再出兵乘机攻打。两个堡垒扼制在敌人的前面,大军在后面进逼,肯定能够战胜敌人。"而河东留后鲍防不听从李自良的建议,率兵迎战,结果大败而回。回纥放纵士兵大肆抢掠,代州都督张光晟率兵在羊武谷打败敌人,回纥军队这才退走。唐代宗世不责问回纥,仍然像以前那样对待他们。

吐蕃军队侵犯灵州。 夏六月,陇右进献一同哺乳的猫与老鼠。

陇右节度使朱泚向唐代宗进献上一同哺乳而不互相伤害的猫与老鼠,认为这是祥瑞吉兆,常衮率领百官祝贺。只有中书舍人崔祐甫不肯祝贺,他说:"凡是反常的事物就是妖异,猫捕捉老鼠是猫的天职,而现在却一同哺乳,这就是妖异。有什么值得祝贺呢! 应该告诫那些不察奸事的执法官吏和不抵御敌人的边防官吏,以顺应上天的意志。"唐代宗赞赏他。崔祐甫主持官吏的选举事务,多次因公事与常衮争执,因此常衮憎恨他。

秋,吐蕃寇盐、庆,又寇银、麟,郭子仪遣李怀光击破
之。 八月,葬贞懿皇后。

上悼念后不已,殡内殿累年,至是始葬。

冬十二月,郭子仪入朝。

子仪入朝,命判官杜黄裳主留务。李怀光阴谋代子
仪,矫为诏书,欲诛大将温儒雅等。黄裳察其诈,以诘怀
光,怀光伏罪。于是诸将之难制者,黄裳矫子仪之命,皆出
之于外,军府乃安。

子仪尝以副使张昙刚率轻己,孔目官吴曜因而构之。
奏昙扇动军众,诛之。掌书记高郢力争,子仪不听,奏贬
郢。既而僚佐多以病求去,子仪悔之,悉荐于朝,曰:"吴曜
误我。"遂逐之。

以路嗣恭为兵部尚书。

上召李泌入见,语以元载事,曰:"与卿别八年,乃能
除此贼。不然,几不见卿。"对曰:"陛下知群臣有不善,则
去之。含容太过,故至于此。"上因言:"路嗣恭初平岭南,
献琉璃盘,径九寸,朕以为至宝。及破载家,得嗣恭所遗载
盘,径尺。当议罪之。"泌曰:"嗣恭为人,小心,善事人,精
勤吏事,而不识大体。昔为县令,有能名,陛下未暇知之,
而为载所用,故为之尽力。陛下诚知而用之,彼亦为陛下
尽力矣。且嗣恭新立大功,陛下岂得以一琉璃盘罪之邪!"
上意乃解,以嗣恭为兵部尚书。

秋季,吐蕃军队侵犯盐州、庆州,又侵犯银州、麟州,郭子仪派李怀光打败了吐蕃军队。　八月,唐代宗埋葬了贞懿皇后。

唐代宗对贞懿皇后悲痛思念不已,所以把灵柩停放在内殿很多年,这时才把她埋葬。

冬十二月,郭子仪入朝。

郭子仪入朝,任命判官杜黄裳主持留后事务。李怀光阴谋取代郭子仪,于是就伪造诏书,想要诛杀大将温儒雅等。杜黄裳觉察到有诈,就责问李怀光,李怀光认罪。于是对于难以节制的诸将,杜黄裳就假托郭子仪的命令,把他们全都安排到外地任职,节度使军府才得以安定。

郭子仪曾经认为副使张昙刚直轻视自己,孔目官吴曜乘机编造张昙的罪状。于是郭子仪上奏说张昙煽动士兵,并诛杀了他。掌书记高郢竭力争谏,但郭子仪不听,并上奏把高郢贬官。不久节度使府中的僚属大多以有病为由要求离开,郭子仪感到后悔,就把他们全都推荐给朝廷,并说:"吴曜误了我的大事。"然后赶走了吴曜。

唐代宗任命路嗣恭为兵部尚书。

唐代宗征召江西节度判官李泌入朝相见,与他谈起元载的事,说:"与你分别了八年,才能够杀掉此贼。否则,几乎见不到你了。"李泌回答说:"陛下如果知道群臣中有坏人,就设法除去他。陛下宽容得太过分了,所以到这种地步。"唐代宗趁势说:"路嗣恭刚平定岭南,进献上琉璃盘,直径九寸,朕认为是最珍贵的宝物。等到抄没元载的家,得到了路嗣恭赠给元载的琉璃盘,直径达一尺。应当商议治路嗣恭的罪。"李泌说:"路嗣恭为人小心谨慎,善于接人待物,做事勤恳,精于吏治,但不识大体。过去担任县令,以能干而著名,陛下未来得及了解他,而受到元载的重用,所以他为元载尽力。陛下如果真能够了解和重用他,他也会为陛下尽力效劳。再说路嗣恭刚立了大功,陛下怎么能够因为一个琉璃盘就罪责他呢!"唐代宗的怨意这才消除,于是任命路嗣恭为兵部尚书。

资治通鉴纲目卷四十六

起己未(779)唐代宗大历十四年,尽甲子(784)唐德宗兴元元年。凡五年有奇。

己未(779) 十四年

春正月,以李泌为澧州刺史。

常衮言于上曰:"陛下久欲用李泌。昔汉宣帝欲用人为公卿,必先试理人。请且以为刺史,使周知人间利病,俟报政而用之。"

二月,田承嗣卒。

以其侄悦为魏博留后。

三月,淮西将李希烈逐其节度使李忠臣,诏以希烈为留后。

李忠臣贪残好色,将吏妻女美者多逼淫之。悉以军政委副使张惠光,惠光挟势暴横,军州苦之。都虞候李希烈,其族子也,为众所服,因众心怨怒,杀惠光而逐忠臣。忠臣奔京师,以希烈为留后。

以李勉兼汴州刺史。 夏五月,帝崩,太子即位。

上崩,遗诏以郭子仪摄冢宰。德宗即位,动遵礼法,食马齿羹不设盐、酪。

闰月,贬崔祐甫为河南少尹。

常衮性刚急,为政苛细,不合众心。时群臣朝夕临,衮哭委顿,从吏或扶之。中书舍人崔祐甫曰:"臣哭君前,有

己未（779）　唐代宗大历十四年

春正月，代宗任命李泌为澧州刺史。

常衮对代宗说："陛下早就想重用李泌了。过去，汉宣帝想任用人为公卿，一定先考察他能否治理百姓。请暂且任命李泌为刺史，使他遍知人间利病，待政绩上报后再加重用。"

二月，田承嗣死去。

代宗任命田承嗣的侄子田悦为魏博留后。

三月，淮西将领李希烈赶走本镇节度使李忠臣，代宗下诏任命李希烈为留后。

李忠臣贪婪残忍，耽于女色，将领、属吏的妻子女儿长得漂亮的，多被他逼迫奸淫。他将军政全部委托给节度副使张惠光，张惠光依仗权势暴虐横行，军州上下深受其苦。都虞候李希烈是李忠臣的族侄，为大家所推服，他利用大家心怀怨恨愤怒，杀死张惠光，同时赶走了李忠臣。李忠臣逃奔至京城，代宗任命李希烈为留后。

任命李勉兼任汴州刺史。　夏五月，代宗去世，太子即位。

代宗去世，临终下诏命郭子仪总摄百官。德宗即位，举动遵守礼法，吃马齿羹时不加盐，不加乳酪。

闰五月，德宗将崔祐甫贬为河南少尹。

常衮性情刚强急躁，办理政务苛刻琐碎，不合大家的心意。当时，群臣早晚前来哭吊，常衮哭得疲乏不堪，随从官吏有时就去搀扶他。中书舍人崔祐甫说："臣子在君王的遗体前吊哭，有

扶礼乎?"衮恨之。会议群臣丧服,衮以为:"礼,臣为君斩衰三年,汉文权制犹三十六日,玄宗以来始服二十七日。古者卿、大夫从君而服,群臣当从皇帝二十七日而除,其天下吏人三日释服,自遵遗诏。"祐甫以为:"遗诏无朝臣、庶人之别,皆应三日释服。"相与力争,声色陵厉,衮不能堪,乃奏祐甫率情变礼,贬之。

贬常衮为潮州刺史,以崔祐甫同平章事。

初,肃宗之世,天下务殷,宰相常有数人,更直决事,或休沐归第,诏直事者代署其名而奏之,自是踵为故事。时郭子仪、朱泚虽以军功为宰相,皆不预朝政,衮独居政事堂,代二人署名,奏贬祐甫。既而二人表其非罪,上问:"卿向言可贬,何也?"二人对:"初不知。"上以衮为欺罔,贬为潮州刺史,而以祐甫代之,闻者震悚。

时上居谅阴,委政祐甫,所言皆听,而群臣丧服竟用衮议。初,至德以后,天下用兵,官爵冗滥。元、王秉政,贿赂公行。及衮为相,思革其弊,四方奏请,一切不与,而无所甄别,贤愚同滞。祐甫欲收时望,作相未二百日,除官八百人,前后相矫,终不得其适。上尝谓祐甫曰:"人或谤卿所用多涉亲故,何也?"对曰:"臣为陛下选择百官不敢不详慎,苟平生未之识,何以谙其才行而用之?"上以为然。

接受搀扶的礼节吗?"常衮因此怀恨崔祐甫。适值计议群臣著丧服的礼仪,常衮认为:"礼法规定,臣应为君服粗麻丧服三年,汉文帝采用变通的措施,还要服丧三十六天,玄宗以来开始服丧二十七天。古时候卿和大夫应随国君为先帝服丧,所以群臣应随皇上服丧二十七天,然后除丧,全国吏民服丧三天即可解除丧服,这本是遵从遗诏行事。"崔祐甫认为:"遗诏没有对朝臣和百姓的服丧日期加以分别规定,所以都应该三天除丧。"两人互相争执,声色俱厉,常衮不堪忍受,便上奏说崔祐甫任意改变丧礼,使崔祐甫贬官。

德宗贬常衮为潮州刺史,任命崔祐甫为同平章事。

起初,肃宗在位时期,全国政务繁重,经常有数人担任宰相,轮流值班,决定众事,若有宰相休假回家,肃宗就下诏命当事的宰相代他署名上奏,由此前后相沿,成为惯例。当时,虽然郭子仪、朱泚因军功当了宰相,但他们都不参预朝政,只有常衮坐在政事堂里,代郭子仪、朱泚二人署名,使崔祐甫贬官。不久,郭子仪、朱泚二人上表申诉崔祐甫无罪,德宗问:"以前你们为什么说可以贬黜崔祐甫?"郭子仪、朱泚二人回答:"当初我们并不知道。"德宗认为常衮事涉欺蒙,将他贬为潮州刺史,同时让崔祐甫接替他的职务,听到这个消息的人都震惊恐惧。

当时,德宗住在服丧的处所,把政务交给崔祐甫处理,凡崔祐甫说的,一律听从,但群臣服丧的礼仪最终还是采用常衮的建议。起初,至德年间以后,全国用兵,官职、爵位繁冗杂滥。元载、王缙执政,贿赂公行。及至常衮担任宰相,想革除这一弊病,对各地的奏报请求一概不办,但由于没有加以甄别,致使贤人和愚人同样得不到升迁。崔祐甫想收揽当时声望素著的人才,担任宰相不到二百天,任命官员达八百人,二人前后互相矫正,到底没有把握住任官的适宜的尺度。德宗曾经对崔祐甫说:"有的人非议你任用的官员多涉及亲信故旧,是何道理?"崔祐甫回答:"臣为陛下选择百官不敢不审慎,如果平时不认识这个人,怎能知道他的才干操行从而加以任用?"德宗认为言之有理。

诏罢四方贡献，又罢梨园。

乐工留者，悉隶太常。

尊郭子仪为尚父，加太尉，兼中书令。

子仪以司徒、中书令领河中尹、灵州大都督、关内、河东副元帅，性宽大，政令颇不肃，代宗欲分其权而难之。至是，诏尊子仪为尚父，加太尉、中书令，所领副元帅、诸使悉罢之，以其裨将李怀光为河中尹，常谦光为灵州大都督，浑瑊为单于大都护，分领其任。

上以山陵近，禁屠宰。子仪之隶人犯禁，金吾将军裴谞奏之。或谓曰："君独不为郭公地乎？"谞曰："此乃所以为之地也。郭公勋高望重，上新即位，以为群臣附之者众。吾故发其小过，以明郭公之不足畏，上尊天子，下安大臣，不亦可乎？"

诏天下毋得奏祥瑞，纵驯象，出宫女。

泽州上《庆云图》，上曰："朕以时和年丰为嘉祥，以进贤显忠为良瑞。如卿云、灵芝、珍禽、奇兽、怪草、异木，何益于人？布告天下，自今有此，无得上献。"内庄宅有官租万四千余斛，上令分给所在充军储。先是，外国累献驯象，上曰："象费刍养而违物性，将安用之！"命纵于荆山之阳，及豹、貀、斗鸡、猎犬之类悉纵之。又出宫女数百人。于是中外皆悦，淄青军士至投兵相顾曰："明主出矣，吾属犹反乎！"

以李希烈为淮西节度使。

代宗优宠宦官。奉使四方者还，问其所得颇少则以为轻我命，由是中使所至，公求赂遗，重载而归。上素知其

德宗下诏停止各地进献方物，同时取消梨园。

留下的乐师艺人一律隶属于太常寺。

德宗尊奉郭子仪为尚父，加封太尉，兼任中书令。

郭子仪以司徒、中书令的职位，兼任河中尹、灵州大都督、关内、河东副元帅，他生性宽大为怀，实行的政令颇不整肃，代宗打算分他的权力却感到为难。至此，德宗下诏尊奉郭子仪为尚父，加封为太尉、中书令，所兼任的副元帅和诸使职全部免除，任命郭子仪的副将李怀光为河中尹，常谦光为灵州大都督，浑瑊为单于大都护，分别执掌郭子仪的职任。

由于代宗入葬的日期已经临近，德宗禁止屠宰牲畜。郭子仪的仆人违犯禁条，金吾将军裴谞将此事上奏。有人对裴谞说："唯独你不肯为郭公留些余地吗？"裴谞说："这正是为郭公留余地的做法。郭公勋业高，声望重，皇上刚即位，认为依附郭公的群臣很多。我有意检举郭公的小小过失，以表明郭公不足畏惧，上可尊崇皇上，下可安定大臣，不是也可以吗？"

德宗下诏命全国各地不得奏报祥瑞，放掉驯象，放出宫女。

泽州向德宗进献了《庆云图》，德宗说："朕以岁时平和、年成丰收为吉利，以进用贤能、显扬忠良为祥瑞。像庆云、灵芝、珍禽、奇兽、怪草、异木这些东西，对人有什么好处？布告全国，今后出现此类东西，不得进献。"内庄宅使所管官租有一万四千斛，德宗命令分给官租存放的所在地，充当军用储备。此前，外国多次进献驯象，德宗说："养象耗费饲料，而且违反动物的本性，有什么用！"命令将象放到荆山南麓，连同豹、貀、斗鸡、猎犬之类一齐放掉。德宗还外放宫女数百人。于是朝廷内外的人们都很高兴，淄青的士兵甚至丢下兵器，互相看着说："明主出现了，我们还反吗！"

德宗任命李希烈为淮西节度使。

代宗优待宠幸宦官。奉命出使各地的宦官回朝，代宗问他们得到什么财物，如果颇少，就认为是轻视自己的命令，因此中使所到之处公开索求贿赂馈赠，满载而归。德宗一向了解这一

弊,遣中使邵光超赐希烈旌节,希烈赠之仆马及缣七百匹,
上怒,杖光超而流之。于是中使之未归者,皆潜弃所得于
山谷,虽与之,莫敢受。

以马燧为河东节度使。

河东骑士单弱,燧悉召牧马厮役得数千人,教之数月,
皆为精骑。造甲必为长短三等,称其所衣,以便进趋。又
造战车,行则载甲兵,止则为营陈,或塞险以遏奔冲,器械
无不精利。居一年,得选兵三万,辟张建封为判官,署李自
良为代州刺史,委任之。

杀兵部侍郎黎幹。

幹狡险谀佞,与宦者刘忠翼相亲善,忠翼恃宠贪纵。
或言二人尝劝代宗立独孤贵妃子韩王迥者,于是皆赐死。

以刘晏判度支。

先是,刘晏、韩滉分掌天下财赋,晏掌河南、山南、江
淮、岭南,滉掌关内、河东、剑南。上素闻滉掊克,故罢其利
权,而以晏兼之。

初,第五琦始榷盐以佐军用,及刘晏代之,法益精密。
初岁入钱六十万缗,末年所入逾十倍,而人不厌苦。计一
岁征赋所入总一千二百万缗,而盐利居其太半。以盐为漕
佣,自江、淮至渭桥率万斛佣七千缗。自淮以北列置巡院,
择能吏主之,不烦州县而集事。

六月,诏冤滞听诣三司使及挝登闻鼓。

弊病，派中使邵光超为李希烈颁赐旌节时，李希烈送给他仆从、马匹和细绢七百匹，德宗大怒，杖责邵光超，予以流放。于是尚未回朝的中使都把得到的财物偷偷扔到山谷里，即使给他们财物，也不敢接受。

德宗任命马燧为河东节度使。

河东的骑兵为数少，力量弱，马燧悉数从牧马奴仆中加以招募，得到数千人，训练了几个月，这些人都成为精锐的骑兵。马燧制造铠甲，必分成长短三等，使士兵穿上合体，以便于奔走。马燧还制造战车，行军时用来运载铠甲兵器，停息时用来布置营阵，有时用来堵住险要地带，遏制敌军的奔突冲击，各种器械，无不精良锋利。过了一年，马燧得到精选士兵三万，征用张建封为判官，任命李自良代理代州刺史，都予以倾心任用。

德宗杀死兵兵部侍郎黎幹。

黎幹为人狡诈阴险，谄媚奸巧，他与宦官刘忠翼互相亲善，刘忠翼仗着得宠，贪婪放纵。有人说黎幹、刘忠翼二人曾劝唐代宗立独孤贵妃的儿子韩王李迥为太子，于是唐德宗一律命令他们自杀。

德宗任命刘晏判度支。

此前，刘晏和韩滉分别掌管全国财赋，刘晏掌管河南、山南、江淮、岭南地区，韩滉掌管关内、河东、剑南地区。德宗平素听说韩滉搜刮太甚，所以免去他的财权，而让刘晏兼管。

起初，第五琦开始推行盐业专卖，以补充军中用度，到刘晏代替他后，盐业专卖的法规更加精密。最初一年收入钱六十万缗，末年收入超过十倍，但百姓并无厌恨与困苦。算来一年征收赋税的收入总计为一千二百万缗，而盐业的盈利占了一大半。由水路雇工运盐，从长江、淮河到渭桥，大抵一万斛盐雇工费用为七千缗。自淮河以北，设置巡院，选择有才能的官吏主持其事，不用麻烦州县，就能把事办成。

六月，德宗下诏规定，谁有积留冤案，任凭本人向三司使申诉，并可去敲登闻鼓。

诏:"天下冤滞,听诣三司使,以中丞、舍人、给事中各一人日于朝堂受词。推决尚未尽者,听挝登闻鼓。自今无得复奏置寺观,及请度僧尼。"于是挝鼓者甚众。裴谞上疏曰:"讼者所争皆细致,若天子一一亲之,则安用吏理乎?"上乃悉归之有司。

立皇子五人为王。　立皇弟二人为王。

诏六品以上清望官日令二人待制。　以白志贞为神策都知兵马使。

王驾鹤典禁兵十余年,权行中外。诏以为东都园苑使,以白志贞代之,恐其生变。崔祐甫召驾鹤与语,留连久之,志贞已视事矣。

遣使慰劳淄青将士。

李正己畏上威名,表献钱三十万缗。上欲受之,恐见欺,却之则无辞。崔祐甫请遣使慰劳淄青将士,因以赐之,使将士人人戴上恩,诸道知朝廷不重货财。上悦,从之。正己惭服,天下以为太平之治庶几可望焉。

秋七月朔,日食。　诏议省祖宗谥。

吏部尚书颜真卿上言:"上元中政在宫壸,始增祖宗之谥。玄宗末奸臣窃命,有加至十一字者。按,周之文、武,言文不称武,言武不称文,岂圣德所不优乎?盖称其至者也。请自中宗以上皆从初谥,睿宗曰圣真皇帝,玄宗曰孝明皇帝,肃宗曰宣皇帝,以省文尚质,正名敦本。"上命百官集议,儒学之士皆从真卿议,独兵部侍郎袁傪官以兵进,奏言:"陵庙玉册、木主皆已刊勒,不可轻改。"事遂寝,不知陵中玉册所刻乃初谥也。

诏书说："在全国范围内，有积留冤案的，任凭本人向三司使申诉，朝廷委派御史中丞、中书舍人、给事中各一人，每天在朝堂接受讼词。他们审问判决还有未尽事宜的，听凭本人去敲登闻鼓。今后不得再设置寺观和请求剃度僧尼。"当时敲登闻鼓的人很多。裴谞上疏说："诉讼者争议的都是琐屑小事，假如皇上一一亲自过问，还用得着官吏处理吗？"德宗便全部交给有关官员处理。

德宗册立皇子五人为王。 册立皇弟二人为王。

诏令六品以上名望清白的官员每天以两个人值班候诏，以备顾问。 任命白志贞为神策都知兵马使。

王驾鹤执掌禁军十余年，权力遍行朝廷内外。德宗下诏任命他为东都园苑使，以白志贞取代他的职位，又怕他制造变故。崔祐甫叫王驾鹤来谈话，拖延许久，这时白志贞已经就职办事了。

德宗派使者慰劳淄青将士。

李正己畏惧德宗的威名，上表愿献钱三十万缗。德宗既想接受，又怕受骗，但没有推却的借口。崔祐甫请求派使者慰劳淄青将士，就势把钱赐给他们，使将士人人感戴皇上的恩典，使各道知道朝廷不看重钱财。德宗大悦，依言而行，李正己羞惭畏服，天下人认为政治清明的太平之世也许有希望见到了。

秋七月一日，出现日食。 德宗下诏命计议减少先朝祖宗的谥号用字。

吏部尚书颜真卿进言："上元年间，后宫主政，开始增加祖宗的谥号用字。玄宗末年，奸臣盗用国家权力，谥号有增加到十一字的。据考，周朝的文王和武王，称文即不称武，称武即不称文，难道是圣德不够吗？恐怕是就其最高的业绩加谥。中宗以前诸帝，请一律采用最初的谥号，睿宗称圣真皇帝，玄宗称孝明皇帝，肃宗称宣皇帝，以简省文饰，崇尚质实，端正名分，注重根本。"德宗命百官集中计议此事，儒学之士都同意颜真卿的见解，只有因军事晋升为兵部侍郎的袁傪奏称："陵庙中的玉册和牌位都已刊刻，不能轻易改动。"此事于是搁置下来，殊不知藏在陵中的玉册刻的都是最初的谥号。

罢客省。

初,代宗之世,事多留滞,四夷使者及四方奏计或连岁不遣,乃于右银台门置客省以处之,及上书言事孟浪者、失职未叙者,亦置其中。动经十岁,常有数百人,度支廪给,其费甚广。上悉命疏理,拘者出之,事竟者遣之,当叙者任之,岁省谷万九千二百斛。

毁元载、马璘、刘忠翼之第。

天宝中,贵戚第舍虽极奢丽,而垣屋高下犹存制度,然李靖家庙已为杨氏马厩矣。及安史乱后,法度堕弛,将相、宦官竞治第舍,各穷其力而后止,时人谓之"木妖"。上素疾之,故毁其尤者。

减常贡锦千匹、服玩数千事。　罢榷酒。
以张涉为右散骑常侍。

上之在东宫也,国子博士张涉为侍读。即位之夕,召入禁中,事皆咨之。明日,以为翰林学士,亲重无比。至是,以为散骑常侍,学士如故。

八月,以杨炎、乔琳同平章事。

上方励精求治,不次用人。卜相于崔祐甫,祐甫荐炎器业。上亦素闻其名,故自道州司马用之。琳粗率喜诙谐,无他长。与张涉善,涉称其才可大用。上信而用之,闻者无不骇愕。既而祐甫病,不视事。

遣太常少卿韦伦使吐蕃。

代宗之世,吐蕃数遣使求和,而寇盗不息。悉留其使者,俘获其人,皆配江岭。上欲以德怀之,以伦为使,悉集

撤销客省。

起初,代宗在位时期,事多积压不办,有些周边使者和各地奏报财赋户籍账簿的官吏连年不得遣返,于是在右银台门设置客省加以安置,连同上书言事轻率、因失职不加进用的人,也安置其中。历时十年,客省通常住着数百人,由度支供给粮食,费用甚大。德宗命令一律进行清理,遭拘留的人放出,办完事的人遣返,应进叙的人加以任用,每年节省粮食一万九千二百斛。

毁除元载、马璘、刘忠翼的宅第。

天宝年间,皇家内外亲族的宅第虽然穷奢极丽,但是围墙和屋宇的高低仍然合乎规定,然而李靖的家庙已成为杨氏的马厩。及至安史之乱后,法令制度败坏松弛,将相和宦官争先建造宅第,各自用尽心力,才算了事,时人称此行为为"木妖"。德宗一向痛恨此举,所以命令毁除那些违制最为突出的宅第。

削减循例进贡锦一千匹、服用玩物数千件。停止酒业专卖。任命张涉为右散骑常侍。

德宗在东宫当太子时,国子博士张涉担任侍读。德宗即位的当天晚上,将张涉召入宫中,凡事都向他咨询。第二天,德宗任命他为翰林学士,对他亲近器重,无人可比。至此,德宗任命他为散骑常侍,照旧担任翰林学士。

八月,德宗任命杨炎、乔琳为同平章事。

德宗正励精图治,用人不拘等次。德宗曾向崔祐甫征询择相的意见,崔祐甫推荐杨炎有才能学识。德宗平时也听说过杨炎的名声,所以由道州司马起用他为宰相。乔琳粗疏草率,喜欢诙谐,没有别的长处。他与张涉关系亲密,张涉称道他的才能,说是可以委以大任。德宗信了张涉的话,便起用乔琳,听说乔琳当了宰相的人无不感到惊讶。后来崔祐甫生病,不管事。

德宗派太常少卿韦伦出使吐蕃。

代宗在位时,吐蕃数次派使者求和,但侵扰劫掠却没有停止。代宗悉数拘留吐蕃使者,将俘获的吐蕃人发配到长江以南和五岭以外。德宗打算以恩德感化吐蕃,任韦伦为使者,全数召集

其俘五百人,各赐袭衣而遣之。

沈既济上选举议。

议曰:"选举之法三科:曰德也,才也,劳也。然安行徐言非德也,丽藻芳翰非才也,累资积考非劳也。今乃以此求天下之士,固未尽矣。臣谓五品以上及群司长官,宜令宰臣进叙,吏部、兵部得参议焉。其六品以下或僚佐之属,许州府辟用。其或选用非公,则吏部、兵部察而举之,加以谴黜,则众才咸得而官无不治矣。今择才于吏部而试职于州郡,若才职不称,责于刺史,则曰命官出于吏曹,不敢废也。责于侍郎,则曰量书判、资考而授之,不保其往也。责于令史,则曰按由历、出入而行之,不知其他也。若牧守自用,则换一刺史则革矣。况今诸道诸使自判官、副将以下皆使自择,纵有情故,十犹七全。则辟吏之法已试于今,但未及于州县耳。"

以曹王皋为衡州刺史。

初,衡州刺史曹王皋有治行,湖南观察使辛京杲疾之,陷以法,贬潮州刺史。杨炎知其直,及入相,复擢为衡州。始,皋之遭诬在治,念太妃老,将惊而戚,出则囚服就辨,入则拥笏垂鱼,即贬于潮,以迁入贺。及是,然后跪谢告实。

九月,南诏王阁罗凤死。

子凤迦异前死,孙异牟寻立。

冬十月,吐蕃、南诏入寇,遣神策都将李晟等击破之。

俘虏来的五百吐蕃人，每人赐给衣服一套，将他们遣返吐蕃。

沈既济上奏有关选任官员的议论。

议论说："选任官员的办法有三个类别，即德行、才干、劳绩。然而，行事安稳、讲话从容并不就是德行，文章写得清词丽句并不就是才干，长期积累下来的资望和考课成绩并不就是劳绩。现在却根据这一标准来选拔天下之士，当然是不够的。臣认为五品以上的官员和各部门的长官，应让宰相予以进职任用，而让吏部和兵部参预评议。对于六品以下的官员或幕僚佐吏之类的人员，应允许州府自行征召任用。如果选拔任用不公正，吏部和兵部可以纠察检举，加以贬官处理，各方面有才能的人就能都得到任用，任官问题就都能得到治理了。现在，由吏部选拔人才却在州郡试行其职，如果才能与职务两不相称，以此责问刺史，刺史就会说，官职是由吏曹委任的，不敢自行废黜。以此责问侍郎，侍郎就会说，这是根据考核书法文理、资历、考课而授官的，不能保证以后的事情。以此责问令史，令史就会说，这是依据履历和任官升降来办理的，别的事情就不知道了。如果让地方州郡长官自行用人，撤换一个刺史就能革除弊端了。况且现在各道自判官、副将以下的人员，都让诸使自行选任，即使出现徇私，十成中还有七成是可取的。可见自行任用官吏的办法已经试行于当今，只是没有普及到州县罢了。"

德宗任命曹王李皋为衡州刺史。

起初，衡州刺史曹王李皋很有政绩，湖南观察使辛京杲妒忌他，以刑事加以陷害，使他贬为潮州刺史。杨炎知道他无辜，及至入朝为相，又提升他为衡州刺史。原先，李皋遭受诬陷，经受审讯，考虑到太妃年老，将会受惊难过，所以出门时穿上囚服，前去申辩，进门后却手执朝笏，衣垂鱼袋，即将贬至潮州时，却以升迁向太妃报喜。至此，李皋才跪拜认错，把实情告诉太妃。

九月，南诏王阁罗凤死去。

阁罗凤的儿子凤迦异早就死了，孙子异牟寻即位。

冬十月，吐蕃、南诏入侵，德宗派神策都将李晟等人击破其军。

　　崔宁在蜀十余年,恃地险兵强,恣为淫侈,朝廷患之而不能易,至是入朝。吐蕃与南诏合兵,三道入寇,诸将不能御,州县多陷。上忧之,趣宁归镇。杨炎言于上曰:"蜀地富饶,宁据有之,贡赋不入,与无蜀同。若其有功则义不可夺,是蜀地败固失之,胜亦不得也。不若留宁,发范阳戍兵,杂禁兵往击之,何忧不克! 因得纳亲兵于其腹中,蜀将必不敢动。然后更授他帅,使千里沃壤复为国有,是因小害而收大利也。"上遂留宁,使神策都将李晟将兵四千,又发邠、陇、范阳兵五千,使将军曲环将之,与东川、山南兵合击吐蕃、南诏。破之,遂克维、茂二州。晟追击于大渡河外,又破之,凡杀八九万人。

葬元陵。

　　初,上诏山陵制度务从优厚,刑部员外郎令狐垣上疏曰:"遗诏务从俭薄,而今欲优厚,岂顾命之意耶!"上优诏答之。

　　及将发引,上见辒辌车不当驰道,问其故,有司对曰:"陛下本命在午,不敢冲也。"上哭曰:"安有枉灵驾而谋身利乎!"命改辕直午而行。肃宗、代宗皆喜阴阳鬼神,事无大小,必谋之卜祝,故王玙、黎幹以左道得进。上雅不之信,山陵但取七月之期,事集而发,不复择日。

十一月,乔琳罢。

　　琳以衰老耳聩,议论疏阔,罢政事,上由是疏张涉。

崔宁坐镇蜀地十余年,仗着地势险要,兵力强盛,肆意骄奢淫逸,朝廷感到忧虑,却无法换掉他,至此,崔宁回京朝见。吐蕃与南诏合兵,分三道入侵,诸将领不能抵御,州县多被攻陷。德宗心怀忧虑,催促崔宁返回本镇。杨炎对德宗说:"蜀地物产富饶,崔宁据有此地后,不向朝廷交纳贡品和赋税,和朝廷没有蜀地一样。假如他此去有所建树,按理说就不能从他手中强取蜀地,就是说,战败了,朝廷固然会失去蜀地,战胜了,还是得不到蜀地。不如留住崔宁,调发范阳的戍兵,其间掺入禁军,前去进击敌军,还愁不胜吗!借此得以将禁军置于蜀兵的心腹之中,蜀将必然不敢妄动。然后再任命别人为帅,使蜀地的千里沃野重新为国家所有,这是因能蒙受较小的损害,从而得到较大的好处。"德宗便留住崔宁,让神策都将李晟领兵四千人,又调发邠州、陇州、范阳兵五千人,让将军曲环率领,与东川、山南东西两道兵合击吐蕃、南诏。结果破敌取胜,随即攻克维、茂二州。李晟在大渡河外退击敌军,再次破敌取胜,共杀死八九万人。

　　将代宗安葬于元陵。

　　起初,德宗诏令建造代宗的陵墓,花费务必从优,刑部员外郎令狐垣上疏说:"先帝的遗诏要求务必节俭薄葬,而现在陛下打算优厚为之,岂是临终遗命的本意!"德宗以褒美嘉奖的诏书做了回答。

　　将要出殡时,德宗见灵车不在道路中间行走,询问其中的缘故,有关官员回答说:"陛下本命在午,不敢冲犯。"德宗哭着说:"哪有委屈灵车来谋求自身好处的!"命令灵车改为对着午方在道路中央行进。肃宗和代宗都喜欢相信阴阳鬼神,无论事情大小,一定要与掌管占卜祭祀的人商议,所以王屿和黎干靠左道得以升官。德宗平时不相信这一套,代宗入葬陵墓的日期只定在七月,诸事准备停当就出殡下葬,不再选择日期。

　　十一月,乔琳罢相。

　　由于乔琳衰老耳聋,议论疏陋迂阔,免去同平章事,德宗因此和张涉疏远了。

以崔宁为朔方节度使。

杨炎、崔宁交恶。炎以宁为朔方节度使，镇坊州，又以杜希全、张光晟、李建徽分知灵盐、绥银、鄜坊留后。时宁既出镇，不当更置留后。炎欲夺宁权，且窥其所为，令三人皆得自奏事，仍讽之使伺宁过失。

十二月，立宣王诵为皇太子。　诏财赋皆归左藏。

旧制，天下金帛皆贮于左藏，太府四时上其数，比部覆其出入。及第五琦为度支使，奏尽贮于大盈内库，使宦官掌之，天子亦以取给为便。由是以天下公赋为人君私藏，有司不复得窥其多少殆二十年，宦官蚕食其中，蟠结根据，牢不可动。杨炎顿首于上前曰："财赋者，国之大本，生民之命，重轻安危，靡不由之。是以前世皆使重臣掌其事，犹或耗乱不集。今独使中人出入盈虚，大臣皆不得知，政之蠹弊，莫甚于此。请出之以归有司，度宫中岁用，量数奉入。如此，然后可以为政。"上即日下诏从之。炎以片言移人主意，议者称之。

晦，日食。　遣关播招抚湖南盗贼。

湖南贼帅王国良阻山为盗，遣都官员外郎关播招抚之。播辞行，上问以为政之要，对曰："为政之本，必求有道贤人与之为理。"上曰："朕比已下诏求贤，又遣使搜访矣。"对曰："此唯得文词干进之士耳，安有有道贤人肯随牒举选乎！"上悦。

德宗任命崔宁为朔方节度使。

杨炎与崔宁关系恶化。杨炎让崔宁担任朔方节度使,镇守坊州,同时让杜希全、张光晟、李建徽分别知灵盐、绥银、鄜坊留后。当时,崔宁已经出镇朔方,不应当再设置留后。杨炎想削夺崔宁的权力,并暗中察看他的活动,命令杜、张、李三人都可以单独奏事,还暗示他们窥伺崔宁的过失。

十二月,德宗立宣王李诵为皇太子。   诏令财赋一律收归左藏库贮存。

原有的制度规定,全国的钱帛都归左藏库贮存,太府按四季上报钱帛的数额,比部复核钱帛的收支情况。及至第五琦担任度支使,奏请将钱帛全部贮存于大盈内库,使宦官掌管其事,皇上也认为取用方便。从此,国家公有的财赋成为皇上私人的储藏,有关官员再不能得知钱帛数量的多少几乎长达二十年,宦官蚕食内库的钱帛,其势力盘根错节,牢固不可动摇。杨炎在德宗面前叩头说:"财赋是国家的根本,百姓的命脉,国家的盛衰安危无不与财赋相关。所以,以前各朝都以重臣掌管财赋,即使如此,有时还会发生损耗、混乱、未整齐划一的情况。现在,专门让宦官掌管财赋的收支盈亏,大臣都无法知道,朝政遭受的蛀蚀败坏,莫此为甚。请将财赋搬出内库,交还有关官员,估算宫中每年的用度,按数进献。做到这些,然后才能办好朝政。"德宗当天下诏,依言而行。杨炎用一席话改变了皇上的主意,受到舆论的称赞。

月末,出现日食。   德宗派关播招抚湖南盗贼。

湖南贼寇首领王国良依山为盗,德宗派都官员外郎关播前去招抚。辞行时,德宗问关播办好政事的关键,关播回答说:"办好政事的根本,在于必须寻求有道贤人,与他们一齐治理国家。"德宗说:"朕近来已经下诏寻求贤才,现在又派使者搜访去了。"关播回答说:"这只能得到一些凭文词求仕禄的人物,哪有有道贤人肯随一纸公文而被推举选拔出来的!"德宗为之欣悦。

庚申（780） **德宗皇帝建中元年**

春正月，始作两税法。

唐初，赋敛之法，曰租、庸、调，有田则有租，有身则有庸，有户则有调。玄宗之末，版籍浸坏。至德兵起，所在赋敛，迫趣取办，无复常准。下户旬输月送，不胜困弊，率皆逃徙，其土著者百无四五。至是，炎建议作两税法：先计州县每岁所用及上供之数而赋于人，量出以制入。户无主客，以见居为簿。人无丁、中，以贫富为差。为行商者，在所州县税三十之一。居人之税，秋、夏两征之。其租、庸、调、杂徭悉省，皆总于度支。上用其言，仍诏两税外辄率一钱者以枉法论。

罢转运、租庸、盐铁等使，贬刘晏为忠州刺史。

初，刘晏为吏部尚书，杨炎为侍郎，不相悦。元载之死，晏有力焉。及上即位，晏久典利权，众颇疾之，风言晏尝密表劝代宗立独孤妃为后，杨炎因言："晏与黎幹同谋。"崔祐甫言："兹事暧昧，况已更大赦，不当复究。"炎乃建言："尚书省，国政之本，比置诸使，分夺其权，今宜复旧。"上从之，诏天下钱谷皆归金部、仓部，罢晏转运等使，寻贬忠州刺史。

二月，命黜陟使十一人分巡天下。

先是，魏博节度使田悦事朝廷犹恭顺，河北黜陟使洪经纶不晓时务，闻悦军七万人，符下，罢其四万，令还农。

唐德宗

庚申(780) 唐德宗建中元年

春正月,最初制定两税法。

唐朝初年,征收赋税的办法称作租、庸、调,有田地就要交租,有人丁就要服庸,有户口就要纳调。玄宗在位末期,户籍逐渐遭到破坏。至德年间战事四起,到处征收赋税,逼迫催促,责令交纳,不再有一定的标准。下等户每旬每月都在交送赋税,困顿疲惫不堪,大都逃亡迁徙,那些世代居住本地的百姓不足百分之四五。至此,杨炎建议制定两税法:先计算州县每年所需费用和上交朝廷的数额,据此向百姓征税,通过估量支出的数额来制定收入的数额。不分主户、客户,按现在的居住地制定户口簿册。不分成丁、中男,按贫富状况划分等级。流动经商的人,在所居住的州县交纳收入的三十分之一为税额。居民的赋税,分别在春天和秋天两次征收。那些租、庸、调及杂徭全部省除,征税事宜一律由度支统一掌管。德宗采纳杨炎的建议,还颁诏规定在两税之外只要再征收一个铜钱,即以违法论罪。

德宗撤消转运、租庸、盐铁等使职,将刘晏贬为忠州刺史。

起初,刘晏担任吏部尚书,杨炎担任侍郎,他们两个人互相不服气。元载被杀,刘晏起了很大的作用。及至德宗即位,刘晏长期执掌财权,众人颇为妒忌,传出流言说刘晏曾秘密上表劝代宗册立独孤妃为皇后,杨炎趁机说:"刘晏与黎幹同谋。"崔祐甫说:"此事搞不清楚,何况已经过大赦,不应再加追究。"于是杨炎建议说:"尚书省是国家大政的根本,近来设置诸使职,分割侵夺了尚书省的权力,现在应当恢复旧制。"德宗依言而行,诏令全国钱谷都归金部、仓部管理,刘晏免去转运等使职,不久被贬为忠州刺史。

二月,德宗命令黜陟使十一人分道巡视全国。

此前,魏博节度使田悦事奉朝廷算恭顺,河北黜陟使洪经纶不晓时务,听说田悦军有七万,发军符裁减四万,令其解甲归农。

悦阳顺命罢之，而集应罢者谓曰："汝曹久在军中，有父母妻子，今一旦为黜陟使所罢，将何以自衣食乎！"众大哭。悦乃出家财以赐之，使各还部伍，于是军士皆德悦而怨朝廷。

以段秀实为司农卿。

崔祐甫有疾，多不视事，杨炎独任大政，专以复恩仇为事。奏用元载遗策城原州，又欲发两京、关内丁夫浚丰州陵阳渠，以兴屯田。上遣中使访之泾原节度使段秀实，秀实以为："边备尚虚，未宜兴事以召寇。"炎怒，以为沮己，征秀实为司农卿，使李怀光兼泾原。京北尹严郢奏："按，朔方五城旧屯沃饶之地，自丧乱以来，人功不及，因致荒废。若力可垦辟，不俟浚渠。今发人浚渠，得不补费，是虚畿甸而无益军储也。"疏奏，不报。既尔渠竟不成。

以朱泚为泾原节度使。

杨炎欲城原州，命李怀光居前督作，朱泚、崔宁各将万人翼其后。诏下泾州为城具，将士怒曰："吾属始居邠州，甫营耕桑，有地著之安，徙屯泾州，披荆榛，立军府。坐席未暖，又投之塞外，吾属何罪而至此乎！"又以怀光严刻，皆惧。别驾刘文喜因众心不安，据泾州，不受诏，复求段秀实或朱泚为帅，诏以泚代怀光。

三月，张涉坐赃放归田里。 以韩洄判度支，杜佑权江淮转运使。

田悦佯装从命，裁减兵员，却召集应裁减的士兵，说："你们长期生活在军中，都有父母、妻子、儿女，现在一下子被黜陟使裁减了，将怎样去自谋衣食！"大家放声大哭。于是田悦拿出家财，分给士兵，让他们各自返回本军，由此士兵都非常感激田悦，怨恨朝廷。

德宗任命段秀实为司农卿。

崔祐甫有病，多不管事，杨炎独自担当朝廷大政，专门做报恩复仇的事情。他奏请采用元载留下的计划去修筑原州城，打算征发长安、洛阳两京和关内的丁夫疏浚丰州陵阳渠，以便兴办屯田。德宗派中使去询问泾原节度使段秀实，段秀实认为："边防武备还很空虚，不宜兴办事功，招引敌人。"杨炎发怒，认为段秀实败坏自己，便调段秀实担任司农卿，使李怀光兼任泾原节度使。京兆尹严郢奏称："据悉，朔方五城以前屯聚在肥沃丰饶的土地上，自从国家遭受变乱以来，无暇投入人力，因而导致土地荒废。如果有人力可以开垦此地，本不必等待疏通陵阳渠。现在征发百姓疏浚渠道，收获不能补偿耗费，这会使京城辖区为之空虚，却对军事储备毫无补益。"疏章奏上，不见答复。后来，陵阳渠到底没有修成。

德宗任命朱泚为泾原节度使。

杨炎要修筑原州城，命令李怀光居前监督施工，朱泚和崔宁各自领兵一万人，在后护卫。有诏书下达泾州，命令准备筑城工具，泾州将士愤怒地说："我辈起初屯驻邠州，才将农桑各业经营起来，可以安稳定居了，就移军屯驻泾州，去披荆斩棘，建立军府。在泾州没把座位坐暖，又被丢到塞外，我辈犯了什么罪，以至要遭受如此对待！"又由于李怀光严厉苛刻，泾州将士都很恐惧。别驾刘文喜乘大家心中不安，占据泾州，不接受诏命，还要求派段秀实或者朱泚来当泾州节帅，德宗下诏命由朱泚接替李怀光的职务。

三月，张涉因贪赃罪放归乡里。 德宗委任韩洄判度支，杜佑暂时代理江淮转运使。

杨炎罢度支转运使,既而省职久废,莫能振举,天下钱谷无所总领,乃复旧制。

夏四月,刘文喜据泾州作乱,诏朱泚、李怀光讨之。上生日,不受献。

代宗之世,每元日、冬至、端午、生日,州府于常赋之外为贡献。上生日,四方贡献皆不受。李正己、田悦各献缣三万匹,上悉归之度支,以代租赋。

吐蕃遣使入贡。五月,复遣韦伦使吐蕃。

所归吐蕃俘入其境,称:"新天子出宫人,放禽兽,威德洽于中国。"吐蕃大悦,除道迎韦伦,发使入贡,且致赗赠。既而蜀将上言:"吐蕃豺狼,所获俘不可归。"上曰:"戎狄犯塞则击之,服则归之,击以示威,归以示信。威信不立,何以怀远?"悉命归之,复遣伦使吐蕃。伦请上自为载书,杨炎以为非敌,请与郭子仪辈为载书以闻,令上画可而已,从之。

泾州诸将杀刘文喜以降。

朱泚等围文喜于泾州,久不拔。征发馈运,内外骚然,朝臣上书请赦文喜者不可胜纪。上曰:"微孽不除,何以令天下!"文喜使其将刘海宾入奏,海宾言于上曰:"臣必为陛下枭其首以献。但文喜今所求者节而已,愿陛下姑与之,文喜必怠,则臣计得施矣。"上曰:"名器不可假人。尔能立效固善,我节不可得也。"使归以告,而攻之如初。减御膳

杨炎撤销度支使和转运使,不久,由于尚书省各部门的职能久已荒废,无法把事情办好,全国钱谷没有总管机构,于是恢复原先的制度。

夏四月,刘文喜在泾州叛乱,有诏命朱泚、李怀光前去讨伐。**德宗过生日,不接受进贡。**

代宗在位时期,每当大年初一、冬至、端午、皇上的生日,州府在定额赋税以外还要向朝廷进贡。德宗过生日,对各地进贡概不接受。李正己和田悦各自进献细绢三万匹,德宗悉数拨归度支,用来代替两处应交纳的租税。

吐蕃派使者入朝进贡。五月,德宗再派韦伦出使吐蕃。

唐朝遣返的吐蕃俘虏进入本国国境,称道:"新皇上释放宫女,放了禽兽,声威仁德遍及中原。"吐蕃人很高兴,便打扫道路,迎接韦伦,派使者入朝进贡,并且赠送为代宗助葬的物品。不久,蜀地将领进言:"吐蕃豺狼成性,我方捉获的俘虏不应放回。"德宗说:"戎狄侵犯边疆就予以打击,服从朝廷就放还俘虏,予以打击是要显示威严,放还俘虏是要显示信义。不树立威严与信义,怎能感化边远各族?"命令悉数放还,再派韦伦出使吐蕃。韦伦请德宗亲自撰写盟书,杨炎认为唐朝天子与吐蕃赞普地位不对等,请求由自己同郭子仪等人撰写盟书上报,由德宗批准,德宗依言而行。

泾州诸将领杀死刘文喜,归降朝廷。

朱泚等人把刘文喜围困在泾州,很久未能攻克。征发兵员,输送给养,使朝廷内外骚动不安,上书请求赦免刘文喜的朝臣多得难以记载。德宗说:"连小小的忤逆之臣都不能铲除,怎能号令天下!"刘文喜让部将刘海宾入朝上奏,刘海宾对德宗说:"臣一定为陛下砍下刘文喜的头来献给朝廷。但是,刘文喜现在希求的是节度使的旌节而已,希望陛下姑且给他,刘文喜必然放松警惕,臣的计策就能实施了。"德宗说:"爵号与车服不能随便授予人。你能立刻效命固然好,节度使一职还不能给。"让刘海宾回去告诉刘文喜,对刘文喜的进攻也仍然继续。德宗自减膳食

以给军士，城中将士赐予如故。城中势穷，海宾与诸将共杀文喜，传首，而原州竟不果城。

李正己内不自安，遣参佐入奏事。上使观文喜之首而归，正己益惧。

六月，门下侍郎、同平章事崔祐甫卒。　筑奉天城。

术士桑道茂上言："陛下不出数年，暂有离宫之厄。臣望奉天有天子气，宜高大其城，以备非常。"上命京兆发丁夫数千，杂六军之士，筑奉天城。

回纥顿莫贺杀登里可汗而自立，遣使册命之。

初，回纥风俗朴厚，君臣之等不甚异，故众志专一，劲健无敌。及有功于唐，唐赐遗甚厚，登里可汗始自尊大，筑宫殿以居，妇人有粉黛、文绣之饰，中国为之虚耗，而虏俗亦坏。及代宗崩，九姓胡附回纥者，说登里以中国富饶，今乘丧伐之，可有大利，登里从之。其相顿莫贺谏不听，乘人心之不欲南寇，举兵击杀之而自立，遣使入见，请册命。诏京兆少尹源休册顿莫贺为武义成功可汗。

秋七月，邵州贼帅王国良降。

国良本湖南牙将，观察使辛京杲以其家富，使戍武冈，而以死罪加之。国良惧，据县聚众，侵掠州县，讨之不克。及曹王皋为观察使，遗国良书曰："我与将军俱为京杲所构，我已蒙圣朝湔洗，何心复加兵刃于将军乎！将军遇我不降，后悔无及。"国良疑未决。皋乃从一骑，越五百里，抵国良壁，大呼曰："我曹王也，来受降。"国良大惊，趋出迎拜。皋执其手，约为兄弟，尽焚攻守之具，散其众，使还农。诏赦之。

以供给士兵,对泾州城中将士的颁赐一如既往。泾州城内处境窘困,刘海宾与诸将一起杀死刘文喜,将头颅传送京城,而原州终究没有实施筑城。

李正己内心感到不安,派参佐入朝奏事。德宗让来人看过文喜的头颅返回,李正己愈加恐惧。

六月,门下侍郎、同平章事崔祐甫去世。　修筑奉天城。

术士桑道茂进言:"过不了几年,陛下会有暂离宫廷的危难。臣望见奉天城有天子气,应将此城建得高大些,以备非常事件发生。"德宗命京兆府征发民夫数千人,杂合六军士兵,修筑奉天城。

回纥顿莫贺杀死登里可汗,自立为可汗,德宗派使者加以册命。

起初,回纥风俗质朴,君臣等级差异不甚显著,所以众志如一,强劲雄健,无可匹敌。及至回纥为唐朝立下功劳,唐朝赐赠甚为丰厚,登里可汗开始妄自尊大,住进修筑的宫殿,妇女有了抹粉画眉、身着绣衣的装饰,唐朝因此消耗殆尽,回纥的风俗也败坏了。及至代宗驾崩,依附回纥的九姓胡人劝登里说,唐朝物产富饶,现在乘唐朝忙于丧事前去攻打,可以获得大利,登里依言而行。回纥国相顿莫贺劝谏,登里不听,顿莫贺乘民心不愿南侵之机,发兵杀死登里,自立为可汗,派使者进京朝见,请求册命。德宗下诏命京兆少尹源休册封顿莫贺为武义成功可汗。

秋七月,邵州贼寇首领王国良归降。

王国良原来是湖南牙将,湖南观察使辛京杲见他家富有,便让他戍守武冈,给他加上死罪的罪名。王国良为之恐惧,在武冈县聚众侵扰劫掠州县,官军讨伐,不能取胜。及至曹王李皋担任湖南观察使,写信给王国良说:"我和将军都受到辛京杲的罗织陷害,朝廷已为我洗刷冤屈,我怎会有心对将军兵刃相加呢!将军遇到我还不归降,后悔就来不及了。"王国良迟疑不决。于是李皋让一人骑马跟随,奔走五百里,抵达王国良的营垒,大声喊道:"我是曹王,来接受你们的投降。"王国良大惊,快步走出来,迎上去跪拜。李皋拉着他的手,与他结为兄弟,烧掉所有的攻守器具,遣散部众,让他们回家务农。德宗下诏赦免了王国良。

遥尊帝母沈氏为皇太后。

上母沈氏，吴兴人。安史之乱，陷贼不知所在。代宗即位，遣使求之，不获。

杀忠州刺史刘晏。

荆南节度使庾准希杨炎指，奏晏与朱泚书求营救，辞多怨望，炎证成之。上密遣中使缢杀之，天下冤之。

初，安史之乱，天下户口什亡八九，所在宿重兵，其费不赀，皆倚办于晏。晏有精力，多机智，变通有无，曲尽其妙。常以厚直募善走者，置递相望，觇报四方物价，不数日皆达。食货轻重之权悉制在掌握，国家获利而天下无甚贵甚贱之忧。晏以为，办集众务，在于得人，故必择通敏、精悍、廉勤之士而用之。常言："士陷赃贿，则沦弃于时，名重于利，故士多清修。吏虽洁廉，终无显荣，利重于名，故吏多贪污。"其句检簿书，出纳钱谷，事虽至细，必委之士类，吏惟书符牒，不得轻出一言。其属官虽居数千里外，奉教令如在目前，无敢欺给。权贵属以亲故，晏亦应之，俸给多少，迁次缓速，皆如其志，然无得亲职事。

晏又以为，户口滋多则赋税自广，故其理财常以养民为先。诸道各置知院官，每旬月具雨雪丰歉之状以告，丰则贵籴，歉则贱粜，或以谷易杂货，供官用而于丰处卖之。知院官始见不稔之端，先申至某月须如干蠲免，某月须如干救助。及期，晏不俟州县申请，即奏行之，不待其困弊流

遥尊德宗的生母沈氏为皇太后。

德宗的生母沈氏，吴兴人。安史之乱中落在叛军手里，不知下落。代宗即位，派使者访求，没有找到。

德宗杀死忠州刺史刘晏。

荆南节度使庾准迎合杨炎的意旨，奏称刘晏写信向朱泚请求营救，多怨恨之辞，杨炎证明所奏不虚。德宗秘密派中使将刘晏缢杀，全国人都为刘晏冤枉。

起初，安史之乱爆发，全国户口散失十分之八九，到处驻扎重兵，所耗费用多得难以计算，全靠刘晏为之筹措。刘晏精力充沛，机智过人，随机应变，调节有无，曲尽其妙。他通常以高价招募善于奔走的人，设置驿站，前后相望，调查上报各地物价，不出几天，都能得到消息。钱粮轻重的尺度，完全控制在手中，国家因此获利，而天下没有物价暴涨暴跌的忧虑。刘晏认为，要办好各项事务，关键在于用人得当，所以必须选择通达敏捷、精明强干、廉洁勤勉的人加以任用。他常说："士人因贪赃受贿犯法，就会被当世所抛弃，可见名比利重，所以士人大多操行洁美。吏人即使清廉，终究不能显达荣耀，可见利比名重，所以吏人大多贪婪卑下。"对于考核簿籍文书，支付钱财等项工作，即使事情极为琐屑，他也一定委派士人去做，吏人只能书写公文，不能随便讲话。他的属官即使在数千里以外，执行教令时如同刘晏就在眼前，不敢欺骗说谎。权贵托付亲朋故旧，刘晏也予以应承，薪俸多少，升官快慢，都能满足他们的意愿，但不允许所托之人亲理职事。

刘晏还认为，户口如果增加，赋税征收的范围就会自然拓宽，所以他理财以养民为先。他在诸道分别设置巡院的知院官，每旬每月都要开列雨雪丰歉状况上报，丰收时以高价买入，歉收时以低价卖出，有时将谷物换成杂货，供给官用，或在丰收的地区出卖。知院官一见到年景不丰的苗头，就要先行申明到某月需要蠲免若干赋税，到某月需要救济资助若干物资。期限一到，刘晏不等州县申请就上奏实施，不等百姓困顿疲惫、流亡他乡、

殄然后赈之也,由是户口蕃息。始为转运使,时天下见户不过二百万,其季年乃三百余万,非晏所统,亦不增也。其初,财赋岁入不过四百万缗,季年乃千余万缗。

晏专用榷盐法充军国之用。时自许、郑之西皆食河东池盐,度支主之。汴、蔡之东皆食海盐,晏主之。晏以为官多则民扰,故但于出盐之乡置官收盐,转鬻于商人,任其所之,其去盐乡远者,转官盐于彼贮之。或商绝盐贵,则减价鬻之,谓之常平盐,官获其利而民不乏盐。其始江淮盐利不过四十万缗,季年乃六百余万缗,由是国用充足而民不困弊。

先是,运关东谷入长安者,以河流湍悍,率一斛得八斗,至者则为成劳,受优赏。晏以为江、汴、河、渭水力不同,各随便宜造运船,教漕卒,缘水置仓,转相受给,自是每岁运谷或至百余万斛,无斗升沉覆者。船十艘为一纲,使军将领之,十运无失,授优劳官。于扬子置场造船,艘给千缗。或言用不及半,请损之,晏曰:"不然。论大计者不可惜小费,凡事必为永久之虑。今始置船场,执事者多,当先使之私用无窘,则官物坚完矣。若遽与之屑屑校计,安能久行乎!异日必有减之者,减半以下犹可也,过此则不能运矣。"后五十年,有司果减其半。及咸通中,有司计费而给之,无复羡余,船益脆薄,漕运遂废。

饿死人后才去赈济，因此户口繁衍增多。刘晏开始担任转运使时，全国现有户口不过二百万，到他任职的后期，却达到三百余万，不由刘晏统辖，户口就不会增加。在他任职的初期，财赋每年收入不过四百万缗，到他任职的后期，却达到一千余万缗。

刘晏专门采用盐业专营法充实军需国用。当时，自许、郑各州以西，都食用河东的池盐，由度支主管其事。自汴、蔡等州以东，都食用海盐，由刘晏主管其事。刘晏认为官吏多了，会使百姓受到骚扰，所以他只在产盐地设置盐官，收购食盐，转卖给商人，任凭商人到各处出卖，对于距产盐地遥远的地方，便将官盐转运到那里贮存。有时盐商绝迹，盐价上涨，就降低盐价出卖，叫作常平盐，官府得利，而百姓也不缺少食盐。在刘晏任职的初期，江、淮地区的盐利不过四十万缗，在他任职的后期，却达到六百万余缗，因此国家经费充足，而百姓也不致困顿疲惫。

此前，将关东的谷物运到长安，因河道水流湍急凶险，大抵一斛谷物运到后只剩八斗，运到了就算成功，会受到优厚的奖赏。刘晏认为，长江、汴水、黄河、渭水水流缓急各不相同，因而根据各地特点，因利乘便，训练漕运士卒，沿河设置粮仓，由上一处转运到下一处，从此每年运送谷物有时能达到一百余万斛，没有一斗一升谷物沉没水中。刘晏将每十艘船编为一组，叫一纲，让军将带领，运送十次没有闪失的，就嘉奖慰劳，授给官职。刘晏在扬子设置造船场，每造船一艘，给钱一千缗。有人说造一艘船的费用用不了一半，请求减钱，刘晏说："不行。论定大计，不可吝惜小费，凡事一定要有长远的考虑。现在船场刚刚设置，办事的人很多，应当先让这些人的个人用度不致困窘，为官家制造的船只才能坚固牢靠。假如忙于与这些人斤斤计较，怎能长期实行下去！将来某一天一定会有人减少工钱，减少工钱在半数以下还可以，超过此数，漕运就不能维持了。"五十年后，有关官员果然将工钱减半。及至咸通年间，有关官员根据费用核算来支给工钱，再没有余利可图，造出的船只愈发单薄脆弱，于是漕运废止不行。

晏为人勤力，事无闲剧，必于一日中决之，后来言财利者皆莫能及。

八月，振武留后张光晟杀回纥使者九百余人。

代宗之世，九姓胡常冒回纥之名，杂居京师，殖货纵暴。上即位，命回纥使者突董尽帅其徒归国，辎重甚盛。至振武，留数月，求资给，践果稼，人甚苦之。留后张光晟欲杀之，奏曰："回纥、群胡自相鱼肉，陛下不乘此际除之，乃归其人，与之财，正所谓借寇兵、赍盗粮者也。请杀之。"上不许。光晟乃使副将过其馆门，故不为礼，突董执而鞭之。光晟勒兵掩击，并群胡尽杀之，独留二胡，使归国曰："回纥谋袭据振武，故先事诛之。"回纥请复仇，上为之贬光晟为睦王傅。

九月，宣政殿廊坏。

将作奏："十月魁冈，未可修。"上曰："但不妨公害人则吉矣，安问时日！"即命修之。

冬十月，贬薛邕为连山尉。

大历以前，赋敛、出纳、俸给皆无法，长吏得专之。重以元、王秉政，货赂公行，天下不按赃吏者殆二十年。上以宣歙观察使薛邕文雅旧臣，征为左丞。邕去宣州，盗隐官物以巨万计，殿中侍御史员寓发之，贬连山尉。于是州县始畏朝典。

上初即位，疏斥宦官，亲任朝士。而张涉、薛邕继以赃败，宦官武将皆曰："南牙文臣赃至巨万，而谓我曹浊乱天下，岂非欺罔邪！"于是上心始疑，不知所倚仗矣。

以睦王述为奉迎太后使。

刘晏是个勤勉力行的人,无论事务清闲抑或繁剧,一定要在当天决断完毕,后来讲论财利的官员都赶不上他。

八月,振武留后张光晟杀死回纥使者等九百余人。

代宗在位时期,九姓胡经常冒充回纥的名义,杂居京城,经营商业,恣为暴虐。德宗即位后,命令回纥使者突董带领同来的人悉数回国,他们携带的物资很多。突董来到振武后,逗留数月,索求供给,践踏庄稼,百姓深受其苦。振武留后张光晟想杀他们,向德宗上奏说:"回纥和群胡自相残害,陛下不乘这一时机除掉他们,反而放他们回国,给他们财物,正是人们所说的借给贼寇兵马、送给强盗粮食的做法。请陛下杀了他们吧。"德宗没有答应。于是张光晟指使副将在回纥住处的门前,故意做出不礼貌的行为,突董捉住副将鞭打。张光晟率军掩袭,连同群胡一齐杀掉,只留下两个胡人,让他们回国说:"回纥图谋袭击占据振武,所以事前杀了他们。"回纥要求复仇,德宗为此将张光晟贬为睦王傅。

九月,宣政殿的廊庑毁坏。

将作奏称:"十月当天冈、斗魁,不能修缮。"德宗说:"只要不妨害公家和百姓就吉利,管它什么时日凶吉!"便命令修葺廊庑。

冬十月,德宗将薛邕贬为连山县尉。

大历年间以前,征税、收支、薪俸都没有法度,长官得以专擅其事。加上元载、王缙执掌朝政时贿赂公行,全国不审查贪赃官吏几达二十年。德宗认为宣歙观察使薛邕是位温文尔雅的老臣,征召他担任左丞。薛邕离开宣州时,盗窃隐瞒官府财物以巨万计,殿中侍御史员寓揭发薛邕,薛邕被贬为连山县尉。从此,州县官员开始畏惧朝廷法典。

德宗刚即位,疏远摈斥宦官,亲近任用朝臣。但是,张涉、薛邕相继由于贪赃垮台,宦官中的武将都说:"南衙文臣贪赃多至巨万,却说我辈把天下搞混乱了,岂不是欺人之谈!"于是德宗开始起了疑心,不知依靠谁人为好。

德宗任命睦王李述为奉迎太后的使者。

中书舍人高参请分遣诸沈访求太后,诏以睦王述为奉迎使,诸沈四人为判官,分道求之。

初,高力士有养女嫠居东京,颇能言宫中事,或意其为沈太后,诟使者言状。上喜,使宦官、宫人验视,年状颇同。高氏辞实非太后,验视者疑之,强迎入上阳宫。上发宫女赉御物往供奉,高氏心动,乃自言是。验视者走马入奏,上大喜,群臣入贺,诏有司草仪奉迎。高氏弟承悦恐获罪,遽自言本末。上命力士养孙樊景超往覆视,景超谓曰:"姑何自置身于姐上?"因抗声曰:"有诏,太后诈伪。"高氏乃曰:"吾为人所强,非己出也。"以牛车载还其家。上恐后人不复敢言,皆不之罪,曰:"吾宁受百欺,庶几得之。"

十一月,诏日引朝集使二人访远人疾苦。 始定公主见舅姑礼。

先是,公主下嫁者,舅姑拜之,妇不答。上命礼官定公主拜见舅姑之仪,舅姑坐受于中堂,诸父、兄姊立受于东序,如家人礼。有县主将嫁,会上之从父妹卒,命罢之。有司奏供张已备,上曰:"尔爱其费,我爱其礼。"卒罢之。至德以来,国家多事,公主、郡、县主多不以时嫁,有华发者。上悉嫁之,所赉之物必经心目。

是岁,天下兵民之数:

税户三百八万五千七十六,籍兵七十六万八千余人,税钱一千八十九万八千余缗,谷二百一十五万七千余斛。

中书舍人高参请求分别派沈氏诸人去寻访太后,有诏命睦王李述担任奉迎使,沈氏四人担任判官,分别到各道去寻找太后。

　　起初,高力士有个养女在东京洛阳寡居,颇能讲述宫中遗事,有人猜想她是沈太后,就到奉迎使那里讲了她的状貌。德宗很高兴,让宦官、宫女前去察看,认为高氏的年龄状貌与沈太后颇为相似。高氏否认说自己实际不是沈太后,察看者怀疑高氏没说真话,强行将高氏迎进上阳宫。德宗打发宫女带上御用物品侍候,高氏动了心,就说自己是沈太后。察看者飞马入朝奏报,德宗大喜,群臣入朝祝贺,德宗下诏命有关官员起草仪注,迎接沈太后。高氏的弟弟高承悦害怕获罪,赶紧讲了高氏的原委。德宗命高力士的养孙樊景超前去复查,樊景超对高氏说:"姑姑为什么要把自己置身于刀俎之上?"于是高声说:"有诏在此,太后是伪装的。"高氏这才说:"我被人们强行请来,不是出于自己的本意。"于是被用牛车送回家去。德宗担心以后人们不敢再提此事,便一律不予加罪,说:"我宁可受上百次欺骗,大概总能找到太后吧。"

　　十一月,德宗下诏命每天推举朝集使二人访问边远各地人民的疾苦。　最初制定公主见公婆的礼仪。

　　此前,公主下嫁,公婆要对公主行拜礼,而媳妇不用回礼。德宗命礼官制定公主行拜见公婆的礼仪,规定公婆坐在中堂里接受拜见,丈夫的叔伯、兄姊站在东厢房里接受拜见,和普通一家人的礼节一样。有位县主将要出嫁,适值德宗的叔伯妹妹去世,命令停止出嫁。有关官员奏称陈设已准备好了,德宗说:"你珍惜费用,我珍惜礼法。"最终还是中止出嫁。至德年间以来,国家变故频仍,公主、郡主、县主多不能按时出嫁,有的人头发都花白了。德宗把她们全部嫁出去,所带的物品一定要亲自经心过目。

　　这一年,全国兵民的数目:

　　税户三百零八万五千零七十六户,在籍士兵七十六万八千余人,税钱一千零八十九万八千余缗,谷物二百一十五万七千余斛。

辛酉（781） 二年

春正月，成德节度使李宝臣卒，子惟岳自称留后。

李宝臣欲以军府传其子惟岳，以其年少暗弱，豫诛诸将之难制者数十人。召易州刺史张孝忠，孝忠曰："诸将何罪，连颈受戮！孝忠惧死，不敢往，亦不敢叛，正如公不入朝之意耳。"兵马使王武俊位卑而有勇，宝臣特亲爱之，故孝忠、武俊独得全。

及卒，孔目官胡震、家僮王它奴劝惟岳匿表，诈为宝臣表请继袭，不许。乃发丧，自称留后，使将佐共奏求旌节，又不许。

初，宝臣与李正己、田承嗣、梁崇义相结，期以土地传子孙，故承嗣之死，宝臣力为悦请继袭。至是，悦屡为惟岳请，上亦不许。或曰不与必为乱，上曰："贼本无资以为乱，皆藉我土地，假我位号，以聚其众耳。向日因其所欲而命之多矣，而乱益滋，是爵命不足以已乱，而适足以长乱也。"竟不许。

田悦乃与李正己各遣使诣惟岳，潜谋勒兵拒命。魏博节度副使田庭玠谓悦曰："尔藉伯父遗业，但谨事朝廷，坐享富贵，奈何无故为叛臣？兵兴以来，逆乱者谁能保其家乎？必欲行尔之志，可先杀我，无使我见田氏之族灭也。"因称病卧家。悦往谢之，闭门不纳，竟以忧卒。

成德判官邵真泣谏惟岳曰："先相公受国厚恩，大夫遽欲负之，此甚不可。若执青、魏使者送京师而讨之，则节钺庶可得矣。"惟岳然之，使真草奏。长史毕华曰："先公与二道结好二十余年，奈何一旦弃之？若朝廷未信，而二道袭

辛酉(781)　唐德宗建中二年

春正月,成德节度使李宝臣去世,儿子李惟岳自称留后。

李宝臣想把军府传给自己的儿子李惟岳,由于李惟岳年少无知,软弱无能,就预先杀死难以辖制的将领数十人。李宝臣传召易州刺史张孝忠,张孝忠说:"诸位将领犯了什么罪,接连不断地遭受杀戮! 我怕死,不敢前往,也不敢反叛,和您不肯入朝的用意一样。"兵马使王武俊职位低下,但很勇敢,李宝臣特别亲近爱护他,所以唯有张孝忠和王武俊得以保全性命。

及至李宝臣去世,孔目官胡震和家仆王它奴劝李惟岳隐瞒死讯,假造李宝臣的奏表,请求袭任节度使,德宗没有答应。李惟岳为李宝臣发丧,自称留后,指使将佐一齐上奏为自己请求节度使的旌节,德宗又没答应。

起初,李宝臣与李正己、田承嗣、梁崇义互相结纳,希望把所辖土地传给子孙,所以田承嗣死时,李宝臣竭力为田悦请求袭任节度使。至此,田悦屡次为李惟岳请求继任,德宗也没答应。有人说不加任命,准出乱子,德宗说:"贼寇本来没有本钱作乱,都是假借我的土地和职位名号来聚集徒众的。往日顺其所欲而加以任命的多了,但变乱日益增加,可见封爵受职不足以止息变乱,适足以助长变乱。"终究没有答应。

于是,田悦与李正己各派使者到李惟岳处,暗中策划率兵抗拒朝命。魏博节度副使田庭玠对田悦说:"你凭借伯父的遗业,只须小心事奉朝廷,坐享富贵,怎么无故去做叛臣? 战事兴起以来,叛逆作乱者有谁能保全自己的家族? 如果一定要按你的想法去做,可以先把我杀了,别让我看见田氏举族灭亡。"于是自称有病,躺在家中。田悦前去道歉,他闭门不肯接待,最终忧郁而死。

成德判官邵真哭着劝谏李惟岳说:"先相公深受国家厚恩,您骤然打算背叛朝廷,这太不对。假如把淄青、魏博的使者抓送京城,就有希望得到节钺。"李惟岳认为有道理,让他起草奏章。长史毕华说:"先相公与淄青、魏博二道交好二十余年,怎能一下子舍弃他们? 如果朝廷不相信我们,淄青、魏博二道又来袭击

我,何以待之?"惟岳又从之。

定州刺史谷从政,惟岳之舅也,有胆略,颇读书,为宝臣所忌,称病杜门。至是,往见惟岳曰:"天子聪明英武,不欲诸侯子孙专地。尔今首违诏命,天子必遣诸道致讨。苟一战不胜,大将必有乘危伺便,取尔以为功者。且先相公所杀大将以百数,其子弟欲复仇者,庸可数乎!又朱滔兄弟常切齿于我,天子必以为将,何以当之?为尔之计,不若辞谢将佐,使惟诚摄领军府,身自入朝,乞留宿卫,上必悦尔忠义,不失荣禄。不然,大祸将至,悔之何及!"惟岳等见其言切,益恶之。惟诚者,惟岳之庶兄也,谦厚好书,得众心。惟岳送之淄青,而遣王它奴诣从政家察其起居。从政饮药而卒,曰:"吾不惮死,哀张氏今族灭矣!"

刘文喜死,正己、悦皆不自安。刘晏死,正己等益惧,相谓曰:"我辈岂得与刘晏比乎!"遂发兵万人屯曹州。悦亦完聚,与崇义、惟岳相应,河南士民骚然惊骇。诏以永平节度使李勉为都统备之。

以杨炎,卢杞同平章事。

杞貌丑,色如蓝,有口辩,上悦之。郭子仪每见宾客,姬妾不离侧。杞尝往问疾,子仪悉屏侍妾。或问其故,子仪曰:"杞貌陋而心险,妇人见之必笑。他日杞得志,吾族无类矣!"

杨炎既杀刘晏,朝野侧目,李正己累表请晏罪。炎惧,遣腹心分诣诸道,密谕以:"晏昔尝请立独孤后,上自杀

我们,那怎么办?"李惟岳又听从了毕华的意见。

定州刺史谷从政是李惟岳的舅父,有胆识谋略,颇读过一些书,受到李宝臣的猜忌,因而闭门称病。至此,谷从政去见李惟岳说:"皇上聪明英武,不愿方镇子孙专擅一方。现在你头一个违抗诏命,皇上一定会派诸道兵马予以讨伐。假如一战不能取胜,大将中必然有乘人危难,窥伺时机,捉你请功的。况且,先相公杀死的大将有上百人,想复仇的死者的子弟难道数得过来吗!再者,朱滔兄弟对我们一贯切齿痛恨,皇上准会任命他们为将领,你又如何抵挡?为你打算,不如辞别将佐,让李惟诚暂且统领军府,你亲身入朝,请求留下来在宫中担任警卫,皇上一定喜欢你忠义,你也不会失去官职和俸禄。否则,大祸即将来临,还来得及后悔吗!"李惟岳等人见他说得严厉,对他更加憎恶。李惟诚是李惟岳的异母庶兄,为人谦和厚道,喜欢读书,能得人心。李惟岳把李惟诚送往淄青,同时派王它奴到谷从政家去察看他的活动。谷从政吞服毒药而死,死前说:"我不怕死,只是为张氏现在要遭灭族之灾而悲哀。"

刘文喜死后,李正己、田悦都感到不安。刘晏死后,李正己等人愈发恐惧,他们交谈说:"我辈岂能与刘晏相比!"于是李正己发兵一万人屯驻曹州。田悦也修葺城防,积聚粮食,与梁崇义、李惟岳互相接应,搅得河南的士绅百姓骚动不安,担惊受怕。德宗下诏任命永平节度使李勉为都统,加以防备。

德宗任命杨炎、卢杞为同平章事。

卢杞相貌丑陋,面色如蓝靛,能言善辩,深得德宗的欢心。郭子仪每次会见宾客,姬妾不离身边。卢杞曾去问候郭子仪,郭子仪把随侍的姬妾悉数屏退。有人问其中的缘故,郭子仪说:"卢杞相貌丑陋,心地险恶,女人见了必然要笑。将来卢杞得志了,我就举族无一幸免了!"

杨炎杀死刘晏之后,朝野都对他十分不满,李正己屡次上表追问刘晏到底有何罪过。杨炎感到恐惧,派亲信分别到各道去暗中说明:"过去刘晏曾请求册立独孤妃为皇后,是皇上自己杀

之。"上闻而恶之,由是有诛炎之志,擢杞为相,不专任炎矣。炎素轻杞无学,多托疾不与会食,杞亦恨之。杞阴狡,欲起势立威,小不附者,必欲置之死地。引裴延龄为集贤直学士,亲任之。

更汴宋军曰宣武。　发京西兵戍关东。

发京西防秋兵万二千,戍关东,上御望春楼宴劳之,神策军士独不饮。上使诘之,其将杨惠元对曰:"臣等发奉天,军帅张巨济戒之曰:'此行大建功名,凯旋之日,相与为欢。苟未捷,勿饮酒。'故不敢奉诏。"及行,有司缘道设酒食,独惠元所部瓶罍不发。上深叹美,赐书劳之。

夏四月,加梁崇义同平章事。

崇义虽与正己等连结,兵势寡弱,礼数最恭。或劝其入朝,崇义曰:"来公有大功于国,犹不免族诛。吾岁久衅积,何可往也!"李希烈屡请讨之,崇义惧,益修武备。上使金部员外郎李舟诣襄州劝崇义入朝,言颇切直,崇义不悦。时两河诸镇方猜阻,上欲示恩信以安之,加崇义同平章事,赐以铁券,遣御史张著赍手诏征之。

五月,增商税为什一。

以军兴故也。

田悦举兵寇邢、洺。

田悦、李正己、李惟岳定计,连兵拒命。悦欲阻山为境,曰:"邢、磁如两眼在吾腹中,不可不取。"乃遣兵马使康愔将兵八千人围邢州,自将兵数万围临洺。邢州刺史李

他的。"德宗听了开始厌恶杨炎,由此有了杀杨炎的意图,于是提拔卢杞为宰相,不专门任用杨炎。杨炎一向看不起卢杞没有学问,常常托病不与卢杞在政事堂一起进餐,卢杞也恨杨炎。卢杞阴险狡猾,打算树立自己的权势和威望,对稍不附和自己的人,一定要置之死地。卢杞引荐裴延龄担任集贤殿直学士,加以亲近任用。

汴宋军改称宣武军。　朝廷征发京西兵戍守关东。

朝廷征发京西防秋兵一万二千人戍守关东,德宗登临望春楼,设宴犒劳将士,唯有神策军将士不肯饮酒。德宗让人询问缘由,神策军将领杨惠元回答说:"臣等来自奉天,主帅张巨济告诫说:'此行要好好建树功名,待到凯旋的日子,我与你们痛快一场。如果没有取胜,就别喝酒。'所以不敢领诏饮酒。"到出发时,有关官员在道旁摆设酒食,只有杨惠元的部下不曾启瓶饮酒。德宗深表赞美,颁赐诏书慰劳杨惠元军。

夏四月,德宗加封梁崇义为同平章事。

梁崇义虽然与李正己等人联合,但是兵少势弱,对朝廷的礼节也最恭敬。有人劝他入京朝见,梁崇义说:"来瑱为国家立下大功,尚且不免举族被杀。我多年积下嫌隙,怎可前往!"李希烈多次请求讨伐梁崇义,梁崇义恐惧,更加紧整治军备。德宗让金部员外郎李舟前往襄州劝梁崇义进京朝见,李舟讲话直率切要,梁崇义不悦。当时两河诸方镇正猜疑朝廷,德宗想显示恩典和信义,使他们安心,就加封梁崇义为同平章事,赐给铁券,派御史张著带着手诏去召他进京。

五月,朝廷将商税增至十分之一。

由于战事兴起的缘故。

田悦起兵侵犯邢、洺二州。

田悦、李正己、李惟岳制定计谋,准备联合三镇兵力,抗拒朝命。田悦想凭借高山险阻作为边境,说:"邢、磁二州像棋局中的两个眼处于我的中腹部位,不可不攻取。"于是派兵马使康愔领兵八千人包围邢州,自己领兵数万人包围临洺县。邢州刺史李

共、临洺将张伾坚壁拒守。悦召承嗣旧将邢曹俊问计,曹俊曰:"兵法:十围五攻,尚书以逆犯顺,势更不侔。今顿兵坚城之下,粮竭卒尽,自亡之道也。不若置万兵于崿口以遏西师,则河北二十四州皆为尚书有矣。"悦不能用。

六月,以韩滉为镇海军节度使。梁崇义拒命,诏淮宁节度使李希烈督诸道兵讨之。

张著至襄阳,梁崇义不受诏,命希烈督诸道兵讨之。杨炎谏曰:"希烈狼戾无亲,无功犹屈强不法,使平崇义,何以制之?"上不听。荆南牙将吴少诚以取崇义之策干希烈,希烈以为前锋。

以张万福为濠州刺史。

时内自关中,西暨蜀汉,南尽江、淮、闽、越,北至太原,所在出兵。李正己遣兵扼徐州甬桥、涡口,崇义阻兵襄阳,运路皆绝,人心震恐,江、淮进奉船千余艘泊涡口不敢进。上以张万福为濠州刺史,万福驰至涡口,立马岸上,发进奉船。淄青将士停岸睥睨不敢动。

尚父、太尉、中书令、汾阳忠武王郭子仪卒。

子仪为上将,拥强兵,程元振、鱼朝恩谗谤百端,诏书一纸征之,无不即日就道,由是谗谤不行。尝遣使至田承嗣所,承嗣西望拜之曰:"此膝不屈于人若干年矣!"李灵曜据汴州,公私物过汴者皆留之,惟子仪物不敢近,遣兵卫送出境。校中书令考凡二十四,家人三千人,八子七婿,皆为显官。诸孙数十人,每问安,不能尽辨,颔之而已。仆固怀

共、临洺将领张伾坚守壁垒，拒险抵御。田悦召田承嗣的旧将邢曹俊来问计，邢曹俊说："兵法认为：兵力十倍于敌人方可实施包围，五倍于敌人方可实施进攻，你以叛军侵犯朝廷，这形势更不能同兵法讲的相比。现在军队受阻于坚固的城池之下，粮食一光，士兵跑光，这是自取灭亡的做法。不如在崿口布置士兵一万人，以阻止西面的军队，这样河北二十四州就都是你的了。"田悦没有采用这一计策。

六月，德宗任命韩滉为镇海军节度使。梁崇义抗拒朝命，德宗下诏命淮宁节度使李希烈督率诸道军队讨伐梁崇义。

张著来到襄阳，梁崇义不肯接受诏命，德宗命李希烈督率各道军队前去讨伐。杨炎劝谏说："李希烈凶狠残暴，不亲睦将士，没有功劳尚且倔强强硬，不守法纪，倘若他平定了梁崇义，对他将如何控制？"德宗不听。荆南牙将吴少诚以攻取梁崇义的计策请见李希烈，李希烈让他担任先锋。

德宗任命张万福为濠州刺史。

当时，内自关中，西至蜀、汉，南达江、淮、闽、越，北到太原，到处发兵。李正己派兵扼守徐州的甬桥和涡口，梁崇义拥兵襄阳，运输通道全被切断，人心震惊恐惧，江、淮的进奉船一千余艘停泊在涡口，不敢前进。德宗任命张万福为濠州刺史，张万福急驰到涡口，骑马立在岸上，命进奉船进发。淄青将士停在岸边，侧目观望，不敢妄动。

尚父、太尉、中书令、汾阳忠武王郭子仪去世。

郭子仪身为大将，拥有强兵，程元振、鱼朝恩对他百般毁谤，但只要有诏书召他，他没有一次不是在当日启程的，因此谗言才失去作用。他曾派使者到田承嗣处，田承嗣向西跪拜说："我这膝盖不向人弯曲已有若干年啦！"李灵曜盘踞汴州，经过汴州的公私物品都被扣留，只有郭子仪的物品，他不敢靠近，还派兵护卫，送出州境。据计，郭子仪担任中书令共二十四年，全家三千人，有八个儿子、七个女婿，都是显要官员。孙子有数十人，每当问安时，他不能一一辨认，只是向孙子们点点头而已。仆固怀

恩、李怀光、浑瑊辈皆出麾下,虽贵为王公,常颐指役使,趋走于前,家人亦以仆隶视之。天下以其身为安危者殆三十年,功盖天下而主不疑,位极人臣而众不疾,穷奢极欲而人不非之,年八十五而终。其将佐为名臣者甚众。

秋七月,安西、北庭遣使诣阙,诏赐李元忠爵宁塞郡王,郭昕武威郡王,赠袁光庭工部尚书。

自吐蕃陷河、陇,伊西、北庭节度使李元忠、四镇留后郭昕帅将士闭境拒守,数遣使奉表,皆不达,声问绝者十余年。至是,遣使间道自回纥中来,上嘉之,皆赐爵郡王。昕,子仪弟之子也。光庭天宝末为伊州刺史,吐蕃攻之,累年不下,粮竭兵尽,自焚死。昕使至,朝廷始知之,故赠官。

杨炎罢,以张镒同平章事。

李希烈以久雨未进军,上怪之。卢杞密言于上曰:"希烈迁延,以杨炎故也。陛下何爱炎一日之名而堕大功?不若暂免炎相以悦之,事平复用,无伤也。"上以为然,乃罢炎。

诏马燧、李抱真、李晟讨田悦,战于临洺,大破之。

田悦攻临洺,累月不拔,城中食且尽。张伾饰其爱女,使出拜将士,曰:"诸军守战甚苦,伾家无他物,请鬻此女,为将士一日之费。"众皆哭曰:"愿尽死力,不敢言赏。"李抱真告急于朝,诏马燧及神策兵马使李晟将兵讨悦,又诏朱滔讨惟岳。

恩、李怀光、浑瑊这些人都是他的部下，即使这些人贵为王公，他对这些人却颐指气使，任意驱使，让他们在面前奔走效力，连他的家人也把这些人视为仆从。郭子仪以一身维系全国安危将近三十年，功劳天下无双却不受皇上的猜疑，地位达到人臣的顶峰却不受众人的妒忌，穷极奢华，尽情享受却不受人们的非难，八十五岁时寿终。他的将佐有许多人成了名臣。

秋七月，安西、北庭派使者来到朝廷，德宗下诏颁赐爵位，李元忠为宁塞郡王，郭昕为武威郡王，追赠袁光庭为工部尚书。

自从吐蕃陷落河、陇地区以来，伊西、北庭节度使李元忠和四镇留后郭昕率领将士严密防守四境，据险坚守，屡次派使者去朝廷上表，都未送到，音讯断绝了十余年。至此，李元忠、郭昕派使者抄小道从回纥部前来，德宗嘉许此举，二人一律赐爵郡王。郭昕，是郭子仪弟弟的儿子。袁光庭天宝末年担任伊州刺史，吐蕃攻打伊州，多年不能攻下，后因粮食吃光，士卒战死，袁光庭自焚而死。郭昕的使者到来，朝廷才知道其事，所以为袁光庭追赠官职。

杨炎罢相，德宗任命张镒为同平章事。

由于连续降雨，李希烈没有进军，德宗很不满意。卢杞暗中对德宗说："李希烈拖延时间，原因在于杨炎。陛下何必顾惜杨炎一时的名誉，因而坏了大业？不如暂时免去杨炎的相职，让李希烈高兴，事情平息后再起用杨炎，不妨事的。"德宗认为说得对，就免去杨炎的宰相职务。

德宗下诏命马燧、李抱真、李晟讨伐田悦，在临洺交战，大破田悦军。

田悦攻打临洺，连月不能攻克，临洺城中食品将尽。张伾让自己的爱女打扮好了，出来拜见将士，说："各军守城作战，甚为辛苦，我家没有别的东西，请让我卖了这个女儿，权当将士一天的费用。"大家都哭着说："我们甘愿竭尽全力，不敢要求奖赏。"李抱真向朝廷告急，德宗下诏命马燧和神策兵马使李晟领兵讨伐田悦，并诏令朱滔讨伐李惟岳。

燧等军未出险,先遣使持书谕悦,为好语,悦谓燧畏之,不设备。燧等进军至临洺,悦悉众力战,悦兵大败,斩首万余级。悦夜遁,邢州围亦解。

平卢节度使李正己卒,子纳自领军务,与李惟岳遣兵救田悦。

李正己卒,子纳擅领军务。田悦求救于纳及惟岳,纳及惟岳皆遣兵救之。悦收合散卒,得二万余人,军于洹水。淄青军其东,成德军其西,首尾相应。马燧帅诸军进屯邺,诏河阳节度使李芃将兵会之。李纳始奏请袭位,上不许。

八月,李希烈与梁崇义战,大破之。崇义死,传首京师。 九月,以张孝忠为成德军节度使。

时朱滔将讨李惟岳,张孝忠将兵守易州。滔遣判官蔡雄说孝忠曰:"惟岳乳臭儿,敢拒朝命。今田悦已破,襄阳亦平,河南诸军朝夕北向,恒、魏之亡,可仚立而须也。使君诚能首举易州以归朝廷,此转祸为福之策也。"孝忠然之,遣使奉表诣阙,上悦,以孝忠为成德节度使。孝忠德滔,深相结。

加李希烈同平章事,以李承为山南东道节度使。

初,希烈请讨梁崇义,上亟称其忠。黜陟使李承自淮西还,言于上曰:"希烈必立微功,但恐有功之后,更烦朝廷用兵耳。"上不以为然。希烈既得襄阳,遂据之,上乃思承言,以为山南东道节度使。欲以禁兵送上,承请单骑赴镇。至襄阳,希烈置之外馆,迫胁万方,承不屈,希烈乃大掠而去。承治期年,军府稍完。

冬十月,杀左仆射杨炎。

马燧等人尚未脱险，先派使者携带书信开导田悦，说了一些好话，田悦认为马燧畏惧自己，不再设置防备。马燧等人进军到了临洺，田悦全军出动，奋力作战，结果大败，被斩首一万余级。田悦连夜逃走，邢州也解围了。

平卢节度使李正己去世，儿子李纳擅自执掌军务，与李惟岳派兵援救田悦。

李正己去世，其子李纳擅自执掌军务。田悦向李纳和李惟岳求救，李纳和李惟岳都派兵援救。田悦收聚溃散的士兵，得到两万余人，驻扎在洹水。淄青军驻扎在田悦军东边，成德军驻扎在田悦军西边，首尾互相呼应。马燧率领各军进军至邺城驻扎，有诏命河阳节度使李芃领兵与马燧各军会师。李纳这才奏请承袭父位，德宗没有答应。

八月，李希烈与梁崇义作战，大破梁军。梁崇义死去，其首级传送京城。　九月，德宗任命张孝忠为成德军节度使。

当时，朱滔准备讨伐李惟岳，张孝忠领兵防守易州。朱滔派判官蔡雄劝告张孝忠说："李惟岳不过是个乳臭小儿，竟敢抗拒朝命。现在田悦已破，襄阳已平，河南各军迟早要北进，恒、魏的灭亡，可以立待而至。如果你能带头率易州归顺朝廷，这是转祸为福的良策。"李孝忠认为言之有理，派使者到朝廷上表，德宗大悦，任命张孝忠为成德军节度使。张孝忠感激朱滔，与他深相结纳。

德宗加封李希烈为同平章事，任命李承为山南东道节度使。

起初，李希烈请求讨伐梁崇义，德宗屡次称道李希烈有忠心。黜陟使李承从淮西回朝，对德宗说："李希烈肯定能立些微小的功劳，只怕有了功劳后，还要麻烦朝廷用兵。"德宗不以为然。李希烈得到襄阳后，随即据为己有，德宗这才想起李承的话，任命李承为山南东道节度使。打算派禁兵送李承上任，李承请求单人骑马前往山南东道。来到襄阳，李希烈将李承安置在客舍中，千方百计加以逼迫威胁，李承没有屈服，李希烈便大肆掳掠而去。李承治理襄阳整整一年，军府才渐臻完备。

冬十月，左仆射杨炎被杀。

初，萧嵩家庙临曲江，玄宗以娱游之地，非神灵所宅，命徙之。杨炎为相，立庙复直其地。炎恶京兆尹严郢，卢杞欲陷炎，引以为御史大夫。先是，炎有宅在东都，卖以为官廨，郢按之，以为有羡利。杞召大理正田晋议法，晋以为律当夺官。杞怒贬晋，更召他吏议，以为监主自盗，当绞。杞因言：“嵩庙地有王气，故玄宗徙之。炎有异志，故取以建庙。”遂贬崖州司马，遣中使护送，缢杀之。

袷于太庙。

先是，太祖既正东向之位，献、懿二祖皆藏西夹室，不袷。至是，复奉献祖东向而袷之。

徐州刺史李洧以州降。

徐州刺史李洧，正己之从父兄也，举州归国，遣巡官崔程奉表诣阙，乞领徐、海、沂观察使，且曰：“今海、沂皆为李纳所有，洧与其刺史王涉、马万通有约，苟得朝廷诏书，必能成功。”程先白张镒，卢杞怒，不从其请，以洧为招谕使。

十一月，永乐公主适田华。

上不欲违先志故也。

刘洽、唐朝臣等大破青、魏兵于徐州。

先是，李纳遣其将王温会魏博兵，共攻徐州，李洧遣王智兴诣阙告急。智兴善走，不五日而至。诏朔方大将唐朝臣将兵五千人，与宣武刘洽、神策兵马使曲环、滑州李澄共救之。时朔方军资装不至，旗服弊恶，宣武人嗤之，曰：“乞子能破贼乎！”朝臣以其言激怒士卒，且曰：“都统有令，先破贼者，营中物悉与之。”士皆争奋。青、魏兵大溃，洽等乘之，斩首八千级，

起初，萧嵩的家庙濒临曲江，玄宗认为曲江是娱乐游观的地方，不是为神灵建庙的处所，命萧嵩迁走家庙。杨炎担任宰相，建造家庙又当其地。杨炎憎恶京兆尹严郢，卢杞想陷害杨炎，便引荐严郢担任御史大夫。此前，杨炎在东都洛阳有一处住宅，卖掉后成了官署，严郢予以按察，以为有不正当的盈利。卢杞叫大理正田晋来商议依法治罪，田晋认为根据刑律应当削去官位。卢杞怒贬田晋，又叫其他官吏商议定罪，该人认为监临主管的官员盗窃本部门的公家财物应当处以绞刑。卢杞乘机进言："萧嵩家庙所在地有帝王之气，所以玄宗将萧嵩的家庙迁走。杨炎有心背叛朝廷，所以要占此地建造家庙。"于是德宗贬杨炎为崖州司马，派中使护送，将他缢杀。

德宗在太庙合祭祖先。

此前，太祖的牌位已当东向位，献祖、懿祖的牌位都存放西夹室里，不予祭献。至此，又将献祖奉为东向位，予以祭献。

徐州刺史李洧率州归降。

徐州刺史李洧是李正己的堂兄，他率全州归顺朝廷，派巡官崔程进京上表，请求担任徐、海、沂观察使，并说："现在海、沂二州都被李纳占有，我与二州刺史王涉、马万通有约，如能得到朝廷的诏书，准能成功。"崔程先向张镒禀告，卢杞大怒，不肯答应李洧的请求，让李洧任招谕使。

十一月，永乐公主嫁给田华。

原因是德宗不想违背先人的遗愿。

刘洽、唐朝臣等人在徐州大破淄青、魏博军。

此前，李纳派将领王温会合魏博军，共同攻打徐州，李洧派遣王智兴赶赴京城向朝廷告急。王智兴擅长跑路，不出五天就到了朝廷。德宗下诏朔方大将军唐朝臣领兵五千人，与宣武军刘洽、神策兵马使曲环、滑州李澄一齐前去营救。当时，朔方军的盘缠还没有送到，旗帜和服装破败粗劣，宣武军笑话朔方军说："叫花子能打败敌人吗！"唐朝臣用这话激怒士兵，并说："都统有令，谁先破敌，敌营中的物品全给他。"将士都奋力争先。淄青、魏博军全面溃退，刘洽等人掩袭敌军，斩首八千级，

溺死过半。朔方军士尽得其辎重,旗服鲜华,乃谓宣武人曰:"乞子之功,孰与宋多?"乘胜逐北,至徐州城下,青、魏军解围走,江、淮漕运始通。

诏削李惟岳官爵。　陈少游击海州,降之。　密州降。

壬戌(782)　三年
春正月,马燧等大破田悦等于洹水,博、洺州降。

马燧等屯于漳滨,田悦筑月城以守长桥。燧以铁锁连车数百乘,实以土囊,塞其下流,涉浅而渡,进屯仓口,与悦夹洹水而军。乃为三桥,逾洹水,日往挑战,悦不出。燧令诸军夜半起食,潜师趋魏州,令之曰:"贼至,则止,为陈。"留百骑击鼓鸣角于营中,毕发而止,伺悦军毕渡则焚其桥。军行十里所,悦闻之,帅淄青、成德步骑四万,逾桥掩其后,乘风纵火,鼓噪而进。燧先除其前草莽百步为战场,结陈以待之。悦军至,火止气衰,燧纵兵击之,悦军大败。追奔至三桥,桥已焚,赴水溺死,不可胜记,斩首二万级。

悦收余兵走魏州,婴城拒守,士卒不满数千。悦乃持佩刀,立府门,召军民,流涕告之,欲自杀,将士争前抱持之。悦乃与诸将断发为誓,悉出府库,及敛富家,得百余万,以赏士卒。召邢曹俊,使整部伍,缮守备,军势复振。

李纳军于濮阳,为河南军所逼,奔还濮州,征兵于魏,

淹死的人超过半数。朔方将士得到敌军的全部辎重，旗帜鲜明，服装华丽，于是对宣武军说："叫花子的功劳，与你们宋州兵相比，到底谁多？"官军乘胜追击，来到徐州城下，淄青和魏博军解围逃走，江、淮漕运开始畅通了。

德宗下诏削去李惟岳的官职爵位。陈少游进击海州，使之归降。　密州归降。

壬戌（782）　唐德宗建中三年

春正月，马燧等人在洹水大破田悦等军，博、洺二州归降。

马燧等军驻扎在漳水之滨，田悦沿河筑起半月形的城墙以防守长桥。马燧用铁锁链将数百辆车连在一起，装上盛满土的口袋，堵塞长桥下游，各军从浅处蹚水过河，进驻仓口，与田悦隔着洹水扎营。于是马燧搭起三座浮桥，越过洹水，每天前去挑战，田悦不肯出战。马燧让各军半夜起来进餐，暗中奔赴魏州，下令说："敌军一到，就停下来，布阵以待。"马燧留下骑兵一百人在营中击鼓吹角，待各军全部出发后就停下来，等田悦军完全渡过洹水后就烧掉浮桥。各军行进到十里处，田悦得到消息后率领淄青、成德步兵、骑兵四万人越过浮桥，随后掩袭，乘风放火，擂鼓呐喊，向前挺进。马燧先铲除军前百步之内的野草丛莽作为战场，结成战阵，等待敌军。田悦军赶到时，火已熄灭，士气衰竭，马燧发兵进击，田悦军大败。马燧军追赶到三座浮桥驾设处，浮桥已经烧毁，田悦军被赶到水中淹死的人多得无法计算，官军斩首二万级。

田悦收聚残兵，逃往魏州，据城固守，士兵不满数千人。于是田悦手握佩刀，立在军府门前，召集军民，流着眼泪陈述情委，打算自杀，将士争着上前抱住田悦。于是田悦与诸将领截断头发起誓，拿出全部库存物资，连同征敛富人的钱财，得到一百余万，用来犒赏士兵。召回邢曹俊，让他整顿队伍，修缮防御设施，军队的士气又振作起来。

李纳驻扎在濮阳，受河南军逼迫，逃回濮州，向魏州征援兵，

悦遣符璘将三百骑送之。璘父令奇谓璘曰："吾老矣。历观安、史辈叛乱者,今皆安在?田氏其能久乎!汝因此弃逆从顺,是汝扬父名于后世也。"啮臂而别。璘与其副李瑶遂降于马燧。悦收族其家,令奇慢骂而死。瑶父再春以博州降,田昂以洺州降。悦入城旬余,燧等始至,攻之不克。

朱滔、张孝忠与李惟岳战,大败之,赵州降。成德兵马使王武俊杀惟岳,传首京师。

李惟岳遣兵守束鹿,朱滔、张孝忠攻拔之。掌书记邵真复说惟岳密为表,先遣弟惟简入奏,然后身自入朝,使郑诜权知节度事,以待朝命。田悦闻之怒,使人让惟岳曰:"尚书举兵,正为大夫求旌节耳。今乃信邵真之言,遣弟奉表,归罪尚书以自雪,尚书何负于大夫而至此邪!若斩邵真,则相待如初,不然绝矣。"田华复劝之。惟岳素怯,不能守前计,乃引邵真斩之,发兵围束鹿。朱滔、张孝忠与战,惟岳大败,烧营而遁。

王武俊为左右所构,惟岳疑之,未忍杀也。束鹿之战,使为前锋,武俊自念:"今破朱滔,则惟岳军势大振,归必杀己。"故战不甚力而败。

惟岳将康日知以赵州归国,惟岳益疑武俊。或曰:"武俊勇冠三军,今危难之际,复加猜阻,欲使谁却敌乎!"惟岳以为然,乃使武俊击赵州,又使其子士真将兵宿府中。

武俊既出,谓卫常宁曰:"今幸出虎口,当北归张尚书。"常宁曰:"大夫暗弱,终为朱滔所灭。且天子有诏诛

田悦派符璘率领骑兵三百人护送李纳。符璘的父亲符令奇对符璘说:"我老啦。历观安禄山、史思明这些反叛作乱的人,如今都在哪里? 难道田氏就能长久吗! 你趁此时机摆脱田悦,归顺朝廷,便是给你老爹扬名后世了。"父子咬臂立誓而别。符璘与部下副将李瑶随即向马燧归降。田悦逮捕杀戮了符璘全家,符令奇骂口不绝而死。李瑶的父亲李再春率博州归降,田昂率洺州归降。田悦进魏州城十多天,马燧等人才赶到,攻城未能取胜。

朱滔、张孝忠与李惟岳作战,大败成德军,赵州归降。成德兵马使王武俊杀李惟岳,将首级传送京城。

李惟岳派兵防守束鹿,朱滔、张孝忠攻克其城。掌书记邵真又劝李惟岳暗中写了奏表,先派弟弟李惟简入朝上奏,然后自己亲自进京朝见,让郑诜暂且掌管节度使事务,以等候朝廷的任命。田悦闻讯发怒,派人责备李惟岳说:"田尚书起兵,正是为李大夫求取节度使的旌节。现在李大夫信了邵真的话,派令弟上表,把罪过推给田尚书,以求自身的开脱,田尚书哪里对不起李大夫,才使李大夫以至于此! 如果杀了邵真,田尚书就会像当初一样对待李大夫,否则一刀两断!"田华也这样劝李惟岳。李惟岳一向怯懦,不能坚持原来的打算,便召来邵真杀了,发兵包围束鹿。朱滔、张孝忠与李惟岳作战,李惟岳大败,烧了营房逃跑。

王武俊被李惟岳的亲信陷害,李惟岳怀疑他,又不忍心杀他。束鹿之战中,李惟岳让王武俊担任前锋,王武俊为自己打算:"现在打败朱滔,李惟岳军就会声势大振,回去后必然要杀自己。"所以作战不大出力,败了下来。

李惟岳的将领康日知率赵州归顺国家,李惟岳对王武俊愈加怀疑。有人说:"王武俊勇冠三军,现在处于危难之际,再对他加以猜疑,您想让谁去却敌呢!"李惟岳认为很对,便派王武俊进击赵州,同时让王武俊的儿子王士真领兵住在军府里。

王武俊出了恒州,对卫常宁说:"如今我们终于侥幸脱出虎口,应当向北进发,去归依张孝忠尚书。"卫常宁对王武俊说:"李惟岳大夫愚昧软弱,终究要被朱滔消灭。而且皇上也有诏要诛杀

之，中丞为众所服，倒戈以取之，转祸为福，如反掌耳。"武俊以为然，遂引兵还袭惟岳，士真纳之。武俊令曰："大夫叛逆，将士归顺，敢拒违者族！"众莫敢动，遂执惟岳杀之，传首京师。

李纳复陷海、密。 **复榷天下酒。** **定州降。** **二月，以张孝忠为易、定、沧州节度使，王武俊为恒冀团练使，康日知为深赵团练使，以德、棣隶幽州。**

时河北略定，惟魏州未下，李纳势日蹙。朝廷谓天下不日可平，以孝忠为易、定、沧州节度使，武俊、日知为恒冀、深赵团练使，以德、棣二州隶朱滔，令还镇。滔固请深州，不许，由是怨望，留屯深州。武俊自以不得为节度使，又失赵、定，不悦。复有诏令武俊以粮三千石给朱滔，马五百匹给马燧，武俊以为魏博既下，朝廷必取恒冀，故分其粮马以弱之，疑，未肯奉诏。

田悦闻之，遣判官王侑说朱滔曰："今上志欲扫清河朔，不使藩镇承袭。魏亡，则燕、赵为之次矣。若司徒矜魏博而救之，非徒得存亡继绝之义，亦子孙万世之利也。"滔大喜，即遣侑归报，又遣王郅说王武俊曰："大夫出万死之计诛逆首，康日知岂得与大夫同日论功！而朝廷褒赏略同，谁不愤邑！今又闻诏支粮马与邻道，朝廷之意，先欲贫弱军府，俟平魏之日，使马仆射、朱司徒共相灭耳。司徒不敢自保，使郅等效愚计，欲与大夫共救田尚书，而以深州与大夫。三镇连兵，若耳目手足之相救，则他日永无患矣。"武俊亦喜，许诺，相与刻日举兵南向。

李大夫，你为大家所推服，若倒戈去捉李大夫，转祸为福，易如反掌。"王武俊认为说得很对，随即领兵回袭李惟岳，王士真放王武俊进城。王武俊下令说："李大夫背叛朝廷，将士归顺朝廷，谁敢违抗，满门抄斩。"大家不敢妄动，于是捉住李惟岳杀死，将其首级传送京城。

李纳又攻陷海、密二州。　恢复全国酒业官卖。　定州归降。
二月，德宗任命张孝忠为易、定、沧州节度使，王武俊为恒冀团练使，康日知为深赵团练使，将德、棣二州隶属于幽州。

当时，河北基本平定，只有魏州尚未攻克，李纳面临的形势日见窘困。朝廷认为天下不久即可平定，便任命张孝忠为易、定、沧州节度使，王武俊和康日知分别为恒冀、深赵团练使，将德、棣二州隶属于朱滔，让他返回本镇。朱滔再三请把深州划归自己，朝廷不许，朱滔由此怨恨不满，留在深州驻扎。王武俊认为自己没有当成节度使，又失去赵、定二州，心中不悦。又有诏命令王武俊拨给朱滔粮食三千石，拨给马燧马五百匹，王武俊认为攻克魏博后，朝廷必然要攻取恒冀，所以分拨粮食和马匹来削弱自己，因此心怀疑虑，不肯接受诏命。

田悦闻讯派判官王侑劝朱滔说："当今皇上的志向是准备扫荡河朔，不让藩镇世代承袭。如果魏亡，接下来便是燕、赵。倘若朱司徒怜悯魏博，前去援救，不仅可以体现存亡国、继绝嗣的大义，也符合子孙万代的利益。"朱滔大喜，立即打发王侑回去禀报，又派王郅劝王武俊说："王大夫采用九死一生的计策，诛除叛逆的首脑，康日知怎能与王大夫的功劳同日而语！然而朝廷对你们的奖赏基本相同，谁不为之愤郁不平！现在又听说有诏命你把粮食、马匹支付给邻道，朝廷的意图是想先使你军府贫弱，等削平魏博时，让马仆射、朱司徒共同来消灭你。朱司徒不敢只图自保，让我等献此愚计，打算与王大夫一起援救田尚书，而且把深州让给王大夫。范阳、恒冀、魏博联合起来，如同耳目手足，互相救助，将来就永无祸患了。"王武俊也觉喜欢，便应承下来，三镇一齐限定日期，起兵南进。

三月，以李洧兼徐、海、沂观察使。

刘洽攻李纳于濮州，克其外城，纳于城上涕泣，求自新。李勉又遣人说之，纳遣判官房说入见。会中使宋凤朝称纳势穷蹙，不可舍，上乃囚说等。纳遂归郓州，复与田悦等合。朝廷以纳势未衰，始以洧兼徐、海、沂观察使。而海、沂已为纳所据，洧竟无所得。

夏四月，朱滔、王武俊反，发兵救田悦，寇赵州，诏李怀光讨之。

上遣中使发卢龙、恒冀、易定兵讨田悦，王武俊执使者送朱滔。滔言于众曰："将士有功者，吾奏求官勋皆不遂。今欲与诸君共击马燧，以取温饱，何如？"皆不应。三问，乃曰："幽州之人，自安、史之反，从而南者无一人得还，今其遗人痛入骨髓。况太尉、司徒皆受国宠荣，将士亦各蒙官勋，诚且愿保目前，不敢复有侥冀。"滔默然而罢，乃诛大将数十人，厚抚循其士卒。

康日知闻其谋，以告马燧，燧以闻。上以力未能制，赐滔爵通义郡王，冀以安之。而滔反谋益甚，分兵营赵州以逼康日知，武俊亦遣士真围赵州。

涿州刺史刘怦以书谏滔曰："司徒但以忠顺自持，则事无不济。务大乐战，不顾成败，而家灭身屠者，安、史是也。惟司徒图之，无贻后悔。"不听。

滔恐张孝忠为后患，遣蔡雄往说之。孝忠曰："昔司徒遣人语孝忠曰，惟岳负恩为逆，孝忠归国，即为忠臣。孝忠性直，用司徒之教。今既为忠臣矣，不复助逆也。且武俊最喜翻覆，司徒勿忘鄙言。"雄复以巧辞说之，孝忠怒，欲执

三月，德宗任命李洧为徐、海、沂观察使。

刘洽在濮州进攻李纳，攻下外城，李纳在城上哭泣着请求悔过自新。李勉又派人加以劝说，李纳派判官房说入朝觐见。适值中使宋凤朝声称李纳处境困窘，不应放弃进攻，德宗便将房说等人囚禁起来。于是李纳回到郓州，再度与田悦等人联合。朝廷认为李纳的兵力尚未衰竭，这才任命李洧兼任徐、海、沂观察使。然而，海、沂二州已被李纳占据，李洧终究没得到什么。

夏四月，朱滔、王武俊反叛，发兵营救田悦，侵犯赵州，德宗下诏命李怀光前去讨伐。

德宗派中使征调卢龙、恒冀、易定军讨伐田悦，王武俊将使者捉送朱滔。朱滔对大家说："有功的将士，我为他们奏请官职勋位都未如愿。现在想与诸君一起进击马燧，好过温饱的日子，好吗？"大家都没有应声。朱滔问到第三次，大家才说："幽州人从安禄山、史思明反叛以来，跟随他们南下的没有一人得以生还，死者抛下的亲人至今处于深切的悲痛之中。况且朱太尉、朱司徒兄弟都深受国家的荣宠，将士也得受官职勋位，希望姑且保住目前的状况，不敢再有侥幸的希图。"朱滔默然作罢，于是杀死大将数十人，对士兵厚加抚慰。

康日知得知朱滔的计划，便告知马燧，马燧又上奏朝廷。德宗认为朝廷的兵力还不足以制服朱滔，便赐给朱滔通义郡王的爵位，指望稳住朱滔。而朱滔反叛的图谋愈发加剧，分兵到赵州扎营，以进逼康日知，王武俊也派王士真包围赵州。

涿州刺史刘怦写信劝朱滔说："司徒只要保持忠顺，就无事不成。贪大好战，不顾成败，而举家灭亡、身遭屠戮的，便是安禄山、史思明了。请司徒多加考虑，别使将来后悔。"朱滔不听。

朱滔担心张孝忠会成为后患，派蔡雄前去劝说。张孝忠说："昔日朱司徒派人对我讲，李惟岳辜负朝恩即为叛逆，我归顺国家即是忠臣。我生性耿直，接受朱司徒的指教。现在我做了忠臣，不再帮助逆臣。还有，王武俊办事最好反覆，朱司徒别忘记鄙人的话。"蔡雄用花言巧语再加劝说，张孝忠大怒，要把蔡雄捉

送京师。雄惧,逃归,滔乃使刘怦将兵屯要害以备之。孝忠完城砺兵,独居强寇之间,莫之能屈。

滔将步骑二万五千发深州,至束鹿。诘旦将行,士卒忽大乱,喧噪曰:“天子令司徒归幽州,奈何违敕,南救田悦?”滔大惧。蔡雄等谓士卒曰:“司徒血战以取深州,冀得其丝纩,以宽汝曹赋率,不意国家无信。今兹南行,乃为汝曹,非自为也。”众曰:“虽知如此,终不如且奉诏归镇。”雄曰:“然则汝曹各归部伍,休息数日,相与归镇耳。”众然后定。滔即引军还深州,密访首谋者,得二百余人,悉斩之,余众股栗。乃复举兵而南,众莫敢前却,进取宁晋。武俊将步骑万五千取元氏。

武俊之始诛李惟岳也,遣判官孟华入见,上问以河朔利害。华性忠直,有才略,应对慷慨。上悦,以为恒冀团练副使。会武俊有异谋,上遽遣华归谕旨。华至,武俊已出师。华谏曰:“圣意于大夫甚厚,苟尽忠义,何患官爵之不崇,土地之不广?何遽自同于逆乱乎!异日无成,悔之何及!”武俊夺其职,遂与滔救魏州。诏朔方节度使李怀光将步骑万五千人东讨悦,且拒滔等。

括富商钱。

时两河用兵,月费百余万缗,府库不支数月。太常博士韦都宾、陈京建议:“请括富商钱,出万缗者,借其余以供军。”上从之。判度支杜佑大索长安中商贾所有货,意其不

送京城。蔡雄恐惧，逃了回去，于是朱滔让刘怦领兵在要害地带驻扎，以防备张孝忠。张孝忠修葺城邑，砥砺兵器，独自处于强敌之间，无法使他屈服。

朱滔率领步兵骑兵二万五千人由深州出发，来到束鹿。早晨将要启程，士兵忽然大乱，喧噪说："皇上命令朱司徒回幽州去，怎能违背敕令，南下去救田悦？"朱滔大为恐惧。蔡雄等人对士卒说："朱司徒浴血奋战，攻下深州，是想获得丝绵来宽解你们的赋税负担，没想到国家不讲信用。如今此次南行，是为你们着想，不是朱司徒为自己打算。"大家说："虽知朱司徒为此南行，终究不如暂且接受诏命回本镇去。"蔡雄说："既然如此，你们回各自的部伍去，休息几天，一块儿返回本镇。"大家这才安定下来。朱滔随即带领军队回到深州，暗中查访首谋者，查到二百多人，悉数杀掉，剩下的人吓得两腿发抖。于是朱滔再次举兵南下，大家不敢上前阻拦，进军攻下宁晋。王武俊率领步兵、骑兵一万五千人攻下元氏。

王武俊当初杀死李惟岳时，派判官孟华进京朝见，德宗就河朔利害关系征询他的意见。孟华秉性忠厚耿直，才华出众，谋略过人，回话时慷慨激昂。德宗大悦，任命孟华为恒冀团练副使。适值王武俊图谋背叛朝廷，德宗忙派孟华回去传达圣旨。孟华赶到时，王武俊的军队已经开拔。孟华劝谏说："圣上对大夫寄予厚望，只要尽力奉行忠义，何愁官爵不高、土地不广？为什么骤然间将自己置于叛乱者之列！将来不能成功，后悔还来得及吗！"王武俊削去他的职位，随即与朱滔去救魏州。德宗下诏命朔方节度使李怀光率领步兵、骑兵一万五千人东去讨伐田悦，并抵御朱滔等军。

朝廷征用富商的钱财。

当时，河南、河北正在打仗，月耗钱财一百余万缗，国库不能支撑几个月。太常博士韦都宾、陈京建议："请征用富商钱财，收入超出一万缗的，征借一万缗以外的钱财，供给军用。"德宗依言而行。判度支杜佑大力搜索长安商人的财物，猜想某人申报不

实,辄加搒捶,人不胜苦,有缢死者,长安嚣然如被寇盗,计所得,才八十余万缗。又括僦柜质钱,凡蓄积钱帛粟麦者,皆借四分之一,封其柜窖。百姓为之罢市,相率遮宰相马自诉,以千万数。卢杞始慰谕之,势不可遏,疾驱得免。计并借商所得,才二百万缗,人已竭矣。

洺州刺史田昂入朝。

李抱真、马燧数以事相恨望,怨隙遂深,不复相见。由是诸军逗挠,久无成功,上遣中使和解之。及王武俊逼赵州,抱真分麾下二千人戍邢州,燧大怒,欲引兵归。李晟说燧曰:“李尚书以邢、赵连壤,分兵守之,诚未有害。今公遽自引去,众谓公何?”燧悦,乃单骑造抱真垒,相与释憾结欢。会田昂请入朝,燧奏以洺州隶抱真。李晟军先隶抱真,又请兼隶燧,以示协和。

召朱泚入朝,以张镒兼凤翔节度使。

朱滔遣人以蜡书遗朱泚,欲与同反。马燧获之,并使者送长安,泚不之知。上驿召泚至,示之,泚顿首请罪。上曰:“相去千里,初不同谋,非卿之罪也。”因留之长安,赐赉甚厚,以安其意。

上以幽州兵在凤翔,思得重臣代之。卢杞忌张镒忠直,为上所重,欲出之,乃对曰:“凤翔将校皆高班,非宰相无以镇抚,臣请自行。”上俯首未言。杞遽曰:“陛下必以臣貌寝,不为三军所伏,固惟陛下神算。”上乃顾镒曰:“无以易卿。”镒知为杞所排,而无辞以免,因再拜受命。

实,就加以鞭笞棒打,人们受不住痛楚,有自缢而死的,长安城中一片愁苦,就像遭了寇盗的洗劫,总计得到的钱财才有八十余万缗。朝廷又决定征用当铺的利钱,凡存有钱帛粟麦的,一律征借四分之一,钱柜和粮窖都被封存。百姓为此罢市,一起去拦宰相的坐骑自诉其苦的人数以千万计。卢杞开始还加以劝慰,由于势不可遏,赶忙驱马离去,才得脱身。连同向富商征借的钱,合计只有二百万缗,而百姓已财力枯竭了。

洺州刺史田昂进京朝见。

李抱真和马燧多次因事互相怨恨,嫌隙于是加深,不再见面。从此各军停顿不前,互相阻挠,历时经久,无所建树,德宗派中使为二人和解。及至王武俊进逼赵州,李抱真分拨部下两千人戍守邢州,马燧大怒,想领兵退回。李晟劝马燧说:"李尚书因邢州与赵州接壤而分兵防守邢州,诚然没有害处。现在您骤然独自领兵离去,大家会说您什么?"马燧高兴起来,便一人骑马到李抱真的营垒,互相消除怨恨,亲近交好。适值田昂请求进京朝见,马燧奏请将洺州归属李抱真。李晟军原先隶属李抱真,李抱真又请求让李晟军同时隶属于马燧,以表示二人亲睦协调。

德宗召朱泚入朝,任命张镒兼任凤翔节度使。

朱滔派人把蜡封密信送给朱泚,打算与朱泚一起反叛。马燧将密信截获,连同信使一起送往长安,朱泚并不知道此事。德宗将朱泚召至京城,让他看了密信和信使,朱泚伏地叩头,请求治罪。德宗说:"你与他相距千里,当初并非同谋,你没有罪。"便将朱泚留在长安,赏赐甚为丰厚,为的是稳住他的心意。

德宗因幽州兵屯驻凤阳,想另选朝廷重臣代替朱泚。卢杞妒忌张镒忠诚正直,为德宗所器重,想使他离开朝廷,便回答说:"凤翔将校的职位品级都很高,除了宰相,无法镇守安抚,请让臣去吧。"德宗低着头,没有开口。卢杞连忙说:"假如陛下认为我相貌丑陋,三军不会敬服,当然只能由陛下决定。"德宗这才望着张镒说:"你是最佳人选。"张镒明知已被卢杞排挤出朝廷,却没有推脱的借口,于是拜了两拜,接受任命。

上初即位，崔祐甫为相，务崇宽大，当时以为有贞观之风。及杞为相，知上性多忌，因以疑似离间群臣，始劝上以严刻御下，中外失望。

五月，诏增税钱。

淮南节度使陈少游奏，本道税钱每千请增二百。诏他道皆增税钱视此，又诏盐每斗价皆增百钱。

以易、定、沧州为义武军。　以源休为光禄卿。

上遣源休送突董等丧还其国，可汗遣其相颉子斯迦等迎之。颉子斯迦立休等于帐前雪中，诘以杀突董之状，欲杀者数四。留五十日，可汗遣人谓之曰："国人皆欲杀汝以偿怨，我意不然。汝国已杀突董等，我又杀汝，如以血洗血，污益甚耳。今吾以水洗血，不亦善乎！"竟不得见可汗而还。休有口辩，卢杞恐其见上得幸，乘其未至，先除光禄卿。

六月，李怀光击朱滔、王武俊于惬山，败绩。

朱滔、王武俊军至魏州，田悦具牛酒出迎。滔营于惬山，李怀光军亦至，马燧等盛军容迎之。滔以为袭己，遽出陈。怀光欲乘其营垒未就击之，燧请且休士观衅。怀光曰："时不可失。"遂击滔，滔军崩沮。怀光按辔观之，有喜色，士卒争取宝货。武俊引骑横冲之，怀光军分为二，滔引兵继之，官军大败，溺死者不可胜数，燧等各收军保垒。滔堰水绝官军粮道归路，深三尺余。燧惧，遣使卑辞谢滔求归，武俊以为不可许，滔不从。燧与诸军涉水而西，保魏县

德宗初即位时，崔祐甫担任宰相，凡事以宽大为务，当时人们认为具有贞观年间的风范。及至卢杞担任宰相，知道德宗猜忌心很重，因而用是非难辨的事在群臣中挑拨离间，开始劝德宗以严厉苛刻的态度驾驭臣下，朝廷内外为之失望。

五月，德宗下诏增收税钱。

淮南节度使陈少游上奏，请将本道税钱每一千钱增收二百钱。德宗下诏命其他各道一概按此标准增收税钱，又诏令每斗盐的价钱一概增加一百钱。

朝廷以易、定、沧三州建置义武军。　任命源休为光禄卿。

德宗派遣源休护送突董等人的遗体归还回纥，回纥可汗派国相颉子斯迦等人迎接。颉子斯迦让源休等人站在帐前的雪地中，诘问杀死突董的情况，好几次想杀掉源休等人。滞留了五十天，回纥可汗派人对源休说："我国的百姓都想杀死你们来抵偿旧日的怨仇，我却不是这个意思。你国已杀了突董等人，我再杀死你们，这样以血洗血，血污更重。现在我以水洗血，不是也很好吗！"源休始终没有见到回纥可汗就返回了。源休有口才，能言善辩，卢杞怕他见了德宗会得宠，趁他没到长安，先任命他为光禄卿。

六月，李怀光在惬山进击朱滔和王武俊，失败。

朱滔和王武俊的军队来到魏州，田悦备办牛肉酒食出迎。朱滔在惬山扎营，李怀光也赶到了，马燧等人以盛大的军容迎接李怀光。朱滔以为要袭击自己，急忙出营列阵。李怀光打算趁朱滔营垒尚未安顿停当之际出击，马燧请求暂且让将士休息，伺机而动。李怀光说："时不可失。"便进击朱滔，朱滔军崩溃。李怀光勒住马缰观看，面有喜色，士兵争着夺取珍宝财物。王武俊带领骑兵拦腰冲击，李怀光军被截成两段，朱滔领兵接踵而来，官军大败，淹死的士兵多得数不过来，马燧等人各自收兵自保营垒。朱滔筑堰引水，切断官军的粮道与归路，水深三尺有余。马燧感到恐惧，派使者以谦卑的言辞向朱滔道歉，请求放归，王武俊认为不能答应，朱滔不从。马燧与诸军蹚水西去，退保魏县，

以拒滔，武俊由是恨滔。滔等亦引兵营魏县东南，与官军隔水相拒。

秋七月，李晟救赵州。

晟请以所将兵北解赵州之围，与张孝忠合势图范阳，上许之。晟趋赵州，王士真解围去，晟北略恒州。

冬十月，以曹王皋为江西节度使。

皋至洪州，悉集将佐，简阅其才，得牙将伊慎、王锷等，擢为大将，引许孟容置幕府。慎尝从李希烈，希烈爱其才，欲留之，慎逃归。希烈闻皋用慎，恐为己患，遗慎七属甲，诈为复书，坠之境上。上闻之，遣中使即军中斩慎。会江贼入寇，皋遣慎击贼自赎。慎击破之，由是得免。

以关播同平章事。

卢杞知上必更立相，恐其分己权，荐播儒厚，可镇风俗。遂以为相，政事皆决于杞，播但敛衽，无所可否。上尝从容与宰相论事，播欲有所言，杞目之而止。出谓之曰："以足下端悫少言，故相引至此，向者奈何发口欲言邪？"播自是不复敢言。

十一月，加陈少游同平章事。
朱滔、田悦、王武俊、李纳皆自称王。

田悦德朱滔，与王武俊议奉滔为主，臣事之，滔不可。幽州判官李子千等共议以为："如此则常为叛臣，用兵无名，使将吏无所依归。请与郓州为四国，俱称王，而不改年号。"滔等皆以为然，乃自称冀王，为盟主，悦称魏王，武俊称赵王，纳称齐王，筑坛告天而受之，各置百官，皆仿天朝

抵御朱滔,王武俊由此对朱滔怀恨在心。朱滔等人也领兵在魏县东南扎营,与官军隔河对抗。

秋七月,李晟援救赵州。

李晟请求以本部兵马去解除赵州的包围,与张孝忠合力谋取范阳,德宗应允。李晟奔赴赵州,王士真解围离去,李晟北向经略恒州。

冬十月,德宗任命曹王李皋为江西节度使。

李皋来到洪州,把将佐悉数召集起来,考察他们的才干,选得牙将伊慎、王锷等人,提拔为大将,还延引许孟容到幕府任职。伊慎曾随李希烈作战,李希烈赏识他的才能,想把他留下,伊慎逃回。李希烈得知李皋起用伊慎,担心他成为自己的后患,便送给他犀甲七种,假造他的回信,丢在边境上。德宗闻讯派中使到军中就地处决伊慎。正值江贼侵扰,李皋派伊慎进击江贼,立功赎罪。伊慎打败江贼,因此得以不死。

德宗任命关播为同平章事。

卢杞知道德宗必定还要任命宰相,唯恐新相会分去自己的权力,便推荐关播,说他儒雅忠厚,可以整肃风俗。于是德宗任命关播为宰相,朝政一概由卢杞决断,关播只是恭敬地整饬衣襟,不置可否。德宗曾从容地和宰相议论政事,关播想发表意见,卢杞以目示意,关播才没说话。出来后卢杞对关播说:"您端庄忠厚,讲话不多,所以引荐你做了宰相,刚才你怎么想开口讲话呢?"从此关播再也不敢讲话。

十一月,德宗加任陈少游为同平章事。

朱滔、田悦、王武俊、李纳都自称为王。

田悦感激朱滔,与王武俊商议拥戴朱滔为主公,以臣属之礼事奉朱滔,朱滔认为不妥。幽州判官李子千等人共同计议认为:"这样只能永远做叛臣,没有用兵的名义,使将士失去依托。请与郓州分称四国,一齐称王,但不改年号。"朱滔等人都认为讲得对,于是朱滔自称冀王,任盟主,田悦称魏王,王武俊称赵王,李纳称齐王,筑坛祭天,领受王位,分别设置百官,都模仿朝廷的建置,

而易其名。武俊以孟华为司礼尚书，华不受，呕血死。以卫常宁为内史监，常宁谋杀武俊，武俊杀之。

十二月，李希烈自称天下都元帅。

诏以李希烈兼平卢节度使，讨李纳。希烈帅所部徙镇许州，遣所亲诣纳，与谋共袭汴州。遣使告李勉假道之官，勉为之治桥具馔以待之，而严为之备，希烈竟不至。又密与朱滔等交通，纳亦数遣游兵渡汴迎希烈，由是东南转输者皆自蔡水而上。滔等与官军相拒累月，官军有度支馈粮，诸道益兵，而幽、赵孤军深入，专仰给于田悦。闻李希烈军势盛，颇相怨望，乃相与谋遣使诣许州，劝希烈称帝，希烈由是自称天下都元帅。

癸亥（783） **四年**
春正月，李希烈陷汝州，诏遣颜真卿宣慰之。

李元平者，薄有才艺，性疏傲，敢大言，好论兵，关播奇之，荐于上，以为将相之器。以汝州近许，擢元平为别驾，知州事。元平至，即募工徒治城。希烈阴使壮士数百人往应募，继遣其将李克诚将数百骑突至城下，应募者应之于内，缚元平驰去。元平见希烈，恐惧，便液污地。希烈骂之曰："盲宰相以汝当我，何相轻也！"遣别将取尉氏，围郑州，东都震骇。

初，卢杞恶太子太师颜真卿，欲出之，真卿谓曰："先中丞传首至平原，真卿以舌舐面血，今相公忍不相容乎！"杞蹵然起拜，而恨之益深。至是，上问计于杞，杞对曰："诚得

只是改换了名称。王武俊任命孟华为司礼尚书,田华不肯接受,吐血而死。王武俊任命卫常宁为内史监,卫常宁策划诛杀王武俊,王武俊把他杀死。

十二月,李希烈自称天下都元帅。

有诏命李希烈兼任平卢节度使,讨伐李纳。李希烈率领本部移镇许州,派亲信去见李纳,与李纳谋划袭击汴州。李希烈派使者告诉李勉,说自己需借道上任,李勉为李希烈整治桥梁,备办食品,等待他前来,同时做了严密的防备,而李希烈最终没有到来。李希烈又暗中与朱滔等人交结,李纳也多次派游兵渡过汴水,迎接李希烈,从此东南的物资转运都经蔡水北上。朱滔等人与官军对抗了好几个月,官军有度支运送粮食,有各道增补兵员,而朱滔和王武俊孤军深入,专门依赖田悦供应给养。他们听说李希烈兵力强盛,又颇为怨恨不满,便一起谋划派使者前往许州,劝李希烈称帝,李希烈由此自称天下都元帅。

癸亥(783) 唐德宗建中四年
春正月,李希烈攻陷汝州,有诏派颜真卿安抚李希烈。

李元平稍有才艺,生性粗疏傲慢,敢说大话,喜欢谈论用兵,关播视为奇才,便向德宗加以推荐,说他有出将入相的才能。由于汝州靠近许州,便提升李元平为汝州别驾,代理本州事务。李元平一到,立即招募工匠和劳力整治州城。李希烈暗中让壮士数百人前往应募,接着派部将李克诚带领骑兵数百人突然赶到城下,应募的人在城里响应,捆了李元平急驰而去。李元平见到李希烈,惊恐畏惧,屎尿齐下,污臭满地。李希烈骂他说:"瞎了眼的宰相让你来对付我,太小看我了!"便派别将攻占尉氏,包围郑州,东京洛阳震惊恐骇。

当初,卢杞憎恶太子太师颜真卿,想把他排挤出朝廷,颜真卿对卢杞说:"你父亲卢中丞的头颅传送到平原时,我用舌头舔去面上的血渍,现在相公忍心容不下我吗!"卢杞惶恐下拜,但更加痛恨颜真卿。至此,德宗向卢杞问计,卢杞回答说:"如能选

儒雅重臣，为陈祸福，可不劳军旅而服。颜真卿三朝旧臣，忠直刚决，名重海内，人所信服，真其人也。"上以为然，遣真卿宣慰希烈。诏下，举朝失色。

真卿乘驿至东都，留守郑叔则曰："往必不免。宜少留，须后命。"真卿曰："君命也，将焉避之？"遂行。李勉表言："失一元老，为国家羞。"又使人邀之于道，不及。真卿与其子书，但敕以"奉家庙，抚诸孤"而已。至许，欲宣诏旨，希烈使其养子千余环绕慢骂，拔刃拟之，真卿色不变。希烈麾众令退，馆而礼之，欲遣还。会李元平在座，真卿责之，元平惭，以密启白希烈，遂留不遣。

朱滔等各遣使诣希烈劝进，希烈召真卿示之曰："四王见推，不谋而同，岂吾独为朝廷所忌，无所自容邪！"真卿曰："此乃四凶，何谓四王！相公不自保功业，为唐忠臣，乃与乱臣贼子相从，求与之同覆灭邪？"希烈不悦。他日，又与四使同宴，四使曰："都统将称大号，而太师适至，是天以宰相赐都统也。"真卿叱之曰："汝知有骂安禄山而死者颜杲卿乎？乃吾兄也。吾年八十，知守节而死耳，岂受汝曹诱胁乎！"希烈掘坑于庭，云欲坑之，真卿怡然见希烈曰："死生已定，何必多端！亟以一剑相与，岂不快公心事邪！"希烈乃谢之。

诏东都、汝州节度使哥舒曜讨李希烈。二月，克汝州。三月，曹王皋败李希烈兵，斩其将，拔黄、蕲州。

一位温文尔雅的朝廷重臣,向李希烈讲清转祸为福的道理,可以不用兴师动众就使他归服。颜真卿是三朝老臣,忠厚耿直,刚正果决,名重海内,为人们信服,真是出使的最好人选。"德宗认为很对,便派颜真卿去安抚李希烈。诏书颁下,举朝大惊失色。

颜真卿乘坐驿车来到东都洛阳,东都留守郑叔则说:"若是前往,一定不能幸免。最好稍做停留,等待尔后发来的命令。"颜真卿说:"这是皇上的命令,怎能躲避?"于是出发。李勉上表说:"失去一位元老,这真的是朝廷的羞辱。"又让人在半道拦截颜真卿,但没有赶上。颜真卿写信给儿子,只命他"供奉家庙,抚育孤子"而已。来到许州,颜真卿准备宣布诏旨,李希烈指使养子一千余人环绕着他谩骂,拔出刀剑来向他比划,颜真卿面不变色。李希烈挥手让众人退下,将颜真卿安置在馆舍,以礼相待,想放他回去。适值李元平在座,颜真卿当面加以责备,李元平深感惭愧,写密信向李希烈有所禀告,于是李希烈扣留颜真卿,不让他回朝廷。

朱滔等人各派使者到李希烈处劝进,李希烈叫颜真卿来看各镇使者,说:"冀、魏、赵、齐四王推戴我,不谋而合,难道只有我被朝廷猜忌得无地自容了吗!"颜真卿说:"这是四凶,怎称四王!你不能保住自己的功业,做唐朝的忠臣,反而与乱臣贼子混在一起,要与他们一齐覆灭吗!"李希烈不悦。后来,颜真卿又与四镇使者一起参加宴会,四镇使者说:"都统将称帝号,太师恰好来到,这是上天把宰相赐给都统。"颜真卿大声加以呵斥说:"你们知道有个痛骂安禄山而死的颜杲卿吗?他是我的哥哥。我八十岁了,只知恪守臣节而死,怎会受你们的引诱胁迫!"李希烈在院中挖了个坑,说是要活埋颜真卿,颜真卿见了李希烈神色安然地说:"既然决定让我死,何必玩弄花样!赶快给我一剑,岂不使你心中痛快!"于是李希烈向他道歉。

德宗下诏命东都、汝州节度使哥舒曜讨伐李希烈。二月,哥舒曜攻克汝州。　三月,曹王李皋打败李希烈军,斩其将领,攻克黄、蕲二州。

时李希烈兵栅蔡山，险不可攻。皋声言西取蕲州，引舟师溯江而上，希烈之将引兵随战。皋乃复放舟顺流而下，急攻蔡山，拔之。遂进拔蕲州，表伊慎为刺史。

李希烈引兵归蔡州。

希烈遣其都虞候周曾等将兵三万攻哥舒曜，曾等密谋还军袭希烈，奉颜真卿为节度使。希烈知之，袭曾等，杀之。其党寇郑州者闻之，亦遁归。希烈乃上表归咎于周曾等，引兵还蔡州，外示从顺，实待朱滔等之援也。

荆南军与李希烈战，败绩。

荆南节度使张伯仪与希烈兵战于安州，大败，亡其所持节。希烈使人以示颜真卿，真卿号恸投地，绝而复苏，自是不复言。

夏四月，以白志贞为京城召募使。

志贞请诸尝为节度、观察、都团练使者，不问存没，并勒其子弟帅奴马，自备资装从军，授以五品官。贫者苦之，人心始摇。

李晟围清苑，朱滔救之，晟军大败。

李晟谋取涿、莫二州，以绝幽、魏往来之路，围清苑，累月不下。朱滔自将救之，晟军大败，还保定州。王武俊以滔未还魏桥，遣宋端趣之，言颇不逊。滔怒曰："滔以救魏博之故，叛君弃兄如脱屣。二兄必相疑，惟二兄所为！"武俊遣使者见滔谢之，然以是益恨滔矣。

李抱真使参谋贾林诣武俊诈降，说之曰："天子知大夫宿著诚效，登坛之日，抚膺顾左右曰：'我本徇忠义，天子不察。'诸将亦尝共表大夫之志。天子语使者曰：'朕前事诚误，悔之无及。朋友失意尚可谢，况朕为四海之主乎！'"

当时李希烈军在蔡山树起栅垒,形势险要,难以进攻。李皋声称西取蕲州,带领水军溯长江而上,李希烈的将领率军尾随而战。李皋却又调转船头,顺流而下,急攻蔡山,攻克其地。李皋随即进克蕲州,上表请求任命伊慎为蕲州刺史。

李希烈领兵返回蔡州。

李希烈派其都虞候周曾等人领兵三万人攻打哥舒曜,周曾等人密谋回军袭击李希烈,拥戴颜真卿为节度使。李希烈闻讯后,袭杀周曾等人。侵犯郑州的李希烈的党羽闻讯也逃了回来。于是李希烈上表把一切罪名都推到周曾等人身上,领兵返回蔡州,表面表示顺从朝廷,实际是等候朱滔等人的援兵。

荆南军与李希烈作战失败。

荆南节度使张伯仪与李希烈军在安州作战,结果大败,丢了所持的旌节。李希烈让人把旌节拿给颜真卿看,颜真卿痛哭扑地,气绝而又复苏,从此不再讲话。

夏四月,德宗任命白志贞为京城召募使。

白志贞请求让曾经担任过节度使、观察使、都团练使的官员,不论生死,都勒令其子弟带着奴仆与马匹,自备衣物参军,授给他们五品官职。家境贫寒的人深以为苦,民心开始动摇。

李晟包围清苑,朱滔赶来援救,李晟军大败。

李晟策划攻占涿、莫二州,以切断幽州与魏州往来的通路,包围清苑,连月不能攻克。朱滔亲自领兵援救,李晟军大败,退守定州。王武俊因朱滔没有返回魏桥,派宋端前去催促,说话颇欠谦恭。朱滔生气地说:"由于营救魏博,我背叛皇上,抛弃兄弟,如脱去无跟的鞋子。如果王二哥怀疑我,王二哥就看着办吧!"王武俊派使者去见朱滔,表示歉意,但因此更恨朱滔了。

李抱真让参谋贾林到王武俊处诈降,劝他说:"皇上知道大夫对朝廷一向归诚效命,登坛称王那天,手捶胸口,环顾左右说:'我本要献身于忠义,奈何皇上不能体察。'诸将也曾上表讲过王大夫的志向。皇上对使者说:'以前的事,的确是朕的失误,后悔来不及了。朋友意见不合还可以道歉,何况朕是四海之主!'"

武俊曰："仆,胡人也,为将尚知爱百姓,况天子,岂专以杀人为事乎!仆不惮归国,但已与诸镇结盟,不欲使曲在己。天子诚能下诏赦诸镇之罪,仆当首唱从化,有不从者,请奉辞伐之。如此,则上不负天子,下不负同列,不过五旬,河朔定矣。"使林还报抱真,阴相约结。

初行税间架、除陌钱法。

时河东、泽潞、河阳、朔方四军屯魏县,神策、永平、宣武、淮南、浙西、荆南、江泗、沔鄂、湖南、黔中、剑南、岭南诸军环淮宁之境。旧制,诸道军出境,则仰给度支。上优恤士卒,每出境,加给酒肉,本道粮仍给其家,一人兼三人之给,故将士利之。各出军才逾境而止,月费钱百三十余万缗,常赋不能供。判度支赵赞乃奏行二法。所谓税间架者,每屋两架为间,上屋税钱二千,中税千,下税五百。敢匿一间,杖六十,赏告者钱五十缗。所谓除陌钱法,公私给与及卖买,每缗官留五十钱,给他物及相贸易者约钱为率。敢隐钱百者,杖六十,罚钱二千,赏告者钱十缗,赏钱皆出坐者。于是愁怨之声盈于远近。

秋七月,遣礼部尚书李揆使吐蕃。

李揆有才望,卢杞恶之,故使之入吐蕃。揆言于上曰:"臣不惮远行,恐死于道路,不能达诏命。"上为之恻然,谓杞曰:"揆无乃太老。"对曰:"使远夷,非谙练故事者不可。且揆行,则自今年少于揆者不敢辞远使矣。"揆乃行,还至凤州,卒。

王武俊说："我是一个胡人，作为将领尚且还懂得爱护百姓，何况皇上，哪能专门以杀人为事！我不怕归顺国家，只是先前已经与各镇结下盟约，不想使自己亏理。如果皇上能下诏赦免各镇的罪过，我会第一个倡义归顺王化，谁不服从，请让我奉皇上的正义之辞讨伐他们。这样，就能上不辜负皇上，下不辜负同列之人，不超过五十天，河朔地区就可以平定。"让贾林回报李抱真，暗中互相联络。

开始实行税间架法和除陌钱法。

当时，河东、泽潞、河阳、朔方四军屯驻在魏县，神策、永平、宣武、淮南、浙西、荆南、江泗、沔鄂、湖南、黔中、剑南、岭南各军环绕在淮宁四境周围。根据原有的制度，各道军队一出本道疆境，就由度支提供给养。德宗优待照顾士兵，每当出境时，增加酒肉供给，士兵在本道的口粮仍然拨给家属，一人可以兼得三人的给养，所以将士以此为利。各道出兵才越过本道就停下来，每月消耗钱一百三十余万缗，常规赋税无法保证供给。于是判度支赵赞奏请施行税间架法和除陌钱法。所谓税间架法，房屋每两架为一间，上等房屋征税二千钱，中等的征税一千钱，下等的征税五百钱。敢隐藏房屋一间的杖责六十，奖赏告发人钱五十缗。所谓除陌钱法，凡公家私人所给与和买卖所得的钱，官家在每缗钱中留取五十钱，对于给与其他物品和以物易物所得到的，折算成钱，规定官府的留取标准。敢隐瞒钱一百缗的杖责六十，罚钱二千，奖赏告发者钱十缗，赏钱由犯法者承担。于是，愁苦怨恨之声，充满远近各地。

秋七月，德宗派礼部尚书李揆出使吐蕃。

李揆很有才能，名望素著，为卢杞憎恶，所以让他出使吐蕃。李揆对德宗说："臣不怕远行，只担心死在途中，不能把诏命送到。"德宗为之悲伤，对卢杞说："李揆恐怕太老啦。"卢杞回答说："出使边远夷国，非熟悉朝廷旧典的人不能胜任。而且，李揆去了，今后年纪小于李揆的人就不敢推脱出使远方了。"于是李揆前往吐蕃，返回到凤州时死去。

八月,李希烈寇襄城,诏发泾原等道兵救之。

初,上在东宫,闻监察御史陆贽名,即位,召为翰林学士,数问以得失。贽曰:"克敌之要在乎将得其人,驭将之方在乎操得其柄。将非其人者,兵虽众,不足恃;操失其柄者,将虽材,不为用。将不能使兵,国不能驭将,非止费财玩寇之弊,亦有不戢自焚之灾。今两河、淮西为叛乱者,独四五凶人而已,尚恐其中或有诖误失图、势不得止者。况其余众,盖并胁从,苟知全生,岂愿为恶!"又曰:"人者,邦之本;财者,人之心。心伤则其本伤,本伤则枝干颠瘁矣。是以兵贵拙速,不尚巧迟。若不靖于本而务救于末,则救之所为乃祸之所起也。"

又论关中形势以为:"王者蓄威以昭德,偏废则危。居重以驭轻,倒持则悖。王畿者,四方之本也。太宗列置府兵,分隶禁卫,诸府八百余所,而在关中者殆五百焉。举天下不敌关中,则居重驭轻之意明矣。承平渐久,武备浸微,故禄山窃倒持之柄,一举滔天。乾元之后,继有外虞,悉师东讨,故吐蕃乘虚深入,先帝避之东游。是皆失居重驭轻之权,忘深根固柢之虑,追想及此,岂不寒心!今朔方、太原之众远在山东,神策六军之兵继出关外,倘有贼臣啖寇,黠虏觊边,未审陛下何以御之?立国之安危在势,任事之济否在人。势苟安则异类同心,势苟危则舟中敌国。陛下

八月，李希烈侵犯襄城，德宗下诏命泾原等道军队前去援救。

起初，德宗在东宫当太子时，听说监察御史陆贽有名，即位后即召用陆贽为翰林学士，多次向他询问朝政得失。陆贽说："打败敌人的关键在于任用将领得人，驾驭将领的办法在于掌握用人的权柄。任用将领不得其人，即使兵多也不足依恃；失去用人的权柄，即使将领有才干也不能为朝廷所用。将领不能指挥士兵，国家不能驾驭将领，不仅有耗费资财、姑息寇贼的弊病，而且有兵火不息、终至自焚的灾祸。现在河北、河南、淮西发动叛乱的，只有四五个凶人，恐怕其中有的人也许还属于因遭受牵连而失去官职，考虑不周，为情势所趋，不能中止不干的。何况其余众人，恐怕全属胁从，如果知道还有生路，怎会愿意作恶！"又说："百姓是国家的根本，财利是百姓的核心。核心受到伤害，根本就会受到伤害；根本受到伤害，枝叶就会凋落。所以用兵贵在拙而速，不推尚巧而迟。假如不能安定根本而一定要救助末梢，救助末梢所做的事情就正是祸患发生的原因。"

陆贽又论述关中形势认为："帝王应积蓄威严，昭示恩德，如果偏废便有危险。应居于重兵防守之地以控制轻兵屯戍之地，如果颠倒了便不合乎事理。京城周围地区，是四方的根本。太宗布置府兵，分别隶属于禁卫，诸军府有八百余所，而安排在关中的军府约有五百所。全国各地的兵力敌不住关中的兵力，居于重兵防守之地以控制轻兵屯戍之地的意图就很明白了。国家安定久了，军备逐渐衰败，所以安禄山窃取轻重颠倒的兵权，一举叛乱，如同洪水滔天。乾元年间以后，外患相继发生，所有军队东进讨伐，所以吐蕃乘虚深入，先帝避开吐蕃东游。这都是因为失去居于重兵防守之地以控制轻兵屯戍之地的权柄，忘了考虑深深培固根柢，回想至此，怎不令人寒心！现在朔方、太原的军队远在山东，神策等六军兵力相继开出关外，倘若有贼臣勾引敌寇，狡猾的敌虏窥伺边疆，不知陛下如何抵御？立国安定与否在于形势，办事成功与否在于用人。如果形势安定，异族也会与朝廷同心；如果形势危殆，同船之人也会成为敌人。陛下

岂可不追鉴往事,惟新令图,修偏废之柄以靖人,复倒持之权以固国乎! 今关辅之间征发已甚,宫苑之内备卫不全,万一将帅之中又如朱滔、希烈,窃发郊畿,惊犯城阙,未审陛下复何以备之? 臣愿追还神策六军节将子弟,明敕泾、陇、邠、宁更不征发,仍罢间架等税,冀已输者弭怨,见处者获宁,则人心不摇而邦本固矣。"上不能用。

九月,神策、宣武兵袭许州,败于沪涧。

时李勉遣其将唐汉臣将兵万人救襄城,上遣神策将刘德信帅诸将家应募者三千人助之。勉奏:"希烈精兵皆在襄城,许州空虚。若袭许州,则襄城自解。"遣二将趣许州,未至数十里,上遣中使责其违诏,二将狼狈而返。李克诚伏兵邀之于沪涧,杀伤太半,希烈游兵至伊阙。勉复遣其将李坚帅兵助守东都,希烈以兵绝其后,坚军不得还。汴军由是不振,襄城益危。

冬十月,泾原兵过京师,作乱,上如奉天。朱泚反,据长安。

上发泾原等道兵救襄城。十月,节度使姚令言将兵五千至京城。军士冒雨,寒甚,多携子弟而来,冀得厚赐遗其家。既至,一无所赐。发至沪水,诏京兆尹王翃犒师,惟粝食菜肴。众怒,蹴而覆之,曰:"吾辈将死于敌,而食且不饱,安能以微命拒白刃邪! 闻琼林、大盈二库金帛盈溢,不如相与取之。"乃擐甲张旗鼓噪,还趣京城。上遽命赐帛,人二匹,众益怒,射中使,杀之,遂入城。百姓骇走,贼大

岂能不以往事为借鉴，更新宏图，修复被偏废的权柄以安定人心，恢复倒持的权力以巩固国家！如今关中畿辅地区征发兵员已经太多了，宫廷苑囿之中警备不全，万一将帅中有人步朱滔、李希烈的后尘，偷偷发兵京郊畿辅，震动京城，干犯宫阙，不知陛下又如何防备这种情况呢？臣希望追回神策六军中诸使、将领的弟子，明文敕令泾、陇、邠、宁各州不再征调兵员，还要取消间架等杂税，可望使已经交税的人消弭怨恨，使现有居民获得安宁，人心就不会动摇，国家的基础就会巩固了。"德宗未能采用这些建议。

九月，神策军、宣武军袭击许州，在沪涧战败。

当时，李勉派其将领唐汉臣领兵一万人营救襄城，德宗派神策军将领刘德信率领诸将领家应募的子弟三千人协助唐汉臣。李勉奏称："李希烈的精兵都在襄城，许州空虚。如能袭击许州，襄城就自然解围了。"派唐、刘二将进趋许州，还没走出数十里，德宗派中使责备唐、刘二人违诏，唐、刘二人狼狈而回。李克诚以伏兵在沪涧进行截击，杀伤大半，李希烈的流动哨兵到了伊阙。李勉又派其将领李坚率领军队协助防守东都洛阳，李希烈派兵切断李坚的后路，李坚军无法返回。从此，汴军不能振作，襄城愈加危急。

冬十月，泾原兵经过京城时作乱，德宗前往奉天。朱泚反叛，占据长安。

德宗征发泾原等道军队援救襄城。十月，泾原节度使姚令言领兵五千人抵达京城。士兵挨了雨淋，甚为寒冷，多数人带着子弟前来，希望得到丰厚的赏赐留给家人。来到后，朝廷毫无赏赐。泾原军出发行至沪水，有诏命京兆尹王翃犒劳军队，却只有粗米饭和菜饼。众人火了，踢翻食物说："我们将赴敌而死，却连饭都吃不饱，怎能拿小命去撞雪也似的兵刃！听说琼林、大盈两库装满了金银锦帛，不如去拿些。"便穿上铠甲，举起旗帜，擂鼓呐喊，回军开向京城。德宗连忙命每人赐帛两匹，大家更加愤怒，箭射中使，将他杀死，随即进了京城。百姓惊惶奔逃，乱兵大

呼告之曰："汝曹勿恐，不夺汝商货僦质矣，不税汝间架陌钱矣。"

初，白志贞募禁兵，东征死亡者皆不以闻，但受市井富儿赂而补之，名在军籍受给赐，而身居市廛为贩鬻。段秀实上言："禁兵不精，其数全少，卒有患难，何以待之？"不听。至是，上召禁兵以御贼，竟无一人至者。乃与太子、诸王、公主自苑北门出，王贵妃以传国宝系衣中，宦官窦文场、霍仙鸣帅宦官左右仅百人以从，后宫诸王、公主不及从者什七八。

翰林学士姜公辅叩马言曰："朱泚尝为泾帅，废处京师，心常怏怏。今乱兵若奉以为主，则难制矣，请召使从行。"上曰："无及矣。"夜至咸阳，饭数匕而过，群臣皆不知乘舆所之，卢杞、关播、白志贞、王翃、陆贽等追及于咸阳。

贼登含元殿，欢噪，争入府库运金帛。姚令言曰："今众无主，不能持久。朱太尉闲居私第，请相与奉之。"众许诺，乃遣骑迎朱泚入宫，居白华殿，自称权知六军。百官出见泚，或劝迎乘舆，泚不悦。源休以使回纥还，赏薄，怨朝廷，入见泚，为陈成败，引符命，劝之僭逆。

上思桑道茂之言，幸奉天，金吾大将军浑瑊继至。瑊素有威望，众心恃之稍安。

检校司空李忠臣、太仆卿张光晟皆郁郁不得志，至是，与工部侍郎蒋镇皆为泚用。泚以司农卿段秀实久失兵柄，意其必怏怏，遣骑召之。不纳，骑士逾垣入劫之。秀实乃谓子弟曰："吾当以死徇社稷耳。"乃往见泚，说之曰："犒赐

声喊叫着告诉他们说:"你们不要害怕,没人夺取你商货典当的利钱了,不会向你们征缴间架税和除陌钱了!"

起初,白志贞招募禁兵,对东征死亡的兵员一概隐瞒不报,但凡收受市井商贾富人的贿赂就补为兵员,这些人名字在军籍注册,享受给养与赏赐,而本人仍然住在商肆中贩卖货物。段秀实进言:"禁兵不精,都有缺额,仓猝发生祸难,怎么应付?"德宗不听。至此,德宗召集禁兵去抵御乱兵,竟然没有一人前来。只得与太子、诸王、公主从宫苑的北门出走,王贵妃把传国玉玺系在衣服中,宦官窦文场和霍仙鸣率领宦官侍从仅一百人随行,来不及跟随出走的后宫诸王、公主有十分之七八。

翰林学士姜公辅挽住德宗的马缰进言说:"朱泚曾担任泾原节帅,遭废黜后住在京城,内心经常快快不乐。现在哗乱的士兵如果拥戴他为首领,就难以控制了,请召朱泚随从出走。"德宗说:"来不及了!"夜间来到咸阳,德宗一行只吃了几勺饭就离开了,群臣都不知道德宗的去向,只有卢杞、关播、白志贞、王翊、陆贽等人在咸阳追上德宗。

乱兵登上含元殿,欢呼鼓噪,争着进入府库,运走金银锦帛。姚令言说:"现在大家没有首领,不能长久。朱太尉在私宅闲居,请一起去拥戴他吧。"大家答应了,便派人骑马迎接朱泚进宫,朱泚住进白华殿,自称权知六军。百官出来谒见朱泚,有人劝他迎接德宗,朱泚不悦。源休出使回纥归来,因赏赐菲薄而怨恨朝廷,他入宫去见朱泚,为朱泚陈述古今成败之理,征引符命之说,劝朱泚僭越称帝。

德宗想起桑道茂的话,便进驻奉天,金吾大将军浑瑊相继到达。浑瑊向来就有威望,大家仗着浑瑊的到来,心情渐趋安定。

检校司空李忠臣、太仆卿张光晟都郁郁不得志,至此,他们和工部侍郎蒋镇都被朱泚起用。朱泚认为司农卿段秀实长期失去兵权,猜想他必定快快不乐,就派人骑着马去传召他。段秀实拒绝让来使进门,骑兵跳墙而入,劫持了他。于是段秀实对子弟说:"我应该为国家殉难而死了。"便去见朱泚,劝朱泚说:"犒赏

不丰,有司之过也,天子安得知之!公宜以此开谕将士,示以祸福,奉迎乘舆,此莫大之功也。"泚不悦。

上征近道兵入援,有上言:"朱泚为乱兵所立,且来攻城,宜早修守备。"卢杞切齿言曰:"朱泚忠贞,群臣莫及,奈何言其从乱,伤大臣心!臣请以百口保其不反。"上亦以为然,又闻群臣劝泚奉迎,乃诏诸道援兵至者皆营于三十里外。姜公辅谏曰:"今宿卫军寡,有备无患。若泚奉迎,何惮兵多?"上乃悉召援兵入城。卢杞、白志贞请择大臣入城宣慰,金吾将军吴溆独请行。退而告人曰:"食其禄而违其难,何以为臣!吾非不知往必死,但举朝无蹈难之臣,使圣情慊慊耳。"遂奉诏诣泚,泚杀之。

司农卿段秀实谋诛朱泚不克,死之。

秀实与将军刘海宾、泾原将吏何明礼、岐灵岳谋诛朱泚,迎乘舆,未发。泚遣韩旻将锐兵三千,声言迎驾,实袭奉天。秀实谓灵岳曰:"事急矣!"使灵岳诈为姚令言符,令旻且还。窃其印未至,秀实倒用司农印,印符追之,旻得符而还。秀实谓同谋曰:"旻还,吾属无类矣。我当直搏泚杀之,不克则死,终不能为之臣也。"使海宾、明礼阴结死士为应。旻至,泚、令言大惊,灵岳独承其罪而死。

泚召李忠臣、源休、姚令言及秀实等议称帝事,秀实勃然起,夺休象笏,前唾泚面,大骂曰:"狂贼!吾恨不斩汝万段,岂从汝反邪!"因以笏击泚,中其额,溅血洒地。海宾不

不丰厚,是有关官员的过错,皇上怎会知道！你应用这个道理开导将士,讲清转祸为福的道理,迎接皇上,这是莫大的功劳。"朱泚不悦。

德宗征调邻近各道军队前来援救,有人进言说:"朱泚被乱兵拥立,即将前来攻打奉天城,应当早做防守的准备。"卢杞咬牙切齿地说:"朱泚的忠贞,群臣都赶不上,怎能说他参与叛乱,伤大臣的心！臣请求以举家百口担保他不会造反。"德宗也以为言之有理,又听说群臣劝朱泚迎接自己,便下诏命已经到来的各道援兵都在奉天三十里外扎营。姜公辅进谏说:"现在宫中值宿警卫的兵力薄弱,有备无患。如果朱泚要来迎驾,还怕兵多吗?"德宗这才叫援军一律进城。卢杞、白志贞请求选择大臣到京城宣抚朱泚,只有金吾将军吴溆请求前去。吴溆退朝后告诉别人说:"享受国家的俸禄却逃避国家的危难,还算人臣吗！我不是不知道前往必死,但举朝没有赴难之臣,让圣上太遗憾了！"便带着诏书去见朱泚,朱泚将他杀死。

司农卿段秀实策划诛杀朱泚失败而死。

段秀实与将军刘海宾、泾原将吏何明礼、岐灵岳策划诛杀朱泚,迎接德宗,尚未行动。朱泚派韩旻率领精锐兵马三千人,声称迎驾,实际是袭击奉天。段秀实对岐灵岳说:"事情危急了！"让岐灵岳假借姚令言的调兵文书,命令韩旻暂且回军。由于姚令言的调兵文书未能盗来,段秀实倒用司农卿用印,印在调兵文书上,去追韩旻,韩旻接到调兵文书,率军撤回。段秀实对同谋者说:"韩旻一回来,我辈就无一幸免了。我应直接把朱泚打死,如不成功,就一死了之,终究不能做朱泚的臣属。"让刘海宾、何明礼暗中联络敢死之士作为应援力量。韩旻一到,朱泚、姚令言大惊,岐灵岳独自承担罪责而死。

朱泚叫李忠臣、源休、姚令言和段秀实等人来商议称帝事宜,段秀实猛然站起来,夺了源休的象牙朝笏,走上前,唾朱泚的脸,大骂道:"狂妄的叛贼！我恨不得将你斩为万段,岂肯随你造反！"于是用朝笏去打朱泚,打中额头,血花溅到地上。刘海宾没

敢进而逸,忠臣前助泚,泚得脱走。秀实知事不成,谓泚党曰:"我不同汝反,何不杀我!"众争前杀之。海宾捕得见杀。明礼从泚攻奉天,复谋杀泚,亦死。上闻秀实之死,恨委用不至,涕泗久之。

凤翔将李楚琳杀节度使张镒,降于朱泚。

镒性懦缓,好修饰边幅,不习军事。闻上在奉天,欲迎大驾,具服用货财献于行在。楚琳尝事朱泚,为泚所厚。行军司马齐映、齐抗言于镒曰:"不去楚琳,必为乱首。"镒命楚琳出屯陇州,楚琳夜与其党作乱,杀镒。

上始以奉天迫隘,欲幸凤翔,户部尚书萧复曰:"凤翔将卒皆朱泚故部曲,其中必有与之同恶者。臣尚忧张镒不能久,岂得以銮舆蹈不测之渊乎!"上曰:"吾行计已决,试为卿留一日。"明日闻乱,乃止。齐映、齐抗皆诣奉天,以映为御史中丞,抗为侍御史。楚琳自为节度使,降于朱泚。

朱泚僭号。

朱泚自称大秦皇帝,改元应天,以姚令言、李忠臣为侍中,源休同平章事,蒋镇、樊系、张光晟等拜官有差,立弟滔为皇太弟。休劝泚诛剪宗室,以绝人望,杀凡七十七人。系为泚撰册文,既成,仰药而死。大理卿蒋沇诣行在,为贼所得,逼以官,沇绝食称病,潜窜得免。泚寻改国号汉。

李希烈陷襄城。　　以冯河清为泾原节度使。

右龙武将军李观将卫兵千余人从上于奉天,上委之召募,数日得五千余人,列之通衢,旗鼓严整,城人为之增气。姚令言之东出也,以冯河清为判官,姚况知州事。河清、况

敢上前，独自逃走，李忠臣上前帮助朱泚，朱泚得以脱身逃走。段秀实知道事情成功无望，对朱泚的党羽说："我不跟你们造反，为什么不杀我！"众人争着上前杀死段秀实。刘海宾被捉获杀死。何明礼跟随朱泚攻打奉天，又策划诛杀朱泚，也死于非命。德宗得知段秀实的死讯，悔恨没有加以委任，涕泪交流，哭了许久。

凤翔将领李楚琳杀死节度使张镒，投降朱泚。

张镒性情软弱迂徐，喜欢修饰边幅，不熟悉军事。听说德宗出走奉天，张镒准备迎驾，备办衣服用具、货物资财，献到行在。李楚琳曾事奉朱泚，受到朱泚的优待。行军司马齐映与齐抗对张镒说："不除去李楚琳，必然成为变乱的祸首。"张镒命李楚琳离开凤翔，屯戍陇州，李楚琳在夜间与其党羽作乱，杀死张镒。

德宗起初嫌奉天城狭小，打算前往凤翔，户部尚书萧复说："凤翔将士都是朱泚过去的家兵，其中必然有人与朱泚同恶相济。臣还为张镒不能长久担忧哩，怎能让陛下陷入不可测度的深渊！"德宗说："我去凤翔，主意已定，为你多留一天试试看。"第二天得知变乱发生，才没有去。齐映和齐抗都来到奉天，德宗任命齐映为御史中丞，齐抗为侍卿史。李楚琳自命为凤翔节度使，投降朱泚。

朱泚僭称帝号。

朱泚自称大秦皇帝，改年号为应天，任命姚令言、李忠臣为侍中，源休为同平章事，蒋镇、樊系、张光晟等人封授官职大小不等，立弟弟朱滔为皇太弟。源休劝朱泚消灭宗室，以根绝人们的期望，共杀了七十七人。樊系为朱泚撰写册文，写成后即服毒自杀。大理卿蒋沇前往行在，被叛军捉获，叛军逼蒋沇做官，蒋沇不进饮食，佯称有病，暗中逃走，幸免于难。不久，朱泚改国号为汉。

李希烈攻破襄城。　德宗任命冯河清为泾原节度使。

右龙武将军李观率领卫兵一千余人随从德宗来到奉天，德宗委托他招募兵员，数天之后，李观募得五千余人，排列在大道上，军容布列严整，奉天城中的人们因此勇气大增。姚令言东出泾原时，让冯河清担任判官，姚况担任知泾州事。冯河清、姚况

闻上幸奉天,集将士大哭,激以忠义,发甲兵输行在。城中得之,士气大振。诏以河清为节度使,况为司马。

杀右仆射崔宁。

上至奉天数日,崔宁始至,上喜甚,抚劳有加。宁退谓所亲曰:"主上聪明英武,从善如流,但为卢杞所惑,以至于此。"因潸然出涕。杞闻之,与王翃谋陷之。会泚下诏以宁为中书令,翃诈为宁遗泚书献之,杞谮宁与泚结盟,约为内应,故独后至。上遣中使缢杀之,中外皆称其冤。

李怀光帅众赴长安。

上遣中使告难于魏县行营,诸将相与恸哭。怀光遂赴长安,马燧、李芃引兵归镇,李抱真退屯临洺。

以萧复、刘从一、姜公辅同平章事。 **泚犯奉天,诏韩游瓌、浑瑊拒之。**

泚自将逼奉天,军势甚盛。邠宁留后韩游瓌将兵拒泚,遇于醴泉。游瓌欲还,监军翟文秀曰:"我向奉天,贼亦随至,是引贼以迫天子也。不若留壁于此,贼必不敢越我。若不顾而过,则与奉天夹攻之。"游瓌曰:"贼强我弱。若贼分军以缀我,直趣奉天,奉天兵亦弱,何夹攻之有?我今急趣奉天,所以卫天子也。"遂引兵还,泚亦随至。浑瑊与游瓌血战竟日,贼乃退造攻具,毁佛寺以为梯冲。游瓌曰:"寺材皆干薪,但具火以待之。"

上与陆贽语及乱故,深自克责。贽曰:"致今日之患,皆群臣之罪也。"上曰:"此亦天命,非由人事。"贽退,上疏曰:"陛下志壹区宇,四征不庭,凶渠稽诛,逆将继乱,兵连

听说德宗出走奉天，集合将士，当场大哭，以忠义激发将士，把铠甲兵器发运到行在。城中得到支援，士气大振。德宗下诏任命冯河清为泾原节度使，姚况为行军司马。

右仆射崔宁被杀。

德宗来到奉天数日，崔宁才到，德宗非常高兴，对他大加抚慰。崔宁退朝后对亲近的人说："皇上聪明英武，从善如流，只因被卢杞迷惑，以至于此。"于是扑簌簌流下了眼泪。卢杞闻讯与王翃图谋陷害崔宁。适值朱泚下诏任命崔宁为中书令，王翃伪造崔宁写给朱泚的书信献给朝廷，卢杞诬陷崔宁与朱泚结盟，约定充当朱泚的内应，所以只有崔宁后到奉天。德宗派中使缢杀崔宁，朝廷内外都说崔宁冤枉。

李怀光率众奔赴长安。

德宗派中使向魏县行营通告蒙难，诸将一起痛哭。于是李怀光开往长安，马燧、李芃领兵返回本镇，李抱真退兵屯驻临洺。

德宗任命萧复、刘从一、姜公辅为同平章事。　　**朱泚侵犯奉天，有诏命韩游瓌、浑瑊加以抵御。**

朱泚亲自领兵进逼奉天，军队声势盛大。邠宁留后韩游瓌率军抵御朱泚，在醴泉遭遇。韩游瓌想回军奉天，监军翟文秀说："我军开向奉天，敌军也随后开到，这是招引敌军来逼迫皇上。不如留在此地扎营，敌军肯定不敢越过我军。如果敌军不顾我军开过去，就与奉天军夹攻敌军。"韩游瓌说："敌强我弱。如果敌军分兵拖住我军，大军直趋奉天，奉天兵力也很薄弱，还谈什么两面夹攻？现在我军急奔奉天，正是为了保卫皇上。"便领兵返回，朱泚也随后赶到。浑瑊与韩游瓌血战了一整天，敌军才退回去制造攻城用具，拆毁佛寺，取其木材，制造云梯和冲车。韩游瓌说："寺庙木材都是干燥的柴禾，只须备好火种，待敌前来。"

德宗与陆贽谈到变故发生的原因，深深自责。陆贽说："导致今天的祸患，都是群臣的罪责。"德宗说："这也是天命，与人事无关。"陆贽退朝后上疏说："陛下志在统一疆域，四次征伐不朝之徒，凶恶的魁首终至受戮，叛逆的将领又相继作乱，战争的

祸结，行及三年。行者有锋刃之忧，居者有诛求之困，非常之虞，亿兆同虑。唯陛下穆然凝邃，独不得闻，至使凶卒鼓行，白昼犯阙。陛下有股肱之臣，有耳目之任，有谏诤之列，有备御之司，见危不能竭其诚，临难不能效其死，所谓群臣之罪，岂徒言欤！臣又闻之，天所视听，皆因于人，人事理而天命降乱者未之有也，人事乱而天命降康者亦未之有也。自顷征讨颇频，刑网稍密，物力竭耗，人心惊疑。上自朝列，下达蒸黎，日夕族党聚谋，咸忧必有变故。旋属泾原叛卒，果如众庶所虞。京师之人，动逾亿计，固非悉知算术，皆晓占书，则明致寇之由，未必尽关天命。臣闻理或生乱，乱或资理，有以无难而失守，有以多难而兴邦。今生乱失守之事，则既往不可复追矣。其资理兴邦之业，在陛下克励而谨修之而已。"

田悦、王武俊寇临洺。

田悦说王武俊共击李抱真，抱真复遣贾林说武俊曰："临洺兵精而有备，未易轻也。今战胜得地则利归魏博，不胜则恒冀大伤。且易、定、沧、赵皆大夫之故地也，不如先取之。"武俊乃辞悦北归。先是，武俊召回纥兵，至是，回纥达干将三千人至幽州，滔因说之，欲与俱取东都。

贾林复说武俊曰："自古国家有患，未必不因之更兴，况主上聪明英武，天下谁肯舍之，共事朱泚乎！滔自为盟主以来，轻蔑同列，今又西倚其兄，北引回纥，其志欲尽吞

灾祸接连不断，即将三年。外出之人有横遭刀兵的忧虑，家居之人有深受苛剥索求的困苦，一种非同寻常的忧患，为民众共同担心。只有陛下蒙在鼓里，不得而知，致使暴卒击鼓噪进，白昼干犯宫门。陛下有辅政大臣，有亲信，有谏官，有防卫部门，他们见到危险时不能竭尽诚心，面临祸难时不能效力赴死，说是群臣的罪责，岂是空话！臣又听说上天的所见所闻都本于人的所见所闻，把人事治理好了，天命从不会降下变乱，把人事处理乱了，天命也从不会降下安康。不久前，征讨颇为频繁，刑法稍嫌过于严密，物力消耗已尽，民心惊恐疑虑。上自朝臣，下至百姓，宗族邻里日夜商量，都担心必定发生变故。不久恰逢泾原叛兵事件，果真如大家所曾预料的那样。京城百姓往往超过十万，当然不会都懂得推算之术，都通晓占卜之书，这正说明招致敌寇的缘由，未必都与天命有关。臣听说治理有时会生出变乱，变乱有时会有助于治理，有因没有危难而失去成业的，有因多历磨难而振兴国家的。现在，生出变乱和失去成业的事情已经成为既往，不能挽回。而有助于治理和振兴国家的业绩，就看陛下能否深自勉励，并慎重地修明其事。"

田悦、王武俊侵犯临洺。

田悦劝说王武俊，让他共同进击李抱真，李抱真又派贾林来劝王武俊，贾林说："临洺士卒精锐，且早已有防备，是不应该轻视的。如今打了胜仗，得到了地盘，利益却归于魏博，如不能取胜，恒冀就大受损伤。而且易、定、沧、赵各州都是您原本就有的辖地，不如先攻取这些地方。"于是王武俊推辞了田悦的邀请，率领军队北归。在此之前，王武俊招来回纥军，到了现在，回纥达干率领三千人抵达幽州，朱滔乘机劝说回纥，想与回纥一起攻取东都洛阳。

贾林再次劝王武俊说："自古以来，国家蒙受祸患，未必不因祸患而复兴，何况皇上聪明英武，普天之下有谁肯舍弃皇上而共同事奉朱泚呢！自朱滔任盟主以来，轻蔑共同发难诸人，现在又向西依靠他的哥哥朱泚，从北边招引回纥，其意图是想完全吞并

河朔而王之，大夫虽欲为之臣，不可得矣。且大夫本以忠义手诛叛臣，当时宰相处置失宜，为滔所诳诱，故蹉跌至此。若与昭义并力取滔，其势必获，滔亡，则泚自破。此不世之功，转祸为福之道也。今诸道辐凑攻泚，不日当平。天下已定，大夫乃悔而归国，则已晚矣。"武俊攘袂作色曰："二百年天子吾不能臣，岂能臣此田舍儿乎！"遂密与抱真及马燧相结，约为兄弟，然犹外事滔。

将军高重捷及泚兵战死。

将军高重捷与泚骁将李日月战于梁山，破之，乘胜逐北。贼伏兵擒之，斩其首而去。上哭之尽哀，结蒲为首而葬之。泚见其首，亦哭曰："忠臣也！"束蒲为身而葬之。日月亦战死于城下，归其尸，其母不哭，骂曰："奚奴！国家何负于汝而反？死已晚矣！"及泚败，独日月之母不坐。

十一月，以韦皋为奉义军节度使。

初，泚镇凤翔，遣将牛云光戍陇州。至是，欲执留后韦皋以应泚。事泄，帅众奔泚，遇泚遣中使苏玉赍诏书加皋中丞。玉谓之曰："韦皋，书生也。君不如与我俱之陇州，皋不受命，君以兵诛之，如取孤独耳。"云光从之。皋乃先纳苏玉，受其诏书，谓云光曰："大使苟无异心，请悉纳甲兵，乃可入。"云光易之，输甲兵而入。皋伏甲诛之，筑坛盟将士曰："李楚琳贼虐本使，既不事上，安能恤下，宜相与讨之！"遣兄平、弇诣奉天，诏以陇州为奉义军，擢皋为节度使。

灵武、盐夏、渭北诸将合兵入援，遇贼溃归。

河朔,自称为王,即使您想当他的臣属,也不可能。况且您本来出于忠义之心,亲手诛除叛臣,由于当时宰相处理失当,被朱滔诳骗诱惑,所以失误到如此地步。如果与昭义合力攻取朱滔,势必成功,朱滔灭亡,朱泚自然失败。这是并非每个世代都有的功绩,是转祸为福的途径。现在,各道集中攻打朱泚,不久自当平定。天下平定后,您才悔悟归国,那就晚了。"王武俊揆起袖子,忿然作色,说:"我不向享有二百年国祚的天子称臣,怎能向这乡下佬称臣!"便暗中与李抱真及马燧联络,结为兄弟,只是表面还事奉朱滔。

将军高重捷与朱泚军作战而死。

将军高重捷与朱泚的骁将李日月在梁山作战,打败李日月,乘胜追击。敌军伏兵掩袭,砍了高重捷的头颅离去。德宗极度悲哀地哭吊高重捷,用香蒲扎成头颅下葬。朱泚见到高重捷的头颅,也哭着说:"他是忠臣!"用香蒲扎成身躯下葬。李日月也在奉天城下战死,尸体送回,母亲没有哭,还骂道:"奚人的奴才!国家哪里对不起你,你非要造反?你算死得晚得了!"及至朱泚败亡,只有李日月的母亲未受株连。

十一月,德宗任命韦皋为奉义节度使。

起初,朱泚镇守凤翔,派将领牛云光戍守陇州。至此,牛云光想擒获留后韦皋,以响应朱泚。由于消息泄露,牛云光率众逃奔朱泚,遇到朱泚派中使苏玉携带诏书加封韦皋为中丞。苏玉对牛云光说:"韦皋是书生。你不如与我一起前往陇州,如果韦皋不接受任命,你率兵杀掉他,就像抓没爹没娘的猪崽一样!"牛云光依言而行。韦皋先让苏玉进城,接受诏书,又对牛云光说:"如果大使没有别的心思,请交出所有的铠甲兵器,才可进城。"牛云光轻看了韦皋,交出铠甲兵器,然后进城。韦皋伏下甲兵,杀了牛云光,筑起坛场,与将士立盟说:"李楚琳残害本部节度使,既然不能事奉上司,怎能怜恤部下,应该一起讨伐他!"派哥哥韦平、韦弅前往奉天,有诏在陇州建置奉义军,提升韦皋为节度使。

灵武、盐夏、渭北诸将合兵前来救援,遇到敌军,溃散而回。

　　灵武留后杜希全及盐、夏刺史戴休颜、时常春、渭北节度李建徽，合兵万人入援，将至奉天。上召将相议道所从出，浑瑊曰："漠谷险狭，恐为贼所邀。不若自乾陵北过，且分贼势。"卢杞曰："漠谷路近，若为贼所邀，则城中出兵应接可也。倘出乾陵，恐惊陵寝。"瑊曰："自泚围城，日斩乾陵松柏，其惊多矣。今城中危急，诸道救兵未至，唯希全等来，所系非轻。若得营据要地，则泚可破也。"杞曰："陛下行师，岂比逆贼！"上乃从杞策。希全等果为贼所邀，死伤甚众，四军皆溃，退保邠州。泚攻益急，移帐于乾陵，下视城中。

李晟将兵入援，浑瑊击朱泚破走之，奉天围解。

　　李晟闻上幸奉天，引兵出飞狐道，昼夜兼行，诏以为行营节度使。泚围奉天经月，城中资粮俱尽。尝遣健步出城觇贼，其人恳以苦寒，乞一襦裤，上为求之不获，竟悯默而遣之。时供御才有粝米二斛，每伺贼间，夜缒人于城外，采芜菁根而进之。上召公卿将吏，谓曰："朕以不德，自陷危亡。公辈无罪，宜早降以救室家。"群臣皆顿首流涕，期尽死力，故将士虽困急，而锐气不衰。

　　李怀光以兵五万入援，至蒲城。李晟亦自蒲津济，军于东渭桥，有卒四千。晟善于抚御，与士卒同甘苦，人乐从之，旬月间至万余人。泚将何望之袭据华州，潼关守将骆元光袭破之，遂军华州。召募得万余人，数破泚兵，贼由是不能东出，上即以元光为节度使。马燧遣其司马王权及子汇将兵五千人屯中渭桥。

灵武留后杜希全以及盐州、夏州刺史戴休颜、时常春、渭北节度使李建徽合兵一万人前来救援，即将到达奉天。德宗召集将相商议援军的行军路线，浑瑊说："漠谷险要狭窄，恐怕会遭到敌军的截击。不如从乾陵北面经过，还可分散敌军的兵力。"卢杞说："漠谷路近，如果遭到敌军的截击，城中出兵接应就行了。倘若取道乾陵，恐怕要惊动陵墓寝庙。"浑瑊说："自从朱泚包围奉天城以来，天天砍伐乾陵的松柏，陵墓寝庙所受惊动已经很多。现在城中危急，各道救兵还没赶到，只有杜希全等人来了，关系不小。如果能占据要地扎营，就能打败朱泚。"卢杞说："陛下调动军队，岂能与逆贼相比！"于是德宗采用卢杞的计策。果然，杜希全遭到敌军的截击，死伤甚多，四支援军纷纷溃散，退保邠州。朱泚攻城愈发急迫，将军帐移到乾陵，由此俯瞰全城。

　　李晟率军前来救援，浑瑊击败并赶走朱泚，奉天解围。

　　李晟得知德宗出走奉天，领兵经过飞狐道，昼夜兼行，有诏任命李晟为行营节度使。朱泚包围奉天经过一个月，城中物资粮食都已用光。德宗曾派善于行走的人出城侦察敌情，该人因天气寒冷而恳求一件短袄和套裤，德宗没有找到，最后还是难过地默然打发他启程。当时供给德宗的粮食仅有粗米二斛，经常需要窥伺敌军的空隙，夜里把人缒到城外，采集蔓菁根，献给德宗。德宗召集公卿将吏，对他们说："朕因无德，自陷危亡之境。诸位无罪，最好及早投降，以解救家人。"群臣都伏地叩头，痛哭流涕，约定竭尽自己最大的力量，所以将士虽然置身困苦危急之中，但锐气并未衰减。

　　李怀光领兵五万人前来救援，行至蒲城。李晟也由蒲津渡过黄河，在东渭桥驻扎，有士兵四千人。李晟善于抚恤驾驭士兵，与士兵同甘共苦，人们都愿跟随他，在一月之内就发展到一万余人。朱泚的将领何望之袭击并占领华州，潼关守将骆元光袭击并打败何望之，于是驻兵华州。骆元光招募到一万余人，多次打败朱泚军，从此敌军不能东出，德宗立即任命骆元光为节度使。马燧派司马王权及其子王汇领兵五千人屯驻中渭桥。

泚党所据惟长安城，出战屡败。泚以为忧，乃急攻奉天。造云梯高广数丈，上容壮士五百人，城中恟惧。浑瑊迎其所来，凿地道，积薪蓄火以待之。贼攻南城，韩游瓌引兵严备东北，贼果并兵攻之。推云梯，上施湿毡，县水囊，火炬矢石所不能伤，贼已有登城者。上与浑瑊对泣，群臣惟仰首祝天。上以无名告身千余通授瑊，使募敢死士御之。时士卒冻馁，又乏甲胄，瑊抚谕之，激以忠义，皆鼓噪力战。瑊中流矢，进战不辍。会云梯辗地道，轮陷，不能前却，火从地出，须臾灰烬，贼乃引退。于是三门出兵，太子督战，贼徒大败。

李怀光引兵西，先遣兵马使张韶赍蜡表，间行至奉天。值贼方攻城，驱使填堑，得间入城。上大喜，城中欢声如雷。怀光亦败泚兵于醴泉，泚遂遁归长安。众以为怀光复三日不至，则城不守矣。

泚退，从臣皆贺。汴滑兵马使贾隐林进言曰："陛下性太急，不能容物。若此性未改，虽朱泚败亡，忧未艾也。"上甚称之。侍御史万俟著开金、商运路，诸道贡赋继至，用度始振。

泚至长安，为城守之计，不爱金帛，以悦将士，加以缮完器械，日费甚广。及长安平，府库尚有余蓄，见者皆追怨有司之暴敛焉。

李怀光至奉天，诏引军还取长安。

李怀光来赴难，数与人言卢杞、赵赞、白志贞之奸佞，且曰："天下之乱，皆此曹所为也。吾见上，当请诛之。"杞闻之惧，言于上曰："怀光勋业，社稷是赖，贼徒破胆，皆无

朱泚一伙只占据着长安城,出兵作战,屡次失败。朱泚深感忧虑,便加紧进攻奉天。制造云梯,长宽各有数丈,上面可容纳壮士五百人,城中忧恐畏惧。浑瑊迎着云梯的来路开凿地道,积蓄柴禾与火种,等待敌军到来。敌军进攻南城,韩游瓌领兵严密防备东北方,敌军果然合兵攻打东北方。朱泚军推动云梯,云梯上包着浸湿的毡子,悬挂着水袋,火炬、乱箭、飞矢都无法伤害,已有敌人登到城上。德宗与浑瑊相对哭泣,群臣只好仰面祷告上天。德宗交给浑瑊一千余通没写姓名的空白告身,让浑瑊募集敢死之士御敌。当时,士兵又冻又饿,又缺乏铠甲头盔,浑瑊抚慰劝导他们,用忠义激发他们,他们都擂鼓呐喊,奋力作战。浑瑊中了乱箭,仍然向前奋战不止。恰好云梯碾压在地道上,轮子下陷,进退两难,火从地下冒出,不一会儿云梯就烧成灰烬,敌军退却。于是朝廷军从三方杀出城门,由太子督战,敌军大败。

　　李怀光领兵西行,先派兵马使张韶携带藏在蜡丸中的奏表抄小道来到奉天。适值敌军正在攻城,驱使张韶去填壕沟,张韶看准间隙进入城内。德宗大喜,城中欢声如雷。李怀光也在醴泉打败朱泚军,朱泚随即逃回长安。大家认为,李怀光再有三天赶不到,奉天城就守不住了。

　　朱泚退兵,随从诸臣道贺。汴滑兵马使贾隐林进言说:"陛下性情太急躁,不能包容万物。如果这脾气不改,即使朱泚败亡了,忧患仍然不能止息。"德宗甚为称许。侍御史万俟著开通金、商漕运通道,各道贡赋相继送到,费用开始有了保证。

　　朱泚来到长安,做守城的打算,不惜用金帛取悦将士,加上修治完善器械,每天耗费甚巨。及至长安平定,库存仍有剩余的积蓄,看到的人都反过来怨恨有关官员的横征暴敛。

　　李怀光抵达奉天,有诏命令他领兵回军攻取长安。

　　李怀光率兵前来奔赴国难,多次与人谈到卢杞、赵赞、白志贞的邪恶奸佞,并说:"天下的祸乱都是这号人造成的。我见到皇上,自当请求杀死他们。"卢杞听到这些话后,非常恐惧,对德宗说:"李怀光的功勋业绩,为国家所依赖,敌寇吓破了胆,无心

守心。若使之乘胜取长安，则一举可以灭贼，此破竹之势也。今听入朝，留连累日，使贼得成备，恐难图矣。"上以为然，诏怀光直引军屯便桥，与李建徽、李晟、杨惠元共取长安。怀光自以数千里赴难，破泚解围，而咫尺不得见天子，意殊怏怏，曰："吾今已为奸臣所排，事可知矣。"遂引兵行。

上问陆贽以当今切务，贽上疏曰："当今急务，在于审察群情而已矣。群情之所甚欲者，陛下先行之，所甚恶者，陛下先去之。欲、恶与天下同而天下不归者，未之有也。理乱之本系于人心，况当变故危疑之际乎！顷者中外意乖，君臣道隔，郡国之志不达于朝廷，朝廷之诚不升于轩陛，上泽阙于下布，下情壅于上闻，实事不知，知事不实，此群情之所甚恶也。夫总天下之智以助聪明，顺天下之心以施教令，则君臣同志，何有不从？远迩归心，孰与为乱？"

疏奏旬日，无所施行。贽又上疏曰："臣闻立国之本在乎得众，得众之要在乎见情。在《易》乾下坤上曰泰，坤下乾上曰否，损上益下曰益，损下益上曰损。夫天在下而地处上，于位乖矣，而反谓之泰者，上下交故也。君在上而臣处下，于义顺矣，而反谓之否者，上下不交故也。上约己而裕于人，人必悦而奉上矣，岂不谓之益乎？上蔑人而肆诸己，人必怨而叛上矣，岂不谓之损乎？是以古先圣王之居人上也，必以其欲从天下之心，而不敢以天下之人从其欲。

守城。如果派李怀光乘胜攻取长安，就可一举消灭敌军，真是势如破竹。现在听凭他入城朝见，拖延多日，使敌人得以做好准备，恐怕就难办了。"德宗认为很对，下诏命李怀光直接领兵屯驻便桥，与李建徽、李晟、杨惠元共同攻取长安。李怀光认为自己由数千里外奔赴国难，打败朱泚，解除重围，身在咫尺，不能见到皇上，心里甚为不满，说："现在我已受到奸臣的排挤，事情不问可知。"于是领兵出发。

德宗向陆贽询问当今最为急切的事务，陆贽上疏说："当今最为急切的事务，在于深入体察群情而已。众人甚想得到的，陛下先去实行它，众人甚为憎恶的，陛下先去除掉它。欲望与憎恶与天下人相同，天下人却不肯归附的事情，是从来没有的。治乱的根本与人心密切相关，何况正当变故发生、形势危急、人心疑虑的关头！不久前朝廷内外的意图互相违背，君臣沟通的途径全被阻隔，地方的意图不能上达朝廷，朝廷的诚意不能上达圣听，上面的恩泽很少向下面流布，下面的实情难于使上面闻知，真实的事情并不知道，知道的事情并不真实，这是众人甚为憎恶的现象。汇集天下人的智慧来佐助陛下的聪明，顺从天下人的心愿来施行政教律令，就能君臣同心，谁会不听命令？远近归心朝廷，谁会发动叛乱？"

章疏奏上十多天之后，德宗没有采取任何措施。陆贽又上疏说："臣听说立国的根本在于得人，得人的关键在于洞见人情。在《易经》中，乾在下而坤在上叫作泰，坤在下而乾在上叫作否，损上益下叫作益，损下益上叫作损。天在下而地在上，就位置而言是乖谬的，却反称作泰，是上下相交的缘故。君主处在上面而臣子处在下面，就义理而言是通顺的，却反称作否，这是上下不相交的缘故。君主约束自己而对众人宽宏大度，众人必然心怀喜悦，因而愿意事奉君主，难道不该称作益吗？君主蔑视众人而让自己恣肆无忌，众人必然心怀怨恨，因而背叛君主，难道不该称作损吗？所以古代的圣明君主居于众人之上时，一定让自己的欲望顺从天下人之心，而不敢使天下之人顺从自己的欲望。

陛下以明威照临,以严法制断,故远者惊疑而阻命逃死之乱作,近者畏慑而偷容避罪之态生。人各隐情,以言为讳,至于变乱将起,亿兆同忧,独陛下恬然不知,方谓太平可致。陛下以今日之所睹,验往时之所闻,孰真孰虚,何得何失,则事之通塞备详之矣,人之情伪尽知之矣。”

上乃遣中使谕之曰:“朕本性甚好推诚,亦能纳谏,将谓君臣一体,全不堤防。缘推诚信不疑,所以反致患害。谏官论事,例自矜炫,归过于朕以自取名,又多雷同,道听涂说,试加质问,遽则辞穷。所以近来不多对人,非倦于接纳也。”

贽以书对曰:“天不以地有恶木而废发生,天子不以时有小人而废听纳。且一不诚则心莫之保,一不信则言莫之行,陛下所谓失于诚信以致患害者,斯言过矣。夫驭之以智则人诈,示之以疑则人偷。上行之则下从,上施之则下报。若诚不尽于己,而望尽于人,众必怠而不从矣。不诚于前,而曰诚于后,众必疑而不信矣。是知诚信之道不可斯须而去身,愿陛下慎守而力行之,非所以为悔也。夫仲虺赞扬成汤,不称其无过,而称其改过。吉甫歌诵周宣,不美其无阙,而美其补阙。是则圣贤唯以改过为能,不以无过为贵。盖以为智者改过而迁善,愚者耻过而遂非。迁善则其德日新,遂非则其恶弥积也。谏官不密,信非忠厚,其

陛下以明察一切的威严照临四方,以严密的法网裁断万事,所以受到疏远的人惊恐疑虑,抗拒命令、逃脱死亡的变乱于是兴起,受到亲近的人畏葸慑服,偷合苟容、躲避罪责的情态随之发生。人们各自隐瞒真情,以讲话为忌讳,以至变乱将起时,万民同忧,只有陛下恬然不知,还说太平将会到来。陛下以如今所见来验证以往所听说的,认清哪个是真,哪个是假,得在哪里,失在哪里,事情的通达与阻塞就全清楚了,人心的真伪便全知道了。"

于是德宗派中使告诉陆贽说:"朕的本性很喜欢推心置腹,也能纳谏,认为君臣一体,因而全然不加提防。由于朕真诚待人,不起疑心,反而成了导致祸害的原因。谏官议论事情,照例自夸自炫,把过错推给朕,好使自己获得名声,又多人云亦云,道听途说,试加质疑问难,马上便没话了。所以朕近来较少咨询大家的意见,但并不是厌倦纳谏。"

陆贽上疏回答说:"上天不因地上存在恶劣的树木就停止万物生长,天子不因时常碰到小人就废弃纳谏。而且,一旦失去诚意,人心就难以保持,一旦不守信用,所说的话就难以实行,陛下所说的失误在于用诚意和信用待人,这话过分了。用智谋驾驭人们,人们就流于欺诈,显示对人们的怀疑,人们就得过且过。上面实行什么,下面就会跟着去做什么,上面给予什么,下面就回报什么。如果自己没有表示完全的诚意,却指望别人表示完全的诚意,大家必然持懈怠的态度,不会服从这个要求。以往没有诚意,而说以后会有诚意,大家必然持怀疑的态度,不会相信这一说法。由此可知,诚意和信用的法则不能片刻离开自身,希望陛下谨慎恪守并身体力行这一法则,不必为此感到后悔。仲虺赞扬成汤,不称许成汤没有过错,而称许成汤改正过错。尹吉甫歌颂周宣王,不赞美周宣王没有缺失,而赞美周宣王弥补缺失。可见圣贤只以改正过错为贤能,不以没有过错为可贵。大概圣贤认为,明智的人改正过错就会移心向善,愚蠢的人耻于改过就因循前非。移心向善,人的德行就会日日更新;因循前非,人的坏处就会越积越多。谏官建言不周密,的确不够忠厚,但这些

于圣德固亦无亏。陛下若纳谏不违,则传之适足增美。陛下若违谏不纳,又安能禁之勿传?夫侈言无验不必用,质言当理不必违。辞拙而效速者不必愚,言甘而利重者不必智。考之以实,虑之以终,其用无他,唯善所在。众多之议足见人情,必有可行,亦有可畏,恐不宜一概轻侮,莫之省纳。且陛下虽穷其辞而未穷其理,能服其口而未服其心也。夫上好胜必甘于佞辞,上耻过必忌于直谏。如是则下之谄谀者顺旨,而忠实之语不闻矣。上骋辩必剿说而折人以言,上眩明必臆度而虞人以诈。如是则下之顾望者自便,而切磨之辞不尽矣。上厉威必不能降情以接物,上恣愎必不能引咎以受规。如是则下之畏慑者避辜,而情理之说不申矣。上情不通于下则人惑而不从其令,下情不通于上则君疑而不纳其诚。诚而不见纳则应之以悖,令而不见从则加之以刑。下悖上刑,不败何待!故谏者多,表我之能好;谏者直,示我之能贤;谏者之狂诬,明我之能恕;谏者之漏泄,彰我之能从。有一于斯,皆为盛德。谏者有爵赏之利,君亦有理安之利;谏者得献替之名,君亦得采纳之名。然犹谏者有失中而君无不美,唯恐谠言之不切,天下之不闻,如此则纳谏之德光矣。"上颇采用其言。

对于陛下的道德也没有损害。如果陛下纳谏不止，传扬出去正足以为陛下增加光彩。如果陛下拒谏不听，又怎能禁止人们不加传扬？夸大的言辞，没有效验，不必采用；质实的言辞，说在理上，不必拒绝。言辞拙笨，但见效迅速，不一定愚蠢；言辞甜美，重于财利，不一定明智。对实际情况的考查和对最终结果的思索，其作用没有别的，只是为了追求至善。众多的议论，足以看出人心所向，必然有可行的，也有可畏的，恐怕不应一概轻视侮慢，不肯深省，不加采纳。而且，陛下虽然问得人家无话可说，并没有问得人家无理可说，能使人口服，不能使人心服。君主好胜于人，必然以巧言献媚之辞为甘美；君主耻于闻过，必然以直言劝谏为忌讳。这样，下面的谄媚阿谀之徒就会希旨逢迎，于是忠实的话语就难以听到了。君主驰骋辩才，必然打断别人的话头，用言语折服别人；君主炫耀聪明，必然主观臆测，防范别人欺诈。这样，下面的瞻前顾后之辈就会见机行事，于是切磋匡正得失的言辞就难以说尽了。君主抖擞威风，必然不能贬抑自己的情志去待人接物；君主刚愎自用，必然不能承担过失，接受规劝。这样，下面的畏葸怯懦之流就会逃避罚责，于是符合真情实理的言论就难以申说了。上情不能与下面沟通，臣下就会迷惑，从而不服从君主的命令；下情不与上面沟通，君主就会猜疑，从而不能接受臣下的诚心。臣下的诚心不被接受，就会以悖逆的行为对付君主；君主的命令未被服从，就会把刑罚加给臣下。臣下悖逆，君主用刑，除了失败，还能怎样！所以进谏者为数众多，表明我能与臣下和睦相处；进谏者直言不讳，显示我能包容群言；进谏者狂言妄语，说明我能宽恕别人；进谏者透露真情，彰示我能从谏如流。做到这里面的任何一条，都堪称盛美之事。进谏者有封爵赏赐的好处，君主也有政治修明、国家安定的好处；进谏者能博得诤言劝谏的名声，君主也会赢得采纳众议的名声。即使如此，进谏者仍然会有失于中肯的地方，而君主却无不尽善尽美，君主惟恐正直的言论还不够直切，天下人没有听到，做到这些，纳谏的盛德就光大了。"德宗对陆贽的建言颇有采纳。

曹王皋遣使贡献。

陈少游将兵讨李希烈,屯盱眙,闻朱泚作乱,归广陵,修堑垒,缮甲兵。韩滉闭关梁,禁马牛出境,筑石头城,穿井近百所,缮馆第数十,修坞壁,起建业,抵京岘,楼堞相属,以备车驾渡江,且自固也。盐铁使包佶有钱帛八百万,将输京师,少游悉夺之。时南方藩镇各闭境自守,惟曹王皋数遣使间道贡献。

十二月,贬卢杞、白志贞、赵赞为远州司马。

李怀光顿兵不进,上表暴扬杞等罪恶,众论喧腾,亦咎杞等。上不得已,皆贬为司马。

以陆贽为考功郎中。

贽辞曰:"行罚先贵近而后卑远则令不犯,行赏先卑远而后贵近则功不遗。望先录大劳,次遍群品,则臣亦不敢辞。"上不许。

李希烈陷汴、滑州,陈少游叛。

希烈攻汴州,李勉城守累月,外救不至,将其众万余人奔宋州,滑州刺史李澄以城降贼。勉上表请罪,上曰:"朕犹失守宗庙,勉宜自安。"待之如初。希烈遂拔襄邑,江淮大震。少游送款于希烈,遣使结李纳于郓州。

关播罢。

甲子(784) 兴元元年
春正月,大赦。

曹王李皋派使者进献贡物。

陈少游领兵讨伐李希烈,驻扎在盱眙,听说朱泚作乱,就返回广陵,修筑深沟高垒的防御工事,整治铠甲兵器。韩滉封锁关口与桥梁,禁止牛马出境,修筑石头城,开凿水井将近一百眼,整治馆舍数十处,修筑壁垒城堡,由建业直至京岘山,城楼与女墙连成一片,为德宗南渡长江做准备,同时也加固自己的防备。盐铁使包佶处有钱帛八百万,准备运往京城,陈少游全部夺走。当时,南方的藩镇各自封锁边境,据守一方,只有曹王李皋多次派使者抄小路进献贡物。

十二月,德宗将卢杞、白志贞、赵赞贬为边远各州司马。

李怀光按兵不动,不肯前进,上表揭露卢杞等人的罪恶,舆论喧腾,也归罪于卢杞等人。德宗不得已,将卢、白、赵三人都贬为司马。

德宗任命陆贽为考功郎中。

陆贽推辞说:"实行惩罚先从地位显贵、和皇上亲近的人开始,然后再对地位卑下、和皇上疏远的人实行,所下命令就无人违犯;实行奖赏先从地位卑下、和皇上疏远的人开始,然后再对地位显贵、和皇上亲近的人实行,所记功劳就没有遗漏。希望先封赏有大功劳的人,再遍及百官各品级,那时我也不敢推辞。"德宗不许。

李希烈攻破汴、滑二洲,陈少游反叛。

李希烈攻打汴州,李勉在城中坚守几个月,外面救兵不来,便带领部众一万余人逃奔宋州,滑州刺史李澄举城投降李希烈。李勉上表请求处罚,德宗说:"朕连宗庙都失守了,李勉应该安心。"待李勉一如既往。李希烈随即攻克襄邑,江淮大为震惊。陈少游向李希烈表示诚意,派使者到郓州结纳李纳。

关播罢相。

甲子(784)　唐德宗兴元元年
春正月,宣布大赦。

陆贽言于上曰:"昔成汤以罪己勃兴,楚昭以善言复国。陛下诚能不吝改过,以谢天下,使书诏之辞无所避忌,则反侧之徒革心向化矣。"上然之,故奉天所下书诏,虽骄将悍卒闻之,无不感激挥涕。

会术者言:"国家厄运,宜有变更。"群臣请更加尊号,上以问贽。贽曰:"尊号之兴,本非古制。行于安泰之日,已累谦冲,袭乎丧乱之时,尤伤事体。必也俯稽术数,须有变更,与其增美称而失人心,不若黜旧号以祗天戒。"上纳其言,又以中书所撰赦文示贽,贽言:"动人以言,所感已浅。言又不切,人谁肯怀! 今兹德音,悔过之意不得不深,引咎之辞不得不尽。洗刷疵垢,宣畅郁堙,使人人各得所欲,则何有不从者乎! 然知过非难,改过为难,言善非难,行善为难。假使赦文至精,止于知过言善,犹愿圣虑更思所难。"

上然之,乃下制曰:"致理兴化,必在推诚,忘己济人,不吝改过。小子长于深宫之中,暗于经国之务,积习易溺,居安忘危,不知稼穑之艰难,不恤征戍之劳苦,泽靡下究,情未上通。事既壅隔,人怀疑阻,犹昧省己,遂用兴戎,远近骚然,众庶劳止。天谴于上而朕不寤,人怨于下而朕不知,驯致乱阶,变兴都邑,万品失序,九庙震惊。上累祖宗,下负蒸庶,痛心愧貌,罪实在予。自今中外书奏不得言'圣神文武'之号。李希烈、田悦、王武俊、李纳等,咸以勋旧,

陆贽对德宗说:"以往成汤因归罪于自己而勃然兴起,楚昭王因讲话得体而复兴楚国。如果陛下不吝于纠正过失,向天下谢罪,使诏书写得没有任何避讳,反复无常之徒就会革心洗面,归向德化。"德宗认为讲得很对,所以德宗在奉天颁布的诏书,即使骄横的将领、凶悍的士卒听了,无不感动得挥泪哭泣。

恰好术士说:"国家遭逢厄运,应该有所变更。"群臣请为德宗再加尊号,德宗就此征求陆贽的意见。陆贽说:"采用尊号,本来不是古制。在国家太平无事时采用尊号,已有碍皇上谦虚冲和的名声,在国家丧乱之际因袭此举,尤其有伤体统。如果一定要俯察术数,需要有所变更,与其增加美称而失去人心,不如免除原有的尊号以敬承上天的告诫。"德宗采纳了陆贽的建议,又把中书省撰写的赦文拿给陆贽看,陆贽说:"用语言打动人,人的感受已经很浅。说得再不恳切,谁肯放在心上!现在这篇德音,陛下悔悟过错的意思不能不写深刻,引咎自责的言辞不能不写详尽。洗刷自己的缺点错误,宣泄大家的不满情绪,使人人都得到满足,怎会有不服从朝命的人!然而,认识过错不难,改正过错才难,说得好不难,做得好才美。假如赦文尽善尽美,也只停留在认识过错、言辞动听方面,还希望陛下进一步考虑那更难的方面。"

德宗认为很对,便颁布制书说:"要想政治修明,教化振兴,一定要对人推心置腹,忘掉自己,救助别人,不惜痛改前非。我生活在深宫之中,不熟悉治国政务,积久成习,容易沉溺,居安忘危,不懂收种庄稼的艰难,没有体恤征战屯戍的劳苦,恩泽不能普施于百姓,民情不能上达于朝廷。既然上下阻隔,人们心怀疑虑,朕仍然不知反省,终于导致用兵,各地骚动不安,百姓受尽劳苦。上有上天的谴责,但朕不省悟,下有百姓的怨恨,但朕不知道,从而成为引发祸乱的缘由,京城发生变故,万事失去秩序,九庙为之震惊。朕上连累祖宗,下辜负百姓,痛心疾首,面有愧色,罪责的确都在朕身上。今后,朝廷内外所进表章不得称'圣神文武'的尊号。李希烈、田悦、王武俊、李纳等人,因过去的功勋,

各守藩维。朕抚御乖方,致其疑惧,皆由上失其道而下罹其灾,朕实不君,人则何罪!宜并所管将吏等一切待之如初。朱滔虽缘朱泚连坐,路远必不同谋,念其旧勋,务在弘贷,如能效顺,亦与惟新。朱泚反易天常,盗窃名器,暴犯陵寝,所不忍言,获罪祖宗,朕不敢赦。其胁从将吏、百姓等,官军未到以前,并从赦例。赴奉天及收京城将士,并赐名奉天定难功臣。其所加垫陌钱、税间架、竹、木、茶、漆、榷铁之类,悉宜停罢。"

赦下,四方人心大悦。后李抱真入朝为上言:"山东宣布赦书,士卒皆感泣。臣见人情如此,知贼不足平也。"

王武俊、田悦、李纳上表谢罪。

先是,上使人说王武俊、田悦、李纳,赦其罪,赂以官爵,悦等皆密归款,而犹未敢绝朱滔。至是,见赦令,皆去王号,上表谢罪。

李希烈僭号。

李希烈自恃兵强,遂谋称帝。遣人问仪于颜真卿,真卿曰:"老夫尝为礼官,所记惟诸侯朝天子礼耳。"希烈遂称大楚皇帝,以其党郑贲、孙广、李缓、李元平为宰相,遣其将辛景臻谓颜真卿曰:"不能屈节,当自焚。"积薪灌油于其庭。真卿趋赴火,景臻遽止之。

希烈又遣其将杨峰赍赦如淮南,寿州刺史张建封执之,腰斩以徇,具奏少游附贼之状。上悦,以建封为濠、寿、庐都团练使。希烈乃以其将杜少诚将步骑万余人先取寿州,建封遣其将贺兰元均守霍丘。少诚竟不能过,遂南寇蕲、黄,

都各守藩镇。朕安抚驾驭无方，使他们疑虑畏惧。这全因上面无道而使下面受害，实在是朕有失为君的体统，他们有什么罪过！现在，对待李希烈等人连同所管辖的将士官吏应一切照旧。朱滔虽然受到朱泚的牵连，但相隔遥远，势必不能同谋，念及往日的功勋，务必宽大处理，如能向朝廷投诚，也允许改过自新。朱泚改变天道常规，盗用天子的名号与车服仪制，残暴冒犯列宗列祖的陵园寝庙，惨不忍言，得罪了列祖列宗，朕不敢赦免。那些被裹胁的将士、官吏、百姓等人，在官军赶到之前解散的，一概在赦免之列。奔赴奉天和收复京城的将士一概赐给"奉天定难功臣"的称号。那些加征的除陌钱和间架、竹、木、茶、漆以及盐铁专营等税，应全部撤销。"

赦书颁布后，各地人心大为欢悦。后来，李抱真入京朝见时对德宗说："山东宣布赦书时，士兵都感动得哭了。臣看到人情如此，就知道贼寇不难平定了！"

王武俊、田悦、李纳上表认罪。

此前，德宗派人劝说王武俊、田悦、李纳，许给官职爵位，田悦等人都暗中表示归附，但还不敢与朱滔断绝关系。至此，他们看到赦令，都取消王号，上表认罪。

李希烈僭称帝号。

李希烈自恃兵力强盛，于是打算称帝。李希烈派人向颜真卿请教有关仪式，颜真卿说："老夫曾经担任掌管礼仪的官员，只记得诸侯朝见天子的礼仪。"李希烈随即称大楚皇帝，任命其党羽郑贲、孙广、李缓、李元平为宰相，派其将领辛景臻告诉颜真卿说："你不肯失节，就该自焚。"在颜真卿居住的院中堆起柴禾，浇上油脂。颜真卿快步走向火堆，辛景臻连忙拦住。

李希烈又派其将领杨峰携带赦书前往淮南，寿州刺史张建封绑起杨峰，腰斩示众，将陈少游归附贼寇的情形一一上奏。德宗大悦，任命张建封为濠、寿、庐三州都团练使。李希烈派其将领杜少诚带领步兵、骑兵一万余人先攻取寿州，张建封派其将领贺兰元均防守霍丘。杜少诚始终不能通过，便南侵蕲、黄二州，

欲断江路，曹王皋遣蕲州刺史伊慎将兵击破之。希烈以夏口上流，使其将董侍袭鄂州。刺史李兼出战，大破之，以兼为鄂、岳、沔都团练使。于是希烈东畏曹王皋，西畏李兼，不敢复有窥江淮之志矣。

置琼林、大盈库于行宫。

上于行宫庑下贮诸道贡献之物，榜曰琼林、大盈库。陆贽谏曰："天子与天同德，以四海为家，何必挠废公方，崇聚私货，效匹夫之藏，以诱奸聚怨乎！且顷者六师初降，百物无储，殆将五旬。死伤相枕，毕命同力，竟夷大难。良以陛下不厚其身，不私其欲，绝甘辍食，以唉功劳。无猛制而人不携，怀所感也；无厚赏而人不怨，悉所无也。今者，攻围已解，衣食已丰，而谣谰方兴，军情稍阻，岂不以患难既与之同忧，而好乐不与之同利乎？诚能近想重围之殷忧，追戒平居之专欲，凡在二库货贿，尽令出赐有功，每获珍华，先给军赏，如此则乱必靖，贼必平。徐驾六龙，旋复都邑，天子之贵，岂当忧贫！是乃散小储而成大储，损小宝而固大宝也。"上即命去其榜。

以萧复为江、淮等道宣慰安抚使。

萧复尝言于上曰："宦官为监军，恃恩纵横。此属但应掌宫掖之事，不宜委以兵权国政。"上不悦。又尝言："陛下践祚之初，圣德光被。自用杨炎、卢杞，黩乱朝政，以致今

准备切断长江的交通，曹王李皋派蕲州刺史伊慎领兵打败杜少诚军。李希烈因夏口居于长江上游，派其将领董侍袭击鄂州。鄂州刺史李兼出城交战，大破董侍军，被任命为鄂、岳、沔都团练使。由此，李希烈东怕曹王李皋，西怕李兼，不敢再有窥伺江淮的企图。

德宗在行宫设置琼林、大盈内库。

德宗在行宫的廊庑下储存各道进献的贡物，匾额题作琼林、大盈库。陆贽进谏说：“天子与上天赋有同样的德性，应当以四海为家，何必破坏公家的法度，积聚私人的财物，效法寻常人事诸储藏，诱发奸邪，招聚怨恨！而且，不久前六军初到，各种物品都没有储备，为时将近五十天。虽然死伤的人纵横交陈，但是大家尽力效命，共同努力，终于平复大难。这实在是由于陛下自身享受不丰，不谋私欲，戒绝美食，中止进餐，省给立功将士去吃。不用严厉的制度，但人们并不叛离，这是因为他们被陛下感动；没有丰厚的奖赏，但人们并不埋怨，这是因为当时什么东西也没有。现在，敌军的进攻和包围已经解除，将士已经衣食丰足，然而怨言正在产生，军中逐渐有了猜疑的情绪，难道不是由于患难时已与他们同受忧患，安乐时没与他们同享利益吗？如能想想近日身在重围所经受的苦难，戒去平时独自谋求个人私欲的缺点，将琼林、大盈二库的珍宝财物，都拿来赏赐功臣，每当得到珍奇华美的东西，先用来支付军中的奖赏，做到这些，变乱定能平定，敌寇定能削平。届时徐徐驾起乘舆，返回京城，凭天子的高贵身价，难道还担心受穷吗！所以这种做法是散去小的积蓄去成就大的积蓄，减损小的宝物去巩固大的宝物。”德宗立即命令摘去匾额。

德宗任命萧复为江、淮等道宣慰安抚使。

萧复曾经对德宗说：“宦官担任监军，他们经常仗着陛下的恩宠任意而为。这种人只应掌管宫廷的事情，不适于把兵权和国政交给他们。”德宗不高兴。萧复还曾经说：“陛下即位之初，圣德光照四方。自从任用杨炎、卢杞，致使朝政混乱，因而导致今

日。陛下诚能变更睿志,臣敢不竭力!倘使臣依阿苟免,臣实不能。"又尝与卢杞同奏事,杞顺上旨,复正色曰:"卢杞言不正。"上愕然,退谓左右曰:"萧复轻朕。"命复充山南、荆湖、江、淮等道宣慰安抚使,实疏之也。既而刘从一及朝士多奏留复,上谓陆贽曰:"朕欲遣重臣宣慰江、淮,宰相、朝士佥谓宜然。今乃反覆如是,意复悔行,使之论奏。卿知复如何人,其意安在?"贽上疏曰:"复痛自修励,慕为清贞,用虽不周,行则可保。至于轻诈如此,复必不为。借使复欲逗留,从一安肯附会?愿陛下明加辨诘。若复有所请求,则从一何容为隐?若从一自有回互,则萧复不当受疑。"上亦竟不复辨也。

诏复王武俊、田悦、李纳官爵。

朱滔使人说田悦,欲与共取大梁。悦不欲行,而未忍绝滔,召官属议之。许士则曰:"朱滔昔事李怀仙,与兄泚及朱希彩共杀怀仙而立希彩,又杀希彩而立泚。泚既为帅,滔乃劝泚入朝而自为留后,虽劝以忠义,实夺之权。平生与同谋共功,负而杀之者二十余人。使滔得志,泚亦不为所容,况同盟乎!不若阳许偕行,阴为之备,厚加迎劳,至则托以他故,遣将分兵而随之,则大王外不失报德之名,而内无仓猝之忧矣。"

会武俊亦遣田秀驰见悦曰:"天子方在隐忧,以德绥我,我曹何得不悔过而归之?且舍九叶天子不事,而事泚及滔乎!八郎慎勿与俱南,但闭城拒守。武俊请伺其隙,连昭义之兵而灭之。与八郎再清河朔,共事天子,不亦善

天的结局。如果陛下能改变过去的做法，臣怎能不尽心效力！若让臣阿谀依附，苟且偷生，臣实在难以做到。"又有一次与卢杞一起奏事，卢杞逢迎德宗的旨意，萧复面色严正地说："卢杞讲话不正直。"德宗吃惊，退朝后对身边的人说："萧复看不起朕。"命萧复充任山南、荆湖、江、淮等道宣慰安抚使，实际是疏远萧复。事后，刘从一及朝臣多奏请将萧复留在朝中，德宗告诉陆贽说："朕想派重臣安抚江、淮，宰相、朝臣都说应该这么做。现在却这样翻来覆去，想来是萧复后悔答应出行，指使他们议论上奏。你知道萧复是什么样的人，用意何在吗？"陆贽上疏说："萧复对自己严加砥砺，向往做清正廉洁之士，虽办事不周详，但品行还是可以保证的。至于这样任意欺诈，萧复肯定不干。假使萧复想在朝中逗留，刘从一怎肯随声附和？希望陛下公开分辨查问。如果萧复有所请求，刘从一怎会容许他为自己隐瞒？如果刘从一自己有意回护，萧复就不应受到怀疑。"德宗最终没有再分辨此事。

德宗下诏恢复王武俊、田悦、李纳的官职爵位。

朱滔派人劝说田悦，希望一起去攻占大梁。田悦不愿前去，但不忍拒绝朱滔，便召集属官计议。许士则说："过去朱滔事奉李怀仙，与哥哥朱泚以及朱希彩一起杀了李怀仙，拥立朱希彩，又杀了朱希彩，拥立朱泚。朱泚当了节帅后，朱滔随即劝朱泚进京朝见，由自己担任留后，虽然以忠义勉励朱泚，实际是夺取朱泚的权力。平时在一起共同定计、共同立功的人，朱滔背弃并杀死的有二十余人。假如朱滔得志，连朱泚也容不下，何况同盟之人！不如假意答应与朱滔同行，暗中做好准备，迎接犒劳，一切从丰，待朱滔一到，找个借口，派将领率部分军队跟他去，大王就外表不失报德的名声，内里没有突起的祸患了。"

适值王武俊也派田秀骑马去见田悦说："皇上正在深忧远虑，用恩德安抚我们，我们怎能不悔过归顺？而且，丢开传承九代的天子不去事奉，岂能事奉朱泚和朱滔！田八郎千万别跟他南下，只需关闭城门，据险坚守。请让我看准机会，联合昭义的兵马，将他消灭。与田八郎肃清河朔，共同事奉皇上，不是也很好

乎!"悦意遂决,绐滔曰:"如约。"

滔将步骑五千人、回纥三千人,发河间而南入赵境,武俊大具犒享。入魏境,悦供承倍丰。滔遣使见悦,约与偕行,悦曰:"昨日将出军,将士勒兵不听,曰:'国兵新破,将士不免冻馁。若舍城邑而去,朝出,暮必有变。'然悦不敢贰,已令步骑五千从行,供刍牧之役矣。"滔大怒,即日遣兵攻宗城、经城、冠氏,皆拔之。又纵回纥掠馆陶顿幄帟、器皿、车牛以去。悦闭城自守,滔分兵攻贝、魏。于是诏加田悦右仆射,复以武俊为恒、冀、深、赵节度使,李纳为平卢节度使。

遣使发吐蕃兵。

吐蕃尚结赞请出兵助唐收京城,遣秘书监崔汉衡使吐蕃,发其兵。

二月,赠段秀实太尉,谥忠烈。　李希烈围宁陵。

李希烈将兵五万围宁陵,引水灌之。濮州刺史刘昌以三千人守之,凡四十五日不释甲。韩滉遣其将王栖曜将兵助之,以强弩数千游汴水,夜入城。明日,从城上射希烈,及其坐幄。希烈惊曰:"宣润弩手至矣!"遂解围去。

李晟还军东渭桥。

初,李晟与刘德信具屯东渭桥,德信不受晟节制。晟因其至营,数以沪涧之败,斩之,因驰入其军,并将之,军势益振。

李怀光有异志,又恶李晟独当一面,恐其成功,奏请与晟合军。诏许之,晟与怀光会于咸阳西。怀光军士多掠人牛马,晟军秋毫不犯。怀光军士恶其异己,分所获与之,晟军终不敢受。

吗!"于是田悦拿定主意,骗朱滔说:"我将遵约。"

朱滔率领步骑兵五万人、回纥兵三千人,从河间出发,南入王武俊的辖境,王武俊大力办犒劳物品。朱滔进入田悦的辖境,田悦提供的物品更加丰盛。朱滔派使者去见田悦,约定与田悦同行,田悦说:"昨天准备出兵,将士按兵不动,不听命令,说:'魏军新近打了败仗,将士连饥寒都不能避免。如果离开魏州,早晨启程,晚上准会发生变故。'但我不敢怀有二心,已命令步兵、骑兵五千人随同前去,做些放马喂马的杂活。"朱滔大怒,当天派兵攻打宗城、经城、冠氏,全部攻克。朱滔还纵容回纥军抢掠馆陶营房的帐幕、器皿、车、牛等,席卷而去。田悦关闭城门自行防守,朱滔帅兵攻打贝州、魏州。于是德宗下诏加封田悦为右仆射,重新任命王武俊为恒、冀、深、赵节度使,李纳为平卢节度使。

德宗派使者让吐蕃发兵。

吐蕃尚结赞请求出兵援助唐朝收复京城,德宗派秘书监崔汉衡出使吐蕃,征发其兵。

二月,追赠段秀实为太尉,谥号忠烈。　李希烈包围宁陵。

李希烈领兵五万人包围宁陵,引河水加以淹灌。濮州刺史刘昌率三千人守卫宁陵,共四十五天不曾脱去铠甲。韩滉派其将领王栖曜领兵援助,率强健的弩手数千人游过汴水,夜间进城。第二天,弩手在城上箭射李希烈,射到李希烈坐镇的帐幕里边。李希烈吃惊地说:"宣、润的弩手到了!"随即解围离去。

李晟回军东渭桥。

起初,李晟与刘德信都驻扎在东渭桥,刘德信不受李晟的管束。李晟借刘德信来到营中之机,历数沪涧战败的罪责,杀死刘德信,就势奔入刘德信军中,一并统领此军,军队力量越发强大。

李怀光产生背叛朝廷的意图,又嫌恶李晟独当一面,惟恐李晟有所建树,奏请与李晟合兵一处。德宗下诏应允,李晟与李怀光在咸阳西面会师。李怀光的将士经常掠夺百姓的牛马,李晟军秋毫无犯。李怀光的将士厌恶李晟军与自己两样,把得到的物品分给李晟军,李晟军始终不敢接受。

怀光密与朱泚通谋，事迹颇露。李晟屡奏恐为所并，请移军东渭桥，奏不下。

怀光欲激怒诸军，奏言：“诸军粮赐薄，神策独厚。厚薄不均，难以进战。”上无以给之，乃遣陆贽诣怀光营宣慰，因召李晟参议。怀光欲晟自乞减损，使失士心，晟曰：“公为元帅，得专号令，增减衣食，公当裁之。”怀光默然，遂止。

吐蕃相尚结赞言：“蕃法发兵，以主兵大臣为信。今制书无怀光名，故不敢进。”上命贽谕怀光，怀光竟不肯署，尚结赞亦不进军。

贽还言：“贼泚势穷援绝，怀光乘胜芟剪，易若摧枯。而寇奔不追，师老不用，每阻诸帅进取之谋，若不渐思制持，终恐变故难测。今李晟奏请移军，臣尝以问怀光，怀光乃云：‘李晟既欲别行，某亦都不要藉。’愿因此敕下，依晟所奏，而别诏怀光曰：‘李晟奏请移军城东以分贼势，本欲委卿商量，适陆贽回云，卿言许去，遂允其请。’如此，则词婉而直，理顺而明，虽蓄异端，何由起怨！”上从之。

时李建徽、杨惠元犹与怀光联营，贽复奏曰：“怀光当管师徒，足以独制凶寇，逗留未进，抑有他由，所患太强，不资旁助。建徽、惠元之众附丽其营，不相统属，俾之同处，

李怀光暗中与朱泚勾结合谋，颇有迹象透露出来。李晟屡次奏称担心被李怀光吞并，请求将军队转移到东渭桥，但奏章没有批复下来。

李怀光想激怒各军，上奏说："各军粮饷供给微少，只有神策军供给丰厚。多少不均，难以进军作战。"德宗拿不出粮食供给各军，就派陆贽到李怀光营中安抚将士，顺便召李晟来参加计议。李怀光想让李晟自己要求削减供给，使李晟失去军心，李晟说："您是主帅，得以独擅号令，增减衣食供应，自当由您裁断。"李怀光沉默不语，此事才搁置不提。

吐蕃国相尚结赞说："吐蕃发兵的规矩，以掌管兵权大臣的署名为凭信。现在制书上没有李怀光的署名，所以不敢进军。"德宗命陆贽告知李怀光，李怀光始终不肯署名，尚结赞也没有发兵进军。

陆贽回来说："逆贼朱泚大势已去，外援断绝，李怀光乘胜消灭敌军就像摧毁枯干的草叶一样容易。然而，李怀光在敌寇逃窜时不肯追击，致使士气低落，难以用兵，还常常阻止各军主帅进军杀敌的计划，如果不逐渐想出控制李怀光的办法，最终恐怕会发生难以测度的变故。现在李晟请求转移本军，臣曾就此去问李怀光的意见，李怀光便说：'既然李晟愿意到别处去，我也全然不需要借助于他。'希望就此时机下敕批准李晟的奏请，另外下诏给李怀光说：'李晟上奏请求把军队转移到长安城东面，以分散敌军的兵力，本想委托你来商量其事，适值陆贽回来称，你说允许李晟离去，就答应了李晟的请求。'这样说，措词委婉而又直切，顺理成章，意义明了，即使李怀光蓄有异谋，又有什么理由表示怨恨！"德宗依言而行。

当时，鄜坊节度使李建徽、神策行营节度使杨惠元仍然与李怀光营垒相连，陆贽又上奏说："李怀光所管辖的士兵足以独自制服凶恶的敌寇，李怀光逗留不进，也许有别的缘由，令人担忧的是李怀光军过于强大，不需要别人的帮助。李建徽、杨惠元的人马挨近李怀光的营垒，没有统属关系，使他们驻扎在一起，

必不两全。今宜托言晟兵素少,虑为贼泚所邀,藉此两军迭为掎角。仍先谕旨,密使促装,诏书至营,即日进路。怀光意虽不欲,然亦计无所施,是谓先人有夺人之心,疾雷不及掩耳者也。"上曰:"卿所料极善。然如此则怀光必更生辞,转难调息,且更俟旬时。"

加李怀光太尉,赐铁券。

李晟以为:"怀光反状已明,缓急宜有备。蜀、汉之路不可壅,请以裨将赵光铣等为洋、利、剑三州刺史,各将兵以防未然。"上欲亲总禁兵幸咸阳,趣诸将进讨。或谓怀光曰:"此汉祖游云梦之策也。"怀光大惧,反谋益甚。

诏加怀光太尉,赐铁券,遣使谕旨。怀光对使者投铁券于地,曰:"人臣反,赐铁券。怀光不反,今赐铁券,是使之反也!"辞气甚悖。左兵马使张名振当军门大呼曰:"太尉视贼不击,待天使不敬,果欲反邪?"怀光曰:"我不反,欲蓄锐以俟时耳。"怀光又发卒城咸阳,移军据之。名振曰:"乃者言不反,今不攻长安,杀朱泚,取富贵,而拔军此来,何邪?"怀光杀之。

怀光潜与朱泚通谋,其养子石演芬遣客诣行在告之。事觉,怀光召演芬责之曰:"我以尔为子,奈何负我?死甘心乎?"演芬曰:"天子以太尉为股肱,太尉以演芬为心腹。太尉既负天子,演芬安得不负太尉乎?演芬胡人,不能异心,惟知事一人,苟免贼名而死,死甘心矣。"怀光使左右脔食之,皆曰"义士也",以刀断其喉而去。

肯定难以两全。现在应托称李晟兵马素来就少，担心遭受逆贼朱泚的截击，想借助李、杨两军形成互相呼应的形势。还要先传达圣旨，暗中让李、杨二军赶快准备行装，待诏书下达营中，当天上路。即使李怀光心中不愿意，却也无计可施，这就是所说的先发制人可以使敌人丧失斗志，迅雷不及掩耳的道理。"德宗说："你极有预见。但这样做，李怀光必然又生口舌，反而难以调停，姑且再等待十天吧。"

德宗加封李怀光为太尉，赐给铁券。

李晟认为："李怀光谋反的情况已很清楚，在危急关头应有所准备。通往蜀、汉的道路不能被切断，请任命副将赵光铣等人为洋、利、剑三州刺史，各自领兵，防患未然。"德宗打算亲自统领禁军前往咸阳，督促诸将进军讨伐。有人对李怀光说："这是汉高祖巡游云梦泽的计策。"李怀光大为恐惧，反叛的阴谋愈发加剧。

德宗下诏加封李怀光为太尉，赐给铁券，派使者传达圣旨。李怀光面对使者，把铁券扔在地上，说："人臣造反，赐给铁券。我没造反，现在赐给铁券，是要我造反！"言辞和语气都很无礼。左兵马使张名振在军营大门口大声喊道："太尉不进击敌军，不恭敬对待朝廷的使者，真想造反吗？"李怀光说："我不会造反，只是要养精蓄锐，等待时机。"李怀光又调集士兵修筑咸阳城，把军队转移到咸阳，占据其地。张名振说："以前你说不会造反，现在不去攻打长安，诛杀朱泚，获取富贵，却将军队调到这里是为什么？"李怀光将张名振杀死。

李怀光暗中与朱泚勾结合谋，其养子石演芬派门客前往行在告发。事情被察觉后，李怀光把石演芬叫来责备说："我认你为儿子，你怎么背弃我？让你死，甘心吗？"石演芬说："皇上把太尉当作辅佐朝政的大臣，太尉把我当作亲信。既然太尉背弃皇上，我怎能不背弃太尉？我是胡人，不能怀有二心，只知道事奉一人，如果一死能免去叛贼的恶名，死也甘心。"李怀光指使身边的人把他切成碎块分吃，大家都说"他是义士"，用刀割断石演芬的喉部，就离去了。

李怀光反,帝奔梁州。

上以怀光附贼,将幸梁州。山南节度使严震遣大将张用诚将兵五千迎卫,用诚为怀光所诱,阴与之通谋。会震继遣牙将马勋奉表,上语之故,勋请诣梁州取震符,召用诚还,不受命则杀之。遂去得震符,请壮士五人与俱。用诚迎之,勋与入驿,出符示之,用诚起走。壮士自后擒之,送震,杖杀之。

李怀光袭夺李建徽、杨惠元军,杀惠元,建徽走免。怀光又与韩游瑰书,约使为变,游瑰奏之。上问策安出,对曰:"怀光总诸道兵,故敢恃众为乱。今邠宁、灵武、河中、振武、潼关、渭北皆有守将,陛下各以其众及地授之,尊怀光之官,罢其权,则行营诸将各受本府指麾矣。怀光独立,安能为乱?"上曰:"如此,若朱泚何?"对曰:"陛下既许将士以克城殊赏,将士奉天子之命以讨贼取富贵,谁不愿之?泚不足忧也。"上然之。

怀光遣其将赵昇鸾入奉天,约为内应。昇鸾诣浑瑊自言,瑊遽以闻,且请决幸梁州。上遂出城,命戴休颜守奉天。休颜徇于军中曰:"怀光已反。"遂乘城拒守。

泾卒之乱,兵部侍郎刘迺以病卧家,朱泚召之,不起。使蒋镇说之,再往不从。镇乃叹曰:"镇不能舍生,以至于此,岂可复以己之腥臊污漫贤者乎!"歔欷而反。迺闻上幸山南,自投于床,不食而卒。乔琳从至盩厔,称病为僧。泚召为吏部尚书,于是朝士多出仕泚。

李怀光反叛,德宗逃往梁州。

由于李怀光归附敌军,德宗准备出走梁州。山南节度使严震派大将张用诚领兵五千人前来迎接护卫,张用诚受李怀光的引诱,暗中与李怀光互通阴谋。适值严震接着又派牙将马勋进献表章,德宗说出这个变故,马勋请求:“前往梁州去取严震的军令,召张用诚返回,如不接受命令,就杀死他。”于是马勋拿到了严震的军令后,请严震派出五名壮士与他同去。张用诚迎接他们,马勋与张用诚一齐走进驿站,把军令拿给张用诚看,张用诚起身逃跑。壮士从背后捉住张用诚,送交严震,杖打而死。

李怀光袭击李建徽、杨惠元二军,杀死杨惠元,李建徽逃脱。李怀光又写信给韩游瓌,约他发起变乱,韩游瓌奏报其事。德宗问有何对策,韩游瓌回答说:“李怀光统辖各道军队,所以敢仗着兵众作乱。现在,邠宁、灵武、河中、振武、潼关、渭北都有守将,陛下可以将这些地区以及当地兵马分别交给这些守将,提升李怀光的官职,免去兵权,行营诸将领就分别受本军府的指挥了。李怀光孤立了,怎能作乱?”德宗说:“这样做后,如何对付朱泚?”韩游瓌回答说:“既然陛下许诺将士攻克敌城后给予特殊奖赏,将士遵奉天子的命令去讨伐逆贼,获取富贵,谁不愿意?朱泚不足挂虑。”德宗认为言之有理。

李怀光派其将领赵昇鸾进入奉天城,约定充当内应。赵昇鸾到浑瑊处主动讲了此事,浑瑊赶忙奏报德宗,并且请德宗决定出走梁州。德宗随即出城,命戴休颜防守奉天。戴休颜在军中当众宣布说:“李怀光已经造反。”于是登城防守。

泾州兵变发生时,兵部侍郎刘迺病卧在家,朱泚传召他,他不肯起床。朱泚派蒋镇去劝说,去了两次,都不从命。于是蒋镇叹道:“我不能舍弃生命,以至到了这般地步,难道还要用自己的秽恶行为去玷污贤人吗!”使哽咽着返回。刘迺听说德宗出走山南,扑下床来,绝食而死。乔琳跟随德宗来到盩厔,说自己有病,当了和尚。朱泚召用乔琳为吏部尚书,于是许多朝臣都去给朱泚当官。

怀光遣其将孟保、惠静寿、孙福达将精骑趣南山邀车驾，至鳌屋，相谓曰：“彼使我为不臣，我以追不及报之，不过不使我将耳。”帅众而东，纵之剽掠，由是百官从行者皆得入骆谷。以追不及还报，怀光皆黜之。

加神策行营节度使李晟同平章事。

李晟得除官制，拜哭受命，谓将佐曰：“长安，宗庙所在，天下根本。若诸将皆从行，谁当灭贼者？”乃治城隍，缮甲兵，为复京城之计。是时，怀光、朱泚连兵，声势甚盛。晟以孤军处其间，内无资粮，外无救援，徒以忠义感激将士，故其众虽单弱，而锐气不衰。又以书遗怀光，辞礼卑逊，而谕以祸福，劝之立功补过，故怀光惭恶，未忍击之。晟以判官张或假京兆尹，择四十余人假之官，以督渭北诸县刍粟，不旬日，皆充羡。乃流涕誓众，决志平贼。

三月，魏博兵马使田绪杀其节度使田悦，权知军府。

田悦用兵数败，士卒死者什六七，其下厌苦之。上以给事中孔巢父为魏博宣慰使。巢父，孔子三十七世孙也，性辩博。至魏州，对其众为陈逆顺祸福，悦及将士皆喜。兵马使田绪，承嗣之子也，凶险多过失，悦杖而拘之。悦以归国，撤警备，绪遂与左右杀悦及其将佐扈崿、许士则、蔡济等，登城大呼，谓众曰：“绪，先相公之子，诸君受先相公恩，若能立绪，兵马使赏缗钱二千，大将半之，士卒百缗。

李怀光派其将领孟保、惠静寿、孙福达率领精锐骑兵奔赴南山拦截德宗,抵达盩厔时,三位将领交谈说:"李怀光使我们成了叛逆,我们报告说没有追上,不过不让我们领兵罢了。"便率领部众东行,听任士兵抢劫掳掠,跟随德宗出走的朝廷百官因此都得以进入骆谷。三位将领回去报告说没有追上,李怀光一律加以贬黜。

德宗加任神策行营节度使李晟为同平章事。

李晟接到任官的制书,拜倒在地,哭泣着接受任命,对将佐说:"长安是宗庙的所在地,是全国的根本。如果各位将领都跟皇上出走,谁来承担消灭敌人的任务?"便整治城濠,修缮铠甲兵器,安排收复京城的计划。这时,李怀光与朱泚兵力联合,声势很大。李晟仅凭一支孤立无援的军队处于其间,内无粮草,外无救兵,只用忠义来感化激励将士,所以兵力虽然单薄弱小,但锐气并未衰减。李晟还写信给李怀光,措辞执礼谦卑,但也以去祸就福的道理开导他,劝他立功补过,所以李怀光心中惭愧,不忍心进击李晟。李晟让判官张彧担任代理京兆尹,选择四十余人,委任代理性质的官职,来督促渭北各县的粮草,不到十天,各处粮草都充足有余了。于是李晟流着眼泪与部众起誓,决意平定贼寇。

三月,魏博兵马使田绪杀死该镇节度使田悦,暂时代理主持军府。

田悦用兵屡败,死去的士兵有十分之六七,部下都厌烦困苦。德宗任命给事中孔巢父为魏博宣慰使。孔巢父是孔子的三十七世孙,生性雄辩博学。到魏州后,孔巢父对田悦的部众陈述背叛朝廷招祸和顺承朝廷得福的道理,田悦和将士都很高兴。兵马使田绪是田承嗣的儿子,凶狠阴险,多有过失,田悦加以杖打拘禁。田悦因归顺朝廷而撤去警戒,于是田绪与亲信杀死田悦及其将佐扈崿、许士则、蔡济等人,登城大声呼喊,对众人说:"我是先相公的儿子,诸位深受先相公的恩惠,如果能拥立我,兵马使赏给缣钱两千,大将赏给兵马使的半数,士兵赏给一百缣。

竭公私之货，五日取办。"于是将士皆归绪，军府乃定。因请命于巢父，巢父命绪权知军府。

朱滔闻悦死，遣马寔攻魏州，别遣人说绪，许以本道节度使。绪方危迫，送款于滔。李抱真、王武俊又遣使诣绪，许以赴援，绪召将佐议之。幕僚曾穆、卢南史曰："用兵虽尚威武，亦本仁义，然后有功。幽陵之兵恣行杀掠，今虽盛强，其亡可立而待也，奈何以目前之急欲从人为反逆乎！不若归命朝廷，天子方蒙尘于外，闻魏博使至必喜，官爵旋踵而至矣。"绪从之，遣使奉表诣行在。

李怀光奔河中。

上之发奉天也，韩游瑰帅其麾下八百余人还邠州。李怀光以李晟军浸盛，恶之，欲引军袭之。三令其众，众不应，皆窃言曰："若击朱泚，惟力是视。若欲反，我曹有死，不能从也。"怀光知之，问计于宾佐，李景略曰："取长安，杀朱泚，散军还诸道，单骑诣行在。如此，臣节亦未亏，功名犹可保也。"顿首恳请，至于流涕，怀光许之。既而阎晏等劝怀光东保河中，徐图去就。怀光乃说其众曰："今且往河中，俟春装办，还攻长安未晚也。东方诸县皆富实，听尔俘掠。"众遂许之。怀光乃谓景略曰："向者之议，军众不从，子宜速去。"遣数骑送之。景略出军门，恸哭曰："不意此军一旦陷于不义！"

怀光遣使诣邠州，令留后张昕悉发所留兵万余人，及行营将士家属会泾阳。韩游瑰说昕曰："李太尉功高自弃，已蹈祸机，中丞今日可以自求富贵。"昕曰："昕微贱，赖李

我将竭尽公家和我私人的资财,五天内置办足数。"于是将士都归附田绪,军府这才安定下来。田绪因而向孔巢父请示,孔巢父命田绪暂且代理主持军府。

朱滔听说田悦已死,派马寔攻打魏州,另派人劝说田绪,答应任田绪为本道节度使。田绪正危急窘迫,便向朱滔表示归降。李抱真、王武俊又派使者到田绪处,答应前来援助,田绪召集将佐计议。幕僚曾穆、卢南史说:"用兵虽崇尚威武,也要遵循仁义,才会成功。幽州军肆意屠杀掳掠,现在虽强盛,其灭亡立等可至,怎能因目前的危急就想跟人家干反叛的勾当!不如归顺朝廷,皇上正流亡在外,得知魏博使者到来一定高兴,官职爵位转足之间就会送来。"田绪依言而行,派使者到行在进献表章。

李怀光逃奔河中。

德宗从奉天出发时,韩游瑰率领部下八百余人回到邠州。李怀光因李晟军逐渐强盛,就憎恶他,想领兵袭击他。先后向部下三次下达命令,大家没有答应,都私下说:"如果去打朱泚,有多大力气便使多大力气。如果打算造反,我辈唯有一死,决不服从。"李怀光知道后,向宾客将佐征询对策,李景略说:"攻占长安,诛杀朱泚,解散军队,返回各道,你单人匹马前往行在。做到这些,臣下的操守也算没有亏缺,功名还可以保住。"便伏地叩拜,以至流下眼泪,李怀光答应了。事后,阎晏等人劝李怀光东去防守河中,何去何从,从长计议。于是李怀光劝部众说:"现在姑且前往河中,等春天的衣装置办好了,再回军进攻长安不迟。东边各县都很富庶,任凭你们掳掠。"于是大家答应下来。李怀光随即对李景略说:"你以前的建议,将士不肯依从,你最好赶快离开。"便派数人骑马护送李景略。李景略走出军营大门,悲切痛哭说:"没想到这支军队一天之内就沉陷到不义之中!"

李怀光派使者来到邠州,命令邠州留后张昕让留在那里的一万余名士兵以及行营将士的家属全部出发,在泾阳会合。韩游瑰劝张昕说:"李太尉功劳很高,却自甘暴弃,已踩在祸患的机括上,中丞现在可独自去求取富贵。"张昕说:"我出身寒微,靠李

太尉得至此,不忍负也。"游瓌乃谢病不出,阴与诸将相结,举兵杀昕。

会崔汉衡以吐蕃兵至,矫诏游瓌知军府事,于是游瓌屯邠宁,戴休颜屯奉天,骆元光屯昭应,尚可孤屯蓝田,皆受李晟节度,晟军声大振。

始,怀光方强,朱泚与书,以兄事之,约分帝关中。及怀光已反,其下多叛,泚乃赐以诏书,且征其兵。怀光惭怒,内忧麾下为变,外恐李晟袭之,遂烧营东走,掠泾阳等十二县鸡犬无遗。至河中,或劝守将吕鸣岳焚桥拒之,鸣岳以兵少,恐不能支,遂纳之。

车驾至梁州。

上在道,民有献瓜果者,上欲以散试官授之。陆贽奏曰:"爵位恒宜慎惜,不可轻用。献瓜果者,赐之钱帛可也。"上曰:"试官虚名,无损于事。"贽曰:"当今所病,方在爵轻,设法贵之,犹恐不重。若又自弃,将何劝人? 夫诱人之方,惟名与利。名近虚而于教为重,利近实而于德为轻。专实利而不济之以虚则物力不给,专虚名而不副之以实则人情不趋。故国家命秩之制,有职事,有散官,有勋官,有爵号,然掌务而受俸者,唯系职事之一官,此所谓施实利而寓虚名者也。三者止于服色资荫而已,此所谓假虚名以佐实利者也。今之员外、试官虽则授无费禄,然而突铦锋、排患难、竭筋力、展勤效者皆以是酬之。若献瓜果者亦以授之,

太尉才有今天，不忍心对不起他。"于是韩游瓌称病不出，暗中与诸将领联络，起兵杀死张昕。

适值崔汉衡因吐蕃军到来，便假托诏旨命韩游瓌掌管军府事务，于是韩游瓌驻兵邠宁，戴休颜驻兵奉天，骆元光驻兵昭应，尚可孤驻兵蓝田，都受李晟的节制调度，李晟军声势大振。

最初，正当李怀光强盛时，朱泚写信给李怀光，当兄长对待，约定分别在关中称帝。及至李怀光反叛，许多部下背叛李怀光，朱泚便向李怀光颁赐诏书，并征调军队。李怀光惭愧恼怒，对内顾虑部下作乱，对外恐怕李晟袭击，于是烧了营房，向东退逃，将泾阳等十二县抢劫得鸡犬不剩。来到河中时，有人劝守将吕鸣岳烧桥抵御李怀光，吕鸣岳认为兵力薄弱，不能抵敌，便让李怀光进入河中。

德宗来到梁州。

德宗出走途中，百姓有进献果瓜的，德宗想授给散试官。陆贽说："对于爵位，通常应该慎重珍惜，不能轻易授给。对进献瓜果的，赐给钱帛就够了。"德宗说："试官只是虚名，无伤事体。"陆贽说："当今出现的弊病，正是爵位太轻。想方设法使爵位高贵起来，还怕爵位不重。如果放弃爵赏的手段，将用什么去勉励别人？诱导人的方法，只有名誉和利益。名誉近于虚无，对教化来说却是重要的；利益近于实有，对德操来说却是次要的。专门给人实有的利益而不以虚无的名誉加以配合，物力就难以供给；专门给人虚无的名誉而不以实有的利益作为补充，人们就不会奔趋求取。所以，国家任命官吏的职位与品级的制度，虽然有职事官，有散官，有勋官，有爵号，但是掌管实务因而授给薪俸的官员，只有职事官一种，这就是所谓给予实有的利益而使虚无的名誉寓于其中的做法。勋官、散官、爵号三项只限于朝服颜色和根据官品荫庇子孙，这就是所谓假借虚无的名誉而以实有的利益为佐助的做法。虽然如今的员外官和试官授给后不用耗费薪俸，但是对于冲锋陷阵、排除祸难、竭尽体力、勤苦有功的人，都用这种官号来加以酬报。如果对进献瓜果的也授给这种官号，

则彼必相谓曰:'吾以忘躯命而获官,此以进瓜果而获官,是乃国家以吾之躯命同于瓜果矣。'视人如草木,谁复为用哉! 今陛下既未有实利以敦劝,又不重虚名而滥施,则后之立功者将曷用为赏哉!"

上居艰难中,虽有宰相,大小之事,必与贽谋之,故当时谓之内相,上行止必与之俱。梁、洋道险,尝与贽相失,上惊忧涕泣,募得贽者赏千金。久之乃至,上喜甚,太子以下皆贺。然贽数直谏,忤上意。卢杞虽贬,上心庇之。贽极言杞奸邪致乱,上虽貌从,心颇不悦。

车驾至梁州,山南地薄民贫,盗贼之余,户口减半,粮用颇窘。上欲西幸成都,严震曰:"山南地接京畿,李晟方图收复,藉六军以为声援。若幸西川,则晟未有收复之期也。"众议未决,会晟表至,言:"陛下驻跸汉中,所以系亿兆之心,成灭贼之势。若规小舍大,迁都岷、峨,则士庶失望,虽有猛将谋臣,无所施矣。"上乃止。严震百方以聚财赋,民不至困穷,而供亿无乏。

凤翔节度使李楚琳遣使诣行在。

初,奉天围既解,李楚琳遣使入贡。上不得已,除凤翔节度使,而心恶之。使者数辈至,上皆不引见,欲以浑瑊代之。陆贽奏曰:"楚琳之罪固大,但以乘舆未复,大憝犹存,勤王之师悉在畿内,仅通王命,唯在褒斜,倘或楚琳发憾猖狂,则我咽喉梗而心膂分矣。今幸两端顾望,正宜厚加抚

他们就会互相谈论说：'我们不惜性命才得到官号，这些人因进献瓜果就得到官号，这是国家把我们的性命等同于瓜果了。'把人视为草木，谁还为国家效力！现在，陛下既没有实有的利益来勉励别人，又不重视虚无的名誉而滥封滥授，对以后的立功者将用什么加以奖赏！"

德宗在艰难的日子里，虽有宰相，但事无大小，一定要跟陆贽商量，所以当时称陆贽为内宰相，德宗无论干什么，一定要有陆贽伴随。由于梁、洋二州道路险恶难行，德宗一度与陆贽失散，德宗担惊不已，愁得流下眼泪，招募能找到陆贽的人，赏赐千金。过了许久，陆贽到了，德宗非常高兴，太子以下官员都表示祝贺。然而，陆贽多次直言劝谏，有违德宗的意旨。卢杞虽然被贬，但德宗心中还在庇护卢杞。陆贽极力陈诉卢杞奸邪，导致变乱，德宗虽然表面同意，心中却很不高兴。

德宗来到梁州，山南道土地瘠薄，人民贫困，战事之后，户口减半，粮食与一应用度颇为困窘。德宗想西去成都，严震说："山南道与京畿连接，李晟正在计划收复京城，需要借助陛下六军作为声援。如果出走西川，李晟收复京城就遥遥无期了。"大家还没有议出结果，适值李晟的表章送到，内言："陛下驻扎在汉中，是维系天下民心，造成灭敌形势的保证。如果图小失大，将都城迁到岷、峨一带，人们将会失去希望，即使有勇猛的将领、多谋的大臣，也无能为力了。"德宗这才停止西行。严震千方百计地征收赋税，使百姓不至艰难窘迫，供给也不缺乏。

凤翔节度使李楚琳派使者来到行在。

起初，奉天解围后，李楚琳派使进贡。德宗迫不得已，任命李楚琳为凤翔节度使，但心怀嫌恶。李楚琳的使者数人前来，德宗都不接见，想让浑瑊取代李楚琳。陆贽上奏说："李楚琳的罪恶固然很大，但因陛下还没回京，元凶仍在，援救朝廷的军队都在京城辖区之内，唯一传达朝廷命令的通路，只有褒斜道，倘若李楚琳产生怨恨，肆意妄为，我方的咽喉要道就会堵塞，朝廷与援军就会两相分张。现在幸亏李楚琳持观望态度，正该厚加安

循，得其持疑，便足集事。必欲精求素行，追抉宿疵，则是改过不足以补愆，自新不足以赎罪。凡今将吏，岂尽无疵，人皆省思，孰免疑畏？又况阻命胁从之流，安敢归化哉！"上乃善待楚琳使者，优诏存慰之。

上又问贽："近有卑官自山北来者，论说贼势，语多张皇，察其事情，颇似窥觇，若不追寻，恐成奸计。"贽上奏曰："以一人之听览而欲穷宇宙之变态，以一人之防虑而欲胜亿兆之奸欺，役智弥精，失道弥远。项籍纳秦降卒二十万，虑其怀诈而尽坑之，其于防虞亦已甚矣。汉高豁达大度，天下之士至者纳用不疑，其于备虑可谓疏矣。然而项氏以灭，刘氏以昌，蓄疑之与推诚，其效固不同也。陛下智出庶物，有轻待人臣之心；思周万机，有独驭区寓之意；谋吞众略，有过慎之防；明照群情，有先事之察；严束百辟，有任刑致理之规；威制四方，有以力胜残之志。由是才能者怨于不任，忠荩者忧于见疑，著勋业者惧于不容，怀反侧者迫于及讨，驯致离叛，构成祸灾。愿陛下以覆辙为戒，天下幸甚。"

夏四月，以韩游瓌为邠宁节度使。　加李晟诸道副元帅。

晟家百口及神策军士家属皆在长安，朱泚善遇之。军中有言及家者，晟泣曰："天子何在，敢言家乎！"泚使晟亲近以家书遗晟曰："公家无恙。"晟怒曰："尔敢为贼为间！"立斩之。军士未授春衣，盛夏犹衣裘褐，终无叛志。

抚,争取使李楚琳犹豫不决,就足以成事。如果想认真责求别人平素的行为,刻意追究以往的过失,就是改正过错不足以弥补缺失,重新做人不足以抵罪偿过。凡是如今的将吏,岂能全无过失,如果人人都需要反省,谁不疑虑恐惧? 又何况那些抗拒朝命和胁从作乱的人们,怎敢归向王化!"于是德宗好好接待李楚琳的使者,颁诏好言安慰李楚琳。

德宗又问陆贽:"最近有个从南山北面来的低级官吏,论说敌军形势,说话多有夸张,察看此人的情形,很像窥探情报,如果不加追查,恐怕成就他们的奸计。"陆贽上奏说:"想用一个人的见闻去穷尽宇宙的变化形态,想用一个人的戒心去战胜众人的奸邪欺诈,运用心智越精,背离大道越远。项羽接受秦朝降兵二十万人,担心降兵心怀诈谋,就悉数活埋,防人之心也够过分了。汉高祖胸襟开阔,气度宏大,对投奔自己的天下之士都加以录用,毫不怀疑,戒备之心可谓疏略。然而项氏因此灭亡,刘氏因此昌盛,可见存心猜疑与推心置腹的后果本来不同。陛下智慧超出万物,有看不起群臣的想法;思虑遍及纷繁的政务,有独自制驭全国的意向;谋略压倒众人,有过于慎重的防范;英明洞照群情,有先于事态的体察;严格管束百官,有专用刑罚以求政治修明的规略;威严辖制四方,有用武力遏制残暴的志向。因此,有才能的人埋怨不得任用,竭尽忠心的人担心遭受猜疑,建立勋业的人害怕不能容身,居心反复无常的人迫于将受讨伐,导致离心背叛,造成灾祸。希望陛下引以往的教训为戒,天下人不胜庆幸。"

夏四月,德宗任命韩游瓌为邠宁节度使。 加封李晟为诸道副元帅。

李晟一家百口以及神策军将士的家属都留在长安,朱泚给以很好的待遇。军中有人谈到家室,李晟哭着说:"知道皇上在哪里吗,还敢谈论家室!"朱泚让李晟亲近的人给李晟送去家信说:"您家没事。"李晟生气地说:"你竟敢替贼寇充当奸细!"立刻杀死该人。将士没有发给春衣,盛夏还穿着冬装,但始终没有背叛的想法。

以田绪为魏博节度使。　浑瑊以吐蕃兵拔武功。

浑瑊帅诸军出斜谷，崔汉衡劝吐蕃出兵助之。尚结赞曰："邠军不出，将袭我后。"韩游瓌闻之，遣其将曹子达将兵往会，吐蕃遣兵二万从之，李楚琳遣将从瑊，拔武功。泚遣其将韩旻等攻之，子达以吐蕃拒击，斩首万余级，旻仅以身免。瑊遂引兵屯奉天，与李晟东西相应，以逼长安。

姜公辅罢为左庶子。

上长女唐安公主薨，上欲为造塔，厚葬之。姜公辅表谏以为："山南非久安之地，且宜俭薄，以副军须之急。"上谓陆贽曰："造塔小费，非宰相所宜论。公辅正欲指朕过失，自求名耳。"贽上奏曰："凡论事者，当问理之是非，岂计事之大小！故唐虞之际，主圣臣贤，而虑事之微，日至万数。然则微之不可不重也如此，陛下又安可忽而勿念乎！若谓谏争为指过，则剖心之主不宜见罪于哲王。以谏争为取名，则匪躬之臣不应垂训于圣典。假有意将指过，谏以取名，但能闻善而迁，见谏不逆，则所指者适足以彰陛下莫大之善，所取者适足以资陛下无疆之休，因而利焉，所获多矣。倘或怒其指过而不改，则陛下招恶直之讥，黜其取名而不容，则陛下被违谏之谤。是乃掩己过而过弥著，损彼名而名益彰，果而行之，所失大矣。"上意犹怒，罢公辅为左庶子。

泾原大将田希鉴杀其节度使冯河清。

朱泚、姚令言数遣人诱河清，河清皆斩其使者。大将田希鉴密与泚通，杀河清而附于泚。

以贾耽为工部尚书。

德宗任命田绪为魏博节度使。　　浑瑊率吐蕃兵攻克武功。

浑瑊率领诸军开出斜谷，崔汉衡劝吐蕃出兵援助浑瑊。尚结赞说："邠州没有出兵，将会从背后袭击我们。"韩游瓌闻讯派其将领曹子达领兵前去会合浑瑊军，吐蕃派兵二万人跟随其后，李楚琳派将领随从浑瑊攻克武功。朱泚派其将领韩旻等人攻打武功，曹子达率领吐蕃军抗击，斩首一万余级，韩旻仅免于一死。浑瑊随即领兵驻扎奉天，与李晟东西互相呼应，以便进逼长安。

姜公辅罢免为左庶子。

德宗长女唐安公主去世，德宗想建塔，厚葬公主。姜公辅上表进谏认为："山南不是永久性的安葬地点，而且应俭朴其事，以适应军中的急需。"德宗告诉陆贽说："建一座塔，费用微少，不是宰相应议论的。姜公辅正想通过指责朕的过失，为自己求得名声。"陆贽上奏说："凡是议事，应分辨道理对错，岂管事情大小！所以在唐尧、虞舜时期，君主圣明，臣下贤能，考虑事情至为细微，一天要考虑的事情数以万计。可见，对细微的事情不能不如此重视，陛下又怎能忽略其事，不加挂念！如果认为谏诤是指责过失，将谏臣剖心的君主就不该被睿哲的帝王所归罪。认为谏诤是猎取美名，不顾自身、尽忠国家的大臣就不会在圣人的经典上留下榜样。即使故意指责过失，借谏诤猎取美名，只要能听到好的建议就改进，遇到直言劝谏就接受，给与指责的人恰恰足以显示陛下至善的品格，所得美名恰恰足以给陛下带来无穷的福气，因此得到的益处太多了。倘若因恼恨别人指责过错就不改正，陛下就会招致厌恶直言的讥讽，因贬斥别人猎取美名就不含容，陛下就会蒙受拒绝谏诤的非议。这是越掩盖自己的过失，过失越加显著，越贬损别人的名声，名声越发彰明，陛下果真这样做，损失就太大了。"德宗仍有怒意，将姜公辅罢免为左庶子。

泾原大将田希鉴杀死本镇节度使冯河清。

朱泚、姚令言屡次派人劝诱冯河清，冯河清每次都杀死来使。大将田希鉴暗中与朱泚勾结，杀死冯河清，归附朱泚。

德宗任命贾耽为工部尚书。

先是,耽为山南东道节度使,使行军司马樊泽奏事行在。泽既复命,方大宴,有急牒至,以泽代耽。耽内牒怀中,颜色不改。宴罢,召泽告之,且命将吏谒泽。牙将张献甫怒曰:"行军自图节钺,事人不忠,请杀之。"耽曰:"天子所命,则为节度使矣。"即日离镇,以献甫自随,军府遂安。

韩游瓌引兵会浑瑊于奉天。　李抱真会王武俊于南宫。

朱滔攻贝州百余日,马寔攻魏州亦逾四旬,皆不能下。贾林复为李抱真说王武俊曰:"朱滔志吞贝、魏,复值田悦被害,倘旬日不救,则魏博皆为滔有矣。魏博既下,则张孝忠必为之臣。滔连三道之兵,益以回纥,进临常山,明公欲保其宗族得乎?常山不守,则昭义退保西山,河朔尽入于滔矣。不若乘贝、魏未下,与昭义合兵救之。滔既破亡,则朱泚不日枭夷。銮舆反正,诸将之功,孰居明公之右者哉!"武俊悦,从之,军于南宫东南,抱真自临洺引兵会之。

两军尚相疑,抱真以数骑诣武俊营,命行军司马卢玄卿勒兵以俟,曰:"今日之举,系天下安危。若其不还,领军事以听朝命亦惟子,励将士以雪仇耻亦惟子。"言终遂行。见武俊,叙国家祸难,天子播迁,持武俊哭,流涕纵横。武俊亦悲不自胜,左右莫能仰视。遂与武俊约为兄弟,誓同灭贼。抱真退入武俊帐中,酣寝久之。武俊感激,待之益恭,指心仰天曰:"此身已许十兄死矣!"遂连营而进。

此前，贾耽担任山南东道节度使，让行军司马樊泽前往行在奏事。樊泽向贾耽复命后，正值大摆宴席，这时有紧急公文送到，内容是以樊泽代替贾耽的职务。贾耽把公文揣到怀里，面色毫不改变。宴会结束后，贾耽叫来樊泽，告知朝廷的决定，并命令将吏拜见樊泽。牙将张献甫愤怒地说："行军司马自己图谋节度使的节钺，事奉于人，不尽忠心，请杀死他。"贾耽说："经皇上任命，就是节度使了。"当天便离开本镇，让张献甫跟自己走，于是军府安然无事。

韩游瓌领兵在奉天与浑瑊会合。　李抱真在南宫与王武俊会合。

　　朱滔进攻贝州历时一百余天，马寔进攻魏州也超过四十天，都未能攻克。贾林再次替李抱真劝王武俊说："朱滔志在吞并贝州和魏州，加上正当田悦被害，倘若十天内不去援救，魏博就全被朱滔占有了。魏博失陷后，张孝忠就必定成为朱滔的臣属。朱滔集中幽州、易定、魏博三道的军队，加上回纥，进军攻打常山，你想保全自己的宗族，能吗？常山失守，昭义军就得退守西山，河朔地区就全归朱滔了。不如趁贝、魏二州未被攻克，与昭义合兵援救他们。朱滔败亡后，朱泚不久就会诛灭。皇上拨乱反正，诸将领的功劳，谁能在您之上！"王武俊很高兴，依言而行，在南宫东南面驻军，李抱真从临洺领兵前来会合。

　　这时两军还在互相猜疑，李抱真带领数人骑马前往王武俊的营地，命令行军司马卢玄卿统领军队，等待消息，说："今天的行动，关系天下安危。如果我回不来，统领军务、听候朝命就看你的了，激励将士、报仇雪耻也看你的了。"说罢启程。见了王武俊，李抱真叙谈国家的祸难，天子的流亡，握着王武俊的手哭泣，涕泪纵横。王武俊也禁不住悲伤起来，身边的人都难过得抬不起头来。于是，李抱真与王武俊结为兄弟，发誓共同消灭贼寇。李抱真退入王武俊的营帐，酣睡了很久。王武俊深受感化与激励，对李抱真愈发恭敬，他手指胸口，仰天起誓说："此身已经决心为十哥而死了！"便军营相连，一同进军。

资治通鉴纲目卷四十七

起甲子(784)唐德宗兴元元年五月,尽庚辰(800)唐德宗贞元十六年。凡十六年有奇。

五月,韩滉遣使贡献。

山南地热,上以军士未有春服,亦自御夹衣。至是,盐铁判官王绍以江淮缯帛来至,上命先给将士,然后御衫。韩滉又欲遣使献绫罗四十担于行在,幕僚何士幹请行。滉喜曰:"君能相为行,请今日过江。"士幹许诺。归别家则薪米储偫已罗门庭矣,登舟则资装器用已充舟中矣,每担夫与白金一版,使置腰间。又运米百艘以饷李晟,自负囊米置舟中,将佐争举之,须臾而毕。艘置五百弩手,有寇则叩舷相警,五百弩已彀矣。比达渭桥,盗不敢近。时关中斗米五百,及滉米至,减五之四。滉为人强力严毅,自奉俭素,夫人常衣绢裙,破,然后易。

吐蕃引兵归国。

朱泚使田希鉴以金帛赂吐蕃,浑瑊屡与约刻日取长安,既而不至,遂引兵去。上以李晟、浑瑊兵少,欲倚吐蕃以复京城,闻其去,甚忧之,以问陆贽。贽上奏曰:"吐蕃迁延观望,翻覆多端,致令群帅进退忧虞。欲舍之独前则虑其怀怨乘蹑,欲待之合势则苦其失信稽延。

兴元元年五月,韩滉派使者进献贡物。

山南地区天气炎热,德宗由于将士没有春装,因此自己也穿着夹衣。至此,盐铁判官王绍押运江淮的丝帛来到,德宗命先供给将士,然后自己才穿上单衣。韩滉又想派使者向德宗进献绫罗四十担,幕僚何士幹请求前往。韩滉高兴地说:"你若能替我去,请在今天渡过长江。"何士幹答应了。何士幹回去告别家人时,韩滉已经让人把需用的柴米储备摆在门前,上船时,韩滉已经让人把物资装备与用具在船中装满,每个担夫发给银牌一块,系在腰间。又有一次,运送一百艘船的粮米供应李晟军,韩滉亲自把米袋背到船中,将佐也争相去背,一会儿就装完了。韩滉为每艘船配备五百名弩手,遇见寇盗就敲击船舷报警,五百支弩箭就已经上弦。直到渭桥,寇盗都不敢靠近。当时,关中每斗米值五百钱,等到韩滉运来米,米价减少五分之四。韩滉为人强干有力,严明刚毅,自己日常生活节俭朴素,夫人经常穿没有纹彩的绢裙,穿破了才换。

吐蕃领兵回国。

朱泚让田希鉴向吐蕃赠送金帛,浑瑊屡次与吐蕃约定攻占长安的日期,后来吐蕃没有前去,已领兵离去。德宗认为李晟、浑瑊兵少,想靠吐蕃收复京城,听说吐蕃离去,甚为担忧,就询问陆贽。陆贽上奏说:"吐蕃拖延观望,反复无常,致使各军主帅进退两难。想抛开吐蕃独自前往,又顾虑吐蕃心怀怨恨,乘机跟在后面骚扰,想等吐蕃合兵一处,又担心吐蕃失信,拖延时日。

戎若未归,寇终不灭。将帅意陛下不见信任,且患蕃戎之夺其功。士卒恐陛下不恤旧劳,而畏蕃戎之专其利。贼党惧蕃戎之胜,不死则悉遗人擒。百姓畏蕃戎之来,有财必尽为所掠。今怀光别保蒲、绛,吐蕃远避封疆,形势既分,腹背无患,瑊、晟诸帅才力得伸。但愿陛下慎于抚接,勤于砥砺,中兴大业,旬月可期。不宜尚眷眷于犬羊之群,以失将士之情也。"

上曰:"卿言甚善,然瑊、晟诸军当议规画,令其进取,卿宜审细条疏以闻。"贽对曰:"贤君选将,委任责成,故能有功。况今秦、梁千里,兵势无常,遥为规画,未必合宜。彼违命则失君威,从命则害军事。进退羁碍,难以成功。不若假以便宜之权,待以殊常之赏,则将帅感悦,智勇得申矣。夫锋镝交于原野而决策于九重之中,机会变于斯须而定计于千里之外,是以用舍相碍,否臧皆凶,上有掣肘之讥,而下无死绥之志矣。且君上之权特异臣下,惟不自用,乃能用人,惟陛下图之。"

李抱真、王武俊大破朱滔于贝州。
李抱真、王武俊距贝州三十里而军,滔闻两军将至,急召马寔。或谓滔曰:"武俊善野战,不可当其锋,宜徙营稍前逼之,使回纥绝其粮道。我坐食德、棣之饷,依营而陈,利则进攻,否则入保,待其饥疲,然后可制也。"会寔军至,滔命明日出战,寔请休息数日。回纥达干见滔曰:"回纥受

如果吐蕃不回国，敌寇终难消灭。将帅猜想陛下不信任自己，而且担心吐蕃争功。士兵惟恐陛下不顾念往日的劳绩，而且害怕吐蕃独占赏赐。贼寇一伙惧怕吐蕃取胜，即使自己不死，也会全部被擒。百姓畏惧吐蕃到来，有点钱财，也会全被抢光。现在李怀光另外去防守蒲、绛二州，吐蕃又远离唐朝疆土，形势上李怀光与吐蕃已经分开，我军没有腹背受敌的顾忌，浑瑊、李晟各节帅的才干能力得以施展。只希望陛下谨慎安抚将士，勤于砥砺臣下，中兴大业就可望在短时间内完成。"不应该在眷恋吐蕃这群犬羊，而失去将士的心。

德宗说："你讲得很好，但是应当为浑瑊、李晟各军商议出一个规划，好让他们进军克敌，你应审慎详细地逐条上奏给朕知道。"陆贽回答说："贤明的君主选择将领，既委以重任，又责以成效，所以能有所建树。况且，现在秦中与梁州相距千里，用兵的形势变化多端，在远处制订规划，未必合适。将帅违反命令君主就有失威严，听从命令军中事务就受损害。或进或退，都有羁绊与阻碍，难以取得成功。不如给将帅见机行事的权力，以超常的奖赏对待将帅，将帅就会感动而又喜悦，智慧与勇敢就会得到施展。战事在原野上进行而决定计策却在幽深的宫禁之中，交战的时机瞬息万变而制定计谋却在千里以外，所以听命与违命互相妨碍，打仗打得好坏结果都不吉祥，在上会招致对将帅掣肘的讥讽，在下会丧失效死沙场的志气。而且君主的权力与臣下的权力大有区别，君主只有不自以为是，才能善于用人，请陛下考虑。"

李抱真、王武俊在贝州大破朱滔。

李抱真、王武俊在距离贝州三十里处驻扎，朱滔听说李、王二军即将到来，急忙叫马寔前来。有人对朱滔说："王武俊善于在旷野作战，不应与他正面交战，而应稍稍向前移动营垒，逼近一些，让回纥切断他的粮道。我军不劳而得食德、棣二州运来的粮食，靠近营垒列阵，有利时就进攻，不利时就入营防守，等王武俊饥饿疲惫了，然后才能制服他。"适值马寔军赶到，朱滔命令明天出战，马寔请求休息几天。回纥达干来见朱滔说："回纥接受

大王金帛牛酒无算,思为大王立效久矣。明日,愿大王驻马高丘,观回纥为大王剪武俊之骑,使匹马不返。"滔遂决意出战。武俊遣其兵马使赵琳将五百骑伏于桑林,抱真列方陈于后,武俊引骑兵居前。与回纥战,赵琳自林中出,横击之,回纥及滔军皆败走,抱真、武俊合兵追之。滔与数千人走还,夜焚营遁归,两军以雾不能追也。滔恐范阳留守刘怦因败图己,怦悉发守兵,具仪仗迎之,时人多之。

以程日华为沧州节度使。

初,张孝忠以易州归国,诏以易、定、沧三州隶之。沧州刺史李固烈,李惟岳之妻兄也,请归恒州,孝忠遣押牙程华交其州事。固烈悉取军资以行,军士杀之。华素宽厚,将士安之。朱滔、王武俊更遣人招华,华皆不从。时孝忠在定州,自沧如定,必涉滔境。参军李宇说华表请别为一军,华从之。上即以华为沧州刺史,知节度事,赐名日华,令岁供义武租钱十二万缗。王武俊又使人说诱之,时军中乏马,日华绐使者曰:"王大夫必欲相属,当以二百骑相助。"武俊绐之,日华悉留之。武俊怒,然以方拒官军,不能攻也。及武俊归国,日华乃遣人谢过,偿其马价,武俊喜,复与交好。

六月,李晟等收复京城,朱泚亡走,其将韩旻斩之以降。

李晟大陈兵,谕以收复京城,引所获谍人示之,饮之酒,给钱而纵之。召诸将问兵所从入,皆请先取外城,据坊市,然后北攻宫阙。晟曰:"坊市狭隘,贼若伏兵格斗,非官军之利也。今贼重兵皆聚苑中,不若自苑北攻之,溃其腹心,

大王的钱帛牛酒犒劳多得难以计算，早就想为大王立功了。明天，请大王立马于高丘，看回纥军替大王消灭王武俊的骑兵，让他匹马不还。"于是朱滔决定出战。王武俊派其兵马使赵琳带领骑兵五百人埋伏在桑林，李抱真列成方阵，居于后面，王武俊带领骑兵，居于前面。与回纥接战后，赵琳从树林中冲出，拦腰截击，回纥与朱滔军都战败逃跑，李抱真、王武俊合兵追击。朱滔与数千人逃回来，连夜烧了营垒逃归本镇，李、王二军因雾气浓重，不能追赶。朱滔怕范阳留守刘怦乘兵败之机谋害自己，而刘怦悉数派出留守兵员，备办仪仗迎接朱滔，受到当时人的称许。

德宗任命程日华为沧州节度使。

起初，张孝忠率领易州归顺朝廷，有诏将易、定、沧三州隶属于张孝忠。沧州刺史李固烈是李惟岳的妻兄，请求回恒州去，张孝忠派押牙程华来交接沧州事务。李固烈拿了所有的军用物资上路，将士把他杀死。程华一向待人宽厚，将士这才安定下来。朱滔、王武俊轮番派人招引程华，程华都没从命。当时，张孝忠驻军定州，从沧州到定州，必须经过朱滔的辖境。沧州参军李宇劝程华上表请求另设一军，程华依从。德宗当即任命程华为沧州刺史，主持节度使事务，赐名日华，命令程日华每年供给义武军租税钱十二万缗。王武俊又让人劝诱程日华，当时军中缺少马匹，程日华骗使者说："如果王大夫有事相托，应送二百骑兵相助。"王武俊给了人马，程日华将马匹全部留下。王武俊大怒，但因正在抵抗官军，无法攻打程日华。等王武俊归顺朝廷，程日华便派人承认过错，偿还马价，王武俊很高兴，又与程日华交好。

六月，李晟等收复京城，朱泚逃跑，其将韩旻杀死朱泚投降。

李晟大规模检阅士兵，宣布要前去收复京城，领着抓获的奸细来观看军容，让他们喝了酒，给了一些钱便放了他们。李晟召集诸位将领，询问军队的进城路线，大家都主张先攻取外城，占据街市，然后再向北攻打宫苑。李晟说："街市狭窄，假如贼寇埋伏士兵与我军搏斗，对官军不利。现在贼寇的重兵都聚集在宫苑中，不如从宫苑北面进攻，让他们的核心崩溃，

贼必奔亡。如此，则宫阙不残，坊市无扰，策之上者也。"诸将皆曰："善。"乃檄浑瑊、骆元光、尚可孤刻期集于城下。尚可孤败泚将仇敬忠于蓝田西，斩之。李晟移军于光泰门外，方筑垒，泚兵大至，晟纵兵击之，贼败走。

明日，晟复出兵，诸将请待西师至，夹攻之。晟曰："贼数败，已破胆，不乘胜取之，使其成备，非计也。"贼出战屡败，晟使兵马使李演、王佖将骑兵，史万顷将步兵，直抵苑墙。晟先开墙二百余步，贼栅断之。晟怒，欲斩万顷等，万顷帅众拔栅而入，佖、演继之，贼众大溃。诸军分道并入，且战且前，凡十余合，贼不能支，皆溃。

张光晟劝泚出亡，泚乃与姚令言帅余众西走，光晟降。晟遣兵马使田子奇以骑兵追泚，令诸军曰："晟赖将士之力，克清宫禁。长安士庶久陷贼庭，若小有震惊，非吊民伐罪之意。晟与公等室家相见非晚，五日内无得通家信。"大将高明曜取贼妓，尚可孤军士取贼马，晟皆斩之，军中股栗，公私安堵，秋毫无犯。是日，浑瑊、戴休颜、韩游瓌亦克咸阳。

晟斩泚党李希倩等于市，表守节不屈者刘迺、蒋沇等，遣掌书记于公异作露布上行在曰："臣已肃清宫禁，祗谒寝园，钟虡不移，庙貌如故。"上览之泣下，曰："天生李晟，以为社稷，非为朕也。"

晟之在渭桥也，荧惑守岁，久之乃退，宾佐皆贺。晟曰："天子野次，臣下知死敌而已。天象高远，谁得知之！"既克长安，乃谓之曰："向非相拒也，吾闻五星赢缩无常，

贼寇必定逃亡。这样做,宫苑不会残破,街市不受骚扰,这才是上策。"诸将领都说:"好。"于是李晟给浑瑊、骆元光、尚可孤送去文书,限定日期,在城下会合。尚可孤在蓝田以西打败朱泚的将领仇敬忠,将他杀死。李晟将军队调到光泰门外,正在修筑营垒,朱泚军大规模到来,李晟纵兵进击,敌军败走。

第二天,李晟再次出兵,诸将领请求等候西面的浑瑊军到来后再夹攻敌军。李晟说:"贼寇屡次战败,已吓破胆,不乘胜攻取,使他们做好防备,不是良策。"敌军出战屡次战败,李晟让兵马使李演、王佖带领骑兵,史万顷带领步兵,直抵宫苑围墙。李晟先将围墙凿开宽二百余步的豁口,敌军用木栅堵住。李晟大怒,想斩史万顷等人,史万顷率领部众摧毁木栅冲了进去,王佖、李演相继而入,敌军纷纷溃散。各军分路一齐冲入,边接战,边推进,经十余回合,敌军不能抵抗,全部溃散。

张光晟劝朱泚出逃,朱泚便与姚令言率残余部众西逃,张光晟投降。李晟派兵马使田子奇率骑兵追赶朱泚,命令各军说:"我依靠将士之力,得以肃清宫禁。长安的士绅百姓长期沦陷在贼寇的统治之下,如果使他们稍受震惊,就有违安抚人民、讨伐罪人的本意了。我与诸位同家人相见为时已近,五天以内不得与家人互通消息。"大将高明曜强占敌人的歌妓,尚可孤的军士占用敌人的马匹,李晟一律处斩,军中将士十分恐惧,官军与百姓相安无事,秋毫无犯。当天,浑瑊、戴休颜、韩游瓌也攻克咸阳。

李晟将朱泚的同党李希倩等人在闹市处斩,表奏恪守臣节、不肯屈服于敌军的刘迺、蒋沇等人,派掌书记于公异草拟告捷文书献给德宗说:"臣已经肃清宫禁,恭敬地参谒陵寝墓园,连钟磬的支架都没有移动,宗庙的面貌依然如故。"德宗看了流下眼泪,说:"上天生了李晟,是为国家,不是为朕。"

李晟驻兵渭桥时,火星停留在木星附近,很长时间才退去,幕僚将佐都表示祝贺。李晟说:"皇上置身旷野,臣下只知死战。天象高远难测,谁能懂得!"攻克长安后,李晟才告诉他们说:"之前不是我要拒绝你们,我听说金、木、水、火、土五星进退无常,

万一复来守岁，吾军不战自溃矣。"皆谢曰："非所及也。"

朱泚将奔吐蕃，其众随道散亡，比至泾州，才百余骑。田希鉴闭城拒之，泚谓之曰："汝之节，吾所授也，奈何临危相负！"使焚其门。希鉴取节投火中，曰："还汝节！"泚众皆哭。泾卒遂杀姚令言，诣希鉴降。泚独与范阳亲兵北走，宁州刺史夏侯英拒之。泚将梁庭芬射泚坠坑中，韩旻等斩之，诣泾州降。传首行在，诏以希鉴为泾原节度使。

上命陆贽草诏赐浑瑊，使访求奉天所失内人，贽上奏曰："今巨盗始平，疲瘵之民、疮痍之卒尚未循拊，而首访妇人，非所以副惟新之望也。"上遂不降诏，而遣中使求之。

以李晟为司徒、中书令，浑瑊为侍中，骆元光等迁官有差。　上发梁州。
上问陆贽："今至凤翔诸军甚盛，因此遣人代李楚琳，何如？"贽上奏曰："如此则事同胁执，以言乎除乱则不武，以言乎务理则不诚，用是时巡，后将安入？议者或谓之权，臣窃未喻其理。夫权之为义，取类权衡。今辇路所经，首行胁夺，易一帅而亏万乘之义，得一方而结四海之疑，乃是重其所轻而轻其所重，谓之权也，不亦反乎！夫以反道为权，以任数为智，此古今所以多丧乱而长奸邪也。不如俟奠枕京邑，征授一官，彼将奔走不暇，安敢复劳诛锄哉！"

秋七月，至凤翔，乔琳、蒋镇、张光晟等伏诛。　遣给事中孔巢父宣慰河中，怀光杀之。

万一火星又来靠近木星，我军就不战自溃了。"大家都认错说："我们没想到这一点。"

朱泚准备逃奔吐蕃，部众沿途失散逃亡，等抵达泾州时，才剩下一百余骑兵。田希鉴关闭城门不许朱泚进城，朱泚对田希鉴说："你的旌节是我授予的，怎能在面临危难时背弃我！"让人去烧城门。田希鉴拿出旌节扔在火中，说："还你旌节！"朱泚的部众都哭起来。于是泾州士兵杀死姚令言，向田希鉴投降。朱泚独自与范阳亲兵北逃，宁州刺史夏侯英不许他通过。朱泚的部将梁庭芬将朱泚射落到土坑中，韩旻等将朱泚斩首，前往泾州投降。朱泚的首级送到德宗处，有诏任命田希鉴为泾原节度使。

德宗命陆贽起草诏书赐给浑瑊，让浑瑊查找在奉天失散的宫女，陆贽上奏说："现在大盗刚刚平定，疲困病苦的人民和遭受创伤的士兵还没抚慰，却先找寻宫中妇人，不符合人们刷新政治的愿望。"于是德宗没有下诏，但仍派中使去找。

德宗任命李晟为司徒、中书令，浑瑊为侍中，骆元光等人升官不等。 **德宗从梁州出发。**

德宗问陆贽："现在来到凤翔的各军声势浩大，趁这时派人取代李楚琳，怎么样？"陆贽上奏说："这样做，其方式就如同胁迫拘捕，说成是肃清变乱却不能显示威武，说成是修明政治却不能表明诚意，用这种方式作为陛下的巡视之举，以后将怎么进入京城？议事者称此举为权变，臣私下不明白其中的道理。权变的含义是衡量事物的轻重。如今在陛下车驾经过处，率先施行胁迫削官，更换一个节帅而使陛下的大义受损，获得一个地方而使举国上下疑虑，这是看重本该看轻的东西，而看轻本该看重的东西，说是权变，不是说反了吗！以违背道义为权变，以使用权术为机智，这是古往今来祸乱频仍、奸邪滋长的原因。不如等陛下安枕于京城后，召回李楚琳，授给一个官职，他为朝廷奔走效力都来不及，哪里需要劳烦朝廷再去铲除他呢！"

秋七月，德宗抵达凤翔，处死乔琳、蒋镇、张光晟等人。 派给事中孔巢父安抚河中，李怀光杀死孔巢父。

元帅判官高郢劝李怀光归款，怀光遣其子璀诣行在谢罪，请束身归朝。诏巢父宣慰，并其将士，悉复官爵。巢父至河中，怀光素服待罪，巢父不之止。怀光左右多胡人，皆叹曰："太尉无官矣！"巢父又宣言于众曰："军中谁可代太尉领军事者？"于是怀光左右发怒杀巢父，怀光不之止，复治兵拒守。

车驾还长安。

浑瑊、韩游瓌、戴休颜以其众扈从，李晟、骆元光、尚可孤以其众奉迎，步骑十余万，旌旗数十里。晟谒见上于三桥，先贺平贼，后谢收复之晚，伏路左请罪。上驻马慰抚，为之掩涕，令左右扶上马。至宫，每间日辄宴勋臣，李晟为之首，浑瑊次之，诸将相又次之。

征李泌为左散骑常侍。

李泌为杭州刺史，征诣行在，日直西省，朝野皆属目。上问河中为忧，泌曰："天下事甚有可忧者，若惟河中，不足忧也。陛下已还宫阙，怀光不束身归罪，乃虐杀使臣，鼠伏河中，不日必为帐下所枭矣。"初，上发吐蕃以讨朱泚，许以伊西、北庭之地与之。及泚诛，吐蕃来求地，上欲与之。泌曰："安西、北庭，人性骁悍，控制西域五十七国及十姓突厥，又分吐蕃之势，使不得并兵东侵，奈何拱手与之！且两镇之人，势孤地远，尽忠竭力，为国家固守近二十年，诚可哀怜。一旦弃之戎狄，彼必深怨中国，他日从吐蕃入寇，如报私仇矣。况日者吐蕃观望不进，阴持两端，大掠而去，何功之有！"众议以为然，上遂不与。

元帅判官高郢劝李怀光投诚,李怀光派其子李璀前往德宗那里承认罪责,请求归顺朝廷。有诏命孔巢父前去安抚,连同河中将士一律恢复官职爵位。孔巢父来到河中,李怀光身穿素服等候治罪,孔巢父未加阻止。李怀光的手下多是胡人,他们都叹息说:"太尉的官当不成了!"孔巢父又向众人扬言说:"军中有谁能代替李太尉统领军务?"于是李怀光的手下发怒杀死孔巢父,李怀光未加制止,重新整饬兵马,做防守抵御的准备。

德宗返回长安。

　　浑瑊、韩游瓌、戴休颜率领部众护从德宗,李晟、骆元光、尚可孤率领部众迎候德宗,步兵、骑兵有十余万人,旌旗连绵数十里。李晟在三桥谒见德宗,先祝贺平定朱泚,后为收复京城太晚谢罪,跪在路边,请求治罪。德宗停住马加以抚慰,感动得掩面流泪,让侍从人员扶李晟上马。回宫后,每逢不上朝的日子,德宗就宴请功臣,李晟居功臣之首,浑瑊居第二位,诸将相又居其次。

德宗征召李泌担任左散骑常侍。

　　李泌担任杭州刺史,被征召到德宗那里,每天在中书省值班,引起朝野人士的注视。德宗就自己对河中的担忧询问李泌,李泌说:"天下还有甚为可忧的事情,如果只是河中,就不值得忧虑了。陛下已经回宫,李怀光不但没有归降认罪,反而残杀使臣,像老鼠般躲在河中,过不多久就会被部下枭首。"起初,德宗征发吐蕃兵来讨伐朱泚,答应将伊西、北庭的地盘给吐蕃。朱泚被杀后,吐蕃来要土地,德宗想给吐蕃。李泌说:"安西、北庭地区,人们生性骁勇剽悍,控制着西域五十七国和十姓突厥,又能牵制吐蕃势力,使吐蕃不能合兵东侵,怎能拱手相让! 而且这两个节镇的人势单力孤,地方遥远,尽忠竭力,为国家坚守边疆接近二十年,实在令人哀怜。忽然把他们丢给戎狄,他们必定深恨大唐,将来他们跟随吐蕃入侵,就像给他们报私仇一样了。况且往日吐蕃有意观望,不肯进军,暗中首鼠两端,大肆掳掠后才肯离去,又有什么功劳!"众人认为李泌讲得对,于是德宗没把二镇割让给吐蕃。

八月,颜真卿为李希烈所杀。

李希烈闻希倩伏诛,忿怒,遣中使至蔡州杀颜真卿。中使曰:"有敕。"真卿再拜。中使曰:"今赐卿死。"真卿曰:"老臣无状,罪当死,不知使者几日发长安?"使者曰:"自大梁来。"真卿曰:"然则贼耳,何谓敕邪!"遂缢杀之。

以李晟为凤翔、陇右节度等使,进爵西平王。

李晟以泾州倚边,屡害军帅,奏请往理不用命者,刀田积粟,以攘吐蕃,遂以晟兼凤翔、陇右节度等使。时李楚琳入朝,晟请与俱至凤翔,斩之以惩逆乱。上以新复京师,务安反仄,不许。晟至凤翔,治杀张镒之罪,斩裨将王斌等十余人。

遣浑瑊等讨李怀光军于同州。

上命浑瑊、骆元光讨怀光,怀光遣其将徐庭光军长春宫以拒之,瑊等数战不利。时度支用度不给,议者多请赦怀光,上不许。

马燧讨李怀光,取晋、慈、隰州。以浑瑊为河中节度使,康日知为晋、慈、隰节度使。

怀光遣将守晋、慈、隰三州,马燧遣人说下之。诏以浑瑊镇河中,三州隶燧。燧初以王武俊急攻康日知于赵州,奏请诏武俊与李抱真同击朱滔,而以深、赵与之,改日知为晋、慈、隰节度使,上从之。日知未至,而三州降燧,上使燧兼领之。燧表让于日知,且言因降而授,恐后有功者踵以为常,上嘉而许之。燧遣使迎日知既至,籍府库而归之。

朱滔上表待罪。

朱滔为王武俊所攻,殆不能军,上表待罪。

八月，颜真卿被李希烈杀害。

李希烈听说李希倩被处死，非常愤怒，派中使到蔡州去杀颜真卿。中使说："有敕书到了。"颜真卿拜了两拜。中使说："现在赐你去死。"颜真卿说："老臣办事没有功绩，应是死罪，不知使者哪天从长安出发的？"使者说："我从大梁来。"颜真卿说："这么说是叛贼派来的，怎能称作敕书！"于是将颜真卿缢杀。

德宗任命李晟为凤翔、陇右节度等使，进爵为西平王。

李晟由于泾州靠近边疆，镇兵屡次杀害军中主帅，奏请前去处治不听命令的人，让他们努力种田，积聚粮食，以打击吐蕃，于是德宗任命李晟兼凤翔、陇右节度等使。当时，李楚琳入京朝见，李晟请求与李楚琳一起前往凤翔，处以斩刑，作为对叛乱的惩戒。德宗认为最近才收复京城，务必要使动荡不安的局面安定下来，所以没有答应。李晟来到凤翔，惩治杀害张镒的罪行，杀死副将王斌等十余人。

德宗派浑瑊等人在同州讨伐李怀光的军队。

德宗命浑瑊、骆元光讨伐李怀光，李怀光派其将领徐庭光驻扎在长春宫抵御，浑瑊等人屡战不利。当时，度支的开支供给不足，议论者多数请求赦免李怀光，德宗没有答应。

马燧讨伐李怀光，攻占晋、慈、隰三州。德宗任命浑瑊为河中节度使，康日知为晋、慈、隰节度使。

李怀光派将领防守晋、慈、隰三州，马燧派人说服三州归顺。德宗下诏命浑瑊镇守河中，将三州隶属于马燧。起初，由于王武俊在赵州急攻康日知，马燧奏请下诏命王武俊与李抱真共同进击朱滔，将深、赵二州归属王武俊，改任康日知为晋、慈、隰节度使，德宗采用其言。康日知未到，三州已归降马燧，德宗又让马燧兼统三州。马燧随即上表将三州让给康日知，还说投降谁就把职任授给谁，恐怕以后立功者因袭以为常例，德宗表示赞许。马燧派使者迎接康日知到来后，登记好府库簿册，交给康日知。

朱滔上表听候治罪。

朱滔被王武俊攻打，几乎溃不成军，上表听候治罪。

冬十月，诏给朔方行营冬衣。

度支以怀光所部将士同反，不给冬衣。上曰："朔方军累代忠义，今为怀光所制耳，将士何罪？其别贮以俟道路稍通，即时给之。"

马燧取绛州。 以窦文场、王希迁为监神策军兵马使。

初，鱼朝恩既诛，代宗不复使宦官典兵。上即位，悉以禁兵委白志贞。志贞得罪，上复以窦文场代之。及还长安，颇忌宿将握兵多者，稍稍罢之，以文场、希迁分典禁旅。

闰月，李晟诛田希鉴。

李晟初至凤翔，泾原节度使田希鉴遣使参候。晟谓使者曰："泾州逼近吐蕃，万一入寇，州兵能独御之乎？欲遣兵防援，又未知田尚书意。"使者归以告，希鉴果请援兵，晟遣腹心将彭令英等戍泾州。晟寻托巡边诣泾州，希鉴出迎。晟与之并辔而入，道旧结欢，希鉴妻李氏以叔父事晟，晟谓之田郎。命具三日食，曰："巡抚毕，即还凤翔。"希鉴不复疑。晟伏甲而宴之，既宴，彭令英引泾州诸将下堂。晟曰："我与汝曹久别，可各自言姓名。"于是得为乱者石奇等三十余人，数其罪而斩之。顾希鉴曰："田郎亦不得无过。"引出，缢杀之。入其营，谕以诛希鉴之意，众股栗，无敢动者。

十一月，李澄以郑、滑降，刘洽克汴州。

李希烈遣其将翟崇晖围陈州，久之不克。李澄知大梁兵少，不能制滑州，遂焚希烈所授旌节，誓众归国。刘洽遣都虞候刘昌与陇右节度使曲环等将兵救陈州，擒崇晖，进攻

冬十月，德宗下诏供给朔方行营冬衣。

度支认为李怀光所统领的将士与李怀光共同造反，没有供给他们冬衣。德宗说："朔方军世代忠义，现在只是受了李怀光的控制，将士有什么罪？可以先另外贮存冬衣，等道路逐渐畅通后，立刻及时拨给他们。"

马燧攻占绛州。　德宗任命窦文场、王希迁为监神策军兵马使。

起初，鱼朝恩被杀后，代宗不再让宦官掌管军事。德宗即位，将禁军全部交给白志贞掌管。白志贞获罪，德宗又让窦文场取而代之。德宗回到长安后，对掌握兵力较多的旧将颇有忌惮，于是逐渐削除他们的兵权，让窦文场、王希迁分别掌管禁军。

闰十月，李晟杀死田希鉴。

李晟刚到凤翔，泾原节度使田希鉴派使者参见问候。李晟对使者说："泾州离吐蕃很近，万一吐蕃入侵，泾州兵能独自抵御吗？我想派兵防备增援，又不知田尚书的意见。"使者回去报告，田希鉴果然请求援兵，李晟派亲信将领彭令英等人戍守泾州。不久李晟托称巡视边防，来到泾州，田希鉴出城迎接。李晟与田希鉴并马进城，叙谈往事表示交好，田希鉴的妻子李氏把李晟当叔父对待，李晟称田希鉴为田郎。李晟命令备办三天的食物，说："巡视安抚完，我立即回凤翔。"田希鉴不再怀有疑心。李晟埋伏好甲兵宴请田希鉴，宴饮过后，彭令英将泾州诸将领到堂下。李晟说："我与你们久别，你们可自报姓名。"于是抓到石奇等作乱者三十余人，历数其罪恶，然后处斩。李晟看着田希鉴说："田郎也不能没有过错。"将他拉出去缢死。李晟进入田希鉴的营垒，说明处死田希鉴的用意，众人吓得两腿发抖，没有敢动的。

十一月，李澄率郑、滑二州归降，刘洽攻克汴州。

李希烈派遣他的将领翟崇晖包围了陈州，许久没有攻克。李澄知道大梁兵力较少，不能控制滑州，于是焚烧了李希烈授予自己的旌节，与众人宣誓归顺朝廷。刘洽派遣都虞候刘昌与陇右节度使曲环等人领兵去营救陈州，活捉了翟崇晖，又进攻

汴州,希烈惧,奔蔡州。澄引兵趣汴州,希烈郑州守将诣澄降,汴州守将田怀珍开门纳洽军。

李勉累表请自贬,诏罢都统,平章事如故。至长安,素服待罪,议者多以勉失守,不应尚为相。李泌言于上曰:"李勉公忠雅正,而用兵非其所长。且大梁不守,将士弃妻子而从之者殆二万人,足以见其得众心矣。且刘洽出勉麾下,勉悉众以授之,卒平大梁,亦勉之功也。"上乃命勉复位。

加韩滉同平章事。

议者或言滉聚兵修城,阴蓄异志,上疑之,以问李泌,对曰:"滉公忠清俭,贡献不绝,镇抚江东,盗贼不起。所以修城,为迎扈之备耳,此乃人臣忠笃之虑,奈何更以为罪乎!滉性刚严,不附权贵,故多谤毁,臣敢保其无他。"上曰:"外议汹汹,卿弗闻乎?"对曰:"臣固闻之。其子皋为郎,不敢归省,正以谤语沸腾故也。"退遂上章,请以百口保滉。他日,又言于上曰:"臣之上章,非私于滉,乃为朝廷计也。"上曰:"如何?"对曰:"今天下旱蝗,关中米斗千钱,仓廪耗竭,而江东丰稔。愿陛下早下臣章,以解朝众之惑,面谕韩皋,使之归觐,令滉速运粮储,此朝廷大计也。"上即下泌章,令皋归觐,面谕之曰:"卿父比有谤言,朕不复信。关中乏粮,宜速致之。"皋至,滉感悦,即日发米百万斛,听皋留五日即还朝,自送至江上,冒风涛而遣之。

汴州，李希烈为之恐惧，逃往蔡州。李澄领兵奔赴汴州，李希烈的郑州守将到李澄处投降，汴州守将田怀珍打开城门，放刘洽军进城。

李勉多次上表请求贬黜自己，有诏免去李勉的都统职务，仍然担任同平章事。李勉来到长安，身穿素服等候问罪，议事者多认为李勉失守大梁，不应继续当宰相。李泌对德宗说："李勉公平忠实，温雅正直，但领兵作战不是他的长处。而且大梁失守时，丢下妻子儿女跟随李勉的将士将近两万人，充分说明李勉深得人心。况且刘洽原是李勉的部下，李勉把所有的部众交给刘洽，刘洽最终平定了大梁，这也是李勉的功劳。"德宗便让李勉官复原职。

德宗加授韩滉为同平章事。

有议事者说韩滉聚集兵力修筑城池，暗中包藏反叛朝廷的企图，德宗怀疑韩滉，就此去问李泌，李泌回答说："韩滉公正忠实，清廉俭朴，进贡从未间断，安抚江东，没有盗贼滋生。他之所以修筑城池，是为迎驾护卫做准备，这是人臣真心忠于陛下的考虑，怎能反而认为有罪！韩滉性情刚烈严正，不依附权贵，所以往往遭受诽谤，臣敢担保他没有别的用意。"德宗说："外面议论嘈杂，你没听到吗？"李泌回答说："臣当然听说了。他的儿子韩皋担任郎官，不敢回家探亲，正是由于诽谤言论沸沸扬扬的缘故。"李泌退下后随即上疏，请求以全家百口担保韩滉。几天后，李泌又对德宗说："臣上疏不是偏袒韩滉，而是为朝廷着想。"德宗说："此话怎讲？"李泌回答说："现在全国发生旱灾蝗祸，关中的米每斗一千钱，粮食储备消耗已尽，但江东却获丰收。希望陛下立刻把奏疏批复下达，以解除朝中群臣的疑惑，当面晓谕韩皋，让他回家省亲，让韩滉迅速运送粮食储备，这是朝廷的大计。"德宗立刻批准李泌的奏疏，让韩皋回家省亲，并当面告诉他说："你父亲近来遭受的非议，朕不再相信。关中缺粮，应赶紧运来。"韩皋到家，韩滉感激欣悦，当天就发运粮食一百万斛，让韩皋停留五天就回朝，亲自把韩皋送到长江边，打发他冒着风涛走了。

　　陈少游闻之，即贡米二十万斛。会刘洽得李希烈起居注，云："某月日，陈少游上表归顺。"少游闻之，惭惧发疾卒。大将王韶欲自为留后，韩滉遣使谓之曰："汝敢为乱，吾即日全军度江诛汝矣！"韶惧而止。上闻之喜，谓李泌曰："滉不惟安江东，又能安淮南，真大臣之器，卿可谓知人。"遂加滉平章事、江淮转运使。滉入贡无虚月，朝廷赖之，使者劳问相继，恩遇始深矣。

萧复罢为左庶子。

　　复奉使自江淮还，与李勉、卢翰、刘从一俱见上。勉等退，复独留，言于上曰："陈少游任兼将相，首败臣节。韦皋幕府下僚，独建忠义。请以皋代少游镇淮南，使善恶著明。"上然之，寻遣中使马钦绪揖刘从一，附耳语而去。诸相还阁，从一诣复曰："钦绪宣旨，令从一与公议朝来所言事，即奏行之，勿令李、卢知，敢问何事也？"复曰："唐、虞黜陟，岳牧佥谐，爵人于朝，与士共之。使李、卢不堪为相则罢之，既在相位，朝廷政事安得不与之同议，而独隐此一事乎！此最当今之大弊。不惜与公奏行之，但恐浸以成俗，未敢以告。"竟不以事语从一。从一奏之，上愈不悦，复乃辞位。

　　是岁，蝗，大饥。

　　乙丑（785）　贞元元年
　　春正月，赠颜真卿司徒，谥文忠。　　以卢杞为澧州别驾。

陈少游闻讯，立刻进献粮米二十万斛。适值刘洽缴获李希烈的起居注，内云："某月某日，陈少游上表归顺。"陈少游得知后，惭愧恐惧交集，发病而死。大将王韶打算自己担任淮南留后，韩滉派使者告诉王韶说："你敢作乱，我当天就率全军横渡长江杀你！"王韶感到恐惧，放弃了原来的打算。德宗闻讯大喜，对李泌说："韩滉不仅能使江东安定，还能使淮南安定，确有大臣的才具，你可谓善于知人。"便加授韩滉为同平章事、江淮转运使。韩滉没有一月不进贡，朝廷视为依靠，派去慰劳的使者一个接着一个，韩滉受到的恩宠礼遇开始加深了。

萧复罢相，担任左庶子。

萧复奉命出使，从江淮回朝，与李勉、卢翰、刘从一一起晋见德宗。李勉等人退下，萧复独自留下，对德宗说："陈少游兼有大将与宰相的职任，却第一个败坏人臣的操守。韦皋是幕府的下级官吏，却能独自建立忠义之功。请让韦皋代替陈少游镇守淮南，使善恶显明。"德宗认为言之有理，不久便派中使马钦绪拜见刘从一，附耳私语后离去。宰相们回到各自的阁室后，刘从一去见萧复说："马钦绪传旨，命令我与你计议早晨所讲的事，立即上奏实行，别让李勉、卢翰知道，请问是什么事？"萧复说："唐尧、虞舜升降百官，与各封疆大吏的意见都协调一致，在朝中授给别人爵位，与士人共同商议。假如李勉、卢翰不适合担当宰相，可以免职，既然李、卢仍在相位，朝廷的政事怎能不与他们共同计议，却偏要隐瞒这一件事情！这是当前最大的弊病。我不在乎与你上奏实行，只怕这种做法逐渐成为习惯，所以不敢告诉你。"始终没把事情告诉刘从一。刘从一就此上奏，德宗愈发不高兴，于是萧复辞去宰相的职位。

这一年，蝗虫成灾，饥荒严重。

乙丑(785)　唐德宗贞元元年

春正月，朝廷追赠颜真卿为司徒，谥号文忠。　任命卢杞为澧州别驾。

卢杞遇赦,移吉州长史,谓人曰:"吾必再入。"未几,上果欲用为饶州刺史。给事中袁高应草制,执以白卢翰、刘从一曰:"卢杞作相,致銮舆播迁,海内疮痍,奈何遽迁大郡?愿相公执奏。"翰等不从,更命他舍人草制。制出,高执之不下,且奏:"杞极恶穷凶,何可复用!"上不听。补阙陈京、赵需等上疏曰:"杞三年擅权,百揆失叙,天地所知,华夷同弃。傥加巨奸之宠,必失百姓之心。"袁高复于正牙论奏,上曰:"杞已再更赦。"高曰:"赦者止原其罪,不可为刺史。"陈京等亦争之曰:"杞之执政,百官常如兵在其颈。今复用之,则奸党皆唾掌而起。"上大怒,谏者稍引却。京顾曰:"需等勿退,此国大事,当以死争之!"上怒稍解,谓宰相与杞小州。李勉曰:"陛下欲与之,虽大州亦可,其如天下失望何!"乃以杞为澧州别驾。上谓李泌曰:"朕已可袁高所奏。"泌曰:"累日外人窃议,比陛下于桓、灵。今承德音,乃尧、舜之不逮也!"上悦。杞竟卒于澧州。

三月,马燧败李怀光兵于陶城。夏四月,燧及浑瑊又破怀光兵于长春宫。

怀光都虞候吕鸣岳密通款于马燧,事泄,怀光杀之。事连幕僚高郢、李鄘,怀光集将士而责之,郢、鄘抗言逆顺,无所惭隐,怀光囚之。燧败怀光兵于陶城,斩首万余级。分兵会浑瑊逼河中,破怀光兵于长春宫南,遂围宫城,怀光诸将相继来降。

卢杞遇到大赦，移任吉州长史，对人说："我准能再回朝廷。"不久，德宗果然想起用卢杞为饶州刺史。给事中袁高应命起草制书，他拿着草稿禀告卢翰、刘从一说："卢杞担任宰相，致使圣上流亡，国内创伤满目，怎能骤然升迁到大郡？希望二位相公就此上奏。"卢翰等人不肯听从，改命其他舍人起草制书。制书发到中书省，袁高扣压不肯下发，还上奏说："卢杞穷凶极恶，怎能再加任用！"德宗不听。补阙陈京、赵需等人上疏说："卢杞独揽大权三年，使百官失序，为天地所知晓，为华人夷人所共同遗弃。倘若对这个大奸人加以恩宠，必然会失去百姓的拥护。"袁高又在正殿论奏，德宗说："已经再次更改了卢杞的赦书。"袁高说："大赦仅限于宽宥他的罪行，不应让他当刺史。"陈京等人也提出争议说："卢杞执掌朝政，百官就像经常有兵器顶在脖子上。现在重新起用卢杞，奸党就都极其容易地冒出来了。"德宗大怒，进谏者稍有退缩。陈京看着大家说："赵需等人不要退让，这是国家大事，应该以死相争！"德宗的怒气稍有缓解，告诉宰相让卢杞当个小州的官。李勉说："陛下想让他当官，即使是大州也行，只是让天下人失望怎么办！"于是任命卢杞为澧州别驾。德宗对李泌说："朕已批准袁高的奏议了。"李泌说："连日以来，外面的人私下议论，把陛下比作汉桓帝和汉灵帝。如今承闻陛下德音，才知连唐尧、虞舜都有所不及啊！"德宗高兴了。卢杞最终死在了澧州。

　　三月，马燧在陶城打败李怀光军。夏四月，马燧和浑瑊又在长春宫打败李怀光军。

　　李怀光的都虞候吕鸣岳暗中向马燧通好，事情泄露后，李怀光杀死了吕鸣岳。事情牵连到幕僚高郢、李鄘，李怀光召集众将士，当众斥责高郢和李鄘，高郢和李鄘大声陈说孰逆孰顺的道理，毫不隐瞒，李怀光将他们囚禁起来。马燧在陶城打败李怀光军，斩首一万余级。又分兵与浑瑊会师，进逼河中，在长春宫南面打败了李怀光军，随即包围宫城，李怀光部下诸将领相继来降。

韩游瓌请兵于浑瑊,共取朝邑。怀光将阎晏欲争之,士卒指邠军曰:"彼非吾父兄则吾子弟,奈何以白刃相向乎!"语甚嚣,晏遽引兵去。怀光知众心不从,乃诈称欲归国,聚货财,饰车马,云俟路通入贡,由是得复逾旬月。

时连年旱蝗,资粮匮竭,言事者多请赦李怀光。李晟上言:"赦怀光有五不可:河中距长安才三百里,同州当其冲,多兵则未为示信,少兵则不足堤防,忽惊东偏,何以制之?一也。今赦怀光,必以晋、绛、慈、隰还之,浑瑊既无所诣,康日知又应迁移,土宇不安,何以奖励?二也。陛下连兵一年,讨除小丑,兵力未穷,遽赦其罪,今西有吐蕃,北有回纥,南有淮西,观我强弱,必起窥觎,三也。怀光既赦,则朔方将士皆应叙勋行赏,今府库方虚,赏不满望,是愈激之使叛,四也。既解河中,罢诸道兵,赏典不举,怨言必起,五也。今河中斗米五百,刍藁且尽,陛下但救诸道围守旬时,彼必有内溃之变,何必养腹心之疾,为他日之悔哉!"马燧入朝,奏曰:"怀光凶逆尤甚,赦之无以令天下。愿更得一月粮,必为陛下平之。"上许之。

以曹王皋为荆南节度使,淮西将李思登以随州降之。六月,以韦皋为西川节度使。朱滔死,以刘怦为幽州节度使。秋七月,陕虢军乱,杀其节度使张劝,诏以李泌为都防御转运使。

陕虢兵马使达奚抱晖鸩杀节度使张劝,代总军务,邀求旌节,且阴召李怀光将达奚小俊为援。上谓李泌曰:"若蒲、陕连衡,则猝不可制,而水陆之运皆绝矣。不得不烦卿一往。"

韩游瑰请求浑瑊出兵，共同攻取朝邑。李怀光的将领阎晏想要出战，士兵指着邠州军说："他们不是我们的父兄，就是我们的子弟，怎能互动刀兵！"喊声甚为嘈杂，阎晏只好赶快领兵离去。李怀光知道军心不服，就诈称准备归顺朝廷，聚集财物，整顿车马，说等道路通畅后入京进贡，因此又拖延了几个月。

　　当时，旱灾蝗灾连年发生，钱粮已经用尽，议事者大多请求赦免李怀光。李晟进言说："赦免李怀光有五不可：河中距离长安仅三百里，同州正当两地要冲，大量派兵就不能显示信义，派兵少了又不足以进行防范，李怀光一旦在同州滋事，如何加以控制？这是一不可。如今赦免李怀光，必然将晋、绛、慈、隰各州归还给他，浑瑊没有去处，康日知也需改任，地域变动不定，如何奖励功臣？这是二不可。陛下接连用兵一年，讨伐诛除小丑，兵力没有用尽，却仓促赦免李怀光的罪行，现在西有吐蕃，北有回纥，南有淮西，都在观察我方强弱，必然伺机而动。这是三不可。赦免李怀光后，朔方将士就应一律论功行赏，现在国库还很空虚，奖赏难以满足他们的愿望，这更会激起他们的叛乱。这是四不可。解决河中的问题后，各道停止用兵，不实行奖赏，必然滋生怨言。这是五不可。现在，河中粮食每斗五百钱，草料即将用光，只要陛下敕令各道围困十天，他们必会发生内部崩溃的变故，何必姑息这一致命的隐患，使将来后悔呢！"马燧回京朝见，上奏说："李怀光凶恶悖逆太甚，若予赦免，无法号令天下。希望再拨给一个月的粮食，一定为陛下平定李怀光。"德宗答应下来。

　　德宗任命曹王李皋为荆南节度使，淮西将领李思登率随州投降李皋。　六月，德宗任命韦皋为西川节度使。　朱滔死去，德宗任命刘怦为幽州节度使。　秋七月，陕虢军哗变，杀死节度使张劝，德宗下诏任命李泌为都防御转运使。

　　陕虢兵马使达奚抱晖毒死节度使张劝，代管军中事务，要求授予节度使的旌节，并且暗中勾引李怀光的将领达奚小俊作为应援。德宗对李泌说："如果蒲、陕二镇联合抗拒朝廷，仓猝之间难以制伏，水运和陆运都被切断了。不能不烦你走一遭。"

乃以泌为都防御水陆运使，欲以神策军送之。泌曰："陕城三面悬绝，攻之未可以岁月下也，臣请以单骑入之。且今河东全军屯安邑，马燧入朝，愿敕燧与臣同辞偕行，使陕人知之，亦一势也。"上曰："虽然，朕方大用卿，宁失陕州，不可失卿，当更使他人往耳。"对曰："他人犹豫迁延，必不能入。"上乃许之。泌见陕州将吏在长安者，语之曰："主上以陕虢饥，故不授泌节而领运使，欲令督江淮米以赈之。今当使抱晖将行营，有功则赐旌节矣。"抱晖稍自安。

泌与马燧疾驱而前，将佐不俟抱晖之命来迎。泌笑曰："吾事济矣。"去城十五里，抱晖亦出谒，泌慰抚之，抱晖喜。泌视事，宾佐有请屏人白事者，泌曰："易帅之际，军中烦言乃其常理，泌到自妥贴矣，不愿闻也。"由是反仄者皆自安。泌但索簿书，治粮储。明日，召抱晖语之曰："吾非爱汝而不诛。恐自今有危疑之地，朝廷所命将帅皆不能入，故丐汝余生。汝为我赍版币祭前使，慎无入关，自择安处，潜来取家，保无他也。"泌之辞行也，上籍陕将预于乱者七十五人授泌，使诛之。泌奏："已遣抱晖，余不足问。"上复遣中使，必使诛之，泌不得已，械兵马使林滔等五人送京师。抱晖遂亡命，不知所之。

大旱。
灞、浐将竭，长安井皆无水。度支奏中外经费才支七旬，诏浮费冗食皆罢之。

便任命李泌为都防御水陆运使,准备派神策军护送他。李泌说:"陕州城三面绝壁高悬,如果攻打不知哪年哪月才能攻克,请让臣单人匹马进城。而且现在河东全部兵力都驻扎在安邑,马燧入京朝见,希望敕令马燧与臣同时向陛下辞行,一起出发,让陕虢军的人知道此举,也算一种声势吧。"德宗说:"话虽如此,朕正要重用你,宁可失去陕州,也不能失去你,还是另派别人去吧。"李泌说:"别人犹豫不决,拖延不前,肯定不能进入陕州。"德宗这才应允。李泌见到正在长安的陕州将领与官吏,对他们说:"由于陕虢地区闹饥荒,所以皇上不授予我节度使旌节,而让我兼任水陆运使,想让我监督江淮粮运,赈济陕虢。现应让达奚抱晖统领行营,如果立功就会颁赐节度使的旌节。"达奚抱晖稍觉安心。

李泌与马燧急速策马前行,将佐不待达奚抱晖下令就来迎接。李泌笑道:"我的计划成啦。"离城十五里时,达奚抱晖也出城谒见,李泌加以抚慰,达奚抱晖很高兴。李泌任职后,宾客佐吏中有人请求屏退别人禀报事情,李泌说:"在更换节帅的关头,军中出现闲言碎语是正常的,我一到自会安定,你说的我不想听。"因此,忐忑不安的人都放下心来。李泌只是索取账簿文书,整顿粮食储备。第二天,李泌叫来达奚抱晖,告诉他说:"我不是怜惜你才不杀你。我怕今后这里有凶险可疑之地,朝廷任命的将帅都进不去,所以给你留条活路。你为我带上灵牌、供品去祭奠前任节度使,小心别进潼关,自己找个安身处所,再暗中来接走家小,我保你不会发生意外。"李泌辞行时,德宗将陕州参与哗变的七十五人登记在册,交给李泌,让李泌处死他们。李泌奏称:"已把达奚抱晖打发走了,剩下的人不值得追查。"德宗又派中使来,一定要李泌杀死他们,李泌不得已,将兵马使林滔等五人上了铐镣,押送京城。达奚抱晖于是逃亡,不知去向。

旱情严重。

灞水、浐水将要干涸,长安的水井滴水全无。度支奏称朝廷内外的经费只能支撑七十天,有诏命将不必要的开支和由官府供给饮食的多余人员一律裁撤。

八月,马燧取长春宫,遂及诸军平河中,李怀光缢死。

马燧与诸将谋曰:"长春宫不下,则怀光不可得。然其守备甚严,攻之旷日持久,我当身往谕之。"遂径造城下,呼其守将徐庭光,庭光帅将士罗拜城上。燧知其心屈,徐谓之曰:"我自朝廷来,可西向受命。"庭光等复西向拜。燧曰:"汝曹徇国立功四十余年,何忽为灭族之计?从吾言,非止免祸,富贵可图也。"众不对。燧披襟曰:"汝不信吾言,何不射我?"将士皆伏泣。燧曰:"此皆怀光所为,汝曹无罪,第坚守勿出。"皆曰:"诺。"

燧等遂进逼河中。怀光举火,诸营不应。骆元光使人招庭光,庭光骂辱之。及燧还,乃开门降。燧以数骑入城慰抚之,其众大呼曰:"吾辈复为王人矣!"浑瑊谓僚佐曰:"始吾谓马公用兵不吾远也,今乃知吾不逮多矣。"燧帅诸军至河西,河中军士自相惊曰:"西城攌甲矣!"又曰:"东城婗队矣!"须臾,军士皆易其号为"太平"字。怀光不知所为,乃缢而死。

初,怀光之解奉天围也,上以其子璀为监察御史。及怀光屯咸阳不进,璀密言于上曰:"臣父必负陛下,愿早为之备。臣闻君、父一也,但今日陛下未能诛臣父,而臣父足以危陛下,故不忍不言。"上惊曰:"卿,大臣爱子,当为朕委曲弥缝之。"对曰:"臣父非不爱臣,臣非不爱其父与宗族也,顾臣力竭,不能回耳。"上曰:"然则卿以何策自免?"

八月,马燧攻占长春宫,随即与各军平定河中,李怀光自缢而死。

马燧与诸将领计议说:"不攻下长春宫,就不能捉住李怀光。但是那里防守戒备非常严密,若要攻打势必旷日持久,我应亲自前去开导他们。"便直接来到城下,呼喊城上守将徐庭光,徐庭光带领将士在城上列队下拜。马燧知道徐庭光内心已经屈服,便和缓地对他说:"我从朝廷来,你们应面向西面接受朝命。"徐庭光等人又面向西面下拜。马燧说:"你们献身国家建立功勋,已有四十余年,为什么忽然做这种诛灭家族的打算?听我的话,不仅能免去灾祸,还可以谋取富贵。"大家都不作回答。马燧敞开衣襟说:"你们不信我的话,为什么不用箭射我?"将士都伏地哭泣。马燧说:"这都是李怀光干的,你们没罪,只管坚守此城,不要出动。"大家都说:"是。"

于是马燧等人进逼河中。李怀光点火报警,各营都不接应。骆元光派人招降徐庭光,徐庭光辱骂他。等到马燧回来后,徐庭光才打开城门投降。马燧带领几个人骑马进城抚慰降兵,徐庭光的部众大声喊道:"我们又成了朝廷的人啦!"浑瑊对僚属说:"开始我认为马公用兵与我不会相差太多,现在才知道我远远不如马公啊。"马燧率领各军来到河西,河中将士自相惊扰,说:"西城将士披上铠甲啦!"又说:"东城将士列队待发啦!"一会儿,将士们都将旗号改为"太平"二字。李怀光不知所措,于是自缢而死。

起初,李怀光为奉天解围时,德宗任命他的儿子李瑅为监察御史。等到李怀光驻扎咸阳不肯进军,李瑅暗中对德宗说:"臣的父亲肯定会辜负陛下,希望早做防备。臣深知君主和父亲本质上相同,但是如今陛下不能诛除臣的父亲,臣的父亲却足以危及陛下,所以臣不忍心不说。"德宗惊讶地说:"你是李怀光的爱子,应当为朕从中委婉地弥补裂痕。"李瑅回答说:"臣的父亲不是不爱臣,臣也不是不爱自己的父亲和宗族,但臣用尽心力,也不能挽回。"德宗说:"这样说来你用什么办法使自己免除一死?"

对曰:"臣父败则臣与之俱死,复有何策哉! 使臣卖父求生,陛下亦安用之?"

及李泌赴陕,上谓之曰:"朕所以欲全怀光,诚惜璀也。卿至陕,试为朕招之。"对曰:"陛下未幸梁、洋,怀光犹可降也。今虽请降,臣不敢受,况招之乎! 璀固贤者,必与父俱死矣。若其不死,则亦无足贵也。"及怀光死,璀亦自杀。

朔方将牛名俊断怀光首出降。燧斩阎晏等七人,余皆不问。出高郢、李鄘于狱,奏置幕下。燧自辞行至是,凡二十七日。骆元光以徐庭光辱己,杀之,入见马燧,顿首谢罪。燧大怒,曰:"庭光已降,公辄杀之,是无统帅也。"欲斩之。韩游瓌曰:"元光杀裨将,公犹怒如此,公杀节度使,天子其谓何?"燧乃舍之。浑瑊尽得李怀光之众,朔方军自是分居邠、蒲矣。

加马燧兼侍中。 赦怀光一子,收葬其尸。罢讨淮西兵。

上问陆贽:"今复有何事宜区处者?"贽以河中既平,虑必有希旨生事之人,请乘胜讨淮西者。李希烈必诱谕其所部及新附诸帅曰:"奉天息兵之旨,乃因窘急而言,朝廷稍安,必复诛伐。"如此,则四方负罪者孰不自疑,河朔、青齐固当响应,兵连祸结,赋役繁兴,建中之忧行将复起。乃上奏曰:"陛下悔过降号,闻者涕流,故诸将效死,叛夫请罪,逆泚、怀光相继枭殄。曩以百万之师而力殚,今以咫尺之诏

李璀回答说:"臣的父亲一旦败亡,臣就与他一同死了,还有什么办法!假如臣出卖父亲以求活命,陛下又怎能用我呢?"

等到李泌前往陕州,德宗对李泌说:"朕之所以想要保全李怀光,实在是由于怜惜李璀。你到陕州后,试着为朕招抚李怀光。"李泌回答说:"陛下出走梁、洋二州之前,李怀光尚且可以归降。现在,即使李怀光请求投降,臣也不敢接受,何况让臣去招抚他!李璀当然是贤明的人,肯定会与他父亲一起去死。如果李璀不肯去死,也就没有可贵之处了。"等到李怀光死去,李璀也自杀了。

朔方将领牛名俊砍下李怀光的首级出城投降。马燧将阎晏等七人斩首,对剩下的人都不加追究。又将高郢、李鄘放出监狱,奏请安置在自己的幕府中。马燧从告别德宗到此时,共经过二十七天。骆元光因徐光庭侮辱自己,将他杀死,入营去见马燧,伏地叩头请求治罪。马燧大怒,说:"徐光庭已经归降,你却杀死他,这是目无统帅。"想杀骆元光。韩游瓌说:"骆元光杀死一个副将,你还如此愤怒,你杀了节度使,皇上将会说什么?"于是马燧不加惩处。浑瑊得到李怀光的所有部众,从此朔方军分别屯驻邠州与蒲州。

德宗加授马燧兼侍中。 赦免李怀光的一个儿子,以收葬李怀光的尸首。撤回讨伐淮西的军队。

德宗问陆贽:"现在还有什么应该处理的事情?"陆贽认为,河中平定后,可虑的是必然会有迎合旨意、无端生事的人,请求乘胜讨伐淮西。李希烈必然诱导其部众以及新近归附的各节帅说:"在奉天所颁布的停止用兵的诏旨,是由于处境窘困急迫才讲的,只要朝廷逐渐安定下来,一定会再来讨伐。"这样,各地获罪的人谁不心怀疑虑,河朔、青齐必然会响应他,战事连绵灾祸不断,赋税纷繁力役频兴,建中年间的忧患将会重新发生。于是陆贽上奏说:"陛下表示悔过,贬抑尊号,得知者为之流泪,所以诸将领拼死效力,反叛者请求治罪,逆贼朱泚、李怀光相继诛灭。以往调遣百万大军而最终兵力用尽,如今颁布不满一尺的诏书

而化洽。是则圣王之敷理道，服暴人，任德而不任兵，明矣。群帅之悖臣礼，拒天诛，图活而不图王，又明矣。盖好生以及物者乃自生之方，施安以及物者乃自安之术。若挤彼于死地而求此之久生，措彼于危地而求此之久安，从古及今，未之有也。今叛帅革面，复修臣礼，然其深言密议，固亦未尽坦然，必当聚心而谋，倾耳而听，观陛下所行之事，考陛下所誓之言。若言与事符则迁善之心渐固，倘事与言背则虑祸之态复回。所宜布恤人之惠以济威，乘灭贼之威以行惠。臣所未敢保者，唯希烈耳。想其私心，非不追悔，但以猖狂失计，已窃大名，虽荷陛下全宥之恩，然不能不自觌于天地之间耳。纵未顺命，斯为独夫，内则无辞以起兵，外则无类以求助。陛下但敕诸镇各守封疆，彼既气夺算穷，是乃狴牢之类，不有人祸，则当鬼诛，古所谓不战而屈人之兵者，斯之谓欤！"

诏以"李怀光尝有功，宥其一男，归其尸，使收葬。诸道与淮西连接者，非彼侵轶，不须进讨。李希烈若降，当待以不死，自余一无所问"。

以张延赏为左仆射。
初，李晟戍成都，取其营妓以还。西川节度使张延赏怒，追而返之，晟遂与延赏有隙。至是，上召延赏入相，晟表陈其过恶，上重违其意，以延赏为左仆射。

而德化周遍。可见圣王推行修明政治的治国之道，使强暴之人心悦诚服，应以恩德来感召而不是以兵力去征服，是显而易见的。各镇节帅违背人臣应有的礼法，抗拒朝廷的诛讨，为的是谋求活命而不是谋求称王，也是显而易见的。希望生存，并将此心普及万物，乃是使自己生存的良方；传布安宁，并将此心普及万物，乃是使自己安宁的嘉术。如果将一方逼迫到必死之地，而想让另一方长久生存，将一方置身于危险之地，而想让另一方长久安宁，从古到今，未有此事。现在反叛的节帅洗心革面，重新奉行人臣之礼，但他们深切坦诚的言语和秘密的计议，肯定也没有完全坦然吐露，必然要专心谋划，侧耳细听，观察陛下所做的事情，考究陛下所发的誓言。如果陛下言论与行事相符，他们移心向善的意愿就会逐渐牢固；如果陛下的言论与行事相反，他们顾虑招致祸患的态度就会重新抬头。陛下应播散体恤百姓的恩惠来增益威严，借助消灭贼寇的威严来施加恩惠。臣不敢担保的，只有李希烈罢了。推测李希烈的个人心愿，不是不后悔，只因考虑不周，肆意妄行，已经窃称帝号，就是蒙受陛下保全宽宥的恩典，他也不能不自觉无颜活在天地之间。即使李希烈不顺从朝命，却已成了独夫民贼，内无起兵的理由，外无可以寻求援助的同伙。陛下只要敕令各镇分别守卫本镇辖境，李希烈既然士气丧失，机谋算尽，就只是个等待收押的囚徒，不遭人祸，则受鬼诛，古人说不用作战就使敌人屈服，就是这个意思吧！"

德宗下诏说："李怀光曾经有功，现宽宥他的一个儿子，送回他的尸首，让此子收尸安葬。与淮西接壤各镇，只要不是淮西侵袭，就不必进兵讨伐。李希烈如果投降，会给他留一条活命，其他人一概不予追究。"

德宗任命张延赏为左仆射。

起初，李晟戍守成都，把当地的营妓带回。西川节度使张延赏大怒，追回营妓，于是李晟与张延赏有了嫌隙。至此，德宗召张延赏回朝担任宰相，李晟上表陈述张延赏的过失，德宗不愿违背他的意愿，便改任张延赏为左仆射。

九月，卢龙节度使刘怦卒，以其子济知节度事。 刘从一罢。 冬十二月，户部奏今岁入贡者凡百五十州。

丙寅（786） 二年
春正月，以刘滋、崔造、齐映同平章事。

造少与韩会、卢东美、张正则为友，以王佐自许，时人谓之"四夔"。上以造敢言，故不次用之。滋、映多让事于造。造久在江外，疾钱谷诸使罔上之弊，奏罢水陆、度支、转运等使，诸道租赋悉委观察使、刺史遣官送京师。令宰相分判六曹：映判兵部，李勉判刑部，滋判吏、礼部，造判户、工部。造与户部侍郎元琇善，使判诸道盐铁、榷酒。韩滉奏论其过失，罢之。

三月，李泌开运道成。

泌自集津至三门凿山开车道十八里，以避底柱之险。

夏四月，淮西将陈仙奇杀李希烈以降，以仙奇为节度使。

希烈别将寇郑州，樊泽、李澄击破之，希烈兵势日蹙。会有疾，仙奇使医毒杀之，因屠其家，举众来降，诏以为淮西节度使。

秋七月，陈仙奇为其将吴少诚所杀，以少诚为留后。

少诚素狡险，为李希烈所宠任，故为之报仇。

以曲环为陈许节度使。

陈许荒乱之余，户口流散。环以勤俭率下，政令宽简，赋役平均，数年间流亡复业，兵食皆足。

九月,卢龙节度使刘怦去世,其子刘济主持节度使事务。刘从一罢相。　冬十二月,户部奏称今年共有一百五十个州入朝进贡。

丙寅(786)　唐德宗贞元二年

春正月,德宗任命刘滋、崔造、齐映为同平章事。

崔造年少时与韩会、卢东美、张正则为朋友,自认为是帝王的辅佐,时人称为"四夔"。德宗认为崔造敢于言事,所以破格加以任用。刘滋、齐映往往把事情推给崔造办理。崔造长期生活在长江以南,痛恨执掌钱谷诸使欺瞒上级的弊病,奏请撤销水陆运使、度支巡院、江淮转运使等,各道赋税全部委托观察使、刺史派官吏送到京城。德宗命令宰相分别兼管尚书省六曹:齐映兼管兵部,李勉兼管刑部,刘滋兼管吏部、礼部,崔造兼管户部、工部。崔造与户部侍郎元琇交好,让元琇兼管各道盐铁和酒业专营。韩滉上奏弹劾元琇的过失,使元琇免职。

三月,李泌开凿的运输通道竣工。

李泌从集津仓至三门仓凿石开山,打通行车的通道十八里,为的是避开底柱山天险。

夏四月,淮西将领陈仙奇杀死李希烈归降,德宗任命陈仙奇为节度使。

李希烈的部将侵犯郑州,被樊泽、李澄打败,李希烈的形势日益窘迫。适值李希烈生病,陈仙奇指使医生毒死了他,就势屠杀他的家人,率众前来投降,有诏任命陈仙奇为淮西节度使。

秋七月,陈仙奇被其将领吴少诚杀死,德宗任命吴少诚为留后。

吴少诚一向狡猾阴险,受到李希烈的宠任,所以吴少诚为李希烈报仇。

德宗任命曲环为陈许节度使。

陈许在饥荒战乱之后,户口流亡散失。曲环以勤俭的作风约束部下,政令宽和简明,赋税劳役均平,数年间流离逃亡的百姓重操旧事,兵力与粮储都充足起来。

吐蕃入寇，诏浑瑊、骆元光屯咸阳。　九月，置十六卫上将军。

初，上与常侍李泌议复府兵，泌言："府兵平日皆安居田亩，每府有折冲领之。农隙教战，有事征发，则以符契下州府参验发之。至所期处，将帅按阅有不精者，罪其折冲，甚者罪及刺史。军还则赐勋加赏，行者近不逾时，远不经岁。高宗以刘仁轨为洮河镇守，使以图吐蕃，于是始有久戍之役。又牛仙客以积财得宰相，边将效之，诱戍卒以所赏缯帛寄于府库而苦役之，利其死而没入其财，故戍卒还者什无二三。然未尝有外叛内侮者，诚以顾恋田园，恐累宗族故也。自开元之末，张说始募长征兵，兵不土著，不自重惜，忘身徇利，祸乱遂生。向使府兵之法不废，安有如此下陵上替之患哉！"上以为然，因有是命，然卒亦不能复也。

以贾耽为义成节度使。

义成节度使李澄卒，其子克宁秘不发丧，杀行军司马，墨缞视事，增兵城门。刘玄佐出师境上，使人告谕之，克宁乃不敢袭位。玄佐，即洽也。诏以耽镇郑滑。克宁悉取军资夜出，军士剽之殆尽。淄青兵数千自行营归，过滑州，将佐皆曰："李纳虽外奉朝命，内蓄兼并之志，请馆其兵于城外。"耽曰："奈何与人邻道而野处其将士乎！"命馆于城中。耽时引百骑猎于纳境，纳闻之悦服，不敢犯。

吐蕃入侵，德宗下诏命令浑瑊、骆元光驻兵咸阳。　九月，设置十六卫上将军。

起初，德宗与常侍李泌计议恢复府兵，李泌说："平时，府兵都安心耕种田地，每个折冲府设置折冲都尉统领府兵。折冲府在农闲时训练作战，发生事变，征调府兵时，就将调动兵力的符节下达州府，经过查验后派出府兵。府兵到达预期的地点，经将帅审查和检阅，发现训练不精的，就制裁其折冲都尉，严重的还要制裁该州刺史。府兵返回后就赐给勋官名号，颁发奖赏，应征者在近处服役不会超过三个月，到远处服役不会超过一年。高宗任命刘仁轨为洮河镇守使，让他率府兵经略吐蕃，由此才有长期屯戍的兵役。再者，牛仙客因积聚财货当上宰相，边疆将领效法牛仙客，诱骗戍兵把带来的丝帛寄存在仓库里，让他们服苦役，希望他们死掉，以吞没他们的财物，所以生还的戍兵不足十分之二三。然而，还不曾发生叛逃外邦、制造内乱的情形，这实在是戍兵眷恋土地家园，惟恐连累家族的缘故。从开元末年以来，张说开始招募长征兵，士兵与乡土分离，不再自重自惜，宁愿为财利而死，祸乱于是发生。假使府兵制度没有废弃，怎会有如今纲纪废弛、上下失序的祸患呢！"德宗认为很对，因此发布这一命令，但最终还是没能恢复府兵制度。

德宗任命贾耽为义成节度使。

义成节度使李澄去世，其子李克宁隐瞒死讯不发丧，杀死行军司马，身穿黑色丧服处理事务，各城门都增添兵员。刘玄佐出兵州境，派人告诫劝导，李克宁才没敢承袭节度使的职位。刘玄佐即是刘洽。有诏委任贾耽镇守郑滑。李克宁拿了军中所有的钱财连夜出走，将士几乎把钱财抢劫一空。淄青军数千人从行营返回，经过滑州时，将佐们都说："虽然李纳表面遵奉朝廷的命令，内心却包藏吞并的企图，请让李纳军住在城外。"贾耽说："与人家州道相邻，怎能让人家的将士住在野外！"便让淄青军住在城中。贾耽时常带领上百名骑兵在李纳的辖境内打猎，李纳闻讯心悦诚服，不敢冒犯。

京城戒严。

吐蕃游骑及好畤,京城戒严,民间传言上复欲出幸。齐映见上言曰:"外间皆言陛下已理装具粮,人情恟惧。夫大福不再,陛下奈何不与臣等熟计之?"因伏地流涕,上亦为之动容。

李晟遣兵击吐善于汧城,败之。

李晟遣其将王佖将骁勇三千伏于汧城,戒之曰:"虏过城下,勿击其首。俟见五方旗、虎豹衣,乃其中军也。出其不意击之,必大捷。"佖用其言。尚结赞败走,仅而获免,谓其人曰:"唐之良将,李晟、马燧、浑瑊而已,当以计去之。"入凤翔境,禁俘掠,以兵直抵城下曰:"李令公召我来,何不出犒我?"经宿而退。

冬十月,李晟遣兵拔吐蕃摧沙堡。

李晟遣蕃落使野诗良辅与王佖袭吐蕃摧沙堡,遇吐蕃与战,破之。乘胜至堡下,攻拔之,斩其将,焚其蓄积而还。尚结赞引兵自宁、庆北去,韩游瓌遣将追之,虏弃所掠而去。

十一月,皇后崩。　吐蕃陷盐州。　韩滉、刘玄佐、曲环俱入朝。

先是,关中仓廪竭,禁军或自脱巾呼于道曰:"拘吾于军而不给粮,吾罪人也!"上忧之甚。会韩滉运米三万斛至陕,李泌奏之。上喜,谓太子曰:"吾父子得生矣!"时禁中不酿,命于坊市取酒为乐。又遣中使谕神策六军,军士皆呼万岁。时比岁饥馑,兵民率皆瘦黑。及麦熟,市有醉者,人以为瑞。然人乍饱食,死者甚众,数月,人肤色乃复故。滉遂入朝,过汴,时刘玄佐久未入朝,滉与约为兄弟,请拜其母,

京城实行戒严。

吐蕃流动作战的骑兵到达好畤,京城戒严,民间传说德宗又想出走。齐映去见德宗,说:"外界都说陛下已整顿行装,备办干粮,人心震惊恐惧。大福不会两次出现,陛下怎么不跟臣等详细计议?"于是跪伏在地,流下眼泪,德宗也为之动容。

李晟派兵在汧城攻击吐蕃,吐蕃战败。

李晟派其将领王佖带领勇敢善战的士兵三千人埋伏在汧城,告诫说:"吐蕃经过城下时,不要攻击其先头部队。等看到打着五色旗、穿着虎豹衣的军队,那就是吐蕃的中军。出其不意地发动攻击,一定大获全胜。"王佖依言而行。尚结赞战败逃走,仅得不死,对部众说:"唐朝的良将只有李晟、马燧、浑瑊,应该用计除掉他们。"便进入凤翔辖境,禁止掳掠,领兵直抵城下说:"李大人叫我们来的,为什么不出来犒劳我们?"经过一夜退兵离去。

冬十月,李晟派兵攻克吐蕃的摧沙堡。

李晟派蕃落使野诗良辅与王佖袭击吐蕃的摧沙堡,与吐蕃遭遇,战胜吐蕃。乘胜抵达摧沙堡下,攻克其地,杀了守将,烧掉堡中的物资储备后返回。尚结赞领兵由宁州、庆州向北而去,韩游瓌派将领追击,吐蕃扔下掳掠的物品离去。

十一月,皇后去世。　吐蕃攻陷盐州。　韩滉、刘玄佐、曲环都进京朝见。

此前,关中库存粮食用光,禁军中有人摘下头巾,在路上大声喊道:"把我们扣押在军中却不给粮食,我们简直成了罪人!"德宗甚为忧虑。适值韩滉把三万斛粮食运到陕州,李泌奏报其事。德宗大喜,对太子说:"我们父子活下来啦!"当时宫廷中不酿酒,德宗让人到街市上买酒回来作乐。德宗又派中使告知神策六军,六军将士都高呼万岁。当时连年饥荒,将士、百姓都又瘦又黑。及至麦熟时节,街市上有了醉酒之人,人们认为这是祥瑞。不过因一下吃得很饱而死去的人也很多,数月后人们的肤色才恢复正常。韩滉随即进京朝见,经过汴州,当时刘玄佐很久没有进京朝见,韩滉与刘玄佐结为兄弟,请求拜见刘玄佐的母亲,

其母喜,为置酒。酒半,滉曰:"弟何时入朝?"玄佐曰:"久欲入朝,力未能办耳。"滉曰:"滉力可及,弟宜早入朝。丈母垂白,不可使帅诸妇女往填宫也。"母悲泣不自胜,滉乃遗玄佐钱二十万缗备行装。滉留大梁三日,大出金帛赏劳,一军为之倾动。玄佐惊服,遂与曲环俱入朝。

十二月,以韩滉兼度支、盐铁、转运使等。

诸使之职,行之已久,中外安之。崔造改法,事多不集。及元琇失职,造遂忧惧成疾,不视事。既而江、淮运米大至,上嘉韩滉之功,以滉兼度支、转运等使,造所条奏皆改之。

吐蕃陷夏、银、麟州。　崔造罢。　李晟入朝。

工部侍郎张彧,李晟之婿也。晟在凤翔,以女嫁幕客崔枢,礼重之,过于彧。彧怒,遂附于张延赏。上忌晟功名,会吐蕃有离间之言,延赏等腾谤于朝,无所不至。晟闻之,昼夜泣,目为之肿,悉遣子弟诣长安,表请为僧,不许。入朝称疾,恳辞方镇,亦不许。韩滉素与晟善,上命滉谕旨,使与延赏释怨。引延赏诣晟第谢,因饮尽欢,晟表荐延赏为相。

丁卯(787)　**三年**
春正月,以张延赏同平章事。

李晟为其子请昏于延赏,不许。晟谓人曰:"武夫性快,释怨于杯酒间,则不复贮胸中矣。非如文士难犯,外虽和解,内蓄憾如故,吾得无惧哉!"

刘母大喜,备酒招待。酒至半酣时,韩滉说:"兄弟什么时候进京朝见?"刘玄佐说:"早就想进京朝见,只是无力实现。"韩滉说:"我还力所能及,兄弟应该及早进京朝见。伯母年事已高,不能让伯母带着家中各位女眷去做后宫的服役之人。"刘母不禁伤心哭泣,于是韩滉赠给刘玄佐二十万缗钱来备办行装。韩滉在大梁停留三天,拿出大量的钱帛犒赏将士,全军都深受感动。刘玄佐惊佩叹服,随即与曲环一起进京朝见。

十二月,唐德宗让韩滉兼任度支、盐铁、转运等使。

诸使的职务已经实行很久,朝廷内外都已成习惯。崔造改变旧法,导致许多事情难以办成。及至元琇解除使职,崔造因忧虑恐惧得了病,不能任职治事。不久,江、淮地区的粮食大批运到,德宗嘉许韩滉的功劳,让韩滉兼任度支、转运等使,崔造逐条上奏的办法都改变无余。

吐蕃攻陷夏、银、麟三州。 崔造罢相。 李晟进京朝见。

工部侍郎张彧是李晟的女婿。李晟在凤翔时,把女儿嫁给幕府的宾客崔枢,对崔枢的礼遇和器重超过张彧。张彧怨怒难消,于是依附张延赏。德宗对李晟的功劳名望心怀忌惮,适值吐蕃散布挑拨离间的流言,张延赏等人就在朝廷制造谤言,使尽手段。李晟得知后日夜哭泣,两眼哭肿,打发所有的子弟前往长安,上表请求当和尚,德宗没有允许。李晟进京朝见,声称有病,恳切请求辞去方镇的职务,德宗也没允许。韩滉一向与李晟交好,德宗派韩滉传达圣旨,让李晟与张延赏消除宿怨。韩滉领张延赏到李晟府中赔罪,于是设宴饮酒,尽情欢叙,李晟上表推荐张延赏为宰相。

丁卯(787) 唐德宗贞元三年

春正月,德宗任命张延赏为同平章事。

李晟为儿子向张延赏求婚,张延赏不答应。李晟对人说:"武人性情爽快,杯酒之间消除宿怨后,就不再藏在心中。不像文人那样难于冒犯,虽表面和解,内心却怀恨如故,我能不怕吗!"

淮西戍兵自郿州叛归,过陕,李泌邀击斩之。

陈仙奇降,诏发其兵于京西防秋。及吴少诚杀仙奇,密遣人召所遣兵马使吴法超,使引兵归,法超等遂引步骑四千自郿州叛归。上闻之,急遣中使敕李泌发兵防遏,泌遣押牙唐英岸将兵趣灵宝,淮西兵已陈于河南矣。泌给其食,阴遣将将选士,分为二队,伏于太原仓之隘,令之曰:"贼十队过,东伏则大呼击之,西伏亦大呼应之。勿遮道,勿留行,常让以半道。"又遣唐英岸夜出,陈涧北,燕子楚将兵趣长水。明日,淮西兵入隘,两伏发,贼众惊乱,死者四之一。进遇英岸邀击之,擒其将张崇献。法超帅众趣长水,子楚击斩之。溃兵得至蔡者,才四十七人,少诚以其少,悉斩之以闻。泌执崇献等六十余人送京师,诏腰斩于郿州军门,以令防秋之众。

云南王异牟寻请内附。

初,云南王阁罗凤陷巂州,获西泸令郑回。回通经术,阁罗凤爱重之,其子及孙异牟寻皆师事之。及异牟寻为王,以回为相,号清平官。云南有众数十万,吐蕃每入寇,常以为前锋,赋敛重数,又夺其险要地立城堡,岁征兵助防,云南苦之。回说异牟寻自归于唐,曰:"中国尚礼义,有惠泽,无赋役。"异牟寻以为然。会西川节度使韦皋招抚群蛮,异牟寻潜遣人因诸蛮求内附。皋奏:"宜招纳之,以离吐蕃之党,分其势。"上命皋先作边将书以谕之,微观其趣。

淮西戍兵自鄜州反叛回军，经过陕州时，遭到李泌的截击斩杀。

陈仙奇归降，有诏调发淮西兵到京城西面充当防秋兵。及至吴少诚杀死陈仙奇，秘密派人叫所派兵马使吴法超领兵返回，吴法超等人于是带领步兵骑兵四千人从鄜州反叛，返回淮西。德宗闻讯，急忙派中使敕令李泌派兵阻止，李泌派押牙唐英岸领兵奔赴灵宝，这时淮西兵已在黄河南岸列阵了。李泌供给淮西兵食物，暗中派将领率领精选的士兵，分成两队，在太原仓隘口埋伏起来，命令说："等淮西军过去十队后，东边的伏兵就大喊进击，西面的伏兵也大喊响应。不要拦住道路，不要停止不前，要始终让出半边道路。"又派唐英岸夜间出发，在涧北列阵，派燕子楚领兵奔赴长水。第二天，淮西军进入隘口通道，两处伏兵一齐出动，淮西兵众惊惶混乱，死了四分之一。淮西军前行，又遇到唐英岸，遭到截击，唐英岸捉住淮西将领张崇献。吴法超率领兵众奔赴长水，燕子楚领兵进击，杀死吴法超。溃散的淮西兵得以回到蔡州的，只有四十七人，吴少诚认为人数很少，便全部斩首，上报朝廷。李泌将张崇献等六十余人押送京城，有诏在鄜州军营门前处以腰斩，以号令防秋的兵众。

云南王异牟寻请求归附朝廷。

起初，云南王阁罗凤攻陷巂州，捉住西泸县令郑回。郑回通晓儒家经学，受到阁罗凤的赏识器重，阁罗凤的儿子和孙子异牟寻都以师礼相待。及至异牟寻当了国王，任命郑回为相，称作清平官。云南拥有兵众数十万，每当吐蕃入侵内地时，经常以云南兵为前锋，对云南征收赋税相当繁重，还强占云南的险要之地建立城堡，每年都要征调兵员帮助吐蕃防守，云南吃尽苦头。郑回劝异牟寻主动归附唐朝，说："唐朝崇尚礼义，对我们会施以恩惠，不征发赋税劳役。"异牟寻认为言之有理。适值西川节度使韦皋招抚各蛮族人，异牟寻暗中派人通过各蛮族请求归附朝廷。韦皋奏称："应该招引接纳蛮族，以分化吐蕃的党羽，削弱吐蕃的势力。"德宗让韦皋先以边境将领的名义发布文书晓谕蛮族，暗中观察事态的动向。

贬齐映为夔州刺史。

张延赏与齐映有隙，映在诸相中颇称敢言，上浸不悦，延赏因言映非宰相器，贬之。

刘滋罢，以柳浑同平章事。

韩滉性苛暴，方为上所任，言无不从，他相充位而已，百官群吏救过不赡。浑虽为滉所引荐，正色让之曰："先相公以褊察，为相不满岁而罢，今公又甚焉。奈何榜吏于省中，至有死者！且作福作威，岂人臣所宜！"滉愧，为之少霁威严。

二月，遣右庶子崔澣使吐蕃。　镇海节度使、同平章事韩滉卒。

滉久在二浙，所辟僚佐各随其长，无不得人。尝有故人子谒之，滉考其能，一无所长，然与之宴，竟席未尝左右视，因使监库门。其人终日危坐，吏卒无敢妄出入者。

以白志贞为浙西观察使。

上以白志贞为浙西观察使，柳浑曰："志贞憸人，不可复用。"会浑疾，不视事，诏下用之。浑疾间，遂乞骸骨，不许。

三月，以李晟为太尉。

初，吐蕃尚结赞得盐、夏州，各留兵戍之，退屯鸣沙，羊马多死，粮运不继。又闻李晟破摧沙堡，浑瑊、马燧各举兵临之，大惧，屡遣使求和，上未之许。乃卑辞厚礼，求和于马燧，燧信其言，为之请于朝。李晟曰："戎狄无信，不如击之。"韩滉曰："今两河无虞，若城原、鄯、洮、渭，使晟及

德宗将齐映贬为夔州刺史。

张延赏与齐映有矛盾,齐映在诸宰相中号称敢于直言,德宗逐渐不喜欢齐映,张延赏乘机说齐映没有宰相的才具,齐映被贬。

刘滋罢相,德宗任命柳浑为同平章事。

韩滉性情严苛暴虐,正受德宗的信任,德宗对韩滉言无不从,其他宰相只是充数而已,朝中官吏总有弥补不完的过错。柳浑虽然是由韩滉推荐的,但还是严肃地责备韩滉说:"先相公韩休由于气量狭窄,苛察细事,担任宰相不满一年就被罢免,现在你更变本加厉了。你怎能在听政之地拷打官吏,以至出了人命!而且作威作福,这哪是人臣所应做的!"韩滉感到惭愧,因此威严稍有收敛。

二月。德宗派右庶子崔澣出使吐蕃。　镇海节度使、同平章事韩滉去世。

韩滉长期在浙东、浙西两道任职,任用下属官吏能分别发挥他们的专长,无不用人得当。曾有位老朋友的儿子来谒见韩滉,韩滉考察他的能力,没有发现任何长处,但与他赴宴时,直到宴席结束他也从不向周围看上一眼,因此让他看守库房的门。这个人整天端坐在那里,官吏、士兵没有敢随意出入的。

德宗任命白志贞为浙西观察使。

德宗任命白志贞为浙西观察使,柳浑说:"白志贞是奸佞之人,不应再加任用。"适值柳浑生病,不能处理事务,诏书颁下,任用白志贞。柳浑病情略有好转,便请求退休,德宗没有应允。

三月,德宗任命李晟为太尉。

起初,吐蕃尚结赞占领盐州和夏州,分别留下兵力戍守,自己退至鸣沙县驻扎,羊马多数死去,粮食运输供给不上。尚结赞又听说李晟攻破摧沙堡,浑瑊、马燧各自起兵亲临鸣沙,大为恐惧,屡次派使者求和,德宗没有允许。于是尚结赞以谦卑的辞令和丰厚的礼物向马燧求和,马燧信了他的话,替他向朝廷请求。李晟说:"吐蕃不讲信用,不如进攻他们。"韩滉说:"现在两河一带没有祸患,假如在原州、鄯州、洮州、渭州筑城,让李晟和

刘玄佐等守之，河、湟二十余州可复也。"上欲从之。会浼卒，张延赏与晟有隙，数言和亲便。上亦素恨回纥，欲与吐蕃击之，遂从浼、延赏计。延赏又言晟不宜久典兵，上乃谓晟曰："朕以百姓之故，与吐蕃和亲决矣。大臣既与吐蕃有怨，宜留辅朕，自择代者。"晟荐都虞候邢君牙，遂以君牙为凤翔尹，加晟太尉，罢镇。晟在凤翔，尝谓僚佐曰："魏徵好直谏，余窃慕之。"行军司马李叔度曰："此儒者事，非勋德所宜也。"晟敛容曰："司马失言矣。晟任兼将相，知朝廷得失而不言，何以为臣哉！"叔度惭而退。及在朝廷，上有所顾问，极言无隐，而性沉密，未尝泄于人。

夏五月，以浑瑊为会盟使。

崔瀚见尚结赞，责以负约。尚结赞曰："破朱泚，未获赏，是以来耳。公欲修好，固所愿也。然浑侍中信厚闻于异域，请必使之主盟。"遂遣瑊与盟于清水。瑊将二万余人赴盟所，尚结赞请盟于土梨树。或言："土梨树多险阻，不如平凉。"乃许盟于平凉。初，韩滉荐刘玄佐可使将兵复河、湟，玄佐亦赞成之。至是，玄佐奏言："吐蕃方强，未可与争。"张延赏奏以河、湟事委李抱真，抱真亦固辞。由延赏罢李晟兵柄，故武臣皆愤怒解体，不肯为用故也。

闰月，省州、县官。

省州、县官，收其禄以给战士，张延赏之谋也。时新除官千五百人，而当减者千余人，怨嗟盈路。

刘玄佐等人镇守，河湟地区的二十多个州是可以收复的。"德宗想听从这一建议。适值韩滉去世，张延赏与李晟有矛盾，便多次说与吐蕃讲和有利。德宗也因向来怀恨回纥，打算与吐蕃去打回纥，于是听从了马燧、张延赏的主张。张延赏又说李晟不适合长期掌管军事，德宗便对李晟说："为了百姓，朕已决定与吐蕃讲和。既然你与吐蕃结有怨仇，最好留下来辅佐朕，由你自己选择代替你的人。"李晟推荐都虞候邢君牙，德宗随即任命邢君牙为凤翔尹，加授李晟为太尉，免去节镇的职务。李晟任职凤翔时，曾对下属官吏说："魏徵喜欢直言谏诤，我个人很仰慕他。"行军司马李叔度说："谏诤是读书人的作为，不是勋业德望素著的人所应做的。"李晟面色严肃地说："李司马说错了。我兼有将相的职任，知道朝廷的过失却不肯讲，怎么去做人臣！"李叔度惭愧退下。及至李晟供职朝廷，只要德宗征询意见，李晟总是竭力陈说，无所隐瞒，但他生性深沉严谨，从不向别人泄露。

夏五月，德宗任命浑瑊为会盟使。

崔澣见到尚结赞，责备尚结赞背弃盟约。尚结赞说："吐蕃打败朱泚，没得到赏赐，所以前来。你打算与吐蕃缔结友好关系，当然是我们的愿望。但是浑侍中的诚信敦厚驰名异国，请务必让他主持会盟。"德宗便派浑瑊与吐蕃在清水会盟。浑瑊率领两万余人前往会盟地点，尚结赞要求在土梨树会盟。有人说："土梨树多是险阻之地，不如在平凉。"德宗便允许在平凉会盟。起初，韩滉推荐说可以让刘玄佐领兵收复河、湟地区，刘玄佐也表示同意。至此，刘玄佐上奏说："吐蕃正强盛，不能与他们争锋。"张延赏奏请将河、湟事宜交给李抱真，李抱真也坚决推辞。这是由于张延赏免去李晟的兵权，所以武将都愤怒不平，心灰意冷，不肯效力的缘故。

闰五月，朝廷裁减州、县官员。

朝廷裁减州、县官员，收回薪俸，以维持战士的供给，这是张延赏的主意。当时，新任命的官员有一千五百人，而应当裁减的有一千多人，人们怨声载道。

以曹王皋为山南东道节度使。

吴少诚缮兵完城,欲拒朝命。判官郑常、大将杨冀谋逐之,事泄,少诚杀之。上以襄、邓扼淮西冲要,以皋为节度使,以襄、邓、复、郢、安、随、唐七州隶之。

浑瑊与吐蕃盟于平凉,吐蕃劫盟。

浑瑊之发长安也,李晟深戒之以盟所为备不可不严。张延赏言于上曰:"晟不欲盟好之成,故戒瑊以严备。我有疑彼之形则彼亦疑我矣,盟何由成!"上乃召瑊,切戒以推诚待虏,勿为猜疑。瑊奏吐蕃决以辛未盟,延赏集百官称诏示之曰:"李太尉谓和好必不成,今盟日定矣。"晟闻之泣曰:"吾生长西陲,备谙虏情。所以论奏,但耻朝廷为犬戎所侮耳。"

上始命骆元光屯潘原,韩游瓌屯洛口,以为瑊援。元光谓瑊曰:"潘原距盟所且七十里,公有急,何从知之?请与公俱。"瑊以诏指固止之。元光不从,与瑊连营相次,距盟所三十余里。元光壕栅深固,瑊壕栅皆可逾也。元光伏兵于营西,游瓌亦遣五百骑伏于其侧,曰:"若有变,则汝曹西趣柏泉,以分其势。"

将盟,尚结赞又请各遣游骑数十更相觇索,瑊许之。吐蕃伏精骑数万于坛西,游骑贯穿唐军,出入无禁,唐骑入虏军,悉为所擒。瑊等皆不知,入幕易礼服。虏伐鼓三声,大噪而至,瑊自幕后出,偶得他马乘之,伏鬣入其衔,

德宗任命曹王李皋为山南东道节度使。

吴少诚整治兵器，修缮城邑，准备抗拒朝廷命令。判官郑常、大将杨冀打算驱逐吴少诚，事情泄露，被吴少诚杀死。德宗认为襄州和邓州扼守淮西的交通要道，任命曹王李皋为节度使，将襄、邓、复、郢、安、随、唐七州归属他管辖。

浑瑊与吐蕃在平凉会盟，吐蕃在盟会上发动突然袭击。

浑瑊从长安出发时，李晟深切告诫浑瑊在会盟地点不能不做好严密的防备。张延赏对德宗说："李晟不愿意会盟交好取得成功，所以告诫浑瑊要严加防备。我们显出怀疑吐蕃的形迹，吐蕃也会怀疑我们，会盟怎能成功！"于是德宗叫来浑瑊，极力告诫他要以诚意对待吐蕃，不要猜疑。浑瑊奏称吐蕃决定在十九日会盟，张延赏召集百官，给大家看浑瑊的表章，说："李太尉认为唐蕃和好准不成功，现在会盟日期已经确定啦。"李晟听后哭着说："我生长在西部边疆，完全熟悉吐蕃的情况。我之所以上奏陈论，只是不愿意让朝廷受吐蕃的侮辱。"

一开始，德宗命骆元光驻扎在潘原，韩游瓌驻扎在洛口，作为浑瑊的援军。骆元光对浑瑊说："潘原距离会盟地点将近七十里，你一旦发生了紧急情况，我怎么能知道？请让我与你一起去。"浑瑊根据诏旨坚决阻止。骆元光不肯从命，连接着浑瑊的营地驻扎下来，距离会盟地点有三十余里。骆元光的壕堑挖得很深，栅栏扎得很牢固，而浑瑊的壕堑和栅栏都可以一越而过。骆元光在营地西面设下伏兵，韩游瓌也派五百名骑兵埋伏在旁边，说："如果发生变故，你们就向西奔赴柏泉，以分散吐蕃的兵力。"

即将会盟，尚结赞又要求各派流动巡逻的骑兵数十人互相侦察对方的行动，浑瑊应允。吐蕃在盟坛西面埋伏精锐骑兵数万人，巡逻骑兵在唐军中穿来穿去，进进出出无人禁止，唐朝骑兵进入吐蕃军后却全被擒获。浑瑊等人毫无察觉，走进帐幕去换礼服。吐蕃擂鼓三声，大声呼喊着冲上前来，浑瑊从帐幕后边逃出，偶然得到一匹别人的马骑上去，伏在马背上给马戴嚼子，

驰十里,衔方及马口。虏纵兵追击,唐将卒死者数百人,副使崔汉衡被擒。珹至其营,将卒已遁。元光发伏成陈以待之,虏骑乃还。

是日,上视朝,谓诸相曰:"今日和戎息兵,社稷之福。"柳浑曰:"戎狄,豺狼也,非盟誓可结。今日之事,臣窃忧之。"李晟曰:"诚如浑言。"上变色曰:"柳浑书生,不知边计。大臣亦为此言邪!"皆顿首谢。是夕,韩游瓌表言:"虏劫盟者,兵临近镇。"上大惊,谓浑曰:"卿书生,乃能料敌如此其审邪!"上欲出幸,大臣谏而止。

李晟大安园多竹,或言晟伏兵其间,谋因仓猝为变,晟伐其竹。

上遣中使赍诏遗尚结赞,不纳而还。

六月,以马燧为司徒,兼侍中。

初,吐蕃尚结赞恶李晟、马燧、浑珹,曰:"去三人,则唐可图也。"于是离间李晟,因马燧以求和,欲执浑珹以卖燧,使并获罪,因纵兵直犯长安,会失浑珹而止。获马燧之侄弇,谓曰:"胡以马为命。吾在河曲,春草未生,马不能举足。当是时,侍中度河掩之,吾全军覆没矣。今蒙侍中力,全军得归,奈何拘其子孙?"遣弇与宦官俱文珍等归。上由是恶燧,罢其副元帅、节度使,以为司徒、侍中。张延赏惭惧谢病。

以李泌同平章事。

泌初视事,与李晟等俱入见。上谓泌曰:"朕欲与卿有约,卿慎勿报仇。有恩者朕当为卿报之。"对曰:"臣素奉道,不与人为仇。李辅国、元载皆害臣者,今自毙矣。素有善者,

跑了十里，才把嚼子戴到马嘴上。吐蕃纵兵追击，唐朝将士死了数百人，副使崔汉衡被俘。浑瑊赶到本营，将士已经逃跑。骆元光出动伏兵，列阵以待，吐蕃骑兵于是返回。

当天，德宗上朝，对各位宰相说："今天与吐蕃讲和，停止战争，是国家的福气。"柳浑说："吐蕃豺狼成性，不会受盟誓的约束。今天的事情，臣私下为之担忧。"李晟说："柳浑的确说得对。"德宗脸色一变，说："柳浑是个书生，不懂边疆大计。你也说这话吗！"大家都伏地叩头谢罪。当天傍晚，韩游瓌上表说："吐蕃劫持了参加会盟的人，兵马已来到临近的军镇。"德宗大惊，对柳浑说："你是书生，预料敌情竟如此确切！"德宗想出走，被大臣劝住了。

李晟的大安园里种了许多竹子，有人说李晟在园里设了伏兵，企图趁突发事件发动变乱，李晟于是砍掉园中的竹子。

德宗派中使携带诏书送给尚结赞，未被接纳，只好返回。

六月，唐德宗任命马燧为司徒，兼任侍中。

起初，吐蕃尚结赞憎恶李晟、马燧、浑瑊，说："除去这三人，唐朝便可图谋了。"于是离间李晟，通过马燧向朝廷求和，打算借捉住浑瑊来出卖马燧，使他们一起获罪，从而纵兵直接侵犯长安，恰巧没有捉住浑瑊，只好作罢。尚结赞捉到马燧的侄子马弇，告诉马弇说："胡人把马视为性命。我在河曲时，春草还没生长，马饿得抬不起腿来。在此时，如果马侍中渡过黄河来袭击我们，我们就全军覆没了。如今全靠马侍中之力，我们全军得以返回，怎能扣留他的后代？"便让马弇与宦官俱文珍等人回国。德宗从此厌恶马燧，免去他副元帅、节度使的职务，任命为司徒、侍中。张延赏惭愧恐惧，托病不起。

德宗任命李泌为同平章事。

李泌刚任职，与李晟等人一起入朝晋见。德宗对李泌说："朕想与你有个约定，你千万不要报复仇人。对你有恩的人，朕会替你报偿。"李泌回答说："臣向来尊奉道教，不与别人结仇。李辅国、元载都加害于臣，现在都自己垮台了。平时交好的，

率已显达，或多零落，臣无可报也。臣今日亦愿与陛下为约，可乎？"上曰："何不可！"泌曰："愿陛下勿害功臣。李晟、马燧有大功于国，闻有谗之者，陛下万一害之，则宿卫之士、方镇之臣无不愤惋反仄，恐中外之变复生也。陛下诚不以二臣功大而忌之，二臣不以位高而自疑，则天下永无事矣。"上以为然，晟、燧皆起，泣谢。上因谓泌曰："自今凡军旅粮储事，卿主之，吏、礼委延赏，刑法委浑。"泌曰："陛下不以臣不才，使待罪宰相。宰相之职，天下之事咸共平章，不可分也。若各有所主，是乃有司，非宰相矣。"上笑曰："朕适失辞，卿言是也。"

以李自良为河东节度使。

自良从马燧入朝，上欲使镇太原，自良固辞曰："臣事燧久，不欲代之。"上曰："卿于马燧存军中事分，诚为得礼。然北门之任，非卿不可。"卒以授之。

复所省州、县官。

泌请复所减州、县官，上曰："置吏以为人也，今户口减于承平之时，而吏员更增，可乎？"对曰："今户口虽减，而事多于承平且十倍，故吏不得不增。且所减皆有职事，而冗官不减，此所以为未当也。至德以来，置额外官，敌正官三分之一。若听使计日得资然后停，加两选授同类正员官，如此则不惟不怨，兼使之喜矣。"又请诸王未出阁者不除府官，上皆从之。

秋七月，以李昪为詹事。

大多已经荣显闻达，还有些已衰微没落，臣没有可报答的人了。今天臣也希望与陛下有个约定，行吗？"德宗说："怎么不行！"李泌说："愿陛下不要害功臣。李晟、马燧为国家立下大功，听说有人诋毁他们，陛下万一加害他们，那么值宿警卫的士兵、方镇的将帅都会愤怒悲叹，辗转不安，恐怕朝廷内外再生变故。如果陛下不因两位大臣功劳太大而心怀忌惮，两位大臣不因职位太高就自生疑虑，天下就永无事端了。"德宗认为说得很对，李晟、马燧都站起身来，哭着表示感谢。于是德宗对李泌说："从今天起凡是有关军事和粮食储备的事务，都由你主持，吏部和礼部都交给张延赏主持，刑部交给柳浑主持。"李泌说："陛下不嫌臣没有才能，让臣担任宰相。宰相的职责，对天下之事都应共同商酌处理，不能分开。如果宰相各自主持某个方面的事情，这便成了专司一面的职能部门了，就不是宰相了。"德宗笑着说："刚才朕说错了，你说得对。"

德宗任命李自良为河东节度使。

李自良跟随马燧进京朝见，德宗打算让李自良镇守太原，李自良再三推辞说："臣长期当马燧的部下，不想取代他的职务。"德宗说："你对马燧能照顾到军中的名分，的确合乎礼数。但国家北门的重任，非你莫属。"最终将此职授给李自良。

朝廷恢复被裁减的州、县官员。

李泌请恢复被裁减的州、县官，德宗说："官吏是为百姓设置的，现在的户口比太平时期减少了，官吏反而增加，能行吗？"李泌回答说："现在户口虽然减少，但事务比太平时期多出将近十倍，所以不得不增加官吏。而且，裁减的都是有职任的官员，反而没有削减闲散多余的官员，这是裁减官员并不妥当的原因。至德年间以来，设置正额以外的官员，相当于正式官员的三分之一。如果听凭他们按在任的时间核定资历，然后停罢他们的官职，增加文武官两选，授给他们同类中的正额官职，这样不仅不会受到埋怨，还会使他们高兴。"又请求对没有到封地去的诸王不授给府官，德宗一概依从。

秋七月，德宗任命李昇为詹事。

　　初,张延赏与李叔明有隙,上入骆谷,卫士多亡,叔明之子昇及郭曙、令狐建等恐有奸人危乘舆,相与啮臂为盟,更鞚上马以至梁州。及还长安,上皆以为禁卫将军,宠遇甚厚。延赏知昇私出入郜国大长公主第,密以白上,上使李泌察之。泌曰:"此必有欲动摇东宫者,其延赏乎?"上曰:"何以知之?"泌具为上言二人之隙,且言:"昇承恩顾,延赏无以中伤。而郜主乃太子妃之母也,故欲以此陷之耳。"上笑曰:"是也。"泌因请罢昇宿卫以远嫌,从之。

以韩潭为夏、绥、银节度使。

　　吐蕃之戍盐、夏者,馈运不继,人多病疫思归。尚结赞遣三千骑逆之,悉焚其庐舍,毁其城,驱其民而去。于是割振武之绥、银二州,以潭为节度使,帅神策之士五千、朔方、河东之士三千镇夏州。

以元友直为诸道句勘两税钱帛使。

　　时防秋兵大集,国用不充。李泌奏:"自变两税法以来,藩镇、州县聚敛权率以为军资,自惧违法,匿不敢言。请赦其罪,但令革正,自非于法应留使、留州之外,悉输京师。其官典逋负,可征者征之,难征者释之,敢有隐没者罪之。"上喜曰:"卿策甚长,然立法太宽,恐所得无几。"对曰:"宽则人喜于免罪而乐输,所得必多而速;急则竞为蔽匿,非推鞫不能得其实,财不足以济今日之急而皆入于奸吏,所得必少

起初,张延赏与李叔明有矛盾,德宗进入骆谷后,卫士大多逃亡,李叔明的儿子李昇以及郭曙、令狐建等人惟恐有奸人危及德宗,就一起咬破手臂,立下盟誓,轮流为德宗牵马,一直牵到梁州。等返回长安,德宗把他们都任命为禁卫将军,甚是宠爱优待。张延赏知道李昇私自出入郜国大长公主的府第,就秘密禀报德宗,德宗让李泌加以调查。李泌说:“这肯定是有人企图动摇太子的地位,恐怕是张延赏吧?”德宗说:“你怎么知道?”李泌向德宗一一讲述了李叔明与张延赏的矛盾,并说:“李昇承蒙陛下恩宠眷顾,张延赏无法中伤。然而,郜国大长公主是太子妃萧氏的母亲,所以张延赏想借此陷害他。”德宗笑着说:“是的。”于是李泌请求不再让李昇值宿警卫,以避嫌疑,德宗依从。

　　德宗任命韩潭为夏、绥、银节度使。

　　戍守盐州和夏州的吐蕃将士因给养接济不上,许多人染上瘟疫,希望回国。尚结赞派三千名骑兵前来迎接,将当地房舍全部烧掉,拆毁城墙,驱赶着百姓离去。因此,朝廷从振武军分出绥、银二州,任命韩潭为节度使,由他率领神策军将士五千人和朔方、河东将士三千人镇守夏州。

　　德宗任命元友直为诸道句勘两税钱帛使。

　　当时,防秋兵大规模集结,国家用度不支。李泌上奏说:“自从改行两税法以来,藩镇和州县通过搜刮财赋和实行专卖来充实军事费用,怕自己违犯规定,所以隐瞒实情不敢讲出。请赦免他们的罪行,只要求他们纠正以前的做法,除按规定应留给诸使、留在州府的钱粮以外,一律运送到京城。各地方官拖欠的赋税,能征缴的要征缴上来,难以征缴的可免予征缴,胆敢隐瞒私吞的要加以惩处。”德宗高兴地说:“你的谋算非常深远,但是采用的办法过于宽大,恐怕朝廷能得到的赋税没有多少。”李泌回答说:“实行宽大的办法,人们为免受惩处而欢喜,就乐于交纳赋税,朝廷得到的就数量多而时间短;实行严厉的办法,人们争着隐瞒赋税,不经审讯就不能查出实情,得到的钱财不够接济当前的急需,反而都落到奸邪官吏的手里,朝廷得到的就数量少

而迟矣。"上曰:"善。"乃以友直充使。

停西域使者廪给,分隶神策军。

初,河、陇既没于吐蕃,安西、北庭及西域使人在长安者,归路阻绝,皆仰给于度支。李泌知胡客皆有妻子,买田宅,安居不欲归,命停其给,凡四千人,皆诣政府诉之。泌曰:"此皆从来宰相之过,岂有外国使者留京师数十年不听归乎!今当假道回纥,各遣归国。不愿归者,当于鸿胪自陈,授以职位,给俸禄。人生当乘时展用,岂可终身客死邪!"于是胡客无一人愿归者,泌皆分隶神策两军,禁旅益壮,岁省五十万缗。

募戍卒屯田京西。

上复问泌以复府兵之策,对曰:"今岁卒戍京西者十七万人,计岁食粟二百四万斛,今粟斗直钱百五十,为钱三百六万缗。国家比遭饥乱,经费不充,就使有钱,亦无粟可籴,未暇议复府兵也。"上曰:"然则亟减戍卒归之,如何?"对曰:"陛下诚用臣言,可不减戍卒,不扰百姓,粮食皆足,府兵亦成。"上曰:"果能如是,何为不用!"对曰:"此须急为之,过旬日则不及矣。"上问其计,泌曰:"吐蕃久居原、兰之间,以牛运粮,粮尽,牛无所用。请发左藏恶缯,染为彩缬,因党项以市之,计十八万匹可致六万余头。命诸冶铸农器,籴麦种,分赐缘边军镇,募戍卒耕荒田而种之,约麦熟倍偿其种,其余据时价五分增一,官为籴之,来春种禾亦如之。沃土久荒,所收必厚,戍卒获利,

而时间就长了。"德宗说:"很好。"便让元友直充任诸道句勘两税钱帛使。

朝廷停止对西域使者的给养,将他们分别隶属于神策军。

起初,河西、陇右地区被吐蕃攻陷后,正在长安的安西、北庭奏事人员以及西域使者的归路已经切断,都依赖度支供给。李泌了解到胡人在长安都有了妻子儿女,买了田地住宅,安心定居,不想回去,便命令停止发放给养,于是计有四千人都到相府申诉。李泌说:"这都是历任宰相的过错,哪有让外国使者在京城留居数十年还不放回国的!现在应该向回纥借道,分别遣送回国。不愿意回国的,应到鸿胪寺说明自己的情况,授给职位,发给薪俸。人生应当顺应时务,施展才力,怎能一辈子作客而死呢!"于是没有一个胡人客使愿意回国,李泌让他们一律分别隶属于神策两军,禁军愈加壮大,每年省钱五十万缗。

朝廷招募戍兵在京西屯田。

德宗又向李泌问恢复府兵的策略,李泌回答说:"今年戍守京西的士兵有十七万人,算来全年吃粮二百零四万斛,现在每斗粮食价值一百五十钱,合计需三百零六万缗钱。近来国家遭受饥荒战乱,经费不足,即使有钱,也没粮食可买,所以无暇计议恢复府兵。"德宗说:"这么说来,应赶快削减戍兵,让他们回去,你看行吗?"李泌回答说:"如果陛下采用我的建议,可以不削减戍兵,不打扰百姓,就能使粮食完全充足,府兵也可以恢复。"德宗说:"果真能够如此,朕怎能不采用!"李泌回答说:"这必须赶紧去做,再过十天就来不及了。"德宗问有何计策,李泌说:"吐蕃长期居住在原州和兰州一带,用牛运输粮食,粮食运完,牛就没有用处了。请调出左藏库的劣质丝帛,染成花色斑斓的丝帛,通过党项人出卖,算来十八万匹丝帛可以换到六万余头牛。可以命令各冶炼场铸造农具,买进麦种,分别赐给边境上的军镇,募集戍兵耕种荒田,约定麦子成熟后加倍偿还所用的种子,对剩下的粮食,按当时的价钱增加五分之一,由官府收购,来年春天种庄稼时还用这种办法。肥沃的土地久经荒废,必然取得丰收,戍兵得到好处,

耕者浸多,籴价必贱,名为增之,而实比今岁所减多矣。且边地官多阙,请募人入粟以补之,可足今岁之粮。"

上皆从之,因问曰:"卿言府兵亦集,如何?"对曰:"旧制,戍卒三年而代,今既因田致富,必不思归。及其将满,下令有愿留者,即以所开田为永业,家人愿来者,本贯续食遣之。不过数番,则戍卒皆土著,乃悉以府兵之法理之,是变关中之疲弊为富强也。"上喜曰:"如此,天下无复事矣。"泌曰:"未也。臣能不用中国之兵,使吐蕃自困。"上曰:"计将安出?"对曰:"臣未敢言之,俟麦禾有效,然后可议也。"泌意欲结回纥、大食、云南,与共图吐蕃,知上素恨回纥,恐闻之不悦,并屯田之议不行,故不肯言。既而戍卒应募,愿耕屯田者什五六。

张延赏卒。　八月朔,日食。　柳浑罢为左散骑常侍。

初,浑与张延赏议事数异同,延赏使人谓曰:"相公节言则重位可久矣。"浑曰:"为吾谢张公,柳浑头可断,舌不可禁。"由是交恶。上好文雅缊藉,而浑质直无威仪,时发俚语,上不悦,罢之。

幽郜国大长公主,流李昇于岭南。
公主,肃宗女也,适萧升,女为太子妃,恩礼甚厚,宗戚皆疾之。主素不谨,李昇等数人出入其第。或告主淫乱,且为厌祷,上大怒,幽之禁中,流昇等岭表,切责太子。

耕种的人就会逐渐增多,收购粮食必然降价,名义上是官府加价收购,实际上却比今年粮价低得多。而且边疆地区的官员有许多空缺,请募集人交纳粮食,然后将他们补充为边地官员,这样便可以使今年的粮食足够用了。"

德宗都依言而行,随后又问道:"你说府兵也可以建成,此话怎讲?"李泌回答说:"根据原有制度,戍兵三年轮换一次,现在戍兵通过屯田富裕起来,必然不想回去。到三年将满时,下令愿意留下的,就把他们开垦的田地作为永业田,家人愿意前来的,由原籍所在官府供给食物加以遣送。用不了几轮,戍兵就都成了定居边疆的本地人,于是一律采用府兵制度加以治理,这就使关中变衰败为富强了。"德宗欢喜地说:"这样,天下就不再发生变故了。"李泌说:"还不止这些。臣能不用国家的兵,使吐蕃自陷困境。"德宗说:"有何计策?"李泌回答说:"臣不敢讲出来,等粮食收成发挥效用后,才可议此事。"李泌本意打算联合回纥、大食、云南,一起图谋吐蕃,知道德宗向来憎恨回纥,惟恐德宗听了不高兴,会连同屯田的计议也不实行,所以不肯讲出来。不久,戍兵响应招募,愿意耕种屯田的有十分之五六。

张延赏去世。 **八月一日,发生日食。** **柳浑罢相,任左散骑常侍。**

起初,柳浑与张延赏议事时屡次发生分歧,张延赏让人告诉柳浑说:"相公少说话,宰相的重要职位就可保长久了。"柳浑说:"替我向张公道谢,柳浑头可断,舌不可禁。"因此两人结仇。德宗喜欢斯文儒雅,不露锋芒,但柳浑质朴直率,不摆架子,时常说些方言俗语,唐德宗心中不快,免去他的宰相职务。

德宗拘禁郜国大长公主,将李昇流放到岭南。

郜国大长公主是肃宗的女儿,嫁给萧升为妻,女儿为太子妃,德宗对大长公主甚加礼遇,宗室亲戚都很嫉妒她。大长公主平时行为不够检点,李昇等几个人都出入大长公主的府第。有人告发大长公主行为淫乱,而且以巫术祈祷鬼神,德宗大怒,将大长公主拘禁在宫中,把李昇流放到岭南,并严厉斥责太子。

太子惧，请与妃离昏。

上召李泌告之，且曰："舒王近已长立，孝友温仁。"泌曰："陛下惟有一子，奈何欲废之而立侄？且陛下所生之子犹疑之，何有于侄？舒王虽孝，自今陛下宜努力，勿复望其孝矣。"上曰："卿不爱家族乎？"对曰："臣惟爱家族，故不敢不尽言。若畏陛下大怒而为曲从，陛下明日悔之，必尤臣云：'吾独任汝为相，不力谏，使至此，必复杀而子。'臣老矣，余年不足惜。若冤杀臣子，使臣以侄为嗣，臣未知得歆其祀乎！"因鸣咽流涕。

上亦泣曰："事已如此，奈何？"对曰："此大事，愿陛下审图之。自古父子相疑，未有不亡国者，且陛下不记建宁之事乎？"上曰："建宁叔实冤，肃宗性急故耳。"泌曰："臣昔为此故辞归，誓不近天子左右。不幸今日复为陛下相，又睹兹事。且其时先帝常怀危惧，臣临辞日因诵《黄台瓜辞》，肃宗乃悔而泣。"

上意稍解，乃曰："贞观、开元皆易太子，何故不亡？"对曰："承乾谋反事觉，太宗使其舅与朝臣数十人鞫之，事状显白，然当时言者犹云：'愿陛下不失为慈父，使太子得终天年。'太宗从之，并废魏王泰。且陛下既知肃宗急而建宁冤，则愿陛下深戒其失，从容三日，究其端绪，必释然知太子之无他矣。若果有其迹，愿陛下如贞观之法，并废舒王而立皇孙，则百代之后有天下者，犹陛下子孙也。至于武惠妃谮太子瑛兄弟杀之，海内冤愤，

太子恐惧，请求与萧妃离婚。

德宗召见李泌，告知此事，并说："近来舒王已经成年，性情孝敬友爱，温和仁厚。"李泌说："陛下只有一个儿子，为什么要废子立侄？而且陛下连亲生的儿子都起疑心，对侄子又会怎样？舒王虽然孝敬，但若立他为太子，今后陛下最好还是勉力而为吧，别再指望他孝敬了。"德宗说："你不爱惜自己的家族吗？"李泌回答说："正因为臣爱惜家族，所以不敢不把话说尽。如果怕惹得陛下大怒，就委曲从命，以后陛下后悔了，准会责怪臣说：'我专门任命你为宰相，你不极力劝谏，使事情到此地步，我一定要杀了你的儿子。'臣老啦，晚年的岁月没有什么可顾惜的。如果陛下冤杀臣的儿子，使臣立侄子为后嗣，臣不知将来是否能享受到他的祭祀！"于是呜呜咽咽，流下眼泪。

德宗也哭着说："事情已闹成这个样子，如何是好？"李泌回答说："这是大事，希望陛下审慎地设法应付。自古以来父子互相猜疑，没有不亡国的，而且陛下不记得建宁王的事情了吗？"德宗说："叔叔建宁王的确冤枉，是肃宗性情急躁造成的。"李泌说："过去臣因为此事辞官而归，发誓不再靠近天子身边。不幸现在又当了陛下的宰相，又目睹这样的事情。而且，当时先帝经常心怀恐惧，臣临辞行时借机诵读了《黄台瓜辞》，于是肃宗后悔地哭了。"

德宗的态度稍有缓和，便说："贞观、开元年间都改立过太子，为什么没亡国？"李泌回答说："李承乾谋反案发后，太宗让他舅舅与数十个朝臣进行审讯，事情的原委一清二楚，但当时进言的人还是说：'希望陛下不要失去慈父的本色，让太子寿终天年。'太宗依从，同时废掉魏王李泰。况且陛下既然知道肃宗性情急躁造成了建宁王的冤枉，希望陛下将这个失误深深引以为戒，宽缓三天，推究此事的头绪，一定会消除疑虑，认为太子没有二心。如果确有迹象，希望陛下采用贞观年间的办法，连同舒王一起废掉，另立皇孙，百世以后君临天下的人就仍然是陛下的子孙。至于武惠妃诬陷太子李瑛兄弟，杀了他们，海内为之冤屈怨愤，

乃百代所当戒,此又可法乎?且太子居少阳院,未尝接外人,预外事,安得有异谋?彼谮人者巧诈百端,虽有手书如晋愍怀,衷甲如太子瑛,犹未可信,况但以妻母为累乎!幸赖陛下语臣,臣敢以家族保太子。向使杨素、许敬宗、李林甫之徒承此旨,已就舒王图定策之功矣。"

上曰:"此朕家事,何预于卿,而力争如此?"对曰:"天子以四海为家,臣今独任宰相之重,四海之内,一物失所,责归于臣。况坐视太子冤横而不言,臣罪大矣。"上曰:"为卿迁延至明日思之。"泌抽笏叩头而泣曰:"如此,臣知陛下父子慈孝如初矣。然陛下还宫,当自审思,勿露此意于左右。露之则彼皆欲树功于舒王,太子危矣。"上曰:"具晓卿意。"泌归语子弟曰:"累汝曹矣。"

太子遣人谢泌曰:"若必不可救,欲先自仰药如何?"泌曰:"必无此虑,愿太子起敬起孝。苟泌身不存,则事不可知耳。"

间一日,上开延英殿,独召泌,流涕曰:"非卿切言,朕今日悔无及矣。太子仁孝,实无他也。自今军国及朕家事,皆当谋于卿矣。"泌拜贺,因曰:"臣报国毕矣,惊悸亡魂,不可复用,愿乞骸骨。"上慰谕不许。

九月,吐蕃寇陇州。

吐蕃帅羌、浑之众寇陇州,连营数十里,京城震恐。虏大掠,驱丁壮万余口而去。未几,复至陇州,州兵击却之。

是过一百代都应引以为教训的，难道这还可以效法吗？而且太子住在少阳院，从不接触外人，参与外界的事情，怎会有作乱的图谋？那些蓄意诬陷的人机巧奸诈，手段变化多端，即使像西晋愍怀太子有亲手所写的反书，像开元年间太子李瑛有身披铠甲入宫的行动，尚且不可相信是要谋反，何况太子仅仅是遭受岳母的牵连呢！幸亏陛下对臣说了，臣敢用自己的全家担保太子。假如让杨素、许敬宗、李林甫一类人逢迎这一旨意，他们现在已经到舒王那里图谋拥立新太子的功劳了。”

德宗说：“这是朕的家事，与你有什么关系，你竟这样极力谏诤？”李泌回答说：“天子以四海为家，现在臣独自承担宰相的重任，四海之内，有一件事情处理不当，都是臣没有尽到责任。何况眼巴巴看着太子蒙受冤屈、遭受横祸却不发言，臣的罪就太大了。”德宗说：“朕为你推延到明天，好好想想。”李泌抽出朝笏，伏地叩头哭着说：“这样做，臣知道陛下父慈子孝的关系一如既往了。不过陛下回宫后，应当自己审慎地考虑，别把这个意图透露给周围的人。如果透露出去，那些人就都想为舒王建树功勋，太子就危险了。”德宗说：“朕完全明白你的意思。”李泌回家后对子弟说：“我拖累你们啦。”

太子派人去感谢李泌说：“如果定然不可挽救，我想先服毒自杀，你看怎样？”李泌说：“肯定不必为此忧虑，希望太子奉行孝敬之道。如果我不在了，那倒是不知会发生什么事情。”

隔了一天，德宗单独在延英殿召见李泌，涕泪横流地说：“若不是你极力进言，朕今天后悔也来不及了。太子仁厚孝敬，确实没有二心。从今天起军务国政以及朕的家事，都应与你商量。”李泌跪拜道贺，趁机说：“臣报国完毕，心跳加快，魂不守舍，不能再办理政务，希望准许臣退职。”德宗加以抚慰，没有答应。

九月，吐蕃侵犯陇州。

吐蕃率领羌、浑部落的兵众侵犯陇州，营地连绵数十里，京城震惊恐惧。吐蕃等大肆掳掠，驱赶着丁壮一万余人离去。不久，吐蕃等再次来到陇州，该州守兵将他们击退。

回纥求和亲，许之。

回纥合骨咄禄可汗屡求和亲，上未之许。会边将告乏马，李泌言于上曰："臣有愚策，可使马贱十倍。"上问之，对曰："愿陛下推至公之心，屈己徇人，为社稷计，臣乃敢言。"上曰："何故？"泌曰："臣愿陛下北和回纥，南通云南，西结大食、天竺，如此则吐蕃自困，马亦易致矣。"上曰："三国当如卿言，至于回纥则不可。"泌曰："臣固知陛下如此，所以不敢早言。然今日之计，回纥为先，三国差缓。且陛下所以不可，岂非以陕州之耻邪？"上曰："然。韦少华等以朕之故受辱而死，朕岂能忘之！"泌曰："害少华等乃牟羽可汗，后复入寇，为今可汗所杀。然则今可汗乃有功于陛下，又何怨邪？"是后凡十五对，反复论之，上终不许，泌乃乞骸骨。上曰："朕不惮屈己，但不能负少华辈耳。"泌曰："以臣观之，少华辈负陛下，非陛下负之也。"上曰："何故？"对曰："昔叶护将兵助国，肃宗止令臣宴劳之，亦不许至其营，及大军将发，先帝始与相见，盖戎狄豺狼，不得不过为之防耳。陛下在陕，富于春秋，少华辈不能深虑，以万乘元子径造其营，又不先与之议相见之仪，使彼得肆其桀骜，岂非少华辈负陛下邪？且香积之捷，叶护欲掠长安，先帝亲拜于马前以止之，当时观者十万余人，皆叹息曰：'广平王真华夷主也！'然则先帝所屈者少，所伸者多矣。况牟羽身为可汗，举国赴难，当是之时，臣不敢言其他。若留陛下于营中欢饮十日，

回纥请求和亲,德宗应允。

回纥合骨咄禄可汗屡次请求和亲,德宗没有答应。适值边防将领报告缺少马匹,李泌对德宗说:"臣有一个计策,可以使马价贱上十倍。"德宗问计,李泌回答说:"希望陛下用极为公正的态度对待此事,委屈自己顺从别人,为国家着想,臣才敢说。"德宗说:"何出此言?"李泌说:"臣希望陛下北面与回纥和好,南面与云南交往,西面与大食和天竺联络,这样吐蕃就会自己陷入困境,马也容易得到了。"德宗说:"云南、大食、天竺三国,就按你说的办,至于回纥,那可不行。"李泌说:"臣本就知道陛下会持此态度,所以不敢早说。然而为当前考虑,联系回纥最为急迫,其余三国还可略微慢些。而且,陛下之所以认为不行,莫不是由于在陕州受到的耻辱吧?"德宗说:"是。韦少华等人由于朕的缘故蒙受羞辱而死,朕怎会忘记!"李泌说:"残害韦少华等人的是牟羽可汗,后来牟羽可汗又来入侵,被现在的合骨咄禄可汗杀死。这么说来,现在的回纥可汗对陛下有功,又有什么可怨恨的?"此后,李泌共奏对十五次,反复陈论,德宗始终不答应,李泌于是请求退职。德宗说:"朕不怕委屈自己,只是不能对不起韦少华这些人。"李泌说:"在臣看来,是韦少华这些人对不起陛下,不是陛下对不起他们。"德宗说:"此话怎讲?"李泌回答说:"过去回纥叶护领兵来帮助大唐,肃宗仅仅让臣设宴慰劳他,还不许臣到回纥的营中去,等到大军即将出发,先帝才与回纥叶护见面,这是由于回纥豺狼成性,不得不特别小心加以防备。陛下在陕州时还很年轻,韦少华这些人不能周密计虑,领着万乘之主的嫡长子径直前往回纥营中,而且事先没有与回纥议定相见时的礼仪,致使回纥得以肆逞凶暴,难道不是韦少华这些人对不起陛下吗?而且,香积寺之战获胜时,叶护打算掳掠长安,先帝亲自在叶护马前施礼制止,当时看见的人有十万余,大家都叹息说:'广平王真是华夏与蛮夷的共主!'这样说来,先帝对人的屈尊较少,伸展的抱负较多。况且牟羽身为可汗,率领全国兵力奔赴国难,在这时候,臣不敢说别的。如果牟羽把陛下留在营中欢快宴饮十天,

天下岂得不寒心哉！以此二事观之，则屈己为是乎，不屈己为是乎？"

上谓李晟、马燧曰："朕素怨回纥，今闻泌言，自觉少理，卿以为如何？"皆对曰："诚如泌言。"泌曰："臣以为回纥不足怨，向来宰相乃可怨耳。回纥再复京城，今可汗又杀牟羽，复有何罪？吐蕃幸国之灾，陷河、陇数千里之地，又入京城，使先帝蒙尘于陕，此乃百代必报之仇，为可怨耳。"上曰："朕与之为怨已久，今往与之和，得无复拒我，为夷狄之笑乎？"对曰："臣请以书与之，约为臣子，每来不过二百人，印马不过千匹，无得携中国人及商胡出塞。五者皆能如约，则主上必许和亲。如此，威加北荒，旁眢吐蕃，足以快陛下平昔之心矣。"上从之。

既而回纥可汗遣使上表听命，上大喜，谓泌曰："回纥何畏服卿如此？"对曰："此乃陛下威灵，臣何力焉！"上因问招云南、大食、天竺之计，对曰："回纥和则吐蕃已不敢轻犯塞矣。云南苦吐蕃赋役，未尝一日不思复为唐臣也。大食在西域为最强，与天竺皆慕中国，代与吐蕃为仇，臣故知其可招也。"遂遣其使者归，许以公主妻之。

吐蕃陷连云堡。
泾西恃连云为斥候，连云既陷，西门不开，门外皆为虏境，樵采路绝，常苦乏食。

冬十月，吐蕃城故原州而屯之。　李软奴等作乱，伏诛。

天下人难道能不痛心吗！就这两件事看，说委屈自己对，还是说没有委屈自己对呢？"

德宗对李晟、马燧说："朕一向怨恨回纥，现在听了李泌的话，觉得自己理亏，你们认为怎么样？"李、马二人都说："李泌说得的确很对。"李泌说："臣认为没有足够的理由去怨恨回纥，近年来的宰相才是应当怨恨的。回纥两次收复京城，现任可汗又杀死牟羽，还有什么罪过？吐蕃庆幸我国发生灾祸，攻陷河西、陇右数千里之地，还攻入京城，使先帝流亡陕州，这是百世必报的怨仇，这才应当怨恨。"德宗说："朕与回纥积怨已久，现在前去与回纥讲和，该不会再次拒绝我们，被夷狄耻笑吧？"李泌回答说："请让臣写信给回纥，约定回纥可汗称臣称子，每次前来不能超过二百人，互市的马匹不得超过一千匹，不得携带中国人和胡族商人到塞外去。如果回纥能完全遵守这五条约定，陛下一定要答应与他们讲和。这样，陛下的声威可以延展到北部荒远地区，从侧面震慑吐蕃，足以使陛下平素的志向为之一快了。"德宗依言而行。

不久，回纥可汗派使者上表，接受约定，德宗大喜，对李泌说："回纥怎么这样畏惧折服于你？"李泌回答说："这是陛下的声威所致，臣出了什么力！"于是德宗询问招抚云南、大食、天竺的计策，李泌回答说："与回纥和好，吐蕃就已经不敢轻易侵犯边境了。云南被吐蕃的赋税徭役搅扰得困苦不堪，没有一天不想再做唐朝的臣属。大食在西域最为强盛，与天竺都仰慕中国，并且世代与吐蕃是仇敌，所以臣知道这两国可以招抚。"便打发回纥使者回国，答应把公主嫁给回纥合骨咄禄可汗。

吐蕃攻陷连云堡。

泾州西面倚靠连云堡作为前哨，连云堡失陷后，泾州西门难以开放，西门外都成了吐蕃的地盘，打柴的道路被切断，泾州常常因缺少粮食而困苦不堪。

冬十月，吐蕃修筑原州故城，驻扎其地。　李轵奴等人作乱，被杀。

妖僧李软奴结殿前射生将韩钦绪等谋作乱,其党告之,上命捕送内侍省推之。李晟闻之惊仆,曰:"晟族灭矣。"李泌问其故,晟曰:"晟新罹谤毁,中外有家人千余,若有一人在其党中,则兄亦不能救矣。"泌乃密奏:"大狱一起,所引必多。闻人情恟惧,请出付台推。"上从之。钦绪,游瓌之子也,亡抵邠州,械送京师,与软奴等皆腰斩,而朝臣无连及者。

十二月,韩游瓌入朝。

游瓌以钦绪诛,委军入谢,上遣使止之。至是入朝,军中以为必不返,饯送甚薄。游瓌见上,盛陈筑丰义城可以制吐蕃,上悦,遣还镇,军中忧惧者众。游瓌忌都虞候范希朝得众心,将杀之。希朝奔凤翔,上召置神策军。游瓌帅众筑丰义城,二版而溃。

大稔,诏和籴粟麦。

上畋于新店,入人民赵光奇家,问:"百姓乐乎?"对曰:"不乐。"上曰:"今岁颇稔,何为不乐?"对曰:"诏令不信。前云两税之外悉无他徭,今非税而诛求者殆过于税。又云和籴,而实强取之,曾不识一钱。始云所籴粟麦纳于道次,今则遣致京西行营,动数百里,车摧牛毙,破产不能支。愁苦如此,何乐之有!"上命复其家。

戊辰(788) 四年

春正月,以刘昌为泾原节度使,李元谅为陇右节度使。

兴妖作怪的僧人李钦奴勾结殿前射生将韩钦绪等人图谋作乱，同伙予以告发，德宗命令逮捕押送至内侍省审讯。李晟闻讯惊骇倒地，说："我要灭族了。"李泌问其中的缘故，李晟说："我新近遭到诽谤，朝廷内外我的家人有一千多，如果有一个人是他们的同党，连老兄也不能救我了。"于是李泌秘密上奏说："大案一旦发生，牵连的人必然很多。听说人心震恐不安，请由内侍省交付御史台审讯。"德宗依言而行。韩钦绪是韩游瓌的儿子，他逃亡到邠州，被上了枷锁押送京城，与李钦奴等人都被腰斩，但没有朝臣受到牵连。

十二月，韩游瓌进京朝见。

韩游瓌因韩钦绪被杀，留下军队，本人进京谢罪，德宗派使者加以阻止。至此，韩游瓌进京朝见，军中将士认为他肯定一去不返，饯别送行时甚为冷淡。韩游瓌见到德宗，极力陈述修筑丰义城可以控制吐蕃，德宗大悦，打发他返回本镇，许多军中将士忧虑恐惧。韩游瓌嫉妒都虞候范希朝得到大家的拥护，准备杀死范希朝。范希朝逃奔凤翔，德宗将他召回，安置在神策军任职。韩游瓌率领部众修筑丰义城，只修筑了四尺高，便塌落了。

大丰收，有诏命官府收购谷麦。

德宗在新店打猎，来到农民赵光奇的家中，问道："百姓高兴吗？"赵光奇回答说："不高兴。"德宗说："今年颇获丰收，为什么不高兴？"赵光奇回答说："诏令没有信用。以前说两税以外没有别的任何徭役，现在两税以外的搜刮大约比两税还多。又说由官府收购粮食，实际却是强行夺取，从没见到一个钱。开始说官府购进的谷子、麦子只须在道旁交纳，现在却让送往京西行营，动不动就是几百里地，车坏牛死，百姓破产也难以支撑。百姓这般忧愁困苦，有什么高兴的！"德宗命令免除赵光奇家的赋税徭役。

戊辰（788） **唐德宗贞元四年**

春正月，德宗任命刘昌为泾原节度使，李元谅为陇右节度使。

昌、元谅皆帅卒力田,数年,军食充羡,泾、陇稍安。

二月,以诸道税外钱帛输大盈库。

先是,上谓李泌曰:"每岁诸道贡献共直钱五十万缗,今岁仅得三十万缗,宫中用度殊不足。"泌曰:"古者天子不私求财。今请岁供宫中钱百万缗,愿陛下勿受贡献,及罢宣索。必有所须,降敕折税,不使奸吏因缘诛剥。"上从之。及元友直运淮南钱帛二十万至,泌悉输之大盈库,然上犹数有宣索,仍敕诸道勿令宰相知。泌闻之,惘怅而不敢言。

诏葺白起庙,赠兵部尚书。

咸阳人或上言:"见白起云,请为国家捍御西陲。"既而吐蕃入寇,边将败之,上以为信然,欲于京城立庙,赠司徒。李泌曰:"今将帅立功而陛下褒赏白起,臣恐边臣解体矣。且立庙祈祷,将长巫风。今杜邮有旧祠,请诏葺之,则不至惊人耳目矣。且起,列国之将,赠三公太重,赠兵部尚书可也。"上从之。

夏四月,更命殿前射生曰神威军。

左右羽林、龙武、神武、神策、神威凡十军。

云南遣使入见。　吐蕃寇泾、邠、宁、庆、鄜州。

先是,吐蕃常以秋冬入寇,及春多病疫而退。至是,得唐人,质其妻子,遣其将将之,盛夏入寇,诸州无敢与战者,吐蕃大掠而去。

六月,征阳城为谏议大夫。

城,夏县人,以学行著闻,隐居柳谷,李泌荐之。

秋七月,以张献甫为邠宁节度使。

刘昌和李元谅都率领部众努力种田，经过数年，军中粮食充足，泾州和陇州逐渐安定下来。

二月，将各道两税以外的钱帛运进大盈内库。

此前，德宗对李泌说："每年各道进贡的物品共计值钱五十万缗，今年只得到三十万缗，宫中的费用实在不够。"李泌说："古时候，天子不私自谋取钱财。现在请让我每年供给宫中一百万缗钱，希望陛下不要接受进贡的物品，并停止颁旨索取财货。如果一定需要什么，可以下达敕令，折合成税钱，以防止奸邪的官吏借机搜刮钱财。"德宗表示依从。等元友直将淮南钱帛二十万运到，李泌全部运进大盈内库，但德宗仍然屡次传旨索取财物，还命令各道不要让宰相知道。李泌听说后，心中惆怅，却不敢说。

德宗下诏修缮白起的祠庙，追赠白起为兵部尚书。

咸阳有人进言说："见到白起了，白起说请求为国家捍卫西部边疆。"不久吐蕃入侵，边防将领打败吐蕃，德宗认为所言的确可信，想在京城建立祠庙，追赠白起为司徒。李泌说："现在将帅立下功勋，陛下却褒扬封赏白起，臣担心边防守臣会人心离散。而且建立祠庙进行祈祷，将会助长迷信巫祝的风气。现在杜邮有白起的故祠，请下诏加以修缮，就不至于惊人视听了。况且白起是战国时的将领，追赠为三公地位过高，追赠为兵部尚书就可以了。"德宗依言而行。

夏四月，德宗将殿前射生改名为神威军。

禁军包括左右羽林、龙武、神武、神策、神威共十军。

云南派使者进京朝见。　吐蕃侵犯泾、邠、宁、庆、鄜五州。

此前，吐蕃经常在秋冬两季入侵，到春天往往染上瘟疫，于是退兵。至此，吐蕃得到唐朝百姓，将他们的妻子儿女留作人质，派吐蕃将领带领这些百姓，在盛夏前来侵犯，各州无人敢与吐蕃交战，吐蕃大肆掳掠而去。

六月，德宗征召阳城为谏议大夫。

阳城，夏县人，以学问品行著称，隐居柳谷，为李泌所推荐。

秋七月，德宗任命张献甫为邠宁节度使。

韩游瑰以病求归,诏以张献甫代之。未至,游瑰轻骑归朝。戍卒裴满等惮献甫之严,帅众作乱,奏请范希朝为节度使。都虞候杨朝晟勒兵斩之而迎献甫。上闻军众欲得希朝,将授之,希朝辞曰:"臣畏游瑰之祸而来,今往代之,非所以防窥觎、安反仄也。"上嘉之,擢为宁州刺史,以副献甫。

罢句检诸道税外物。

元友直句检诸道税外物,悉输户部,遂为定制。岁输百余万缗斛,民不堪命,诸道多自诉于上。上意寤,乃诏:"已在官者输京师,未入者悉以与民,明年以后悉免。"于是东南之民复安其业。

冬十月,回纥来迎公主,仍请改号回鹘。

回纥可汗遣其妹及大臣妻来迎可敦,辞礼甚恭,曰:"昔为兄弟,今为子婿,半子也。若吐蕃为患,子当为父除之。"仍请改为回鹘,许之。

吐蕃寇西川,韦皋遣兵拒击,破之。

吐蕃发兵十万,将寇西川,亦发云南兵。云南内虽附唐,外未敢叛吐蕃,亦发兵数万屯泸北。韦皋乃为书遗云南王,叙其归化之诚,转致吐蕃。吐蕃始疑云南,遣兵屯会川以塞其趣蜀之路。云南怒,归唐之志益坚,而吐蕃兵势始弱矣。皋遣兵拒击,破之于清溪关外。

十一月,册回鹘长寿天亲可汗,以咸安公主归之。以张建封为徐、泗、濠节度使。

韩游瓌因病请求返回,有诏命张献甫接替韩游瓌的职务。张献甫还没来到邠宁,韩游瓌已轻装骑马回朝。戍卒裴满等人忌惮张献甫治军严厉,便率众作乱,奏请由范希朝担任节度使。都虞候杨朝晟率领兵马杀了作乱的戍卒,同时迎接张献甫。德宗听说军士们愿意让范希朝统领,准备任命范希朝为节度使,范希朝推辞说:"臣因害怕韩游瓌的迫害才回来的,如今前去取代他,这不是防范阴谋、安定动荡局面的办法。"德宗嘉许范希朝,提拔他为宁州刺史,担任张献甫的副职。

停止收缴各道税收以外加征的财物。

元友直负责收缴各道税收以外加征的财物,全部上交户部,于是成为固定的制度。每年要缴纳钱粮一百余万缗、斛,百姓难以忍受这种索求,各道经常向德宗反映本地的情况。德宗省悟过来,便下诏规定:"已经收缴到官府的税外财物可以运往京城,没有收缴官府的全部交还百姓,从明年起悉数免除。"于是东南地区的百姓又安心从事本业。

冬十月,回纥前来迎接公主,还请求改称回鹘。

回纥可汗派自己的妹妹和大臣的妻子来迎接可敦,措辞和执礼都很恭敬,说:"往日回纥是唐朝的兄弟,现在成了女婿,女婿就是半个儿子。如果吐蕃危害朝廷,儿子会为父亲除去他们。"还请求改称回鹘,德宗应允。

吐蕃侵犯西川,韦皋派兵抵御,打败吐蕃。

吐蕃征调十万兵马,准备侵犯西川,同时也征发云南兵马。云南虽然暗中归附唐朝,但表面还不敢背叛吐蕃,因而也派出数万兵马在泸水北岸驻扎。于是,韦皋写信给云南王,陈述云南王归于王化的诚意,却将信转交给吐蕃。吐蕃开始怀疑云南,派兵在会川驻扎,以隔断云南通往蜀中的道路。云南王大怒,归顺唐朝的决心愈加坚定,而吐蕃的兵力开始削弱了。韦皋派兵抗击,在清溪关外打败吐蕃。

十一月,唐朝册封回鹘长寿天亲可汗,将咸安公主嫁给长寿天亲可汗。 任命张建封为徐、泗、濠节度使。

李泌言于上曰："江、淮漕运自淮入汴，以甬桥为咽喉，地属徐州，邻于李纳。若纳一旦复有异图，窃据徐州，则失江、淮矣。请徙张建封镇徐州，割濠、泗以隶之，则淄青慑息，而运路常通，江、淮安矣。"上从之。建封为政宽厚而有纲纪，不贷人以法，其下畏而悦之。

横海节度使程日华卒。

子怀直自知留后。

己巳（789） 五年

春二月，以程怀直为沧州观察使。

怀直请分景城、弓高为景州，请除刺史。上喜曰："三十年无此事矣。"以徐伸为景州刺史。

以董晋、窦参同平章事。

李泌自陈衰老，乞更除一相，上曰："朕深知卿劳苦，但未得其人耳。"因从容论即位以来宰相曰："卢杞忠清强介，人言杞奸邪，朕殊不觉。"泌曰："此乃杞之所以为奸邪也。傥陛下觉之，岂有建中之乱乎！杞以私隙杀杨炎，挤颜真卿于死地，激李怀光使叛。赖陛下圣明，窜逐之，人心顿喜，天亦悔祸，不然乱何由弭？"上曰："杨炎以童子视朕，意以朕为不足与言，以是交不可忍，非由杞也。建中之乱，术士豫请城奉天，此盖天命，非杞所致也。"泌曰："天命，他人皆可言之，惟君、相不可言。盖君、相所以造命也，若言命则礼乐政刑皆无所用矣。纣曰：'我生不有命在天？'此商之所以亡也。"

李泌向德宗进言说:"江淮地区的漕运由淮水进入汴水,以甬桥为水道运输的要冲,甬桥归徐州管辖,与李纳相邻。如果李纳一旦又想背叛朝廷,占据徐州,就等于失去江淮地区了。请改派张建封镇守徐州,将濠州和泗州划归张建封统辖,淄青镇就会恐惧收敛,运输通道就会一直保持畅通,江淮地区就安定了。"德宗依言而行。张建封办理政务宽容仁厚而又深明法度,能严格执法,部下对他敬畏而又悦服。

横海节度使程日华去世。

其子程怀直自行掌管留后事务。

己巳(789) 唐德宗贞元五年

春二月,德宗任命程怀直为沧州观察使。

程怀直请求划出景城、弓高两县来设置景州,请求朝廷任命刺史。德宗高兴地说:"三十年来没有这种事情了。"任命徐伸为景州刺史。

德宗任命董晋、窦参为同平章事。

李泌说自己年老体弱,请求再任命一位宰相,德宗说:"朕深知你的劳苦,只是没找到合适的人而已。"于是不慌不忙地谈论自己即位以来的宰相说:"卢杞忠诚清廉,强干耿直,别人说卢杞奸诈邪恶,朕实在察觉不到。"李泌说:"这正是卢杞奸诈邪恶的道理所在。倘若陛下能够察觉,怎么会发生建中年间的变乱呢!卢杞因私人嫌隙杀了杨炎,将颜真卿排挤到必死之地,激怒李怀光,使他背叛朝廷。全靠陛下圣明,将卢杞流放,人心顿时大喜,上天也追悔所造成的灾祸,否则变乱怎能消弭?"德宗说:"杨炎把朕看作小孩,想来是认为不值得与朕交谈,因此朕与他相互不能容忍,倒不是由于卢杞。建中年间的变乱,术士预先建议修筑奉天城,这恐怕是天命,不是卢杞招致的。"李泌说:"天命,别人都可谈论,只有君主和宰相不能谈论。因为君主和宰相是掌握命运的人,如果谈论命运,礼乐刑政就都没有用场了。殷纣王说:'我生来不就是由天命决定的吗?'这正是商朝灭亡的原因。"

上因复言："卢杞小心,朕所言无不从。"对曰："夫'言而莫予违',此孔子所谓'一言丧邦'者也。"上曰："惟卿则异于彼。朕言当,卿常有喜色,不当,常有忧色。虽时有逆耳之言,而气色和顺,无陵傲好胜之志,直使朕中怀已尽而屈服,不能不从,此朕所以私喜于得卿也。"

既而泌荐窦参通敏,可兼度支、盐铁,董晋方正,可处门下,上皆以为不可。泌疾甚,复荐二人,上遂相之。参为人刚果峭刻,无学术,多权数。每奏事,诸相出,参独居后,以奏度支事为辞,实专大政。多引亲党置要地,使为耳目,董晋充位而已。然晋为人重慎,所言于上前者,未尝泄于人,子弟或问之,晋曰："欲知宰相能否,视天下安危。所谋议于上前者,不足道也。"

三月,中书侍郎、同平章事邺侯李泌卒。

泌有谋略,而好谈神仙诡诞,故为世所轻。

冬十月,韦皋遣将击吐蕃,复嶲州。 十二月,回鹘天亲可汗死,遣使立其子为忠贞可汗。 吐蕃寇北庭,回鹘救之。

北庭地近回鹘,又有沙陀六千余帐,与北庭相依,回鹘数侵掠之。至是,吐蕃攻北庭,回鹘大相颉干迦斯将兵救之。

庚午(790) 六年

冬十月,回鹘忠贞可汗为其下所杀。

回鹘忠贞可汗之弟弑忠贞而自立,国人杀之,而立忠贞之子阿啜为可汗,遣其臣梅录来告丧,且求册命。先是,

于是德宗又说："卢杞小心谨慎，对朕说的话无不听从。"李泌回答说："'我说的话无人敢于违背'这就是孔子所说的'一句话讲出来可以使国家灭亡'的意思。"德宗说："只有你与他们不同。朕讲得妥当，你通常面有喜色，讲得不妥当，你通常面有忧色。虽然你时而说些刺耳的话，但是面色和蔼温顺，没有傲气凌人、逞强好胜的意思，直至使朕内心已经完全屈服，不能不听你的，这便是朕为得到你而心中高兴的原因。"

不久，李泌推荐说窦参通达敏捷，可兼任度支、盐铁事务，董晋正直不阿，可安置在门下省，德宗都认为不行。李泌病重，又推荐窦、董二人，于是德宗任命二人为宰相。窦参为人刚强果断，严厉苛刻，没有学问，多有权术。每次奏事，各位宰相出来后，窦参单独留在后面，借口奏报度支事务，实际是要独揽大权。窦参大量延引亲友同党，安插在重要部门，让他们刺探消息，董晋徒居其位而已。然而董晋为人慎重，对德宗说的话，从不向人泄露，有时子弟问及这类事情，董晋说："要想知道宰相是否有才能，应看天下安危。我在皇上面前策划计议的事情，不值一提。"

三月，中书侍郎、同平章事邺侯李泌去世。

李泌有谋略，但喜欢谈论神仙诡异怪诞之事，所以被世人轻视。

冬十月，韦皋派将领进击吐蕃，收复嶲州。 十二月，回鹘天亲可汗去世，朝廷派使者册立天亲可汗的儿子为忠贞可汗。

吐蕃侵犯北庭，回鹘前去援救。

北庭离回鹘很近，又有沙陀六千余帐与北庭互相依存，回鹘多次前去侵扰劫掠。至此，吐蕃进攻北庭，回鹘大相颉干迦斯领兵前去援救。

庚午（790） 唐德宗贞元六年

冬十月，回鹘忠贞可汗被属下杀死。

回鹘忠贞可汗的弟弟杀死忠贞汗可汗而自立为可汗，回鹘国人杀死了他，而拥立忠贞可汗的儿子阿啜为可汗，派遣臣属梅录前来通报忠贞可汗的死讯，同时请求朝廷册立新可汗。以前，

回鹘使者入中国,礼容骄慢。梅录至丰州,刺史李景略先据高坐,梅录俯偻前哭。景略抚之曰:"可汗弃代,助尔哀慕。"自是回鹘使至,皆拜景略于庭,威名闻塞外。

吐蕃陷安西。

颉干迦斯与吐蕃战不利,北庭、沙陀皆降于吐蕃。安西由是遂绝,莫知存亡,而西州犹为唐固守。

辛未(791) 七年

春二月,遣使立回鹘奉诚可汗。 诏六军与百姓讼者,府县毋得笞辱。

初,上还长安,以神策等军有卫从之劳,皆赐名兴元元从奉天定难功臣,以宦官领之,抚恤优厚。禁军恃恩骄横,陵忽府县官,有不胜忿而刑之者,朝笞一人,夕贬万里。市井富民往往行赂寄名军籍,则府县不能制。至是,又诏:"军士与百姓讼者,委之府县,小事牒本军,大事奏闻。陵忽府县者,禁身以闻,毋得笞辱。"

义武节度使张孝忠卒,以其子昇云为留后。 秋八月,以陆贽为兵部侍郎,解内职。

窦参恶之也。

吐蕃寇灵州,回鹘击败之。九月,遣使来献俘。 以吴凑为陕虢观察使。

福建观察使吴凑治有声,窦参以私憾毁之,且言其病风。上召至京师,知参之诬,由是始恶参。以凑为陕虢观察使,代参党李翼。

回鹘使者来到唐朝时,礼法仪容骄横傲慢。梅录来到丰州,丰州刺史李景略先在高处坐下,梅录在他面前低头曲背地哭泣。李景略安慰梅录说:"可汗离开人世,我与你一样悲哀地怀念他。"从此,回鹘使者前来,都在庭中礼拜李景略,李景略的声威名望传播到塞外。

吐蕃攻陷安西。

颉干迦斯与吐蕃作战不利,北庭、沙陀都投降吐蕃,从此安西消息断绝,不知存亡,但西州还在为唐朝坚守其地。

辛未(791) 唐德宗贞元七年

春二月,唐朝派使者册立回鹘奉诚可汗。 德宗下诏规定,六军将士与百姓打官司时,府县不得拷打侮辱六军将士。

当初,德宗返回长安,因神策等禁军有护卫侍从的功劳,一律赐名为兴元元从奉天定难功臣,委任宦官统领,对各军的抚恤都很优厚。禁军仗着皇上的恩宠,骄慢专横,凌驾于府县官员之上,有人愤怒难忍,对他们用刑,但早晨打了一个禁军士兵,晚上就被贬到万里之外。市井富民往往通过行贿在军籍上挂名,府县便不能控制他们。至此,德宗又下诏规定:"禁军将士与百姓打官司的,交给府县办理,小事发文通报本军,大事上奏朝廷。禁军将士凌驾在府县之上的,囚禁其人,上报朝廷,不得拷打侮辱。"

义武节度使张孝忠去世,其子张昇云担任留后。 秋八月,德宗任命陆贽为兵部侍郎,解除内廷职务。

这是由于窦参嫌恶陆贽的缘故。

吐蕃侵犯灵州,回鹘打败吐蕃。九月,回鹘派使者前来进献俘虏。 德宗任命吴凑为陕虢观察使。

福建观察使吴凑有善于处理政务的名声,窦参因私人怨恨诋毁他,而且说他得了风痹。德宗将吴凑召到京城,知道是窦参骗人,因此开始憎恶窦参。任命吴凑为陕虢观察使,以取代窦参的同党李翼。

壬申（792） 八年

春三月，宣武节度使刘玄佐卒。

玄佐有威略，每李纳使至，玄佐厚结之，故常得其阴事，先为之备，纳惮之。其母虽贵，日织绢一匹，谓玄佐曰："汝本寒微，天子富贵汝至此，必以死报之。"故玄佐始终不失臣节。及卒，将佐匿之，称疾请代，上遣使问以吴凑为代可乎，监军孟介、行军司马卢瑗皆以为便，然后除之。凑行至汜水，玄佐之柩将发，军中请备仪仗，瑗不许，又令留器用俟新使。将士怒，拥玄佐之子士宁为留后，劫孟介以请于朝。上问宰相，窦参曰："不许则汴人将合于李纳矣。"上乃许之。

夏四月，赐谏议大夫吴通玄死，贬窦参为柳州别驾。

窦参阴狡而愎，恃权而贪，每迁除，多与族子给事中申议之。申招权受赂，时人谓之喜鹊，上颇闻之。申恐陆贽进用，阴与谏议大夫吴通玄作谤书以倾贽。上察知之，贬参，赐通玄死。

以赵憬、陆贽同平章事。

陆贽请令台省长官各举其属，著其名于诏书，异日考其殿最，并以升黜举者，诏行之。未几，或言于上曰："诸司所举，皆有情故，不得实才。"上密谕贽："自今除改，卿宜自择，勿任诸司。"贽上奏曰："国朝之制，五品以上制敕命之，盖宰相商议奏可者也。六品以下则旨受，盖吏部铨材署职，

壬申(792) 唐德宗贞元八年

春三月,宣武节度使刘玄佐去世。

刘玄佐威严而有谋略,每当李纳的使者前来,刘玄佐就厚加结纳,所以能经常得知李纳的秘事,预先做好防备,为李纳所忌惮。刘玄佐的母亲虽然地位尊贵,但每天要织一匹绢,对刘玄佐说:"你本来出身卑微,皇上使你富贵到这般地步,你一定要以死报答皇上。"所以刘玄佐始终没有丧失为臣的节操。等到刘玄佐去世,将佐隐瞒实情,声称刘玄佐因病请求派人接任,德宗派使者去问可否由吴凑替代,监军孟介、行军司马卢瑗一致认为可行后,德宗才任命了吴凑。吴凑来到汜水时,刘玄佐的灵柩正要出殡,军中将士请求备办仪仗,卢瑗没有答应,还命令留着器物用具,等新任节度使到来时使用。将士大怒,拥立刘玄佐的儿子刘士宁为留后,劫持了孟介,让他向朝廷请求任命。德宗问宰相的意见,窦参说:"如果不答应,汴州军就要与李纳军联合了。"德宗于是应允。

夏四月,德宗命谏议大夫吴通玄自杀,将窦参贬为柳州别驾。

窦参阴险狡诈,刚愎自用,凭借手中的权力,贪图财利,每当任命官员时,往往与给事中族侄窦申计议其事。窦申揽权受赂,时人称他为喜鹊,德宗也听到一些风声。窦申唯恐陆贽被提拔任用,暗中与谏议大夫吴通玄编造攻击陆贽的书函,以排挤陆贽。德宗查清了情况,贬黜窦参,命吴通玄自杀。

德宗任命赵憬、陆贽为同平章事。

陆贽请求让中书、门下、尚书三省长官各自推举本省属官,将名字抄录在诏书上,以备日后考核政绩优劣,连同推举人一起予以提升或贬黜,有诏命令实行。不久,有人对德宗说:"各部门推举属官都有人情因素,不能得到真正有才干的人。"德宗暗中告知陆贽说:"今后任命或改任官员,最好由你亲自选择,不要让各有关部门办理。"陆贽上奏说:"本朝制度规定,五品以上官员由诏书加以任命,即经宰相商议上奏,由圣上批准。六品以下官员由圣上的旨意加以任命,即经吏部铨选人才,署任职务,

诏旨画闻而不可否者也。开元中,起居、遗、补、御史等官犹并列于选曹。其后幸臣专朝,废公举,行私惠,使周行庶品,苟不出时宰之意则莫致也。今臣所奏,宣行以来,才举十数,议其资望,不愧班行,考其行能,未闻阙败。而议者遽以腾口,上烦圣聪,道之难行,亦可知矣。请使所言之人指陈其状,核其虚实,谬举者必行其罚,诬善者亦反其辜。若不出主名,不加辨诘,使枉直同贯,则人何赖焉!又,宰相不过数人,岂能遍谙多士?理须展转询访,是则变公举为私荐,情故必多。且今之宰相则往日之台省长官,今之台省长官乃将来之宰相,岂有为长官之时则不能举一二属吏,居宰相之位则可择千百具僚!物议悠悠,其惑甚矣。盖尊者领其要,卑者任其详。是以人主择辅臣,辅臣择庶长,庶长择佐僚,将务得人,无易于此。夫求才贵广,考课贵精。往者则天欲收人心,进用不次,然而课责既严,进退皆速,是以当代诵知人之明,累朝赖多士之用。然则则天举用之法虽伤易而得人,而陛下慎简之规则太精而失士矣。”上竟追前诏不行。

　　既而岭南奏:“近日海舶多就安南市易,欲遣判官收市,乞命中使与俱。”上欲从之,赞曰:“远国商贩,唯利是求,绥之斯来,扰之则去。广州素为众舶所凑,今忽

圣上在诏旨上标一'闻'字,但不置可否。开元年间,起居郎、拾遗、补阙、御史等官职都由吏部选任上报。后来,宠臣专擅朝政,废弃公开选举,推行私人恩惠,使之遍及各级官员,如果不是现任宰相的意志,就无法得到任命。现在,臣上奏的办法宣布实行以来,刚刚推举出十几个人,就资历和声望而论,无愧于同列,考查品行与才能,也没有缺失败坏的地方。但是议事者骤然横加批评,烦扰陛下的视听,治道难以实行,也就可见一斑了。请让进言的人指出并陈述具体情况,核实真伪,对推举失误的人一定要实行惩罚,对诬告好人的人也要反过来追究罪责。如果不公布进言者的名字,不加论辩追问,对有理与亏理等量齐观,人们还有什么可以依据!再者,宰相不过只有几个人,哪能普遍熟悉众多的士人,理应辗转询查访求,这就使公开举用变成私下推荐,凭借人情关系的事情必然很多。而且,现在的宰相即是过去的三省长官,现在的三省长官即是将来的宰相,哪有担任三省长官时不能举用一两个下属官员,当上宰相后就可选任成百上千的官员的!众人的议论扑朔迷离,太糊涂了。尊贵者统领事务的纲要,卑下者负责细节的处理。所以君主选任宰相,宰相选任各部门长官,各部门长官选任佐助其事的官吏,要想务求用人得当,就不能改变这种做法。寻求人才贵在广博,考核官吏贵在专精。过去,武则天想收买人心,提拔官吏不拘等次,然而那时对官吏的考核督责非常严厉,官吏的升降都很迅速,所以当世称赞武则天有知人之明,连续几朝都仰仗她选拔的众多士子为朝廷效力。这么说来,虽然武则天推举任用人才办法的失误在于用人轻率,但是能够得到人才,而陛下慎重选择官吏的规制过于精细,反而会失去人才。"德宗最终还是追回不久前颁发的诏书,不再实行。

不久岭南奏称:"近日海船多到安南进行贸易,我们准备派判官前去收购,请委派中使同往。"德宗打算准奏,陆贽说:"远方各国商人唯利是图,对他们宽和,他们就前来,对他们有所烦扰,他们就离去。广州历来是各地船舶汇集的地方,现在忽然

改就安南,若非侵刻过深,则必招携失所,曾不内讼,更荡上心。况岭南、安南莫非王土,中使、外使悉是王臣,岂必信岭南而绝安南,重中使以轻外使乎!"

平卢节度使李纳卒。
军中推其子师古知留后。
秋七月,以司农少卿裴延龄判度支事。
陆贽请以李巽权判度支,上许之。既而复欲用延龄,贽言:"度支准平万货,刻刻则生患,宽假则容奸。延龄诞妄小人,用之恐伤圣鉴。"上不从。

天下四十余州大水。
溺死者二万余人。
八月,遣使宣抚诸道。
陆贽以大水,请遣使赈抚。上曰:"闻所损殊少,即议优恤,恐生奸欺。"贽奏曰:"流俗之弊,多徇谄谀,揣所悦意则侈其言,所恶闻则小其事,制备失所,恒病于斯。且今遣使巡抚,所费者财用,所收者人心。苟不失人,何忧乏用乎!"上曰:"淮西贡赋既阙,不必遣也。"贽曰:"陛下息师含垢,宥彼渠魁,惟兹下人,所宜矜恤。昔秦、晋仇敌,穆公犹救其饥,而况帝王怀柔万邦,惟德与义,宁人负我,无我负人。"乃遣中书舍人奚陟等宣抚诸道。

韦皋攻吐蕃维州,获其大将。 **九月,减江、淮运米,令京兆、边镇和籴。**

改道去安南,如果不是广州方面侵渔刻剥过于严重,就一定是招抚的办法不对,他们不曾自责,还想动摇陛下的心志。况且岭南与安南无不是陛下的国土,中使与外使都是陛下的臣属,何必相信岭南而拒绝安南,重视中使而轻视外使呢!"

平卢节度使李纳去世。

军中将士推举其子李师古执掌留后事务。

秋七月,德宗委任司农少卿裴延龄兼管度支事务。

陆贽请求委任李巽兼管度支事务,德宗批准了他的建议。不久,德宗又想任用裴延龄,陆贽说:"度支使需要均衡各种财物,刻薄吝啬就会产生麻烦,宽容迁就就会姑息奸恶。裴延龄是一个荒诞虚妄的小人,起用此人恐怕会有损陛下的裁鉴之明。"德宗不肯听从。

全国四十多个州洪水泛滥。

淹死二万多人。

八月,德宗派使者宣旨安抚各道。

由于发大水,陆贽请求派使者赈济抚慰。德宗说:"听说损失很少,如果马上议行优厚的抚恤,恐怕会生出奸诈欺骗之事。"陆贽上奏说:"世俗的弊病往往是曲从人意,阿谀逢迎,揣摩人主喜欢什么就夸大其辞,猜度人主讨厌听到什么就缩小其事,朝廷采取的措制失去凭依,问题经常出在这里。况且现在派遣使者安抚,耗费的是资财,得到的是人心。如果不失去百姓的拥护,还用为缺少用度发愁吗!"德宗说:"既然淮西没进贡纳税,就不必派使者赈济淮西了。"陆贽说:"陛下停息战事,隐忍包容,宽宥那些作乱的首领,对于这些地方的下民自应加以怜惜抚恤。过去秦国和晋国成了仇敌,秦穆公仍然救济晋国的饥荒,何况帝王招抚万邦,只施行仁德与信义,宁可让别人辜负我们,不能让我们辜负别人。"于是德宗派中书舍人奚陟等人宣旨安抚各道。

韦皋进攻吐蕃的维州,捉获吐蕃大将。 **九月,朝廷减少江淮地区运输粮食的数额,命令京兆府和边防各镇实行和籴,收购粮食。**

　　陆贽言于上曰:"边储不赡,由措置失当,蓄敛乖宜故也。今戍卒不隶于守臣,守臣不总于元帅,至有一城之将、一旅之兵各降中使监临,皆承别诏委任。每有寇至,方从中覆,比蒙征发救援,寇已获胜罢归。吐蕃之比中国,众寡之势不敌。然彼攻有余,我守不足者,彼之号令由将而我之节制在朝,彼之兵众合并而我之部分离析故也。此所谓措置失当者也。顷设就军、和籴之法以省运,制加倍之价以劝农。此令初行,人皆悦慕,而有司竞为纤啬,不时敛藏,遂使豪家、贪吏反操利权,贱取于人,以俟公私之乏。度支物估转高,军城谷价转贵,空申簿帐,伪指囷仓,计其数则亿万有余,考其实则百十不足。此所谓蓄敛乖宜者也。旧制,关中岁运东方租米,至有斗钱运斗米之言。习闻见而不达时宜者则以为,国之大事不计费损。习近利而不防远患者则以为,不若畿内和籴为易。臣以为两家之语,互有长短。将制国用,须权重轻。食不足而财有余,则弛财而务实仓廪;食有余而财不足,则缓食而啬用货泉。近岁关辅屡丰,公储委积,江淮水潦,米贵加倍。关辅宜加价以籴而无钱,江、淮宜减价以粜而无米。而运彼所乏,益此所余,可谓习闻见而不达时宜矣。今江、淮斗米直百五十钱,运至东渭桥,儹直又约二百,而市司估粜三十七钱,

陆贽向德宗进言说:"边疆储备不足,是由于安排不当,对粮食的储积和征收都不妥当的缘故。现在,戍边士兵不隶属于守边将领,守边将领不总辖于元帅,以至对每一城的将领、每一军的士兵,都分别派中使前去监督,都按不同的诏旨委以职任。每当敌寇到来,也正是自己内部倾轧瓦解之时,等到征调的军队前来救援,敌寇已经取得胜利,罢兵而归。吐蕃与唐朝相比,兵力多少的形势不相匹敌。然而吐蕃采取攻势,兵力有余,我军采取守势,兵力不足,是由于吐蕃由将领发布命令而我军的调度由朝廷控制,吐蕃兵力集中而我军兵力分散的缘故。这就是臣说的安排不当。前不久采用就军法与和籴法以节省运输消耗,规定付给加倍的粮价以勉励农耕。这一命令刚实行时,百姓都很欢迎,但有关官员争相斤斤计较,不按时征收并储存,于是使豪门富户、贪官污吏反而掌握了财利的权柄,用贱价向百姓收购粮食,等公家和私人缺粮时出售。度支规定的物价变高,军镇的粮价变贵,凭空申报账目,谎报粮食储存,计算数额时粮食超过亿万,考核实况却不足十分之一。这就是臣说的对粮食的储积和征收都不妥当。根据旧制,关中每年从东部地区运输粮食,以至有一斗钱运一斗米的说法。只晓得见闻之谈而不通达当时需要的人认为,国家的大事,不计较损耗。只晓得眼前利益而不懂得预防长远忧患的人认为,不如在京城周围地区收购粮食较为方便。臣认为这两派的议论各有长短。要想节制国家的用度,必须权衡轻重。粮食不足而钱财有余,就应放松钱财的积聚,而务必使粮食充盈起来;粮食有余而钱财不足,就应延缓粮食的储备,而节约使用钱币。近年关中地区连年丰收,公家储备的粮食很多,江淮地区雨水成灾,粮食贵了一倍。关中地区应加价收购粮食,却没有钱,江淮地区应减价出售粮食,却没有粮食。现在反而从粮食缺乏的江淮地区运出粮食,以增益粮食有余的关中地区,可以说是只晓得见闻之谈而不通达当时的需要。如今江淮地区每斗米价值一百五十钱,运到东渭桥,雇人运输的费用每斗大约又要支付二百钱,然而市司公布的售粮公价为三十七钱,

耗其九而存其一，馁彼人而伤此农，制事若斯，可谓深失矣。每年江、淮运米百一十万斛至河阴、太原，留七十万斛，而以四十万斛输东渭桥。今二仓见米犹有三百二十余万斛，京兆诸县斗米不过直钱七十。请令来年江、淮止运三十万斛至河阴，而河阴、太原以次运至京师，其江淮所停八十万斛，委转运使，每斗取八十钱，于水灾州县粜之，以救贫乏，计得钱六十四万缗，减籴直六十九万缗。先令户部以二十万缗付京兆，籴米以补渭桥之缺数，斗用百钱，以利农人。以一百二万六千缗付边镇，使籴十万人一年之粮，余十万四千缗以充来年和籴之价。其江、淮米钱、籴直，并委转运使折市绫、绢、䌷、绵，以输上都，偿先贷户部钱。"诏行其策，边备浸充。

冬十一月朔，日食。　贬姜公辅为吉州别驾。

姜公辅久不迁官，诣陆贽求迁，贽密语之曰："闻窦相奏拟，上有怒公之言。"公辅惧，请为道士。上问其故，公辅不敢泄贽语，以闻参言为对。上怒，贬公辅，遣中使责参。

十二月，以柏良器为右领军。

神策大将军柏良器募才勇之士以易贩鬻者，监军窦文场恶之，左迁右领军。自是宦官始专军政矣。

癸酉（793）　九年
春正月，初税茶。

耗费了粮价的十分之九而仅剩十分之一,让江淮地区的百姓挨饿,却又损害关中地区的农民利益,这样办事,可以说失误严重。以前每年从江淮运米一百一十万斛到河阴、太原,共留七十万斛,再将其余四十万斛运到东渭桥。现在河阴仓和太原仓尚有存粮三百二十余万斛,京兆府所辖各县粮食每斗不过值七十钱。请让江淮地区明年只运三十万斛粮食到河阴,而河阴、太原依次运到京师,将江淮地区停运的八十万斛粮食交给转运使,每斗定价八十钱,在发生水灾的州县出售,以救助贫困缺粮的人,算来可得钱六十四万缗,减少雇人运输的钱六十九万缗。可以先命令户部拿出二十万缗钱交给京兆府,让京兆府收购粮食,以弥补东渭桥粮仓所缺的数额,可以每斗定价一百钱,使农民得到好处。再拿出一百零二万六千缗钱交给边镇,让其购进十万人吃一年的粮食,剩下的十万四千缗钱用来充当明年购买粮食的本钱。对江淮地区的米钱、雇工运输费,一并委托转运使经折算购买绫、绢、绝、绵,运往京城,偿还原先向户部借的钱。"德宗下诏实行陆贽的计策,边地储备逐渐得到充实。

　　冬十一月初一,发生日食。　德宗把姜公辅贬为吉州别驾。

　　姜公辅长期没有升官,到陆贽处请求升迁,陆贽暗中告诉姜公辅说:"听说窦参宰相上奏准备提拔你,皇上说了恼怒你的话。"姜公辅为之恐惧,请求去当道士。德宗问其中的缘故,姜公辅不敢透露陆贽的话,回答说是听窦参说的。德宗大怒,贬黜姜公辅,并派中使去责备窦参。

　　十二月,德宗任命柏良器为右领军。

　　神策大将军柏良器招募既有才干、又很勇敢的人来更换军中的买卖人,监军窦文场憎恶他,将他降职为右领军。从此,宦官开始专擅军政。

　　癸酉(793)　唐德宗贞元九年
　　春正月,开始征收茶税。

凡州、县产茶及茶山外要路,皆估其直,什税一,从盐铁使张滂之请也。滂又奏:"税钱别贮,俟有水旱,代民田税。"自是岁收钱四十万缗,未尝以救水旱也。滂又奏:"奸人销钱为铜器以求赢,请悉禁铜器,铜山听人开采,无得私卖。"

二月,以张昇云为义武节度使,赐名茂昭。　城盐州。

初,盐州既陷,塞外无复保障,吐蕃常阻绝灵武,侵扰鄜坊。诏发兵城盐州,又诏泾原、山南、剑南各发兵深入吐蕃,以分其势。城之二旬而毕,命节度使杜彦光戍之。由是灵武、银夏、河西获安。

三月,贬窦参为驩州司马,寻赐死。

初,窦参恶李巽,出为常州刺史。及参贬,汴州节度使刘士宁遗参绢五十匹,巽奏参交结藩镇。上大怒,欲杀参,陆贽曰:"刘晏之死,罪不明白,至使叛臣得以为辞。参之贪纵,天下共知。至于潜怀异图,事迹暧昧,若遽加重辟,骇动不细。"乃更贬参驩州司马。又命理其亲党,贽曰:"罪有首从,法有重轻。参既蒙宥,亲党亦应末减。"上从之。既又欲籍其家赀,贽曰:"在法,反逆者尽没其财,赃污者止征所犯,皆须结正,然后收籍。今罪法未详,若簿录其家,恐以财伤义。"时宦官恨参尤深,谤毁不已,竟赐死于路。窦申杖杀,货财、奴婢悉传送京师。

夏五月,以赵憬为门下侍郎,与贾耽、卢迈同平章事。

凡是生产茶叶的州、县以及通往茶山的重要道路,都估算茶叶的价值,收取十分之一的茶税,这采用的是盐铁使张滂的建议。张滂还奏称:"税钱另行储存,等遇到水旱灾害时,用来代替田税。"从此,每年征收税钱四十万缗,但从不曾用来救济水旱灾害。张滂还奏称:"奸人熔化钱币,铸造铜器,以求盈利,请禁造一切铜器,任凭百姓开采产铜的矿山,但不得私自出卖。"

二月,德宗任命张昇云为义武节度使,赐名为茂昭。 修筑盐州城。

起初,盐州陷落后,塞外再没有防守的屏障,吐蕃经常切断通往灵武的道路,侵害搅扰鄜州和坊州。德宗下诏派兵修筑盐州城,又下诏命泾原、山南、剑南分别派兵深入吐蕃,以分散吐蕃的力量。历经二十天,盐州城修筑完毕,朝廷命节度使杜彦光戍守其地。从此,灵武、银夏、河西获得安宁。

三月,德宗将窦参贬为骓州司马,不久又命窦参自杀。

起初,窦参厌恶李巽,将他外放为常州刺史。及至窦参被贬,汴州节度使刘士宁赠给窦参绢五十匹,李巽奏称窦参与藩镇交结。德宗大怒,想杀窦参,陆贽说:"刘晏死时,罪状不够清楚,致使叛臣找到借口。窦参贪婪放纵,天下都知道。至于他是否暗中包藏别的企图,事情的迹象模糊不清,如果骤然治以重罪,惊动不小。"于是再贬窦参为骓州司马。德宗又命令处治窦参的亲信党羽,陆贽说:"罪犯有首犯从犯的区别,刑法有从严从宽的不同。既然窦参受到宽宥,亲信党羽也应从轻论罪。"德宗依言而行。事后德宗又想没收窦参的家产,陆贽说:"刑法明文规定,对反叛忤逆的人没收全部财产,对贪赃受贿的人只征缴赃物,都必须经结案判定,才能没收。现在没有详细依法判罪,如果没收家产,恐怕会因财物而损害道义。"当时,宦官怀恨窦参尤其深切,不停地加以诽谤,德宗最终命窦参在半路上自杀。窦申被杖打而死,他们的财物和奴婢全部由驿站送往京城。

夏五月,德宗任命赵憬为门下侍郎,与贾耽、卢迈一起同平章事。

先是，上使人谕陆贽曰："自今要重之事，勿对赵憬陈论，当密封手疏以闻。又苗晋卿往年摄政，尝有不臣之言，诸子皆与古帝王同名，今不欲明行斥逐，宜各除外官。又卿清慎太过，诸道馈遗一皆拒绝，恐事情不通，鞭、靴之类，受亦无伤。"贽上奏曰："昨臣所奏，惟憬得闻，陛下已至劳神，委曲防护，是于心膂之内尚有形迹之拘。职同事殊，鲜克以济，恐爽无私之德，且伤不吝之明。古者，爵人于朝，刑人于市，惟恐众之不睹，事之不彰，是以君上行之无愧心，兆庶听之无疑议。凡是潜诉之事，多非信实之言，利于中伤，惧于公辩。或云岁月已久，不可究寻；或云事体有妨，须为隐忍；或云恶逆未露，宜假他事为名；或云但弃其人，何必明言责辱。词皆近理，意实矫诬，伤善售奸，莫斯为甚。若晋卿父子实有大罪，则当公议典宪；若被诬枉，岂令阴受播迁？夫监临受贿，盈尺有刑。至于士吏之微，尚当严禁，矧居风化之首，反可通行！贿道一开，展转滋甚，鞭、靴不已，遂及金玉。目见可欲，何能自窒于心？已与交私，岂能中绝其意乎！"至是，憬反疑贽排己，置之门下，由是与贽有隙。

韦皋遣兵攻吐蕃，拔五十栅。　董晋罢。　云南王异牟寻遣使上表。

吐蕃、云南日益相猜，韦皋复遗云南王书，欲与共袭

此前，德宗让人告诉陆贽说："今后不要当着赵憬的面谈论重要的事情，应将亲手所写的奏疏密封后上报朕知道。再者，苗晋卿往年代理朝政时，曾有不合臣礼的言论，几个儿子都与古代帝王的名字相同，现在不想公开加以驱逐，应分别授给外地的官职。还有，你过分清廉谨慎，对各道赠送的物品一概拒收，恐怕在事物的情理上讲不通，鞭子、靴子一类的东西，无妨接受。"陆贽上奏说："臣昨天的上奏，只有赵憬知道，陛下已经极为劳心费神，辗转曲折地提防回护，这表明在亲近信任的大臣中间还有见外与否的限制。职务相同，却区别对待，很少能把事情办好，恐怕会违背陛下无私的品格，而且损害陛下不惜改过的明智。古代在朝廷上给人以爵赏，在闹市中处人以死刑，惟恐大家不能目睹，事情办得不够明显，所以君主问心无愧地实行赏罚，百姓毫无疑议地听任处治。凡是谗言诽谤，多数不是真实可信的言论，利于阴谋陷害，畏惧公开论辩。有的说年头已经久了，无法追究；有的说有妨体统，需要克制忍耐；有的说奸恶逆乱尚未暴露，应该以别的事为借口；有的说只须抛弃他本人，何必明确地表示责备与侮辱。措词都与情理接近，其实本意是假托君命，诬陷无辜，伤害善良，散布邪恶，没有比这更严重的。如果苗晋卿父子确实犯了大罪，就应当公开按法律议处；如果遭到诬陷，怎能让他们暗中蒙受流亡迁徙？负有监督责任的长官收受贿赂，只要布帛已满一尺即以刑律相加。至于士民属吏，尚且应当严禁行贿，何况宰相是风俗教化的倡导者，反而可以贿赂吗！贿赂的途径一经打通，反复实行，愈加严重，赠送马鞭、长靴不止，必然发展到赠送金玉。眼睛看到想要的东西，怎能抑制心中的欲望？已经暗中勾结，怎能中途拒绝人家的请求！"至此，赵憬反而怀疑陆贽排挤自己，将自己安排到门下省，因此与陆贽结下嫌隙。

韦皋派兵攻打吐蕃，攻克栅垒五十处。　董晋罢相。　云南王异牟寻派使者上表。

吐蕃、云南日益互相猜忌，韦皋又致信云南王，想共同袭击

吐蕃,驱之云岭之外,独与云南筑大城于境上,置戍相保,永同一家。至是,异牟寻遣使诣皋上表,请弃吐蕃归唐。皋遣其使者诣长安,上赐异牟寻诏,令皋遣使慰抚之。

秋七月,诏宰相迭秉笔以处政事。

贾耽、陆贽、赵憬、卢迈为相,百官白事,更让不言。乃奏请依至德故事,宰相迭秉笔,旬日一易,诏从之,其后日一易之。

置欠负耗剩染练库。

户部侍郎裴延龄奏:"检责诸州欠负钱八百余万缗,收抽贯钱三百万缗,呈样物三十余万缗,请别置库以掌之。"欠负皆贫人无可偿,抽贯钱给用旋尽,呈样、染练皆左藏正物,延龄徒置别库,虚张名数以惑上。上信之,以为能富国而宠之。京城西污湿地生芦苇数亩,延龄奏称咸阳有陂泽数百顷,可牧厩马。上使阅视,无之,亦不罪也。左补阙权德舆奏曰:"延龄取常赋支用未尽者充羡余,以为己功。县官市物,再给其直,以充别贮。边军自今春以来并不支粮。陛下必以延龄孤贞独立,时人丑正流言,何不遣信臣覆视,究其本末,明行赏罚?今众口喧于朝市,岂皆为朋党邪!"上不从。

八月,太尉、中书令、西平忠武王李晟卒。 冬十二月,宣武军乱,逐其节度使刘士宁。

刘士宁淫乱残忍,军中苦之,兵马使李万荣得众心。会士宁出畋,数日不返,万荣召亲兵诈之曰:"敕征大夫入

吐蕃,将吐蕃驱赶到云岭以外,单独与云南在边境修筑一座大城,派戍兵一起防守,双方永远像一家人般地和睦相处。至此,异牟寻派云南使者前往韦皋处上表,请求脱离吐蕃,归顺唐朝。韦皋打发云南使者前往长安,德宗向异牟寻颁赐诏书,命令韦皋派使者抚慰云南。

秋七月,德宗诏令宰相轮流在政事堂执笔处理政务。

贾耽、陆贽、赵憬、卢迈担任宰相,对百官禀报的事情让来让去,都不发言。于是,他们上表请求按照至德年间的惯例,宰相轮流执笔,十天一换,德宗下诏依言而行,后来改为一天一换。

德宗设置储存归还亏欠、消耗所剩及着色熟绢的仓库。

户部侍郎裴延龄奏称:"臣查收各州亏欠钱八百多万缗,收取抽贯钱三百万缗,进呈贡物样品三十余万缗,请另外设置仓库加以管理。"亏欠钱都是穷人无法偿还的虚数,抽贯钱不久便支用一空,进呈贡物样品和着色熟绢本来都是左藏库储存的物品,裴延龄移放到别的仓库里,虚张名目与数额,以迷惑德宗。德宗信以为真,认为裴延龄能使国家变富,因而宠爱他。京城西面有污秽潮湿的空地,长着几亩芦苇,裴延龄奏称,咸阳有数百顷坡地与水沼,可以放牧厩中的马匹。德宗让人察看,并无其地,也不问罪。左补阙权德舆上奏说:"裴延龄拿支付使用但尚未用完的常赋充当正常赋税以外的收益,认为是自己的功劳。县官购买物品,交两份钱,其中一份充当另外的储存。今年春天以来,边防军队都没有支付口粮。如果陛下认为裴延龄独守节操,出类拔萃,时人嫉害正直,散布流言,为什么不派可信的臣下重新审察,推究原委,公开实行赏罚?现在,大家在市肆议论纷纷,喧闹不已,难道都结成宗派私党了吗!"德宗不肯接受。

八月,太尉、中书令、西平忠武王李晟去世。 冬十二月,宣武军叛变,驱逐本镇节度使刘士宁。

刘士宁纵欲放荡,残忍凶狠,军中将士受尽苦头,而兵马使李万荣得到大家的拥护。适值刘士宁出城打猎,几天没有回来,李万荣召集刘士宁的亲兵,骗他们说:"敕旨征召刘大夫进京

朝,以吾掌留务,汝辈人赐钱三十缗。"众皆听命。乃分兵闭城,士宁逃归京师。陆贽请"选朝臣宣劳,徐察事情。此安危强弱之几,不可不审"。上欲令万荣知留后,贽复奏曰:"万荣鄙躁,殊异纯良,得志骄盈,不悖则败。况苟邀不顺,苟允不诚,君臣之间,势必嫌阻。与其图之于滋蔓,不若绝之于萌芽。且为国之道,以义训人,将教事君,先令顺长。若使倾夺之徒便得代居其任,非独长乱之道,亦开谋逆之端。但选能臣,命为节度,奖万荣而别加宠任,褒将士而厚赐资装,揆其大情,理必宁息。"上不从。

甲戌(794) 十年

春正月,剑南、西山羌、蛮来降。 云南击吐蕃,大破之,遣使来献捷。

韦皋遣其节度巡官崔佐时赍诏诣云南。佐时至,吐蕃使者数百人先在其国。异牟寻令佐时衣牂柯服而入,佐时曰:"我大唐使者,岂得衣小夷之服!"异牟寻不得已,夜迎之。佐时大宣诏书,异牟寻恐惧失色,歔欷受诏。佐时因劝异牟寻悉斩吐蕃使者,去其所立之号,复南诏旧名,异牟寻皆从之,与佐时盟于点苍山神祠。先是,吐蕃征兵于云南,异牟寻遣五千人前行,自将数万人踵其后,袭击吐蕃,大破之,取十六城,虏其五王,降其众十余万,遣使献捷。

二月,以刘澭为秦州刺史。

朝见,委任我掌管留后事务,你们每人赐钱三十缗。"大家都服从命令。于是李万荣分别派兵关闭城门,刘士宁逃回京城。陆贽请求"选朝臣前去宣布慰劳的诏旨,慢慢察看事态的发展。这是关系安危强弱的紧要关头,不能不谨慎对待"。德宗想让李万荣执掌留后事务,陆贽又上奏说:"李万荣贪婪狡诈,与奉公守法的人大有区别,一旦得志,骄傲自满,不是忤逆,就是垮台。况且随便要求不合正道,随便应允没有诚意,势必使君臣之间生出嫌隙。与其在嫌隙滋长蔓延后再去图谋,不如在萌芽状态就去根绝。而且,治理国家的原则,是用义理教育人,要让人事奉君主,先要使人服从长官。假如使倾轧强取的人随便取代原任的职务,不仅会扩大变乱的途径,也会引出谋逆的端倪。只需选择强干的臣下,任命为节度使,奖励李万荣而另加恩宠与委任,表扬宣武军将士,赐给优厚的资财装备,估计宣武军的大体情势,照理说一定会息事宁人。"德宗不肯听从。

甲戌(794) 唐德宗贞元十年

春正月,剑南、西山一带的羌人、蛮人前来归降。 云南进击吐蕃,大破其军,派使者前来献俘报捷。

韦皋派其节度巡官崔佐时携带诏书前往云南。崔佐时到达时,吐蕃使者数百人已经先到云南。异牟寻让崔佐时穿牂柯人的服装进城,崔佐时说:"我是大唐的使者,怎么能穿小小夷人的服装!"异牟寻不得已,在夜间迎接崔佐时。崔佐时大声宣读诏书,异牟寻恐惧得变了脸色,抽咽叹息地接受诏旨。于是,崔佐时劝异牟寻杀死所有的吐蕃使者,除去吐蕃所册立的名号,恢复南诏原来的名称,异牟寻一一听从,与崔佐时在点苍山神祠会盟。此前,吐蕃向云南征兵,异牟寻派五千人在前面行进,自己带领数万人跟在后面,去袭击吐蕃,大破其军,占领了十六座城,俘虏了吐蕃的五个王,收降吐蕃十余万人,派遣使者献俘报捷。

二月,德宗任命刘澭为秦州刺史。

初,刘怦卒,刘济在莫州,其母弟滔以父命召济,而以军府授之。济以滔为瀛州刺史,许他日代己。既而济用其子为副大使,滔怨之,擅通表朝廷,遣兵防秋。济怒,击滔,破之。滔遂将所部诣京师,号令严整,在道无一人敢取人鸡犬者。上嘉之,以为秦州刺史。军中不击柝,不设音乐。士卒病者,滔亲视之,死者哭之。

以李复为义成节度使。

复辟卢坦为判官,监军薛盈珍数侵军政,坦据理以拒之。盈珍常曰:"卢侍御所言公,我固不违也。"

夏六月,昭义节度使李抱真卒。

李抱真卒,其子缄秘不发丧,诈为抱真表,求以职事授己。都虞候王延贵素以义勇闻,上知抱真已卒,遣中使第五守进往观变,且以军事委延贵。守进至,谓缄曰:"朝廷已知相公捐馆,令王延贵权知军事。侍御宜发丧行服。"缄愕然,出谓诸将曰:"朝廷不许缄掌事,诸君意如何?"莫对,缄乃发丧。守进召延贵宣口诏,令视事,趣缄赴东都。寻以延贵为节度使,赐名虔休。

遣使立异牟寻为南诏。

云南王遣其弟献地图、土贡及吐蕃所给金印,请复号南诏。诏以袁滋为册使,赐以银窠金印。异牟寻北面跪受册印,因与使者宴,出玄宗所赐器物,指老笛工、歌女曰:"皇帝所赐《龟兹乐》,惟二人在耳。"滋曰:"南诏当深思祖考,子子孙孙,尽忠于唐。"异牟寻拜曰:"敢不敬承使者之命!"

起初，刘怦去世，刘济正在莫州，他的同母弟刘澭以父命召回刘济，并将军府交给刘济。刘济让刘澭出任瀛州刺史，许下将来由刘澭代替自己的诺言。不久，刘济任用自己的儿子为副大使，刘澭怨恨刘济，擅自向朝廷上表，派兵防御吐蕃。刘济大怒，打败刘澭。于是刘澭带领部下前往京城，由于号令严明整肃，沿途没有一人敢强取百姓的鸡狗。德宗嘉许刘澭，任命他为秦州刺史。刘澭军中不敲打木梆巡夜，不设置音乐。士兵病了，刘澭亲自看望他们；士兵死了，刘澭亲自哭吊他们。

德宗任命李复为义成节度使。

李复征召任用卢坦为判官，监军薛盈珍屡次干扰军政，卢坦据理抵制。薛盈珍常说："卢侍御讲话公正，我当然不会违犯。"

夏六月，昭义节度使李抱真去世。

李抱真去世，其子李缄严守秘密，不办丧事，伪造李抱真的表章，要求将节度使的职务授给自己。都虞候王延贵一向以见义勇为知名，德宗知道李抱真已经去世，派中使第五守进前去观察形势变化，将要把军务交给王延贵。第五守进来到后，对李缄说："朝廷已经知道李相公去世，命令王延贵暂且代理军中事务。你应办理丧事，穿上孝服守丧。"李缄愕然，出来后对诸将说："朝廷不允许我执掌军务，诸位意下如何？"大家不作回答，李缄这才办理丧事。第五守进叫来王延贵，口头宣布诏书，让王延贵就职，催促李缄前往东都洛阳。不久，德宗任命王延贵为节度使，赐名为虔休。

德宗派使者册立异牟寻为南诏王。

云南王异牟寻派自己的弟弟进献地图、土产贡物和吐蕃授给的金印，请求恢复南诏的国号。有诏任命袁滋为册封使者，赐给以银作底的金印。异牟寻面向北方跪着接受册书和金印，于是设宴招待使者，拿出玄宗赐给的器物，指着年迈的吹笛乐工和歌女说："皇帝赐《龟兹乐》时带来的乐工，只有这两人还活着。"袁滋说："南诏应当好好想一想祖先的事迹，子子孙孙，尽忠唐朝。"异牟寻行礼说："怎敢不敬受使者的教导！"

冬十二月,陆贽罢为太子宾客。

陆贽为相,奏论备边六失以为:"措置乖方,课责亏度,财匮于兵众,力分于将多,怨生于不均,机失于遥制。夫关中戍卒不习土风,身苦边荒,心畏戎虏。或利王师之败,乘扰攘而东溃;或拔弃城镇,摇远近之心。岂惟无益,实亦有损。可谓措置乖方矣。自顷权移于下,柄失于朝,将之号令既鲜克行之于军,国之典常又不能施之于将。罪以隐忍而不彰,功以嫌疑而不赏,使忘身效节者获诮于等夷,率众先登者取怨于士卒,偾军蹙国者不怀于愧畏,缓救失期者自以为智能。可谓课责亏度矣。虏每入寇,将帅虚张贼势,唯务征发益师,无裨备御之功,重增供亿之弊。有司所入,半以事边,闾井日耗,征求日繁。可谓财匮于兵众矣。夫兵以气势为用者也,气聚则盛,散则消,势合则威,析则弱。自顷分割朔方,列为三使,其余镇军数且四十。既无军法下临,惟以客礼相待。可谓力分于将多矣。理戎之要,在于练核优劣之科,以为衣食等级之制,使能者企及,否者息心。今穷边长镇之兵,皆百战伤夷之余,终年勤苦,而常有冻馁之色。关东戍卒怯于应敌,而衣粮所颁,厚逾数等。又有素非禁旅,遥隶神策,其于廪赐之饶,遂有三倍之益。可谓怨生于不均矣。自顷边军去就,裁断多出宸衷。

冬十二月,陆贽罢免为太子宾客。

陆贽担任宰相,上奏论述边疆防御的六种过失,认为:"处理办法违背方策,考核督责缺少法度,资财被众多的士兵耗尽,兵力被繁多的将领分散,怨恨由分配不均而产生,战机因朝廷遥控而丧失。关中戍兵不熟悉边疆的风俗习惯,身受荒远边塞的困苦,心中畏惧戎虏。有时在官军的失败中寻找方便,乘混乱之机向东溃退;有时舍弃城镇,动摇远近各地的民心。岂止没有益处,实际还有损害。这可以说是处理办法违背方策了。近来权力下移,朝廷失去权柄,将领的号令已很少能在军队中执行,国家的法规又不能在将领中实施。由于克制忍耐,罪责得不到揭露,由于嫌猜疑虑,功劳得不到奖赏,使忘记自身、竭诚尽忠的人招致同辈的责备,率领人众先登敌城的人遭受士兵的埋怨,败坏军旅、逼迫朝廷的人不感到惭愧与畏惧,增缓迟缓、延误期限的人认为自己机智能干。这可以说是考核督责缺少法度了。每当异族入侵,将帅虚张敌军的声势,只致力于征调人马,增加兵力,没有增益防御的功效,却大大增加了军需供应的弊病。有关官员征收的钱财,只有一半用于边防,民间日益消耗,官府索求日益繁多。这可以说是资财被众多的士兵耗尽了。军事行动要讲究气势,士气凝聚便强盛,士气离散便消沉,声势会合便威猛,声势离析便衰弱。不久前,朝廷在朔方分别设置三位节度使,其余的镇军为数差不多还有四十个。既然没有军法下达,只好用宾客的礼节互相对待。这可以说是兵力被繁多的将领分散了。治理军队的关键,在于精细核查将士优劣的品类,据以制定军饷等级制度,使有能力的人盼望得到较好的待遇,没有能力的人消除非分之想。现在,长期镇守在荒远边境的士兵,除了个个身经百战,遍体创伤之外,还长年经受劳苦艰辛,经常有饥寒之色。关东戍兵害怕与敌人应战,但颁发的衣服和口粮却高出好几个等级。还有些军队向来不属于禁军,却遥遥统辖于神策军,于是得到丰饶的军饷颁赐,有三倍之多。这可以说是怨恨由分配不均而产生了。近来,边防军队的调动,多出于陛下的裁断。

戎虏驰突,迅如风飙,驿书上闻,旬月方报。守土者以兵寡不敢抗敌,分镇者以无诏不肯出师,贼既纵掠退归,此乃陈功告捷。将帅幸于总制在朝,不忧罪累,陛下又以为大权由己,不究事情,可谓机失于遥制矣。臣谓宜罢诸道防秋,令本道但供衣粮,募戎卒愿留及蕃汉子弟,多开屯田,官为收籴,寇至则人自为战,时至则家自力农。又择文武能臣为陇右、朔方、河东三元帅,缘边诸镇有非要者,随便并之。然后减奸滥虚浮之费以丰财,定衣粮等级之制以和众,弘委任之道以宣其用,悬赏罚之典以考其成。如是则戎狄威怀,疆场宁谧矣。”上虽不能尽用,心甚重之。

赞又以郊赦已近半年,而窜谪者尚未沾恩,乃为三状拟进,上以所拟超越,不从。赞曰:“王者待人以诚,有责怒而无猜疑,有惩沮而无怨忌。斥远以儆其不恪,甄恕以勉其自新。行法而暂使左迁,念材而渐加进叙。人知复用,谁不增修?何忧乎乱常,何患乎蓄憾!如其贬黜,便谓奸凶,恒处防闲,长从摈弃,则悔过者无由自补,蕴才者终不见伸。凡人之情,穷则思变,含凄念乱,或起于兹矣。”

上性猜忌,不委任臣下。官无大小,必自选用,一经谴责,终身不收。好以辩给取人,不得敦实之士。赞又谏曰:

异族兵马奔驰冲突像暴风一样迅速，我军由驿站传递文书却需要一月时间才能批复。守卫疆土的将领因士兵少而不敢抗敌，分守军镇的将领因没有诏命而不肯出兵，敌军在纵兵掳掠后撤退返回，这时将领便陈述功劳，向朝廷报捷。将帅庆幸朝廷统揽全局，不用为朝廷加罪担忧，陛下又认为自己独揽大权，不再追究事情的真伪。这可以说是战机因朝廷遥控而丧失了。臣认为应废止征调各道将士防御吐蕃的制度，命各道只供应衣服和口粮，招募愿意留下的戍兵以及蕃族、汉族人的子弟，大量开辟屯田，由官府收购屯田收获的粮食，敌寇一到，戍兵每个人都要自行参加战斗，农时一到，戍兵每一家都要自行努力务农。还要选拔强干的文武大臣出任陇右、朔方、河东三镇的元帅，对分布在边境上不够重要的军镇，按照方便的原则加以合并。这样才能减少不正当、不切实的费用以充实资财，确定衣服口粮的等级以调整将士关系，弘扬信任将帅的原则以显示将帅的作用，公布赏罚的典章以考核将士的成绩。这样，戎狄就会畏惧归附，边境就会安宁了。"德宗虽然不能完全采用，但内心对陆贽非常推重。

陆贽又因郊祭大赦已将近半年，但被贬的官员还没沾润到赦令的恩泽，便写了三项实施的条文进呈，德宗认为他拟定的办法超过规定，没有同意。陆贽说："君主以诚待人，对臣下可严厉谴责，不可心怀猜疑，可惩治处罚，不可怨恨嫉妒。贬斥到远方，为的是警告臣下的不敬，经甄别加以宽恕，为的是勉励臣下改过自新。依法处置要暂时予以降职，想到人材可用，还会逐渐加以进升。人们知道还有再受进用的机会，谁不加强修身？何必顾虑他们破坏纲常，担心他们积怨蓄恨！若一经贬黜，就视为奸邪凶恶之人，经常加以提防，永远摒弃不用，就会使悔过者无以弥补前愆，有才能者始终无法施展抱负。穷困潦倒就希望变革，处境凄苦就企图作乱，这种人之常情或许就产生于此时。"

德宗生性猜疑，不信任臣下。无论官职大小，一定由自己选拔任用，一旦遭到斥责，终身不再任用。德宗喜欢以能言善辩为标准来选取人才，不能得到敦厚忠实的人选。陆贽又进谏说：

"登进以懋庸,黜退以惩过,二者迭用,理如循环。故能使黜退者克励以求复,登进者警饬以恪居,上无滞疑,下无蓄怨。"又曰:"明主不以辞尽人,不以意选士。如或好善而不择所用,悦言而不验所行,进退随爱憎之情,离合系异同之趣,是由舍绳墨而意裁曲直,弃权衡而手揣重轻,虽甚精微,不能无谬。"又曰:"中人以上,迭有所长。苟区别得宜,付授当器,及乎合以成功,亦与全才无异。但在明鉴大度,御之有道而已。以一言称惬为能而不核虚实,以一事违忤为咎而不考忠邪。称惬则付任逾涯,不思其所不及,违忤则罪责过当,不恕其所不能,则职司之内无成功,君臣之际无定分矣。"上不听。

赞又奏请均节财赋,凡六条:其一论两税之弊,曰:"旧制,租、调、庸法,天下均一,虽欲转徙,莫容其奸,故人无摇心,而事有定制。兵兴以来,版图隳坏,执事知弊之宜革而遂失其原,知简之可从而不得其要,遽更旧法,以为两税,但取大历中一年科率最多者以为定数。夫财之所生,必因人力,故先王之制赋入,必以丁夫为本。不以务穑增其税,不以辍稼减其租,则播种多;不以殖产厚其征,不以流寓免其调,则地著固;不以饬励重其役,不以窳怠蠲其庸,则功力勤。

"提拔任用是为了勉励功劳,贬抑降职是为了惩戒过失,两方面交相为用,其中的道理如同圆环周而复始。所以能使受到贬逐的人勉励自己力求恢复官职,被提拔的人告诫自己恭谨地任官办事,使上无难解的疑虑,下无积蓄的怨恨。"又说:"明主不根据言辞来使用人才,不按主观臆想去选拔人才。如果对自己亲善的人就不加选择地任用,喜欢一个人的言辞就不去检验他的行为,官职升降全随个人爱憎情感,关系亲疏全凭个人志趣异同,这是舍弃墨斗而靠心意来判断线段的曲直,丢开秤而用双手掂量物体的轻重的做法,即使极其精细,还是不能没有谬误。"又说:"中等才智以上的人各有长处。如果区别得当,交付的职任与才具相当,及至汇合大家的长处,取得成功,与全才也没有区别。只在于善于识别,襟度博大,驾驭有方罢了。由于一句话讲得使自己惬意,就以为讲话者有才能,不再核查虚实;由于一件事违背自己的意志,就以为办事者有罪,不再考究忠邪。对讲话使自己惬意的人,将超过能力限度的重任给他,不去考虑他难以胜任,对于违背自己意志的人,将有失允当的罪责加给他,不宽恕他的无能为力,这就会使人在职务范围内难以取得成功,君臣之间没有确定的责任。"德宗不肯听从。

陆贽又上奏请求调节财税,共有六条:第一条,论述两税法的弊病,说:"根据国家原有的制度,实行租、调、庸法,全国平均如一,即使有人打算辗转迁徙,也容不下奸谋,所以人心不会动摇,而事情都有固定的规制。战事兴起以来,疆域和户口图册毁坏,执掌朝政的人知道旧弊应当革除却由此失去了本原,知道为政应当从简却没有把握要领,急忙变更旧法,实行两税法,只选取大历年间征收赋税最多的一年作为定额。财富的产生,必须依靠人力,所以先代的君王制定赋税收入,一定以成年男丁为依据。不因致力耕耘而增加税收,不因停止种植而减少田租,人们就愿意多加播种;不因产业扩大而多加征收,不因寄居他乡而免去纳调,人们就稳定居住下来;不因勤勉自励而加重徭役,不因懒惰懈怠而免除纳庸,人们就辛勤致力于农事。

两税之立,惟以资产为宗,不以丁身为本。由是务轻资而乐转徙者恒脱于徭税,敦本业而树居产者每困于征求,此乃诱之为奸,驱之避役。创制之首,不务齐平,供应有烦简之殊,牧守有能否之异,所在徭赋轻重相悬,所遣使臣意见各异,计奏一定,有加无除。又大历中供军、进奉之类既收入两税,今于两税之外复又并存。望稍行均减,以救凋残。”

其二,请两税以布帛为额,曰:“谷帛者,人之所为;钱货者,官之所为也。是以国朝著令,租出谷,庸出绢,调出缯、纩、布,曷有禁人铸钱而以钱为赋者哉!今之两税,独以钱、谷定税,所征非所业,所业非所征。遂或增价以买其所无,减价以卖其所有,一增一减,耗损已多。望勘会诸州初纳两税年绢布定估,比类当今时价,加贱减贵,酌取其中,总计合税之钱,折为布帛之数。”

其三,论长吏以增户、加税、辟田为课绩,曰:“长人者罕能推忠恕之情,体至公之意,以倾夺邻境为智能,以招萃逋逃为理化。舍彼适此者既为新收而有复,倏往忽来者又以复业而见优,唯安居不迁者则使之日重,敛之日加。请详定考绩:若管内阜殷,税额有余,任其据户口均减,以减数多少为考课等差,其十分减三者

两税法的设立，只以资财产业为依据，不以人丁为根本。由此，专门谋求细软资财而愿意辗转迁徙的人总能摆脱徭役和赋税，专心致力农业而置备定居产业的人却往往因赋税征收而困顿，这简直是诱导人们做奸邪的事情，驱使人们逃避徭役。创立制度的初期没有致力于制度的整齐划一，物资供应办法有繁琐与简便的区别，州府长官有强干与无能的不同，各处徭役赋税轻重悬殊，朝廷派出的使臣意见各有分歧，但计议一经上奏决定，就只有增加，没有减除。此外，大历年间供军、进奉一类的杂征已纳入两税，现在又置于两税以外，与两税并存。希望逐渐实行赋税的均平与削减，以救助破败受损的百姓。"

第二条，请求以布帛作为两税征收的税额，说："谷物与丝帛是百姓生产的，钱财货币是官府制造的。所以，我朝制定的法令规定，以谷物交租，以绢交庸，以丝帛、丝绵、布匹交调，何曾有过禁止百姓铸造钱币却又以钱币充当赋税的事情！现在的两税法，只以钱币和谷物来确定税收，征收的物品不是人们生产的物品，人们生产的物品不是要征收的物品。于是人们有时需要加价购买自己没有的物品，减价出卖自己拥有的物品，一加价，一减价，损耗已经很多。希望核定各州最初实行两税法当年所交纳绢帛的定价，对照现在的定价，如果价钱偏低就加价，价钱偏高就减价，斟酌取中定价，然后总计全部税收应得的价钱，折合成布帛的数额。"

第三条，论述地方长官以户口增长、税收增加、田地垦辟作为考核成绩的依据，说："为人长官的人很少能推究忠恕之情，体察大公无私之意，把与邻境互相排挤争夺视为精明能干，把招聚逃亡人口视为政治清明、教化大行。由外地迁到此地的人因属新收人口而得以免征赋税，往来倏忽不定的人又因恢复故业而受到优待，只有对那些安心定居、不肯迁徙的人役使日见繁重，征收日益增加。请详细制定考核成绩的办法：如果所管辖的地区富实繁盛，税收数额有余，可任凭地方长官根据户口平均减税，依照减税数量多少来规定考核官吏成绩的等级，减少十分之三的

为上课,减二者次焉,减一者又次焉。如或人多流亡,加税见户,比校殿罚,法亦如之。"

其四,论税限迫促,曰:"蚕事方兴,已输缣税;农功未艾,遽敛谷租。上司之绳责既严,下吏之威暴愈促。有者急卖而耗其半直,无者求假而费其倍酬。望更详定征税期限。"

其五,请以税茶钱置义仓,以备水旱。

其六,论兼并之家私敛重于公税,请为占田条限,裁减租价。事皆不行。

裴延龄以官吏太多,自今缺员,请勿复补,而收其俸,以实府库。上欲修神龙寺,延龄奏同州有木数千株,皆可八十尺。上曰:"开元、天宝间,求美材于近畿,犹不可得,今安得有之?"对曰:"天生珍材,固待圣君乃出,开元、天宝何从得之!"又奏:"检阅左藏,于粪土中得银十三万两,杂货百万有余,请入杂库,以供别支。"太府少卿韦少华抗表称:"皆月申见在之物,请加推验。"上不许。延龄由是恣为诡谲,处之不疑。上亦颇知其诞妄,但以其好诋毁人,冀闻外事,故亲厚之。群臣畏之,莫敢言,惟盐铁使张滂、京兆尹李充、司农卿李铦以职事相关,时证其妄,而赞独以身当之,日陈其不可用。上不悦,待延龄益厚。赞以上知待之厚,事有不可,常力争之。所亲或规其太锐,赞曰:"吾上不负天子,下不负所学,他无所恤。"延龄日短赞于上,赵憬密以赞所讥弹延龄事告之,故延龄益得以为计。

为上等考核成绩，减少十分之二的次一等，减少十分之一的再次一等。如果多有逃亡人口，在现有民户上加税，考查成绩居于劣等，其惩罚办法也按前述原则处理。"

第四条，论述税收期限紧迫，说："养蚕刚开始，已经要交纳丝织品税；农活没结束，已经赶忙征收粮租。上级官员的管束督责已经很严厉，下级官吏的强暴欺压愈加急迫。有东西交税的人赶忙出卖实物，因而要损耗一半的价值；没有东西交税的人求人借贷，因而要加倍还债。希望再详细制定收税的期限。"

第五条，请求用征收茶税的钱来设置义仓，以防备水旱灾害。

第六条，论述吞并土地的人家私人收租比官府征税更为繁重，请求规定占田的条例与限额，降低租价。各项都未实行。

裴延龄认为官吏太多，请求今后出现缺员不再补充，收回这部分薪俸，以充实国库。德宗想修建神龙寺，裴延龄奏称同州有数千棵树，都高达八十尺。德宗说："开元、天宝年间在京城周围寻找上好的木材尚且无法找到，现在怎么会有？"裴延龄回答说："上天生出珍贵的木材，当然要等圣君出世时才会出现，开元、天宝年间哪能得到！"裴延龄又奏称："检查左藏库时，在粪土中发现银子十三万两，杂货价值超过百万，请放进杂库，以供陛下另外支用。"太府少卿韦少华直言上表说："这都是按月申报的现存物品，请予以推究查验。"德宗没有答应。从此，裴延龄任意狡诈，将这类事情说得无可怀疑。德宗也颇知裴延龄荒诞虚妄，但由于他喜欢污蔑别人，希望从他那里听到外面的事情，所以亲近厚待他。群臣畏惧裴延龄，不敢发言，只有盐铁使张滂、京兆尹李充、司农卿李铦由于职务与裴延龄有关联，时常证实裴延龄的虚妄，而陆贽独自挺身对付裴延龄，经常说他不可任用。德宗很不高兴，越发厚待裴延龄。陆贽因德宗深加知遇，凡有不同意的事情，经常竭力争辩。有些与他亲近的人劝他说过于显露锋芒，陆贽说："只要我上不辜负天子，下不辜负平生所学，别的都不在乎。"裴延龄每天向德宗非议陆贽，赵憬暗中将陆贽抨击裴延龄的事情告诉裴延龄，所以裴延龄更有设计攻击陆贽的理由。

上由是信延龄而不直贽。贽与憬约至上前极论延龄奸邪，上怒形于色，憬默而无言。遂罢贽为太子宾客。

乙亥（795） 十一年

夏四月，贬陆贽为忠州别驾。

裴延龄谮李充、张滂、李铦党于陆贽。会旱，延龄奏言："贽等失势怨望，言天旱民流，度支多欠诸军刍粮，动摇众心，其意非止欲中伤臣而已。"后数日，上猎苑中，适有军士诉度支不给马刍，上意延龄言为信，遽还宫，贬贽为忠州别驾，充、滂、铦皆为诸州长史。初，阳城自处士征为谏议大夫，拜官不辞，人皆想望风采，曰："城必谏诤死职下。"及至，诸谏官纷纷言事细碎，天子益厌之，而城方与客日夜痛饮，人莫能窥其际，皆以为虚得名耳。前进士韩愈作《争臣论》以讥之，城亦不以屑意。及陆贽等坐贬，上怒未解，中外惴恐，以为罪且不测，无敢救者。城即帅拾遗王仲舒、补阙熊执易、崔邠等守延英门，上疏论延龄奸佞，贽等无罪。上大怒，欲罪之，太子为营救乃解，令宰相谕遣之。金吾将军张万福闻谏官伏阁，趋往大言贺曰："朝廷有直臣，天下必太平矣。"遂遍拜城等。万福武人，年八十余，自此名重天下。时朝夕相延龄，城曰："脱以延龄为相，当取白麻坏之，恸哭于庭。"李繁者，泌之子也，城尽数延龄过恶，欲密论之，使繁缮写，繁径以告延龄。延龄先诣上一一自解，

从此，德宗相信裴延龄，反而认为陆贽无理。陆贽与赵憬约好到德宗面前极力弹劾裴延龄的奸诈邪恶，德宗怒形于色，赵憬沉默不语。于是陆贽被罢免为太子宾客。

乙亥（795） 唐德宗贞元十一年
夏四月，德宗将陆贽贬为忠州别驾。

裴延龄诬陷李充、张滂、李铦偏袒陆贽。适值大旱，裴延龄上奏说："陆贽等人失去权势，怨恨不满，说气候干旱，百姓流亡，度支亏欠各军粮草很多，动摇了人心，其用意不是只想中伤臣就算了事。"几天后，德宗在禁苑中打猎，恰巧有将士申诉度支不供给马料，德宗觉得裴延龄的话可信，马上回宫，将陆贽贬为忠州别驾，李充、张滂、李铦都贬为各州长史。起初，阳城由处士征召为谏议大夫，对任命的官职不加推辞，人们都思慕他的风度，说："阳城定会直言规谏，至死效忠职守。"及至阳城来到朝廷，各位谏官谈论政事时纷纷讲些细小琐碎的事情，德宗越发厌烦，而阳城却正与宾客日夜开怀饮酒，人们对他摸不着边际，都认为他徒有虚名。及第后尚未授官的进士韩愈写了一篇《争臣论》来讥讽他，他也并不介意。等到陆贽等人获罪被贬，德宗怒气未消，朝廷内外恐惧不安，认为对他们的惩处将是难以意料的，因而无人敢出面营救。阳城当即带领拾遗王仲舒、补阙熊执易、崔邠等人守候在延英门，上疏论说裴延龄奸邪诡谲，陆贽等人无罪。德宗大怒，准备惩处阳城等人，由于太子营救，德宗的态度才缓和下来，让宰相宣旨打发他们离去。金吾将军张万福听说谏官跪在延英殿前，快步前去大声祝贺："朝廷有直言的臣下，天下肯定要太平了。"于是逐一向阳城等人行礼。张万福是一员武将，八十多岁，从此天下闻名。当时，随时都有任命裴延龄为宰相的可能，阳城说："假如任命裴延龄为宰相，我就把白麻诏书撕了，在朝廷上痛哭一场。"李繁是李泌的儿子，阳城历数裴延龄的过失与罪恶，准备秘密加以弹劾，让李繁誊抄奏疏，李繁却径直去告诉裴延龄。裴延龄事先到德宗那里为自己逐条解释，

疏入,上以为妄,不之省。

五月,以李说为河东留后。

河东节度使李自良卒,监军王定远奏请以行军司马李说为留后。说深德定远,为请铸监军印,从之,监军有印自此始。定远遂专军政,杀大将彭令茵。说奏其状,定远诣说刺之,说走免。定远召诸将示之曰:"有敕,以李景略为留后,诸君皆迁官。"大将马良辅觉之,麾众不受,定远走,逾城坠死。

回鹘奉诚可汗死,遣使立怀信可汗。

回鹘奉诚可汗死,无子。其相骨咄禄辩慧有勇略,自天亲时典兵马用事,大臣、诸酋长皆畏服之,立以为可汗。使来告丧,遣使册立之。

秋七月,以阳城为国子司业。

坐言裴言龄故也。

八月,司徒、侍中、北平庄武王马燧卒。冬十月,横海军乱,逐其节度使程怀直。

横海节度使程怀直不恤士卒,出猎数日不归。怀直从父兄怀信闭门拒之。怀直奔京师,以怀信为留后。

丙子(796) 十二年

春正月,以浑瑊、王武俊兼中书令,严震、田绪、刘济、韦皋并同平章事,诸节镇悉加检校官。

欲以悦其意也。

三月,以李齐运为礼部尚书。

齐运无才能学术,专以柔佞得幸。每宰相对罢,则齐运进决其议。或病卧在家,上欲有所除授,遣中使就问之。

奏疏送入内廷时,德宗认为所言虚妄,就不看奏疏了。

五月,德宗任命李说为河东留后。

河东节度使李自良去世,监军王定远上奏请求任命行军司马李说为留后。李说深深感激王定远,替他请求铸造监军印信,德宗依允,从此监军开始有了印信。王定远随即专擅军政,杀死大将彭令茵。李说奏陈此事,王定远去李说处行刺,李说逃走,免于死难。王定远召集诸将来看,说:"我这里带着敕书,任命李景略为留后,诸位都可升官。"大将马良辅看出破绽,指挥大家拒绝接受,王定远逃跑,翻越城墙时摔死。

回鹘奉诚可汗去世,唐朝派使者册立怀信可汗。

回鹘奉诚可汗去世,没有子嗣。国相骨咄禄机智善辩,有勇有谋,从天亲可汗时便掌管兵马,执掌大权,大臣和各部酋长都敬畏折服于他,便立他为可汗。回鹘使者前来报丧,唐朝派使者前去册立。

秋七月,德宗任命阳城为国子司业。

由于指斥裴延龄的缘故。

八月,司徒、侍中、北平庄武王马燧去世。冬十月,横海军哗变,赶走节度使程怀直。

横海节度使程怀直不体恤士兵,外出打猎,好几天都不回来。程怀直的堂兄程怀信关闭城门,不让程怀直进城。程怀直逃回京城,德宗任命程怀信为留后。

丙子(796) 唐德宗贞元十二年

春正月,德宗让浑瑊、王武俊兼任中书令,严震、田绪、刘济、韦皋一并同平章事,对各节镇长官都加授检校官职。

为的是取悦众人。

三月,德宗任命李齐运为礼部尚书。

李齐运没有才能学问,专以阴柔谄媚的手段博得宠幸。每当宰相回答完德宗问话,李齐运就上前裁定他们的主张。有时他卧病在家,德宗打算任命官员,就派中使到他家征询意见。

夏四月,魏博节度使田绪卒。

绪尚嘉诚公主,有庶子三人,季安最幼,公主子之。绪卒,左右推季安为留后。

以韦渠牟为右补阙。

上生日,故事,命沙门、道士讲论于麟德殿。至是,始以儒士参之。四门博士韦渠牟嘲谈辩给,上悦之,旬日迁右补阙。

六月,以窦文场、霍仙鸣为护军中尉。

初,上置六统军,视六尚书,以处罢镇者,相承用麻纸写制。至是,文场讽宰相比统军降麻。翰林学士郑絪奏:“故事,惟封王命相用白麻,今不识陛下特以宠文场邪,遂为著令也?”上乃谓文场曰:“武德、贞观时,中人不过员外将军,衣绯者无几,辅国以来始隳制度。朕今用尔,不谓无私,若复降麻,天下必谓尔胁我为之矣。”文场叩头谢。遂焚之,谓絪曰:“宰相不能违拒中人,朕得卿言方寤耳。”是时,窦、霍势倾中外,藩帅多出神策军,台省清要亦有出其门者矣。

以严绶为刑部员外郎。

初,上以奉天窘乏,故还宫以来,专意聚敛。藩镇多以进奉市恩,皆云“税外方圆”,亦云“用度羡余”。其实或增敛百姓,或减刻吏禄,或贩鬻蔬果,往往自入,所进才什一二。李兼在江西有月进,韦皋在西川有日进。其后常州刺史裴肃以进奉迁浙东观察使,刺史进奉自肃始。宣歙判官

夏四月,魏博节度使田绪去世。

田绪娶嘉诚公主为妻,有三个庶出的儿子,其中田季安年纪最小,嘉诚公主把他认作自己的儿子。田绪去世,其亲信推举田季安担任留后。

德宗任命韦渠牟为右补阙。

德宗生日,依照惯例,应让僧人、道士在麟德殿讲经论道。至此,开始让儒学之士参与其中。四门博士韦渠牟讥言讽语,很有口才,为德宗赏识,过了十天就升任右补阙。

六月,德宗任命窦文场、霍仙鸣为护军中尉。

起初,德宗设置六军统军,地位相当于六部尚书,用来安置免除方镇职务的节度使,相沿用麻纸书写制书。至此,窦文场婉言暗示宰相按任命统军的惯例下达麻纸诏书。翰林学士郑絪上奏说:"根据惯例,只有封授王位、任命宰相才使用白麻纸,现在不知陛下是以此特别宠任窦文场呢,还是就此著为令式呢?"于是德宗对窦文场说:"武德、贞观时期,宦官的职位不超过员外将军,穿绯色朝服的没有几人,自李辅国以来,制度开始败坏。现在朕任用你不能说没有私情,如果再下达麻纸诏书,天下人定会说是你胁迫我写的。"窦文场叩头认错。于是德宗烧掉麻纸诏书,对郑絪说:"连宰相都不能违抗宦官的意旨,朕听了你的话才明白过来。"这时,窦文场、霍仙鸣的权势压倒朝廷内外官员,藩镇长官大多出于神策军,尚书省、中书省、门下省中职务尊贵、掌握枢要的官员也有出于宦官门下的。

德宗任命严绶为刑部员外郎。

起初,德宗因在奉天时财政窘迫困乏,所以自回宫以来,一味留意搜刮财货。许多藩镇通过进献贡物换取恩宠,贡物都称作"税外方圆",也称作"用度羡余"。实际有的增加百姓的税收,有的削减官吏的俸禄,有的贩卖蔬菜瓜果,但往往中饱私囊,进献的贡物只有十分之一二。李兼在江西每月进献贡物,韦皋在西川每天都进献贡物。后来,常州刺史裴肃通过进献贡物升任浙东观察使,刺史进献贡物即从裴肃开始。宣歙判官

严绶掌留务,竭府库以进奉,征为刑部员外郎,幕僚进奉自绶始。

秋七月,宣武军乱,以董晋为节度使。

宣武节度使李万荣病不知事,霍仙鸣荐押牙刘沐为行军司马,万荣子逎为兵马使。上遣中使第五守进至汴州宣慰,军士呼曰:"兵马使勤劳无赏,刘沐何人,为行军司马?"沐惧,阳中风,舁出。军士欲斫守进,逎止之,遂杀大将数人。都虞候邓惟恭执逎送京师,诏以晋为宣武节度使。万荣卒,惟恭遂权军事,不遣人迎董晋。晋受诏,即与僚从十余人赴镇,不用兵卫。惟恭以晋来速,不及谋,乃帅诸将出迎。晋命惟恭勿下马,气色甚和,既入,仍委以军政。初,刘玄佐增汴州兵至十万,遇之厚,李万荣、邓惟恭每加厚焉。士卒骄不能御,乃置腹心之士,幕于庑下,挟弓执剑以备之。晋至,悉罢之。诏惟恭等各迁官赐钱。惟恭谋作乱,晋诛其党,械惟恭,送京师。

八月朔,日食。　以陆长源为宣武行军司马。

朝议以董晋柔仁,恐不能集事,故以长源佐之。长源性刚刻,多更张旧事,晋初皆许之,案成则命且罢,由是军中得安。

赵憬卒。　九月,以李景略为丰州都防御使。

初,上不欲生代节度使,常自择行军司马以为储帅。李景略为河东行军司马,李说忌之。回鹘梅录入贡,过太原,说与之宴,梅录争坐次,说不能遏。景略叱之,梅录识其声,趋前拜之曰:"非丰州李端公邪?"遂就下坐,座中皆属目于景略。说益不平,乃厚赂窦文场,

严绶掌管留后事务,竭尽库存来进献贡物,被征召为刑部员外郎,幕僚进献贡物即从严绶开始。

秋七月,宣武军哗变,德宗任命董晋为节度使。

宣武节度使李万荣病得不能管事,霍仙鸣推荐押牙刘沐担任行军司马,李万荣的儿子李迺担任兵马使。德宗派中使第五守进到汴州进行安抚,军士大声喊道:"兵马使辛勤劳苦却没有奖赏,刘沐是什么人,竟能担任行军司马?"刘沐为之恐惧,佯装中风,被抬出来。军士打算砍死第五守进,李迺加以阻止,于是杀了几员大将。都虞候邓惟恭捉了李迺,送往京城,有诏任命董晋为宣武节度使。李万荣去世后,邓惟恭随即代理军中事务,不肯派人迎接董晋。董晋接受诏命后,立即与十多个随从人员前往汴州,也不带人马护卫。由于董晋来得太快,邓惟恭来不及商量对策,就带领诸将出城迎接。董晋让邓惟恭不必下马,脸色相当平和,进城后仍然把军政交给邓惟恭处理。起初,刘玄佐将汴州兵增加到十万人,待遇优厚,李万荣、邓惟恭往往还要增加待遇。士兵骄纵,不能控制,只好安排亲信将士在官署的走廊里安扎帐篷,带着弓,握着剑,以防备骄兵。董晋来到后,这些措施一概不用。有诏为邓惟恭等人升官,赐给赏钱。邓惟恭阴谋作乱,董晋杀死邓惟恭的同伙,给邓惟恭上了枷锁,送往京城。

八月初一,出现日食。 德宗任命陆长源为宣武行军司马。

朝中舆论认为董晋柔弱仁厚,恐怕难以把事情办好,所以让陆长源加以佐助。陆长源刚强苛刻,往往改变惯例,董晋开始都答应下来,判定结论时却命令姑且罢除,因此军中得以安定。

赵憬去世。 九月,德宗任命李景略为丰州都防御使。

起初,德宗不想在节度使生前便取代他们,常亲自选择行军司马作为继任者。李景略担任河东行军司马,受到李说的忌妒。回鹘梅录入京进贡,经过太原,李说设宴接待,梅录争座席的位置,李说不能制止。李景略呵斥梅录,梅录听出是李景略的声音,快步上前跪拜说:"莫非是丰州的李侍御吗?"便在下首就座,在座的人都归心于李景略。李说愈发愤郁不平,便重贿赂窦文场,

使去之。会有传回鹘将入寇者，上以丰州当虏冲，择可守者，文场因荐景略。丰州穷边气寒，土瘠民贫，景略以勤俭帅众，二岁之后，储备完实，雄于北边。

裴延龄卒。

中外相贺，上独悼惜之。

冬十月，以崔损、赵宗儒同平章事。

损尝为裴延龄所荐，故用之。

十一月，以韦渠牟为谏议大夫。

上自陆贽贬官，尤不任宰相，自县令以上皆自选用，中书行文书而已。然深居禁中，所取信者裴延龄、李齐运、司农卿李实、翰林学士韦执谊及渠牟，皆权倾宰相，趋附盈门。实狡险掊克，执谊以文章与上唱和，年二十余，入翰林；渠牟形神恍躁，尤为上所亲狎。上每对执政，漏不过三刻，渠牟奏事率至六刻，语笑款狎，往往闻外，所荐引咸不次迁擢，率皆庸鄙之士。

丁丑(797)　**十三年**

春二月，筑方渠、合道、木波三城。

上以方渠、合道、木波皆吐蕃要路，欲城之，使问邠宁节度使杨朝晟须几何兵，对曰：“邠宁兵足以城之。”上曰：“向城盐州，用兵七万，今三城尤逼虏境，如此何也？”对曰：“今发本镇兵，不旬日至，出其不意而城之。虏谓吾众不减七万，不敢轻来。不过三旬，吾城已毕，虏虽至，城旁草尽，不能久留。虏退，则运刍粮以实之，此万全之策也。

让窦文场将李景略调走。适逢有人传说回鹘将要入侵，德宗因丰州地当回鹘前来的要冲，要选择可以守卫丰州的人选，窦文场趁机推荐李景略堪当此任。丰州处于荒远的边疆，天气寒冷，土地瘠薄，人民贫困，李景略以勤俭的作风为大家做出表率，两年以后，储存的物资完备充实，丰州在北部边疆雄强起来。

裴延龄去世。

朝廷内外互相庆贺，只有德宗悼念怜惜他。

冬十月，德宗任命崔损、赵宗儒为同平章事。

崔损曾得到裴延龄的推荐，所以起用他。

十一月，德宗任命韦渠牟为谏议大夫。

自从陆贽贬官以来，德宗尤其不肯信任宰相，对县令以上的官员统统亲自选拔任用，中书省只能收发文书。然而，德宗住在深宫，受信任的人裴延龄、李齐运、司农卿李实、翰林学士韦执谊以及韦渠牟，都权压宰相，趋炎附势者挤满他们的家门。李实狡黠阴险，搜刮民财；韦执谊以文章与德宗互相唱和，二十多岁就进入翰林院；韦渠牟形貌神态轻薄浮躁，尤其为德宗所亲昵。德宗每次与执政官员谈话，漏壶的刻符不会超过三刻，而韦渠牟奏事一般长达六刻，亲昵的说笑声常常传到外边，他推荐的人都得到破格提拔，而他们大都是庸俗鄙陋的人。

丁丑（797）　唐德宗贞元十三年

春二月，修筑方渠、合道、木波三城。

由于方渠、合道、木波都是吐蕃的交通要道，德宗想在那里筑城，让人问邠宁节度使杨朝晟需要多少兵力，杨朝晟回答说："邠宁的兵力足够筑城。"德宗说："以往筑盐州城，用了七万兵力，如今这三座城离吐蕃更近，为什么会这样？"杨朝晟回答说："现在征调本镇兵力，用不了十天就能赶到，可以出其不意地修筑三城。吐蕃以为我军人数不少于七万，不敢轻易前来。不超过三十天，我军已筑城完毕，即使吐蕃来了，城旁的野草一吃光，就不能久留。吐蕃撤退后，就运输粮草充实三城，这是万全之策。

若大集诸道兵,逾月始至,虏亦集众而来,与我争战,胜负未可知,何暇筑城哉!"上从之。朝晟分军为三,各筑一城。三月,三城成,朝晟军还至马岭,吐蕃始出追之,相拒数日而去。朝晟遂城马岭而还,开地三百里,皆如其素。

以姚南仲为义成节度使。

以姚南仲为义成节度使,监军薛盈珍曰:"姚大夫书生,岂将才也!"判官卢坦私谓人曰:"姚大夫外柔中刚,监军侵之,必不受,军府之祸,自此始矣。"遂潜去。既而盈珍与南仲有隙,幕府多以罪贬,有死者。

吐蕃赞普乞立赞死。

子足之煎立。

秋七月,起复张茂宗为左卫军,尚公主。

张茂宗,茂昭之弟也,许尚义章公主,未成昏,母卒,遗表请终嘉礼,上许之。拾遗蒋义上疏曰:"古有墨衰以从金革之事者,未闻驸马起复尚主也。"上曰:"人间多借吉成昏者,卿何执此之坚?"对曰:"昏姻丧纪,人之大伦,吉凶不可渎也。委巷之家,不知礼教,其女孤贫无恃,或有借吉从人,未闻男子借吉娶妇者也。"上不悦,命趣下嫁之期,遂成昏。

九月,卢迈罢。 冬十月,吴少诚开刀沟。

吴少诚擅开刀沟入汝,上遣中使谕止之,不从。命兵部郎中卢群往诘之,少诚曰:"开此水大利于人。"群曰:"君令臣行,虽利,人臣敢专乎!公承天子之令而不从,何以使下吏从公之令乎?"少诚遽为罢役。

如果大规模集结各道兵马，一个月之后才能到，吐蕃也集众前来，与我军交战争锋，连谁胜谁负都无从知道，哪有时间筑城！"德宗依言而行。杨朝晟将军队分成三部分，各自修筑一城。三月，三城修筑完成，杨朝晟军回到马岭县，吐蕃才出兵追击，与邠宁军对抗数日，撤兵离去。于是杨朝晟修筑马岭城后回军，开拓土地三百里，都像他早先说的那样。

德宗任命姚南仲为义成节度使。

任命姚南仲为义成节度使时，监军薛盈珍说："姚大夫是书生；岂是将才！"判官卢坦私下对人说："姚大夫外柔内刚，监军加以侵犯，肯定不能接受，军府的祸患从此就要开始了。"便暗中离去。不久，薛盈珍与姚南仲发生矛盾，幕府人员大多因罪受贬，还有人因此死去。

吐蕃赞普乞立赞死去。

其子足之煎继立。

秋七月，张茂宗服丧期间被起用为左卫军，与义章公主成婚。

张茂宗是张茂昭的弟弟，已定下与义章公主的婚事，成婚前母亲去世，母亲死前留下表章请求完成婚礼，德宗应允了。拾遗蒋义上疏说："古代有身穿黑色麻布丧服参加战争的，没听说在服丧期间起用驸马迎娶公主的。"德宗说："民间多有服丧期间完婚的事例，你为什么如此顽固地坚持反对呢？"蒋义回答说："婚姻与丧事是人们的根本性伦理，吉凶不可混杂。陋巷中的人家不懂礼教，那些幼年失去亲人、贫困无依的女子，或许在服丧期间嫁人，没听说男子在服丧期间娶妻的。"德宗不悦，让人催促确定公主下嫁的日期，于是成婚。

九月，卢迈罢相。　冬十月，吴少诚开凿刀沟。

吴少诚擅自开凿刀沟，引入汝水，德宗派中使宣旨制止，吴少诚不肯听从。德宗命令兵部郎中卢群前去责问，吴少诚说："开凿这条河对百姓非常有利。"卢群说："君主下令，臣下行令，即使有利，臣下就敢专断吗！你接到天子的命令却不肯听从，怎能使下属官吏听你的命令？"吴少诚赶忙停止开河之役。

十二月,以宦者为宫市使。

先是,宫中市外间物,令官吏主之,随给其直。比岁以宦者为使,谓之宫市。置白望数百人,抑买人物,以红紫染故衣败缯,尺寸裂而给之,仍索进奉门户及脚价钱,名为宫市,其实夺之。尝有农夫以驴负柴,宦者称宫市取之,又就索门户。农夫曰:"我有父母妻子,待此然后食。今以柴与汝,不取直而归,汝尚不肯,我有死而已!"遂殴宦者。街吏擒以闻,诏黜宦者,赐农夫绢十匹,然宫市亦不为之改。谏官、御史数谏,不听。徐州节度使张建封入朝,具奏之,上颇嘉纳。以问判度支苏弁,弁希宦者意,对曰:"京师游手万家,无土著生业,仰宫市取给。"上信之,故凡言宫市者,皆不听。

戊寅(798) 十四年

秋七月,赵宗儒罢,以郑余庆同平章事。 八月,初置神策统军。

时禁军戍边者禀赐优厚,诸将多请遥隶神策,其军遂至十五万人。

九月,以于𫖮为山南东道节度使。 吴少诚叛,侵寿州。 贬阳城为道州刺史。

太学生薛约师事司业阳城,坐言事徙连州,城送之郊外,贬道州刺史。城治民如治家,赋税不登,观察使数加诮让。城自署其考曰:"抚字心劳,征科政拙,考下下。"观察使遣判官督其赋,城自系狱。判官大惊,驰谒之,城不复归,

十二月,德宗委派宦官为宫市使。

此前,宫中买外面的物品,命令官吏掌管其事,随买随付相应的钱财。近年来委任宦官为使者,称作宫廷采买。安排好几百个四处张望、白拿别人物品的"白望",压价买别人的物品,用染上红色、紫色的旧衣服和变坏的丝帛,按尺寸撕下来付给卖主,还要勒索所谓进奉门户钱和脚价钱,名义上叫宫廷采买,其实是强取豪夺。曾经有一个农夫用驴驮了木柴来卖,宦官自称宫廷采买,拿走木柴,当下又索取进奉门户钱。农夫说:"我有父母、妻子、儿女,靠这木柴赚钱糊口。现在把木柴给了你,没拿到钱回家,你还不甘休,我和你拼了!"便殴打宦官。街吏捉了农夫上报,有诏贬黜宦官,赐给农夫十匹绢,但是宫廷采买并没因此改变。谏官、御史屡次规谏,德宗不肯听从。徐州节度使张建封入京朝见,就这个问题条陈上奏,德宗颇为嘉许,打算采纳。德宗就此征求判度支苏弁的意见,苏弁迎合宦官的意旨,回答说:"京城中空手闲荡的人有万家之多,没有一定的住所和职业,要靠宫廷采买获取营生之资。"德宗信了苏弁的话,所以对所有指责宫廷采买的话都听不进去。

戊寅(798)　唐德宗贞元十四年

秋七月,赵宗儒罢相,德宗任命郑余庆为同平章事。　八月,开始设置神策军统军。

当时,戍守边疆的禁军待遇优厚,诸将领往往请求遥遥隶属于神策军,于是神策军多达十五万人。

九月,德宗任命于𫖮为山南东道节度使。　吴少诚反叛,侵犯寿州。　德宗将阳城贬为道州刺史。

太学生薛约以国子司业阳城为师,因言事获罪,流放连州,阳城把薛约送到郊外,自己被贬为道州刺史。阳城治理百姓如同治理家人,赋税收不上来,观察使屡次予以谴责。阳城自己题写任官的成绩考核道:"抚养爱护百姓,心神为之劳瘁,征收赋税,政绩低劣,考核成绩属于下下。"观察使派判官督促征税,阳城将自己关进监狱。判官大惊,跑去谒见阳城,阳城不再回家,

判官辞去。遣他判官往案之,判官载妻子行,中道逸去。

己卯(799) 十五年

春,宣武节度使董晋卒,军乱,杀留后陆长源。

长源性刻急,恃才傲物,军中恶之。晋卒,长源知留后,扬言曰:"将士弛慢日久,当以法齐之耳。"众皆惧。或劝之发财以劳军,长源曰:"我岂效河北贼,以钱买健儿,求节钺邪!"军中怨怒作乱,杀长源。监军俱文珍以宋州刺史刘逸准久为宣武大将,得众心,召之。逸准引兵径入汴州,众乃定,遂以为节度使。

以李锜为浙西观察使、诸道盐铁转运使。

李齐运受李锜赂数十万,荐之于上,故用之。锜刻剥以事进奉,上由是悦之。锜又以馈遗结权贵,恃此骄纵,无所忌惮。布衣崔善贞诣阙上封事,言宫市、进奉及盐铁之弊,因言锜不法事。上械送锜,锜生瘗之,远近闻之,不寒而栗。锜复欲为自全计,增广兵众,选有力善射者谓之挽强,胡、奚杂类谓之蕃落,给赐十倍他卒。判官卢坦屡谏不悛,与幕僚李守约等皆去之。

三月,吴少诚寇唐州。 秋八月,以上官涚为陈许节度使。

吴少诚遣兵掠临颍,涚遣大将王令忠将兵三千救之,败没,少诚遂围许州。营田副使刘昌裔募勇士千人凿城出,击破之。兵马使安国宁谋翻城应少诚,昌裔以计斩之。召

判官便告别离去。观察使派其他判官前去查问,这位判官便用车拉着妻子儿女出发,中途逃走。

己卯(799) 唐德宗贞元十五年

春季,宣武节度使董晋去世,军队哗变,杀死留后陆长源。

陆长源性情刻薄急躁,自负其才,轻视他人,为军中将士所憎恶。董晋去世后,陆长源执掌留后事务,扬言说:"将士松懈怠慢,为时已久,应当用军法加以整治。"大家都很害怕。有人劝陆长源发放财物来慰劳全军,陆长源说:"我怎能学河北贼的样子,用钱收买士兵,向朝廷企求封拜节度使!"军中将士怨恨恼怒,发动变乱,杀死陆长源。监军俱文珍认为宋州刺史刘逸准长期担任宣武军的大将,得到大家的拥护,就召他前来。刘逸准领兵直接开进汴州,大家才安定下来,于是让他当了节度使。

德宗任命李锜为浙西观察使、诸道盐铁转运使。

李齐运收受李锜的贿赂数十万,于是把李锜推荐给德宗,所以德宗加以起用。李锜通过苛刻盘剥来进献贡物,因此受到德宗的赏识。李锜又以赠与财物结交权贵,并因此骄傲放纵,没有什么害怕的。平民崔善贞进京进献密封的奏章,陈述宫廷采买、进献贡物以及经营盐铁的弊病,并讲到李锜的不法行为。德宗命令给崔善贞带上枷锁,送交李锜,李锜将崔善贞活埋,远近各地的人得知后都不寒而栗。李锜又为保全自己做打算,增加兵员,挑选有力气、擅长射箭的人,称作"挽强",招收胡、奚各族人,称作"蕃落",他们的待遇是其他士兵的十倍。判官卢坦屡次劝谏,李锜不肯悔改,于是卢坦与幕僚李守约等人都离开李锜。

三月,吴少诚侵犯唐州。　秋八月,德宗任命上官涗为陈许节度使。

吴少诚派兵掳掠临颍,上官涗派大将王令忠领兵三千人前去援救,战败被俘,吴少诚随即包围许州。营田副使刘昌裔募集勇士一千人,由凿出的城墙缺口出击,打败敌军。兵马使安国宁图谋翻城接应吴少诚,刘昌裔用计将他杀死。刘昌裔召集

其麾下，人给二缣，伏兵要巷，见持缣者悉斩之，无得脱者。

以韩弘为宣武节度使。

刘逸准卒，军中思刘玄佐之恩，推其甥兵马使韩弘为留后，诏以为节度使。弘将兵，识其材鄙勇怯，指顾必堪其事。先是，少诚遣使与逸准约共攻陈许，使者数辈犹在馆，弘悉驱出斩之，选卒三千击许下，少诚由是失势。宣武军自玄佐卒，凡五作乱，弘召唱者及其党三百人，数而斩之。自是至弘入朝二十一年，士卒无一人敢喧呼于城郭者。

诏削夺吴少诚官爵，令诸道进兵讨之。

诸军讨吴少诚者既无统帅，进退不一，自溃于小溵水，委弃器械资粮，皆为少诚所有，于是始议置招讨使。

冬十二月，中书令、咸宁王浑瑊卒。

瑊性谦谨，虽位穷将相，无自矜大之色。每贡物，必躬自阅视，受赐如在上前。上还自兴元，虽一州一镇有兵者，皆务姑息。瑊每奏事不过，辄私喜曰："上不疑我。"故能以功名终。

庚辰（800）　**十六年**
春二月，以韩全义为蔡州招讨使。

全义本出神策军，中尉窦文场爱之，荐于上，使统诸军讨吴少诚，十七道兵皆受节度。

夏四月，姚南仲入朝。

义成监军薛盈珍有宠，欲夺节度使姚南仲军政，南仲

安国宁的部下,每人发给两匹细绢,在紧要的街巷里设下伏兵,见到手拿细绢的一概斩杀,无人逃脱。

德宗任命韩弘为宣武节度使。

刘逸准去世,军中将士怀念刘玄佐的恩惠,推举刘玄佐的外甥兵马使韩弘担任留后,有诏任命韩弘为节度使。韩弘领兵,能识别有才与无才、勇敢与怯懦,指挥委派将士,一定让大家都能胜任。此前,吴少诚派使者与刘逸准约定共同攻打陈许,好几个使者还住在客舍里,韩弘将他们全部赶出来杀死,挑选三千士兵打到许州城下,吴少诚从此失去优势。自从刘玄佐去世,宣武军共发生五次变乱,韩弘叫来带头的及其同伙三百人,先加以责备,然后斩首。从这时起直至韩弘入京朝见二十一年间,没有一个士兵敢在城邑内外喧哗叫闹。

德宗下诏革除吴少诚的官职爵位,命令各道进兵讨伐。

讨伐吴少诚的各路兵马没有统帅,进退不能统一,在小溵水自行溃散,丢弃的各种器具和物资粮食都被吴少诚得到,于是朝廷开始计议设置招讨使。

冬十二月,中书令、咸宁王浑瑊去世。

浑瑊生性谦虚谨慎,虽然身兼将相,职位极高,却没有骄矜自大的神色。每当进献物品时,浑瑊一定要亲自过目验看,接受赏赐时,就像在皇上面前那样恭谨。德宗从兴元回京后,对于即使在一州一镇拥有军权的将领,都务求宽容忍让。每当浑瑊奏事被搁置时,总是暗中欢喜地说:"皇上没怀疑我。"所以能使功名保持终生。

庚辰(800) 唐德宗贞元十六年

春二月,德宗任命韩全义为蔡州招讨使。

韩全义本来出自神策军,中尉窦文场赏识他,把他推荐给德宗,让他统领各军讨伐吴少诚,十七道兵马都受他的节制。

夏四月,姚南仲进京朝见。

义成监军薛盈珍得宠,想削夺节度使姚南仲的军权,姚南仲

不从，由是有隙。屡毁南仲于上，上疑之。又遣小吏程务盈奏南仲罪，牙将曹文洽追及于长乐驿杀之，自作表雪南仲之冤，且首专杀之罪，遂自杀。驿吏以闻，上异之，征盈珍入朝。南仲亦请入朝待罪。上召见，问曰："盈珍扰卿邪？"对曰："盈珍不扰臣，但乱陛下法耳。且天下如盈珍辈何可胜数，虽使羊、杜复生，亦不能行恺悌之政，成攻取之功也。"上默然，竟不罪盈珍，仍使掌机密。盈珍又言南仲恶政皆幕僚马少微赞之，诏贬少微江南官，遣中使送之，推坠江中而死。

五月，韩全义与淮西兵战于溵南，大溃。

全义素无勇略，专以巧佞货赂结宦官，得为大帅。每议军事，监军数十人争论纷然，不决而罢。士卒久屯沮洳之地，天暑病疫，全义不存抚，人有离心。与淮西战，锋镝未交，诸军大溃，退保五楼。

于頔奏贬元洪为吉州长史。

山南东道节度使于頔因讨淮西大募战士，缮甲厉兵，聚敛货财，有据汉南之志。诬邓州刺史元洪赃罪，上为之流端州。頔复表洪责太重，上复以洪为吉州长史。又怒判官薛正伦，奏贬之。比敕下，頔怒已解，复奏留为判官，上一一从之。

徐、泗、濠节度使张建封卒。

张建封镇彭城十余年，军府称治。病笃，累表请代，诏

不肯依从,从此发生矛盾。薛盈珍屡次向德宗诽谤姚南仲,德宗对姚南仲发生怀疑。薛盈珍又派下级官吏务盈参奏姚南仲有罪,牙将曹文洽在长乐驿追上务盈,将他杀死,自己写了昭雪姚南仲冤屈的表章,并自首擅自杀人的罪过,随即自杀。驿站的吏人上报朝廷,德宗感到诧异,征召薛盈珍进京朝见。姚南仲也请求进京朝见,听候治罪。德宗召见姚南仲,问道:"是薛盈珍干扰你吗?"姚南仲回答:"薛盈珍没有干扰臣,只是败坏陛下的法度。而且在全国薛盈珍这种人哪能数得过来,即使晋朝的羊祜、杜预再生,也不能施行和谐简易的政务,成就克敌制胜的功业。"德宗沉默不语,终究没有惩处薛盈珍,还让他执掌机密事务。薛盈珍又说姚南仲的不良军政都是幕僚马少微助成的,德宗下诏将马少微贬为长江以南的官员,派中使遣送,将他推到长江中淹死。

五月,韩全义与淮西军在溵水南岸作战,全军溃退。

韩全义一向并不勇武,也没有谋略,专门通过曲意讨好和贿赂来结纳宦官,才当了主帅。每当商议军政事务时,宦官监军数十人乱哄哄地争论不休,难以裁决,只好作罢。士兵长期驻扎在低洼潮湿地带,由于天气炎热,染上了瘟疫,韩全义不加抚慰,人心涣散。与淮西军作战时,还没交锋,各军便纷纷溃散,韩全义退保五楼。

于頔上奏将元洪贬为吉州长史。

山南东道节度使于頔趁讨伐淮西之机,大规模募集士兵,整治衣甲,砥砺刀兵,搜刮物资钱财,有占据汉水以南地区的企图。于頔诬告邓州刺史元洪有贪赃罪,德宗因此将元洪流放到端州。于頔又奏称对元洪责罚过重,德宗又任命元洪为吉州长史。于頔又恼怒判官薛正伦,上奏将他贬官。及至敕书下达,于頔的怒气已经平息,又奏请留他担任判官,德宗一一依从。

徐、泗、濠节度使张建封去世。

张建封镇守彭城十余年,军府号称政务清明。病危之际,张建封多次上表请求朝廷派官员接替自己的职务,德宗下诏

以韦夏卿为行军司马。敕下，建封已卒，军士为变，劫建封子愔，令知军府事，杀留后及大将数人，械系监军。上闻之，以李鄘为宣慰使。鄘至，召将士，宣朝旨，谕以祸福，脱监军械，使复其位。

永州刺史阳履免。

湖南观察使吕渭奏发履赃贿，三司鞫之，对曰："所敛物已市马进之矣。"诘马主为谁，马齿几何，对曰："马主东西南北之人，今不知所之。按《礼》，齿路马有诛，故不知其齿。"上悦其进奉之言，免官而已。

以张愔为徐州团练使。

张愔表求旄节，朝廷不许，加淮南节度使杜佑兼徐、泗、濠节度使，使讨之。前锋济淮而败，佑不敢进。朝廷不得已，除愔团练使。后名其军曰武宁，以愔为节度使。

以李藩为秘书郎。

初，张建封之疾病也，濠州刺史杜兼阴图代之，疾驱至府。幕僚李藩曰："仆射疾危如此，公宜在州防遏，来欲何为？不速去，当奏之。"兼错愕，径归。及是，兼诬奏藩摇动军情，上大怒，密诏杜佑杀之。佑素重藩，出诏示之，藩色不变。佑曰："吾已密论，用百口保君矣。"上犹疑之，召藩诣长安，望见其仪度安雅，乃曰："此岂为恶者邪！"即除秘书郎。

秋七月，吴少诚袭韩全义于五楼，全义大败，走保陈州。　九月，以李元素为义成节度使。

义成节度使卢群卒，贾耽曰："凡就军中除节度使，

任命韦夏卿为行军司马。敕书下达时,张建封已经去世,将士发动变乱,劫持张建封的儿子张愔,让他掌管军府事务,杀死留后和大将数员,用枷锁将监军加以拘禁。德宗得知后,任命李廊为宣慰使。李廊到达彭城后,召集将士,宣布朝廷的旨意,以祸福去就的道理开导大家,解下监军的枷锁,让他恢复原有的职位。

永州刺史阳履免职。

湖南观察使吕渭上奏揭发阳履贪污行贿,中书省、门下省、御史台进行审讯,阳履回答说:"征收的物品已经用来买马进献朝廷了。"问他卖马的主人是谁,马的年齿是多少,他回答说:"卖马的主人是东西南北之人,现在不知到了哪里。根据《曲礼》的说法,估量君主所用马匹的年齿会受到责罚,所以不知马的年齿。"德宗喜欢他进献贡物的说法,仅仅免除他的官职。

德宗任命张愔为徐州团练使。

张愔上表请求授予节度使的旌节,朝廷没有答应,而加封淮南节度使杜佑兼徐、泗、濠节度使,让杜佑讨伐张愔。但是,前锋横渡淮水失败,杜佑不敢前进。朝廷出于无奈,任命张愔为团练使。后来将该军命名为武宁,由张愔担任节度使。

德宗任命李藩为秘书郎。

起初,张建封生病期间,濠州刺史杜兼暗中图谋取代张建封的职务,急忙赶到军府。幕僚李藩说:"张仆射病情如此危急,你应在濠州防止意外,来这里想干什么? 如果不赶快离开,就参奏你。"杜兼仓猝间感到惊愕,便径直返回。到这时,杜兼诬奏李藩动摇军心,德宗大怒,暗中下诏命杜佑杀死李藩。杜佑向来器重李藩,拿出诏书给李藩看,李藩神色毫无改变。杜佑说:"我已经秘密上奏陈论,用我一家百口来担保你了。"德宗仍然怀疑李藩,把李藩召到长安,看到李藩仪表风度安闲优雅,才说:"这怎么会是作恶的人!"当即任命李藩为秘书郎。

秋七月,吴少诚在五楼袭击韩全义,韩全义大败而逃,退保陈州。 九月,德宗任命李元素为义成节度使。

义成节度使卢群去世,贾耽说:"凡在本军就地任命节度使,

必有爱憎向背,喜惧者相半,故众心不安。自今愿陛下只
自朝廷除人,庶无他变。"上以为然,故有是命。

贬郑余庆为郴州司马。

余庆与户部侍郎于頔素善,頔所奏事,余庆多劝上从
之。上以为朋比,贬之。

以齐抗同平章事。 **冬十月,赦吴少诚,复其官爵。**

吴少诚引兵还蔡州。先是,韦皋闻诸军讨少诚无功,
请"以浑瑊、贾耽为元帅,统诸军。若重烦元老,则臣请以
精锐万人下巴峡,以剪凶逆。不然,因其请罪而赦之,罢两
河诸军,以休息公私,亦策之次也。若少诚一旦为麾下所
杀,又当以其官爵授之,则是除一少诚,生一少诚,为患无
穷矣"。贾耽言于上曰:"贼意亦望恩贷,恐须开其生路。"
上然之。会少诚致书监军,求昭洗,监军奏之,诏赦少诚。
韩全义至长安,窦文场为掩其败迹,上礼遇甚厚。全义称
足疾,遣司马崔放入对,放为全义谢无功。上曰:"全义能
招来少诚,其功大矣,何必杀人然后为功邪?"

以严绶为河东节度使。

上择可以代儋者,以严绶尝以幕僚进奉,记其名,即用
为河东行军司马。

必然存在爱憎不一、向背各异的情况，为之喜悦与恐惧的人各占半数，所以大家心绪不安。希望陛下今后只从朝廷任命其人，大概不会发生别的变故。"德宗认为很对，所以有此任命。

德宗将郑余庆贬为郴州司马。

郑余庆与户部侍郎于𬱖一向友善，对于𬱖上奏的事情，郑余庆大多劝德宗采纳。德宗认为他们互相勾结，将郑余庆贬官。

德宗任命齐抗为同平章事。 冬十月，赦免吴少诚，恢复他的官职爵位。

吴少诚领兵返回蔡州。此前，韦皋听说诸军讨伐吴少诚没有建树，请求"由浑瑊、贾耽担任元帅，统辖诸军。如果不愿麻烦元老大臣，臣就请求带领精兵一万人直下巴峡，去剿灭凶顽叛逆。否则，应趁吴少诚请罪之机加以赦免，撤去两河诸军，以便使官府与百姓得以休养生息，也算是次一等的策略。如果吴少诚有一日被部下杀死，又要将吴少诚的官职爵位授给谋杀者，这是除掉一个吴少诚，又生出一个吴少诚，为害是无穷无尽的"。贾耽向德宗进言说："叛贼的本意也希望陛下加恩宽宥，恐怕需要给他们留一条生路。"德宗认为言之有理。适值吴少诚写信给监军要求昭雪洗冤，监军奏报其意，有诏赦免吴少诚的罪责。韩全义来到长安，窦文场替他掩盖军队溃败的行迹，德宗对他甚为礼遇。韩全义声称得了脚病，派司马崔放入朝回答提问，崔放替韩全义为没有建树而谢罪。德宗说："韩全义能招来吴少诚，这个功劳够大了，为什么一定要杀人才算功劳？"

德宗任命严绶为河东节度使。

德宗挑选可以代替郑儋的人选，由于严绶曾以幕僚的身份进献贡物，德宗记得他的名字，便任用他为河东行军司马。